博士论文出版项目

柏拉图论正义与幸福
——《理想国》第一卷研究

Plato on Justice and Happiness:
A Study of *Republic* I

张波波　著

中国社会科学出版社

图书在版编目（CIP）数据

柏拉图论正义与幸福：《理想国》第一卷研究 / 张波波著 . —北京：中国社会科学出版社，2020.7
ISBN 978 – 7 – 5203 – 6353 – 2

Ⅰ.①柏⋯　Ⅱ.①张⋯　Ⅲ.①《理想国》—研究　Ⅳ.①B502.232

中国版本图书馆 CIP 数据核字（2020）第 065035 号

出 版 人		赵剑英
责任编辑		韩国茹
责任校对		张爱华
责任印制		张雪娇

出　　版		中国社会科学出版社
社　　址		北京鼓楼西大街甲 158 号
邮　　编		100720
网　　址		http://www.csspw.cn
发 行 部		010 – 84083685
门 市 部		010 – 84029450
经　　销		新华书店及其他书店
印　　刷		北京君升印刷有限公司
装　　订		廊坊市广阳区广增装订厂
版　　次		2020 年 7 月第 1 版
印　　次		2020 年 7 月第 1 次印刷

开　　本		710×1000　1/16
印　　张		39.5
插　　页		2
字　　数		550 千字
定　　价		238.00 元

凡购买中国社会科学出版社图书，如有质量问题请与本社营销中心联系调换
电话：010 – 84083683
版权所有　侵权必究

出 版 说 明

为进一步加大对哲学社会科学领域青年人才扶持力度，促进优秀青年学者更快更好成长，国家社科基金设立博士论文出版项目，重点资助学术基础扎实、具有创新意识和发展潜力的青年学者。2019年经组织申报、专家评审、社会公示，评选出首批博士论文项目。按照"统一标识、统一封面、统一版式、统一标准"的总体要求，现予出版，以飨读者。

全国哲学社会科学工作办公室
2020年7月

致 读 者

著者写完此书，要向读者声明以下几点：

（一）若无特别说明，文中所引的外文段落都由笔者根据原文译出。具体地，关于《理想国》、柏拉图其他对话录及书信的翻译，笔者主要参照了伯内特（J. Burnet）、亚当（J. Adam）、艾伦（D. J. Allen）和思林（S. R. Slings）等杰出古典学者所编辑的希腊文注释本；与此同时也参考了库珀（J. Cooper）等人所编辑的英文版《柏拉图全集》，肖里（P. Shorey）、康福德（F. M. Cornford）、格鲁贝（G. M. A. Grube）、布鲁姆（A. Bloom）、沃特菲尔德（R. Waterfield）、格里菲斯（T. Griffith）、里夫（C. D. C. Reeve）、艾伦（R. E. Allen）、萨克思（J. Sachs）以及国内一些译者所翻译的优秀译本。它们在笔者理解柏拉图作品尤其是《理想国》的过程中起了莫大作用。关于亚里士多德作品的翻译，笔者主要参照了拜沃特（J. Bywater）、耶格（W. Jaeger）和罗斯（W. D. Ross）等一些出色的古典学家所编辑的希腊文注释本，同时参考了巴恩斯（J. Barnes）所编辑的英文版《亚里士多德全集》、其他译者的英文单行译本和注释本以及国内一些优秀的译本和注释本。至于其他古典文本或外文资料的翻译，笔者除了参照国内已有的一些译本外，还尽可能地找到原文作了契合本书写作目的的调整与修改。关于以上所参考的文献的详情，参见附录1和文末参考文献。

（二）笔者采用了文中注和脚注两种形式作注。至于引注格式，则根据目前国际上大多数学术出版社（如牛津出版社和剑桥出版社）

使用的范式，即英文著作（姓名××，出版年××：页××），中文著作（姓名××，出版年××，页××）。这样做有双重好处，一方面可以尽量避免不时地打断读者的阅读思路，另一方面可以有效避免所引著作之名的重复书写。

（三）至于书中所引的外国学者或哲学家的名字，除了已经被固定下来的中文译名（如苏格拉底、柏拉图、亚里士多德等）外，笔者在注释中都选择不翻译，这样做便于更好地将笔者的观点与其他人的观点区分开，同时有助于读者更好地查阅所引观点的原文出处。

（四）书中所出现的希腊文大多数都被笔者转换成了拉丁文的书写形式，尽管有些仍然保留了希腊语的书写格式，而且都以斜体样式呈现。关于《理想国》第一卷中出现的希腊文关键词解释，原本是应该放在导论中加以说明，但考虑到数目繁多，故只好放在附录6及译文的注释中。有关书中所使用的关键术语的翻译，笔者采用了英语界和汉语界当下几种常见的译法，并把它们集中起来以希、英、中三语对照表的形式呈现，以避免发生节外生枝的争论（参见附录6关键术语表）。

（五）在1578年之前，人们所阅读的柏拉图著作均为手抄本，而且后者仅掌握在少数权贵手中。然而，在文艺复兴时期的1578年这一年，出版商亨利·埃斯蒂安（Henri Estienne）（"Estienne"的拉丁书写形式为"Stephanus"）在巴黎首次以印刷体的形式出版了柏拉图的著作，这种新编排的印刷技术使得大批文士有了阅读柏拉图作品的机会。不仅如此，斯特凡努斯（Stephanus）在出版的这个版本中统一使用了编页码（譬如，500），并用字母a，b，c，d，e把每一页由上到下划分为五个区域（譬如500a-e）。这些带字母的数字，即后来所谓的"Stephanus numbers"（斯特凡努斯编码），都印在柏拉图著作的页边空白处，使得读者可以毫不费力地进行查阅，不论其所使用的是哪个希腊文版本，哪种语言的译本（cf. Annas, 2003：3）。这一妙举一直沿用至今，而且似乎已成为学界标注柏拉图著作段落的标准做法。可以说，现代印刷的所有版本也都使用这种标注法，或是（1）标在每页空白处，或是（2）标在每页上方，或是（3）标在文中，本书之翻译选择了最后一种标注方式，即将这些标码放在"[ ]"或"（ ）"内，放在文段、引文或参考书之后，以标明出处和语段位置，而古希腊原文典籍的名称则保留了英文书写。关于柏拉图作品的编码，主要参照伯内特所编辑的希腊文编码，同时依照库珀等人所编辑的英文版《柏拉图全集》的编码作了微调。

（六）《理想国》严格地说不是一篇对话，而是苏格拉底向他人转述的他过去和别人进行的一次谈话。也就是说，《理想国》主要采用了间接引语的形式。当然，柏拉图并没有告诉我们苏格拉底是在向谁转述。但为了让一般读者更清楚地看出这个讨论的对话性质，附录中的翻译采取了里夫等译者的做法，将对话中的间接引语都转换成了直接引语，并在首个句子开头加上说话人的名字（cf. Reeve, 2004：viii）。一些严苛的解读者可能对这种做法有所诟病，认为这随意篡改了柏拉图的设计。但我认为，柏拉图应该也不会反对这种做法，因为在《泰阿泰德》中，柏拉图就让欧几里德（Eucleides）采取了类似的策略。"就是这本书，"他对特尔普西翁（Terpsion）说，"你看，我是这样写的：我没有让苏格拉底把谈话像叙述给我一样叙述谈话，而是让他直接对着他与之谈话的人讲。"（*Theaetetus* 143b‐c）

值得指出的是，本书正文中所引《理想国》第一卷的文字与附录1中的译文在字面上并不统一，但其在义理上是一致的。前者主要服务的是著者的写作思路，而后者则主要遵循的是对话内在的逻辑结构；二者相互映照，相互阐发，共同服务于对柏拉图思想的理解。

（七）应该注意，希腊语"*eudaimonia*"是很难翻译的，因为它是一个远比汉语"幸福"或英语"happiness"意义更为丰富的概念（尽管这两个词分别是最常见的中英文翻译）。"*eudaimonia*"主要指的不是一种暂时的满足或良好感觉，而是一种充实或完满的状态，这种状态本身就具有一种持久的品质（Carone, 2005：198, n. 21）。鉴于此，学者们在 *eudaimonia* 的翻译问题上采用了两种思路。例如，一些学者尝试避免把 *eudaimonia* 翻译成"happiness"（幸福），因为"happiness"这个词在他们看来往往被现代人理解为一种体验自己生活或处境的特定方式的名称，而这在希腊词"*eudaimonia*"的含义中是没有暗示的。简而言之，根据他们的看法，*eudaimonia* 是一种理智的人希望能够引领或享受的生活。享乐主义者当然会说，好的生活就是感觉良好的生活。但他们指出，这是一种关于人类美好生活真实本性的具体理论观点，这在古代哲学家使用的"*eudaimonia*"一词的意义中还没有得到暗示。另外一些人则主张用"human flourishing"（人之茂盛）来翻译"*eudaimonia*"，他们的理由是，对希腊人来说，*eudaimonia* 的意思是"过于人而言的好生活"（Nussbaum, 2001：6；Cooper, 1975：89）。这些学者的看法很有道理。但笔者在这里基本上还是坚持将"*eudaimonia*"译作"幸福"。一个理由是，这个译法虽有瑕疵，但在学界已普遍流行，根据"约定俗成"的规则，应予认可。另一个理由是，部分学者指出"flourishing"（茂盛或繁荣）在语义上可能更合适，但在词源上却不太匹配。"flourishing"的起源是植物学的，与开花或盛开有关，但 *eudaimonia* 的起源却与宗教有关，使人联想到一个有益的 *daimon*（守护神、精神）或超自然的存在（R. M. Adams, 2006：49）。可见，把"繁荣"当作"*eudaimonia*"的一个对等词，有时是恰当的，但无论是把它作为 *eudaimonia* 的一个翻译还是作为 *eudaimonia* 的一个名称，都有其缺点（N. White, 2002：4, n. 6）。

在笔者看来，"*eudaimonia*"虽是出了名的难译，而传统的翻译"幸福"也远非完美，但"幸福"一词的部分内涵足以将"*eudaimonia*"的核心信息递送给读者。因为按照柏拉图和亚里士多德的观点，"*eudaimonia*"的意思很简单，就是"做得好"（*eu prattein*）或"生活得好"（*eu zên*）（*EN* 1095a19 – 20, 1098b21；*Euthydemus* 278e,

282a，280b – e；Meyer，2007：51）。正因为有这一层含义，*eudaimonia* 在柏拉图对话（如《会饮》）中也常被用来命名"人类欲望的终极目标"。这意味着，这种基本的欲望是贯穿于各种欲望之间的统一纽带。每个人的欲望归根结底都是为了幸福。对现代人来说，"幸福"具有主观性的内涵。然而，构成古希腊人的这种幸福的不仅仅是一种主观意见；确切地说，它是一种类似于健康的灵魂（*psyche*）的客观状态。因此，此处的"幸福"可以更好地理解为"完满—存在"，而"完满—存在"意味着生活得很好，也就是说，幸福取决于人们如何生活。若依此理解，*eudaimonia* 显然就不同于任何单纯的主观情绪或兴高采烈的感觉（Scott & Welton，2008：113 – 119）。概言之，在古代伦理学中，*eudaimonia* 被普遍认为是客观的，幸福的生活就是指一个人在客观上最值得过的生活。人们只是就幸福生活的本性，也就是一个人应该过什么样的生活才能幸福，有着相当多的争论（Fine，1999b：9）。

（八）有些学者如奥斯伯恩（Osborne）坚持认为柏拉图的"道德理论"不等于柏拉图的"伦理学"。在他们看来，柏拉图做的是道德哲学，亚里士多德做的才是伦理学；这些术语反映了哲学家对待道德真理的承诺或激情的不同。对亚里士多德而言，美德和正确的行为是理性反思的题材，有价值、值得选择的生活是由实践推理（而不是冲动或激情）来指导的。然而在"道德理论"中，这些主张还需要接受道德评估，而不仅仅是接受实践或理性的评估，而认可这些结论就是遵循这些结论而生活。这就解释了为什么在柏拉图看来，"好之相"在本体论和认识论上是基础性的，而在亚里士多德看来，美德是在实践推理的研究中阐明的，即假定理性的人类行为与真正可取、值得拥有的东西相匹配（Osborne，1999：133）。奥斯伯恩等人的说法固然有合理之处，但是近年来，在关于柏拉图道德哲学的讨论中，很多学者（如 Annas，Irwin，Taylor 等）并未刻意地作出这种区分。相反，很多人似乎认为，柏拉图的"道德理论"与柏拉图的"伦理学"根本就是一回事。实际上，无论在关于古代伦理学与现代道德的比较研究中，还是在日常语言运用中，很多人都认为"ethics"和"morality"可以互换使用（Annas，1992：119 - 136；Irwin，1974：752 - 772；Taylor，1998：51）。就本书的讨论而言，笔者认为它们之间似乎不存在任何原则上的区别，所以没有刻意将"伦理"与"道德"区分开来。①

（九）"*agathos*"传统上被汉译为"善的"或"好的"。笔者在文中根据具体语境交叉使用这两种表达，不作原则上的区分。从词性上看，"*agathos*"是"好的"（英文"good"）的一般形容词，意思是适合于某种可取的、值得拥有的目的或功能，或指在道德上是好的。它对应的抽象名词是 *arete*（反义词是 *kakos*）。从词源上看，在早期的希腊语中，*agathos* 的意思是"出身好的"，或指政治意义上的"贵族式的"。由于良好的战斗能力是贵族的属性（比较 *kalos kagathos*），所以 *agathos* 也可以表示"优秀的""勇敢的"（战士）。它的复数形式通常表示"令人愉快的材料（事物）""祝福"（Howatson & Sheffield，2008：64）。

（十）"*psuche*"传统上被译作"灵魂"（通常用英语表示为"psyche""soul""spirit"）。在希腊人的普遍信仰中，它指死后离开身体的生命原则，因此它是灵魂或精神。它也是思想和感觉的原则，因此也可以指精神、心灵或意识。因此，当一个概念似乎支配另一个概念时，就会有不同的翻译。笔者在文中大多数时候将其译作"灵魂"（Howatson & Sheffield，2008：68）。

（十一）注释和参考文献中使用的缩写如下：

D. L.　Hicks, R. D., 1925. *Diogenes Laertius*, *Lives of Eminent Philosophers*, 2 vols., trans. R. D. Hicks, Cambridge, MA：Harvard University Press.

LSJ　Liddell, H. G., Scott, R., and Jones, H. S. eds.,

---

① 当然，在中文语境下，伦理学和伦理是要加以区分的；前者是一门科学，后者是一个范畴，是前者所关注的主要对象。

[1843, 1889] 1961. *A Greek-English Lexicon*. Oxford: Oxford University Press.

OCD　Hornblower, S. and Spawforth, A. (eds.), 1999. *Oxford Classical Dictionary*, 3rd edn., Oxford: Oxford University Press.

摘 要

我们应当如何生活，应当做一个什么样的人？生命中最重要的是什么？对自己的好与对他人的好是否必然相冲突？正义与不义哪一种生活方式更好？这些是作为柏拉图《理想国》序曲的第一卷提出的根本性问题，它们导出了《理想国》整篇对话的核心主题，即正义的本性及其与幸福的实现密切相关。

虽为序曲，《理想国》第一卷也素来被认为是一篇十分具有"苏格拉底式对话"风格的相对独立的对话，其主要议题是围绕伦理学、政治学、政治哲学乃至自然哲学中至关重要的"正义"这一基本范畴而展开。本书主要从伦理学角度研究《理想国》。研究柏拉图的伦理理论有许多种途径，而从文本研读出发的研究进路是学术界通用的一种做法，也是本书所采取的。为了使研究更为扎实细致，笔者选择以《理想国》第一卷为主要讨论文本。该卷长期以来一直受到学术界的普遍关注，无论其表达形式，还是里面包含的各种思想内容和观点都引发了各种解读和争论。笔者希望能在透彻研读原文和各种学术解读的基础上，对这一卷做出较为深入系统的探讨，并进而以点带面，对柏拉图伦理理论的整体特质提出较为新颖的见解。笔者的研究重点将放在考察柏拉图在面对正义与世人所认定的各种"好"之间发生冲突时，是如何维护正义的价值，如何论证一个人因其正义而受益而非受损的问题上。总之，客观地分析柏拉图对于正义与自我利益（或幸福）的本质统一性的论证的展开方式和存在的各种问题，是本书的重中之重。

关于《理想国》，尤其是第一卷中苏格拉底与三位对话者之间输赢的争论自古有之，而把焦点集中在双方各自观点孰优孰劣的解析亦纷繁复杂。但无论是声援苏格拉底的人，还是为苏格拉底的对手鸣不平的人，都似乎过分关注于对话者之间的论辩较量而忽略了这种可能，即柏拉图本人在创作这些几乎能与苏格拉底势均力敌的对手时极有可能视它们为假想敌，将它们作为揭示正义本性及其价值的共同引导者，而非只是用苏格拉底这一方来压倒另一方，这可能更契合柏拉图用对话录来表达哲学思想的初衷。

本书通过分别对第一卷中苏格拉底和其他三位主要人物观点及其在余下九卷中推导出的升级理论的批判，总结出了由苏格拉底主导的、其余人作为陪衬的论辩所共同引出的"和谐式正义"和"和谐式城邦"两个重要概念。就前者而言，正义不是愚蠢或高尚的纯真，也不是一种具体的行为规则，而是一种特殊的美德与智慧、一种在各方面都强于"不义"的适当秩序与和谐关系，并与真正幸福的来源与获取息息相关，这于人于城邦皆是如此。就后者而言，人们所向往的"理想城邦或共同体"不应是统治者为了维护"自身利益"而对抗被统治者的剥削机器，而应致力于最好地服务于每个人（尤其包括欠缺统治技艺的被统治者和弱者）的真正利益或好生活的有机体，尽管为其寻觅一个或一些有智慧的管理者显然并非易事。虽然"何为正义及正义是否比不义好"在《理想国》第一卷、整篇《理想国》，乃至整个伦理学史中仍然是悬而未决的问题，但笔者期望由第一卷并结合其余九卷的文本推理而得出的这种正义观和幸福观却不失为这两个困扰无数哲学工作者的千古难题交出一份无愧于文本的研究，这也可以说是对《理想国》第一卷中关于正义本性及其价值定位的谈话及它对于后文谈话的铺垫作用和当代伦理争论的借鉴意义的另一种解读。

关键词：正义；幸福；《理想国》；苏格拉底；色拉叙马霍斯

Abstract

How should one live and what sort of person should one be? What is the most important thing in life? Is it inevitable that the good for oneself conflicts with the good for others? Which way of life is better, justice or injustice? These are the fundamental questions raised in Plato's *Republic* I as a prelude to the *Republic*, and they lead to the central theme of the *Republic* as a whole dialogue, namely, the nature of justice and its close relationship to the realization of happiness.

Though it is the prelude, Book I of the *Republic* has also always been considered a relatively independent dialogue with a characteristic of the Socratic dialogues. Its main topic is about the crucial and basic notion of justice in ethics, political science, political philosophy, and even natural philosophy. This study mainly investigates the *Republic* from the perspective of ethics. There are certainly many ways to study Plato's ethical theory. The Text-based Approach is a common practice in the academic world, which is also taken by this dissertation. In order to make this study more solid and meticulous, I choose Book I of the *Republic* as the main discussion text. The text of Book I has long been caught considerable attention in academia, and the content as well as the viewpoints in it have caused a wide variety of interpretations and the resulting controversies. Based on the thorough study of the original text and various interpretations of book, I hope to give a more in-depth discussion, proposing some new ideas about the characteristics of Plato's overall ethical theory. My focus will be on the way Plato defends the value of justice in the face of the conflict between justice and the various "good" identified by the world, and demonstrates that a person is benefiting from justice rather than being damaged by it. In summary, what is the most important for this study is to objectively analyze how Plato presents his argumentation about the essential unity of justice and self-interest (or happiness) and its problems.

In short, it is a historical debate about who is the winner between Socrates and the three interlocutors in the *Republic*, particularly in Book Ⅰ. There are also very complex analysis focused on the merits and the differences of the two sides. But either the people who support Socrates, or those who sympathize with Socrates' opponents, seem to show too much concern with the arguments between the interlocutors and ignore another possibility. That is, when composing those Socrates' opponents, Plato himself is likely to see them as enemies and take them as a co-leader who reveals the nature of justice and its value, rather than simply to make the Socrates' side overwhelms the other side, thus may be more close to Plato's original intention in using dialogues to convey philosophical ideas.

By critiquing the arguments of Socrates and the other three main characters, as well as the updated theory deduced in the other nine books, this monograph summarizes the two important concepts: "harmonious justice" and "harmonious city-state" from the arguments led by Socrates and accompanied by the rest. For the former, I argue that, justice is neither some kind of stupidity or noble naiveté, nor a concrete rule, but a special virtue and wisdom, an appropriate order which is better than injustice in all respects. It is closely related to the source and the acquisition of true happiness, which is true for both the man and city-state. As for the latter, the ideal city-state or community that people aspire to should not be some machine for the rulers to explore the ruled, fighting against them and maintaining their own interests. Rather, it should serve everyone's (especially the ruled and the weaker who are lack of the art of ruling) real interest or the whole good life in the best way, although it is obviously not easy to find one or some wise managers for it. Although "what is justice and whether justice is better than injustice" are still open questions in Book I of the *Republic*, the whole *Republic*, and the whole history of ethics, I hope that, based on the textual reasoning of Book I combined with the other nine books, this study of the conceptions of justice and of happiness will be inspiring in some way to those countless philosophers who are puzzled by those two major problems. So to speak, it also provides another interpretation to the dialogue on the nature of justice and its value orientation in Book I of the *Republic*, as well as its function in foreshadowing the later conversation and its significance in contemporary ethical debate.

Key Words: Justice, Happiness, Republic, Socrates, Thrasymachus

目　录

导　论 ……………………………………………………………… (1)
  一　接近柏拉图哲学思想的途径 ………………………………… (1)
    (一) 未成文学说与对话录之争 ……………………………… (4)
    (二) 戏剧解读与逻辑论证分析之辩 ………………………… (10)
  二　为何重读《理想国》第一卷 ………………………………… (22)
    (一) 备受争议的"序曲" …………………………………… (23)
    (二) 苏格拉底思想"变异"之争 …………………………… (29)
    (三) 道德困境之戏剧呈现与解决 …………………………… (34)
    (四) 理性论辩与伦理慎思能力的习得 ……………………… (39)
  三　如何研读《理想国》第一卷 ………………………………… (44)
    (一)《理想国》与质疑式阅读 ……………………………… (44)
    (二) 柏拉图其人其事与理解式阅读 ………………………… (49)

第一篇
对人物个性化描写和其他戏剧文学元素的关注

第一章　苏格拉底：正义研究的序幕 (327a–328b) ……… (67)
  第一节　《理想国》第一卷人物谱 …………………………… (67)
    一　谁是柏拉图的喉舌？ …………………………………… (68)
    二　哲人 ……………………………………………………… (71)
    三　一对父子 ………………………………………………… (73)

四　一对兄弟 …………………………………………… (74)
　　五　智者 ………………………………………………… (80)
　　六　其余参与者 ………………………………………… (89)
第二节　时间、地点、事件及其象征意义 ………………… (91)
　　一　戏剧日期和写作日期 ……………………………… (91)
　　二　事件、谈话地点及其寓意 ………………………… (99)
第三节　从雅典城下降到比雷埃夫斯港 …………………… (103)
　　一　"下降"的特殊含义 ……………………………… (104)
　　二　苏格拉底决定下降的原因 ………………………… (107)
　　三　苏格拉底的处境 …………………………………… (110)
　　四　《理想国》与《申辩》在场景设置上的异同 ……… (115)

第二篇
对《理想国》第一卷中概念与论证的研究

第二章　克法洛斯：老一辈商人的正义观
　　　　（328b-331d） ………………………………………… (121)
第一节　从"日常闲聊"到"哲学探讨" ………………… (123)
第二节　老年的负担与财富的优势 ………………………… (128)
　　一　哲人的生死观 ……………………………………… (129)
　　二　克法洛斯的老年观 ………………………………… (130)
　　三　克法洛斯的生活方式发生转变及其原因 ………… (133)
　　四　财富与幸福的关系 ………………………………… (134)
　　五　克法洛斯对待钱财和美德的态度 ………………… (136)
　　六　拥有巨大财富的最大益处 ………………………… (137)
第三节　正义作为"说真话，偿还所欠的债" …………… (140)
　　一　苏格拉底式定义 …………………………………… (141)
　　二　苏格拉底式反驳的哲学蕴涵 ……………………… (143)
　　三　苏格拉底式询问的奇特性 ………………………… (145)

四　克法洛斯离开讨论的原因及意义 ………………… (146)
　　五　克法洛斯之临别一笑的哲学意蕴 ………………… (151)

第三章　玻勒马霍斯：新生一代的正义观
(331e－336a) ………………………………………… (153)
　第一节　玻勒马霍斯的正义观 ……………………………… (155)
　　一　正义作为一门技艺 ………………………………… (155)
　　二　正义作为助友害敌 ………………………………… (158)
　　三　敌友界限的张力 …………………………………… (163)
　　四　伤害与利益的概念辨析 …………………………… (167)
　　五　正义作为一种高级知识 …………………………… (169)
　第二节　玻勒马霍斯正义观的意义与局限 ……………… (178)
　　一　助友害敌作为正义的局限性 ……………………… (178)
　　二　偿还所欠的债作为正义的意义 …………………… (184)

第四章　色拉叙马霍斯：智者的正义观（336b－354c）……(189)
　第一节　习俗主义与非道德主义之争 …………………… (189)
　第二节　正义问题上的分歧与对峙 ……………………… (198)
　　一　色拉叙马霍斯式的强者 …………………………… (198)
　　二　色拉叙马霍斯式的技艺 …………………………… (202)
　第三节　如何理解色拉叙马霍斯在正义问题上的立场 … (209)
　　一　色拉叙马霍斯关于正义之定义的三重规定 ……… (209)
　　二　正义作为强者利益的普遍适用性 ………………… (213)
　　三　三重规定之间的兼容性问题与解决方案 ………… (218)
　　四　色拉叙马霍斯正义观的实质 ……………………… (223)
　第四节　对色拉叙马霍斯的"不义比正义有利"的
　　　　　反驳 ……………………………………………… (232)
　　一　色拉叙马霍斯不义思想的激进性：不义作为
　　　　美德与智慧 ………………………………………… (233)

二　"选择性超越"论证：正义作为美德与智慧 ……… (235)
　　三　"盗亦有道"论证：正义的工具性价值 …………… (241)
　　四　"功能"论证：正义与幸福 ………………………… (246)
　　五　色拉叙马霍斯的脸红及其原因 …………………… (251)
　第五节　第一卷结果的贡献及其局限性：向第三篇过渡…… (255)

第三篇
对色拉叙马霍斯式挑战之回响的再回应

第五章　柏拉图伦理理论 vs. 色拉叙马霍斯之挑战加强版 …… (263)
　第一节　柏拉图伦理理论的身份及其合法性 ………………… (264)
　第二节　柏拉图伦理理论的第一任务 ………………………… (275)
　　一　柏拉图伦理理论的特征 …………………………… (277)
　　二　对于柏拉图伦理学特征的质疑 …………………… (285)
　第三节　柏拉图伦理理论的第二任务 ………………………… (292)
　　一　柏拉图的认识论 …………………………………… (292)
　　二　柏拉图形而上学和认识论的独特性：对
　　　　色拉叙马霍斯的反击 ………………………………… (296)
　第四节　柏拉图伦理理论的第三个任务 ……………………… (302)
　　一　第一种区分方式：后果论与道义论 ……………… (303)
　　二　第二种区分方式：目的论与道义论 ……………… (307)
　　三　目的论所面临的质疑与挑战 ……………………… (317)
　　四　柏拉图与功利主义者 ……………………………… (321)
　　五　柏拉图与反目的论者 ……………………………… (322)
　　六　哲人参与统治的动机：正义与自我利益的统一性…… (331)
　　七　哲人式的爱：对色拉叙马霍斯伦理信念
　　　　强有力的回击 ………………………………………… (351)

结　语 …………………………………………………………… (368)

附录1 《理想国》第一卷译文及注释 …………………………（372）
附录2 《理想国》第一卷中的人名解释 ……………………（463）
附录3 柏拉图对话录及其次序 ………………………………（469）
附录4 柏拉图思想的发展脉络 ………………………………（477）
附录5 柏拉图学园及其命运 …………………………………（482）
附录6 核心术语解释与关键术语表 …………………………（487）

参考文献 …………………………………………………………（504）

索　引 ……………………………………………………………（583）

后　记 ……………………………………………………………（596）

Contents

Introduction ·· (1)
  1. Approaches to Platonic Philosophy ································ (1)
    (1) The Unwritten Doctrines vs. the Dialogues ················ (4)
    (2) Dramatic Reading vs. Analytic Interpretation ············ (10)
  2. Why We Should Reread the *Republic* Ⅰ ······················ (22)
    (1) The Controversial "Prelude" ·································· (23)
    (2) The Debate on the "Variation" of Socrates' Thought ······ (29)
    (3) Dramatic Presentation and Resolution of Moral
        Dilemmas ·· (34)
    (4) The Acquisition of Rational Argumentation and
        Ethical Deliberation ·· (39)
  3. How to Study the *Republic* Ⅰ ···································· (44)
    (1) The *Republic* and Questioning Reading ···················· (44)
    (2) Plato's Life and Experience and Comprehensible
        Reading ·· (49)

Part One　The Analysis of Dramatic Characterization and Other Dramatic Elements

**Chapter 1　Socrates: A Prelude to the Study of Justice
          (327a – 328b)** ·· (67)
  Section 1　The Characters in the *Republic* Ⅰ ···················· (67)

1. Who is Plato's Mouthpiece? ……………………………… (68)
2. The Philosopher ……………………………………… (71)
3. A father and Son ……………………………………… (73)
4. The Two Brothers ……………………………………… (74)
5. The Sophist …………………………………………… (80)
6. The Rest of the Participants ………………………… (89)

Section 2　Time, Place, Event and Their Symbolic
　　　　　Meanings …………………………………………… (91)
1. Dramatic Date and Written Date ……………………… (91)
2. Events, Places of Conversation and Their
　 Implications ……………………………………………… (99)

Section 3　From the City of Athens Down to the Port of
　　　　　Piraeus …………………………………………… (103)
1. The Special Meaning of "Going Down" ……………… (104)
2. The Reason Why Socrates Decides to Go Down ……… (107)
3. Socrates' Plight ………………………………………… (110)
4. The Similarities and Differences Between the *Republic*
　 and the *Apology* in the Setting ……………………… (115)

Part Two　A Study of Concepts and Arguments in the *Republic* Ⅰ

**Chapter 2　Cephalus: The Old Merchant's Conception of
　　　　　Justice** (328b–331d) ………………………… (121)
Section 1　From "Ordinary Chatting" to "Philosophical
　　　　　Inquiry" …………………………………………… (123)
Section 2　The Burdens of Old Age and the Advantages of
　　　　　Wealth ……………………………………………… (128)
1. The Philosopher's View of Life and Death ………… (129)

2. Cephalus' View of Old Age ………………………… (130)
3. The Change in Cephalus' Lifestyle and Its Causes ……… (133)
4. The Relationship between Wealth and Happiness ……… (134)
5. Cephalus' Attitude toward Money and Virtue …………… (136)
6. The Greatest Benefit of Having Great Wealth …………… (137)
Section 3　Justice as "Speaking the Truth and Paying
　　　　　　One's Debts" ……………………………………… (140)
1. Socratic Definition ………………………………………… (141)
2. Philosophical Implications of Socratic Refutation ………… (143)
3. The Strangeness of Socratic Inquiry ……………………… (145)
4. The Significance and Reasons of Cephalus'
　　Hasty Exit ………………………………………………… (146)
5. The Philosophic Significance of Cephalus' Laugh ……… (151)

Chapter 3　Polemarchus: The New Generation's
　　　　　　　Conception of Justice (331e–336a) …………… (153)

Section 1　Polemarchus' Conception of Justice …………………… (155)
1. Justice as an Art ………………………………………… (155)
2. Justice as Benefiting Friends and Harming Enemies …… (158)
3. The Tension between Friends and Enemies ……………… (163)
4. The Distinction between Harm and Benefit ……………… (167)
5. Justice as a Kind of Super-ordinate Knowledge ………… (169)
Section 2　The Significance and Limitation of Polemarchus'
　　　　　　Conception of Justice ……………………………… (178)
1. The Limitation of the Justice as Benefiting Friends
　　and Harming Enemies …………………………………… (178)
2. The Significance of the Justice as Paying One's
　　Debts ……………………………………………………… (184)

Chapter 4 Thrasymachus: The Sophist's Conception of Justice (336b–354c) ……………… (189)

Section 1　Conventionalism vs. Immoralism ……………… (189)

Section 2　The Questions about Justice ……………… (198)

  1. Thrasymachus on the Stronger ……………… (198)

  2. Thrasymachus on the Art ……………… (202)

Section 3　Thrasymachus' Position Concerning Justice ……… (209)

  1. Thrasymachus' Three Formulations of Justice ……………… (209)

  2. The Universal Applicability of Justice as the Advantage of the Stronger ……………… (213)

  3. The Self-consistency of Thrasymachus' Doctrines ………… (218)

  4. The Truth about Thrasymachus' Conception of Justice ……………… (223)

Section 4　Objections to Thrasymachus' Claim that Injustice is More Profitable than Justice ……………… (232)

  1. The Radicalism of Thrasymachus' Conception of Injustice: Injustice as Virtue and Wisdom ……………… (233)

  2. The "Non-pleonectic" Argument: Justice as Virtue and Wisdom ……………… (235)

  3. The "Gang-of-Thieves" Argument: The Instrumental Value of Justice ……………… (241)

  4. The "Function" Argument: Justice and Happiness ……………… (246)

  5. Thrasymachus' Blush and Its Cause ……………… (251)

Section 5　Contributions and Limitations of Results of Book Ⅰ: A Transition to Part Three ……………… (255)

Part Three A Further Response to the Echoes of the Thrasymachean Challenge

Chapter 5 Plato's Ethical Theory vs. An Enhanced Version of Thrasymachean Challenge ……………………… (263)

Section 1 The Identity and Legitimacy of Plato's Ethical Theory ……………………………………………… (264)

Section 2 The First Task of Plato's Ethical Theory ………… (275)

  1. Characteristics of Platonic Ethics …………………… (277)

  2. The Questions about the Characteristics of Plato's Ethical Theory ……………………………………… (285)

Section 3 The Second Task of Plato's Ethical Theory ……… (292)

  1. Plato's Epistemology ………………………………… (292)

  2. The Uniqueness of Platonic Metaphysics and Epistemology: An Objection to Thrasymachus ………… (296)

Section 4 The Third Task of Plato's Ethical Theory ………… (302)

  1. The First Distinguishing Mode: Consequentialism and Deontology ……………………………………… (303)

  2. The Second Distinguishing Mode: Teleology and Deontology …………………………………………… (307)

  3. The Questions about Teleology ……………………… (317)

  4. Plato and Utilitarians ………………………………… (321)

  5. Plato and the Anti-Teleologist ……………………… (322)

  6. The Philosopher's Motive for Participating in the Ruling: The Unity of Justice and Self-Interest ………… (331)

  7. Philosophers' Love: A Further Answer to Thrasymachus ……………………………………… (351)

Epilogue ··· (368)

Appendix 1　The Translation and Explanatory Notes of the
　　　　　　　Republic Ⅰ ·· (372)
Appendix 2　The Explanation of Names in the
　　　　　　　Republic Ⅰ ·· (463)
Appendix 3　Plato's Dialogues and Their Order ············· (469)
Appendix 4　The Development of Plato's Thought ············ (477)
Appendix 5　Plato's Academy and Its Fortune ················ (482)
Appendix 6　The Interpretation of Core Terms & Glossary
　　　　　　　of Key Terms ·· (487)

Bibliography ·· (504)

Index ··· (583)

Afterword ··· (596)

苏格拉底：……那么，这就是为何好人不会为了金钱或荣誉而统治。你看，如果他们因为统治而被公开支付工资，他们就会被称为雇工，如果他们偷偷地把工资当作统治的果实，他们就会被称为小偷。另一方面，他们也不会为了荣誉而统治，因为他们不是有野心的荣誉爱好者。所以，若要使他们愿意统治，就必须对他们施加某种强制或惩罚——这可能就是为什么在人们认为不必统治的时候想要统治是可耻的。现在，对不愿意统治的最大惩罚就是被比自己更差的人统治。我认为正是对这一点的恐惧让好人在统治的时候统治。他们接近统治，不是好像他们要做什么好事，或好像他们要享受其中，而是他们把它作为某种无可避免的事，因为他们不能把它委托给比他们更好的人，甚至是像他们一样好的人。在一个好人城里，如果它形成了，公民们会为了不去统治而战斗，就像他们现在为了统治而战斗一样。很明显，任何真正的统治者都不会自然地寻求对自己有利的东西，而是寻求对其臣民有利的东西。因此，任何有理智的人都宁愿受益于他人，而不愿麻烦地去造福他人。

——《理想国》卷一（347b5 – d7）

苏格拉底：……每个人在城邦中都必须从事一种工作，一种他天性上最适合干的工作。而且，我们听到很多人说过，并且我们自己也经常说，正义就是做自己的工作，而不插手不属于自己的事。

——《理想国》卷四（433a4 – b1）

苏格拉底：……没有哪位公民应该拥有别人的东西或被剥夺属于自己的东西？

格罗康：是的，绝不应该。

苏格拉底：是因为这是正义的吗？

格罗康：没错。

苏格拉底：因此，从这个角度来看，拥有属于自己的东西，做属于自己的工作，将被认为是正义。

格罗康：你说的没错。

——《理想国》卷四（433e6 - 434a1）

苏格拉底：我想我们会说一个人就像城邦一样……我们肯定没有忘记，这个城邦是正义的，是因为它的三个阶层都在做着自己的工作……那么我们必须记住，对我们每一个人来说，灵魂中每一部分都在做自己的工作的人，也将是正义的，并且将做自己的工作……

——《理想国》卷四（441d5 - 442b3）

导　　论

一　接近柏拉图哲学思想的途径

随着学术愈来愈职业化专业化，在我们这个时代，任何关于柏拉图的研究都已经开始变得不再那么容易。这种困难在于，随着人们对柏拉图思想的认识的不断推进，各种关于诠释柏拉图思想的新的研究进路、路线和理论开始层出不穷地涌现出来，冲击着已有的诠释方法和研究传统的使用空间。因而采取何种途径来接近柏拉图的哲学思想，已经成了任何一部关于柏拉图思想研究的著作在一开始必然要交代的一件事。

围绕"真正接近柏拉图哲学思想的方式"这一议题而展开的关于"柏拉图哲学观点的来源是什么"和"如何阅读柏拉图对话录"这两个问题的争论在当今柏拉图学界一直相当激烈。这也成为每部研究柏拉图对话的著作在其导论部分必先奉上的"一道开胃菜"。对此，不同理论流派各执一词，从不同角度做出了不同回答。[①] 但近些

---

① 影响柏拉图之阐释的因素及关于对话录应该以何种方式接近的问题有很多。例如，柏拉图是否支持教条主义（dogmatism）或某种类型的怀疑主义（skepticism），对话录是否应被放在一起来读或分开阅读，古代解释是否可信，以及应该以什么顺序（如果有的话）读对话录。历史上重要的几种解释模式，如新柏拉图主义式的（Neoplatonic）及其现代对应的阐释进路——统一论派的（unitarian）、发展论派的（developmentalist）、分析性的（analytical）、秘传式的（esoteric）和施特劳斯派式的（转下页）

年来，有两种比较新颖的研究进路脱颖而出，引起学术界的极大关注：一个是图宾根学派（Tübingen School）所倡导的将对话录之外的信息如"未成文学说"视为获取柏拉图真正哲学观点的来源依据的读法；另一个则是施特劳斯派（Straussianism）所坚持的把柏拉图对话录等同于戏剧并主张单纯采用解读戏剧的方式来研读对话录的方法①。我们认为这两种路径虽不无新意，但其总体而言都是舍本逐末、缘木求鱼之举，错失了接近柏拉图思想的正确道路。相反，我们唯有将对话录视为柏拉图思想的最主要来源，并把对话录视为一种哲学论述，而非单纯的戏剧，才有可能获得对柏拉图哲学的较好理解。进而言之，柏拉图哲学观点的来源是对话录，而非其他，因此对话录包含着柏拉图思想的全部要义，而阅读它们是读者接近柏拉图哲学思想的最佳进路，也是最行之有效、最实用可靠的途径；柏拉图对话不能简单地等同于戏剧或一般性的文学作品，而主要是说理性的、哲学性话语，因此正确阅读它们的方法不应该是单纯的戏剧赏析，而是以对话录中主要发言人作为柏拉图的关键喉舌为前提的整体性的论证分析方法。

下文主要分两个步骤来回答这个富有争议的问题：第一步说明

（接上页）（Straussian）——都受到了有着不同研究背景的学者们的批评。关于柏拉图之诠释路径的介绍与评析，参 Klosko（1986：275 - 293）；Irwin（1995：4 - 15）；Kahn（1996：36 - 65）；Blondell（2002：1 - 4）；Rowe（2006），（2007a：1 - 50）；Byrd（2007：365 - 381）；D. S. Allen（2011：9 - 11）。受制于篇幅原因，这里重点批评近些年比较流行的两种诠释模式（图宾根学派的秘传模式与施特劳斯派的戏剧模式），同时指出整体性的论证分析方法是接近柏拉图哲学思想的较好途径。

① 施特劳斯及其追随者们着重从对话的多样性、人物、情景和谈话开始解读对话。至少在其最初的形式中，"施特劳斯派研究方法"可能——至少在原则上——是所有涉及柏拉图文本研究方法中在戏剧方面最敏感的方法。它的方法论很难总结，但也许可以公平地说，它包括试图探究人物的选择、人物的背景以及他们之间的相互作用是如何影响"论证"的结果的。这种方法的核心特征之一是它运用了（苏格拉底式的）反讽概念。这种解读方式其实很容易被滥用。关于施特劳斯派研究方法的探讨，参 Rowe（2015）。

柏拉图哲学观点的来源问题，以期厘清某些困扰学界已久的基本争端；第二步回答如何读柏拉图以及由此牵引出的涉及柏拉图创作意图的问题。基于这一研究框架，下文将首先说明柏拉图哲学观点的来源问题，指出柏拉图思想的全部要义包含在柏拉图对话录里，而非图宾根学派觅求的未成文学说（ἄγραφα δόγματα）①中。其次，指出历来诠释柏拉图思想的路径之所以如此丰富多元，是因为诠释者们常带入各自不同的理论背景。受限于柏拉图对话录是戏剧作品或诗剧而非哲学论述的认知，以利奥·施特劳斯（Leo Strauss）为代表的诸多诠释者既不能正视逻辑论证在柏拉图哲学中的重要性，也不能解释苏格拉底为何在绝大多数对话录中担任主讲人的事实。最后，将试图借助当代理论资源，说明柏拉图撰写对话录的可能原因，并借此来理解柏拉图的创作意图。这里所欲证成的核心观点是：作为理智上诚实却又不轻信苟从的哲学家，柏拉图把哲学论辩或论证看作是一种合作性的事业和活动，而非一种单纯竞争性的游戏：对话参与者们在绝大多数论辩中不是相互敌对的对手，而是追求真理的合作伙伴，这是柏拉图对待对话者的方式；将对话者置于自相矛盾的境地，不是论辩的目的和终点，而是发现真理之路、走向真理之本性所必经的磨炼阶段，这乃是柏拉图撰写对话录的出发点与落脚点。

---

① δόγματα这个希腊词既有教条、学说、教理之意，也有武断意见的意思，所以 ἄγραφα δόγματα 尽管通常被英译作"unwritten doctrines"（Nikulin, 2012: 5），但有时也会被译为"unwritten opinions"（Kraut, 1992a: 22）或"unwritten teachings"（Sayre, 2005: xii, 2006: 1）。这一研究进路的著名支持者和代表人物基本上都来自所谓的图宾根学派的成员，比如 Krämer & Catan (1990), Gaiser (1980) 和 Szlezák (2005)。这些人试图尽其所能地削弱成文对话录的重要性。关于这一学派的阐释路径的介绍，参 Nikulin（2012）和先刚（2014）。对于这种诠释路径的批评，参 Cherniss (1945), Frede (2006: 107 – 108) 和 Vlastos (1973b: 379 – 403)。此外，Findley (1974) 也坚持认为，存在所谓的未成文学说，但他的立场没有图宾根学派那么极端，因为他基本上是从对话录中寻找材料来印证未成文学说的合法性。

（一）未成文学说与对话录①之争

柏拉图哲学观点的来源是什么？答案似乎显而易见：对话录。②然而，一些迷恋于神秘解读和秘传教义的现代学者却基于一些所谓的"证据"而否认这点，或者故意贬损对话录对理解柏拉图核心哲学观点的贡献。③比如图宾根学派及其信奉者们就是这种观点的知名代言人。他们声称柏拉图的真实观点包含在他的口头教义中，即亚里士多德在《物理学》（*Physics* 209b11-17）中提到的"未成文学说"中④，因此宣称"为了完整而正确地理解柏拉图哲学"，读者必须把目光投向柏拉图的"未成文学说"，而且在他们看来，这个界定不是后人的发明，而是亚里士多德明确告知的⑤；此外，他们还将《斐德若》《第二封信》和《第七封信》中的一些只言片语视为柏拉图的"亲笔手谕"，一方面极力呼吁：读者要想完整了解柏拉图的思想，就不应当把眼光局限在柏拉图对话录的范围内，而是应当同时

---

① 这里尤指被人们普遍视为"柏拉图真作"的那些对话录。关于柏拉图作品的真伪性考察，参见附录3。

② 对于这个问题，大致有三种派别：（1）文本纯粹主义者组成的派别把柏拉图的著作，尤其是对话录视为柏拉图思想的唯一来源；（2）秘教论者有时也被称为"神秘论者"（esoterists），在原则上诉诸柏拉图对话之外的信息（如柏拉图的书信、古代传记和注释文本）来为"秘传解读路径"（esoteric approach）进行辩护，并在原则上假定柏拉图的某些重要学说并没有被写入对话，而是以讲义形式秘传给了学园内部成员；（3）中间派一方面承认有"所谓的未成文学说"，另一方面又强调这些学说可追溯到《菲丽布》，并认为后者是解开关于"论好"这个讲座的谜团的关键文本。我们这里的立场更接近（1）。关于三种阐释立场的介绍，参 Frede（1993：ixxvii）和 Corlett（1997：424）。

③ 关于柏拉图口传教义和神秘解读的讨论及其批评，可参 Guthrie（1978：Chapter 8）；Vlastos（1981a：396-397）。

④ 有关亚里士多德《物理学》中的这段话与"未成文学说"的关系的详细说明，参 Findlay（1974）；Szlezák（2005：132）；Nikulin（2012：5）。

⑤ 这种观点，参先刚（2014，页70）；Szlezák & Staehler（2014：160-166）；Sayre（1993：167-184）。

也去追寻柏拉图口头讲授的"未成文学说"①;另一方面则略带遗憾地指出:"这是一个简单的道理,但多少学者,出于各种理由,要么对这个要求置之不理,要么没有意识到这个问题的实质和重要性,要么在正确的方向上仅仅浅尝辄止。"②

对于这种看法,我们可从以下四个方面来提出质疑与反驳。

第一,在《斐德若》中,苏格拉底通过对书面哲学论述的评论而指出,阅读论文或著述有别于真正意义上的哲学推理,也不是后者的替代品(*Phaedrus* 274b - 278b)。这里的意思显然不是指,鉴于书面文字表达的局限性和言语作为一种教学工作的优越性,我们不必认真对待这种哲学论述的内容;柏拉图可能借此暗示,读者应当注意到,尽管书面哲学表达与口头论辩或口头言语相比有种种缺陷(如书面哲学语言缺乏灵活性,可能导致人的记忆力衰退),但他自己创作的哲学对话录会因其对话形式而成为最能克服书面作品之局限的文字表达形式。即便对话录不是理论上最好的表达哲学思想的媒介工具,它们也是人们目前所能想到的、可以在现实中最有效地操作实施的用以表达哲学思想的体裁。③

第二,《第七封信》的作者声明:哲学真理是不可言传的,其中一个重要原因在于这种真理不能以书面文字形式来表达(*Seventh Letter* 341b - 342a)。这个声明显然比《斐德若》中苏格拉底的说法更为激进。但我们应该注意到两个方面:一方面要认识到,这种夸大其词的说法很契合作者那种直接性的、辩白式的、挑起论战性质的意图——他很可能想借此引起人们对书面表达之局限性的注意,以便让读者就柏拉图哲学的所有书面记录的有效性和准确性提出质疑;另一方面则需考虑到"这封信是特意伪造的"的可能。就后者

---

① 这种观点,参先刚(2014,页70);Mueller(1993:115 - 134);Staehler(2013:65 - 94)。
② 这种观点,参先刚(2014,页70);Rodriguez-Grandjean(1998:243 - 247)。
③ 关于《斐德若》中苏格拉底对于书写作出的批评的真实用意的解释,参Ferrari(1987:204 - 205);Kraut(1992a:20 - 21)。

而言，《第七封信》中关于哲学、政治、历史及哲学与政治之关系的几个说法其实与对话录中的一些重要说辞之间存在根本性冲突。这种冲突无疑对这封信的真实性构成了实质性威胁，尽管该威胁不是致命的、摧毁性的。为该信的真实性辩护的学者可能会反驳说，即使它是托名伪造的，其中包含的一些历史性描述也可能是准确的、可信的，因而可以为我们研究柏拉图的政治抱负和从事哲学的动机提供十分有价值的线索。然而，即便如此，基于目前的研究资料和研究成果，我们仍不能以偏概全，肯定这封信的作者关于柏拉图就政治问题或哲学问题所持有的动机、态度或目的的整个描述和报道都真实可信、准确无误。①

第三，《第二封信》的作者声称：

> 防范的最好办法就是不把这些学说写下来，而是把它们记在心里；因为不让所写下的东西被他人知道是不可能的。这就是为何我从不写任何关于这些东西的文章。这就是为何没有，也将永远不会有任何关于柏拉图自己思想的书面作品。如今称之为他的作品是属于苏格拉底的，而且是属于一位理想化的、年轻（或译作"帅气和最新"）的苏格拉底的。(Second Letter 314c1 – 4)

---

① 关于柏拉图信件的真伪性，历来存有争议而未有定论。其中一些信件被广泛视为伪作。一些学者非常确信地指出它们全都是不可信的。我们这里倾向于认为这些信件全是伪作，尽管我们承认它们中包含的一些内容与柏拉图对话录中的一些说法相符。学者们对于这些信件的真实性提出的质疑，可参 Stenzel（1953：383 – 397）；Edelstein（1966）；Gulley（1972：Chapter 5）；Irwin（1992：51 – 89，n. 4，n. 40，n. 48）；Burnyeat & Frede（2015）。当然，并非所有人都这么看。有一些学者替其中一些信件（包括《第七封信》）的真实性做辩护，认为它们撰写于柏拉图晚年时期，可参 Morrow（1962）；Von Fritz（1971：408 – 47）；Kahn（1996：48，n.22）。此外，还有一些人认为即使这些信（尤其是《第七封信》）是伪造的，它们也提供了非常有价值的研究线索，可参 Sayre（1988：93 – 109）。

这段话的意思显然是说，柏拉图没有任何论述或专著，而所谓柏拉图的著作事实上属于"变得英俊和年轻的苏格拉底"。这个声称与《第七封信》中的那个声明有些类似：读者在其中可以感受到同样的夸大其词和辩白式的、挑起论战式的写作动机。① 同其他信件一样，该信似乎仅提供给我们一些关于作者希望人们应该如何按照它所建议的方式读柏拉图的证据，同时它热衷于为柏拉图披上神秘面纱，强调其核心思想只可意会，不可言传。

第四，关于所谓的"未成文学说"的合法性，我们可基于以下五点来提出质疑：

（1）就亚里士多德的评论的意义指向而言，《物理学》中的确有一段文字对柏拉图在《蒂迈欧》中关于"地方"（场所）的说法与他在"所谓的未成文学说"中的说法之间作出了区分（*Physics* Ⅳ.2）。但亚里士多德显然对后者没有予以特别重视。进而言之，他没有建议我们：不必重视柏拉图在《蒂迈欧》中的观点，因为这只是一个书面作品，或者应该优先考虑柏拉图的不成文意见，因为它是不成文的。事实上，亚里士多德经常试图从柏拉图对话那里得到关于其师之真正想法的信息。他从未给出这样的建议：由于柏拉图揭露和说明了写作的局限性与种种缺陷，并只用"言语"（*logos*）来传达他最崇高、最深刻、最深邃和最内在的哲学思想，因此只要有可能，我们都必须求助于所谓的"未成文学说"。就此而言，同图宾根学派的理解相反，亚里士多德对待书写作品和不成文的意见的方式恰恰极不利于我们采纳这个从《第七封信》中得来的忠告：为理解柏拉图，必须对他所说的但没有写下来的东西给予高度重视（Irwin, 1995: 5）。

（2）关于不可言传的"实在"（reality），亚里士多德确实在其他地方把某些观点归于柏拉图，而没有说明其来源出处是哪一部特

---

① 有关这封信所要达到的阅读效果的解析，参 Reeve（1988: 23）; Irwin（1992: 88, n. 82）。

定对话录，但他也同样没有明确指出这些意见是不成文的。例如，在《形而上学》中，他说，根据柏拉图，从某种程度上说，在"可感知的物体"和"相"（the Forms）之间，存在不同于二者的"数学对象"（mathematical objects）——它们不同于"可感知的物体"，因为它们是永恒不变的；它们也不同于"相"，因为它们是众多且相似的（Metaphysics 1.6 987b14–18）。此外，他认为柏拉图坚持这样的学说："相"的组成部分或构成元素是大和小，它们构成了物质元素，即作为物质的统一体（Metaphysics 987b18–21）。后面这段话特别重要，因为它表明，依柏拉图之见，"相"并不是最基本的实体，而是以某种方式从其他东西中衍生出来的。在这里，我们就有了一种可被称为是柏拉图关于"实在"的最深刻的思考，因为它假定了一些甚至比"相"更为基本的东西。这恰恰说明，在柏拉图看来，关于"实在"的思考是可以被语言所描述的。①

（3）就口传学说的系统性而言，没有十分可信的证据表明，存在大量关于柏拉图口传学说的文字资料；也没有十分确凿的证据说明，柏拉图的同事或弟子引用过柏拉图的任何言论，尽管他们在如何理解"实在"与"知识"的本性，以及对话人物言论方

---

① 亚里士多德在《物理学》和《形而上学》中把一些听起来非常奇怪的观点归于柏拉图。这些观点中有四个最为著名，它们依次是：（1）数来自对"一"中的"大和小"（the Great and the Small）的分有；（2）可感知的东西是由"相"与"大和小"构成；（3）"相"是由"大和小"与"一"构成；（4）"相"是数。关于亚里士多德报告的意义，学界有截然相反的立场。以图宾根学派成员 Gaiser（1980）和 Krämer（1990）为代表的一种立场认为，亚里士多德报告了一套由柏拉图口头传授的、但从未写下来传给弟子的教义，即所谓的"未成文学说"。以彻尼斯（Cherniss）（1945）为代表的另一种立场则坚称，亚里士多德根本没有理解柏拉图的观点，并且错误地报告了老师的观点。这两种立场尽管在许多方面针锋相对，但二者都主张，亚里士多德归于柏拉图的这些观点不可能在柏拉图对话中找到。在此之后，还有以 Sayre（1983，2006）为代表的第三种立场认为，亚里士多德归于柏拉图的所有这些观点都可以在《菲丽布》中找到；这一点并非一目了然的原因在于，柏拉图在《菲丽布》中使用了有别于亚里士多德所用的措辞来报告了它们。关于这一学术争议的总结，参 Sayre（2006：1）。

面存有重大分歧。另外，更没有可靠的文字材料显示，经由后人笔记或评论而遗留下来的这些所谓的构成"未成文学说"的材料组成了一个完备缜密的体系或者构成了对话录的智识基础和讨论背景，不论这个基础是否有助于解开对话录中的谜团或暗中破坏了对话录的权威。①

（4）就口头教义的私密性而言，几乎没有证据表明柏拉图的口头教义是秘传的，因为其最坚固、最可靠的历史文献证据之一就是他曾给弟子以及一般性的观众公开做过一个"论好"（Περὶ τἀγαθοῦ）②的讲座。

（5）就口头教义的重要性而言，几乎没有任何证据表明，柏拉图或他的任何其他类型的追随者对对话录的重视程度不及对口头教义的重视程度，即便是重视"未成文学说"的研究者也承认"阅读柏拉图的全部著作乃是研究和理解柏拉图哲学的一个基本前提"（先刚，2014，页40）。有些观点可能被称为"不成文的"，仅仅可能是因为柏拉图视它们为拓荒性的、试探性的；它们是激发读者想象力和创造性思维的材料，而非确定下来的、不容置疑的、成熟的解决方案。

总之，几乎没有来自内部或外部的成文证据给予我们任何充分的理由来否认对话录实际上承载或表达了柏拉图自己的哲学观点。可以说，在理解并掌握柏拉图哲学思想之事上，并没有什么所谓的"诀窍""秘籍"或"捷径"可言。我们唯一能做的，一方面是脚踏实地地埋头阅读对话录，另一方面是多向能人请教，积极参与哲学讨论。任何关于柏拉图思想的描述务必要以柏拉图对话录为主要依据。即便可以根据别的历史文献中的材料整理出所谓的"未成文学

---

① 关于口传学说是否存在系统性、体系化的说明，参 Cherniss（1945）；Frede（1993：ixxvii）；Nails（2006：11）。

② Περὶ τἀγαθοῦ 常被英译为"On the Good"，中文可译作"论好"或"论善"。有关"论好"这个讲座的真实存在性的说明，参 Ross（1955）；Gaiser（1980：5 - 37）。

说",这种学说对我们理解柏拉图也只能起辅助性的、间接性的作用。它们作为研究柏拉图思想的二手材料,绝不能取代对话录在理解柏拉图哲学观点中所占据的那种主导性地位。

(二) 戏剧解读与逻辑论证分析之辩

把对话录视为柏拉图哲学观点的来源和依据,只解决了"读什么"的问题。接下来面对的问题是"如何读"。这也是柏拉图研究界争论最为激烈、最富于挑战性的问题之一。这种争议和挑战源于人们认识到这一事实:除了几封真假难辨的书信以外,柏拉图所有著作几乎都采取了多人之间进行对话的呈现模式。而且,柏拉图本人从未在对话录中担当过任何有台词的人物角色,即他从未以自己的名义在其中讲过话。柏拉图在对话录中的位置就类似于剧作家或导演在剧本或电影中的位置:他虽没有在对话录中"现身",但又无时不在。因此,读者无法确定他对对话人物言论所持的态度是什么,也无法确信他在多大程度上同意他的主角,即便当主角是苏格拉底时(Frede,1993:ixxv;Cooper,2012:67)。这里就涉及一个关于读柏拉图的方法论问题:仅根据对话录中对话者们的说法,我们如何才能知道柏拉图本人的真正想法或信念?熟悉文艺诠释理论的人大都会同意,古希腊戏剧、莎士比亚戏剧或《红楼梦》等古典小说中的某个人物角色的说法并不必然代表和反映作者的想法。相应的,在读一部柏拉图哲学对话录时,我们为何要搞特殊、作出不同假设呢?我们凭什么假定这些对话录中的某一个人物(尤其是主角)的言论准确呈现了柏拉图本人的想法?一些学者将柏拉图哲学对话录类比成戏剧性著作,认为应该把这些对话录主要作为戏剧作品而非哲学论述来读,因而特意强调在这些对话中"论证是作为戏剧的附庸"而发挥作用的(Arieti,1991:11)。依据这种思路,对话中就没有哪一位对话者的言论包含柏拉图的思想,正如戏剧中没有任何一位人物角色的言论揭露了剧作家的信念一样。这种观点最激进的代言人是施特劳斯。他在《城邦与人》中振振有词地说:

柏拉图未曾在任何一篇对话录说过什么。因此，我们不能从它们中知道柏拉图的思想是什么。如果有人从对话录中引证某一段话来证明柏拉图坚持这样那样的观点，他的做法就好比断言，据莎士比亚所说，生活是一个傻瓜所讲的故事，充满着喧哗和骚动，却找不到一点意义。（Strauss，1964：50）

通过援引《斐德若》中对于写作的消极态度以及《回忆苏格拉底》中对于苏格拉底的记述，施特劳斯接着指出，柏拉图在用对话录精心将"有益的意见"引荐给普通的读者，同时把"真理"透露给那些"拥有最好本性之人"。因此，柏拉图自己信念的真实面目与苏格拉底通过论证而去支持的那些信念非常不同（Strauss，1964：53–55）。例如，《理想国》向已入门的读者指明："正义的城邦违背自然，因为性别平等和绝对的共产主义违背自然。"（Strauss，1964：127）

尽管"对话录"与"戏剧"这两种体裁中确实都存在两个、三个或更多角色之间的对话，但在我们看来，即便假设可以将柏拉图对话录类比成或等同于戏剧作品，该假设指导下的解释在许多方面对读者依然具有很大的迷惑性和误导性。可以从以下三个方面对此展开说明：

第一，该假设最明显的问题在于它没有充分意识到二者在创作意图上的不同。古希腊悲剧作家和喜剧作家撰写戏剧的初衷，是为了参加戏剧竞赛，能让自己的作品在为城邦公民举办的宗教节日庆典上上演，以便赢取丰盛奖品与阵阵喝彩。柏拉图在撰写对话录时并没有这样的意图；他把精心设计的台词分配给他的发言人，不是为了赢得比赛和奖励，也不是为了创作出一部能取悦官方和让广大观众在情绪上产生共鸣的漂亮作品。他撰写对话录的主要目的是探求真理、明辨是非、达到完善的理解。因此，不同于古希腊剧作家，柏拉图的写作目的主要在于创造出一部用词恰当的哲学作品，使之成为可以引导人走向真理并改善其灵魂的一种工具。为了实现这一目的，他可能会去设计一个可以陈述其真诚信念的主要发言人。总之，问题的关键在于我们如何理解柏拉图的创作目的。如果如我们所认为的，柏拉图的这个目的不同于剧作家的，那就完全有理由反过来倒打一耙：指责那些剧作家们缺少一个将其作品中的主要发言人用作陈述自己信念之喉舌的创作意图。在此意义上讲，柏拉图对话录不仅在内容上，而且在形式上也构成了对古希腊悲剧作品的反抗，即它本质上含有反悲剧的元素。[①]

第二，不同于那些急于击败对手并使讨论最终以 aporia（困惑或僵局）而告终的早期对话，柏拉图中、后期的许多对话录都展示了对话者之间所存在的那种强调沟通合作的探究精神和方法。这些对话虽然都包含相互之间问答的几个说话者，但其中的人物都是通过合作方式来发展和完善哲学理论的。其一，在《菲多》中，苏格拉底先是颇有耐心地静听他的对话者们三番五次地攻击他的灵魂观念，然后有条不紊、循序渐进地对此一一提出有层次、有深度的说理反驳，并最终成功将众人说服。其二，在《理想国》中，苏格拉底在第一卷中刚把色拉叙马霍斯驳得哑口无言后，在第二卷开头就受到了来自格罗康和阿德曼图兄弟俩的挑战。但他通过对剩余九卷的论述，最终还是说服二人接受了自己的答复。其三，在《泰阿泰德》中，苏格拉底和对话者泰阿泰德通过合作方式，共同摧毁了他们要讨论的各种关于知识的概念。其四，在晚期对话《菲丽布》中，苏格拉底在将菲丽布驳得无言以对之后，经过屡次三番的努力，最终完全让起初还拼命反抗的菲丽布队友普罗塔库斯放下戒心，变成了一位被用于澄清论证的温驯应声虫。[②] 这样的例子不胜枚举。这些例子足以说明：（1）柏拉图使用对话形式进行创作的目的不可能仅在于将对立角色之间的冲突进行戏剧化处理，用"竞争性的冲突"

[①] 有关柏拉图对话录与古希腊悲剧作品之关系的探讨，参 Nussbaum（2001：134）。

[②] 有关《菲丽布》中普罗塔库斯最后被驯服的说明，参张波波（2013，页 474 – 475）。

来表达相互抵触、自相矛盾的哲学思想；（2）他设计这些复杂难解的对话录的目的也不可能仅在于给读者提供智力体操和思想训练，因为倘若如此，他只需简单记录和罗列就一个哲学问题处于相互对立之中的两个阵营给出的尽可能多的论证，这样可以更好地服务于这个目的。就哲学论辩（论证）技巧而言，对话中的苏格拉底确实采用了智者派（Sophists）① 所开创的那种让论辩参与者所提出的假设遭受批判性质疑的方法（如"辩驳法"或"问答法"），然后再从那个假设的支持者所坚持的一套信念中推导出矛盾。然而，对话中的苏格拉底与智者派的主要区别不在于论辩方法上，而在于论辩目的上。作为对话录中苏格拉底的实际操纵者，柏拉图始终认为，智者派视论辩为一种竞争性的游戏，而在这种游戏中取胜的关键在于使对手陷入自相矛盾、困惑迷茫的思想境地。相比之下，柏拉图则把论辩视为一种合作性的事业，参与者在其中不是相互敌对的对手，而是追求真理的合作伙伴。概言之，论辩不是为了取胜，而是为了求真；论辩者不是相互猜忌和仇视的敌人，而是相互坦诚相待的真理爱好者。因此，在柏拉图看来，让对话者处于自相矛盾的思想境地，不是像智者派所认为的那样，是游戏的目的和终点，而是发现真理之路、走向真理的必经阶段，是为成功抵达目的而去积累经验与知识的关键环节。②

第三，当把这些对话作为一个整体来阅读时，它们便会呈现出

---

① 严群先生把"Sophist"译作"辩士"（严群，2011，页7）。其实这个词要翻译为中文，并非易事。如开头关键术语表所示，它在中文语境中有四种常见译法，我们选择了最为常规的一种译法，即"智者"。当然，此"智者"并非中文语境中的"智者乐水"中的那类智者。

② 例如，对色拉叙马霍斯来说，论证是一场竞赛，是一场关乎输赢的较量，而承认苏格拉底论点的合理性就意味着他本人在这场较量中处于下风。对柏拉图来说，哲学必须是一种对"真理"展开的合作探索，而不是一种竞争性的比赛。柏拉图在《理想国》中认为许多人对哲学有一种错误看法，因为他们未能理解（与法庭或私人谈话中发生的许多事情不同）哲学追求的是真理，而不是胜利（499a）。有关柏拉图与智者派分别对待论辩的态度的分析，参 Taylor（1997：5-6）；Wilson（1995：67）。

我们期望在作品中所看到的那种完整记录了一个正努力表达和论证其所理解的"真理"的个体的智力发展轨迹。这种轨迹中既有发展，也有逆转，但总体来说一直保持着某种连续性。这种连续性强有力地表明：柏拉图正在使用他的一些主讲人（尤其是苏格拉底）来表达自己的观点。这一看法也是亚里士多德及其追随者在读柏拉图对话时所坚持的工作假设（Irwin，1995：6；Peterson，2011：227）。尽管人们通常指出，苏格拉底或其他主讲人代表柏拉图讲话的想法仅是一个"推断"（inference）（Dancy，2004：2），但事实证明这是一个合理的推断。虽然"对话体"这种表达形式可能被这位哲学家用于揭露由所有对话者所表达的某些观点的一些不足之处，但有一些明确而又强有力的证据表明：这其实并不是柏拉图主要从事的工作。他的作品所具有的那种对话体表达形式并不必然说明：它们是作者用以清楚地表达和捍卫某些观点，并打败另一些观点的工具。诚然，柏拉图对话录不是哲学论文（Cooper，2012：67），但它们中的大多数与哲学论文共享一些重要目的。

但是，上述讨论引出了另外一个问题：柏拉图为何一心致力于创作对话录或"苏格拉底式对话"，为何不单纯地撰写哲学论文？对此，首先可以基于前人对于柏拉图生平及心路历程的研究而作出这样的回答：柏拉图以一个"著者"的身份开始他的职业生涯，为的是把哲学和苏格拉底的生活方式完整地表达出来。[①] 他特别重视"苏格拉底式哲学"（Socratic philosophy），所以才撰写"苏格拉底式对话"（Socratic dialogues）。其次，需要说明的是，他这样做的意图不是纯历史性的。他将苏格拉底的言论视为智慧和深刻洞见的典范，所以塑造了关于苏格拉底的肖像，以便他和其他志同道合之人深切而持久地缅怀这位了不起的人物。苏格拉底首先是一位热衷于与别

---

① 关于柏拉图进行哲学创作的动机的说明，参 Vlastos（1991：51 – 53）；Irwin（1992：51 – 90，1995：7 – 8）；Kraut（1992a：1 – 50）；Rutherford（1995：8 – 9）；Nussbaum（2001：122 – 135）。

人交谈，并希望在交谈中启迪他人的哲人，而不是致力于构建系统性学说或哲学体系的职业哲学家。所以对柏拉图而言，对话形式是表达苏格拉底生活和思想的完美媒介。但柏拉图本身又是一个很有思想抱负的创造型哲学家，而不单纯是苏格拉底诸多追随者中的一员，所以他尽管仍沿用对话形式来表达哲学思想，但会拓展哲学的边界，提出一些超越于他老师的观点的新观点。我们无须把他决定采用对话体进行哲学创作的动机视为一个永远解不开的谜。对话表达形式提供了一种简单而自然的交流方式，这种方式有利于传递作者的意图：期望读者对正在讨论的理论提出质疑和挑战。向一些说话者分派反对意见，并视他们为假想敌，是一种澄清和捍卫所提出的观点的生动而又有效的方式，这种方式在现代学术期刊论文写作中也是不可或缺的写作技巧。再次，《斐德若》中对于写作所表达的疑虑，也可能为柏拉图在发展自己的哲学时仍保留对话形式提供了一个有力的注解。诚然，口头交流是哲学至关重要的工具，但不容否认的是，阅读书籍也可以诱使我们相信：这种与书面文字的相遇本身对于追求智慧就已足矣。因此，他在写作中注入某种用以提醒读者的教义——有着深邃理性的洞见产生于与他人的深入讨论，而非单纯的阅读——是完全可以理解的。他选用对话录，是希望每一位读者都能积极地参与到探求真理的大讨论中来。除了使作者的每一部作品成为一部对话，还有什么更好的方式来表达这种反对"滥用书籍"的呼吁呢？即使就一些早期对话录如《普罗塔戈拉》和《高尔吉亚》而言，当它们没有呈现什么戏剧张力，也没有表达什么真正对立的观点时，它们也仍然继续服务于作者在对话录中暗藏的这个重大写作意图。

有些人对这样的答复并不满意。他们注意到，柏拉图在表达自己的哲学观点时表现得不够真诚率直：他把自己的意图隐藏在一种十分费解的戏剧中，而对话这种戏剧形式是他用以避免告诉我们他所相信的一切想法的一种策略。简言之，他们认为，柏拉图这样做，是想与他塑造的人物所表达的观点保持一定距离。① 沿着这条思路，还有一些学者假定，不应当把柏拉图对话录中的缺陷、悖论、张力和谬误视为"柏拉图没有良好推理能力"的证据。相反，应当将其视为"柏拉图有意引诱读者自己来厘清对话结构、明确行文思路"的迹象。根据这种解释，柏拉图的推理在诸多方面存在缺陷，所以读者必须在以下二者之间做出选择：要么指责柏拉图是一位写作能力差劲的哲学家，要么认为这些对话不包含任何关于柏拉图自己所坚持的论点的证明，它们仅仅是引诱读者去独立思考的一个诱饵。② 这样，一些人甚至可以据此推出，柏拉图的写作目的之一是让读者自行思考；为了实现这一目标，他故意将错误、谬论、歧义和其他缺陷插入到他的作品当中。因此，每一部对话中的内在冲突恰好说明，读者不应当把苏格拉底视为表达柏拉图哲学观点的喉舌（Griswold，1988：98－99）。有些学者在这条思路上走得更远。他们指出，无论作为哲学家还是作为剧作家或诗人，柏拉图都有他自己的信念。然而，他在写作时相当谨慎，从不轻易把自己的想法或秘密告诉他人；他让他的读者在发现他的真实想法之前必须做大量工作，比如注重"显白"（exoteric）和"隐微"（esoteric）之间的区分。③

---

① 这种写作意图的详细说明，参 Hyland（1968：38－50）；Reeve（1988：23）；Griswold（1988：5）；Ferrari（2015：191）。

② 这种引诱性的解读，参 Prior（1997：109－124）；Kahn（1981：305－320，1998：38－42）。

③ 同图宾根学派一样，施特劳斯派也喜欢用"显白"和"隐微"这两个术语来区分柏拉图的写作方式。但需要指出的是，两个学派对此的理解截然不同。相关讨论，参 Nikulin（2012：10）。事实上，对"隐微"的强调使得"图宾根学派"和"施特劳斯派"成为"秘传教义研究者"（esotericists）中的两大阵营。二者的主要区别在于，图宾根学派认为柏拉图通过口头言语表达了他的真实思想，并认为应该用经由"教理传统"（doxographic tradition）保留下来的涉及"思想"的残余材料来解释这些对话；施特劳斯派则认为柏拉图将他的真实思想隐藏在对话录中，这样它就不会被不配读它的读者所发现。因此敏锐的读者是通过观察柏拉图在对话录中没有说什么（而不是他说了什么）来发现他的想法的。有关这两种诠释传统的相关论述，参 Byrd（2007：369）。

所以，为了看清柏拉图的用意所在，他们强调，读者必须摆脱甚至超越每一部对话录实际所说的表层内容，仅把其中包含的每个对话者的发言视为作者为促使读者去寻找文字背后所隐藏的信息而作的表面文章。这种接近柏拉图思想的方式，不需要把他的那些不成文的意见视为他试图在对话中指向的真理。因为这种方式假定，每篇对话本身就包含我们所需要的用于理解该"对话录"本身的所有材料，但是这些材料就像一种需要被破解的字谜一样，因此读者不能只看表面意思，需要透过字面意义挖掘其中所隐藏的微言大义。换言之，柏拉图对话录是用密语写成的作品；对话者们在对话录中所明确陈述的信息，只是我们在挖掘柏拉图对话录中所隐藏的信息时所依据的材料（Strauss, 1988：22 – 37）。

第一，这是一种接近柏拉图思想的危险方式。即使在对话者推理过程中发现了一个我们认为是"缺陷"的缺陷，也需要问：柏拉图本人是否认为它是一个缺陷？他是否有意让读者认识到这个缺陷？为了表明柏拉图暗中从事这样的工作计划，我们就得揭示出对话中确实存在着一种关乎严重错误的模式，因为只有这样，我们才可以合理地推断说，柏拉图有意把这些缺陷用作向我们传达某种重要的、值得重视的信息的技巧。然而，很难确定对话中存在这种模式。

第二，为了捍卫这种接近柏拉图思想的方法，我们不得不假定，柏拉图心怀鬼胎，有一个不可告人的、用于从事带有欺诈性质的、迷惑性的哲学实践活动的动机。除非诉诸那封很可能是伪造的《第七封信》，否则很难找到这样的动机。是像一些人所认为的，柏拉图隐藏自己的观点，是因为害怕因言获罪，担心被迫害吗（Strauss, 1988：34 – 35）？显然不是。诚然，柏拉图通过苏格拉底受审的形式目睹了政治迫害的残酷性。《理想国》也的确劝告民主制下生活的哲人为了自己以及亲人朋友的安危，尽可能寻找隐蔽的地方安全躲避"风暴"；在公众面前尽可能保持沉默，只在私下里追求哲学（*Republic* 496c – e）。但这并不足以说明，他隐藏自己心中的真实想法，只是为了避免遭受同样的命运。若是这样，那按照同样的推理方式，我们甚至可以得出，所有见证过他人受政治迫害的思想家都以一种秘传的方式进行写作，如果他还想活命的话——这显然是荒谬的（Burnyeat, 1985: 30 - 36）。其实，柏拉图对雅典民主的异议、担忧、怨言与批评在《申辩》《高尔吉亚》《理想国》和《法义》中得到了公开宣示：（1）民主制以自由与平等为特征，其培养的民众喜好无常，拜金而怕死，是跟着感觉走的欲望之奴（Nussbaum, 2001: 137 - 138）；（2）哲人在民主制下不能畅所欲言，除非他不考虑自己或亲朋好友的性命安危。① 他这样写，显然不是为了讨好当时（或现在）的大众。他想隐瞒自己的想法，是因为他认为应该强迫他的读者们自行思考，而不是让他们把他当作权威吗？这也不太可能。因为从亚里士多德和其他古代作家关于柏拉图主义者们观点的报道可知，他们内部是分裂冲突的，而没有组织成一个有着一致意见的统一体。亚里士多德本人提供的证据表明，在学园内部有很多反对"相论"的人。比如，在《形而上学》中，可以看到大量关于柏拉图学园中的人对于"数学对象"持有不同意见的描述（*Metaphysics* XIII, XIV）。此外，还可以基于一些历史文献得知，学园的第一任继任者斯彪西波（Speusippus）和第二任继任者齐诺克雷蒂（Xenocrates）在很多重要方面都背离了柏拉图的思想（Guthrie, 1981: 457 - 83）。考虑到所有这些争论，不难看出，柏拉图不太可能相信他的著作会被许多人视为权威性文件，更不会相信它们会被后人不加任何质疑地全盘接受。

第三，如果柏拉图认为必须将对话表露的那种显而易见的意思放置一旁，而去揭露其隐藏的信息，那我们就很少或甚至没有什么可以作为证据利用的材料了。例如，假设我们认为柏拉图在《理想国》中故意提出糟糕的论证来支持"正义比不义更有益"的论点，

---

① 柏拉图对于民主制最著名的批评，参 *Republic* 555b - 565e；有关柏拉图关于民主制下哲人的政治言论及其局限性的讨论，参 Yunis（1996: 117 - 171, 217 - 223）；Nussbaum（2001: 137 - 138）。

那么，即使我们发现这个论证事实上有缺陷，这种缺陷也只能是柏拉图故意设计的。即使我们可以颇有道理地说明柏拉图有这种用于欺骗读者的动机，我们依然面临一个巨大的阐释难题：我们应该从这部对话录中阐明怎样的隐藏信息？诚然，柏拉图笔下的苏格拉底有时发表的言论仅揭示了其对话者们的想法，而不表达他自己的信念（Peterson，2011：xii）。但就《理想国》而言，我们要认为，柏拉图在这篇对话中正试图向读者说明，他真正的代言人并非苏格拉底，而是主张"正义是强者利益"的色拉叙马霍斯吗？[1] 难道柏拉图认为正义事实上不比不义更有益吗？难道他在试图说明，虽然正义比不义更有益，但我们不应当试图借助《理想国》中苏格拉底使用过的论据来确立这个论点，而是必须去探索我们自己的论证策略？抑或，他是要说明：关于"何为有益"的论证不可避免地会将读者带入误区，因为道德是人类理性无法接近的人类生活的一个领域，不能通过对道德的有益性或有利性进行探讨来替道德辩护？[2] 可能还有许多其他的可能性，我们可以继续设想下去。但无论这些设想的具体内容是什么，可以肯定，按照这种解读路径，它们中的任何一个都不能因为在柏拉图对话录中找不到依据而受到诋毁。因为这种阅读柏拉图对话录的方法的全部意义在于，读者不能期望在文本字

---

[1] 谁是柏拉图的代言人，是一个比较有争议的问题。有些人如 Drury 认为，对于 Strauss 来说，是色拉叙马霍斯，而不是苏格拉底，才是柏拉图的发言人；而追随柏拉图，就像 Strauss 声称的那样，就是追随色拉叙马霍斯。C. H. Zuckert & M. P. Zuckert 认为 Drury 误解了 Strauss 的意思。按照 C. H. Zuckert & M. P. Zuckert 的看法，Strauss 发现柏拉图在《理想国》中的代言人是玻勒马霍斯，而不是色拉叙马霍斯。当然，C. H. Zuckert & M. P. Zuckert 接着补充说，这一说法也是不准确的，因为 Strauss 关于柏拉图对话的真实观点是，没有人是柏拉图的代言人。有关这个问题的详细探讨，参 C. H. Zuckert & M. P. Zuckert（2008：167 - 168）。

[2] 一些人如 Prichard（1912：21 - 37）认为《理想国》中的道德哲学基于一个错误，因为它通过道德的有益性或有利性来替道德辩护，而这种辩护根本上是失败的，因为它未能对"道德责任"（moral obligation）作出解释。但也有一些人如 Allen（2006：xx - xxii）并不同意这种看法，指出《理想国》试图论证道德与利益之间不存在真正的冲突。

面意义上找到作者所相信的东西,因为作者的真实想法往往与他的对话者所说的话的字面意思截然相反。但是,我们基于"对话录的字面意义不包含柏拉图所相信的任何说法"这一假设而将我们在对话录中发现的显而易见的思想抛弃之后,就关于柏拉图所真心相信的说法的种种建议而言,我们便一方面无法去支持其中的这个建议,同时也无法反对另一个与之截然相反的建议。正如很多人注意到的,这种阅读方法会让我们读者最终迷失在一种"不确定性"(uncertainty)之中(Frede, 1993: ixv; Ferrari, 1997: 64)。

那么,在阅读柏拉图对话录时,我们究竟该坚持怎样的工作假设,以此更好地理解柏拉图的思想?首先,在我们看来,这个假设是:柏拉图在每一部对话中都让主要对话者(如苏格拉底)通过某些论证来支持或反对某些结论,因为柏拉图也是出于某些原因而去支持或反对那些结论的。以这种方法解读他的作品时,我们不需要对他为何写作以及他为什么以对话形式写作等这些问题做出任何危险的假设性回答。当文本中的某些段落甚至整个对话都似乎与我们所支持的这种阅读方法相抵触,并且文本中明显暗藏作者的欺骗性动机、反讽、否定或归谬式推理等论证策略时,我们总是可以自由地调整并质疑我们的工作假说(Vlastos, 1991: 21-44)。这也是许多杰出学者采用的方法。这种方法提高了我们对对话录的理解水平。这个方法论原则不是关于柏拉图必须如何来读的某种先验假设;它是由对文本的思辨性阅读所暗示并由其成果所证实的一个颇有成效的工作假设。

其次,即便我们在对话录中实际上找到的是论证、反驳和困惑,而非学说(McCabe, 1994: 18),这也不能抹杀这个工作假设的意义。事实上,以我们推荐的这种方式读柏拉图时,我们可以利用我们在对话中所掌握的任何材料来帮助我们理解对话录:如果在同一篇对话中出现的不同时间点上的场景设置有助于我们理解论证,或者如果柏拉图关于对话者的性格特征描写给我们提供了关于"论证"为何采取了其所采取的路线的线索,那这些信息将更有助于我们的解释和理解,而不是相反(Stokes,1986:1-36;Blondell,2002:37-53)。对场景设置和人物刻画的关注,本质上决不与坚持认为"苏格拉底或其他对话者是表达柏拉图哲学思想的喉舌"的想法相冲突。在坚持这一原则的前提下,不难看出,对话录中的这些戏剧性特征仍然具有十分重要、深远的意义,因为它们可以为对话中隐藏的信息提供线索。当然,正如有可能曲解对话者的演讲内容或误解它与其他演讲内容之间的联系一样,读者也有可能误解对话的戏剧特征的重要意义。任何一种错误都可能会导致其他错误。在解释每一部柏拉图对话,甚至对话的每一文段中都存在解释上的困难。即便如此,我们也不能因为自己在理解文本过程中遇到了困难,便轻易相信文本本身充满不可解决的矛盾,进而将之弃置一旁。

总之,除非有更确凿的、更强有力的证据表明我们坚持的这种阅读方式是不对的,否则就应该认为柏拉图的哲学观点来源于对话录,而非所谓的未成文学说或书信。作为一个以写作来交流思想的人,柏拉图本质上是理智上诚实的哲学家,而非刻意制造戏剧冲突的普通剧作家、诗人、艺术家或文学家;他撰写对话录的目的主要不是历史性的或文学性的,而是哲学性的。他利用他的对话者们的演讲内容、他们会面的原委和由他本人所支配的其他材料来陈述、阐明他所相信和支持的结论,以及接受这些结论的理由。所以柏拉图哲学对话录既是柏拉图思想的主要表达媒介,也是其思想的最主要来源,对研究柏拉图思想都有着至关重要和无法取代的作用。这是正确解读柏拉图思想的路径,也是研究柏拉图的一个基本前提假定。无论是未成文学说,还是柏拉图的书信或者其他古代作家关于柏拉图思想的记录都不能与柏拉图对话录本身在研究柏拉图思想时所起的作用相媲美。戏剧性的阅读方法在解读柏拉图对话录时所起的作用只能是辅助性的,而非决定性的。在柏拉图很多对话录中担任主讲人角色的苏格拉底尽管不能等同于历史上的苏格拉底,但他无疑是柏拉图以历史上的苏格拉底为原型并辅之以一些历史材料而创作出的哲人形象。他在《理想国》中充当着柏拉图的主要喉舌，其志在于向读者描述一种真正值得过的生活，这种生活既是正义的、幸福的，也是哲学的。① 实际上，"何为真正值得过的生活"与"应该怎样生活"密切相关。后者是古希腊哲学的主题，也是本书的最终落脚点。《理想国》显然与该主题密切相关，它的第一卷与之关系尤为亲密。因此要回答这个问题，就需从第一卷开始。

二 为何重读《理想国》第一卷

回归文本、注重文本细节，细化研究的主题和问题已成为古典哲学研究的趋势。正是顺应这种趋势，本书坚持从文本出发，始终恪守"有几分证据说几分话"的研究原则，以期从中找到以往研究忽视的"遗珠"并用自己的方式展示出来。具体地，本书没有以《理想国》整本书作为研究对象，而是只选择其中的第一卷作为重点研究素材，同时把剩余九卷以及其他各篇对话录作为研究之辅助性材料。这一研究思路的优点在于坚持"小切口，大视野"，注重"整体视角下的精细"：一方面避免研究范围过于宏大，而让相关讨论沦为泛泛之谈；另一方面防止孤立地看待第一卷的问题而使得讨论脱离支撑它的文本土壤。

---

① 一般认为，对于一些古希腊哲学家来说，哲学本身就是一种生活方式，而苏格拉底自己在这一传统中为所有后来的思想家设定了模式，使哲学化的活动（哲学讨论和论证）成为最好生活的核心。所以在这个传统中，哲学确实是一个研究课题；它有基本的原理，有理论，有论证，有分析，有驳斥诱人而错误的观点，等等。柏拉图在很大程度上继承了苏格拉底的这种理念，并试图用"论证"重塑这种理念。关于古代哲学作为一种生活方式的讨论，参 Cooper（2012: 6）。当然，也有人对"古代伦理学是作为一种生活方式的哲学"这一提法提出了严肃的批评，参 Irwin（2014: 389 - 401）。

《理想国》第一卷被普遍认为起始于327a，而结束于354c。① 其重要意义或研究价值大致体现在两方面：一是，它对于《理想国》整篇对话的研究意义；二是，它对整个柏拉图哲学思想阐释的重要性。这二者相互渗透、紧密联系交织在一起；前者是后者的前提，后者是前者的逻辑延续。

（一）备受争议的"序曲"

从《理想国》的整体布局来看，第一卷的重要性主要体现在它在内容与形式层面的独特性上。这种独特性既让它有理由被视为一篇专门论述正义之本性的具有"苏格拉底式对话"（Socratic dialogues）风格的相对独立的对话，又使它构成了《理想国》剩余九卷的一个"前奏"或"序曲"（prooimion）（cf. II 357a2）。② 这样，就在柏拉图哲学研究学界产生了一个富有争议的话题：第一卷究竟应被归于柏拉图早期对话，还是中期对话？在研究《理想国》时，这个问题一直以来都存在着相当大的分歧和争议。以往一些西方学者敏锐地捕捉到了两点核心信息：第一，第一卷无论就其讨论方式还是结构安排、语言表达或书写风格，都与讨论某种"道德品质"的早期对话的气质十分相似，因而可以说它具有很强的"苏格拉底特征"（Socratic character）③；第二，与其他九卷相比，只有第一卷

---

① 人们通常在"《理想国》是否可以划分为十卷"这一问题上存有争议。几乎可以肯定柏拉图在创作这部作品的时候并没有对各个卷进行划分的意图，是后来的编辑将其划分为十卷。这些划分大致对应于各卷主题的范围，但并不总是如此，例如第一至第二卷中戏剧性的结构表明对话在第二卷368c4处有明显断裂。尽管如此，本书遵循约定俗成的原则，仍接受传统的十卷划分思路。相关讨论参 Pappas（2003：19）；Emlyn-Jones & Preddy（2013：ix, n. 5）。

② 有关第一卷的独特性的分析，参 N. White（1979：61）。

③ 有很多人认为，相比《普罗塔戈拉》《高尔吉亚》《美诺》《菲多》及《理想国》其余几卷，第一卷写作的风格更接近《拉凯斯》《查尔米德》和《游叙弗伦》等早期对话的风格。详细论述，参 Irwin（1995：169）；Nichols（1987：25-26）；Kosman（2007：116）。

秉承了早期对话的那种"只破不立"的讨论风格，向读者戏剧性地呈现了对于各种正义观念的苏格拉底式批评，而此后九卷中的"苏格拉底"则明显褪去了"苏格拉底式信念或论证方法"的光环，由此变异成了柏拉图言说自己想法的一个工具。①

受这种思想影响，一些西方学者如弗拉斯托斯（Vlastos）基于文体风格学的研究更是提出这样的大胆假说：第一卷的成书年代明显早于《理想国》其他九卷；它与论勇敢的《拉凯斯》（Laches）、论虔诚的《游叙弗伦》（Euthyphro）、论友爱的《吕西斯》（Lysis）和论节制的《查尔米德》（Charmides）等"无解"（通向绝境或困惑）对话平行并列，本名应是《色拉叙马霍斯》，是一篇论正义的早期对话，但后来不知因何缘故被柏拉图用作中期对话录《理想国》的一个引言。② 这种假说在很大程度上影响了国内老一辈研究希腊哲学史方面的专家学者的判断。比如，范明生先生在《希腊哲学史》（第二卷）中总结似的断言：

> 《理想国》篇幅之长在柏拉图所有对话中仅次于《法篇》，有近300标准页，全篇分为十卷，但这可能不是作者自己划分的。因为从内容讲这种分法并不妥当，有些该分开的没有分，而不该分的地方反倒分开了，所以可能是古代某个人为了保持卷帙的平衡而划分的。这么大的篇幅看来不是柏拉图在一个时候写定的，所以内容并不前后一致贯通。有前后倒置以及重复出现的情况。因此关于这篇对话的写作时间，在西方学者中曾

---

① 不少人强调，柏拉图创作第一卷，意在让读者联想到"苏格拉底式对话"，参Annas（1981：17-19，47）；Reeve（1988：3-5）；Kahn（1993：131-138）；Nachman（1966：301-304）。

② Vlastos等很多人认为第一卷自成一个整体，属于早期对话之列；其写作时间明显早于《理想国》其他部分。详细探讨，参Vlastos（1991：Chapter 2）。根据Friedlinder的说法，"色拉叙马霍斯"这个名字是1895年由F. Diimmler赋予这篇假定的对话的（参Friedlinder，1958：305，n. 1）。对于这种看法的批评，参Kahn（1992：233-258）。

有过不少争议,现在比较公认的意见是第一卷无论从文字风格看,或就其内容(苏格拉底和智者等人讨论什么是正义,要为正义下一普遍的定义,最后以无结论告终)说都属于早期苏格拉底式对话,后来柏拉图对于正义已经有了明确肯定的看法,才选这篇早年写的对话作为长篇对话的引言。(范明生,1993年,页772)

显然,在范先生看来,第一卷无论从文字风格还是从内容来说都属于早期苏格拉底式对话,它后来才被柏拉图用作《理想国》的引言,这在西方学者中已是一个"比较公认的意见"。然而,以现在的研究进展看,真实的情况并非如范先生所描述的那样。对于第一卷的归属问题的重新评价及其引发的争论在西方学界其实从来都没有真正平息过。确切地说,反对"把第一卷纳入早期对话之列"的主张如今开始占据主流地位,尤其在卡恩(C. H. Kahn)于1993年发表了一篇名为《〈理想国〉的预期性创作或为何第一卷从来不是单独的对话》之后,这种趋势更为明显。不难发现,如今越来越多的学者[①]旗帜鲜明地拥护卡恩所主张的看法:柏拉图将预期性创作作为一种说明性的方法,这是《理想国》艺术结构的特点;第一卷构成了柏拉图自己在第二卷所称的《理想国》剩余几卷的"前奏"(*prooimion*)(Ⅱ 357a2),仅此而已(Kahn,1993:131-132)。即便是后来依然主张"第一卷是一部关于正义之定义的自包含对话"的人如埃尔文(Irwin)也都不反对这种看法(Irwin,1995:169)。

首先,对于这个充满争议、历久弥新、始终难以终结讨论的理论话题,我们的解决之道是,不介入关于"第一卷究竟创作于哪个时期(早期或中期)"的争论。这个问题其实见仁见智,很难有一个统一的定论。我们很难排除柏拉图同时撰写好几篇对话的可能性,

---

① 例如 Wilson。Wilson(1995:58-67)通过在色拉叙马霍斯这一角色和 *thumos*(血性)之间建立联系来说明第一卷与后面几卷的密不可分性。

也没有办法证明这种假设的对话不存在。① 所以,本书的关注点主要落在第一卷探讨的内容、方式及其结构的安排上。就第一卷探讨哲学问题的方式及其谈话风格而言,不可否认,它确实与"早期对话"中的任何一篇都有很大的相似性。然而,没有确凿的证据支持弗拉斯托斯等人的这一假设。相反,有压倒性的证据表明,我们所拥有的第一卷是柏拉图自己所称的其余卷的序曲(prooimion)(357a2)。② 事实上,从它探讨的内容、问题及整体结构安排而言,它又与中期对话《理想国》的剩余九卷密不可分。可以说,它既是《理想国》的标题及事由的承接,又是主体内容展开的序幕,在全篇对话中起着提纲挈领的作用。所以综合这两方面的要素,本书试图说明,第一卷"骑墙"于"早期对话"与代表柏拉图中期思想的《理想国》剩余九卷之间,它不仅在柏拉图思想的发展过程中起着承"前"(前期思想)启"后"(中期思想)的衔接作用,而且是《理想国》整篇对话的序言或导引。

这意味着,我们若想要了解柏拉图的伦理观点,就需将《理想国》与"苏格拉底式对话"进行有益的比较。《理想国》的结构和风格似乎也鼓励读者尝试这种比较。概言之,第一卷是一篇简短的对话,采用了早期对话的方式,目的是介绍《理想国》整个对话的主体内容,而余下九卷则详细探讨了第一卷中介绍的主题。柏拉图在此暗示,他想让我们思考苏格拉底式对话中提出的问题,所以他给我们提供了一个简短的对话:该对话回顾了其中的一些问题,而这种回顾不是从早期对话的视角出发的,而是从他后来的成熟观点出发的。③

其次,具体就第一卷对《理想国》的重要性而言,一方面它作

---

① 有关这种证明的不可能性的说明,参 Kahn(1993:131)。
② 有关这一观点的详细论证,参 Kahn(1993:132)。
③ 有些人如 Kahn(1993:132)根据《理想国》和早期对话如《高尔吉亚》之间的哲学联系而把第一卷视为一种回顾或提醒;此外,有关第一卷的写作用意的分析,参 Irwin(2007:69)。

为序言确实初步勾勒并论证了柏拉图在后面九卷中所要捍卫的一些主张，如正义的人是幸福的、正义比不义（于人于己于世）更有益等。第一卷中的苏格拉底对于正义的辩护被证明不尽如人意，这构成了"下文"的写作缘起之一。特别是苏格拉底针对色拉叙马霍斯的挑战而提出的诸反驳没有一个令人十分满意：色拉叙马霍斯肯定对讨论结果十分不满，也很不服气，不然就不会在讨论即将进入尾声时表现出消极应战的态度；格罗康和阿德曼图也肯定不满意，否则他们就不会在第二卷一开始就要求苏格拉底"重起炉灶"，重新回应他们复活并更新了的挑战（Ⅱ 358b1-4）；苏格拉底自己其实也对结果不满意，否则他就不会在第二卷开头欣然接受格罗康和阿德曼图提出的要求，也不会在第一卷结尾处自责不已——坦言自己不仅对所追求的对象一无所知，而且对讨论结果失望透顶（354a3-c3）。作为这些角色背后的操作者，柏拉图也一定分有了这些人物的不满情绪。倘使第一卷的写作意图仅在于向读者宣告："正义的人是幸福的，不正义的人是悲惨的"（354a4），那《理想国》在原则上就可以结束于第一卷，这样后面的九卷则完全沦为"画蛇添足"。可事实上，柏拉图的写作意图不止仅限于此，第一卷只是拉开了"正义"大讨论的序幕，为后面的讨论埋下伏笔。他用第二卷紧接着批评第一卷提出的相关论证，就意在说明，第一卷并不是讨论的终点，而是唤起对话人物（和读者）不满情绪和讨论热情的起点。[①]

另一方面，第一卷作为对话的序幕向读者一一介绍了对话者的名字、对话时间、地点、剧情发生的起因并暗示全剧的主题。《理想国》中的戏剧场景显然是作者经过深思熟虑而精心设计的。第一卷起始于对这些场景细致入微的刻画和对各个人物生活情态的描写，处处充满了戏剧暗示。作为一个作家，柏拉图对"戏剧"无疑有着

---

① 关于第一卷所引发的不满情绪的分析，参 Annas（1981：50）；Reeve（1988：1）；Irwin（1995：169）；Flew（1995：436）；Barney（2006：44）；Rowe（2007b：43，51）；Weiss（2007：114）。

敏锐的洞察力,这一点在《理想国》第一卷中表现得最为活跃、最为突出。他的思想很可能是通过戏剧和哲学论证的形式来传达的。① 苏格拉底自称没有知识,但通过"问话"方式竭尽全力地削弱了与他交谈的人对其自身价值观所怀有的信心。交谈的结果尽管并非完全是否定性的或破坏性的,但苏格拉底还是毫不客气地将每一位对话者(除克法洛斯)驳得无言以对、理屈词穷。第一卷所提供的戏剧暗示是十分值得探究的,因为柏拉图并没有在一个与世隔绝的状态中呈现他关于正义的哲学思考,而是在具体的日常情景中,即在雅典人的日常生活场景中,自然而然地开始他的探求正义之旅。因此从一开始,柏拉图就向读者表明,哲学始于日常谈话;"哲学探究"并非发生在从现实世界中抽离出来的抽象概念中,而是以"揭露我们看待事情、思考问题的实际方式的不足与弊端"为起点。柏拉图有时确实在一些对话(如 Theaetetus 172c – 177b)中倾向于支持这样一种观点,即哲人并不是真的和其他人生活在同一个世界里,但《理想国》却始于并蕴含着这样一个前提假设:心系于完美世界的哲人们不应该对现实世界的问题抱着不闻不问、装聋作哑的"鸵鸟心态",不应当忽视涉及他们周围的这个不完美世界的各种问题,而应当敏锐地觉察到这些问题的实质,并敢于面对它们,勇于解决它们。②

总而言之,对柏拉图而言,如果不去反思我们关于"正义"所持有的日常信念,我们可能会倾向于认为,除了一些常见的描述,如克法洛斯和玻勒马霍斯所提出的遵守某些规则外,没有什么比这些描述更能体现"正义"的实质了。这样,我们就可能会倾向于同意色拉叙马霍斯的观点:这些规则是保护他人利益而损害我们利益的众多手段。这样,我们就偏离正道,永远不会理解正义其实是一

---

① 关于柏拉图思想表达方式的探讨,参 Quincey(1981:302)。
② 关于柏拉图哲学与日常谈话之间的关系的探讨,参 Annas(1981:16 – 18); Rice(1998:1 – 30); Nussbaum(2001:136)。

种非工具性的"好"了。①

(二) 苏格拉底思想"变异"之争

首先,苏格拉底在第一卷中支持的某些论点在后面几卷中受到不同程度的弱化,因此必须正视这种微妙的思想变化。例如在第一卷中,苏格拉底坚称正义的人是幸福的。这一观点通常被称为"充分性命题"(the sufficiency thesis),即正义(或美德)足以成就幸福(简称"JSH"或"VSH")。② 这意味着,苏格拉底认为正义(或美德)是幸福的唯一构成要素。有些人如安娜斯(Annas)认为《理想国》自始至终都捍卫"JSH"或"VSH"(Annas,1997:141-160)。然而,另有一些学者如埃尔文反对这种看法,认为从第二卷开始,《理想国》开始捍卫"比较性命题"(the comparative thesis)。具体而言,按照埃尔文等人的观点,格罗康和阿德曼图为"正义的人比不正义的人更幸福"这一比较性命题辩护。他们并不认为正义足以带来幸福,因而并不支持"JSH"。"比较性命题"比"充分性命题"弱,因为即使 A 和 B 都不幸福,A 也可能比 B 幸福;当柏拉图认为正义的人在任何情况下都比不正义的人幸福时,他并没有暗示正义的人在任何情况下都幸福。他留下了一种可能性,即幸福的组成部分并非绝对由正义来保证。格罗康想象了这样一种情况:正义的人背负着"不正义"的名声,并遭受通常附加在这种名声上的所有惩罚,而不正义的人被认为是正义的,享有良好声誉带来的所有正常利益,以及他通过秘密的不义获得的利益。柏

---

① 关于正义是何种好的探讨,参 Irwin(1995:305)。
② 这通常被英文表示为"Justice (or virtue) is sufficient for happiness",缩写为"JSH"或"VSH"(参 Irwin,1995:192)。美德是否足以成就幸福,是柏拉图伦理学中比较有争议的问题。在《理想国》大部分篇幅中有许多段落提出了更有力的充分性论点:例如,387a-e、472b-e、427d、444e-445a、580c、613a-b。Irwin 和 Annas 分别就这些段落给出了不同解释。Annas(1981,1999,2009)支持一种"美德的充分性"阐释路线;Irwin(1995:249)则提出一种比较性命题。我们在这里更倾向于后者。当然笔者并不否认,柏拉图有些时候会支持一种强意义上的"幸福"概念。

拉图没有给出任何理由来否认正义的人所失去的外在的"好"是真正的"好"。他把自己限制在关于正义和幸福的比较主张上，含蓄地承认，正义的人在被剥夺了外在的"好"时蒙受了重大的损失。因此，在埃尔文等人看来，《理想国》的其余几卷也没有继续捍卫"充分性命题"。

不难看出，"比较性命题"的解释更为合理，其理由有三点。第一，它留下了一个可能性，那就是正义的人并不是因正义而幸福，而是比其他人更接近幸福。也许一个人要想幸福，需要的不仅仅是正义或美德（例如一个人比另一个人更聪明，而他们中的任何一个都不聪明）。第二，柏拉图的政治论证始于这样一个假设，即个体不是自足的，而是在幸福的获得上依赖于他人的帮助（369b5 - c8）。理想城邦是为全体公民的幸福而设计的（420b3 - 421c6）。虽然正义是这种幸福的基础，但理想城邦并不仅仅是为了使公民正义。我们不太清楚柏拉图是否真的想说，理想城邦中的哲人—统治者是幸福的，而不是接近幸福（420b5，466a8，519c5）。即使他确实想这么说，他也没有暗示正义本身就足以带来幸福；因为哲人—统治者显然拥有那些有利于"正义"的外部条件，这样他们就不会面临导致苏格拉底被处决的那种敌对环境。这种比较性的说法允许我们可以这样说：这些有利的外部条件（生活在一个正义的社会中，可靠地获得基本资源，获得荣誉，等等）有助于哲人的幸福。第三，在第十卷中，柏拉图认为，正义的人实际上可以期望获得幸福（通常在今生和来世都是如此）（612a - e）。但这并不是因为正义本身就能保证幸福。当柏拉图认为正义事实上将确保外在的"好"（无论是通过正常的社会过程还是通过诸神的恩惠）时，他在暗示，正义的人一旦将这些好添加到正义中，就会获得幸福；如果没有添加这些好，他们就不会获得幸福。柏拉图没有暗示他已经默认正义足以带来幸福。如果柏拉图坚持"比较性命题"，《理想国》作为一个整体的论点是很容易理解的，但如果他接受"充分性命题"，那就很令人困惑了。①

假如柏拉图真的相信，正义的人比其他任何人都幸福，但不一定幸福，那他就否认了"JSH"或"VSH"。因此，他也否认了正义（或美德）是幸福的唯一组成部分。确切地说，按照"比较性命题"的解释，柏拉图在《理想国》第一卷之后认为：（1）正义（或美德）是幸福的主要组成部分；（2）它对幸福生活的贡献比其他任何组成部分的组合都要大，但它不是唯一的组成部分。

事实上，无论柏拉图是否认为正义（或美德）是幸福的唯一或主要组成部分，他在《理想国》中的看法都不同于早期对话录中苏格拉底的观点：美德只是幸福的工具手段，而不是幸福的任何组成部分。②《理想国》也不同于早期对话录，因为早期对话录（包括《理想国》第一卷）声称美德是幸福的唯一组成部分③，而《理想国》（从第二卷起）声称美德只是幸福的主要组成部分④。

---

① 有关"比较性命题"阐释路径合理性的详细论证，参 Irwin（1995：191-192）。

② 早期对话究竟认为美德与幸福的关系是构成性的还是工具性的，是一个有争议的话题。Irwin（1995：70）等人基于"技艺类比"主张对美德的工具性描述。Osborne（1999：134-135）等人则反对这种做法，认为早期对话（如《查尔米德》和《小希庇亚》）认为真正的技艺，就像美德一样，不是非道德的或价值中立的，而是以对有价值的活动的承诺为前提的。一个工匠的知识是可评估的，而不是实用的，因为只有骗子才会捡起行骗的把戏来误用它们。因此，在 Osborne 等人看来，苏格拉底认为道德涉及正直和对其实践价值的关注。Osborne 支持的这种看法不无道理。但从整体上看，早期对话似乎坚持认为美德与幸福的关系仅仅是工具性的。

③ 在早期对话录中，苏格拉底不仅认为知识对于美德来说是充分必要的，而且认为美德对于幸福来说也是充分必要的。苏格拉底这里究竟相信美德本身就足以带来幸福吗？或者他持有一种较弱观点，认为美德足以带来幸福——只要有足够（适度）的其他好（比如健康）？有些人如 Fine（1999：12）捍卫第一个立场，有些人如 Vlastos（1999）捍卫第二个立场。其次，苏格拉底认为美德足以成就幸福，是因为美德是幸福的唯一组成部分？或者，他认为美德足以成就幸福，是因为美德是通往幸福的可靠途径，但不是幸福的组成部分？有些人如 Vlastos（1999）支持第一个立场，有些人如 Irwin（1995，1999）和 Annas（1993）支持第二种立场。

④ 关于早期对话与《理想国》在某些问题上不同看法的分析，参 Fine（1999：16）。

其次，从一般意义上讲，即便像一些人所假定的，第一卷蕴含的各种观点及其具有的"苏格拉底式特征"是《理想国》剩余九卷的批评焦点，即便柏拉图在"中期对话"中对"早期对话"（或"过渡期对话"）中苏格拉底的"探究方法"和他所提出的一些主张进行了不同程度的修正以适用于新的问题与"理想城邦"的特殊伦理环境，我们也不应该认为第一卷中与苏格拉底对话的各个人物的所有主张都被作为反面教材而摒弃了。① 我们更不应当假定柏拉图在批评第一卷中苏格拉底的一些说法和论点时就已经下定决心要丢弃苏格拉底道德观的主要元素和核心原则（如"知识对美德是必要的，而美德对幸福是必要的"）。② 确切地讲，从《理想国》第二卷起，柏拉图既试图捍卫，也试图修正第一卷及早期对话中提出的一些主张和论点；《理想国》（尤其是第二卷之后）将为第一卷及早期对话中提出但尚未解决的许多问题提供解决办法。③

再次，尽管柏拉图在《高尔吉亚》和《美诺》等早期、过渡期对话中曾多次暗示早期对话中的苏格拉底就一些道德信念给出的证明未能达到令人满意的程度（即要么在根本没有给出任何论证的情况下就假定这些信念是真实的，要么则是给出的论证不够充分），但这并不意味着这些对话中苏格拉底所捍卫的立场是不值得拥护和追随的。比如，柏拉图可能对这些对话中苏格拉底所坚持的"（1）正义是人的美德；（2）美德促进幸福，知识对美德是必要的"等这些伦理信念就采取这样的态度。早期对话或过渡期对话关于它们给出的证明尽管在中期对话中受到了不少质疑，但它们在《理想国》（甚至晚期对话《菲丽布》）中并没有被否定或抛弃，而是得到了更

---

① 有些学者（如 Reeve，1988：22 - 24；Irwin，1977：184）认为，柏拉图在《理想国》（第一卷）中最终认识到苏格拉底式辩驳法（elenchus）作为一种哲学方法的局限性；他实际上是想通过拒绝第一卷的不令人满意的结果来显示这种认识。

② 关于苏格拉底道德观的探讨，参 Fine（1999：12）。

③ 有关第一卷、早期对话录及《理想国》剩余几卷彼此之间关系的探讨，参 Kahn（1993：135）；Irwin（1995：169）。

为合理的修正和捍卫。① 就此而论，本书试图论证的核心论点是，第一卷简要概述了柏拉图意在捍卫的一些结论（如"正义与自我利益②是一致的"），剩余九卷则向我们具体展示了他是如何捍卫这些结论的。概言之，第一卷是其余九卷的纲领和导火线，为后者必须解决的难题及其应对之策提供了有益的线索。③

可见，部分学者通常支持的这样一种看法未免太简单化了：只有第一卷秉承了早期对话的风格，向读者呈现了对于各种正义观念的苏格拉底式批评，而在此后的剩余九卷中的苏格拉底则明显褪去了苏格拉底式的信念或论证方法，并由此变异成柏拉图言说自己想法的一个工具。④ 除了上面所提到的这些论据，我们还可以从后面几卷的论述中找到相关材料来反驳这种流行之见。比如，只要细致查看一下第二卷和第三卷中那些被作为批评荷马及其他诗人的基础的无须辩论的前提，就会发现，在这些文段中，我们无法确定像"神本质上是善的，不可能是任何坏事的原因，或者就生活得好而言，好人在最大程度上是自足的"这样的观点到底是柏拉图特有的，还是其思想源头属于苏格拉底。在同样语境下，苏格拉底消除对死亡的恐惧的方式更让人联想到《申辩》，而不是其他对话（*Republic* 379a – 380c，386a – 388e）。⑤ 即便就第五卷到第七卷中的那些被普遍认为是柏拉图自己观点的看法而言，我们也可以说它们与苏格拉

---

① 很多人如 Bobonich（1991：384）承认柏拉图在《理想国》中持有一种非常强的观点，认为理性的辩护对美德是必要的，即知识对美德是必要的。在他们看来，虽然在《法义》中，柏拉图放弃了"知识是美德所必需"的观点，但他仍然认为某种真实的信念是美德所必需的。此外，有关柏拉图对于苏格拉底基本伦理信念的态度，参 Irwin（1995：169）。

② 西方学者常用"self-interest"来表示这个概念。在中文语境下，它常被一些学者翻译为"私利""利己主义""利己"或"自我利益"。我们在这里选择最后一种译法，因为它相比其他翻译在感情色彩上更为中性。

③ 有关第 1 卷与第 2—10 卷在结构上的延续性的探讨，参 Blondell（2002：165）；Joseph（1935：Chapters 1 & 2）；Irwin（1995：169）。

④ 关于这种流行之见的总结，参 Schofield（2005：18）。

⑤ 有关二者关联性的分析，参 Vlastos（1991：162 – 3，n. 27）。

底的思想密不可分。例如，第五卷推出的第一个提议方案——应该有女性护卫者或统治者，而不仅仅是男性——有着明显的苏格拉底式动机。苏格拉底伦理学教给我们一个激进的论点，即美德或道德上的优秀在男人和女人身上是一样的（*Meno* 72d-73c）。亚里士多德和色诺芬等人也证实，柏拉图的这个提议所基于的假设源于苏格拉底（Aristotle, *Politics* 1.13, 1260a20-2; Xenophon, *Symposium* 2.9）。因此就像在《理想国》第一卷或别处一样，与其像人们通常所认为的，"苏格拉底"是柏拉图唯一的喉舌或传声筒，倒不如说，柏拉图常常把自己看作是"苏格拉底"的主要传声筒，用他笔下的"苏格拉底"从他的老师所坚持的一些立场推出富有启发意义和说服力的推论。① 概言之，尽管第一卷中的苏格拉底与剩余几卷中的苏格拉底有所差别，但不能将二者完全对立起来，更不能简单地认为柏拉图是在用剩余九卷来批评第一卷。

总之，对于以上所提到的涉及第一卷的这些问题的解答从根本上说取决于如何理解《理想国》剩余九卷的内容。然而，这并不意味着我们只有在充分考虑了剩余几卷的内容之后才有资格处理它们。事实上，在研究第一卷的过程中，这些问题是十分值得认真考虑的；唯有经过这样的深思熟虑，我们才有可能更清楚地看出，第一卷中包括苏格拉底在内的每个对话者的言论和论证都有哪些可取之处，值得进一步捍卫，同时在哪里存在着严重的缺陷，需要得到进一步的修正。

（三）道德困境之戏剧呈现与解决

试想在一个风和日丽的下午，讲究诚信的你从你神志正常的做猪肉买卖的好友那里借了一把杀猪刀，之后一直未还。时隔多年之后，你的这位朋友因为一场猝不及防的猪瘟而生意破产，然后就疯

---

① 有关苏格拉底思想与柏拉图思想之间的延续性，参 Schofield（2005: 18-19）；Meyer（1980: 281-289）；Ross（1996: 2-8）；Tomin（1987: 97-102）。

掉了。在一个风雨交加的夜晚,当你从窗口看到蓬头垢面的他正疯疯癫癫地朝你的住处跑来,一边用拳头猛烈地捶击着你的房门,一边声嘶力竭地大喊着要你归还他之前借给你的杀猪刀时,你该怎样做?你在这时会出于恪守信用而物归原主,并把事情的真相向他和盘托出,还是出于自保或避免你的朋友和其他人受到伤害而选择暂不归还物品,并用谎言去欺骗你的这位朋友呢?

这个著名的准康德式问题其实也是《理想国》第一卷曾呈现给我们的道德困境。以往研究较少对此进行深入发掘和讨论,因而总体上对柏拉图通过戏剧方式所呈现的逻辑冲突和解决策略缺乏深入细致的探讨。现代道德哲学家们正确地指出,伦理问题的核心关注就是个人利益(即于个人而言的好处)和他的道德义务(即个人在道义上应做之事)之间的反差。[①] 在这样一种人们经常置身其中的处境中,行为者显然有义务或责任做某事(如信守诺言或偿还债务),但与此同时,我们又知道做这种事对自身不利,甚至会损害自我的真实利益。例如,我们有时或许可以选择欠债不还,用借来的钱去为自己购买贵重物品,并且十分确信自己既有办法避开警方的侦查和法律的惩罚,也有办法让自己避免感到深深的内疚和自责。这种处境所展示的不仅仅只是个人义务与个人利益之间的差别,还展示了这二者之间的潜在冲突。处在这种冲突处境中,很多人左右为难、不知所措,有时会设法隐瞒这个事实,甚至自欺欺人,毕竟信守承诺和说真话的代价有时过高。

我们可能期望轻易摆脱这种冲突,在义务与利益之间建立一种简单的和谐,但这个世界并非以我们期许的那样运行,包括哲学家在内的我们每个人都必须处理这种冲突。在《理想国》第一卷中,柏拉图就对解决这一问题提供了一种戏剧性的策略。这种策略对于我们今天理解和解决各种所谓的道德困境具有独特价值,我们在此

[①] 有关伦理核心问题的规定与探讨,参 N. White(1979:9);Hampshire (1983);Besson(2005:1 - 12);Zimmerman(2007:1 - 20)。

将予以简单勾画，在正文中将深一步展开研究。

在《理想国》第一卷中，我们看到，苏格拉底和一群朋友聚在具有客籍民①身份、过着安富尊荣生活的长者克法洛斯家中一起探讨正义。柏拉图选用这一戏剧场景使读者清楚地意识到关乎正义和正确行为的难题（如什么是正义，以及正义是否比不义更有益）。读者知道被"蒙在鼓里"的对话录中的人物所不知道的事情——多年以后，参与这一和平而友好的哲学讨论的对话人物会陆续卷入一场来势猛烈的政治暴力冲突事件。这场事件会导致他们当中的三人丧命，其余人也性命堪忧。由柏拉图自己的家族成员所带领的一群被称为"三十僭主"（the Thirty Tyrants）的寡头政治统治者会在雅典攫取权力。这些人都是非常现实的政治野心家，他们一心追逐政治权力，为达目的不择手段、毫不留情。他们故作正经，打着"必须清洁不义之城"的旗号，在整个城邦中不择手段地大肆敛财，任意给富有的公民或客籍民安上"罪不可赦"的政治罪名，以便合法地夺取钱财。柏拉图特意把一场关于正义的讨论的地点设置在克法洛斯家中，并让这个家族的价值观成为引出正义问题的切入点，显然是有意让读者回想起演说家吕西亚斯②的一篇著名演讲。在这篇演讲中，吕西亚斯比较全面地记述了关于他的兄长玻勒马霍斯惨遭杀害、命丧黄泉以及他自己苟全性命的悲惨往事。在其中一段刻画入微的描述中，吕西亚斯惊呼，这些新兴的反民主制的统治者是如此贪婪无度、厚颜无耻：他们竟连女人身上的首饰也不放过，例如他们把玻勒马霍斯的妻子拽到庭院，扯下她的金耳环，在中饱私囊之后却说自己的动机并不是复仇，而仅仅是主持正义和维护雅典人的幸福。③

---

① "客籍民"是指这样的居民，他们只享有在雅典的居住权，需要纳税，但不享有公民权。关于"metic"的解释，参 Rhodes（2003：416，n. 10）。例如，富有而年长的克法洛斯的政治身份便是客籍民，参 Ober（1998：190，216）；Blondell（2002：166）。

② 他在《理想国》中是一名沉默的人物，是著名人物玻勒马霍斯的兄弟，参 Howland（2004a：179）。

③ 关于这一历史事件的探讨，参 Lamb（1976）；Howland（2004a：179 - 208）。

柏拉图对《理想国》戏剧背景的巧妙设计让读者不停地摇摆于历史（真实）与戏剧（虚构）之间。在第一卷中，我们看到的不是一幕带有强烈现实紧迫性的血雨腥风，而是一场气氛相对平静的关于正义的哲学谈话。就对话中这些人物的政治立场而言，柏拉图同父异母的兄弟格罗康和阿德曼图分别代表未来的寡头阵营；玻勒马霍斯、吕西亚斯以及沉默不语的尼克拉托斯（后被谋杀）则代表濒临灭绝的民主派。当这些中、上层人士聚在一起，开始谈论道德问题时，读者一方面可能会觉得这些问题很重要，另一方面也可能会对"心平气和的交谈"在解决一个关乎"权力"的道德问题时所能起的作用表示怀疑和不屑。当第一卷中人物戏份仅次于苏格拉底的大智者色拉叙马霍斯闯入讨论并大声疾呼——"正义不过是强者的利益而已"之时，此人对传统道德所持有的这种现实主义态度揭示了柏拉图读者心中业已存在的一种对于现实的担忧。色拉叙马霍斯的定义就如吕西亚斯在演讲词中一语概括的，"正义"不就是人们用以掩饰他们丑陋贪欲的一面屏风（一个托词）吗？世人所信奉的正义不过是一场表面上华丽的表演而已，而真正掌握这个世界的，还是色拉叙马霍斯世界的冰冷逻辑——"权力决定正当性。"聪明人把正义作为烟幕来掩饰自己那龌龊的私心，通过这个策略来使自己摆脱正义强加于他们的那些束缚。这如同麦金泰尔（A. C. MacIntyre）所注意到的：

> 以色拉叙马霍斯式形象所被描绘的自然人［需要记住的是，格罗康随后拿起了色拉叙马霍斯的论点］有两个主要特点。他的心理化妆很简单：他一心想得到他想要的东西，并且他想要的东西有着狭隘的局限性。权力和快乐是他的独家利益。但为了得到想要的东西，这只狼就得穿上羊的传统道德价值观的衣裳。他的伪装只能通过把传统的道德词汇添加在服务于他的私人目的的服务上来实现。他必须说……人们想听到的东西，这样他们才会把权力交到他手中。因此……［他必须］……通过修辞来……学习塑造人的技艺。在扼住他们的咽喉之前，他必

须先扭住他们的耳朵。(MacIntyre, 1966: 18)

把正义看作社会人之间协议的产物, 这种做法似乎是在把正义描绘成一种必要的恶。麦金泰尔在此描绘了一幅更为黑暗的图景。聪明人不仅可以摆脱正义的枷锁, 而且还可以使用正义来束缚其同伴。正义似乎让我们所有人成为不情愿的合作者; 道德把我们分成狐狸(狡猾的骗子)和海鸥(易上当受骗的老实人)①。

苏格拉底的现代激进反对者对于正义的态度与吕西亚斯和色拉叙马霍斯有些相似。他们会怂恿我们把涉及"正义"的所有诸如此类的论证和说理视为用来掩饰暗中操作权力罗盘的一面屏风。苏格拉底这里所要做的工作就是要阐明理性检验与正义对人们过上一种好生活的贡献, 进而向崇尚传统的人(如克法洛斯)和心系权力的道德怀疑论者(如色拉叙马霍斯)证明理性论证、正义的价值与坚持正义的合理性。

除苏格拉底外, 对话中的每个人都以为自己正确认识了现实世界运行的逻辑, 并深信这个世界在按他认识并相信的那一套逻辑运转。如果现实情况与他们所深信的逻辑出现不一致时, 他们便会义正词严地指出, 普通人所观察到的不过是表面现象而已, 这个世界背后的真正逻辑一定是他们自己所掌握的那套逻辑。为证明这一点, 他们强调, 只需要按照人的本性将别人"稍微诱导一下", 他或她就会不由自主地陷入自己所布置的逻辑圈套当中。

假若一个曾在情场上吃了败仗的美女相信男人都很色, 男人只对女人的身体感兴趣而根本不会真心实意地关爱女人, 那她自然会用她的身体去勾引男人, 以达成自己的目的。她最终会发现这样一个有效策略: 她只需要将男人们"稍微诱导一下", 这些男人就会纷纷露出本性, 变成"饥不择食"的色鬼, 自愿坠入她施加的魔咒之中。再假若某个唯利是图的商人相信, "每个人从本性上说都是贪婪

---

① 对于这一意象的详细探讨, 参 Gauthier (1986: 311)。

的，所以有钱可使鬼推磨"，那么为了达到控制他人的目的，他就会用他的金钱法宝将无数人"稍微诱导一下"，这些人就会不知不觉陷入他的掌控之中。对话中的色拉叙马霍斯相信，每个人的天性都是欺软怕硬、贪婪而不仁义的。因此，在出现道德义务与自我利益相冲突的情况下，生活中的强者只需要将弱者"稍微诱导一下"，他们不仅会对自己俯首听命，而且会趋利并放弃心中的正义，变得自私和不义。于是在面对利益的诱惑和强权的逼迫时，出卖别人甚至杀死战友和家人是再平常不过的事。强者这种"稍微诱导一下"的武器所俘虏的正是人们心中与生俱来的贪婪与对害怕"失去美好"的恐惧。在色拉叙马霍斯看来，正义是强者的利益，所以一个人如果可以强大到为所欲为却不受任何处罚，那他定会在"想要获得更多"这种贪婪性欲望的驱使下不择手段地寻求满足，必然会在自以为正义但实则不义的道路上越走越远。此外，他还相信，每个人爱的都是自己和自己的亲人与朋友，只要强者足够强大可以去威胁他们及其亲朋的生命，每个人都会放弃原有的底线，而向可以为所欲为、主宰一切的强者的利益靠拢。显然，色拉叙马霍斯及其心目中的强者在包括今天在内的任何时代都屡见不鲜，而其信奉的强权逻辑更具有某种不受时间影响的永恒性。

（四）理性论辩与伦理慎思能力的习得

苏格拉底那种孜孜以求、有根有据的"牛虻式"探究真理的方法（如辩驳法①）给公共论辩（民主训练）、民主制以及置身于其中的公民或非公民所带来的益处在《理想国》第一卷中得到了生动展

---

① 苏格拉底的"*elenchus*"并不总是所向披靡、无往不胜的。正如我们文中指出的，对话者身上的虚荣心、争强好胜和自满等特点常常使他们无法全身心地投入到哲学对话的合作事业中去。他们中的有些人可能会被苏格拉底的探究方法所激怒（如卡利克勒和色拉叙马霍斯等），或者有些人干脆无视苏格拉底式反驳的力量，继续炫耀他们的"知识"（如尤西弗罗、伊安和希庇亚斯等）。有关"*elenchus*"的利弊分析，参Benson（1987：67-85）；Nightingale（1995：119，n. 72）。

现，而这一点也常被论者所忽视。

苏格拉底和克法洛斯之间的交谈是第一卷的第一个逻辑高潮。作为希腊传统诗歌培养出来的商人，克法洛斯身上散发着一些明显的传统商业气息：他迷信基于传统神权的习俗法律，坚守法理之光，甚至为了自己来世的幸福不遗余力地大搞献祭。这意味着，他显然欠缺内省（自我思考）的智能，只去做神明让他做的事，而并不顾及现实的复杂情况给他的信仰造成的阻碍。此外，他一方面坚信市场交易原则的万能，认为即便是神灵也可以被人所收买；另一方面也信赖传统习俗的权威，认为只要守法、敬畏神的权威（如采取祭祀来犒劳神灵的方式），一个人就会过上正义而受人敬重的生活，而整个社会也就能达到最理想的状态。

不难从品性上看出，生活在这种民主制度庇护之下的克法洛斯貌似是一位虔诚而具有美德的人：他不仅满意于自己一生过得正义而充实、有意义，而且在即将面临死亡时也自称可以做到问心无愧。他提到自己物质上的成功对他自己抓紧道德的准绳意义非凡，因为他身上没有感到那种迫使自己去行骗或偷窃的压力，因而能终其一生做到讲真话和偿还所欠的债。当苏格拉底问他这是不是他定义正义的方式时（"讲真话和偿还所欠的债"这个正义定义显然是以传统诗性权威为基础，而传统教育教导人们一味地死记硬背，而不是质疑问难），克法洛斯的儿子玻勒马霍斯突然对这一定义产生了浓厚的兴趣，还没等父亲回答，便打断了对话。与克法洛斯不同，玻勒马霍斯对于"正义"的认识水平显然还停留在"以眼还眼，以牙还牙"的低级阶段（同态复仇理论）；他情绪化地认为"助友伤敌"就是正义，并十分明确地指出捍卫这种正义观是天经地义、不容商量的。他非但不去考虑何为利益、伤害、敌友，而且对这一原则会给社会带来什么后果也漠不关心。克法洛斯对哲学家的问题和儿子的热情微微一笑，随手便将讨论事宜移交给儿子，自己则离开讨论，前去料理祭祀之事了。

诚然，生物学意义上的人脑进化论有一定的合理性，但从另一个角度看，现代人又比古代人更容易受到物质的诱惑。现代社会人际关系的复杂性所带来的太多外界干扰因素常常让我们不能长时间专注于一件事，因而现代人达不到古代智者那样的智慧高度亦在情理之中。困扰人类自身发展的哲学问题依然如是。《理想国》这一古老文本促使我们现代人深刻反思的道德困境是：我们何不像克法洛斯一样毫不怀疑地遵循传统习惯和风俗呢？抑或像色拉叙马霍斯一样坚信现实政治无非是权力的游戏，是生存与利益的争夺（人与人之间没有所谓形而上的联系，而仅有空泛的、唯物的生杀予夺关系）？第一卷表明，在面对各式各样的需要和选择时，关于正义的传统观念没有能力指导玻勒马霍斯做出正确的抉择。例如，在"说真话和还债"会导致一场灾难的情境下，传统习俗似乎并没有给予这位年轻气盛、求胜心切的青年一个很好的生活指南。苏格拉底所举的例子是，当一个疯狂的物主向你索要你曾经向他借的武器（如刀具）时，你仍然会恪守"归还所借"这一正义原则吗？假如你相信他会用它来使坏，你会违反这一原则吗？在这种情况下，什么才是一个人应去做的正义（正确）之事？这样的例子表明，不考虑后果而只以狭义方式定义义务的"道德"可能不足以对我们的行为进行有效的指导。我们的道德义务本身并不总是简单的。道德本性的复杂性或许如苏格拉底所设想的例子所表明的：道德可以同时对既希望诚实做人又不想伤害他人的那种心怀好意的个体强加相互冲突的要求。这意味着，一种好的道德需要认识到这种冲突的存在并对其予以周全考虑。但是一种基于规则和原则的道德能够足以应对生活中复杂的突发事件吗？如果不能，那么还有没有别的选择？比如，一方面带着对"原则"（道德律令）的敬畏，同时注重培养自由裁量权或洞察力的道德认知能力？这样做是否可以使我们从容应对现有的规则不能充分处理的困难情况？

通过这种方式，通过锲而不舍的询问，苏格拉底揭露了那些对致力于追求"正义"的文化重要而又迫切的问题：我们一般推崇的"道德原则"能否满足生活中各种复杂的偶然情况或异常情形？这些问题就像幽灵一样不仅盘旋在雅典人的脑海中，也一直困扰着现代人的心灵。例如在医患关系中，当医生试图考虑如何平衡患者的利益与权利，如何遵循正义的要求行动时；在关于司法、刑事判决或宪法、法律的解释中，当法官试图决定如何适当地使用自由裁量权，并对相关的法律原则进行扩展和充实时。类似的情况还涉及如何建立与发展良好的师生关系的老师等其他角色。这或许就是为何柏拉图让他笔下的"苏格拉底"不屈不挠地通过诘问对手来促使读者努力思考建立在这些生活准则和原则基础之上的道德的原因。从柏拉图的视角看，思考这一切并非纯粹为了思考而思考（这并非纯粹的形而上学问题，而是关乎实践哲学的核心），而是希望我们在尊重这些原则的同时提升我们的灵魂，培养我们酌情处事、明辨是非的道德技能，尤其是在现有规则无法处理当下问题的情况下。比如，作为医生，我们要不要将实际病情对患者（如患癌者）"和盘托出"，即使这个消息会让病人在绝望中死去？作为法官，我们是否应基于宽大处理的原则行使自由裁量权，进而公正地对待这个罪犯的案件的特殊性？作为老师，我们是否应该对那些平时认真读书、学习刻苦但考试没考好的学生予以适当加分，以鼓励他们不要放弃？……柏拉图肯定相信思考这些问题对我们做出周全合理的判断不无裨益，否则他就不会让苏格拉底向克法洛斯提出如此尖锐的问题了。如果我们所熟悉的律师、医生和老师都像克法洛斯一样，从来不反思自己所恪守的做人原则，从未试图将他们关于"何为正义"和"何为正当"的直觉判断理论化系统化，那他们在遇到道德义务与自我利益相冲突的情况下肯定无法做出适当的决定。换言之，他们最终做出的决定不可能是逻辑一致且公正的，更不可能反映他们关于其职业实践的深思熟虑的策略。这就是在我们这个时代越来越多的医学院、经济学院、法学院和一些理工科院校都要求自己的学生除了修好专业课程外还要辅修伦理道德方面课程的原因。这些伦理问题显然是困难、紧迫和重要的。关于它们的课程就像苏格拉底的询问一样，不会从外部强加给人的心灵任何东西。在此意义上讲，它们确实是非常尊重传统道德信仰的内容的。但这些课程需要学习它们的学生反思性地去伪存真、寻求一致性。设置这些课程的目的不在于娱乐,而在于给学生带来精神上的实际好处。

苏格拉底和玻勒马霍斯之间的对话及与之类似的现代对话也向我们展示了另一些重要内容:为寻求公共利益而进行的反思有助于我们进一步更为精确、恰当地分析医疗、法律或教育等诸多领域的两难困境。这种分析能帮助无权者声讨掌权者并捍卫自己的主张。这就需要一个人有清晰的表达,会合理地使用概念、论证和证明。正如苏格拉底在对话中反复所举的医疗之例启示我们的那样,将病人的权利和利益区分开来是极其重要的,这种重要性尤其体现在组织人们反对专业的医学精英过度掌控病人从而维护人们自身的自主性之事上。

不同于医学的生理性治疗,"苏格拉底—柏拉图哲学"更侧重于对人心灵方面的治疗的关注。① 在早期对话中,当苏格拉底向将军询问何为勇气、向朋友询问何为友爱、向政客询问何为节制、向有宗教信仰的人询问何为虔诚时,他之所以很容易给人一种咄咄逼人的印象,是因为他总是要求对方就他们的主张作出逻辑清晰、理由充分合理的解释。在每一个案例中,苏格拉底都希望通过问答式的对话治疗普通人的自大自负和道德上的自满。他试图用讲道理的方式证明生活中的很多人对生活反思得都不够彻底,向他们说明自己要求他们就自己的所作所为作出理性解释的这种要求事关他们的实际选择。如果"伦理慎思"与"政治慎议"在任何时候都需具备一种尊严和一致

---

① 人们普遍认为,苏格拉底的哲学方法(即 *elenchos*)和苏格拉底在自己和他人身上发现的无知之间存在着某种联系。苏格拉底用 *elenchos* 来表明他的对话者是无知的。然而,需要强调的是,当我们仔细研究苏格拉底如何用 *elenchos* 反驳定义时,不难发现,*elenchos* 并不是主要用来表明苏格拉底的对话者是无知的,而他们的无知仅仅因为他们有不一致的信念;相反,当 *elenchos* 被用来反驳一个定义时,苏格拉底是在表明他的对话者无法提供一个完全符合对话者自己关于被定义项(*definiendum*)的信念的定义。当以这种方式使用时,*elenchos* 揭示了一种无知的形式,这种无知与不一致的信念完全不同。有关苏格拉底式的无知和 *elenchos* 的治疗目的之间关系的探讨,参 May (1997: 37 – 50); Scott (2002)。

性，这样它们才不会沦为相互竞争的各种利益的博弈市场，而是真正成为为公众谋求福利、造就良好人际环境的工具，那么，苏格拉底的这种要求此时此刻就不再是涉及权力、财富等外在利益争夺中的一种奢侈品和摆设，而是具有了切实的迫切性和必要性。① 这正如苏格拉底在《理想国》第一卷中反复强调的："你认为自己正试图决定的是一件琐事，而不是一种生活方式——那种会让生活对我们每个人最有益的方式？（344d – e）……要铭记，当前这个论证事关我们应当生活的方式，而非普普通通的话题。"（352d）

三 如何研读《理想国》第一卷

对研究方法的重视是本书的重要研究特色。在柏拉图思想研究领域，很多研究者在研究过程中缺少对自己所选取的研究方法或隶属的研究传统作出必要的说明，或者已经意识到这个问题的重要性而因为它的复杂性而总是刻意地回避它。本书并不打算这样含糊其词地蒙混过关，因为研究方法在很大程度上影响着甚至决定着研究的最终结论的说服力，研究方法上的轻率必然威胁着研究的严谨性和可信度。加之，当下研究柏拉图之方法的层出不穷也让每一位研究者在"进入"他的作品之前不得不站好队、亮出自己的研究方法。因此，在着手研究柏拉图思想或文本之前，严谨的解读者必须对自己坚持的研究方法及其背后的理由作出说明。"研究方法决定着研究成果的说服力"这样一个信念将贯彻在我们对《理想国》第一卷的研究过程中。

（一）《理想国》与质疑式阅读

在明确了柏拉图思想的基本来源以及阅读对话录的基本方法之

---

① 关于苏格拉底问答法的实践意义的探讨，参 Nozick（1995：153 – 155）；Nussbaum（1997：22 – 25）。

后，我们就可以更为容易地进入对《理想国》的研读和揣摩。《理想国》这部作品的重要性自不待言，它的名字如同"柏拉图"这个人名一样家喻户晓。假使依人所说，柏拉图是哲学作为一门系统性学科的开创者①，那么《理想国》便是最好的见证。

《理想国》这部伟大的哲学著作自诞生以来一直被奉为西方传统中的经典之作，其主要原因多半在于它蕴含着周密畅达的人性义理与深湛严密的哲学论证。也正因此，历来不同研究者试图以不同方式说明它的伟大之处。在柏拉图整个创作生涯中，除了收山之作《法义》之外，没有一部作品能在篇幅的长短与内容的丰富性上与之相媲美。毫无疑问，这部倾注了柏拉图多年心血的对话系统性地处理了其一生所关注的涉及人的美德、城邦的伦理—政治、教育、知识、精确的科学、形而上学、哲学、诗歌及神话等一系列问题。通过这篇对话，柏拉图颇为清楚地向读者表明，所有这些问题都相互交织在一起。所以初读此书时，很多人的反应是过于简单化、片面化的：他们要么敞开胸怀，全盘接受它，要么就以偏概全，全盘否定它。总之，他们就是不愿意认真对待其中包含的某一个具体论证、某一段交谈或某一论点。与之相反，本书恰恰是仅择其一卷，欲从细微处展开分析，窥其微言大义。具体言之，我们的研究重点将不是为何要读《理想国》，而是为何要读《理想国》第一卷，尽管这种研究本身势必会深化前一宏大主题。

《理想国》无论是从结构上还是内容上看，都是相互联系的，是一个统一的整体。不难看出，作者在其内容布局和结构安排上花费了不少心思。当怀着乐趣和求知的态度去研究它时，读者很容易在字里行间深切体会到精深微妙的义理和作者的敏锐洞察力。的确，《理想国》可以被视为柏拉图所撰写的一个"政治宣言"，但身为哲

---

① 人们通常认为，柏拉图创造了作为一门独特的学科的哲学，因为尽管他的前辈和同时代的智者讨论过所有这些主题，但他是第一个把这些主题统一起来的人。相关探讨，参 Kraut（1992a：1）。

学家的柏拉图在撰写过程中总是无法"克制"自己,接二连三地提出重要而困难的哲学问题。有时为了阐明并发展自己在某一问题上的见解,他甚至不惜以牺牲已宣告的政治宗旨为代价。

这部对话在内容与形式上的丰富性可以从五花八门的解读中得到印证。就政治立场而言,柏拉图有时被当成一位主张推翻旧制的革命派,有时则被说成是一位主张复辟贵族制的保守派(因为他否认人际关系中的平等、个人权利、民主和法治);有时被说成是一位主张极权制度的法西斯主义者,有时则被说成是一位主张财产共享的共产主义者;有时被说成是一位具有变革能力的务实改革者,有时则被说成是一位软弱无力的梦想家或不切实际的理想主义者……[1]尽管这些阐释中的一些说法听起来比另外一些更异想天开,但它们都并非空穴来风,而是在某种意义上都可以对号入座、有一定文本依据。解读者们就如何理解这部对话中的某些说法所产生的巨大分歧足以说明,这不是一本内容简单、易于理解的供茶余饭后消遣的书,不管柏拉图的书写风格在多大程度上会引发这种误解。

尽管如此,在自由与民主观念已深入人心的今天,大多数读者读完此书的第一反应仍是"简单的"。这里的"简单"很可能蕴藏着敌意。他们之中有人会批评柏拉图完全搞错了,事实并非如其所描述的那样。有人则发现柏拉图的许多观点都是不可接受的,甚至是令人厌恶的。例如,他所描述的理想社会是高度集权并由军政府统

---

[1] 在20世纪柏拉图的众多批评者当中最为引人注目的当属Popper,他认为柏拉图是集权主义的代言人,其《理想国》是一个公开的、公然的极权主义文本,是一个危险的文本,被几代解经者当作乌托邦理想而加以净化了。Popper的这种批评引发了很多争论。有些人如Strauss提出了与Popper截然相反的看法,认为《理想国》是一部隐匿的、具有讽刺意味的反极权主义的作品,它警告人们不要像解经者那样把它作为一种乌托邦理想而加以净化。当今在柏拉图政治哲学领域,无论替柏拉图辩护的学者,还是批评柏拉图的学者,在某种程度上都难以绕开Popper与Strauss之间的这种争执。相关讨论,参Bambrough(1962:97-113);Hallowell(1965:273-289);Versenyi(1971:222-237);Taylor(1986:4-29);D. Frede(1996:247-276);Gress(1998);Lane(1999:119-142)。

治的组织；他的理想型人格可谓大公无私，不仅把个人的利益丢掉、献身于一种社会的理想，而且几乎完全等同于一种社会角色——这不只听起来颇为虚妄，还让人感到异常恐惧，因为他的这种大而无当、不近人情的设想似乎否定了个体利益、兴趣偏好的重要性和价值。此外，他关于知识和价值的理论也在很多方面与我们现代人坚持价值观念的多元性和法律的中立性等基本假定相冲突……

然而，我们不应该就此小瞧柏拉图，认为他是一个疯子。除了哲学家这一层身份以外，他还是一位很有魅力、见多识广、手法老练的文学艺术家。[①] 他清楚知道自己这样写所产生的效果。《理想国》意在警醒世人，震撼心灵。换言之，柏拉图创作《理想国》的初衷并不是为了安抚他同时代的人的心灵，而是为了挑战他们的底线。可以想象，那个时代的人像我们一样被这部书所触怒。而且，他们在精神上受到的冒犯很可能比我们更大，因为与他们所生活的环境相比，我们生活在一个更容易与带有集体主义性质的各种政治和社会规范接触的开放世界（尤其是电脑、手机、互联网的发明与发展加剧了这种与外界频繁进行信息交流的趋势）。柏拉图满怀热情地关注很多问题，他宁愿用激进的主张震惊我们，让我们意识到这些问题的存在及其所带来的结果是多么触目惊心，也不愿把讨论一直保持在一种不温不火的无害水平上。作者这样构思《理想国》所导致的一个直接后果是，读者要想在解读《理想国》中的看法时始终保持不偏不倚的中立立场，是不可能的。如果我们真的抓住了柏拉图思想的精髓，我们就必须对此作出回应。如果我们不同意苏格

---

① 人们通常认为，柏拉图不仅是一个思想家，而且也是一个作家，其理由是柏拉图既是伟大的哲学家，又是出类拔萃的文学艺术家；没有哪位作者比他更复杂，没有哪位哲学家的作品需要这么多层面上的解释；柏拉图是第一位给哲学之目的和方法提供系统性定义的作者；但他也是一个社会改革者和教育家，他的哲学概念要求彻底变革他那个时代和地方的道德和智力文化。他的大部分写作旨在服务于这个更宏大的事业。因此一种对于柏拉图对话录的有洞察力的解释需要一方面注意他的革命文化计划，另一方面注意他的作品的文学和哲学维度（Kahn, 1996：xiii）。

拉底与对话者在对话中得出的某些惊世骇俗的结论，那就要扪心自问："为什么不同意？"并且必须要讲出道理来为自己的说法辩护——这正是柏拉图希望看到的，也是其哲学孜孜以求的。被动接受式的读书，几乎等于白读，柏拉图可能深信这一点。他想让每一个读者真真切切地参与到讨论中来，相对独立地去思考哲学问题，去"搞哲学"（*philosophein*）（cf. *Symposium* 173a4）；他不希望看到自己的读者像《理想国》第一卷结尾处灰心丧气的色拉叙马霍斯①或晚期对话中的一些类似于"应答机"的人物（如《菲丽布》中的普罗塔库斯）那样耷拉着脑袋满口应承"是的""没错"。尽管他有时在对话中给"苏格拉底"配上一种教条式（说教式）的口吻，但这不足以说明，他想争取对话者的那种预先准备好的、未经反思的"同意"。这种"同意"很可能恰恰就是柏拉图不信任书籍的一个重要原因。②于他而言，书籍无法对其自身所激起的反对意见做出回应和反驳，这种情况只能发生在两个真正参与哲学讨论的人之间的对话中，而作者与读者之间可能没有真正的心灵对话。柏拉图深受这种观念影响，因而相信真正的知识是这样一种东西：个体只有通过质问和彻底地反思自己欲将接受的一切说法背后的前提假设是否站得住脚才有可能获得它。《理想国》确实认真贯彻了这一方法原则。然而，这一切并不意味着《理想国》不是一部严肃认真的作品。柏拉图充分利用他所掌握的手段来推进他自己的思想。更有趣的是，这种方法原则反过来又鼓励我们应该把该对话看成是一部明显带有挑衅意图的作品，它促使我们接受这样的阅读原则：与其被动地、

---

① 在卷末，色拉叙马霍斯拒绝积极参与争论，同意一些他不再相信或关心的事情（349a7），并最终羞愧地屈从（350d2）。苏格拉底则抱怨说，他的行为"就像那些贪吃的人，不管面前摆着什么，都要先尝一尝，然后才能适当地享用之前的美味"（354b-2）。有关色拉叙马霍斯这一顺从形象的探讨，参 Tarnopolsky（2007：300）。

② 《斐德若》明确表达了这种思想。柏拉图认为未经反思的"同意"之所以大行其道，主要在于书籍的产生。他通过这段文字强烈表达了对书写本身的不信任（*Phaedrus* 274b-277a）；相关探讨，参 Verdenius（1955：265-289）；Yunis（2013）。

不分青红皂白地全盘肯定或否定《理想国》，倒不如对它提出冷峻而严肃的批评。事实上，相对于被动地、不加批判地接受《理想国》，柏拉图更希望看到读者的建设性批评。总之，对于《理想国》这样一部博大而精微的伟大作品，与其人云亦云、盲目地给它以赞美，不如抱着诚恳、理智、冷静的态度对它的主张提出质疑与批评，这才不辜负真正的阅读，亦是对它最大的尊重。研究柏拉图著作的真正意义之一就在于它让我们思考柏拉图所思考过的问题，并在这种思考中形成我们自己的立场。他通过对话录把他所认识到的"真理"介绍给了我们，但这个真理不是唾手可得的真理，而是我们每个人必须通过自己的努力来重新发现和探索的真理。换言之，我们只有在亲自发现这个真理之后，才能恰如其分地说自己拥有它。

（二）柏拉图其人其事与理解式阅读

首先，对文本的深入阅读离不开对作者的阅读，包括对研究对象所处的历史背景和文化语境的"阅读"。以往不少研究者在研究古人思想或古代著作的过程中往往对此不够重视。他们想当然地假定，古代人与现代人对于一些语词概念的理解并无不同，古今文化差异也并不十分明显。在柏拉图思想研究领域，这种现象也屡见不鲜，以致产生了很多错误且误导人的研究结论。诚然，古代人（尤其是异域之人）与现代人在人性上的差异并不显著，都追求幸福，都对美好生活怀有无限向往，但其生活环境却存在天壤之别。尽管这种文化上的隔阂与时间上的鸿沟不是不可跨越，但我们在研究古代某一个外国人的思想时务必要考虑这些要素，尤其要注重语词概念的差别。在此前提下，我们可以尽可能地用自己的语言和人们熟悉的语词来将一个遥远的异质文明的思想阐释清楚，为现代人普遍感到的焦虑、抑郁、浮躁等问题的解决提供一些有益的启示和借鉴。

其次，对作者相关情况（包括生平轶事、家庭背景、生存状况、人生经历、政治—伦理思想立场等）的了解对文本的研读至关重要，这一原则也适用于对《理想国》的阅读。但本书将把注意力主要放在与解读《理想国》（尤其是第一卷）密切相关的特定背景上，而不是把笔墨花费在许多书籍已经详细介绍过的柏拉图的生平轶事上。要围绕《理想国》的解读而对柏拉图的生平做一番介绍，显然是一件艰难且很有风险的事。一方面是因为我们对这个人物的生平资料掌握得并不多，另一方面在于我们所掌握的这些历史材料真假难辨，其中不乏相当数量的伪报道。因此，下面所介绍的这个柏拉图形象可能非常具有争议性、可辩性和误导性。为了把这种潜在风险降到最低，我们将主要采用近些年来学界普遍认同的论述材料进行分析，并在处理这些材料的过程中持一种小心谨慎的态度。

1. 柏拉图的家族身世及人生抉择

据一些比较可信的古代文献记载，柏拉图[①]（Plato）（生活在公元前428/前427—前348/前347年之间）[②]出生于古希腊雅典的一个王室家庭。他的父亲阿里斯顿（Ariston）是公元前11世纪雅典国王科德鲁斯（Codrus）的后裔，母亲珀里珂提恩（Perictione）则与雅典政制的缔造者梭伦（Solon）同属于一个家族。但柏拉图很小的时

[①] 据说，柏拉图的真名叫亚里斯多克利（Aristocles）。这种说法并非空穴来风，因为柏拉图的祖父就叫亚里斯多克利，而用祖父的名字给家族中的长孙命名是当时希腊人的传统。但近些年来也有学者如 Sheppard（2009：6）强调这个说法存在一定缺陷，因为并不能确定柏拉图就是这个家族的长孙。对于柏拉图的真名是什么这一问题，本书姑且尊重学者们的普遍看法，认为它就是"柏拉图"。

[②] 柏拉图的生卒年是多少，一直是一个富有争议的话题。学者们各执一词。比如，Kraut（2013）认为柏拉图卒于公元前347年，但不确定他是否生于公元前429年。Nails（2006：1）则认为柏拉图应该生于公元前424/前423年，但强调柏拉图可能不是卒于公元前347年。Annas（1981：3）和 Waterfield（1993：xii）则比较确信地认为，柏拉图生于公元前427年，卒于公元前347年。Schofield（2006：13）同意 Waterfield 的这种看法，尽管他没有 Waterfield 那么确信。Reeve（2004：ix）认为柏拉图生于公元前429年，而卒于公元前348/前347年。弗雷德（2014，页3）则指出："对比不同的专家对柏拉图哲学的解释，你会感到只有一件事情是每个人都赞同的，那就是柏拉图公元前428/前427年生于雅典，公元前348/前347年死于雅典，其余的一切都存有争议。"弗雷德实质上是信从了 Taylor（1926：1）的看法，而后者根本上延续了古代亚历山大文化时期伟大的年代学家埃拉托色尼（Eratosthenes）的说法。我们这里采纳了弗雷德的这种看法，在于这种看法更为稳妥。

候,父亲就去世了,母亲随后改嫁给了伯里克利(Pericles)的挚友和心腹皮里兰佩(Pyrilampes)(cf. Plutarch, *Pericles* 13. 10)。生于一个古老而强大的雅典家族,与当时一些有影响力的政治人物关系密切,柏拉图必然从小就养成了关心雅典政治和时事的习惯。年少时的他很可能同大多数雅典贵族青年一样,不仅心怀政治抱负,而且积极参与政治,力图匡扶天下、大展宏图。但造化弄人,不可一世的雅典民主政权却在公元前404年的伯罗奔尼撒战争中被斯巴达打败。战败后的雅典在斯巴达的武力要挟下被迫建立了后来臭名昭著的"三十僭主"政权。柏拉图的两个叔叔克里底亚(Critias)和查尔米德(Charmides)就是这个政权的成员。涉世未深的柏拉图一开始很可能心存幻想,希望这个"新生的政府"能够秉公执政,为国为民。但柏拉图随后发现,这个"新政府"有负所望,不仅对持有不同政见者施展惨无人道的血腥杀戮,还企图强迫自己的良师益友苏格拉底参与他们那肮脏的清洗活动。但是,这样的压迫性政府并没有持续多久,便很快被卷土重来的民主革命推翻(公元前399年)。然而,重新掌权后重组的"民主派"基本上是"换汤不换药",主要目的还是"夺权",报复宿敌。因此这个"死灰复燃"的政权非但没有给柏拉图带来新的希望,反倒还以"引进新神"和"败坏青年"等几项莫须有的罪名处死了苏格拉底。[①] 面对一个社会

[①] 苏格拉底的死让柏拉图明白了一个事实:害死自己导师的罪魁祸首不是一个人或一个团体,而是那些助长人们带头违反规则,让法制和正义颜面扫地的政治体制。于柏拉图而言,是助纣为虐的糟糕政体让一个社会没有了希望,让生活在其中的人们不再相信正义,只相信私利,并将二者对立起来。正是这样的制度孕育了一群杀死苏格拉底的凶手。此外,近些年来人们通常认为,酿成这些悲剧的原因与由灵魂的欲望部分孕育出来的对金钱、权力的贪婪之欲有很大关系。苏格拉底遭受控告与被定罪的真实原因是一种狭义的政治迫害,即卑鄙的、伴随暴力升级的政治斗争。苏格拉底的死很大程度上归因于他与克里底亚、查尔米德和亚西比德的关系比较亲密。苏格拉底是受到政治牵连,才被雅典当局处死的。我们这里比较认同这种看法,尽管我们不认为这是苏格拉底之死的唯一诱因(不排除这种可能:苏格拉底有自杀倾向,故意激怒雅典人)。关于苏格拉底之死原因的分析,参 Strauss(2001: 3 - 20);Gill(1973: 25 - 28);Sullivan(2001: 608 - 610);Brickhouse & Smith(2002);Cartledge(2009: 77);Frey(1978: 106 - 108);Warren(2001: 91 - 106)。

的体制已经腐败到坏人逍遥法外、好人却失去自由甚至生命之时，柏拉图感到的不仅是迷茫，还有恐惧。在经受了一系列残酷的政治斗争（尤其是苏格拉底之死）的惊吓之后，他的人生价值观发生了根本性的转变：他开始认为只有哲学才能给人类带来真正的正义，才能结束内战和政治动乱，因而将自己的注意力从现实政治转向哲学，希望通过哲学来拯救人性（*Seventh Letter* 324b – 326b）。① 在大约公元前381—前361年所著的《理想国》一书中，柏拉图为这种既悲观（现实政治）又乐观（真正的哲学）的评价奠定了基础。②

由上可知，有两个因素在促使柏拉图本人在兴趣上由政治转向哲学（成为全职哲学家）的过程中扮演了至关重要的角色：其一是苏格拉底的死，其二是柏拉图对当时雅典政治的幻想破灭。

2. 柏拉图的哲学启蒙老师与政治实践

然而，促使柏拉图的志向发生转变的原因不止这些，还有另外两个不可忽视的因素：一是苏格拉底的人格及其言行对他的影响；二是柏拉图的政治实践发展得并不顺利。

首先来看第一点。历史上看，苏格拉底是一个比柏拉图年长的同代人，他是一个具有非凡魅力的人，每个与他接触的人都会对他留下很深刻的印象，但他有一种难以捉摸的"个性"，以至于流传至今的对他的描述大相径庭。例如，喜剧作家阿里斯托芬在其戏剧《云》中大肆嘲笑他；历史学家色诺芬写了关于他的冗长而乏味的回忆录；柏拉图深受其影响，以至于几乎在所有哲学对话中都以他为主讲人。这样就会出现一个最为明显的阐释问题：既然历史上的苏格拉底毕生致力于哲学讨论，但从未写过一本书，那么柏拉图对话中的"苏格拉底"的观点在多大程度上代表了真正的苏格拉底的观

---

① 关于柏拉图身世、生平事迹及兴趣点的概述，参 Peterman（2000：11 – 12）；Nails（2006：1）；Annas（1981：3 – 8）；Sheppard（2009：6 – 8）；Kraut（2013）。

② 经历过一些政治斗争之后，柏拉图一方面对现实政治比较心灰意冷，但同时把希望寄托于哲学，对后者展现出相当大的自信。关于柏拉图的乐观与悲观的分析，参 Reeve（2004：ix – x）；Wagoner（2019：74 – 99）。

点？总的来说，学者们一致认为柏拉图对"苏格拉底"的描绘前后发生了十分明显的变化。在早期那些简短而富有戏剧元素的对话中，苏格拉底扮演了一个与历史上的苏格拉底相匹配的角色。这个阶段苏格拉底的特征是：他热衷于质疑人们的价值观，挫败自命不凡者的锐气，打消他们把自己标榜为真理和知识领域里的裁判官的念头，但并没有提出自己明确的系统学说；他自比为牛虻，把自己的任务仅仅描述为刺激人们认识到他们的许多信念的混乱性和毫无根据性。除此之外，他还自称什么都不知道，只知道自己无知。这些对话中的其他人物有时会抱怨说，这种做法只会带来破坏性的后果（乃至认为哲学是一项破坏性的事业），他们被迫陷入困境，进退维谷，虽然褪去虚荣的伪装，却不知道下一步该怎么办。在柏拉图"中期对话"中，这个人物被另一个苏格拉底所取代。此时的他开始有很多正面（积极、肯定）的，甚至教条的话要讲。有些学者指责，这种对话形式失去了真正的哲学交流的特征，变成了一种将独白分割成令人愉快的片段的手段。人们普遍认为，第一，柏拉图从提出苏格拉底的实际探究步骤之类的东西转向提出自己的观点，这超出了他从苏格拉底那里得到的一切；第二，他继续以苏格拉底为喉舌，是因为他认为自己的思想是受苏格拉底式问题影响的结果，是苏格拉底智力和精神任务的延续。[1]

《理想国》在此是一个范例，因为它被公认为反映了这种"过渡"。第一卷的形式类似于早期的苏格拉底式对话；但它的其余部分是（我们只能认为是）对柏拉图关于人和社会的观点的进一步阐述。在关于第一卷的重点讨论中，我们将回到这一点的重要性上（尤其是它与其余九卷的关系），以及一些人认为具有讽刺意味的地方，即苏格拉底在《理想国》中提出的理论，似乎是对历史上苏格拉底所主张的一切的否定。

---

[1] 有关历史上的苏格拉底及其与柏拉图之间关系的阐释，参 Graham（1992：141 - 165）；Beversluis（1993：293 - 312）；Ross（1996）；Brickhouse & Smith（2004）。

很多人认为，是苏格拉底的例子说服了柏拉图，让后者认为哲学值得作为一个全职的职业来做。在《高尔吉亚》中，柏拉图捍卫哲学作为一种生活方式，反对一个老于世故的政治家，后者认为一个成年人把时间花在讨论抽象的是非问题上（而不是参与他所在城邦的社会和政治生活，把他的实际生活安排得最好）是愚蠢而不成熟的表现。[①] 柏拉图始终坚信苏格拉底是对的，而真正愚蠢的行为是当一个人对自己的灵魂状态——或者对自己生命的意义——感到困惑时，却把时间花在实际的事情上。

然而，柏拉图对献身于学习（哲学）的生活的态度却存在着某种矛盾心理。因为，苏格拉底的活动公开暴露了自己的厌恶和敌意，并于公元前399年以莫须有的罪名被处决。柏拉图从未忘记这一点，它在对话中反复出现。尽管他在写作时赞赏苏格拉底的"超凡脱俗"，但他自己却从未仿效过这一特征。一生中，他怀着不同程度的乐观主义精神，希望哲学能使世界变得更好。他的著作反映了这种信念的起伏。《理想国》经常被认为呈现了一种高度乐观的积极心态，而且实际上是关于未来社会的一个蓝图；但事实上柏拉图的态度并非如此简单。读这本书时，我们难免要问各种有关问题：柏拉图真的相信哲学家可以成为统治者吗？他对他们的教育提出的建议有多少现实考量？他们高度理论化的知识有什么意义？如何将其应用于实践？我们将看到无论柏拉图还是读者对这些问题给出的答案并不总是一致的。人是矛盾的，柏拉图也不例外。他绝不同意通过牺牲理论来满足实用需求的做法，但也对制定一个没有实际意义的政治理想不感兴趣。

再来看第二点。柏拉图的政治实践发展得并不顺利（并由此引发了他对自己所处时代的政治前景的绝望），是一个有争议的问题。

[①] 在《高尔吉亚》中，卡利克勒告诉苏格拉底，一个人年轻时进行哲学思考是很好的，但他应该在成年后放弃这种幼稚的行为，否则他就会变得可笑并因此挨打，因为他对自己城邦的风俗习惯和政治制度的性质缺乏经验（484c–e）。相关探讨，参Tarnopolsky（2010：22）。

我们这里将从他的成长环境和几次重要的政治经历展开探讨。现存的一封自传体的长信（《第七封信》），据说是柏拉图写的，信中描述了他最初对政治生涯的希望以及后来对政治生涯的放弃。不幸的是，大多数学者认为这封信是伪作。但是部分学者指出，即使它是伪造的，它的写作日期也与它所描述的事件的日期很接近，而且这封信大概不会太严重地伪造柏拉图生活中的重大事件，否则它将失去作为柏拉图作品而被接受的所有希望和筹码。其实不依赖于《第七封信》的真实性，我们仍然可以为柏拉图的著作提供一个非常普遍的背景。

柏拉图成长的雅典城邦普遍实行的是一种直接民主。所有成年男性公民都能够而且都被期望在决策和政府管理事务中发挥作用，尽管奴隶和妇女被完全排除在这类活动之外。雅典这座城邦对自己的民主政府模式，以及它在公元前5世纪的军事和商业扩张感到无比自豪，以至于它有效地统治了大量其他希腊城邦，这被认为是其卓越性的证明，也是其相对于专制和寡头形式的政府的优越性的证明（雅典的对手斯巴达是当时意识形态的典型代表）。[①] 但是，许多贵族家庭成员，包括柏拉图的一些近亲，都不喜欢这种民主制度。公元前404年雅典人在一场漫长而令人沮丧的战争结束后向斯巴达投降；他们联合起来建立了由30位寡头（包括柏拉图的叔叔）组成的独裁政权。他们建立政权后，开始了恐怖的统治；雅典被统治得如此糟糕，以至于我们可以相信《第七封信》中的一个说法：当他们被推翻，民主制最终恢复时，柏拉图感到十分高兴。他在离家不远的地方进行了一次令人不安的示威，表明政治权力会在多大程度上腐蚀个人，而且很可能他会认为，最好的前景在于信任已建立的制度，即便是他不喜欢的、后来被证明容易出错的制度。但当公元前399年苏格拉底被审判并处死时（表面上是因为他的教诲腐蚀了

[①] 有关雅典民主传统的探讨，参 Hansen（1992：14-30）；Raaflaub, Ober & Wallace（2007）。

年轻人，但实际上是因为他与民主制的一些臭名昭著的敌人有联系），他对政治的幻想彻底破灭了。柏拉图在这一时期很可能认为，政治制度可能像有权有势的个人一样严重腐败，并且对通过他自己的实践努力来改善其社会的前景感到绝望。

然而，这并不是柏拉图政治生涯的终点。据说，他在公元前385年、前366年和前361年三次前往西西里。① 根据构成古代传统基础的《第七封信》中的叙述，最后两次访问是为了实现《理想国》的计划。根据传统说法，狄奥尼修斯二世——锡拉库扎的新统治者，对哲学表现出了某种兴趣，柏拉图试图通过把国王变成哲学家来实现哲人王的统治。但是这个传统说法受到了广泛质疑。无论如何，如果柏拉图真的尝试做过这样的事情，那他完全失败了。但如果柏拉图果真承担了这样一项勇敢而无望的任务，那也不会让人意外。因为，不难看出，他想要把两种价值结合起来：一种是智识上的完美价值，要求一个人一生致力于学习；另一种是实践活动的价值，要求一个人改善一团糟的政治世界。柏拉图认识到了这两种主张的力量，但并不想承认它们是不可调和的。根据一些古代文献记载，"学园"中的许多成员并不满足于通过哲学间接地改善世界，而是选择直接成为一些城邦的政治革命者。柏拉图是否鼓励他们的这种行为，我们不得而知。②

3.《理想国》的戏剧背景及主旨

柏拉图对话录的故事背景几乎全部设定在公元前5世纪晚期（这比它们的创作年代要早得多）。当时的雅典人感受到一种强烈的张力，即一种建立在接受传统价值和生活方式基础上的生活方式，与一种雅典人承担着更世界性角色的情况所导致的对这些价值的智识质疑之间的张力。对其他生活方式的接触导致许多雅典人在不脱

---

① 关于柏拉图三次西西里之行的详细探讨，参 Nails（2006：1 - 12）；Boas（1948）；Porter（1943）；Bluck（1949）；Annas（1981：3 - 10）。下文讨论主要基于这些学者的研究成果。

② 相关探讨，参 Chroust（1967：25 - 40）。

离自身文化价值观的情况下变得超然,并使一种文化和道德上的相对主义变得流行起来。当时的希腊人非常关注 nomos(习俗、惯例)和 phusis(自然、本性)在人类生活中所扮演的角色问题。许多传统价值观念和行为模式,在过去一直被认为是"自然的",是事物不可避免的"秩序"的一部分,现在却突然被认为是"习俗的",是人类容易犯错的"努力"的一部分,也可以以其他方式被安排(而且在世界其他地方也是如此)。从现存的作品中我们可以看出,当时的希腊人对于"习俗"和"自然"的确切含义并没有达成太多共识,二者之间的对比在不同的语境中有着不同的含义。① 然而,我们可以看到以下这一思想产生了多么强烈的影响:生活中的重要特征(如政府和其他社会机构)尽管被长期的"习俗"神圣化了,但它们都是"习俗"的产物,而且可能有所不同。许多人(特别是那些我们可能倾向于认为是"知识分子"的人)开始质疑他们的社会、政治生活的秩序,并拒绝相信他们前辈的价值观。社会和道德方面的连续性和共识明显地被削弱了。

在价值问题上是否有正确和错误的答案?人们对此进行了激烈的争论,这导致两种主义乘虚而入:"愤世嫉俗主义"和"怀疑主义"。这两种主义得到了一群通常被称为"诡辩家"(智者)的智力卓越之人的肯定。这些人不是一个学派,而是一群职业教师——他们在各个城邦讲学和授课,并声称自己在人们获得成功人生所需的课程方面拥有专业知识。尽管他们所教的内容各不相同,但他们几乎都教授演讲和辩论的技能,这些技能对于想从事公共事业的人来说是必要的。在柏拉图创办自己的"学校"之前,他们提供了最接近古代世界的继续教育。柏拉图在对话中通常以敌对或讽刺的视角来呈现其中的一些"诡辩家"。他们之所以激怒了柏拉图,是因为他们自诩知道关于"如何生活"的知识,而这些知识在经过理性的检

---

① 关于"习俗"与"自然"之间关系的阐释,参 Williams(2006:37);Taylor(1998:52-53)。

验后往往被证明是空洞而无用的。更重要的原因是,他们认为道德上重要的事情是一种关乎"非道德"的专业知识,这可以由他们收费教授。他们倾向于把人们对对与错的担忧视为没有实质性内容的问题,仅仅是一个人成长的产物。其中最著名的"诡辩家"是普罗塔戈拉——他对价值观和其他很多东西都持一种相对主义态度。在柏拉图看来,诡辩家的影响倾向于对价值问题产生相对主义和怀疑主义的态度,并将"如何过一种好生活"的问题替换为"如何以最佳方式在这个世界取得成功"的问题。因此,"应该怎样生活"的基本伦理问题最终沦为了"应该如何取得世俗成功"的成功学问题。

在阐释《理想国》时,很多人采取的一种方式是,把柏拉图看作主要或专门负责驳斥道德怀疑论者。① 根据这一观点,主导柏拉图思想的是他所能看到的这一社会现象:雅典城邦各方面的迅猛发展使得传统公认的道德共识日益萎靡,变得碎片化,以及他周围的人对熟悉的道德价值观的信心正在受到侵蚀。他认为当时最主要的工作是反对怀疑论,表明客观的道德真理是存在的,而且指出对"自我膨胀"施加约束是值得的,因为道德秩序实际上是可以依赖的。对传统价值观的传统信心需要重新建立。

这种解释有些道理。《理想国》这本书阐述的大部分内容都是为了回答色拉叙马霍斯的问题,后者认为不正义的生活比正义的生活更有价值,更值得拥有。他是被柏拉图视为对"正义"的价值产生怀疑态度的智者之一。色拉叙马霍斯嘲笑传统道德标准,坚持认为如果一个人违反了这些规定而逍遥法外,那么任何有智力的人都不会注意这些规定。"正义"这种通常被认为是正确的行为,是一种吃亏的游戏(傻瓜才会玩),因为它只会使他人受益。违背自己的利益而行事是不理智的,所以任何有理智的人都不会把道德当回事。这是格罗康和

---

① Gosling 等人认为柏拉图在《理想国》中试图捍卫道德,替道德的价值进行辩护,以反对怀疑论,参 Gosling(1973:ⅰ-ⅵ;1-20);Snare(1984:218);Annas(1981:8)。

阿德曼图在第二卷中重新阐述的观点（作为苏格拉底必须面对的挑战），这本书的其余卷章的大部分内容的目的只有一个，那就是证明这种观点是错误的。他还特别强调了这一点，任何按照他的说法而被认为是正义的人，也会按照对这个词的共同道德理解而被认为是正义的人。因此，按照这个解释，我们确实很容易倾向于将柏拉图视为一个保守主义者——他认为当时社会的问题在于色拉叙马霍斯和他的同类所产生的具有腐蚀性的怀疑论。他提供了一种社会秩序的补救办法，这种社会秩序将重新修补支离破碎的社会道德结构，使人们无法和不愿对客观和公认的道德判断的真实性提出疑问。

毫无疑问，色拉叙马霍斯是一个异常重要的对手。然而，他和一般的诡辩家们确实具有质疑人们在成长过程中所接受的东西的"美德"。在这个意义上，他们在智力上是自由的。如果结果是怀疑主义，也许我们从中得到的教训不是我们应该拒绝思考，反倒是我们应该更深入地思考。毕竟，柏拉图的确是借苏格拉底之口提出了自己的观点，而苏格拉底的主要贡献就是使人们感到不安，并使他们质疑公认的道德观点。有些人觉得非常讽刺的是，以无畏和自由发问而闻名的苏格拉底，竟然被要求提出《理想国》中的专制建议。但是，柏拉图这样做的事实表明，他并不认为自己的计划在原则上与自由探索真理相抵触，也不认为这是为了"安全"起见而采取的一种反智逃避。他的提议实际上并不保守。他是保守派最不想要的那种盟友。如果他恢复了普通的道德观，那这种道德观就是建立在一个新的基础上，这个基础与普通人梦寐以求的任何东西都相去甚远。当我们看到那些使《理想国》臭名昭著的社会提案时，很难不认为他是一个革命者。①

事实上，《理想国》最吸引人的地方，莫过于它在道德理论方面所引起的革命。这是对整个正确生活方式问题的看法的一种转变，而正确的生活方式本来是极具影响力的。事实证明，怀疑论者有理

---

① 有关柏拉图在今天的政治同盟的探讨，参 Crossman（2012）。

由拒绝大多数人理解的普通道德。柏拉图给我们的是一种全新的理论。重要的是,色拉叙马霍斯不是唯一的对手。《理想国》中的对话发生于一个富有且受人尊敬的家庭的豪宅里。正是这个家庭成员的道德观首先引发了整个讨论,并刺激了苏格拉底最初的、毁灭性的批判。克法洛斯和玻勒马霍斯对涉及传统正义之价值的怀疑主义是无动于衷的。然而,他们的观点在智者诡辩家对传统正义之价值提出质疑之前就被驳倒了。传统的观点,以其传统的形式被持有,是不能令人满意的:它们导致一种自满,这种自满与怀疑主义一样是重要的攻击对象。

柏拉图的系统性建议的性质十分清楚地表明,他是一个奇怪的保守主义者。他确实呼吁社会的道德直觉给予支持。但他也提出了一些会激怒大多数同时代人的安排:财产共同拥有、性伴侣共享、由专家统治。这些激进的想法并不是古怪的心血来潮,而是一个基本上保守的计划的附属品。柏拉图从根本上挑战了我们对美好生活的构想方式。①

因此,《理想国》并不像人们经常描述的那样:它是一种令人厌倦的执迷不悟的尝试,试图让时光倒流(Arruzza,2012:259)。它攻击的对象并不简单,它的回应也不简单。当然,事实很可能会证明,这种想法过于雄心勃勃,令人绝望,因为柏拉图正在把两个很容易被认为是对立的概念结合在一起。对道德怀疑论的攻击往往依赖于道德共识和直觉,并重视既定的态度。怀疑论者攻击的是公认的道德观点的真实性,而对它的攻击往往本质上是保守的,因为它表明这种攻击是不必要的或错误的。② 另一方面,对道德自满的攻击,则倾向于强调道德观点的局限性,而道德观点之所以被接受,是因为它们与人们既定的态度相吻合。就它们坚持需要修改和改革我们关于是非判断的思维方式而言,它们在本质上往往是革命性的。

---

① 有关柏拉图思想激进性的揭示,参 Sartorius(1974:349 - 363)。
② 有关柏拉图与怀疑论者之间张力的探讨,参 Woodruff(1986:22 - 37)。

柏拉图正在作出勇敢的尝试，既要证明客观道德真理是存在的，又要对这些客观道德真理是什么进行彻底的检查。

4. 柏拉图的主张及本书的特色

苏格拉底死后，柏拉图对于政治的态度发生了根本性转变。他在《高尔吉亚》《政治家》《理想国》和《法义》中借对话者之口或明或暗地表达了这样的政治见解：

①最好的统治者是明智的；

②最好的统治者的统治是为了被统治者的利益，而不是为了其自身的利益；

③城邦不太可能拥有最好的统治者，部分原因在于大多数人的价值观与有智慧者的价值观之间存在难以逾越的鸿沟；

④对一个城邦最大的伤害，来自对谁应当统治产生的分歧，因为相互竞争的派系会造成内乱；

⑤政治的目的是在公民之间就谁应当统治达成一致或和谐；

⑥和谐要求城邦培育美德和法治；

⑦几乎所有现有城邦都败坏到了无可救药的地步，因此人若没有真正的朋友，就不要参与政治；

⑧要正确地管理事务，首先要有值得信赖的朋友，其次要有健全的法律和习俗；

⑨人只有通过从事正确的哲学，才能认识到个体和政治层面的各种正义类型；

⑩除非哲学家成为统治者或统治者成为哲学家，否则就永远不可能终结世上所有的恶，因为唯有哲学才能带给人类真正的正义，也唯有哲学才能终止内战和政治动荡。①

这些伦理—政治见解也是我们研读《理想国》尤其是第一卷的

---

① 《第七封信》(324b-326b) 中也有类似看法，尽管这封信的真伪性一直备受争议。在以上这十点看法中，①—⑥主要参考了 Brown (2009) 的看法；⑦⑨⑩主要参考了罗德之 (2012，页 7) 和 Reeve (2004：ix) 的观点；⑧参考了 Schofield (2006：15) 的看法。

关键性背景资源，我们也将通过第一卷的研究来进一步深化、诠释这些重要思想。

最后值得特别强调的是，对古典文本的阅读必须兼顾古今问题意识各自的特殊性与共通性。当前柏拉图学界有两种观念十分流行，一种以哲学传统为界，把关于柏拉图思想的讨论限制在西方古典哲学这一传统中，而不参与关涉任何现代哲学问题的讨论；另一种则以哲学问题为界，在不考虑古今差异的前提下直接将柏拉图对于某些哲学问题的解决方案挪到关于现代哲学问题的争论中来。在我们看来，这两种观念都不可取，前者容易助长"厚古薄今"的学术态度，造成古代哲学与现代哲学之间的巨大隔阂与互不通气；而后者则易于滋生"厚今薄古"的态度，消解古代哲学问题的独特魅力，弱化其对于现代哲学的贡献。正是为了克服这两种研究观念的缺陷，本书主体部分第一、第二篇中的讨论主要限定在古代哲学这一传统中，而第三篇的讨论则引入现代哲学的一些理论框架，在比较、检验中评估柏拉图的一些理论在思想发展史中的独特价值，以在清醒认识古今问题意识之差异的基础上构建二者之间的某种关联性。

综上，通过初步探讨为什么重读以及如何研读的问题，我们实际上已经论及了国内外学术界在研究《理想国》第一卷时仍存在的主要不足与缺陷，具体总结如下：（1）着重强调第一卷与早期对话录之间的关联性和亲和性，而忽视第一卷在整个《理想国》中所起到的那种提纲挈领的作用（如 Hermann, Friedländer, Vlastos, 范明生等）；（2）比较轻视第一卷中的人物个性化描写和其他戏剧元素在整个哲学论证中所扮演的角色，而只把关注的焦点放在苏格拉底与对话者的哲学论辩上（如 White, Annas, Reeve, Irwin 等）；（3）夸大第一卷中的旁白及戏剧色彩在整个对话录中所发挥的那种暗示性功效，而较少关注对话录所包含的逻辑论证（如 Strauss, Voegelin, Bloom, Benardete, Blondell, Lampert 等）；（4）热衷于凸显并放大苏格拉底对于他人之见解的否定性倾向以及苏格拉底之论证的逻辑瑕疵，而较少考虑甚至不考虑苏格拉底的探究方法、论证和理念在认识正义的本性、价值及导出正义之定义中所起的正面作用（如 Henderson，Sparshott，Chappell 等）。

  本书除了克服以上提到的四类研究缺陷外，将主要集中关注第一卷内容的各个细节、第一卷在《理想国》中的作用、第一卷在早期对话向中期对话过渡中所起的桥梁作用；在研究过程中始终坚持从文本出发，不拘泥于已有的任一固定传统路线，而是尽可能做到博采众长，用苏格拉底式的探究方式去质疑、检验并验证对话录中的一切言论，以揭示柏拉图思想的意义与局限性。下面我们将通过具体的研究来展示这种努力，同时进一步丰富对以上这两个问题的解答。

第一篇

对人物个性化描写和其他戏剧
文学元素的关注

柏拉图从没写过哲学论文，也从不直接对读者说话。在柏拉图对话录中，一些人物，著者的某个发明创造的人物——即使他们有一个与历史人物同名的名字——说出了柏拉图所写的每一个字。因此，对柏拉图对话录的现代研究已不再局限于仅关注对话录内部包含的概念和论证，而是不放过其中的每一个细节描述；尤其是人们逐渐开始意识到对话录中人物个性化描写和其他戏剧文学元素对于理解柏拉图思想的重要性。它们是对话录的"皮肉"，是我们在开始读某一篇对话录时最先接触的东西，因而值得特别重视。通过对这一部分的论述，我们将会进一步认识到它们在帮助人们理解《理想国》第一卷乃至全篇对话的内容方面扮演着什么重要角色。

第 一 章

苏格拉底：正义研究的序幕
(327a – 328b)

《理想国》第一卷开场白中的人物个性化描写和其他戏剧元素无疑对该卷甚至整篇对话录研究发挥着至关重要的作用。它们揭开了正义研究的序幕。有鉴于此，本章将通过为《理想国》第一卷勾画"人物谱"，从哲学上剖析其身份背景、对话时间、地点、事件起因及其寓意，尤其揭示苏格拉底之"下"、之"留"的原因以及这一事件对于《理想国》中探究正义之旅的重要意义，进而明晰《理想国》第一卷开场白作为全书之开场白的重要作用。

第一节 《理想国》第一卷人物谱

这里虽然说的是第一卷人物谱，但它同时指《理想国》人物谱，因为柏拉图在这篇对话一开始通过苏格拉底之口交代了所有参与者。这些对话人物在某种程度上都充当了柏拉图言说自己思想的媒介，尽管其中有些人的台词较多，有些则较少，有些甚至没有。对这些人物的身份背景、彼此关系的认识以及对他们的言论在多大程度上代表着柏拉图的心声的识别对于我们正确理解《理想国》第一卷乃至整篇对话起着举足轻重的作用。

一 谁是柏拉图的喉舌？

首先，柏拉图不是那种喜欢直截了当地坦陈自己思想的著者，他倾向于以拐弯抹角的方式来表达"自己"的心声。这就造成了一个有趣的现象：柏拉图并没有在任何他所写的对话录中以自己的名义说过话，也就是说，他从来没有在自己撰写的对话录中说："我认为……"，更没有创作一个以"柏拉图"为名的对话者。相反，柏拉图式对话录更像是希腊悲剧，作者总是喜欢把自己藏在他笔下的角色背后，一方面从不以作者的名义出现在对话中，另一方面也从不让行动和情节代替他的思想和论证（Benardete，1998；Cooper，2012：67）。① 然而，在哲学史或专门论述柏拉图对话录的某一篇论文中，我们经常会读到诸如"柏拉图在某一篇对话中认为……"或"柏拉图相信……"等这样的句式判断。每当看到这样的判断时，我们不禁心中生疑：既然柏拉图从未在对话中以自己的名义讲话，那作出这样断言的阐释者是基于什么阅读原则而得出"柏拉图认为或相信……"这样的结论的。这显然是在开始解读柏拉图对话录之前需要克服的一个重大障碍，亦是解读每一部文学作品（尤其是戏剧和小说）要面临的主要难题。一种普遍通行的解读原则是根据作者笔下人物的言论的总和来推测作者的真实想法。但有时候，鉴于创作者创作的人物数量繁多，人们往往会遵循"举要治繁"的指导策略，把剧作中的主角作为作者的唯一喉舌和传声筒。可是，在柏拉图许多对话录中担当主角的苏格拉底是否可被视为柏拉图唯一的传声筒呢？很多人可能会毫不犹豫地回答："苏格拉底就是柏拉图本人唯一的代言人和传声筒，否则，柏拉图何必要把苏格拉底设为许多

---

① 在这点上，人们常拿柏拉图与西塞罗作比较，认为柏拉图的对话录与西塞罗的对话录不同，柏拉图对话录中没有出现一个名叫"柏拉图"的角色。相关探讨，参Cooper（2012：67）。

对话录中的主角呢!"① 这一看法看似有理,实则蕴藏着巨大的缺陷和风险。当读到柏拉图晚年时创作的一些对话录时,我们会发现在一些对话录中苏格拉底并不是总以"主角"的形象出现,例如在《蒂迈欧》《克里底亚》《智者》《治邦者》《巴门尼德》等对话录中;在《法义》中,他甚至都没有出现过。因此,一个人盲目地事先假定,苏格拉底就是柏拉图唯一的喉舌和传声筒,是很成问题的。在苏格拉底不是主角的这些对话中,柏拉图通常刻意把这位在很多对话录中担任主角的苏格拉底设计成一位静听他人高谈阔论的听众。如果对此视而不见,那便无法注意到柏拉图用人物之间的对话表达哲学思想这一意图。

其次,柏拉图从未以文字形式告诉读者,"苏格拉底就是他本人唯一的喉舌和传声筒"。即便柏拉图以别的方式告诉读者:"事情就是这样",这似乎也于事无补。因为如文本所示,柏拉图笔下的苏格拉底的癖好之一就是热衷于使用"反讽"。在他们看来,把一位以反讽著称的人物用作自己的代言人,这在很多时候会让人不确定这位代言人究竟说的是真心话,还是言不由衷的假话或反话。② 这种看法似有一定道理,但不全对。

再次,我们在解读《理想国》第一卷时,前面虽然提到应当主要关注其中所包含的论证和概念,但这里需要强调的是,我们也应当注意到它的戏剧性特征。当苏格拉底在这篇对话中谈到戏剧有别于叙事时就提出戏剧作家在戏剧中隐藏了自己:戏剧的作者从来不在自己的剧中以自己的名义讲话,而是把自己的想法恰如其分地分

---

① N. P. White(1979:62)等一些学者认为苏格拉底不仅是《理想国》中最重要的人物,而且实际上总是充当着柏拉图的喉舌。此外,也有学者提出更合理的假设:作为大多数对话录主要发言人的苏格拉底,更有可能成为柏拉图喉舌的人选。因此,他们一般假定苏格拉底代表柏拉图说话,参 Scodel(1987:16,109);Eades(1996:244-258);有关"谁为柏拉图言说"这个问题的探讨,参 Press(2000)。

② 有关苏格拉底反讽概念的解释,参 Vlastos(1987:79-96);Strauss(1996:180);Vasiliou(1999a:456-472);Griswold(2002:84-106);Ferrari(2008:1-33)。

摊给了戏剧的情节及剧中的每一个人物（392c-e）。很多解读者也注意到了这一点。比如，斯科菲尔德（M. Schofield）就指出："柏拉图是他笔下所有对话人物的总和，却不能成为其中任何一个具体人物。"（Schofield，2006：17）库珀（J. Cooper）同样指出："作者正是通过整篇行文，而不是某个个体的单独声音来向我们言说的。"（Cooper，1997：xxiii）如果"柏拉图对话"是一种新型的哲学戏剧，《理想国》自然也具有了戏剧特征。这意味着，在《理想国》中，柏拉图像剧作家一样通过整个剧本的情节和每个人物的台词来传达自己的想法。按照这种戏剧解读的阅读方式，我们在阅读《理想国》时应遵循以下四条阅读原则：

（1）历史上的苏格拉底与柏拉图笔下的苏格拉底有一定联系，但二者并不等同；

（2）不能把柏拉图笔下的苏格拉底想当然地假定为柏拉图本人唯一的"传声筒"或"喉舌"；

（3）对话中的思想与论证固然重要，但也不应放弃那种以阅读戏剧方式欣赏《理想国》的方式，特别不应当忽视这篇对话中的戏剧场景、对话者的性格、身份背景、智识水平以及对话中每句台词的具体语境。这些戏剧元素对于理解对话录的整体思想有重要意义；

（4）应当观察《理想国》中的对话者如何回应苏格拉底的问题，以及苏格拉底是如何在对话情节的发展中调整他的问答策略。[①]

最后，如果柏拉图的喉舌不全是苏格拉底，苏格拉底也不是柏拉图的唯一喉舌（苏格拉底只在某些对话如《理想国》中充当着柏

[①] 柏拉图本可以像在他之前的前苏格拉底哲人或智者那样以个人名义通过一系列论文或散文形式的论述阐明自己的观点，但他并没有选择这样做，而是耗费巨大精力致力于创作哲学戏剧，并用戏剧性对话创造出一大批个性分明、性格独特的戏剧人物。正因如此，很多学者主张，应当以解读戏剧的方式来解读《理想国》。这方面有益的探讨，参Strauss（1996：179-80）；Nussbaum（2001：122-134）；Blössner（2007：376-381）；Blundell（1991：6-15）；Rosen（2005：2）；Sheppard（2009：20）；罗德之（2012，页16）。

拉图的主要喉舌），那么，在解读第一卷时，我们尤其应当注意《理想国》中每一个人物的言论。即便苏格拉底在这篇对话录中是唯一的主角，其他人是配角，我们也不能忽视后者的言论，因为他们的主要作用就在于澄清论证，服务于柏拉图用对话形式来表达哲学思想这一宗旨。然而，要想充分把握每个人物的想法，离不开对于每个人物身份背景的认识。因此，我们势必要对第一卷中出现的人物的身份有所了解。总体上看，苏格拉底在第一卷中明确提到十位人物（除了一些没有被提及的听众）。按照年龄段看，其中既有克法洛斯这样的长者，也有玻勒马霍斯、阿德曼图、色拉叙马霍斯这样的中年人，也有格罗康这样的年轻人。就政治身份看，其中有雅典公民、外邦人、客籍民、贵族人士和民主人士。按照社会—职业身份看，其中包括哲学家、商人、智者、修辞学家、演说家、史诗爱好者、法律演讲词的撰写者等（Nails，2002；Pappas，2003：11-13）。在《申辩》中，苏格拉底曾为自己的慷慨而自豪地说：自己虽然特别渴望帮助雅典公民，但也愿意帮助他所遇到的每一个人，不论国籍、老幼（cf. *Apology* 30a2-4，23b5-6）。他身上所表现出的这种无差别地与所有人探讨哲学问题的精神，也尤其体现在他对待《理想国》中对话人物的态度上。这里简单列出了第一卷中出现的人物，下面将对他们展开详细说明。

二 哲人

首先，历史上的苏格拉底因"向城邦引进新神"和"腐蚀城邦青年"等罪名而被雅典人处死。这一著名历史事件不仅在柏拉图的《申辩》和色诺芬的《回忆苏格拉底》中有详细论述，而且在喜剧诗人阿里斯托芬的《云》中也有生动传神的说明。无论在《理想国》还是《云》中，苏格拉底都极力否认大多数人有做哲学的能力；无论哲学的从事者还是受众都属于小众范畴。然而，阿里斯托芬式的苏格拉底和柏拉图式的苏格拉底关于哲学的性质的看法之间存在着极大的对立性矛盾。《云》认为，哲学基本上是诡辩的；《理想国》认为，哲学是一项崇高的事业。因此，《云》中理想的苏格拉底哲学的信徒没有资格成为《理想国》中的哲学家，反之亦然。[①] 阿里斯托芬借《云》指出，"老式教育"让年轻人不断受到"传统价值观"的同化，而"传统价值观"的一个特征就是不鼓励青年人质疑传统价值。苏格拉底的质疑精神颠覆了"传统权威"。因此，按照阿里斯托芬的推理，"旧式教育"最危险的敌人莫过于苏格拉底，而苏格拉底的"思想学园"则是腐化民众的罪魁祸首，因为年轻人在苏格拉底那里受到的教育是子女殴打父母有理，公民有理由质疑城邦统治者的权威。这种给下一代灌输反叛思想的教育理念让捍卫传统价值的公民对苏格拉底的生活方式产生了强烈的敌意（Annas, 1981：3-4；Sheppard, 2009：9-10；Ferrari, 2010：11-32）。

其次，阿里斯托芬对哲学、苏格拉底生活方式所持有的这种消极看法在某种程度上与《理想国》中代表城邦利益发言的色拉叙马霍斯的看法，如出一辙。《理想国》不仅要质疑这种流行之见，而且要试图为苏格拉底的哲学和生活方式进行辩护：败坏城邦青年人的真正的罪魁祸首不是苏格拉底，而是城邦的当权者。在此意义上讲，不仅是第一卷，而是整个《理想国》都是真正意义上的"苏格拉底—柏拉图的申辩"或"哲学的申辩"（Sesonske, 1961：29-36；Bloom, 1991：307）。

此外，当谈到《理想国》中的苏格拉底时，需要问的是，这是一位怎样的苏格拉底？从神话隐喻角度看，可以从两个方面加以说明：第一，苏格拉底在这篇对话中如同奥德修斯一样，是一位历经磨难的英雄。这位英雄想要从喧嚣的"劳役"（ponoi，英雄的历险与使命）中解脱出来，退向私人生活，同时希望从地下世界上升到洞穴之外，从而过上一种能使他从政治抱负中全身而退的生活方式——哲学（*Republic* 620c-d, 496a-e）（O'Connor, 2007：60）。

[①] 不少学者探讨了这种对立性的某些方面，并提出阿里斯托芬和柏拉图各自的"苏格拉底肖像"之间存在和解的可能，参 Neumann（1969：201）。

第二，苏格拉底象征着赫拉克勒斯。赫拉克勒斯的十二件任务中的最后一件是下降到冥府，把那里的看门狗（三头怪兽）刻耳柏洛斯（Cerberus）带到人间的光明之处，然后再把它送回地狱。在执行这个任务的过程中，赫拉克勒斯没有使用武力，只用言辞就驯服了这个怪兽。从这点看，《理想国》是苏格拉底对赫拉克勒斯之上升的一种模仿，它希望带领读者从无知昏暗之所上升至知识光明之地。接下来出场的、被苏格拉底成功驯服的有着狮子型性格的色拉叙马霍斯象征着刻耳柏洛斯。①

总之，苏格拉底不仅是《理想国》中虚构的人物之一，也是其虚构声音。书中他的角色在于把书中的每一个字都讲一遍，复述前一天在克法洛斯家所展开的讨论。在这场讨论中，苏格拉底扮演了主要角色。对于现代叙事学家来说，苏格拉底是《理想国》的"内部叙述者"。②

三 一对父子

《理想国》中与苏格拉底展开深入交谈的第一位人物克法洛斯是苏格拉底所要拜访的主人。他是一位迷恋献祭，并对来生充满担忧的老人。③ 他的儿子 Πολέμαρχος（玻勒马霍斯）这个人名由 πολέμος（战争）和 αρχον（领导者）组合而成，其字面意思是"战争发起者""战争中的领导人"或"军阀"。④ 玻勒马霍斯是克法洛斯的长子——吕西亚斯和欧西德莫斯的哥哥——于公元前404年被"三十僭主"处决。吕西亚斯在《反对埃拉托色尼》中生动地描述了他兄

---

① 有关苏格拉底与赫拉克勒斯的关联及色拉叙马霍斯的象征意味的考察，参 Brann（2011：118）。
② 有关《理想国》中苏格拉底独特性的集中探讨，参 Ferrari（2010：11-32）。
③ 关于克法洛斯的介绍，参见本书第一篇的第二章。
④ 它通常被英文解释为"one who begins or leads the war, a leader, chieftain, warlord, first-for'fighting, war-leader, war-starter"。相关探讨，参 Strauss（1964：63）; Kayser（1970：263）; Rudebusch（2002：78）; Rosen（2005：21）; Reeve（2012：37）。

弟死去时的情景（*Against Eratosthenes* 17-20）。于吕西亚斯而言，那是一件极不寻常的肮脏事件。玻勒马霍斯在没有被指控任何罪名的情况下被迫喝了毒芹汁，所以他根本没有在陪审团面前为自己辩解的机会。他入狱和死亡的唯一原因就是统治贵族的贪婪。他的财产被没收，他的妻子被剥夺了珠宝，他甚至被剥夺了体面的葬礼。按照《斐德若》中的说法，他早年经商，后来"不务正业"，搞起了哲学（257b）。[①] 根据古希腊文人（如希罗多德、索福克勒斯和欧里庇得斯）的看法，一个人死的方式表明了其生命的性质和质量。柏拉图似乎也认可这种传统观念。假如像《斐德若》中苏格拉底所说的，那些追求哲学的人在地球上过着幸福而安宁的生活（256a-b），那么在玻勒马霍斯死后，柏拉图就不能宣称玻勒马霍斯是哲学的模范追随者，否则，他就是在做伤害哲学的事。[②] 玻勒马霍斯在《理想国》中的重要性主要体现在以下三个方面：

（1）他从一开始就摆出一副蛮横无理的主人气派，强制拦截苏格拉底并让对方留下，这似乎表明他认为"正义"与"强制"之间存在某种紧张关系（cf. 327a-d；449b-c）；

（2）作为继承人，他复活了父亲传给他的那个奄奄一息的论点；[③]

（3）他人如其名，是武力的象征，是"理想城邦"中护卫者的原型。[④]

四 一对兄弟

在柏拉图的对话中，出现过两个格罗康（Γλαύκων）：（1）《理想国》中出现的这个格罗康是柏拉图同父异母的哥哥（《巴门尼德》

[①] 相关探讨，参 Blyth（1994：53）。

[②] 有关历史上的玻勒马霍斯的悲惨遭遇及柏拉图对玻勒马霍斯价值观的评价，参 Tomin（1997：36）。

[③] 前两种看法，参 Rosen（2005：21）。

[④] 有关玻勒马霍斯与《理想国》中护卫者之间的关系，参 Kayser（1970：263）。

和《会饮》各自在开头处对此有所提及);(2)《查尔米德》中出现的格罗康是查尔米德的父亲(Cf. *Charmides* 154;Gallop,1997:111;Annas,2003:13;Rosen,2005:14)。格罗康是《理想国》中的核心人物之一,他与苏格拉底的谈话占据了《理想国》很大一部分篇幅。正因如此,《理想国》中最终出现的那个城邦通常被视为格罗康的城邦(Strauss,1964:94;Bloom,1991:344;Nichols,1984:31)。

首先,就格罗康的政治身份和精神气质而言,不难看出,他在《理想国》中是未来的"寡头政体"的主要代表,在天性上是探究正义的适当人选,有成为哲人的潜质(Guthrie,1987:336;Reeve,1988:41;Nussbaum,1998:23)。

其次,就他在《理想国》中的作用而言,他对"生成对话"负有主要责任。这主要体现在以下六个方面:

(1) 陪苏格拉底一同下到比雷埃夫斯的是他(327a);

(2) 他决定等玻勒马霍斯赶到(327b);

(3) 他决定留下并去玻勒马霍斯家参加晚宴(328a);

(4) 他在卷二中不满意苏格拉底对色拉叙马霍斯的回应,并强迫苏格拉底继续谈论正义(357a);

(5) 他在对话中是一位潜在的统治者,强迫苏格拉底充分讨论正义和哲学这一主题(372b-c);①

(6) 苏格拉底在对话末尾所讲的厄尔神话主要是为格罗康讲的(627b)。②

---

① 玻勒马霍斯和阿德曼图在卷五开头也强烈要求苏格拉底进一步阐述他关于"儿童以及女护卫者的共同体生活"的提议(450a-b)。人们通常认为,这两个场景在戏剧情节的设置上存在一定相似性;二者不仅使用了共同词汇,而且在这两个场景中,苏格拉底起初都拒不接受朋友们的请求,但最终还是被迫屈服。此外,格罗康在这两个场合下的干预都对推动对话情节的发展起了关键作用。相关讨论,参 Dorter (2005:137-139);Petraki(2011:113-114)。

② 关于格罗康在《理想国》中重要意义的分析,参 Kayser(1970:259);Nichols(1984:30);Benardete(1989:10);Rosen(2005:21)。

再次，《理想国》中讨论的主要内容（或者说最重要的讨论）围绕苏格拉底对格罗康的教诲展开。苏格拉底希望借此旅行引导格罗康的身心远离黑暗，走向光明（Nichols，1984：30；Brann，2011：1-10）。《理想国》把教育描述为一门使整个身体（不只是肉眼，还包括心灵之眼）"转向"（metastrephein）光明、远离黑暗的技艺（technê）（518b-d）。柏拉图运用戏剧手法形象地呈现了苏格拉底对格罗康灵魂中"爱欲"的治疗（Strauss，1964：65；Ludwig，2007：222-30；罗德之，2012，页45）。在柏拉图看来，格罗康的病根源自"性爱"，理由如下：

（1）格罗康决定留下，很大程度上是因为他极度渴望认识这里的众多青年才俊和美少男。这些人对他的"性欲"有致命吸引力。

（2）格罗康的"爱欲"从对话一开始便无限膨胀。他在卷二中表现出想要享受美味烹饪、奢侈品和大量财富的快乐。他虽然在第一卷中对苏格拉底说的"惩罚报酬"迷惑不解，但愿意选择过正义的生活（347a-e）。然而，在接下来的第二卷开头，他却被隐身指环神话中巨吉斯（Gyges）的无限权力及其犯下的弑君、奸淫、掳掠罪行所深深吸引并折服。他自始至终都在"正义之道"与"僭主式欲望"之间摇摆不定。他的病症与《会饮》中亚西比德[①]得的病如出一辙。正因如此，苏格拉底在《理想国》中花费大量篇幅论述如何诊断和治疗僭主式的个体灵魂中的疾病（571a-573a）。表面上看，苏格拉底在论述这段有关灵魂疾病的诊断中是与阿德曼图在交谈，但他实际上意在告诫格罗康：每个人的灵魂中都存在一些只会在睡梦中才会显现出来的野蛮、凶残之欲。当

[①] 公元前5世纪时，人们常用"paranomia"（疯狂、精神失常）这个词来形容亚西比德。按照修昔底德的讲法，亚西比德并不被视为民主的朋友。他的罪恶使当时许多人认为他是一个极度渴望权力并崇拜僭主制的人。在流亡之后，他还试图帮助雅典建立一个寡头政治，以作为他回到城邦的先决条件（Thucydides, The Peloponnesian War 6.15.4, 8.47.2）。有关亚西比德的探讨，参 Ostwald（1986：116）；Howland（2004a：197）。

这些欲望在晚上控制住人的灵魂时，人就会在梦中变得厚颜无耻，不仅敢奸淫、掳掠、谋杀，甚至还敢触犯食人和乱伦等伦理禁忌。① 当这些无法无天的欲望侵入清醒的灵魂时，僭主式个体就"呼之欲出"。性欲、权欲、财欲之类的欲望要比其他欲望强大，因此灵魂一旦受这些欲望控制，其自身的美德就会被一一清除，个体由此便陷入迷狂或疯癫。一个人如果拥有了这样疯狂的灵魂，就会奢望统治所有尘世之人和奥林匹斯诸神，以满足自己的统治欲和其他私欲：

（1）只要他看上的人（不论男女），他都会要求与其发生性关系；

（2）当他结交的朋友及奉行的恶劣行径遭到父母反对时，他便会责打父母，并辩解这样做非常有理；

（3）他不仅会把公物占为己有，还会盗取他人财物；

（4）为巩固自己的权力，他不惜以"正义"之名诛杀异己；

（5）他对自己的"爱欲"不加任何约束限制，任其自由发挥，因而会实施一切暴行。他就如荷马笔下的众神和拥有隐身指环的巨吉斯一样，在大千世界中任意行走，见好就夺，见爱就抢，见不喜欢者就杀。

总之，在柏拉图看来，这种根植于"爱欲"的疾病是所有政治性疾病中最糟糕、最可怕的，而格罗康就感染了这种疾病。

复次，就格罗康的为人和志向而言，色诺芬在《回忆苏格拉底》中指出：柏拉图一直很担心其兄长格罗康的政治抱负会使他陷入危难之中（3.6.1-18）。现实中的格罗康缺乏政治经验，却一心想参与政事。柏拉图担心野心勃勃的格罗康在政治上会受到伤害，所以请求苏格拉底劝说、教导格罗康在步入政坛之前，能对"政治"的

---

① 在《理想国》第八卷中，柏拉图将僭主式的个体描述为一个将"羞耻"改名为"单纯"和将"无耻"改名为"勇气"的人（560d-e）。相关讨论，参 Tarnopolsky（2010: 8, n. 30）。

本性有所洞察。在柏拉图再三请求之下，苏格拉底才勉强答应，故随格罗康一道下到比雷埃夫斯港。① 现实中的格罗康不仅无知、意气用事，还怀有深入骨髓的"快乐主义"倾向。他像亚西比德一样有着强烈无比的"权力欲"和"性欲"。格罗康这样的"品性"使得苏格拉底的教育事业开展得很不顺利。《理想国》对格罗康的"品性"有好几次暗示：

（1）他深受胜利之爱驱使（548d-e），因而在战斗中十分英勇，格外出众（357a，368a-b）；

（2）他的爱欲超乎寻常。他曾屈从于一位男性爱人。他周围常有众多的男同伴。他也爱慕女人和女孩（328a-b，368a，468b-c，474d-475d）；

（3）他被交际花、金子、象牙、美味和其他奢侈品所吸引（372c）；

（4）他（无意识地）认定快乐就是"好"（509a）；

（5）他声称要投身正义事业（347e，361e-362a），但对正义的承诺却十分不清楚。他并不确定：假如犯罪不受惩罚，一位真正的男人是否还应该约束自己的贪念而不去偷盗、奸淫和弑君篡权（359b-360e）；

（6）他从不怀疑帝国的侵略行径有何错误。相反，他将领土的

---

① 人们通常在此问题上存在争议：苏格拉底究竟是在努力说服格罗康避免走上不义之路，还是格罗康在很大程度上支持该"三十僭主"，即他自己的亲戚们在其中掌握着大权的政权。根据色诺芬的说法，苏格拉底治愈了格罗康的政治野心（*Mem.* 3.6.1）。然而，有些学者如 Munn（2000，239，416，n. 46）推测，格罗康属于克里底亚（Critias）这一边的人；当"三十僭主"的军队被击败时，格罗康战死在了发生在希腊比雷埃夫斯的穆尼基亚（Munychia）战役中。柏拉图是受他对格罗康的记忆启发而创作了《理想国》。他们注意到，格罗康和苏格拉底所走的那条从庆典游行的起点到《理想国》之初提出的本迪斯神殿之间的返程之路，是同样的道路，这条路浸湿了 70 个克里底亚信徒的鲜血。此外，格罗康在《申辩》34a 处并没有被提及，在那里苏格拉底注意到柏拉图和阿德曼图在一起。相关探讨，参 Howland（2004a：180）。

扩张视为大国崛起之后必不可少的一个举措（373d）；

（7）他相信卓越、优秀的人应该去统治，并深信像他自己这样的战士才是最优秀的（412c）；

（8）他被苏格拉底称为一位有着强烈爱欲的男人和男童的情人（474b）；

（9）他渴望完美，并篡改了希罗多德所论述的那个版本的巨吉斯神话。①

最后，谈论完格罗康，让我们把目光投向他的兄长。Ἀδείμαντος（阿德曼图）的字面意思是"无所畏惧"（Rudebusch，2002：78）。他是柏拉图家族中的长子（柏拉图家族至少有六个孩子，柏拉图排行老五）（Nails，2006：2）。他也出现在《巴门尼德》中（Miller，2005：18-21）。更为重要的是，在苏格拉底受审那天，他也在场（*Apology* 34a）。在《理想国》中，他在第一卷结束之后同他的弟弟格罗康共同担当了苏格拉底的对话人。

总之，对话中的人物对整篇对话录的情节起着重要的推动作用。《理想国》能够展开，正是因为玻勒马霍斯、格罗康、阿德曼图以及下文介绍的色拉叙马霍斯通过挑战苏格拉底的观点来不断推动对话向前发展。他们挑战苏格拉底，是因为他们被许多事物——不义所许诺的权力与快乐（357a-67e）、一种独特的人类生活（372d-e，419a）、女人（449a-50a）以及智慧本身（450b，506d）——所吸引。《理想国》最终教导我们：哲学是通往灵魂中的正义的唯一途径。这一教导与苏格拉底同伴们的行为产生了戏剧性呼应。若无他们哲学上的坚持，正义与对智慧之爱之间的深刻联系就不会显露出来。②

---

① 有关《理想国》中格罗康的品性及其爱欲的分析，参 Nichols（1984：30-39）；罗德之（2012，页21-22）；Rosen（2005：12，14-15，20-21）；Roochik（2003：56）；Weiss（2012：5）。

② 有关带领"理想城邦"中最优秀的灵魂走向对智慧的爱欲（*eros*）这种意图与人物之间关联性的分析，参 Howland（2004a：205-206）。

五　智者

智者色拉叙马霍斯是这个人物谱中个性极强、影响极大的关键性人物。作为历史上的真实人物，他的希腊名Θρασύμαχος的字面意思是"战斗中大胆无畏"。人们称他是"英勇无畏的斗士"（cf. Aristotle, *Rhetoric* 1400b）。显然是《理想国》最为生动地演绎了这一形象及其所代表的正义逻辑，并使其深深地印刻在历史中。

1. 色拉叙马霍斯生平及人格形象

色拉叙马霍斯出生在卡尔西登，① 与公元前5世纪雅典名声大振的安提丰（Antiphon）、克里底亚（Critias）、希庇亚斯（Hippias）、高尔吉亚（Gorgias）和普罗泰戈拉（Protagoras）并称为"老智者"。据一些史料记载，他在雅典主要以修辞教师和演讲稿撰写人的身份为人所知。他的这种盛名可能一直持续到他去世那一年（即公元前427年）。由于年代久远，他的生卒年是一个有争议的问题。按照狄奥尼修斯（Dionysius）的说法，色拉叙马霍斯的年龄比吕西亚斯小。但狄奥尼修斯错误地认为，色拉叙马霍斯出生于公元前459年。亚里士多德认为色拉叙马霍斯的年龄介于蒂西雅斯（Tisias）和西奥多勒斯（Theodorus）之间，但他没有列出确切日期。西塞罗几次提到色拉叙马霍斯与高尔吉亚有联系，并暗示高尔吉亚和色拉叙马霍斯是同时代的人。喜剧诗人阿里斯托芬也提供了一个关于色拉叙马霍斯生平确切日期的信息。阿里斯托芬在自己人生中第一出戏剧《赴宴的客人》（*Banqueters*）中取笑了色拉叙马霍斯。这部戏剧是在公元前427年上演的。按照这个时间推算，色拉叙马霍斯一定在此之前就已在雅典教学数年了。色拉叙马霍斯著作的一个幸存片段（狄尔斯-克兰兹［Diels-Kranz］编号系统85b2）显示：色拉叙马霍斯引用过阿耳凯劳斯（Archelaos）的言论，而阿耳凯劳斯是公元前

---

① 卡尔西登位于黑海口，今土耳其一带，是当时麦加拉（Megara）在比提尼亚（Bithynia）的殖民地。

413—前399年期间马其顿的国王。因此，色拉叙马霍斯在公元前5世纪前三十年里可能最为活跃。他著作的遗留片段几乎没有提供任何有关他哲学思想的线索；他遗留下来的著作要么是处理修辞问题，要么仅是演讲中的一些摘录（DK85b1和b2），而这些演讲多为别人而撰写，因此，它们几乎不能如实地反映色拉叙马霍斯本人的思想。但其中有一个片段（DK85b8）相当有趣，因为它包含这样一个说法：神不关心人事，因为祂们并不执行正义。这一说法是否与《理想国》第一卷归于色拉叙马霍斯的立场兼容，学者们莫衷一是。《理想国》是迄今为止关于色拉叙马霍斯哲学思想最详尽的哲学文本。从史学研究角度看，把柏拉图的记述作为研究色拉叙马霍斯哲学思想的史料，是有失公允的，毕竟柏拉图写的是哲学对话录，而不是历史书。总而言之，我们几乎对他的生平轶事和著作内容一无所知。①

色拉叙马霍斯对思想史之所以能产生如此深远而持久的影响，主要在于柏拉图在《理想国》第一卷中精心设计了一场在色拉叙马霍斯与苏格拉底两人之间进行的令人印象深刻的思想交锋。② 尽管目前难以确定柏拉图在《理想国》中归于色拉叙马霍斯的观点是否真的就是这个历史人物所坚持的，但可以肯定，色拉叙马霍斯对"正义"的批判具有特别重要的警醒意义；他的观点基本上代表了雅典公元前5世纪后期在思想界发动的"智者派启蒙运动"（the Sophistic Enlightenment）的伦理—政治主张（Barney，2006：59）。下面将从三个方面对《理想国》中的色拉叙马霍斯展开说明。

---

① 关于色拉叙马霍斯生平思想的详细介绍，参 Grube（1952：251-267）；Rauhut（2006）；Gotoff（1980：297-311）；Kennedy（2009：25）。

② 不少学者假定苏格拉底和色拉叙马霍斯之间的争论不是历史上真实发生的，而是柏拉图想象的产物，是中期对话的重要组成部分。他们指出，"正义是强者的利益"这一定义真正属于色拉叙马霍斯。柏拉图从色拉叙马霍斯的一本修辞学教科书中得到了这个定义。这本书在公元前4世纪的柏拉图学园和亚里士多德的吕克昂学园里广为流传，并一直流传到罗马时代。我们在很大程度上认可这一假设。相关探讨，参 Quincey（1981：301）。

首先，他在历史上是著名的演说家，是修辞学的奠基人之一。在对话中，他是一位典型的"僭主式"人物，在操纵人的情感、左右民众的舆论方面有着呼风唤雨的本事。① 在柏拉图笔下，色拉叙马霍斯的言行举止非常粗鲁；他一出场就摆出了一副"强权即公理"②的尼采式道德强人的派头。他像野兽一般盛气凌人地闯入对话（336b – 338b），自始至终以一种自命不凡的姿态挑战苏格拉底的说法（336c3 – 4；337d1 – 2）。他跟《普罗泰戈拉》中的希庇亚斯在言行举止方面很相像，不仅事先准备了一篇貌似成熟的演讲，而且以蛮横无理的方式给苏格拉底定下"谈话"的各种规矩（336c1 – d3）。讽刺的是，他后来在提出自己的正义定义的过程中违反了他之前定下的规矩（338c）。不仅如此，他还把苏格拉底的"反讽"（*eironeia*）③ 理解成"有意藏拙"，并向苏格拉底张口要钱（337a3）。总之，他在对话中给人留下的印象是，虚荣贪财、傲慢无礼（337d7；338b9 – c2）。

其次，色拉叙马霍斯对待苏格拉底的方式像极了《申辩》中城邦对待苏格拉底的方式（*Apology* 38b）。"正义即守法"，是他众多主张中的一个——它正是现行城邦的论点。现行城邦绝不允许公民的诉求逾越于法律之上。从某种意义上说，色拉叙马霍斯的身份与城

---

① 人们通常认为，色拉叙马霍斯集"修辞—诡辩"与"僭主—独裁"这两个特征于一身。于柏拉图而言，僭主统治世界的欲望是从"修辞—诡辩"的土壤中生长出来的，因而《高尔吉亚》试图把这两个特征区分开：高尔吉亚代表修辞专家，卡利克勒则是"权力意志"的代言人。详细讨论，参 Friedländer（1958：68）；Rosen（2005：38）；Ferrari & Griffith（2000：366）；有关色拉叙马霍斯对修辞学理论的贡献，参 Plato, *Phaedrus* 266c – 267c；Aristotle, *Sophistical Refutations* 183b22 – 34；Aristotle, *Rhetoric* Ⅲ.1, 1404a14；Ⅲ.8, 1409a2；Ⅲ.11, 1413a8。

② "Might is right"（强权即公理）或"Might makes right"（权力决定正当性）通常被认为是色拉叙马霍斯正义观的精神实质，因为他把"正义"（正当）定义为强者的利益，并坚持认为个人可以随心所欲地做自己想做的事，可以无视一切社会约束，并视之为"自然"——只要个体有足够的力量去摆脱惩罚。详细探讨，参 Grube（1952：251 – 267）；Putterman（2000：84）。

③ 有关苏格拉底"反讽"概念的解释，参 Brickhouse & Smith（2000：59 – 61）。

邦的身份之间存在等同性。他在《理想国》中扮演的角色很像城邦的角色。他能够扮演这个角色，主要在于他有"修辞术"（rhêtorikê technê）。①

再次，从表面上看，苏格拉底在第一卷中成功驯服了狮子般性情的色拉叙马霍斯，让他在接下来的讨论中默而不语。但这并不表明，色拉叙马霍斯在随后几卷中的作用无足轻重。不难看出，色拉叙马霍斯在随后几卷中虽然选择了"沉默"，但仍继续扮演着十分重要的角色。这种重要性主要体现在以下三个方面：

（1）卷五开头的那个场景与第一卷开头的场景遥相呼应（328b；450a）。这两个场景都包含一场结束于"审议"的商讨。这种商讨本质上是对城邦行为的一种模仿。色拉叙马霍斯没有参与第一场商讨，但他参加了第二场。经过第一卷的激烈论辩、卷二到卷五开头期间的静听（450a5），色拉叙马霍斯成为"言辞城邦"中的一员。身份的确立奠定了他在"言辞城邦"中的决议地位；

（2）"言辞城邦"的复辟是以色拉叙马霍斯融入该城邦这一事实为前提的；

（3）"苏格拉底"（哲人）要在崭新的层面上复辟"正义"，是需要"色拉叙马霍斯"（智者）的技艺——修辞术——提供帮助的。苏格拉底和色拉叙马霍斯缘何成为朋友，与此有关。②

2. 色拉叙马霍斯的主张

《理想国》中苏格拉底的最大对手是色拉叙马霍斯。《理想国》所要试图论证的一个核心论点是：正义比不义对人更有益。这个论

---

① 有关色拉叙马霍斯与城邦之关系的探讨，参 Strauss（1996：183）。《斐德若》把修辞术（rhêtorikê technê）描述为一门通过言语来主导灵魂（psuchagôgia tis dia logôn）的技艺，同时指出这种技艺无论在法庭上、公共集会中，还是在私人领域中都作用显著（Phaedrus 261a）。相关探讨，参 Murray（1988：279-289）。

② 有关色拉叙马霍斯的重要性，参 Strauss（1964：78，1996：183）；Bloom（1991：441，n. 6）；Friedländer（1958：68-69）；Zuckert（2010：163-185）。

点在第一卷中受到了这位"英勇无畏的斗士"的顽强阻击。色拉叙马霍斯的反对意见是:"不正义要是规模够大,比正义更强劲($ἰσχυρότερον$),更自由($ἐλευθεριώτερον$),更善于掌控别人($δεσποτικώτερον$)。"(344c)他在论证自己"反对意见"合理性的过程中对"正义"提出了以下三个规定:

(1) 正义是强者的利益(338c);
(2) 正义是服从法律(339b);
(3) 正义是他者之好(343c)。

人们普遍承认,这三个规定都是色拉叙马霍斯提出的。但其中哪个最能代表他的真实立场,人们对此有争论。这种争论导致了以下六种解释(A, B, C, D, E, F)。[①]

序号	主要内容和评价	主要代表人物
A	内容:(1)是色拉叙马霍斯正义观的核心要素,因为他把"正义"看成是统治者与被统治者之间的一种政治关系;他是自然权利(正当)的倡导者,主张强者统治弱者,是自然正义,是天经地义的法则。 评价:总的来看,这种解释倾向于把色拉叙马霍斯的正义观限制在政治领域,并强调色拉叙马霍斯在正义问题上的立场与《高尔吉亚》中卡利克勒的立场之间存在一定的亲和性。	Zeller (1889), Nettleship (1901), Wilamowitz (1920), Shorey (1933), Lindsay (1935), Foster (1942), Sinclair (1951), Crombie (1962), Brumbaugh (1964),以及 Dorter (1974) 等人[②]

---

① Rauhut (2006) 在一篇名为《色拉叙马霍斯》的文章中高度概括了当下普遍流行的关于色拉叙马霍斯正义观的各种说法。不难发现,他的概括过于粗浅,忽略了一些著名学者的重要观点。因此,我们在 Hourani (1962), Kerferd (1947, 1964), Nicholson (1972), Hadgopoulos (1973), Maguire (1971), Annas (1981), Reeve (1988) 以及 Chappell (1993: 1 - 17) 等人的研究基础上进行了进一步归纳整理。

② 后面即将列举的学者当中也有不少人(e. g., Barker, 1960: 180; Cross & Woozley, 1964: 24 - 41; Guthrie, 1987: 88 - 90)认为(1)就是色拉叙马霍斯的立场,同时指出"强者"即指统治者,参 Zeller (1889); Nettleship (1901: 28 - 29); Willamowitz-Moellendorff (1920);色拉叙马霍斯的立场跟《高尔吉亚》中卡利克勒的立场之间的比较,参 Shorey (1930: 64, 1933: 265 - 266); Lindsay (1935: xxxi); Foster (1942: 47); Sinclair (1951: 74, 1952, 1963: 11 - 12); Crombie (1962: 81); Brumbaugh (1964: 86 - 87); Dorter (1974: 25 - 46)。

续表

序号	主要内容和评价	主要代表人物
B	内容：（2）才是色拉叙马霍斯所要表达的核心正义观点，理由在于，（3）并没有引入新的概念，它只是（1）的另一种更为宽泛的表达。 评价：这种解释侧重强调（2）的重要性，认为色拉叙马霍斯不仅是一位"相对主义者"①，而且是一位"守法主义者"，根本原因在于他本人断然否认存在像"绝对正义原则"这样的东西。	Grote（1867，1888）和 Hourani（1962：110－120）等人②
C	内容：反对（2）③，而主张（3）才是色拉叙马霍斯正义观的核心要素，原因在于（3）是由（1）推导出来的，因此在一定程度上比（1）在概念上更为宽泛。色拉叙马霍斯是一位彻头彻尾的"伦理利己主义者"（ethical egoist），而不是"守法主义者"（legalist）。④ 他强调"正义"同个人所追求的"自我利益"（self-interest）格格不入，因而主张"正义"是他者的"好"，"不义"才是一个人应该去追求的于己有利的东西。因此，他认为"不义"是一种值得推崇的生活方式。 评价：从总体上看，该解释把色拉叙马霍斯主要看成是一位"伦理思想家"，而不是"政治理论家"。	Kerferd（1947：19－27，1964：12－16），Nicholson（1972：210－232），Hadgopoulos（1973：204－208），Annas（1981：46），以及 Scaltsas（1993：247－262）等人

① 部分学者如 Roochnik（2016：25）指出色拉叙马霍斯否认存在一种独立于任何特定政权而存在的"绝对正义"。相反，他是一个相对主义者。对他来说，许多不同的正义概念在当地环境中都同样有效。没有"正义本身"，只有雅典人的正义、罗马人的正义，等等。对于色拉叙马霍斯"正义观"的相对性的阐释，参 Novitsky（2009：11－30）。

② Strauss（1964：78）的立场是，"正义是对法律的服从"才是色拉叙马霍斯的真实立场，并采取了对色拉叙马霍斯进行"守法主义式诠释"（legalist interpretation）的路径。他与 Hourani 的论证思路不同。关于二者思路异同点的详解，参 Harlap（1979：347－370）。

③ Kerferd 是这种主张的主要代言人之一。Reeve（1988：14，277－278）在某些方面支持 Kerferd（1964）的看法，认为（2）不可能是色拉叙马霍斯的"正义定义"，因为色拉叙马霍斯在对话中没有声称或论证过（2）。

④ Kerferd（1947）在一篇名为《柏拉图〈理想国〉中色拉叙马霍斯的学说》的文章中指出，（3）是色拉叙马霍斯的基本立场，并认为色拉叙马霍斯提出了"一种关乎自然正当的理论"（a theory of natural right）。Hourani（1962）则反对这种看法，认为（2）才是色拉叙马霍斯所要表达的观点，色拉叙马霍斯是一位"守法主义者"（legalist）。Kerferd（1964）随后在《色拉叙马霍斯与正义：一封回信》一文中反驳了 Hourani 的看法，并重申了自己最初的立场。Hadgopoulos（1973）在《色拉叙马霍斯与守法主义》这篇文章中提出额外论据支持 Kerferd 的观点：色拉叙马霍斯并非一位"守法主义者"。

续表

序号	主要内容和评价	主要代表人物
D	内容：色拉叙马霍斯关于"正义"的断言旨在表明，"正义"不仅虚浮、毫无意义，而且压根儿就不存在。人们通常所谓的"道德责任"更是子虚乌有。 评价：这种解释并没有明确区分色拉叙马霍斯的核心观点，只是认为柏拉图意在强调，色拉叙马霍斯是一位"道德虚无主义者"（ethical/moral nihilist）。	Joseph（1935），Taylor（1926），Barker（1960），Burnet（1914），Guthrie（1987），以及 Rist（2002）等人
E	内容：色拉叙马霍斯并没有意图给正义下一个严格的定义。 评价：这种解释侧重于强调，不该把色拉叙马霍斯看成是一位提供精确正义定义的思辨型哲学家，应当把他看成是一位基于经验观察而发表言论的社会学家或政治学者。	Barney（2004）和 C. Johnson（2005）等人
F	内容：色拉叙马霍斯提出了不同的正义标准，却丝毫没有意识到这些标准之间不具有内在协调一致的关系。 评价：这种解释基本假定，色拉叙马霍斯是一位思维混乱的思想家。①	Cross & Woozley（1964），Maguire（1971：142 – 163），以及 Everson（1998a：99 – 131）等人

对于这种争论，我们坚持认为"正义是强者的利益"是色拉叙马霍斯的真实立场。这里不试图给出详细证明，只对他的观点进行归纳整理。从第一卷的内容看，人们通常认为，色拉叙马霍斯是一位反对摧毁性批评的"实质性的理论家"（substantive theorist）

---

① F 首次由 Cross & Woozley（1964）两人提出。Everson（1998a）重申了这种看法。Maguire（1971）认为色拉叙马霍斯关于正义的说辞含糊不清，其陈述的正义观令人困惑。Maguire（1971：163，143）不仅明确指出（3）与（1）（2）两个断言完全不兼容，而且还细致分析了这种不一致产生的原因，并提出《理想国》第一卷中只有某些论证如（1）和（2）属于历史上的色拉叙马霍斯，而包括（3）在内的其他观点都是柏拉图为了给自己的论证铺平道路而强加给色拉叙马霍斯的。此外，Maguire 认为（1）是（2）的结果，（2）则是（1）的基础，尽管这种观点遭到了 Hadgopoulos（1973：208）的强有力反驳。就《理想国》第一卷中色拉叙马霍斯立场是否自洽而言，学者们分为两派：一派以 Kerferd（1964：12）和 Hourani（1962：110）为代表，认为色拉叙马霍斯的立场是自洽的；另一派以 Maguire（1971：145 – 148）和 Henderson（1970：218）为代表，主张不自洽。关于这两派的划分，参 Hadgopoulos（1973：204）。如上所述，Kerferd 和 Hourani 虽同属一派，但对色拉叙马霍斯的真实立场有迥然不同的理解。Kerferd 认为，色拉叙马霍斯关于正义的真实立场是，正义是他者的好；Hourani 则认为，它是"正义是服从法律"。

(337a7；336b–354c)（Reeve，1988：10）。他关于"正义"的诸多说辞可概括为以下三点：

（1）正义是强者的利益。统治者制定于己有利的法律，而"正义"就在于遵守这些法律，即执行有益于强者的行为（338c1–339a4）；

（2）正义是他者之好。正义有利于优胜者和统治者，却不利于臣服者和被统治阶层，不义的情况则恰恰相反（343c3–6）。正义之人总是处处吃亏。正义之人如果遵守法律，有时就要被迫牺牲自己的利益，不义之人在这种情况下却可以选择避开法律，从而获得自己的利益（343c1–344c8）；

（3）正义是邪恶、愚蠢、有害的，因而不是美德；不义则因其对"拥有它的人"有益而是精明和美德（Irwin，1999：168）。

可见，色拉叙马霍斯正义观的实质是：第一，"正义"是由拥有政治权力的强者（统治者）强加给弱者（被统治者）的那些规则构成；第二，弱者有义务遵守强者所制定的规则，以增进强者的利益总量；第三，获利的权利只属于统治者，被统治者只有承担责任和为统治者利益服务的义务。他的这种正义观必然导致他对正义的价值持消极态度：①正义之人易于上当受骗，总是处处吃亏，不仅疏于照顾自己的利益，而且还要一心为统治者的利益奔波忙碌；②正义有害于正义之人，仅对他人有利；③正义对正义之人没有任何可取价值（Weiss，2006：93）。

总之，开头提到的这三个断言表面上看似冲突（甚至彼此不相关），但本质上服务于同一论点——"正义是强者的利益"或"权力决定正当性"（Might makes right）。

3. 色拉叙马霍斯学说的重要意义和深远影响

《理想国》中色拉叙马霍斯的各种说辞无论对柏拉图对话录内部的文本问题研究，还是对文本之外的哲学问题的研究都产生了极其深远的影响。这种影响主要体现在以下三个方面：

首先，就对话内部的文本问题研究而言，色拉叙马霍斯是柏拉图用以展示"苏格拉底式辩驳法"（the Socratic elenchus）之限度的对话者。苏格拉底与色拉叙马霍斯之间的对话在很大程度上说明，苏格拉底式辩驳法不能惠及色拉叙马霍斯这样的有着如此强硬态度的"道德怀疑论者"（moral sceptic），因为色拉叙马霍斯断然否认正义是人的美德（Annas，1981：57；Reeve，1988：9－23，2004：xⅲ）。

其次，在伦理学、道德哲学研究领域，色拉叙马霍斯首次对"道德价值"作了根本性的批判。他声称，正义（道义或道德）无非就是强者的利益而已。这种主张背后的思想支柱是，"道德价值"完全基于"习俗"，并由社会形塑而成。道德或正义并非天启（或基于自然或神灵），它本质上是人为的产物，只反映某一特定"伦理—政治共同体"的利益。这种思想无异于否认有绝对的道德真理，同时在某种程度上为尼采后来对"道德价值"提出的冷峻批评铺平了道路；尼采基本上也认为"道德价值"是社会构建出的一种实体，而正因为道德价值具有这种属性，它才可以被人所理解。①

最后，在政治学理论、政治哲学研究领域，色拉叙马霍斯一向被视为"玩世现实主义"（Cynical Realism）的喉舌和代言人（Annas，1981：36），根本原因在于他在很大程度上向统治者推销"权力决定正当性"的政治理念（Rosen，2005：39－45）。他主张真正的政治家在追求权力中没必要承认有所谓"道德约束"这样的东西。这种主张同修昔底德在"米洛斯对话"中归于雅典人的立场有一定的亲和性（Rusten，1989：Chapter 17）。② 正因如此，色拉叙马霍斯

---

① 尼采《人性的，太人性的》提出的核心观点是：（1）道德不过是人类的产物而已；（2）没有绝对的真理，没有绝对的价值判断，更没有绝对的道德真理，参 Nietzsche（1996：4－11）；色拉叙马霍斯与尼采在道德观念上的关联性与相近性，参 Shorey（1930：x）；Annas（1981：37）；Chappell（1993：15－16）；Rosen（2005：1－18）。

② 部分学者如 MacIntyre（1988：72－73）称色拉叙马霍斯是"一位修昔底德式的玩世不恭者"（a Thucydidean cynic），因为色拉叙马霍斯认同修昔底德的观点："美德是一回事，实践智慧则是另一回事。"Chappell 则对此提出了质疑，参 Chappell（1993：14）。

时常也被认为是一位早期版本的马基雅维利，因为马基雅维利在《君主论》中也基本赞成这一主张（Rosen，2005：229－244；Boršić，2005：211）。

六 其余参与者

（1）克勒托丰（Κλειτοφῶν）同色拉叙马霍斯一样都是智者。然而，虽同为智者，克勒托丰却在《理想国》中是次要一级的人物（他只在第一卷中被提到）。苏格拉底在玻勒马霍斯家中见到克勒托丰时，克勒托丰正和吕西亚斯等人待在一块儿（328b6）。克勒托丰虽然在第一卷中冒出几句零星言论，但不可小瞧他的插话。在《克勒托丰》这篇以他命名的对话中，柏拉图还特意安排了一场他与苏格拉底单独进行的对话。这次谈话的一条重要导火线是苏格拉底事先（可能是在《理想国》中）就已听说：克勒托丰在与吕西亚斯的谈话中公然宣称自己在正义问题上赞同色拉叙马霍斯的主张，反对苏格拉底的看法。《克勒托丰》这篇短小精悍的对话可能是以《理想国》第一卷为前提的，因为这两篇对话在很多细节的处理上极为相似（如 *Clitophon* 409c - *Republic* 336d；*Clitophon* 410b - *Republic* 335d；*Clitophon* 410d8 - *Republic* 331a）；这些细节在很大程度上暗示它们之间存在着承接关系（Stefanini，1949：53；Friedländer，1958：56；Annas，1981：17）。需要指出的是，《克勒托丰》可能在《理想国》剩余九卷还未完成就已写成，因为克勒托丰之所以下定决心反对苏格拉底，原因可能在于他认为苏格拉底只会"劝诫"、否定他人，而没有给他们教授过任何肯定性的、正面的、有意义的知识。在这篇对话中，克勒托丰向苏格拉底抱怨说：他本人尽管更愿意向苏格拉底寻求指导，但还是被色拉叙马霍斯所深深折服，因为后者至少对"正义事实上是什么"给出了明确的、有帮助的答复，而苏格拉底仅是一味想打倒别人，全盘否定希腊传统留下来的基本价值观：他热衷于解构别人关于正义的描述，并以极大热情恳求人们过上真正正义的生活，但他自己却对"这种正义实际上意味着什么"

没有向他的同胞提供任何有价值的帮助。因此，即便完整听了苏格拉底式对话的人，仍对"好生活"是什么感到困惑不解。克勒托丰的这种评价只适用于第一卷，不适用于整个《理想国》（cf. Clitophon 410b1 - d2；Bowe，2007：245 - 264；Vasiliou，2008：1 - 20；Moore，2012：257 - 278）。

（2）哈曼提得斯（Charmantides of Paeania）是著名修辞学家伊索克拉底（Ἰσοκράτης）的学生和赞助者之一。他只在《理想国》328b7 这一处被提到。此人从头至尾都保持沉默（Reeve，2013：37）。

（3）欧西德莫斯（Εὐθύδημος）是克法洛斯的儿子，玻勒马霍斯的兄弟。他在《理想国》328b5 这一处被提到。他只是一位默默无言的听众。他与狄俄克勒斯（Διοκλῆς）的儿子欧西德莫斯同名。柏拉图借后者之名专门写了一篇名为《欧西德莫斯》的对话。

（4）吕西亚斯（Λυσίας）是著名演说家，也是当时众所周知的法律演讲词的撰写者。他与安提丰同为文体朴实无华的高产作家。他的许多作品被保存了下来。由于他本人以客籍民的身份侨居雅典，所以他自己从不公开发表演说。他的所有演讲稿的演讲人都不是他本人。他和哥哥玻勒马霍斯于公元前 404 年被统治雅典的寡头执政者以不忠的异己分子名义逮捕。哥哥被杀，他则侥幸免于一死。作为后来成功取代"三十僭主"的民主制最坚定的支持者之一，他在推翻"三十僭主"和恢复民主制等事情上起到了举足轻重的作用（Reeve，2013：37）。《斐德若》讨论了一篇据说是由他所撰写的讲辞。在《克勒托丰》的开头，他也被提到。《理想国》《斐德若》和《克勒托丰》这三篇对话的戏剧顺序是怎样的，一直是关注柏拉图对话次序的学者经常探讨的问题之一（Tomin，1997：31 - 45；Zuckert，2009：301 - 302，n. 43）。在柏拉图式对话中，吕西亚斯从没有直接与苏格拉底进行对话。目前尚不清楚吕西亚斯在《理想国》中的"沉默"是否具有重要意义。有些学者如泰克米勒（Teichmiiller）（1881：48，51 - 55）认为，吕西亚斯和欧西德莫斯的沉默表明他们和他们的兄弟玻勒马霍斯之间存在着某种智力上的张力，因为玻勒马霍斯倾向于苏格拉底的看法。然而，另有一些学者如布隆代尔（Blondell）（2002：393）持相反看法，认为在柏拉图对话录中，听者的"无声沉默"往往意味着对谈话人观点的默认或尊敬。①

（5）"*Nikêratos*"（尼克拉托斯）这个人名由两个词构成，其一源于希腊语"*nikê*"，意为"胜利"；其二源于希腊语"*eratos*"，意为"甜蜜的，令人愉快的"。因此，这个名字的字面意思是"甜蜜的胜利"（Rudebusch，2002：78）。他是伯罗奔尼撒战争时期的大人物——雅典将军、政治家尼西亚斯（Νικίας）的儿子。他跟玻勒马霍斯一样，都是公元前404年"三十僭主"发动的寡头政变的受害者。他喜好吟诵诗歌。据传，他的吟诵能力几乎可与当时专业的"史诗吟诵者"（rhapsode）相媲美。他还尤以完整背诵《荷马史诗》的能力而著称（cf. Xenophon's *Symposium* 4. 3. 3）。在《理想国》中，他跟欧西德莫斯一样，从头至尾都默不作声。

第二节 时间、地点、事件及其象征意义

如何看待《理想国》中所提及的时间、地点、事件及其象征意义，历来是第一卷开场白的重点，也是第一卷开场白的难点。这些问题比较烦琐，很多学者避而不谈。然而，这种做法并不可取，因为对于这些问题的适当回答关乎着我们对《理想国》之背景的理解水平。下文将逐一对这些问题展开探讨与解答。

一 戏剧日期和写作日期

人们通常认为，这篇对话开头的几句话暗藏着相当重要的政

---

① 有关这个争议性问题的概述，参 Howland（2004a：191，n. 30）。

治—伦理意义。这具体体现在三个方面：其一，在这件发生在比雷埃夫斯附近的叛乱事件中，作为主要参与者的玻勒马霍斯和他的朋友尼克拉托斯都在伯罗奔尼撒战争快结束时被"三十僭主"残忍杀害；其二，玻勒马霍斯曾提供资金支持民主派反对"三十僭主"，而"三十僭主"的大本营就设在比雷埃夫斯；其三，决战发生在本迪斯神庙（克里底亚丧生于此），本迪斯节日则为苏格拉底下降到比雷埃夫斯提供了一个借口。总之，大多数学者一致强调，这篇对话所设置的历史背景（戏剧日期）及其成书年代（写作日期）对于我们准确理解它的要旨和教诲有十分重要的意义。例如，他们特别指出，这篇对话中的谈话发生在"三十僭主"的阴影之下，而一个人要想充分理解这篇对话的教诲，就必须考虑到它的戏剧背景和历史背景（Bloom，1991：440；Ferrari，2000：xii；Gifford，2001：35-106）。下面的讨论将围绕这一议题展开。

1. 戏剧日期之争

如果上面这种常规看法是正确的，那就意味着，在解读第一卷之前，我们首先需要知道《理想国》中的戏剧日期具体设置在了哪一年，以及它的成书年代又是哪一年。对于这两个问题，学者们争议颇多，难以达成共识。

首先来看第一个问题：《理想国》中的戏剧日期具体设置在了哪一年？尽管柏拉图借苏格拉底之口在《理想国》第一卷的开始和结尾反复交代，这篇对话的戏剧日期设置在为刚引进比雷埃夫斯的本迪斯女神（Bendideia）而举行的第一个雅典祭神日（327a1；354a10-11），但这一年具体是哪一年，柏拉图并没有明确说明。关于这个背景，我们所能知道的唯一具体信息是，苏格拉底与对话者们进行的这个谈话发生在某个夏日（350c-d）。如果知道这个宗教庆典发生在哪一年，那就可以由此推算出《理想国》的戏剧日期。可是，我们对此毫不知情。这引发了学者们的种种猜想。这些猜想可大致归为以下五类：

（1）第一类反对任何主张《理想国》有确切日期的说法，即认为《理想国》的戏剧日期在原则上是无法确定的，因为柏拉图有意创作了一篇"不受时间影响的"（timeless）对话。①

（2）第二类尽管承认这个日期是"不确定"的，但认为柏拉图有意设定一个日期，只是现代读者无法确定确切的日期。②

（3）第三类则反对任何关于《理想国》有确切的"戏剧日期"的解释，其反对理由主要在于柏拉图创作的这部伟大对话是拼凑起来的，并且它在成形过程（数十年）中不断受到修正与更改，因此读者要想确定一个确切的戏剧日期，无异于"天方夜谭"。③

（4）第四类主张有这个戏剧时间，但这一年具体是哪一年是不清楚的。他们没有给出这么看的理由。④

（5）第五类在原则上主张这个戏剧日期是可以确定的，至少它可以被确定在某一个时间段内，尽管其内部成员之间也存在分歧。

就第五类猜想而言，我们可以依据他们内部各自的主张，用图表把他们的观点整理为如下几种：

	戏剧日期	主要代言人
1	公元前411/前410年	Boeckh (1874), Campbell (1894), Shorey (1930), Jowett (1953), Voegelin (2001), Bloom (1991: 440, n. 3)
2	公元前422/前421年	Taylor (1926: 264), Allan (1944: 20), Lee (1955: 60)
3	公元前421/前420年	Howland (2004b: xii)

---

① 这种猜想的主要代言人是 Moors (1987: 6-31, 22)。
② 这种猜想的主要代言人是 Guthrie (1975: 437-438)。
③ 这种猜想的主要代言人是 Nails (1998: 383-396)。Nails 从逻辑学、文献学、考古学以及柏拉图各篇对话录彼此之间时间上的关联性等多个角度详细论证了她所支持的这种解释的合理性。她基本上把《理想国》的戏剧日期归为"无解"。
④ 这种猜测的主要代言人是 Strauss (1964: 62) 和 Waterfield (1993: 380)。Strauss 强调《理想国》中的谈话地点对读者而言十分清楚，但其谈话的年代却不清楚。

续表

	戏剧日期	主要代言人
4	这个日期可能是公元前 422 年 "尼西亚斯和平时期"（Peace of Nicias）	Pappas（2003：11），Rudebusch（2002：75）①
5	公元前 409/前 408 年	Zeller（1876）
6	可能是公元前 409 年	Adam（1902）
7	公元前 424 年	Rankin（1964：120）
8	公元前 421—前 415 年之间	Dover（1968：53）
9	公元前 421 年 "尼西亚斯和平时期"	Nussbaum（2001）②
10	这个日期设置在公元前 431—前 411 年之间的某一年，发生在雅典战败（公元前 404 年），斯巴达扶持的 "三十僭主" 统治之前	Ferrari & Griffith（2000：1, n. 3），Sheppard（2009：21）
11	这个日期设定在公元前 429 年	Lampert（2010：405 - 411）
12	这次 "本迪斯节" 的举办日期设定在公元前 407 年的初夏，即本迪斯节（Bendideia）和普林特里亚节（Plynteria）的那一周	Planinc（2003：28 - 29）③
13	这个戏剧日期设在公元前 410④ 年，而雅典本迪斯节的 "开幕仪式"（inauguration）时间则是公元前 429 年的某一天；二者很可能不在同一年	Parker（1996：170 - 175）

2. 公元前 407 年？

在以上种种猜测中，潘尼克（Z. Planinc）的这个论断一提出来，就得到了不少人的响应。当今学界确实有相当一部分学者如罗德之

---

① Pappas 猜测，这个日期很可能是公元前 422 年 "尼西亚斯和平时期"（Peace of Nicias）。Rudebusch 支持这一看法。

② Nussbaum（2001：136）推测，该日期可能是公元前 421 年 "尼西亚斯和平时期"，《理想国》的写作年代则设置在大约五十年之后。她并没有给出任何论证。

③ 罗德之（2012，页 21）后来指出这个日期一定设置在公元前 408—前 405 年之间，并认同 Planinc 的这种看法（对照 Rhodes, 2003：36, 414）。需要说明的是，Planinc（2003：28）本人强调从文学角度来看，这个日期在历史上是可信的，其所蕴含的一些含义颇耐人寻味。

④ Roochnik（2009：156）推测《理想国》大概写于公元前 380 年左右，其背景设定在公元前 410 年左右。

（Rhodes）支持他的看法。因此，潘尼克和罗德之等人满怀信心地指出，《理想国》的戏剧日期设置在公元前407年夏天的某一天，其主要理由在于，对于戏剧日期的这种认定更有助于读者全面地理解柏拉图创作《理想国》的时代背景和初衷。[1] 具体而言，他们的主要理由可概括为以下两大方面。

首先，潘尼克和罗德之等人按照时间推算，假定这个戏剧日期是公元前407年。因此，在他们看来，本迪斯节举行的这一年恰好是伯罗奔尼撒战争爆发后的第25个年头。伯罗奔尼撒战争爆发的导火线是：斯巴达以战争威胁雅典，要求对方结束对麦加拉的经济封锁，停止对希腊诸城邦的奴役；雅典民主制领袖伯里克利则说服"公民大会"拒不理会斯巴达的最后通牒。传统上伯里克利一向被视为伟大的民主政治家，但柏拉图却认为他是心肠恶毒的领导者，是邪恶的帝国主义者。伯里克利靠奴役希腊诸城邦建立起伟大的雅典帝国，他想通过对斯巴达发动战争来消灭阻碍其帝国扩张的障碍。他向雅典人保证，只要在与斯巴达的较量中，在努力扩张帝国版图的过程中不犯错误，雅典人就会胜出。然而事与愿违，雅典发动的战争进展得很不顺利。连年不绝的瘟疫、军事僵局和当局对民众的恐怖镇压所引发的一系列效应让雅典人一时忘记了伯里克利曾给出的忠告：勿与多方敌人同时交战。作为一个新兴起的渴望权力的、帝国主义式的民众领袖，亚西比德说服雅典人攻打叙拉古，以实现帝国扩张的目的。雅典人于公元前415年派了一支规模庞大的军队前往西西里。这支军队及其增援部队于公元前413年遭到重创。亚西比德被指控亵渎神明，被定为死罪。为逃避被处死的命运，他向斯巴达投诚，不仅向对方泄露了足以让雅典溃败的情报，而且帮助斯巴达切断了雅典的粮草和后勤供给。到了公元前408年，就在一

---

[1] 比如，如上所述，Rhodes（2003：414）就十分认同 Planinc 的说法。Rhodes（2003：414，n.4）甚至指出，这个时间就发生在亚西比德在圣日返回雅典之前，它换算成我们现在的日历时间大约是公元前407年6月7日。

场奇迹般的逆转可能带来拯救和胜利曙光之时,雅典却几乎全面溃败。亚西比德引诱了斯巴达王的妻子,在国王的盛怒下,落荒而逃,再次转变立场,带领雅典舰队开辟新航道,让雅典军队重新恢复补给。第一次本迪斯节的举办日期距亚西比德再次胜利归来约有一周时间。雅典人希望任命入城之后的亚西比德为将军,赐予他金色桂冠。实际上,当时几乎每个雅典人都热切盼望亚西比德胜利归来,希望他带领雅典城邦重获帝国式的权力、荣耀和辉煌。潘尼克和罗德之等人认为,这就是公元前407年初夏时分雅典城的局势,《理想国》中的人物就是在这个背景下展开对话的。因此,他们认为柏拉图把《理想国》戏剧场景的年代设置在公元前407年,一个重要考虑在于,柏拉图认为雅典城中蔓延的那种病入膏肓的政治邪恶在公元前407年的雅典民主党人的欢呼中达到了顶峰,达到了无以复加的地步。因此,"正义问题"显得尤为迫切和重要。[①]

其次,潘尼克和罗德之等人认为,柏拉图这样设计《理想国》的戏剧时间,另外一个重要原因在于,当雅典人在公元前407年的局势中再次看到希望时,他们变得愈加乐观与贪婪,同时确信色拉叙马霍斯等智者所宣称的"正义是强者的利益"的正义观是合理的,因为在他们看来,是"权力决定正当性",而非"知识决定正当性"(Knowledge makes right)。作为一位自我放纵的、热衷于参与雅典现实政治的贵族青年,格罗康对"权力决定正当性"这种观念深信不疑。因此,柏拉图认为格罗康极有可能会因为深信这种观念而陷入巨大的危险之中;格罗康对政治的热情一定程度上蒙蔽了他的灵魂之眼,致使他无法认识到"权力决定正当性"的正义观所隐藏着的巨大危险。因此,潘尼克和罗德之等人认为,柏拉图决定将思考正义的戏剧场景年代设置在公元前407年,其原因在于他想从思想上

[①] 关于这段历史的详细介绍,参 Marsh(1932:12-21); Nichols(2007:502-521); Siculu & Green(1999:64-78); Forde(1989); Planinc(2003:30-31); Rhodes(2003,414-415)。

拯救格罗康这样的即将经受或已经深受这种观念影响的青年。①

在我们看来，潘尼克和罗德之等人支持的这种对于《理想国》戏剧日期的解释有一定道理，但不能令人完全信服，原因主要在于以下两点。

第一，我们如果承认《理想国》不是一部严谨的历史科学著作，而是一部半真半假的、富有想象力的艺术杰作，就不能排除这种可能：柏拉图在设置理想国的戏剧日期时采取了虚实相间的写作技法，即部分实事、部分虚构。"部分实事"是指作品的主要框架、主要人物、主要事件大致是按照史书记载的真实情况来设计和组织安排的，从而给人以基本的历史真实感；"部分虚构"是指在人物、谈话内容和时间（戏剧背景）的细节描绘上，尽量采用民间传闻中的一些精彩片段，并附之以作者本人的虚构想象，使之在不影响基本真实的前提下，最大可能地增强故事内容的思想深度和人物言谈举止的艺术魅力。柏拉图更关心的是创造一个戏剧上非常合适的语境，而不是历史的一致性。②

第二，如果柏拉图有意让读者知道这个戏剧日期的确切时间，他肯定会明确地指出这一点，而不是故弄玄虚，让他的读者把本该投入到论辩内容上的时间和精力浪费在一个不值得探究清楚的问题上。

---

① 很多人基于"《理想国》中的苏格拉底是与格罗康一起下降的"这一事实而做出如下猜测：苏格拉底下降到比雷埃夫斯港，是为了格罗康的利益，也可能是出于格罗康的请求。《理想国》开头表明，正式谈话之前的所有决定都是格罗康做出的（327a–328c）。此外，他们还搬出色诺芬的证据，以表明苏格拉底之所以对格罗康怀有好感，完全是看在查尔米德（Charmides）和柏拉图的面子上。苏格拉底希望矫正格罗康的极端政治抱负。为了达到这个目的，苏格拉底首先通过满足格罗康的欲望，来让对方愿意听从于他。不太情愿下降的苏格拉底之所以与渴望下降的格罗康一起下降到比雷埃夫斯港，原因可能在于苏格拉底希望找到一个不那么唐突的机会来矫正格罗康的那种极端政治抱负。因此，在他们看来，《理想国》为用于治疗每种类型的政治野心提供了最为出色的疗法。相关探讨，参 Strauss（1964：65）；Kirwan（1965：162–173）；Nichols（1984）。

② 有关柏拉图艺术创造的分析，参 Nails（2002：325）；Emlyn-Jones（2013：x）。

基于这两点理由，我们在"何为《理想国》的戏剧日期"这一问题上基本上坚持的是一种保守立场：这个日期即使有真实年份，也只能被确定在某一个时间段内，它很难甚至无法被明确地规定在具体哪一年。基于《理想国》中的戏剧环境，不难看出，这个日期大概被设置在公元前431—前411之间的某一年，即这个谈话发生在雅典战败（公元前404年）、斯巴达扶持的"三十僭主"统治之前。这个日期大致也符合学界普遍承认的"柏拉图对话的背景基本上都被设置在公元前5世纪"的设定。[①] 如果这个时间段是柏拉图为《理想国》设置的戏剧日期所属的区间，那么，基于一些学者的推测——《理想国》的写作年代很可能是在其戏剧日期的约五十年后，《理想国》的写作日期大概是在公元前381—前361年之间（《理想国》第一卷的成书年代要早于这个时间）。这个时间与学者们通常对于《理想国》一书的写作年代的推测大体相符。[②] 情况若是如此，柏拉图在写这篇对话录时，对话中提到的这十位主要人物[③]大都已过世。其中的一些人物死于非命，例如苏格拉底、玻勒马霍斯和尼克

[①] 人们通常认为，柏拉图对话的背景基本上都被设置在公元前5世纪，要远远早于其成书年代，参 Annas（1981：7）。

[②] 尽管没有绝对的年代标准来锁定柏拉图某一篇对话的具体写作日期，但有些学者（如 Emlyn-Jones, 2013：x）认为《理想国》的写作日期是在公元前370年代中期，即柏拉图第二次访问西西里岛之前形成（或最终形成）的。Reeve（2004：ix）等人则认为《理想国》写于公元前380年左右。也有一个粗略的共识认为，《理想国》属于柏拉图"中期对话录中的后期对话"（在《会饮》之后，但在《泰阿泰德》之前）。关于这一历史背景的记载与探讨，参 Lysias, *Oration* 12；Sparshott（1957：54 - 61）；关于柏拉图《理想国》戏剧年代设置的意图及其写作年代的讨论，参 Guthrie（1987：208 - 216）；Nussbaum（2001：136）。

[③] 比如，克法洛斯。一般认为柏拉图在写《理想国》时，克法洛斯已经死了很多年了。这解释了为何柏拉图让苏格拉底说，克法洛斯看起来很苍老；苏格拉底甚至惊讶地看到克法洛斯也在那里（328b）。克法洛斯在《理想国》第一卷中以幽灵般的形象出现，欢迎苏格拉底来到比雷埃夫斯，这在一定程度上暗示柏拉图对《荷马史诗》中一个著名比喻进行了重新塑造：奥德修斯勇敢地到达冥府，在那里他惊讶地发现埃尔佩诺（Elpenor）的灵魂在欢迎他；奥德修斯原以为埃尔佩诺还活着。有关《理想国》开头对于《荷马史诗》素材的运用，参 Planinc（2003：29）。

拉托斯等人就因政治指控而身亡命殒。

二 事件、谈话地点及其寓意

《理想国》的开场白表明，《理想国》中的谈话地点被设在比雷埃夫斯港的一位富有的客籍民克法洛斯的家里。首先要问，比雷埃夫斯是什么地方？它有何寓意？这些问题在近年来已成为研究《理想国》开场白的严肃而重要的话题，在学界引起了广泛的研究与讨论。下文将在以往学者相关讨论的基础上，从几个角度展开分析。

第一，从地理位置上看，历史学家汤因比（A. J. Toynbee）称比雷埃夫斯（Πειραιεύς）是"希腊世界最古老的民族大熔炉"（Toynbee，1946：479）。早在此之前，亚里士多德在《政治学》中反思海港对城邦稳定性的潜在威胁时也曾指出，比雷埃夫斯的环境鱼龙混杂、混乱无序（*Politics* 1327a）。这些评价十分中肯，因为比雷埃夫斯在地理位置上的确靠海，所以自古以来它一直作为雅典有名的海港而发挥着重要作用。既然是海港，那它不仅是雅典当时的海军力量与贸易活动的集中地，而且也是各类新潮事物涌入雅典的一个重要门户。[1]

第二，从政治上看，比雷埃夫斯在当时通常被视作民主党人抵抗"三十僭主"的大本营和重要基地，而"比雷埃夫斯人"则在一定程度上被视为民主党人的别称。[2]

第三，从文化上看，比雷埃夫斯这个地方所信奉的文化是强调平等与自由的民主制，这同讲究等级高低秩序（如贵族制）的古雅典的价值观形成对峙。这种对峙尤其体现在两地居民对待新事物的两种态度上：

（1）在传统守旧人士看来，比雷埃夫斯的兴盛预示着雅典政治上的衰败与堕落。《申辩》指出，雅典城邦指控苏格拉底不义的一个

---

[1] 有关比雷埃夫斯地理位置及其战略意义的详细介绍，参 Garland（2016）。
[2] 关于比雷埃夫斯政治意义的解读，参 Sheppard（2009：22）。

罪名是,他在未经城邦允许的情况下向城邦引入"新神"(*Apology* 24b)。柏拉图把《理想国》的时间背景设置在一个关于外邦神的纪念仪式上,很可能是在为苏格拉底遭受不白之冤辩护,因为城邦本身也在引入新神,而且在对待外邦新神的态度上虽谈不上推崇备至,但至少表示认可。因此,学者们通常认为,雅典人控告苏格拉底犯有亵渎神灵罪,不但没有真正伤害到苏格拉底,反倒是自打耳光。①

(2)在开明人士看来,雅典当局对"新神"以及随之产生的新习俗与新信仰方式的兴趣,某种意义上也可被视为一种显示文化包容性和开放性的"美德"。这是城邦发展壮大、繁荣昌盛的一个前提。然而,城邦如人,既可以纯粹出于强大而主动选择包容和开放,也可以完全出于羸弱而被动地吸收这种美德。用"外邦习俗"代替"本邦习俗"往往表明的是衰败,而不是昌盛,因为不论城邦或个人,只要随意接受与自身传统相悖的行为和信仰,它或他就有可能丧失"自我身份认同感"及其相关的"文化完整性"。若把雅典城邦对外邦祭神仪式显示出的崇拜感同雅典自身文化的堕落联系起来,不难发现,雅典人对外邦神的兴趣很可能暴露出其自身看似坚强的外表下所隐藏的文化自卑心理。反观历史,当时情况也恰好如此:雅典当时正处在传统道德沦丧与政治衰败之际。因此,雅典人跑去比雷埃夫斯港观赏色雷斯人为神灵举办的献祭仪式和游行,这种现象就像一面镜子,它折射出雅典全面衰落的迹象。②

此外,从柏拉图本人的创作意图看,《理想国》中的谈话地点被设置在比雷埃夫斯可能还有另外一层政治寓意。《理想国》中明确提到的人物共有十位。除苏格拉底和格罗康之外的八位事先就已聚集在比雷埃夫斯。柏拉图借"8"这个数字可能是在暗示:"三十僭主"统治期间八巨头控制下的比雷埃夫斯。如果这种暗示在推理上

---

① 关于柏拉图对城邦暗含的讽刺的揭示,参 Bloom(1991:331);Sesonske(1961:32)。

② 柏拉图对于当时历史大环境的影射,参 Nichols(1987:37-38);Voegelin(2000:106-107)。

是有迹可循的，那这也暴露了一个同柏拉图密切相关的企图：推翻立足于自由与平等的民主制，复辟立足于等级秩序与差异原则的更接近美好政制的寡头制或贵族制。这八位人物其实都与"寡头制"的复辟无关，这一点被克法洛斯家族的"民主商人"的身份充分说明了：历史上的克法洛斯及其儿子们最初是伯里克利招募到雅典的军火制造商；他们一方面希望在战争中靠贩卖军火大发横财，另一方面也想借此机会成为帝国式民主主义的狂热追随者。

后来出场的智者色拉叙马霍斯明目张胆地怂恿有权有势的富人阶层（尤其是民主制的拥护者）大力在灵魂深处培育僭主式的政治野心和霸权抱负。无论在历史上还是在这个戏剧性对话中，这些一开始就聚在克法洛斯家中的人物可能在许多不同层面（如经济、政治或文化层面）上都接受相同的正义观："权力决定正当性"，不管这种权力是经济权力、军事权力或由经济与军事所累积的政治权力。[①] 这种正义正是雅典以前所未有的残酷而尖锐的姿态对待米诺斯（Melos）时所采用的（Thucydides 5.84–116）[②]，它一定程度上铸就了这些人物悲剧性的人生命运；历史上的克法洛斯家族及尼西亚斯之子尼塞拉都是"三十僭主"统治时期的受害者。由此，不难发现这样一种关联：论"勇敢"的对话《查尔米德》是以一位吃了败仗的将军为主要对话者，论节制的对话《拉凯斯》则以一位未来的僭主为主要对话者，论正义的对话《理想国》则可以说成是让一场以"正义之名"发动叛乱行动的受害者担当对话者。

因此，从这个角度看，《理想国》中以"正义之名"发动的复辟，就不可能是一场纯粹的政治复辟，而更像是一场发生在不同层面的思想复辟。这种复辟的精神特征可以由对话中的以下事实说明：苏格拉底和格罗康选择留下表面上看是出于受到威胁，但其实很大

[①] 有关这些人物的共同价值观的分析，参罗德之（2012，页24）。
[②] 雅典对于米诺斯的正义与色拉叙马霍斯的正义之间关联性的分析，参 Nails（2006：2）。

程度上是受到诱惑,特别是受到阿德曼图提到的夜晚为女神举办的"骑马火炬接力赛",以及玻勒马霍斯补充的彻夜表演及其承诺的晚宴、与众青年才俊的"交谈"(*dialexometha*)机会的吸引(328a-b)。① 总之,在苏格拉底选择留下的事情上,诱人的承诺比蛮横的威胁效果更好。可是,这种承诺的可信度几乎为零,因为我们读到后来再也没有听到关于晚宴、与青年交谈及"骑马火炬接力赛"等表演的任何信息。相反,我们看到的是另外一幅场景,这些活动都被一场以"正义"为论题的谈话所代替。视觉盛宴和滋养身体的晚餐完全被滋养灵魂的漫谈取而代之。苏格拉底的对话者也并非仅限于青年人;他们不仅包括克法洛斯这样的老年人,也有色拉叙马霍斯这样的中年人,还有玻勒马霍斯、阿德曼图、格罗康等这样的青年人。由此对比可以认识到,这场相当漫长的正义探求之旅实质上构成了人对自我的视觉享受及食欲的一种克己训练,甚至在某种程度上构成了一种对"禁欲主义行为"或"苦行思想"的推崇。② 相比而言,《理想国》中的禁欲主义色彩比彻夜畅饮的《会饮》中的浓烈,比《菲多》中的逊色,其原因在于《理想国》中的苏格拉底非但没有像《菲多》中的苏格拉底那样排斥身体上的营养之需,反而强调身体上的康健(558d-e),并允许理想城邦中的人们有一定的(健康的)性活动(559c)。③

---

① 有关这种诱惑的分析,参 Monoson(2000:216);Roochnik(2003:143);Peterson(2011:101)。

② 苏格拉底辩证法所带来的道德激情使他们放弃了先前承诺的盛宴和壮观场面,转而选择了10—15个小时的苏格拉底式讨论。这种讨论让他们的身体挨饿,同时让他们的思想得到滋养。苏格拉底鼓励他们通过告别这个"流变"的世界,来到他们真正的家园——"普遍本质"领域。尽管苏格拉底的方法在以自我为中心的实利主义者克法洛斯或卡利克勒身上失败了,但事实证明,他是一个如此成功的禁欲主义理想的倡导者,以至于他的现代对手尼采在他身上看到了"所谓世界历史的漩涡和转折点"(Nietzsche,1999:74)。关于卷一中苏格拉底禁欲倾向的探讨,参 Neumann(1969:214);Kayser(1970:264)。

③ 关于《理想国》与其他对话录在禁欲问题上所持的不同态度的探讨,参 F. C. White(1979:255-259);Strauss(2001:19)。

这种禁欲倾向与柏拉图在《理想国》中展开的对僭主式不义的探究形成了一种强烈反差。对僭主心理活动的分析，绝不是一种无关紧要的或抽象的消遣。柏拉图在写《理想国》时不仅考虑了历史事件，而且还批判性地影射了另一篇重要的文本。令人惊讶的是，后来以自己的名义在法庭上致辞并发表演讲的吕西亚斯在讨论正义与不义孰优孰劣的对话中始终保持沉默。然而，有理由相信，这一论点间接地反映了吕西亚斯的影响力。吕西亚斯发表了《反对埃拉托色尼》的演说，所以克法洛斯家族在"三十僭主"手中的命运成了公开的记录。吕西亚斯在对逮捕玻勒马霍斯的"三十僭主"成员埃拉托色尼的控诉中，描绘了一幅僭主式不义的图景，这和《理想国》中色拉叙马霍斯、格罗康和阿德曼图强调的重点遥相呼应。在演讲中，吕西亚斯还坚持了一个广为流传的传统原则，即伤害敌人是正义的一部分①——这一原则构成了《理想国》第一卷中玻勒马霍斯对正义的最初定义的一部分，尽管它遭到了苏格拉底的驳斥。学者们一般推算，吕西亚斯的演讲很可能是在公元前403年的某个时候完成的，这比柏拉图的《理想国》早了很多年（cf. Krentz, 1984：24，n. 2；Cooper, 1997：xii）。因此，有理由认为《理想国》在某种程度上是对《反对埃拉托色尼》的一种柏拉图式回应。②

第三节　从雅典城下降到比雷埃夫斯港

"下降"一词在《理想国》的开头有何特殊含义？苏格拉底从雅典城下降到比雷埃夫斯象征着什么？苏格拉底没有返回雅典，而是选择留在比雷埃夫斯，是出于什么原因？《申辩》中的苏格拉底与

---

① 伤害敌人是正义的，是帮助朋友的一个重要组成部分，这一假设是希腊当时普遍流行的思想，参 Blundell（1991：Chapter 2）；Vlastos（1991：Chapter 7）。
② 有关《理想国》与《反对埃拉托色尼》之间关系的探讨，参 Howland（2004a：181）。

《理想国》第一卷中的苏格拉底有何异同？……这些都将是我们下文重点探讨的问题。

一 "下降"的特殊含义

"昨天，我跟阿里斯顿的儿子格罗康一块儿下降到比雷埃夫斯。"（*katebên chthes eis Peiraia meta Glaukônos tou Aristônos*）（327a1）这是《理想国》的第一句话。苏格拉底由这句话开始叙述他那著名的探求"正义"之旅。然而，这一漫长的旅程并没有以苏格拉底上升到雅典城邦结束，而是以厄尔（Er）的灵魂上升到介于天堂与地狱之间的某个"神秘领域"而告终（614b–e）。这两个旅程共同框定的对话揭示了从"地下世界"上升至"上天世界"，从"洞穴"上升到"天上之城"的路径。

首先，从语言使用角度看，"下降到"（*katebên*）一词不仅描述了苏格拉底下降到比雷埃夫斯的旅程，而且描述了哲人下降到"洞穴"的旅程。与之对应的厄尔神话中的"再上升"（*anabasis*）一词也与第七卷中的"洞穴寓言"紧密相连（614b–621d）。苏格拉底描述完这个寓言后，立即对格罗康说，看见日光的人"必须再次下降到"洞穴，必须参与到城邦的管理中来（519d，520c，539e，516e）。不难看出，"下到"在"洞穴喻"这个故事中表示的是一种高贵而具有爱国精神的"下降"，这在于它既描述了完全有能力统治而又没有半点儿统治之欲的哲人的"下降"，也描述了为了参与洞穴中的管理事务而被迫离开"福佑岛"的哲人王所具有的那种矛盾心理特征。

其次，从象征手法角度看，"洞穴"代表着"分隔线"（the Divided Line）的底端，即"可视之域"（the visible）（510a–e）。对话开头所提到的比雷埃夫斯港极有可能象征着"洞穴"——"习俗城邦"。"苏格拉底为了下到比雷埃夫斯而不得不离开雅典这个高领域之地"（327a）的事件平行于后文中提到的另外一个事件，即哲人为了下到洞穴而不得不离开受日光笼罩的高级领域（520a–e）。

进言之，苏格拉底就像洞穴中的哲人一样为了下降而不得不离开受"逻各斯"（logos）统治的领域。苏格拉底的下降之旅为哲人返回洞穴埋下伏笔。随后的讨论还进一步透露：苏格拉底还离开了一个比雅典更高的领域——"天上城邦"（592b）。①

最后，从地理位置（空间）角度看，苏格拉底从雅典市镇到比雷埃夫斯海港的路是向下的。从时代背景看，从马拉松战役到雅典海军力量的全面溃败标志着雅典在政治、经济和文化影响力上是在走下坡路。苏格拉底下降到比雷埃夫斯的旅程不只是地理位置上的下降，也象征着雅典和古典城邦在文化影响力上的下降。作为雅典的一位公民，苏格拉底不可避免地分担着雅典的这种衰败命运。他与格罗康随同周围看热闹的人群一起涌入这个被称为"希腊世界最古老的民族大熔炉"（Toynbee, 1946：479）的比雷埃夫斯港，完全是因为一个宗教节日使然。下降到的这个地方杂居着除雅典公民之外的本土小资与各色外邦人，它虽然混乱嘈杂却又生机勃勃。雅典海军在伯里克利领导下逐渐壮大之后，比雷埃夫斯也因外商与造船工人的不断涌入而日益繁荣。侨居在这里的来自色雷斯的生意人、海员和港口工人带来了他们自己的宗教信仰——"本迪斯祭仪"。至少从公元前429/前428年起，本迪斯节就一直被雅典人视为一种民间秘仪与公共崇拜的混合物。在这种定期举行的庆祝仪式的影响下，雅典的一些公民甚至成为它的忠实信徒。色雷斯人与雅典人在这里形成崇拜同盟。身处于机能衰退乃至内部腐烂的政制变异体之中，雅典人该从何获得力量，重新崛起呢？是通过沉浸在当权者及其代言人智者们精心粉饰的伯里克利时期的春秋大梦的无上荣耀和文化自满之中，还是从直面伯罗奔尼撒战争以来的真实的历史结局、传统价值观的瓦解和人性劣根性所要承受的疼痛耻辱之中？《理想国》选择了后者，从一开始就暗示了这种盛衰对比。

---

① 有关"下降"在《理想国》中具有的多层寓意的解释，参 Kayser（1970：256 – 265）；Seery（1988：229 – 256）。

言而总之，苏格拉底在《理想国》中的叙述正是从"下降"这里开始。他开门见山地指出，当地人现在正举办一场盛大的公共庆祝活动和精彩的赛会来纪念本迪斯这位女神。苏格拉底同格罗康观看完赛会和各种表演之后，觉得当地居民的赛会办得很"美"。苏格拉底的评价表明他认为外邦人已经证明自己同样有能力举办盛大庄严的公共庆典活动。雅典人和色雷斯人在此时此刻找到了他们心灵上的契合点。作为一名雅典公民，苏格拉底有义务对大家公认的崇拜心存敬意，并及时给予适当鼓励，所以他自然会向这位漂洋过海而进入城邦社会的女神祷告。然而，苏格拉底的虔诚与赏心悦目的赛会表演并没有让他觉得有必要在这里多待一会儿。相反，他和格罗康在做完祷告和看完赛会表演之后，便急着返回雅典城。① 坦白说，对话开头的这个情节设置并不特别吸引人，它只是简单介绍了一个有着宗教信仰的苏格拉底的出门经历。不过随着剧情正式进入到玻勒马霍斯的出现，对话开始奉上了第一个戏剧冲突。这个冲突产生的前提和基础是，当苏格拉底急着返回城邦时，他被名为"军阀"② 带领的一群来自"地狱深渊"（鱼龙混杂的比雷埃夫斯与古希腊神话传说中的地狱颇为相似）的年轻气盛的青年人扣留了。如今聚在这个地势低洼地方的一群人牢牢地把守住通往高峻之地的要道，要求他留下，并成为他们中的一员。这些人施加于他的这个要求所具有的权威性固然不能与《申辩》中控告苏格拉底有罪并要求他认罪的那种要求的权威性相提并论，但他们还是"以年轻气盛，人数众多"为由

---

① 一般认为，从比雷埃夫斯这个地狱深渊出发的道路，不是返回马拉松时期的雅典，而是向前、向上，通往由苏格拉底及其朋友们在灵魂中建立的"言辞城邦"，因为被扣留在比雷埃夫斯的苏格拉底在这里开始质询有关正义的见解，并把所有说服力量都用在这些友人身上；施展这一切技艺不仅仅是为了让他得以脱身，自由返回雅典，而且是劝诱他们随他一道构建"美好城邦"。关于这种隐喻式的详解，参 Kayser（1970：258 – 259）；Voegelin（2000：106 – 107）。

② 玻勒马霍斯的名字字面意思即为"军阀"，参 Kayser（1970：263）。

（一方面用武力相要挟，另一方面还"耍赖皮"，拒不听从任何言辞劝告）强行将苏格拉底拦下（327c）。可以说，苏格拉底此时的处境与归心似箭的奥德修斯的处境颇为相似：他要想顺利返回雅典，就必须首先克服"玻勒马霍斯"这个障碍。①

二 苏格拉底决定下降的原因

从宏观角度看，《理想国》中的整个谈话是以叙述形式开始的，其主要内容是由苏格拉底向他人或自己②转述前一天"下降到"（katebên，327a1）比雷埃夫斯港的民主商人家中做客时与众宾客和主人就"什么是正义"以及"正义是否比不义更有益"等问题展开的谈话构成。

从微观角度看，苏格拉底是以描述一个"节日"开始他的叙述。他通过一段旁白告诉我们，他陪伴格罗康一同下降到比雷埃夫斯，其目的是向女神祷告，同时也想了解一下当地人是怎样庆祝本迪斯女神节的。这说明，他此行的驱动力仅由对神的虔诚崇拜和单纯的好奇心叠加而成。这意味着，"选择下降"一方面出于虔诚，另一方面出于纯粹的猎奇心理。

此时，雅典人正在向他们本邦的"祭仪"或"宗教习俗"引入一个新神。柏拉图指出这点不能说无关宏旨，而可能意在说明：往"城邦"中引入新神的始作俑者是雅典统治者们自己，而非仅仅是苏格拉底。柏拉图这样做，可能是在为《申辩》中对于苏格拉底的一个指控（引入新神）做辩护：雅典当局控告苏格拉底犯有亵渎神灵罪，不过是自打嘴巴而已。即便苏格拉底的确如《申辩》中雅典当局指控的那样，向城邦引入了一个新神，他可能也只是在模仿民主制，因为民主制的两个重要特征就是建立在"自由"和"平等"之

---

① 有关苏格拉底与奥德修斯的比较，参 Seery（1988：230）。
② 苏格拉底这里的听众是谁，是一个非常有争议的问题，相关探讨，参 Palmer（1995：121-148）；Brann（2011：78）；Sheppard（2009：19）。

上的包容和开放。① 有人可能基于《申辩》中的论述而认为苏格拉底与民主制的关系是敌对的。② 这种看法其实只看到了苏格拉底对于知识的强调，而忽略了他对于平等和言论自由的重视。《理想国》开头这段话中所流露出的包容精神更能说明，苏格拉底与民主制的关系要比人们以往以为的更亲密。随后，从苏格拉底的谈话方式对于民主制的贡献更能看出这一点：苏格拉底并非民主制的敌人，而是民主制真正的朋友和支持者。③ 从历史角度看，苏格拉底和柏拉图都有站在民主这一方的朋友和人脉。比如，苏格拉底的门徒凯勒丰（Chaerephon）以及柏拉图的继父皮里兰佩（Pyrilampes）。有人可能会拿出《第七封信》中涉及柏拉图对于民主制、"三十僭主"和苏格拉底受审所持有的消极态度的说法提出反驳（*Seventh Letter* 324c - 325c）。但若这封信是伪造的，其作者的政治目的可能在于歪曲他归咎于柏拉图的观点。因此，把这封信中的这些描述作为柏拉图生平的历史文献，是不明智的。所以不应该假定，柏拉图的贵族背景一定使他对民主制怀有敌对态度。事实上，许多来自富裕的上层阶级家庭的雅典人都支持民主制。④

然而，即便如此，不应该认为苏格拉底会同意民主制是最佳政

---

① 阿德曼图通过向苏格拉底承诺一种新表演——骑马火炬接力赛，以说服苏格拉底留下。然而，跟众人展开的"谈话"取代了与之平行对应的"骑马火炬接力赛"。苏格拉底喜好新事物，柏拉图在对话中对此有所暗示。但"新事物"与随后谈到的"最好政治秩序"相对立。通过比较各种政体，不难发现，苏格拉底这种喜好新事物的"品味"（嗜好）是"民主制"所允许和鼓励的。可以用向女神表示敬意的"接力赛"与关于"正义"的友好讨论之间的差别来衡量雅典人的品位与苏格拉底的品位之间的差别。关于苏格拉底的"虔诚""民主制"和"嗜好"之间所存在的微妙关系的详述，参 Bloom（1991：311）；Nachman（1966：301）；Seery（1988：232）。

② 有些人认为苏格拉底反对民主制，参 Stone（1989：1 - 25）；有些学者对这种观点提出了深刻的批评，参 Irwin（1989：184 - 205）。

③ 有些人认为苏格拉底是民主制之友，并强调苏格拉底式辩驳法对于民主制度建设方面的贡献，参 Nussbaum（1998：25 - 27）。

④ 有关当时社会上层人群对于民主制的态度，参 Irwin（1992：83，n. 39）；Kraut（1999a）。

体。苏格拉底在对话中只是想说明,在现实中已有的"政制"当中,民主制是那种在多个方面都最有益于"哲学"这种活动展开的"政制"。民主制的特征是自由,而这种自由包含让人们畅所欲言的权利:人人都能过上自己最合意的生活。所以应当认识到,民主制虽不是最佳政制,但它却是那种可以让哲人免受干扰的政制;在现实中,它是有助于让他们过上特定生活方式的唯一政制。但从理论上讲,这并不意味着,民主制就是最好的政制。苏格拉底虽然提倡民主制,但并不以民主制度为最佳政制,甚至也不会承认它是次好政制,根本原因在于作为一位在许多方面都正义的人,他不仅要考虑哲人的幸福,也需要考虑非哲人的幸福。[1]《理想国》后面几卷指出,民主制作为一种政体是有系统性缺陷的,因为它是基于知识(即真实信念)和政治权威之间的一种不友好关系。柏拉图认为,民主的实践需要一种能力,这种能力关乎着是否能对"什么选择最有利于人类之好"这个基本问题作出好的答复。柏拉图否认普通人有能力对"什么是人类之好"这一问题做出正确的判断,甚至也否认他们可以独立获得这种好。他认为,在任何特定领域(无论是制鞋还是统治),判断权应该留给具有专业知识的专家。这就是为何他认为,在理想状态(如"理想城邦")下,只有哲学家才有能力实现好的统治。他的论点基于这样的假设:统治领域需要的是关于"好之相"(the Form of the Good)的专家型哲学知识。这意味着,只有极少数人才有能力发展并掌握哲学性的专门知识;只有通过长期训练,他们才可以拥有统治智慧,因而统治之权必须总是留在少数有智慧的人的精英手中。[2]

讨论完苏格拉底—柏拉图对于民主制的态度后,我们来关注苏格拉底的"虔诚"问题。从旁白可知,他的"虔诚"不仅把他连同

---

[1] 有关苏格拉底对于民主制的态度,参 Strauss(2012:30 – 32);Zuckert & Zuckert(2008:51);Ober(2011)。

[2] 有关柏拉图精英统治论的分析,参 Ober(2008:35);Holiday(1998:243 – 250);Bellatalla(1998:32 – 36)。

格罗康一块儿带到了比雷埃夫斯这个地势低于雅典城的海港,而且把他置于一个他不得不通过讨论"正义"和"城邦"等问题才能脱身的困难境地。这种"虔诚"使得他有兴趣关心城邦事务,即便这种关心看似是微弱而懒散的。他的虔诚不仅使他对"变革"持有一种开放的文化态度,而且还与人性内心深处最原始的冲动——猎奇心——交织在一起。①

苏格拉底对他向女神"祷告了什么"及其结果只字未提。所以在这件事上,读者可能永远蒙在鼓里。他通过观赏外邦人举办的赛会认识到,色雷斯人的赛会基本上和雅典人筹办的赛会平分秋色。这种认识表明,苏格拉底的价值观凌驾于民族主义的自豪感和"爱邦情结"之上,这使他的视野超越了古希腊民族主义、爱邦主义的狭隘性,甚至使他超越了雅典公民的身份。在此意义上讲,他的"肉体"虽属于雅典城邦,但其"灵魂"早已游离于雅典城邦文化圈子之外。②

三 苏格拉底的处境

前文已经提到,《理想国》的开场白已经巧妙地使用了对话中反复出现的象征手法,而开篇第一个词"*katebên*"(下降到)通常被认为宣告了贯穿整个对话始终的一个伟大主题(Voegelin, 2000:106; Rudebusch, 2002:75 – 83; Barney, 2010)。第七卷中的"洞穴"寓言与开场时的这个场景非常相似,但这里的苏格拉底与"洞穴喻"中的哲人在面对"是否下降"时表现出了不同的"退出"意愿;苏格拉底在《理想国》一开始是愿意下降的,尽管他在下降之后并不愿意逗留在比雷埃夫斯港;哲人则在一开始就不愿意下降。

---

① 关于"虔诚"与"哲学思考"的关系以及哲学是否等于真正的虔诚等问题的探讨,参 *Apology* 21d – 23c;*Memorabilia* 1. 4. 1 – 19, 4. 3. 1 – 17;McPherran(2000:89 – 114, 2006:86);Strauss(2001:1)。

② 苏格拉底是否摆脱了民族主义的狭隘思想,并有意塑造世界公民,这方面的探讨,参 Bloom(1991:311);Nussbaum(1998:50 – 85)。

苏格拉底在向女神做了祷告，观看了表演后，就打算同格罗康迅速返回雅典。可正当掉头返回城邦之时，他俩被玻勒马霍斯等一伙人撞见。玻勒马霍斯便"命令"小奴隶跑去把他们强行拦下（327b2）。这个戏剧场景虽篇幅短小，但被赋予了广泛而深远的象征意义。比如，人们通常认为，这一场景不仅预示了《理想国》中的"美好政制"的三阶层结构（生产者—守卫者—哲人王），而且提出了整个伦理—政治问题的纲要。①

1. 智慧与权力的对峙

由苏格拉底的被动性可看出，"权力"掌握在"非哲人"的上层青年或通常所谓的"绅士"（gentlemen）或"美好之人"手中。② 这些人仅靠"财力"就可以命令大多数弱者要么证明比他们强（kreittous）（327c1），要么就留下为他们服务。他们的力量是不容小觑的；"哲人"的人身自由总是受到他们的控制。有些时候，哲人为了保护自己、为了满足自己的一己之利或一时之需，不得不对这些人的无理要求做出妥协。③

这里随之产生一个问题：哲人究竟在多大程度上能在精神上对"绅士"这一重要的中产阶层产生影响？"绅士"阶层一般被视为《理想国》和"理想城邦"中的"立法者"制定的那种"教育理念"所针对的首要对象。然而，在这一"剑拔弩张"又不乏戏谑成分的戏剧情节中，代表"绅士"阶层的玻勒马霍斯等人在面对哲人时突然卸下了自己的伪装，袒露了自己的心声："我是无赖，千万别把我当成讲理的人。"他们的蛮力已让他们丧失理智，猖狂到根本听不进"理性说服"的地步。这样，哲人擅长的"理性劝服"难以在此有效地发挥作用。哲人善于论辩，士兵擅长打仗；二者遇到一起，

---

① 关于这一象征意义的探讨，参 Bloom（1991：311）；Saxonhouse（2009：728 - 753）。

② 关于古希腊绅士概念及影响力的探讨，参 Bloom（1991：311）；Dodds（1933：97 - 107）。

③ 有关苏格拉底处境的分析，参 Bloom（1991：311）；Ferrari（2010）。

前者喜欢讲理，后者喜欢动武。既然对玻勒马霍斯等这些人来说，拳头大才是硬道理（拳头拿不到的东西，舌头也休想拿到），苏格拉底就必须"另谋出路"，采用别的策略来和他们达成和解，毕竟有效交流和对话的一个重要前提就是双方要有共同的知识基础。苏格拉底目前的窘境表明，不管哲人这一方多么有理、多么有智慧，他们都不能置普通民众（demos）的意愿于不顾，否则就会将自己置于相当困难的境地。

首先，苏格拉底代表的"智慧"与玻勒马霍斯等青年代表的"力量"之间存在一种"对抗"关系。这二者的关系起初处于对抗状态。但经阿德曼图和玻勒马霍斯两人用"巧言令色和威逼利诱"的策略调节后，这种僵持局面发生了根本性的变化。如果苏格拉底用顽强意志抵制住了这些人的软磨硬泡、威逼利诱，我们就听不到后来的谈话了。柏拉图并没有让"苏格拉底"表现出《申辩》中的那种为"正义"的宁死不屈精神。格罗康在这种调节中发挥的作用不可小觑：他在未征求苏格拉底意见的情况下就代表朋友自作主张，欣然接受了第三个请求，这使得此时正全神贯注于谈论的苏格拉底变得孤立无援。苏格拉底对格罗康有些言听计从。他看到同伴如此爽快地答应了对方的要求，只能委曲求全，屈从于既定的事实，并以"似乎"（δοκέω）一词表示自己应当留下来。这表明，他对当前的这个决定将信将疑，一方面觉得自己应当认可大多数人的决定，但同时又怀疑大多数人的这个决定是否正确。进而言之，苏格拉底虽然接受了这个被施加的决定，但对这个决定的"正当性"表示怀疑，因为它似乎建立在被迫（而非自愿）的基础之上。

其次，"表象"与"实在"之间的区分后来也成了《理想国》的重要主题之一，而"似乎"一词在此所起的关键作用不容忽视（Kayser, 1970: 264）。苏格拉底并不十分确定这个"决定"就正义或正确，这体现在他对民主制的批评之中。他认为"民主制"是一种无节制的"政制"。"似乎"一词证实：苏格拉底对"服从大多数人的统治"这一决定的"正当性"深表怀疑。他虽同意作为玻勒马霍斯的客人同格罗康一起留下，但他的"同意"是被迫的。在柏拉图对话录中，从头至尾由苏格拉底叙述的对话最多只有四篇：《理想国》《查尔米德》《吕西斯》和《情人》（伪作）。《理想国》与其他三篇对话的一个不同点就在于，它似乎是一篇被强制进行的对话。①

最后，"智慧"与"权力"达成妥协后，这里便产生了一个"微型共同体"。这个"共同体"中的成员通过投票赋予这一决定的正当性。一个新的统治原则（同意）由此产生。这里的"同意"听起来有些模棱两可。这种含糊性不仅阐释了苏格拉底同意由年轻人创建的"伦理—政治范式"的实质，也阐明了他与"现行城邦"的关系。"洞穴喻"故事中的哲人与苏格拉底十分接近，因为只有在主张多数人统治的政制（如民主制）中，认可大多数人的决定才正义。苏格拉底的"同意"如同哲人的"同意"一样，是正义的。该同意并不必然等于他对实际上应当做的事的见解。这种伦理—政治范式指明了"民主制"与"苏格拉底品性"之间的张力。这个范式是哲人与现行城邦之关系的典范。二者之间虽然存在张力，苏格拉底最终还是选择了留下。他在这里遵从了"习俗政治"的要求，其原因就如他在《申辩》中说的那样，只要这种要求同他对"天上之城"的责任不存在冲突，他便不会拒绝。②

2. 同意与正义

此处的"同意"究竟该如何理解？它究竟是在双方平等自愿的前提下达成的，还是基于一方对另一方施加的"威胁"？从产生条件看，它生成于苏格拉底与玻勒马霍斯等众青年之间：前者虽有智慧，但无钱无政治权力，在气力上也远不及后者；后者虽无智慧，但有钱有权力和力气。从这个角度看，此处的"同意"或许可以像人们通常所理解的那样，是由无权力的智慧与无智慧的权力混合而成的。③ 此

---

① 关于这一特征的探讨，参 Strauss（1964：55-56）。
② 有关这种张力的探讨，参 Kayser（1970：265）；Benardete（1989：9）。
③ 这种观点，主要参 Bloom（1991：312）。

外，从苏格拉底这一方的意愿看，这种所谓的"同意"是被逼无奈的选择，而非自由选择的结果。① 柏拉图在此可能暗示，正义有时就建立在约定或同意的基础之上，是一种由"强制"与"说服"混合所产生的东西。② 这意味着，所有的伦理—政治生活或人与人之间的那种交往都建立在这种或多或少令人满意的妥协之上。至少在我们发现那种可以允许（哲人王式的）"智慧"对民众进行绝对统治的渠道之前，情况应是如此。当然，苏格拉底也绝非等闲之辈。如今他已正式成为这个"微型共同体"中的一员，尽管是在被迫的情况下成为的。他现在有机会通过"战胜""驯服"像色拉叙马霍斯这样的对于统治之职觊觎已久的野心家来确立自己在这个"共同体"中的统治地位。如果这个目的实现不了，他就不能在谈话中建立那种将由哲人进行统治的"政制"。

前面已经提到，玻勒马霍斯一伙人强迫苏格拉底留下，并逼迫后者加入他们的小团体，这一场景暗含了很多寓意。除了上文提到的那个寓意以外，这里还需要介绍的一个重要寓意是，柏拉图这样描写，是为了给第七卷中交代的事情埋下伏笔：理想城邦在把哲人—统治者的候选者抚育成合格的哲人—统治者后，会强迫这些哲人—统治者返回政治生活的洞穴当中，服务于城邦的公共事务。③

不难看出，"苏格拉底"这里的处境与"理想城邦"中被要求参与政事的哲人的处境颇为相似。玻勒马霍斯一伙人对"苏格拉底"所展现的强硬作风预示了"理想城邦"的立法者对于已走出洞穴（基本接受了完整哲学教育）的哲人所持的态度，尽管与城邦立法者

---

① 关于这种"同意"所暗含的"被迫"成分的分析，参 Nichols（1987：39，n. 1）；Smith（2010：88）。

② 关于柏拉图意图的分析，参 Strauss（1964：64）；Kamtekar（2010：77）。

③ 关于这一层寓意的详细解读，参 Strauss（1964：64）；Nichols（1987：39）；Bloom（1991：311-312）；Steinberger（1996：183）。此外，一些学者指出玻勒马霍斯和他的同伴对苏格拉底和格罗康发起的戏谑性"逮捕"和拘留，不仅引出了哲学和政治之间长期存在的张力问题，而且影射了埃拉托色尼在街上逮捕玻勒马霍斯的场景。相关探讨，参 Howland（2004a：189）。

强加给哲人的那种威胁相比,玻勒马霍斯诉诸的"威胁"很可能仅是一句不具有任何法律效力的"玩笑"。当然,苏格拉底不妥协、不畏强权的精神也是出了名的,否则他也不会被雅典当局处死了。换言之,如果他执意要返回雅典,那应该无人可以阻拦。从这个角度看,他之所以选择留下,并非完全"被迫"使然,而是多少也有自觉自愿的成分在里头。

柏拉图随后也暗示,苏格拉底选择留下,并非单纯因为玻勒马霍斯等人对他施加了威胁。他选择留下,很大程度上是因为他可以有机会目睹和观赏当地人的夜间表演,同时可以借此机会与年轻人有思想上的交流(328a)[1]。苏格拉底最大的嗜好之一就是与青年人进行交谈。《理想国》在这方面上的暗示与苏格拉底在《斐德若》和《菲多》两篇对话中对于自己志趣的描述颇为一致:苏格拉底自称,与沉浸在城外的自然美景(如树木)之中相比,他更愿意与城邦中的人们待在一起,因为风景和树木没有什么可以教他的,但他能从人们身上学到自己前所未知的东西(cf. *Phaedrus* 230d; *Phaedo* 99d–e)。[2]

四 《理想国》与《申辩》在场景设置上的异同

不难发现,《申辩》中的场景与《理想国》开头的场景非常相似。这种相似性主要体现在,苏格拉底在两个场景中都受到了"强迫"。在《申辩》中,雅典城邦强迫年逾七旬的苏格拉底出庭为他背负的两项罪名自辩。同样,在《理想国》开头,一伙身强力壮的年轻人也强行挽留苏格拉底,不仅强迫他与他们待在一起,而且希望他就自己的主张能作出一番解释。在这里,苏格拉底显然很不情愿留下,因为他可能还有别的打算。比如,参加一场如《会饮》中

---

[1] 关于苏格拉底选择留下的原因的分析,参 Nichols(1987:39);Benardete(1989:10)。

[2] 关于苏格拉底志趣的分析,参 Ferrari(1987:33)。

描述的那种畅谈"爱欲"的宴会（因为情爱和酒会可能更合他的胃口）。但这些执意要说服他留下的年轻人采用了软硬兼施的手段：一面采用暴力手段相威胁，一面以物质或精神上的满足作为诱饵，诱惑对方上钩。这些说服者无论在数量上还是气力上都比这位被说服者强百倍，所以他只好曲意逢迎，假意讨好。苏格拉底要是无法在不需做出任何妥协的情况下选择自己偏爱的活动，就必须赢得这些年轻人的欢迎，这样才有机会教导对方尊重自己的品位和内心的真实想法。如若不然，他就得放弃自己一贯的生活方式，去适应大众的生活，去接受智术师的教化——"权力决定正当性。"这意味着，苏格拉底在这种情况下要想重获其所需求的自由，就须尽可能多地出让自己的"智慧"。以此角度看，《理想国》开头的这种建立在强迫与诱惑基础之上的"同意"暗含另一层含义：苏格拉底此时的这一处境如同《申辩》中的处境一样，很可能是哲人与城邦之间若即若离关系的一个范式（*paradeigma*）。①

然而，《理想国》与《申辩》在场景设置上又存在诸多不同。这里只选取两个主要不同展开分析。

第一，以"威胁"为例，二者的不同主要在于其性质不同。《理想国》中玻勒马霍斯等人对苏格拉底施加的"强制威胁"（the threat of compulsion），如同晚期对话《菲丽布》中普罗塔库斯对苏格拉底实施的"威胁"一样，可能只是闹着玩的，并无实际效力（cf. *Philebus* 16a, 23b）。② 苏格拉底似乎也不相信这里的威胁具有实质性的威慑力和约束力，而且提议通过言辞来说服对方做出让步，尽管这个提议很快被否决了。相比之下，在《申辩》中，雅典法庭代表城邦权威而对苏格拉底施加的威胁则是严肃认真的，是以城邦

---

① 关于这一层寓意的详细解读，参 Bloom（1991：310）；Sesonske（1961：30-31）。

② 人们通常认为，玻勒马霍斯是比雷埃夫斯城的一位绅士，在戏剧性层面上，他的武力威胁不过是一种没有严肃意图的姿态，参 Olson（2011：151）；Brown（2000）。

第一章　苏格拉底：正义研究的序幕（327a – 328b）　　117

暴力作后盾的，是不容轻视的。①

第二，以"妥协"为例，二者的不同主要在于其程度不同。《申辩》中的苏格拉底宁可"坐以待毙"，也不肯接受一种为大多数人所认可的妥协方案（如越狱、缴付罚款等），其原因主要在于接受这个妥协方案对他而言意味着他的"精神生活"被判死刑。② 于苏格拉底而言，言论自由、言行一致和正义等美德显然是至为重要的东西，是一个人精神生活的支柱；失去了这些东西要比失去生命更为可怕。相比之下，在《理想国》中，苏格拉底尽管内心很不情愿，但还是作出了妥协，其原因主要是他可以有机会与身份、知识背景不同的听众进行交谈，并最终能以一位被驯化了的城邦之主的身份现身于"言辞城邦"之中。更为重要的是，他在这个城邦中受到了优遇，因为其中的居民对他的主张虽然可能一无所知，但却允许他无拘无束地追求"哲学"，并对他用以接近高贵青年的方式不加任何限制和干涉。③

结合上述讨论，不难看出，柏拉图在讨论"正义"之前设计的这个开场白已经暗示了以下几点信息：第一，正义本身是一种强制与说服的混合，是强迫与理性共同作用的结果。第二，设计"苏格拉底向女神祷告"这一情节的目的在于替精神导师苏格拉底进行辩护：其一，"苏格拉底"并不排斥一般的传统宗教仪式，尽管他否认祈祷、祭祀等仪式与"虔诚"之德在本质上有关联；其二，履行宗

---

① 关于两篇对话录中的两种威胁的探讨，参 Shorey（1930）；Sesonske（1961：33）；Benardete（1989：11）；Bloom（1991：310 – 311）；Wagner（2005：87 – 102）。

② 《申辩》中苏格拉底的"不妥协形象"令人印象深刻。在与雅典人进行对抗的过程中，他不仅以一个善于反思的公民形象出现，而且更为重要的是，他坚决拒绝放弃对道德和人类美德的理性基础的探索。相关探讨，参 Lycos（1987：73）；Howland（2008：519）。

③ 很多学者注意到，"苏格拉底"在整个开场中给人留下的印象是，处处受到限制、十分被动。但在第一卷之后，苏格拉底在讨论中逐渐成为主导者。前后两个形象形成了鲜明对比。关于两篇对话中的"妥协"的分析，参 Bloom（1991：310 – 311）；Kayser（1970：265）；Ferrari（2010：12）。

教仪式和"虔诚"本身的要求是可以兼容的；其三，虔诚问题的关键在于人如何才能通过虔诚在灵魂中孕育出"美德"，因而隐藏在这些普遍流行的祭神仪式下的那种狭隘而自私的动机，是值得警惕和提防的（随后出场的克法洛斯这一人物展示了这种动机对一个人价值观的负面影响）。

第 二 篇

对《理想国》第一卷中概念与论证的研究

柏拉图对话录中包含的概念与论证一直是学者们研究柏拉图思想时所依据的主要素材。它们是对话录的"骨架"和"主体部分"，因而最应得到重视。作为本部分内容所考察的主要对象，《理想国》第一卷的主体部分由三个板块构成，依次对应的是苏格拉底与民主制下的商人克法洛斯之间的交谈、与克法洛斯的儿子玻勒马霍斯之间的对话，以及与当时名声大噪的智者色拉叙马霍斯之间的论战。这三个板块各处于不同层次，依次存在着层层递进的关系，越前面的讨论越基本、越接近日常经验，越后面的讨论越抽象、越理论化：克法洛斯与苏格拉底之间的交谈充当着"正义"话题的导引，玻勒马霍斯与苏格拉底之间的对话则将"正义"大讨论的帷幕稍微拉开，苏格拉底与色拉叙马霍斯的思想碰撞则真正将谈话从关乎商业交易中日常性正义原则的漫谈提升至一次事关伦理—政治领域中"正确秩序"的严肃辩论。因此，本篇的论述脉络和结构安排也依照对话录的逻辑推演依次展开。

第 二 章

克法洛斯：老一辈商人的正义观
(328b – 331d)

　　克法洛斯作为一位富有的老商人，是《理想国》中第一位与苏格拉底展开深入交谈的人物。通过与他交谈，苏格拉底引入了"什么是正义"这个在《理想国》乃至整个伦理学和政治哲学研究中占据核心地位的哲学问题。克法洛斯这个人物在《理想国》中所处的位置被普遍认为是至关重要的。[①] 也正因此，学者们就如何评价这个人物形象、如何看待他的品性及其言论的价值等问题展开了激烈争论。这些争论主要围绕以下几个问题展开：(1) "克法洛斯"是一位令人可亲可近，又令人敬畏的长者形象，还是相反？(2) 他究竟坚持怎样的正义观，他的言论在多大程度上是值得我们虚心听取的，又在何种程度上是令人鄙夷的？(3) 他缘何成为《理想国》核心话题的引入者？(4) 他为何没有留下来与苏格拉底展开新一轮对话，而是选择中途离开？(5) 他是如何被苏格拉底一步步引向"正义"问题的？(6) 他在整部对话中象征着什么？(7) 他临别时的"笑"

[①] 有关《理想国》中克法洛斯的戏剧意义的探讨，参 Donohue（1997：239 – 249）。

有何哲学蕴意?①

以上这些问题不仅是所有试图研究《理想国》第一卷的学者所必须面对的问题,而且是关于"克法洛斯"这位对话者最富有争议的问题。就克法洛斯这个人物形象及其正义观和其他价值观而言,传统的看法基本上是一刀切的,即这位长者的优点要么被给予了全方位的赞美②,要么他被单纯作为传统观念的典型代表,被批驳得体无完肤③。

在我们看来,第一,柏拉图对克法洛斯的描述并不完全是负面的;他作为苏格拉底的第一个对话者,是《理想国》的起点,展示了希腊传统宗教和道德的关键性的缺陷。第二,克法洛斯的价值体系是传统且透明的外部主义式的:对他来说,正义是执行"同态报复法"所规定的偿还债务的行动。这就是为何他认为一个有德性但贫穷的人可能仍然会在地狱里受到惩罚,因为正义和虔诚的要求对于克法洛斯来说仅仅是出于对惩罚的恐惧和对奖励的希望而做出的行为。不履行献祭义务会导致在来世受到神的报应,不管你的好意或借口是什么。第三,柏拉图鼓励读者把克法洛斯的价值观看作旧教育体系的产物,而旧教育体系经常描绘荷马和赫西奥德的作品。这些传统诗人确立了一种"经典故事集",而这个集子经常把诸神描绘成对苏格拉底后来提到的"内在的灵魂正义"漠不关心的存在(351a–354a)。④

下文将尝试主要立足于文本,遵循对话内在的逻辑顺序并结合

---

① 有关这些问题的探讨,参 Steinberger (1996: 172-199); Sobel (1987: 281-290); Pichanick (2018: 145-159); Smith & Brickhouse (1983: 79-95); Baracchi (2001: 151-176); McKee (2003: 361-366; 2008: 68-82); Stull (2013: 37-47); Lötter (2003: 189-206); McKee & Barber (2001: 93-104); Santas (2010: 15); Vasiliou (2008: 167)。

② 对克法洛斯的正面评价,参 Reeve (1988: 6); Reeve (2012: 36-44)。此外,Blondell 也指出克法洛斯是友好的、温和的、有秩序的,参 Blondell (2002: 188)。

③ 对克法洛斯的负面评价,参 Annas (1978: 437-438); Annas (1981: 19)。

④ 对于克法洛斯价值观的总体评价,参 Mcpherran (2006: 86-87); Annas (1981: 20-21); Vernant (1980: 193); Dobbs (1994: 668-683)。

对话的历史背景，就苏格拉底与克法洛斯之间的交谈内容展开具体分析，进而对这些主张及其引发的问题作出尽可能细致而又中肯的论证与解答。

第一节　从"日常闲聊"到"哲学探讨"

对话一开始，苏格拉底便交代了这次谈话发生的地点。从对话的戏剧环境与写作背景来看，相对于柏拉图对话中的其他谈话地点，这个地点非常特殊。柏拉图对话录中的谈话地点通常被设置在雅典城内的广场（agora）、私人家里（如《会饮》和《普罗泰戈拉》）、摔跤学校或某些不知名的地方（如《美诺》和《菲丽布》）。但《理想国》的谈话地点却被设在了雅典城外的一个富有的客籍民（商人）的家里。这是一个崇尚民主制、热衷于从事商业活动的私人家庭。[①]苏格拉底虽"身"在异乡，但他的"灵魂"似乎并未离开雅典半步，他在这个地方仍不厌其烦地和他人探讨了他终其一生都在思考的美德问题。如果一个人的精神气质在很大程度上等同于一个人的"自我"，那与其说苏格拉底是在"异域孤军奋战"，毋宁说是在"主场作战"。他在相对陌生的环境中讨论了他最为熟悉的主题，这是《普罗泰戈拉》与《理想国》的共同点。二者的不同在于，在卡利亚（Callias）家中，他遇到的是一位在价值观、利益、伦理、政治和其他许多事务上都坚持相对主义的智者派代表普罗泰戈拉，而在克法洛斯家里，他则碰到的是一位集修辞术与诡辩术于一身的道德怀疑论者色拉叙马霍斯。[②]

简单介绍完这次谈话地点的独特性后，现在让我们进入正题，

[①] 柏拉图从未提到过克法洛斯及其家人是外国人。在现实生活中，他们似乎已经进入了雅典最高的民主圈子。柏拉图着重强调他们的商业和世俗社团，而不是他们在政治上的无能为力。相关探讨，参 Blondell（2002：166）。

[②] 关于《理想国》谈话地点独特性的分析，参 Reeve（2013：38）。

对苏格拉底提供的旁白以及他与克法洛斯之间的谈话内容展开细致分析。从苏格拉底这几句旁白得知,他答应留下来后,就随同玻勒马霍斯等众青年才俊一块儿来到东道主克法洛斯家中。他到了后发现那里名人秀士济济一堂,人群之中既有玻勒马霍斯的两个演说家兄弟吕西亚斯和欧西德莫斯,也有名噪一时的大智者色拉叙马霍斯以及哈曼提得斯和克勒托丰等其他社会名流。更重要的是,他在这里碰到了久未谋面的克法洛斯。不难看出,聚在一起的这些人物的"身份"颇具多样性,其中既包括享有部分公民权的"客籍民",也包括民主党人、雅典贵族和或多或少被同一文化纽带维系的外邦人。这些人物尽管来自不同的政治、文化、知识和商业等领域,有着不同的社会身份,但他们显然拥有一个大致相同的生活背景、文化传统和生活习惯,否则他们就不会选择在这个特殊的时刻聚在比雷埃夫斯来庆祝本迪斯节这个宗教节日了。他们所处的文化传统主要有以下三个特征:

(1) 该传统十分重视诗人的教诲(这些人几乎都在赫西俄德和荷马诗歌的熏陶中长大,对当时诸多诗人的名作了如指掌);

(2) 该传统崇尚修辞与诡辩。受此影响,人们痴迷于当时知名智术师和修辞学家的思想,因而不惜重金聘请他们到家中讲学;

(3) 该传统重视男性之间的爱恋,因而鼓励成年男子与美少男去摔跤场(palaestra)练习,除了希望他们增强体魄外,还希望他们加强彼此之间的思想交流。所以当时的年轻人对男性之间的爱恋习以为常。①

克法洛斯是苏格拉底最后介绍的人物。他是一家之主,在所有这些人中年纪最大。人们通常认为他在《理想国》中的重要性不言而喻。例如,施特劳斯(L. Strauss)就认为:

---

① 有关他们所共同生活的文化传统的特征,参 Halliwell(2000:94 - 112);Nussbaum(1980:43 - 97);Annas(1981:Chapter 2);Blondell(2002:165 - 190);Reeve(1988:35 - 42);Petraki(2011:21)。

> 他［克法洛斯］是完全意义上的父亲，理由之一是他是一位有钱人；财富强化了父权。他代表了那种看起来似乎是最为自然的权威。他拥有老年特有的尊严，也因此呈现了建立在尊敬老人之上的秩序，即那种与当前的衰落截然相反的旧秩序。我们可以很容易相信，这种旧的秩序甚至优于任何的王政复辟。（Strauss，1964：65）

布鲁姆基本上继承了这一看法，指出"他［克法洛斯］是最充分意义上的父亲——他曾经很有爱欲，而且拥有相当可观的金钱储备。"（Bloom，1991：313）后来一些学者如斯坦伯格（Steinberger）也认为，父亲（*patêr*）这一身份反映了一种反复出现在整个《理想国》中的"家族与世代主题"（Steinberger，1996：175）。这些学者的看法有一定道理。

第一，从柏拉图的描写来看，克法洛斯的确支配着整个场景；他是一家之主，而后者象征着父权社会中家庭权力的源头和顶点。

第二，从词源上看，*Kephalos*（克法洛斯）是一个阳性名称，来源于"头"（*kephalê*）的阴性词汇条目，这表明柏拉图有意用"κέφαλος"来暗示父权社会中的权力结构是以"父亲"为核心的。就此而言，《理想国》中的谈话地点被设在了一个名为"头"的家里。柏拉图使用双关修辞手法，其意在说明"克法洛斯"就是这个家庭的"头"，就是《理想国》的开端。当然，在该对话的正式主题——正义（*dikaiosunê*）——刚浮出水面时，这个"头"就把主导"谈话"的统治之权传给了他的继承人玻勒马霍斯。[①]

苏格拉底见到克法洛斯时，克法洛斯刚祭奠完神，他头戴花环，正坐在一把有坐垫的椅子上歇息。他一看见苏格拉底，便热情地向

[①] 关于这个希腊人名的意思及其隐喻的解释，参 Nussbaum（2001：136）；Rudebusch（2002：78）；Rosen（2005：13）。另外，有关克法洛斯象征着"父权源头"的专门论述，参 Steinberger（1996：176）。

这位来自雅典的稀客打招呼。从这一处细节,足以见出克法洛斯见到了久未谋面的苏格拉底,亲切之情溢于言表。接下来柏拉图向我们描述了这两位貌似志趣相投的朋友之间的轻松、愉快、友好的闲聊。

从宏观角度看,苏格拉底先同克法洛斯简单地寒暄了几句,随后便由"老年的负担"谈到"钱财的用处",最后将话题引向"正义"问题。然而,当"正义"话题刚出现时,克法洛斯便抽身而出,去料理献祭的事情。之后,苏格拉底只好跟克法洛斯的儿子和遗产继承人玻勒马霍斯继续探讨"正义"问题。这对父子轮番上阵与苏格拉底就"正义"问题展开交谈的意象颇耐人寻味。阿里斯托芬的《云》同样描述了"苏格拉底就正义问题求教于一对父子"的场景。[①]"父子"关系在柏拉图对话中反复出现,这象征着新旧价值观的交替。[②] 这也揭示了古希腊世界中反复出现的主题——"代际张力"。这种张力尤其体现在父子价值观的差异上:新生的一代往往不屑于像老一辈那样活着,不愿意按照前辈设定的道路前行,自认为比他们的父辈们更强大、更聪明。[③]

为了更全面地认识克法洛斯在整个对话中所起的作用,下面将从微观角度来细致分析克法洛斯和苏格拉底之间的交谈内容。

克法洛斯是东道主,出于礼仪的需要,他热情招待这位"远道而来"的朋友,一上来就向对方袒露心声:自己愈年老体衰,愈喜欢享受谈话的乐趣(*tous logous*)(328d)。人们通常探讨的问题是,他为何一上来就向苏格拉底吐露自己晚年的嗜好,并把自己标榜为"言辞爱好者"呢?[④] 他的这句话,到底是真情流露,还是虚情假意

[①] 阿里斯托芬《云》中的父子形象与《理想国》第一卷中的父子形象之间的关联性,参 Nichols(1987:39-40)。

[②] 父子这一形象在柏拉图对话中的意义,参 Burnyeat(2004:80-87)。

[③] 古希腊时代的代际张力,参 Steinberger(1996:176)。

[④] 关于"克法洛斯是否为一位好言辞者"的讨论,参 Strauss(1964:65);Bloom(1991:313);Reeve(2013:37)。

第二章　克法洛斯：老一辈商人的正义观（328b–331d）　　127

呢？他这样说，是为了跟苏格拉底套近乎吗？

情况若是后者，那么这只是一句假惺惺的客套话。① 不仅如此，有些学者指出，克法洛斯还抱怨苏格拉底不常来看望自己，这表露出他有一种倚老卖老的心态。例如，谢泼德（Sheppard）认为，克法洛斯的这番"牢骚"虽然看似"毫无恶意"，但着实带着"屈尊俯就"的态度，让人听着不太舒服（Sheppard，2009：25）。有些人可能会觉得，我们这样对待克法洛斯似乎显得"气量过小"。因为从一种相对宽容的角度看，他对言辞（λόγος）和哲学（φιλοσοφία）的重视程度虽然与苏格拉底相比还存在一定差距，但他同大多数人相比在心境上更接近苏格拉底，因而比一般人的情况要好很多。至少他不像他的同龄人那样一味地抱怨"年老"的负担，乃至把所有的不幸都归结于"年老"（329a–b）。即便如此，他和苏格拉底各自对待"谈话"和"哲学"的态度仍有所区别。这种区别主要体现在以下两个方面。

第一，对苏格拉底而言，哲学不仅是一个人人生中最紧要的活动，而且是"人类最高级的活动"。② 例如，在《申辩》中，他说："对人而言，未经省察的生活是不值得过的。"（*Apology* 38a）相对于苏格拉底对于哲学及其开展形式——讨论——的重视，克法洛斯更重视财富。他认为当一个人步入晚年，百无聊赖、无所事事时，"闲谈"倒也是不错的选择；这种选择称不上是人生最重要的选择，甚至都不及给诸神献祭重要。他对哲学所持的懒散态度表明，"哲学反思"于他而言仅是思维感到迟钝的老年人回顾往事时才会进行的活动；这种活动不能太当真，在"人应该怎样生活"这个问题上无发言权。③

第二，苏格拉底对"谈话"一直都非常热爱。相比之下，克法洛斯到了垂暮之年才开始懂得享受"言辞"之快乐。年轻时的他可能对谈话和哲学不屑一顾，更别提把它视为生活首选了。如同他在

---

① 对于这番言论的消极评价，参 Annas（1981：19）。
② 苏格拉底对于哲学价值的看法，参 Bloom（1991：313）。
③ 这番言论背后的隐藏意义，参 Annas（1981：19）；Sheppard（2009：25–26）。

一番人生感悟中忏悔的,青春的激情曾把他引向"肉体上的快乐"。当年老体衰时,他才不得已关注同"灵魂"密切相关的活动(328d;329a)。概言之,与"哲学"这种活动密切相关的"言辞"和"谈话"看似是克法洛斯晚年时的最爱,实则更像是他用以打发无聊时光的消遣而已。[①] 类似的,受苏格拉底推崇备至的"哲学"在克法洛斯眼中充其量只是人在暮年时(当身体精力衰竭后)可以有的一个适宜爱好。[②]

此外,仅从创作角度看,柏拉图这样设计克法洛斯对于谈话和哲学的态度,其意图不可能完全在于批评克法洛斯。他让克法洛斯说这样的话,可能是为了引入讨论的话题,让苏格拉底有机会施展其"对话技艺"——"辩驳法"及其高级形式"辩证法"。克法洛斯晚年时的心境虽不能与苏格拉底相提并论,更与哲人王相距甚远,但它为"哲学超然"(philosophical detachment)做了必要准备[③];他的"品性"虽没有让他成为一名哲学家,但至少让他在心态上变得更像哲学家[④]。

第二节 老年的负担与财富的优势

得知克法洛斯有如此"喜好"时,苏格拉底也坦言自己非常喜欢同年纪大的人聊天(*dialegomenos*),主要原因在于人生就像一场旅行,而老年人就像这场旅行中已经走过了很长一段距离的老旅客;他们拥有丰富的生活经验和人生阅历,而且似乎已经达到了"睿智"

[①] 人们通常认为,除苏格拉底外,对话中的所有人物一开始都认为哲学不过是一种消遣,同其他事情的价值差不多,参 Nussbaum(2001:137)。

[②] 克法洛斯对于哲学的态度,参 Blondell(2002:169)。

[③] 对于克法洛斯心境的分析,参 Annas(1981:19);Plass(1967:343-364)。

[④] 对于克法洛斯心态的分析,参 Reeve(2013:43)。

的程度，非常值得后来者借鉴和学习。① 下文将说明，两人虽在有些事情上存在精神共鸣，但同时对很多问题的看法存在根本性的差异。

一　哲人的生死观

首先，苏格拉底这里沿用诗人们所称的"处在老年的门槛"（ἐπὶ γήραος οὐδῷ）这一比喻来形容克法洛斯所处的生命阶段。"老年的门槛"是"濒临死亡"的一种委婉说法。它与中国人所说的"土都埋到嗓子眼儿了"和英美人所说的"One foot in the grave"（一脚已经入了坟）有异曲同工之妙。②

其次，从源头上讲，这句措辞最早见于《荷马史诗》（cf. *Iliad* 22. 60, 24. 487; *Odyssey* 15. 246）。在《伊里亚特》中，它出现过两次，均出自特洛伊末代国王普里阿摩斯之口。这与其说是巧合，倒不如说是柏拉图有意为之。③ 不难看出，柏拉图笔下的克法洛斯与普里阿摩斯在精神气质上非常相像。④

再次，就这句措辞中的核心词汇"老年"（γῆραος）而言，它是指人离开"生命之屋"（the House of Life）时要跨过去的门槛。这意味着，人的一生要面对两扇门："生之门"和"死之门"。从生门进入象征着人的出生，从死门走出预示着人的死亡。⑤ 不难发现，苏格拉底使用的这句措辞存有歧义，因为它没有明确说明这一点：一个人是即将离开"生命之屋"，还是即刻进入"冥王之府"（the House of Hades）。⑥ 尽管有这种含糊性，但有一点十分明确：苏格拉底与

---

① 人们通常认为，柏拉图对"老年"心怀尊敬，他在《理想国》中提出的理想国家是明显的老人政治模式（gerontocratic）。柏拉图对老年人的这种态度在当代老年学理论中引发了有趣的讨论，参 McKee & Barber（2001：93 - 95）。

② 关于这个措辞的解释，参 Shorey（1963）; Santas（2010：15）。

③ 有关这种意图的说明，参 Bloom（1991：441, n. 12）。

④ 二者之间的关联性，参 Steinberger（1996：172 - 199）; McKee（2003：361 - 366）。

⑤ 有关这两种门的阐释，参 Adam（1902）。

⑥ 有关这种歧义性的揭示，参 Benardete（1989：12）。

克法洛斯所接受的生死观与一些原子论者（如德谟克利特和伊壁鸠鲁）的生死观截然不同。后者拒不承认灵魂的不朽，也不承认有来生，而是深信人的肉体死亡便是人的死亡；死就是原子的消散，是包括灵魂在内的所有元素的终结：

> 死亡对我们而言什么都不是，因为已消解的东西就没有感觉，而缺乏感觉的东西则对我们而言什么都不是了。①

"年老话题"在此引出了《理想国》的另一个话题：我们应当如何面对生命不可避免的终结（328d–331b）。与此形成呼应的是，第十卷中"厄尔神话"（the Myth of Er）关于死后生活的幻想（614b–621d）。在《理想国》中，死亡话题不仅是"正义话题"的前奏，而且还贯穿于"正义话题"的始终。②

二 克法洛斯的老年观

幸好在灵魂不朽问题上克法洛斯没有遵循这些自然哲学家的解释，否则对话的发展轨迹将是另外一种情形。苏格拉底用以回复的用语固然选得巧妙而形象，但他的提问方式得体吗？苏格拉底当着一群年轻人的面问一位风烛残年、行将就木③的老人年老时的感受如

---

① 关于这段引文的原文，参 Bailey（1926：140）；关于原子论的生死观，参 Taylor（2010：157）；关于伊壁鸠鲁派对于死亡的看法，参 Sharples（2014：1–11）。

② 关于死亡话题、第一卷与第十卷之间关联性的探讨，参 Barney（2010：39）；Kahn（1993：137）；McPherran（2006：96）。

③ 有人可能认为我们用"行将就木"一词形容克法洛斯，有些言过其实了，因为克法洛斯还没有老成那个样子。但对照苏格拉底提到的"处在老年的门槛"（328e5–6），不难发现，这样形容他并非夸大其词。苏格拉底也觉得对方看上去十分苍老（presbutês）（328b2）。不少学者也猜测克法洛斯已经很老了。比如，Santas（2005：126）和 Reeve（1988：5）就形容克法洛斯是一位"一脚已经入了坟"的老者和"濒临死亡"的老人。此外，有些人如 Brann（2011）和 Rhodes（2003：34）等人基于《理想国》的戏剧日期和写作日期之间间隔的时间推算出，在柏拉图笔下，克法洛斯宛如是一位死了许久的人，同地府中的"幽灵"毫无二致。

何恰当吗？有些人如施特劳斯认为，苏格拉底的提问方式是"礼仪的典范"，因为苏格拉底的问题在无形之中给了克法洛斯一个可以谈论和炫耀他所拥有的美好事物和幸福的机会（Strauss，1964：66）。还有一些人如伯纳德特（Benardete）虽没有明确表达这样的看法，但也倾向于认为这种提问方式是"温和的"（Benardete，1989：12）。他们的这种看法在某种程度上是对的。但如果仔细考虑谈话的场合以及老年人对于死亡的一般态度，不难看出，苏格拉底的问题和提问方式给人以粗鲁或没有礼貌的感觉，其理由如下：

第一，就问题而言，一般来说，老年人忌讳谈论死亡。许多老人在面临死亡时都处于恐惧状态，在惶惶不可终日中结束了生命。所以，这个话题可能非但不能给老人提供炫耀"幸福"的机会，反而会使他们不由自主地想到自己年事已高、来日不多的痛苦事实。

第二，就提问方式（场合）而言，纵然克法洛斯私下里喜欢跟同龄人聊"年老"及"死亡"话题，但不见得他就乐于在一群年轻人面前谈论这样的私人化问题。更何况，是当着他的三个儿子和一些外人的面，他难免会觉得更难为情。"年老"等问题是相对私人化的话题，在大庭广众之下向一位老人请教这样的问题是不合时宜的。

第三，如果结合其他对话录的相关讨论，我们会更清楚地认识到这一点。从《申辩》《克里同》和《菲多》等对话可知，苏格拉底在临死时非常乐于谈论自己在即将去往另一个世界时所具有的感受。比如在《申辩》中，他语重心长地告诫众人：怕死是不明智的，因为死并非（像大多数人以为的那样）是一件坏事；关于死有两种可能（40c4–41c7）：（1）死要么是"虚无"（meden einai），如无梦酣眠——那时的人早已没有任何"意识"（aisthesis）（40c6）；（2）死要么如"传统看法"（ta legomena）（40c7）所认为的，是"灵魂"从一个地方迁移到另一个地方（40c），是一种"美妙的收益"（thaumasion kerdos）（40d2）。关于如何理解苏格拉底这段话的意思，自然有很多解释。① 但如果结合《菲多》这篇论证灵魂不朽的对话，不难看出，在关于死的理解上，他明显相信第二种可能（*Phaedo* 102a – 107a）。然而，即使苏格拉底道出了关于"死"的实情，但如《申辩》指出的，生活中的大多数人仍然摆脱不了对死的恐惧（*phobos*）（29a – b）。有多少人能像苏格拉底一样真正做到冷静面对死亡？克法洛斯这样的普通人肯定做不到。因此，苏格拉底的问题只会让克法洛斯的感受由刚从上一轮献祭中获得的"轻松自在"一下子变成"惶恐不安"。因此，从这个角度看，与其说苏格拉底的问题和提问方式是"礼仪的典范"，不如说是失礼粗鲁的。当然，这种失礼和粗鲁是值得原谅的，因为苏格拉底这样问，意在试探对方的"理性"限度，看他究竟能在多大程度上不受情感（*pathemata*）所累（cf. *Philebus* 35c – d；47e – 48a），清醒地认识到自己的处境，并以理性的方式应对。②

最后，苏格拉底的问题及提问方式虽然粗鲁而有失礼仪，但结果出人意料：克法洛斯并没有对此感到生气，而是在众人面前欣然接受了苏格拉底的问题。他借助诗人索福克勒斯的权威，兴致勃勃地指出："年老"让他从年轻时受欲望（尤其是爱欲）——"一群疯主人"（329d）——摆布的生活中解脱了出来；到了晚年，当这些欲望停止施压时，他终于可以歇一口气，可以心平气和地过上平静日子。通过这样的经历，他得出这样的人生感悟：一个人能否平静地接受"老年"的事实，关键在于"*tropos*"（品性或生活方式）（329d2 – 6）。这意味着，一个人的"品性"对他的生活质量的影响最大。③ 概言之，克法洛斯坚持认为一个人的品性是其幸福的决定性因素（329d3）。这正是苏格拉底在回应格罗康的挑战时所主张的中心论点。④

---

① 关于苏格拉底这一说法的不同解释，参 Roochnik（1985：212 – 220）。
② 有关苏格拉底提问方式是否合适的讨论，参 Nichols（1987：41）。
③ 关于人生观的探讨，参 Reeve（1988：5）。
④ 相关讨论，参 Kahn（1993：137）。

三 克法洛斯的生活方式发生转变及其原因

从克法洛斯对于自己人生感悟的讲述中，不难发现他的生活方式随着年龄的增长发生了明显的转变。[①] 这种转变具体体现在年轻时的生活方式与年老时的生活方式的对比上。年轻时，他的"激情"和对"性爱""酒会"的渴望是如此强烈，以致这些欲望和灵魂元素不可避免地把他引向了与"正义"相悖的道路。到了晚年，当激情与爱欲褪去时，他才有了空闲时间来忧虑、回想和弥补年轻时犯下的过错。他晚年痴迷于"献祭"与他年轻时犯的错不无关系：他可能希望通过祭祀求得神的原谅，获得心灵上的救赎。以"正义"的视角看，"eros"（爱欲）确如克法洛斯所形容的，是一头可怕的凶猛野兽，时而"呢喃细语"，时而雷霆咆哮；它包裹着糖衣炮弹，让曾经的"美好希望"化为泡影，让往昔一时的"潇洒欢愉"沦为日后的"羞愧"与"悔恨"。[②] 生活对于克法洛斯这样的人来说，无非就是在不断"犯错"与不断"忏悔"之间来回徘徊。只有待到"爱欲"及其魅力消亡时，一个人才有可能成为完全可信赖的希腊式的美好之人（καλοι κ'αγαθοι）。如此看来，他在晚年所获得的那种令他引以为豪的"心境"与哲人的非常不同，这主要体现在以下两个方面。

第一，哲人的主动性与克法洛斯的被动性。哲人摆脱这些欲望的控制，并非通过年老体衰，而是通过有意识地不断提升自己的灵魂修养，让灵魂变得更有德性（尤其在节制方面）。从这个角度看，与其说是克法洛斯主动戒掉了"性欲"，倒不如说是性欲舍弃了他。

第二，哲人心境的自足性与克法洛斯心境的脆弱性。克法洛斯晚年时之所以能够做到清心寡欲，纯粹是由于身体变化所致；而哲人的

[①] 很多学者注意到，克法洛斯这位老人随着年龄增长，身体机能发生了显著变化，这直接导致其目标和关注点发生了质的转移，参 McKee & Barber（2001：94）。

[②] 克法洛斯的这种说法与音乐剧《悲惨世界》的插曲《我曾有梦》（*I Dreamed a Dream*）的歌词有相近之处。

心境则是通过对自我的德性训练和研究哲学达到的。因此，哲人的"节制"（节欲）并非取决于身体机能或外在环境的变化，而在于他的"理性决定"和"道德优秀"。在此意义上，哲人是自足的，在任何阶段都是欲望和自我的主人；克法洛斯年轻时是爱欲的奴隶，晚年时则是被爱欲遗弃的对象，因而其心境是不稳定的、脆弱的。①

总之，克法洛斯年轻时的"爱欲"并没有像《会饮》所期许的那样，把他引向"正义"之路、"哲学"之路，而是引向了一种致力于满足"私人性的身体欲望"的道路。②

此外，克法洛斯还提到了贫穷（penia）与财富对一个人灵魂修养的影响，这与第九卷的相关讨论遥相呼应。就贫穷与财富对道德生活的影响而言，《理想国》指出：

（1）无论是对个人层面还是对社会层面的道德而言，正义比获取财富重要得多；

（2）适度的财富对一个人过一种道德生活很有帮助；

（3）贫穷或拥有过度的财富无论对个人还是对社会都有相当负面的影响；

（4）渴望拥有愈来愈多财富的贪欲不仅会破坏个人或整个社会的道德操守和诚信意识，而且会摧毁一个人的"内在和谐"。③

克法洛斯是否同意柏拉图的这种看法，是下文将要讨论的主要问题。

四 财富与幸福的关系

对于这段人生感悟，苏格拉底似乎十分认同。④ 但他并没有直接

---

① 相关讨论，参 Steinberger（1996：187 - 188）。

② 对于克法洛斯年轻时爱欲的批评，参 Bloom（1991：313）。

③ 有关《理想国》对于贫穷与财富的重要意义的探讨，参 Lötter（2003：189 - 206）。

④ 很多人如 Reeve（2013：39）认为苏格拉底对于克法洛斯说的这番话十分有感触。

称赞克法洛斯的说法，而是提到众人的一个反驳：富人能够轻松承受老年之苦，其关键因素在于"家财万贯"，而非"品性"。换言之，是财富而非灵魂的一种属性使得一个老年人安于宁静的。讨论的话题由"钱财"转向了"幸福"。这个反驳引出了一个关乎"内在好"与"外在好"在幸福问题上孰轻孰重的问题：富人在老年时拥有的那种"心灵平静"（幸福）取决于"品性"，还是拥有"大量钱财"？①

苏格拉底认为，大多数人会认为原因是后者。对此，克法洛斯不仅坦然承认自己的看法说服不了大多数人，而且认为众人的反驳有一些道理。但他同时强调，财富只是人通往幸福之路的一个必要条件；独有财富而品性不端的老年人无法戒掉爱发牢骚（抱怨年老）的恶习。在克法洛斯看来，在"幸福"问题上，真正起关键作用的是个人的"品性"，而非财富。为说明这点，他举了雅典民主派政治家色弥斯托克勒（Themistocles）的例子：色弥斯托克勒的"伟大"之于雅典人的"伟大"，如同他自己的"内心平静"之于他本人的"财富"。通过这个事例，克法洛斯毫不吝啬地赞美了自己那种有分寸的谦逊，这体现在以下四个方面：

（1）塞里福斯的色弥斯托克勒就像没有钱的克法洛斯；
（2）雅典的色弥斯托克勒就像有钱的克法洛斯；
（3）塞里福斯的塞里福斯人就像没有钱的脾气暴躁者；
（4）雅典的塞里福斯人就像有钱的脾气暴躁者。

克法洛斯显然没有想到另外一种可能：一贫如洗且又脾气暴躁的人之所以脾气不好，其原因可能就在于贫穷，这正如塞里福斯人被辱骂，其原因可能就在于他们来自塞里福斯岛。② 克法洛斯所举的这个例子背后隐藏两点重要信息：其一，一个人内心达到的平静很大程度上取决于其自身品格的完善，这与他本人是否年老或贫穷没

---

① 对于这个问题的探讨，参 Annas（1981：19）；Sheppard（2009：26）。
② 关于这种比较，参 Benardete（1989：12-13）。

有太大关系；其二，那些内心不得安宁并叹老嗟贫的老人同诽谤、辱骂色弥斯托克勒的人是一丘之貉，都未能找到晚境不幸福的根源。

五 克法洛斯对待钱财和美德的态度

克法洛斯是否言行一致？他的生活方式是否与他对于外在好与内在好各自价值的看法保持一致？下文从以下三个方面来解答这个问题。

首先，克法洛斯不是特别关心"赚钱"，这让他比一般的商人更易于相处。当苏格拉底问克法洛斯从祖上"继承来的财富"是不是其"内心宁静"的条件时，克法洛斯以间接的方式给出了"肯定回答"，因为他近乎以愤怒的方式反问苏格拉底："你怎么能把我想成一个很会赚钱的人呢？"克法洛斯承认自己的祖父确实赚了不少钱，但同时强调自己只是玩玩而已。他的"节制"之德不利于他扩大自己的家族产业，以满足三个儿子的需求。他自己本可以不赚钱，只靠继承家业，就可以过得令人羡慕了（Benardete，1989：13）。

其次，不难想象，克法洛斯年轻时爱钱贪财，受制于饮食之欲和性欲（cf. 580a10 - 581a1），不然他不会在这些欲望逐渐变得衰微时庆幸地说："摆脱所有这一切，我实在'太高兴'（hasmenestata）了。"（329c3 - 4）到了晚年，他已不再是当年那个爱钱者了（330b8 - c1）。[①] 柏拉图对克法洛斯的发家史所作出的这种说明本身暗含轻微的贬义，这可以通过对比苏格拉底而得到说明。克法洛斯一生致力于赚钱，所获得的大量财富是造成其"道德自满"的一个重要因素。[②] 相比之下，苏格拉底一生致力于追求"美德"，这使得他对积累财富漠不关心，以至于他几乎一贫如洗，甚至当色拉叙马霍斯当着众人的面索要学费和罚金时，他竟拿不出一分钱，只能求

[①] 对于年轻时的克法洛斯与晚年时的克法洛斯之间的差异性，参 Reeve（2013：51）。

[②] 克法洛斯通常被视为普通物质（实利）主义者（materialist）的典型代表，参 Schofield（2006：265）。

助于格罗康等人的捐助（338b－c）。"钱财"这种不受苏格拉底重视的东西对克法洛斯却至关重要。若没钱，我们很难想象克法洛斯还会说得这么轻松（Annas，1981：18－19）。即便克法洛斯爱钱的本性已根深蒂固，我们也绝不能将他与大多数粗俗的暴发户混为一谈。他自传中涉及发家致富的内容表明，他希望在赚钱本事上在他那挥霍无度的败家子父亲与他那贪得无厌的守财奴祖父之间走出一条节制的"中间道路"（330b；cf. 619a5－b1）。① 他既不是经济上已经站稳了脚跟的富豪财阀，也不是一夜暴富的暴发户。当苏格拉底第一次看到他的时候，他戴着花环，刚完成了神圣仪式。这表明，他既不是为"多数人"树立榜样的愤世嫉俗的贵族，也不是过度忙碌的商人，乃至忙得抽不出时间来遵守礼节（Nachman，1966：301）。

最后，克法洛斯不像同龄人那样反复诉说年老之苦（329a1－8），也拒不认可色拉叙马霍斯那种爱钱不要脸的价值观。于他而言，钱财对获得幸福固然必不可少，但它只对如他那样心地良善（*epieikei*）、做事有度（*kosmiōi*），又有"节制"之德的人才有用（331b－c）。有了钱，才让他能腾出空闲，才有机会履行特定的家庭和宗教义务。钱在某种程度上升华了他的生活。他不单继承了钱，也赚了钱。不管继承来的这些财富和他所赚的钱是否涉及罪孽，如今都已不太重要。克法洛斯这样的富人身上有一个明显的特征：他们一方面害怕太过于强调"钱财"的重要性而被人讽刺为"满身铜臭味的商人"，另一方面出于对自己私利的考虑，选择性地遗忘了他们如今所过的这种生活的"先决条件"。②

六 拥有巨大财富的最大益处

克法洛斯认为主要是"品性"让他在晚年得以心安。但苏格拉

---

① 有关克法洛斯的节制，参 Reeve（2013：46）。
② 有关这种人矛盾的心理特征的分析，参 Bloom（1991：313）；Rosen（2005：26）。

底关心的问题是,钱财难道在这件事上没有任何帮助吗?

为了把这个问题弄清楚,苏格拉底问对方因家中广有钱财而享受到的"最大好处"是什么。① 阅历丰富的克法洛斯虽然预料到自己的说法不被大多数人看好,但还是坚持认为这个"最大好处"就是恪守"正义"、避免"不义"(骗人)和"不虔诚"(不敬神),这样一个人才可以心安理得地离开人世。这意味着,年老时拥有财富的最大好处是可以消除对来生的神圣报应的恐惧。正义问题由此浮现。苏格拉底的核心关注是正义问题,所以他与这位老人谈论的话题(如"晚境幸福"和"钱财")不管看起来多么远离这一问题,实际上都与正义有着某种难以割舍的联系。那么,克法洛斯究竟是如何看待钱财与正义的关系的?可以从以下四个方面做出回答。

第一,贫穷容易使人走上不义道路,钱财则可以帮助人避免作恶。克法洛斯援引抒情诗人品达(Pindar)的诗句解释道,年老促使自己重新评估自己的一生,同时提前考虑死后会发生的事情。一个人只有细细思虑了一生犯下的罪过(不义)之后,才有可能充分认识到"问心无愧"的价值;只有把全部债务还清后,才可以问心无愧地离开人世,去往另一个世界(免受惩罚,甚至得到神的恩宠)。他害怕死后遭报应,所以不想在亏欠了人的债务或神的祭品的情况下死去(330d3 – 331c9)。"财富"在还清人债、抵制骗人诱惑和祭拜神明方面大有用处;它对那些品性良好的人而言不仅最有价

---

① "最大"也是《菲丽布》中的一个认识原则:事物愈走向极致,本性愈有可能暴露出来。因此,"最大好处"最能暴露克法洛斯对待钱财的态度。苏格拉底在《美诺》(Meno 88c4 – d3)和色诺芬的《回忆苏格拉底》(Memorabilia Ⅳ. 6. 8.)中向同伴论证说,人们通常称赞的,如财富或健康等之类的好,其本身并不是好,但追求它们可能对我们有益,人们因其带来的后果看重它们。从这个层面讲,此处的"好处"应理解为"利益"或"效用"。相关论述,参 Rosen(2005:28 – 29)。此外,在《理想国》剩余几卷中,"好"与"效用"之间的这种对等关系频频出现。需要指出的是,柏拉图并非一些人如 Barrow(2010)所认为的是一位"功利主义者",《理想国》也不是一部功利主义作品。关于柏拉图哲学与功利主义哲学的比较,参 Mabbott(1937:468 – 474);Creed(1978:349 – 365)。

值，也是一种福气。他因为有相当可观的金钱储备，并自认为位于品性良好者之列，所以完全用不着撒谎或占有不属于自己的东西，他完全可以凭一己之力履行自己之前许下的各种承诺和要承担的义务。他的虔诚以财富为前提。钱财作为一种补偿手段，让他有能力在死之前还清所有债务（即便他活着的时候说了谎、违背了诺言、伤害了人），不必怀着恐惧离开人世（Neumann，1969：202；Steinberger，1996：191；Santas，2010：15）。

　　第二，神的威慑作用让人不得不关心正义问题。克法洛斯年轻时倾心于"爱欲"和"金钱"，所以对于诗人们所讲的那些关于"阳世作恶死后遭罚"的神话故事（mythos），他总是不以为意。然而，当体力衰竭、死之将至时，他对死后的世界便有了一种强烈的"神性体验"。这种体验让他开始对"恶人死后会遭报应"的说法萌发恐惧之心，并对涉及人与神的责任和义务予以必要关注（Leibowitz，2010：93）。他不确定自己到另一个世界是否会遭受严厉惩罚，也不记得自己是否干了什么惹人与神生气的恶事，但基于"理性"的"商业直觉"告诉他最好还是要关心一下自己与他人、与神灵之间交往的账目。对克法洛斯而言，"正义"涉及两个方面：其一是涉及"自我利益"的问题（Bloom，1991：314）；其二是涉及"履行所有义务"的问题（Pappas，2003：21）。因此，在面对"何为正义"这一问题时，克法洛斯心里想的是如何让自己置身事外，避免"负责任"（欠债），尽管他认为如果有捍卫"正义"的神明，人就该关心（epimeleia）他人，而不是视他人如地狱。

　　第三，克法洛斯把道德还原为交易原则，这种做法助长了非道德观点的魅力。坚持这种观点的人认为，不管一个人对谁作恶，其恶行有多么严重，以及他是否有所悔悟，只要他肯花钱为神搞献祭，为受害人作出经济补偿，都会得到神与人的饶恕。这种观念以"金钱决定正当性"为前提，将道德问题看成了赤裸裸的经济问题，将金钱视为人与人、人与神之间保持良好关系的唯一可靠纽带。①

第四，神话故事在一个人的不同人生阶段起着不同的作用。一般认为，人在长大成熟之后会慢慢变得不再恐惧童年时所听到的关于阴曹地府的故事。但柏拉图对此的描述与之不同。克法洛斯关于死后生活的评价与第十卷中厄尔神话的内容关系密切；前者为《理想国》中探讨的末世审判这一议题埋下了伏笔。② 克法洛斯关于自身经历的故事暗藏三个重要发展阶段：

（1）童年是一个人接受神话故事的阶段。人在这个阶段基本会对一切奇幻之事信以为真，但一般不会认识到这种故事的教育意义；

（2）人在青年阶段虽能认识到这种故事本身的教育意义，但一般会对这种故事本身的真实性产生怀疑；

（3）到了晚年，人不仅能认识到这种故事的教育意义，而且开始对其真实性抱着半信半疑的态度。

人在这三个阶段对神话故事的不同态度表明，人在童年时听到的关于冥府的神话故事会让人在晚年产生一种对"死"的无形焦虑；童年时因为神话故事种下的"恐惧"在青年时得到压制，却在晚年时结出果实。③

第三节 正义作为"说真话，偿还所欠的债"

听到克法洛斯如此动人的内心剖白，苏格拉底立刻变得好辩起来。轻松愉悦的谈话气氛一下子变得紧张严肃起来。言者无心，听者有意：苏格拉底从克法洛斯随口而出的话语中提炼出一个似乎可以揭示"正义之身份"的问题："正义"难道仅仅是"说真话和偿

---

① 人们通常认为，克法洛斯认为在这一生中可以通过金钱买到在下一世中不被惩罚的想法，纯粹是商人的幻想。相关探讨，参 Lear（2006a：39）。
② 有关二者之间关联性的探讨，参 Kahn（1993：137）。
③ 有关神话对这三个阶段的影响的探讨，参 Lear（2006a：29）。

还所欠的债"吗？

一 苏格拉底式定义

首先，苏格拉底刨根究底式的提问常常给人一种咄咄逼人的感觉，经常让被问者承受巨大的心理压力。这种提问方式有时对对话者很不公平。当苏格拉底问对方问题时，对方可能毫无心理戒备，例如这里的克法洛斯。被问者假如事先知道苏格拉底关心的是问题的哪个方面，可能就会有的放矢，或给出不同于平常闲聊时的答复；他至少在回答时反复斟酌，而不是在没有任何心理防备的前提下随口而出。苏格拉底的提问方式很容易会让对话者说出一个对方实际上并不真心信奉的断言。在很多情况下，这种提问方式易于激怒对方。比如，随后出场的色拉叙马霍斯就被这种方式彻底惹怒了（336b – d）。

其次，苏格拉底在论辩中常给人一种狡猾律师的印象。不论对方信什么，话语的出发点是什么，他总能将对方诱入一个自相矛盾的陷阱。他的提问虽然让人很不舒服，却富有启发，引人深思。读者即便在情感层面很不认同他的提问方式，也会在他的"助产术"引导下获得一个比之前看法更好的看法。他的这种"牛虻式"的提问方式确实会给人带来不快（我们许多人也害怕周围有苏格拉底这样的朋友），但其优点在于，总是能促使一个人认真审视自己的生活（Nozick，1995：153）。

再次，苏格拉底的这种咄咄逼人的提问方式在"苏格拉底式对话"中常被使用（Annas，1981：22）。在早期对话中，但凡有哪位人物自称拥有某一美德并以美德专家自居时，苏格拉底就会问对方自称拥有的那种"美德"是什么。[①] 克法洛斯虽没有自信到以"正

---

① 例如在《游叙弗伦》中，游叙弗伦就自诩是"虔诚"这一美德方面的专家。当苏格拉底用同样方式问游叙弗伦关于虔诚的问题时，游叙弗伦答道："虔诚就是我现在做的事，就是起诉谋杀、盗窃寺庙之类的事。"（5d – e）相关探讨，参 Rosen（1968：105 – 116）。

义"专家自居,但他显然被身边的人视为正义之人;他认为"正义"不是别的,就是履行和践行几个基本职责或原则(如说真话、不骗人、敬神及不把不属于自己的东西占为己有等)。不管被问的人、问的话题以及得到的答复有何不同,苏格拉底总能举出反例来反驳:一种行为(X)在这种情况下是正义的,在另外一种情况下则变为其反面——不义。比如,游叙弗伦起诉父亲杀人的这种行为从"杀人偿命"这一原则看是正义的,但从"亲情高于一切"这一原则看可能又是不义的。公元前5世纪时期的雅典是一个父权结构极为严密的社会,在这种社会中起诉父亲、揭发父亲的罪行与其说是"大义灭亲",毋宁说是"大逆不道"。苏格拉底把"美德是什么"的难题抛给对方,并从对方的一系列答复中推出矛盾,这在一定程度上暗示:我们无法通过列举一种"行为"的清单来说明美德是什么,因为同一类型的行为在这种情况下可能在展示"美德"的特征,但在另外一种情况下则可能在展示"美德"的对立面的特征。

那么,克法洛斯是否有意(像游叙弗伦定义虔诚一样)给"正义"下一个定义?

第一,他显然没有定义正义的意图。是苏格拉底从他随口而出的几句关于"正义"的说法中提炼出了一个所谓的"正义定义"(Annas,1981:22)。用"定义"这个术语来讨论这里的论证可能会有误导性。克法洛斯只是想用生活语言描述一下他认为的"正义行为"应该是什么样的,他没有打算给"正义"下一个严格的哲学定义。使用"定义"一词时,应当注意,这里的"定义"应理解为某种类似于对"正义是什么"的描述,而不应理解为一个精确的哲学术语。苏格拉底在早期一些对话(如《美诺》)中对"定义"确实怀有浓厚兴趣,但这并不能说明,柏拉图或苏格拉底就是一个痴迷于寻求"定义"的人(Wolfsdorf,2003a:271-312)。

第二,现代人一般认为"定义"问题就是关于"语词意义"的问题。但当柏拉图问何为正义、何为虔诚、何为勇敢……何为X时,他问的绝不是关于"语词意义"的问题。他对盘查大多数人如何使用这个词语的方式并不感兴趣。他真正关心的问题是，大多数人会认为克法洛斯的看法正确吗？他对单纯规定"正义"的含义也不感兴趣；哲学讨论的意义在于让参与者与内在于其生活的"道德困境"产生联系；对语词意义的过分关注会让一切讨论最终沦为一个关涉语词运用的语言学问题。一般而言，柏拉图试图给出一个真正的定义，同时说明这是定义事物的正确方式。他其实并不认为我们通过探究语词的意义所能发现的东西与我们通过探究我们的语词所真正指的东西之间有明显差别。他并不认为名与实之间有显著差异。当然，这不等于说，柏拉图无法在日常生活层面作出这种区分；他只是认为这种区分不具有哲学上的特殊意义。他所要做的是以某种方式关注"事物"本身、探究何为正义。因此，当柏拉图提出"什么是正义"这一问题时，不能简单地认为他是在要求对话者给出一个关于正义的定义。大多数人赋予"正义"的含义并没有确定柏拉图的"解释"的内容（Annas，1981：23-24）。概言之，当柏拉图追问"X是什么"时，他其实在寻求一个关于陈述X是什么的普遍性规定，而不只是要求对方用描述性语言来说明X是什么样的。这意味着，X的正确定义不仅应当与X有同等范围、表示同一所指对象，而且还应当阐明X的本性，即X的"*ousia*"（本质或实体）是什么（Heinaman，2003a：330）。

二 苏格拉底式反驳的哲学蕴涵

苏格拉底这里第一次使用"*elenchus*"来反驳克法洛斯：假如物主疯了，一个人作为他的朋友是否应当把之前从他那儿借来的武器还给他？是否还应坚持讲真话？克法洛斯在此问题上似乎同意苏格拉底的看法。就在这时，玻勒马霍斯插入讨论，克法洛斯乘机将"讨论"交给儿子。从此之后，我们再没有听到克法洛斯的声音。

苏格拉底的这个例子有何哲学蕴含？可以从以下三个方面加以

说明。

第一，这个例子的内容十分简单，很容易理解。"讲真话"和"欠债还钱"在很多人看来是正义原则。但在有些场合，坚持这些原则可能会让我们陷入困境。这意味着，要想寻得一个不自相矛盾的正义定义，似乎是不可能的。克法洛斯是这么认为的。对他而言，正义原则等同于法律（不管它是神法，还是人法）。至于法律的基础是什么以及这种基础是否牢固，他似乎从不去追问（Bloom，1991：315）。

第二，从这个例子背后隐藏的含义看，苏格拉底用这个例子可能意在说明："遵循正义规则"的后果好坏混杂。人生境遇无常——神志清醒的人也可能因愤怒、冲动或别的因素发疯。如果"正义问题"仅仅就是"正义行为的问题"，那便不可能获得一个放之四海而皆准的"正义定义"。对柏拉图而言，"正义"关涉行为主体的灵魂状态，是灵魂的一种属性[①]，所以人们如果把正义单纯理解为外在于行为主体灵魂的某些行为规则，便会陷入道德相对主义，最终陷入自相矛盾的境地。

第三，这里提到的"武器"（$őπλα$）一词耐人寻味。历史上的克法洛斯是一位军火制造商，原本住在锡拉库扎（Syracuse），但应雅典政治家伯里克利和克里斯提尼（Cleisthenes）之邀，侨居雅典。进而言之，克法洛斯并非雅典公民，而是以客籍民身份侨居雅典的军火商（Annas，1981：18）。这或许就是克法洛斯和玻勒马霍斯在构想"好生活"时只字未提"政治"的原因。[②] 伯里克利等人邀请克法洛斯定居雅典，主要原因在于，克法洛斯在兵器制造方面很在行，很懂得如何通过贩卖军火发家致富。[③] 克法洛斯

[①] 在《理想国》中，哲人受理性欲望的支配。他最渴望的是学习和了解真理的快乐。因此，在最佳条件下，他将开始了解世界的真相。他把正义等同于正义本身，认为这是灵魂的一种属性。相关探讨，参 Reeve（1988：37）。

[②] 这种猜测，参 Pappas（2003：12）。

[③] 这一历史事实的详情，参 Lamb（1976：229）。

死后，他的儿子们继续经营父亲传下来的盾牌制造业，继续靠贩卖军火大发横财。① 因此，这个反例暗含"反讽"。作为军火制造商，克法洛斯给雅典供应武器，就等于亏欠雅典武器。当时的雅典正像一头因愤怒（μαίνομαι）而丧失了理智的暴狮，这好比苏格拉底所说的"疯人"。② 假如这个例子的确是在影射克法洛斯以贩卖武器发财致富最终自食其果的历史事实，那苏格拉底就是在引诱克法洛斯不光要审视自己的正义观，还要审视自己的良心——自己被金钱控制，却浑然不觉。苏格拉底并没有明说该武器是什么。武器既是一种用于攻击敌人的工具，也是一种用以威慑和防御敌人进攻的工具。假如这里的武器是指盾牌，苏格拉底的这个例子便可能失效了。历史上克法洛斯制造的就是"盾牌"。有趣的是，克法洛斯并没有询问这种武器是什么，便表示同意苏格拉底的看法。③

三 苏格拉底式询问的奇特性

苏格拉底问"何为正义"的步骤相当古怪，这主要体现在以下两个方面：

（1）苏格拉底有意回避了一些问题，他对克法洛斯感兴趣的另一半内容（虔诚）只字不提，其原因可能在于他认为克法洛斯将"虔诚"理解成"不欠神明的祭品"是不恰当的或是他此时对"虔诚"没有丝毫兴趣（Stauffer，2001：24）；

（2）在质疑"偿还一个人所欠的债即为正义"这一原则的过程中，苏格拉底对惩罚性神的本性、克法洛斯对冥府的恐惧及人们对

---

① 对于这一段历史的介绍，参 Rosen（2005：15）；Ferrari & Griffith（2000：349）；Steinberger（1996：186）。

② 这个例子一方面可能暗指克法洛斯家族的武器制造，另一方面也极有可能暗指吕西亚斯为流亡中的民主党人提供的盾牌、雇佣兵和金钱的援助。有关这个例子的隐喻及其暗含的"反讽元素"的揭示，参 Krentz（1982：73，81）；Gifford（2001：4 - 5，9）；Rudebusch（2002：76）；Howland（2004a：189，n. 29）；Reeve（2013：43 - 44）。

③ 有关克法洛斯发家史的论述，参 Reeve（2013：43 - 44）。

"神"所欠的祭品也闭口不谈（Neumann，1969：202）。

有些人认为，苏格拉底这么做，原因在于他此时忘记了克法洛斯极其关切的"神圣之事"，因而把讨论的指针仅对准了涉及"人"的正义问题（Bloom，1991：314）。这种解释让我们注意到一个事实：《理想国》第一卷把"正义"（而非"虔诚"）作为讨论主题。苏格拉底这里为何对关涉神灵本性的问题丝毫不感兴趣（331a3 – b7；c1 – 5）？从《尤西弗罗》可知，理由可能在于以下两点：

第一，令苏格拉底更感兴趣的是"虔敬"的定义，而非有关神祇的行为和神祇对人类的命令是否合理等这一类问题。苏格拉底关心的是一种在克法洛斯等人看来并不高尚的知识。克法洛斯所理解的高尚之物并不高尚，因为他显然认为人对神的虔诚崇拜仅出于对于现实利益的实际考量。信神的理由仅仅在于这样做可以求得福佑，改善自己的生活。这看似高尚的信仰背后却隐藏着商业利益交换的动机。如果虔诚的信仰不能给自己带来保护和利益，便没有理由坚持这种信仰。①

第二，苏格拉底想尽快结束闲聊，有意回避克法洛斯真正关心的问题。克法洛斯可能认为"虔诚"与"哲学"很难在本质上相兼容。所以他在即将进入理性探究正义本性这一维度之前毅然放弃讨论，转去履行神圣仪式。②

四　克法洛斯离开讨论的原因及意义

克法洛斯为何中途离开，是一个比较有争议的问题。可以对此作出以下四种解答：

第一，他觉得有罪恶感，深受良心谴责，决定通过献祭来求得心灵宁静。内心的不安要求他必须如期偿还欠神的债务。在该献祭

---

① 人们通常认为，柏拉图心目中哲学家们内心的宗教生活将与克法洛斯有很大不同。相关探讨，参 McPherran（2006：92）。

② 有关第一卷中"哲学"与"虔诚"之间关系的讨论，参 Dobbs（1994：668 – 683）。

时，他必须放下手头的事情，按时履行相关神圣仪式。这种解答所基于的前提假设是，克法洛斯对死后预见的景象喜忧参半，一方面害怕自己生前的言行得罪了神灵而遭惩罚；另一方面也希望死后得到神的奖赏。这种解答假定，克法洛斯离开时说的理由是实情，并非借口。

第二，恐惧让他不得不离开。作为一位有着丰富人生阅历的长者，他可能早已意识到苏格拉底的问题已远远超出自己的能力范围。作为长者和一家之主，他觉得与其在众人面前暴露自己对所要履行的"义务"的无知，与其目睹自己所信奉的传统观念和人生信条遭到彻底的摧毁，不如找个借口赶紧离开。他要是能以理性的方式捍卫自己的信仰，就不会有这样的恐惧，也就不会选择离开。作为东道主兼长辈，他又不能平白无故地悄然离去。出于礼貌，他借献祭之由得体地退场。这种解答假设，克法洛斯是一位有自知之明且顾及脸面的人；他害怕自己的自尊心受到侵害，担心威严扫地，所以离开时说的理由纯属借口（Leibowitz，2010：94）。

第三，他对何为道德的本性根本没有智识上的兴趣（Annas，1981：20）。他在诗人编造的神话故事的熏陶下长大。他年事已高，价值观已彻底定型。诗性传统强调信仰、虔敬、经验和实践，而非思辨、质疑、论证和理论。他没有足够的精力像苏格拉底和众多青年才俊那样不知疲倦地探讨哲学。"虔诚"（习俗信仰）与"哲学"（理性知识）之间的"冲突"在他看来是无法消除的。生活在两个文化世界的人无法有比较深入的交谈。苏格拉底对他所关心的"虔诚""神灵"和"献祭"等予以忽视，这使他感到话不投机。他也害怕暴露自己的无知。[①] 当苏格拉底强迫他从哲学上严肃思考属人的"正义问题"时，他便瞬间毫无兴致，只好借故离开讨论，去追寻自

[①] 人们通常认为，克法洛斯选择离开的主要原因在于两点：（1）苏格拉底忘记了克法洛斯极其关切的"神圣之事"，而让讨论仅涉及人的正义；（2）克法洛斯本人不肯面对自己对所要履行的义务的无知。相关探讨，参 Bloom（1991：314）。

己的"信仰世界"。这种解答假定,克法洛斯是一位注重经验实践的传统人士;他总是设法遵守规则,却缺乏基本的智力意识(Annas,1978:437)。他离开时说的理由同样是一个借口。[1]

第四,出于对在场青年人的关爱。他一方面看到周围年轻人跃跃欲试,也想参与讨论;另一方面也考虑到自己作为长者待在那里可能会让年轻人倍感拘束,不能畅所欲言。当时社会仍是一个父权特征极其明显、长幼次序十分严苛的社会。他认为与其惹人嫌,不如做个开明的长者,把讨论机会留给年轻人,顺便也可以让苏格拉底教导他们做人之道,这也是他邀请苏格拉底留下的主要目的(328d)。从后文论述看,克法洛斯的离开的确给新生的一代提供了一个大展拳脚的机会。青年人借此可以与苏格拉底一道对传统文化、习俗进行哲学反思与革新(Steinberger,1996:182)。这种解答假定克法洛斯更像是一位和蔼可亲的长者,尽心尽力关心下一代成长;他不仅有巧妙化解尴尬场面的能力,而且思想开明。

以上四种解答没有哪一种是绝对正确的,因为"对话"并没有对此给出明确的说明。不管他选择离开讨论的真实原因及其心理状

---

[1] 有些人如 Annas(1981:20)认为克法洛斯临别时对苏格拉底说的话完全是冠冕堂皇的应酬话,因为献祭早已结束。因此,当克法洛斯称自己不得不去献祭时,这是一个借口。这种看法有一定道理,但不全属实。根据对话开头给出的信息,确实可以得出"献祭已经结束了"。但不一定非要用"献祭结束"这一事实来证明克法洛斯找的理由是借口,因为新一轮的献祭可能马上就要开始了。克法洛斯可以选择继续与苏格拉底交谈,也可以选择马上离开。如果是苏格拉底的追问使得克法洛斯选择提早离开,那么"克法洛斯说他要去献祭"可能是一句真话,但"他说此刻不得不去献祭"可能是一句假话。Sheppard(2009:27)等人也认为这是一个借口,但并没有给出解释。不难看出,克法洛斯至少言行不一。他一开始向苏格拉底保证,他对哲学论述的热爱是随着他享受肉体快乐能力的消亡而激发起来的。因此,他邀请苏格拉底经常拜访自己,并希望对方承担起孩子们的教育事宜(328c5 – d6)。然而,克法洛斯的话被他的行为所背叛。他对哲学对话的热情不温不火。他很快结束了与苏格拉底的对话,去祭祀他的神(331d6 – 7)。献祭之后,他没有再继续谈话。《理想国》中的谈话持续了大约十到十五个小时。关于他这段时间的下落,任何解释都是猜测,因为他再也没有出现在《理想国》中。也许在那段时间里,他至少有一部分时间在从事他所喜欢的对话,而不是参与苏格拉底式辩证法。相关解释,参 Neumann(1969:201)。

态是怎样的，都可以肯定，丰富的人生阅历是他的良师益友。他年轻时真切感受过的各种欲望，成长过程中日渐养成的生活习惯，以及从祖辈那里继承来的习俗与戒规都教给他很多见识。遗憾的是，这些见识未能转换成一种力量，让他能在众人面前为自己的信仰展开理性辩护。不管是出于对神的敬畏或是良心的不安或害怕在青年人面前出丑或不喜欢思辨，还是对青年人的关爱，最终的结果都是一样的：他弃讨论而去。可以说，"情感"再次左右了他的"理性"，让他与哲学式的谈话擦肩而过。他的选择充分暴露了他性格上的"非理性"特征。①

无论克法洛斯做出了怎样的选择，这都是柏拉图的有意安排。柏拉图为何这样安排？他为何不让克法洛斯留下来与苏格拉底继续讨论？对于这个问题，人们通常认为有两方面的考虑：

（1）柏拉图这样安排，是想暗示谈话即将从"社会习俗"这一维度转向"论证"维度；②

（2）为进行一场关于"正义"的坦率讨论，必须克服对克法洛斯的崇敬。"哲人"（苏格拉底）必须取代这位"父亲"（克法洛斯）在这个文化圈子中的位置；苏格拉底必须劝诱克法洛斯离开，因为克法洛斯是"超越理性的"；苏格拉底同这样的人争论是不礼貌的、不虔敬的（Bloom，1991：312）。

诚然，克法洛斯代表了与"理性"相对的"信仰"（Rabieh，2006：75），但后一种解答略显牵强，因为单纯基于文本很难断定"苏格拉底"有逼迫或诱使克法洛斯离开的意图，也不能排除"克法洛斯主动选择离开"这种可能。于柏拉图而言，克法洛斯不适合作为苏格拉底"辩驳法"拷问的对象，因为克法洛斯的品性已定型；"辩驳法"对他这样的老年人不能起到正面的教育效果（Reeve，

---

① 不少学者认为，当克法洛斯离开去料理他的献祭时，他实际上是退回到传统的价值观而不是面对"辩驳法"的审视。这种献祭表明他更喜欢传统的宗教仪式和宴会，而不是苏格拉底式的替代品，参 Blundell（2002：170）。

② 这种解释，参 Rosen（2005：30 – 31）。

1988：7）。柏拉图没有让克法洛斯留下，一方面为了保护克法洛斯这样的传统人士免受"辩驳法"的伤害，另一方面也为下面即将展开的理性辩论清除了障碍。①

综上可知，克法洛斯是柏拉图满怀激情精心塑造的人物形象，是《理想国》人物系列中品性（生活方式）最复杂亦最难理解的典型形象之一，也是西方哲学、文学史上最独特、最有魅力的艺术典型之一。他是基于经验型智慧的"传统习俗"的模范代表②，他的价值观是古希腊荷马式诗性（感性）文化的一个缩影。柏拉图一方面用赞赏、同情的眼光来看待他，一方面又将一些值得怀疑的道德观强加于他。③ 这使得这个人物形象生动而丰满，既呈现出可爱可敬吸引人的一面（如好客、友善、赚钱心态上的节制等），又在价值观上表露出明显的缺陷（如自私、重经验而轻理论、缺乏对日常生活之善的哲学反思、道德自满等）。从商业道德的层面看，他多半是一位和蔼可亲的好心商人，甚至是某种程度上的大好人，但从哲学伦理学的角度看，他却拥有一个陈腐拘执的灵魂，而这种灵魂上的缺陷在对往事沾沾自喜的回顾中变得越来越明显，最终也为他的家族的衰败、覆灭埋下了祸根。④ 无论如何，一边倒的脸谱式的评价方式在他身上是行不通的：我们很难简单地用好人或者坏人来界定他。柏拉图对这位老人的矛盾态度折射出了对古希腊传统价值观的态度。

---

① 这里留下了一个悬而未解的问题：为何关于"正义"的讨论只能在年轻人中进行？有些学者如 Nettleship（1901：15）的看法很有启迪意义。他们指出哲学要从老年人的这种经验中学习，而不是批评它。历史上，西塞罗也同样认为，苏格拉底质疑克法洛斯是不合适的。他所做的是亚里士多德告诉哲学学生去做的一个例子；我们应该关注老年人未被证明的经验，因为经验给了他们明辨是非的眼睛。这里需注意的是，不是苏格拉底停止发问，而是克法洛斯拒绝回答任何进一步的问题。相关探讨，参 Nachman（1966：301）。

② 有关"克法洛斯是一个非苏格拉底式的、传统的虔诚范例"这一说法的探讨，参 McPherran（2006：86）。

③ 对于克法洛斯这个人物形象的评价，参 Irwin（1995：170）。

④ 对于克法洛斯的类似评价，参 Blundell（2002：173）。

因此，当作为祖先或传统虔诚的代表克法洛斯离开时，这为后续的思想革命铺平了道路，这与其说是"对传统的谋反"，毋宁说是为讨论何为最佳政体清除了障碍（Page，1991：4）。

五 克法洛斯之临别一笑的哲学意蕴

面对苏格拉底举的反例，克法洛斯只是一笑置之。不少解读者强调，这位老人临别时的"笑"意味深长，是值得探讨的一个小细节（Reeve，2013：44）。事实上，古希腊作家善于在作品中使用"笑"这种人类特有的现象①来表达人物的某种态度，柏拉图也不例外（Halliwell，1991：279-296）。不难发现，在柏拉图笔下，笑通常既象征着胜利感、轻蔑或蔑视，也是表达仇恨或嫉妒的一种方式，有时还暗含一种恶意元素（De Vries，1985：379）。这里的笑究竟有何哲学意蕴？

第一，在整个讨论中，似乎唯有克法洛斯给人留下了"礼貌待人、笑脸相迎"的印象，不管这种笑是内心真实感情的自然流露，还是（出于内心的自我保护故意显出的）礼节性的伪装。在场其余人（至少他的儿子玻勒马霍斯）的脸上似乎并没有流露出一丝笑意。② 随后出场的色拉叙马霍斯给人的第一印象是愤怒；他在对话中虽然笑过（337a），但那是一种冷笑，其中暗含轻蔑、讥讽、愠怒等各种情感元素③——这种笑不是真实的发自内心的微笑，而是反映了对苏格拉底的谈话方式和观点的不满与不屑。克法洛斯这里的笑不

---

① 人类是唯一会笑的动物，这是亚里士多德提出的一个重要命题（*Parts of Animals*，673a8）。在严格的物理（身体）意义上，这可能是错的（因为现代研究可能会指出狗、大猩猩也会笑）。但毫无疑问，作为一种心理表达和社会有效的沟通手段，笑似乎是人类特有的一种现象。相关探讨，参 Halliwell（1991：279）。

② 关于克法洛斯的这种"笑"与其他对话者的"不苟言笑"之间的这种对比，参 Rosen（2005：31）。

③ 无论是作为反对者还是作为局外人，不属于苏格拉底圈子的人的笑声无疑涵盖了广泛的表达方式。色拉叙马霍斯的狂笑显然暗藏恶意与尖酸刻薄的批评。相关探讨，参 De Vries（1985：380）。

是冷笑，可能是一种"漠不关心的笑"。①

第二，色拉叙马霍斯和玻勒马霍斯在哲学讨论中毫不掩饰自己内心的真实想法，并且非常严肃认真地看待这种讨论。相形之下，克法洛斯对这种讨论表现出了轻浮的态度，这表明他对哲学满不在乎，根本不把它当回事儿。"哲学"这种活动所需要的显然不是克法洛斯的"心不在焉"，而是色拉叙马霍斯的那种"直言不讳"。②

第三，克法洛斯的"笑"反映出，他可能认为哲学探讨只是人类茶余饭后的一种无聊的消遣工具，这同他一向锲而不舍从事的正经功课（如"献祭""赚钱"）相比，根本不值一提。若是如此，他对哲学的态度，同当时很多普通雅典人对（如《会饮》中的阿波罗多洛斯）哲学的态度基本一致，认为无论干什么都比做哲学（philosophein）强（cf. *Symposium* 173a）。

可是，哲学真的像阿里斯托芬指控的，是一种专注于玩弄概念、故弄玄虚的诡辩吗（Aristophanes, *Clouds* 1463—1509）？是一个人最不该干的事？克法洛斯的儿子玻勒马霍斯会认同这种看法吗？这个问题把我们引向了关于玻勒马霍斯价值观的讨论。

---

① 有关这种"笑"的解释，参 Benardete（1989：20）；也有些学者认为克法洛斯这里是在嘲笑他儿子的热情，参 Dobbs（1994：672）。此外，Blondell 等人也注意到，色拉叙马霍斯的性格特征表现在他善辩的勇气上，克法洛斯一有争论就退缩了，其性格特征表现在他的胆怯和拒绝教条主义上。相关探讨，参 Blondell（2002：188）。

② 不少学者强调色拉叙马霍斯有非常坦率的一面，参 Benardete（1989：20）。

第 三 章

玻勒马霍斯：新生一代的正义观
(331e – 336a)

玻勒马霍斯认为帮助朋友，伤害敌人的人才是正义的人。苏格拉底则通过论证提出反驳：伤害别人不是正义人的职责（*ergon*）。① 该反驳足以诱使玻勒马霍斯放弃他关于正义的提议：他自称已经准备好与苏格拉底一起对抗任何挑战者（335 d6 – 10）。玻勒马霍斯应该屈服吗？他的观点是站不住脚的吗？苏格拉底的反驳——以及它所要反驳的内容——究竟该如何理解，是富有争议的问题。很多人以各种不同方式对其进行了评估。支持者认为，这是"微妙的证明"（Friedländer, 1964：59），反对者则认为，这是"荒谬的推理"（Adkins, 1960：269）。他们甚至指责苏格拉底在与玻勒马霍斯的整个辩论中是使用诡辩术（混淆概念策略），而非使用清晰、有说服力的论证来让对方屈服的。② 其中有些激进批评者更是指责苏格拉底的论点站不住脚，其给出的相关论证也没有说服力，而玻勒马霍斯的

---

① 苏格拉底的推理逻辑如下：当人类受到伤害时，他们的美德（*arete*）会变得更坏。正义（*dikaiosune*）是人类的美德。因此，当人类受到伤害时，他们就变得不那么正义了（*adikoteroi*）。但是，一个正义的人是不可能通过正义使他人不正义的（335b – d）。相关探讨，参 Jeffrey（1979：54）。

② 有关这种指责的概述，参 Young（1974：97 – 106）；Jeffrey（1979：54 – 69）。

屈服归因于他本人受到了不公平的冰冷对待；他并没有从根本上被打败。那些认为该反驳是谬误的人有时会指责说，柏拉图对"*blaptein*"（伤害）的定义是模棱两可的。这些批评者认为苏格拉底在这个论辩中充当了一心求胜的智术师的角色，他对于玻勒马霍斯的批评更多地呈现为负面意义的混淆对方的是非观念，而非正面意义上的帮助对方认识并树立正确的正义价值观。① 另一些人则认为，该反驳可以通过诉诸苏格拉底在其他地方所主张或暗示的说法来理解，并补充说，这样的"参照"可以增强该反驳的说服力。②

我们主张，第一，苏格拉底与玻勒马霍斯的辩论充分展示了苏格拉底对于希腊新生一代（青年人）的关怀，这种展示让我们认识到希腊传统流传下来并一直延续到人与人之间甚至国与国之间的"一个人应当帮助自己的朋友和伤害自己的敌人"这种正义观念的局限性与危险性。第二，苏格拉底在论辩中所使用的论辩工具（辩驳法）尽管存在一定的局限性，但苏格拉底使用它们的初衷并非在于取胜，而在于让玻勒马霍斯以及像玻勒马霍斯这样的人清楚认识到正义问题的复杂性：正义并非只是几个简单、外在的人为规则，而是一种情感倾向并与我们的心性（灵魂）密切相关。第三，苏格拉底在其假设性、富于思辨的哲学论辩中所运用的解构和还原的探究方法无论对于帮助像玻勒马霍斯这样的青年人思考传统价值观的局

---

① 对于苏格拉底所使用的辩驳法及技艺类比的负面意义的批评，见 Reeve（1988：8-9）；当然，也有学者（如 Hlinak）为苏格拉底方法论进行辩护。他们指出，虽然从表面上看苏格拉底似乎掌握了"何为正义"这个难题的最终答案，但实际上他只是在推动玻勒马霍斯认识到自己的无知，从而获得真正的知识。在苏格拉底看来，教师的适当角色是帮助学生看到他们思想中的弱点，以便他们能够继续形成新的、更好的思想。虽然哲学家们仍在争论苏格拉底是否相信通过这种提问可以发现绝对真理，但毋庸置疑的是，苏格拉底式的提问可以引出比学生最初持有的"更真实"的想法。笔者的想法更贴近这种观点。参 Hlinak（2014：2-3）。对于苏格拉底方法论的总体评价，见 Seeskin（1987）。

② 有关苏格拉底之反驳的各种评价，参 Schleiermacher（1973：353）；Woozley（1966：11）；Annas（1981：31）；Page（1990：243-267）；Sheppard（2009：29）；Olson（2011：149-172）；Young（1980：404-419）；Irwin（1995：173）。

限性、冲击他们思想中的惰性和保守性、激发他们的智识兴趣、扩大思想的向度,还是对于帮助我们现代人更好地思考现实的、未来的或潜在的问题,都具有深远的意义。接下来,我们将按照对话内在的逻辑顺序来展开我们对此的说明,同时将根据苏格拉底和玻勒马霍斯之间的对话,透过检视苏格拉底的辩论技巧中所包含的修辞艺术,来了解其中的戏剧性逻辑。

第一节　玻勒马霍斯的正义观

玻勒马霍斯的正义观在第一卷正义观念发展过程中起着承前(父亲克法洛斯)启后(老师色拉叙马霍斯)的衔接作用,因而一直以来都备受关注,同时也备受争议。其争议点主要集中在如何认识、评析玻勒马霍斯的正义观、品性、论辩能力以及苏格拉底对他的反驳是否有说服力等问题上。下面的讨论将主要围绕这些争议点展开,具体是以苏格拉底和玻勒马霍斯之间的对话为切入点,透过检视苏格拉底的辩论技巧所包含的修辞艺术及其对玻勒马霍斯思维的影响,来从整体上了解对话的戏剧逻辑和推理思路。

一　正义作为一门技艺

有人可能会问,玻勒马霍斯为涉及"正义"的讨论增添了什么新元素?

首先,与苏格拉底和克法洛斯之间进行的上一轮谈话相比,这一轮的讨论给我们的第一个重要启示在于,我们在恪守一些诸如"说真话,偿还所欠的债"这样的正义规则时必须留意其他个人或团体的"好"(或利益)。对正义之定义施加这样的额外限制在某种程度上暗示:任何对所谓正义规则的"恪守"都不是绝对的、完全无条件的;有时为了顾全大局,我们应当在不同情境中对于该原则的这种坚持做出相应的取舍和妥协。

其次，"友爱"（或"共同体"）和"好"这两个重要主题也在这一轮的讨论中浮现出来。一个人若想充分认识"正义"的本性，就离不开对"友爱"与"好"各自本性及其彼此关系进行考察与探究，这是当前讨论所取得的另外一个重大进展。从玻勒马霍斯在讨论中的表现看，他对这个新进展没有丝毫概念，其原因在于他刚愎自用、求胜心切的心态蒙蔽了他的灵魂之眼——理性判断力，使他在"什么对朋友有益"这个问题上粗心大意、欠缺周全思考。作为新生一代的代表，玻勒马霍斯通过继承父亲捍卫"法律"的职责担当起捍卫"财产"的职责（331e）。玻勒马霍斯采取的这种同维护私有财产相一致的方式定义"正义"的尝试终以失败告终；[①] 相比之下，《理想国》则在阐述"共产主义式政制"中达到了顶峰，在这种制度中，唯一的财产所有权是"美德"。

虽说"有其父必有其子"，但玻勒马霍斯在价值观念上并非完全与他的父亲相一致。[②] 二者的这种不同首先体现在论点和论据的选择上。玻勒马霍斯插话时的初衷，不过是为支持父亲说法中的一个论点："人应该还债。"至于这个说法中的另一论点——"说真话"，他却避而不谈。[③] 他援引诗人的权威，来替父亲的说法辩护。他引的例子与其父所举的例子虽谈不上对立，但至少存在一定出入。在他所引的那个例证中，"诗人的权威"明显不是指克法洛斯所说的希腊传统众神的"大权威"。此外，他不只是单纯援引，还乘机表达了一己之见，这表明他比他父亲更有主见、更有反叛传统的精神。苏格拉底用质疑虔诚的老克法洛斯所拥护的那种基于众神的传统权威之上的"教条"方式质疑了年轻的玻勒马霍斯所主张的那种基于诗人

[①] 关于这种鲜明对比的探讨，参 Bloom（1991：316）；Bostaph（1994：1-36）。

[②] 大多数阐释者认为，玻勒马霍斯的形象是对生活缺乏反思且自满，他只接受父亲的正义观，因为他是习俗之奴。从我们的分析看，他和他父亲在价值观念上并非完全是一类人。相关探讨，参 Sheppard（2009：29）。

[③] 很多人指出，玻勒马霍斯在概述父亲的正义观时省去了这个正义观的另外一个十分重要的构成要素，参 Benardete（1989：16）；Rosen（2005：31）。

西蒙尼德权威之上的"意见"。相比较而言,他对前者采取的质疑方式更为得体,对后者的质疑方式更为含蓄。苏格拉底并没有试图批评玻勒马霍斯所拥护的这种"权威",而是要求对方进一步澄清自己的真实想法。

此外,二者的另外一个不同在于各自例证中的债务和债主的性质发生了变化。在克法洛斯的定义中,债务和债主一样中立;在玻勒马霍斯的辩护中,债务变成了或好或坏,债主也随之变成了朋友或敌人。① 苏格拉底精心设计的这个反驳虽与对克法洛斯的反驳属于同一个量级,但这里发生了转移:其一,它从"受事者"(recepient)的观点转移到了"行为者"(agent)的观点;其二,从"受事者"的"心智健全"转移到了"行为者"的知识。② 一方面,玻勒马霍斯没有认识到,朋友之间的互助关系和敌人之间的敌对关系不可能先于"正义问题",其原因在于正义本身必须决定着那些对彼此互行"正义"的行为者的关系。另一方面,玻勒马霍斯也没有认识到,如果朋友不优先于正义行为,那使人受益的便是朋友。只要玻勒马霍斯专门谈论的是朋友,他就可以大谈特谈"朋友应当给朋友提供益处"这一责任。但当苏格拉底引入敌人之后,他还可以谈论"伤害"的适当性。朋友之间应当提供益处,敌人之间应当生成伤害,这是玻勒马霍斯深信不疑的。朋友之间担负"责任"的本质导致苏格拉底引入了"正义"是一门技艺(technē)的说法。③ 这意味着,正义不是一个单纯关乎品性和意志的问题,而必须是一种知识。为说明这点,苏格拉底举了两个例子:一门真技艺和一门假技艺。遗憾的是,即便听了这两个例子,玻勒马霍斯也都未能概括出关于"正义"的一般性规律。

---

① 关于这种变化的细致探讨,参 Benardete(1989:17);Blyth(1994:57)。
② 关于这种转移的讨论,参 Benardete(1989:17-18)。
③ 玻勒马霍斯和苏格拉底之间的讨论表明,假如"正义"似于医术,那它极有可能关心的对象是灵魂——它要么消除一个人头脑中的不义,要么潜移默化地向他人灌输热爱"正义"的思想。相关探讨,参 Benardete(1989:18)。

二 正义作为助友害敌

进而言之,在苏格拉底用曾让克法洛斯倍感尴尬的例子进一步澄清了玻勒马霍斯的正义定义的内容之后,不难发现,此时的正义定义由原来的"归还所欠"变成如下表述:所谓"正义",就是指专做对朋友有益而无害的事。玻勒马霍斯此时认为,"归还物品"这种行为若会产生伤害,我们就用不着执行这种行为。有趣的是,苏格拉底不动声色地将原先例子中的存放物——"武器"一词更换成了"金钱"。这一小小的改动看似不起眼,但意义非凡,原因在于,金钱作为交易媒介、储藏价值和记账单位的一种工具肯定要比"武器"的内容更宽泛。这种更改不仅扩大了"异常情况"的范围,而且从根本上彻底更改了正义的原初含义。[1]

首先,在上一轮讨论中,克法洛斯明显同意:借方之所以不会把武器归还原主,是因为害怕武器的主人因"神志不清"而给自己或他人带来杀身之祸(这尽管只是推测,但合情合理,因为不能排除这种可能:疯子就算不会用武器直接伤害一个人,但也可能通过伤害这个人的亲友而间接地伤害对方)。对克法洛斯而言,选择不把物品归还给其主人的"理由"纯粹是出自自卫性质的利己主义式理由。言下之意,人作为人必须坚持不懈地行正义,直到"行正义"明显对己有害时,人才有理由终止这种行为。疯子手里的金钱表面上看去没有什么危险性,至少暗藏的危险性不像持有枪支刀具那样明显,但这也可能会对他人的安全造成威胁。按照常识,持枪的疯子比提一箱金钱的疯子更容易引起大家的恐慌,理由在于前者更易于让人联想到他想直接伤人(报复仇家或社会);后者则更易于让人联想到他可能因为一时想不开而要自残或自杀。当然,在某些情境下,后者的危险性不见得比前者的小,因为疯子的意图是难以用正

---

[1] 有关这种改动的原因及其意义的探讨,参 Bloom(1991:317);Rosen(2005:31-32)。

常人的思维去把握的。

其次，上面已经提到，上一轮讨论与这一轮讨论各自的关注点明显发生了转移。上一轮讨论关注的是"归还"会给"归还者"这一方带来什么好处或害处。这一轮讨论则关注的是"归还"会给"物主"这一方带来什么好处或害处。克法洛斯明显不关心这一轮的关注点。因此，从这种关注点的转变来看，克法洛斯的兴趣点在于"什么正义于己有益"，玻勒马霍斯的兴趣点则可能在于"正义对他者有什么好处"。从这个层面看，玻勒马霍斯虽同他的父亲一样道德自满，但比他的父亲更绅士、更有公德心。[①] 如果说，克法洛斯是一位只关心自己利益的强伦理利己主义者，那玻勒马霍斯则是一位比较关心他人利益的弱伦理利己主义者。玻勒马霍斯呈现了"正义问题"的另一维度，即"正义"对同"个体"相对的"共同体"有何好处。（J_1）"作为个体之好的正义"与（J_2）"作为共同之好的正义"之间的关系究竟是怎样的？这是《理想国》恒久的着力点之一。克法洛斯和玻勒马霍斯父子俩分别代表了"正义天平"的两端。

面对苏格拉底如此严苛的询问，玻勒马霍斯显得力不从心，只好断言：敌人欠的是伤害，这是天经地义的事情。在他看来，"正义"的完整定义就是"助友害敌"。这个定义不仅代表了玻勒马霍斯的正义观，也反映了希腊"绅士"阶层的正义观。

不难看出，苏格拉底感到这样定义"正义"，是不够充分的，但他同时也并不反对后来德国诗人莱辛对于"道德"的伟大之处的看法。[②] "助友害敌"是具有希腊绅士派头、荷马英雄主义式高贵气质的人群的正义公式，要高于大多数"正义"定义的备选项。这种

[①] 不少学者注意到，与父亲的"自私"形成对比的是，玻勒马霍斯对朋友的关心并不仅仅是出于对惩罚之神的恐惧，参 Neumann（1969：206，214）。有关父子俩品性的比较，参 Annas（1981：21）；Benardete（1989：17–18）；Bloom（1991：317）；Sheppard（2009：29）。

[②] 有关苏格拉底对此定义的态度的阐释，参 Bloom（1991：318）。

"正义观"与我们从小到大耳濡目染的那种"博爱道德"（无论是基督教传统中的"普爱精神"还是墨子的"兼爱非攻"思想）格格不入。我们若想充分了解这种正义观的优越性，就必须跳出传统价值观念的框架。这种正义观的优越性体现在一个人对"家庭"和"城邦"那份至死不渝的忠诚上。人们对"忠诚"品质的钦佩，体现在他们对那种出于满足一己私利或为了实现一种乌托邦式理想而甘愿抛妻弃子、背叛亲友之人的恐惧上。这种"忠诚"是人与生俱来的，同人最初的"嗜好"和"品味"一样，都扎根于灵魂，等同于一个人对自己的爱。

一般而言，我们对自己的责任要优先于对其他人或整个人类的责任。但有必要问：为何伤敌是必要的，是必不可少的？为什么这个世界需要有敌人存在？答案涉及以下两个方面：

第一，不容否认，这个世界上存在一些制造生活悲剧的不义之徒（如恐怖分子）。如果不使他们变弱，他们就会把许多美好之物（如我们的家庭、家族或民族所珍视的好生活）一起撕毁；

第二，就算世上不存在生来就是不义的人，情况也不容乐观，因为世上的好东西与人类占有它们的欲望（人类欲望的数量就像 π 的值一样，无穷无尽）在数量上不成正比。在承认珍贵资源的有限性和占有这种资源的欲望之数量的无限性这一前提下，竞争在所难免。人们为了有效夺取好物或守住好物必然会组建家庭或较大的部落群体（如城邦、国家）以抗衡同样对好物垂涎已久的另一群体。这是局内人与局外人之间的对抗。属己家庭或城邦的建立暗示了"局内人"（小到家庭之内，大到城邦之内）与"局外人"（小到家庭之外，大到城邦之外）之间的一个重要区别。在玻勒马霍斯看来，"局内人"是朋友，"局外人"则是潜在的敌人，这是天经地义的铁的自然规律。①

---

① 朋友是否应该被设定为"局内人"，敌人是否应被规定为"局外人"，是比较有争议的问题，相关探讨，参 Bloom（1991：318）。

一般而言，"助友害敌"这种正义属于"政治性正义定义"范畴，其优越性同政治生活的优越性相伴相生。① 从历史上看，任何国家都有过战争的经历，不论大小，而遇到战争时，每个国家必然先会保卫自己，这似乎是一条铁的定律。然而，一个国家要具备自卫的能力，就必须事先建立一支关心这个国家，并愿为之杀死他国人民的热血公民。假如将敌友之间的区别和公民身上的这种"助友害敌倾向"完全抹去，就不可能存在"伦理—政治生活"。敌友界限和这种倾向似乎是这种政治性正义定义所必不可少的元素。这种定义生发出人所特有的那种高贵性，并以"公民美德"的形式表达了出来。表面上看，苏格拉底试图将这种"政治性正义定义"完全拒之门外，实则不然。他随后在关于最佳政制的讨论中指出，那些被称为"高贵看门狗"的战士有一个显著特征：对"熟人"温和有礼，对"生人"则冷酷无情；"朋友"自然属于熟人之列，敌人要么是指有利益冲突的熟人，要么指素不相识的人。②

此外，如果正义就像烹调术一样，那它就似于甜言蜜语或药丸表层的甜东西。这意味着，正义是"正义信念"的诱因。如果正义就像医术一样，那它关心的对象就是灵魂。它要么治疗灵魂的不义，要么给灵魂逐渐灌输正义。它采取的手段可以像药引一样，是一种"纠正性惩罚"（corrective punishment）。希腊文 $\varphi\acute{\alpha}\rho\mu\alpha\kappa\acute{\alpha}$（药）还有另一层意思，即"毒药"。作为一门技艺，正义既可以成为断送他人性命的"刽子手"，也可以成为挽救他人生命的"救星"，它在这点上完全处于中立状态。如果正义本质上是一门技艺，但又不是一门中性技艺，那它将是什么样的技艺呢？③ 在此，苏格拉底试图证明，如果技艺是知识，那它在道德上就是中立的。玻勒马霍斯愿意完全丢掉他的正义定义，但他遗漏了知识，这使得正义之人分不清哪些

---

① 关于政治性正义定义的探讨，参 Hourani（1962：119）。
② 有关高贵看门狗的探讨，参 Tarnopolsky（2015：242-257）。
③ 有关"纠正性惩罚"与"正义"之间的关联性的考察，参 Benardete（1989：17-18）。

人是自己真正的朋友,哪些人是真正的敌人。正义之人所拥有的这种知识应该与朋友共享,所以正义之人势必要成为最擅长论证的人。苏格拉底最终迫使玻勒马霍斯同意正义是人的美德,并暗示正义不是一种知识,就是一种传输人之美德的能力。

苏格拉底假设,像西蒙尼德这样的神一般的、有大智慧的人物肯定不会犯错,所以西蒙尼德的观点肯定与理性论证的结果相符。玻勒马霍斯迫于无奈,只好硬着头皮向苏格拉底学习怎样以理性方式给出论证。玻勒马霍斯此时感到的这种"无奈感"意义重大。这是玻勒马霍斯思维被迫发生转变的一个重要标志,标志着他放弃了对"祖传秩序"的无条件接受,开始踏上通往以"理性"为基础的"新政制"之路;在这种新政制之中,父亲的"意见权威"及其信赖的财产权力将不再起作用。[1] 直到这一轮的讨论快要结束时,玻勒马霍斯才恍然大悟:自己无法从西蒙尼德那里得到任何有价值的帮助。因此,他若想满足于自己对于正义所持的一般信念,就必须亲自上阵,为自己的信念找到坚实的基础。

最终,玻勒马霍斯同意苏格拉底的看法:西蒙尼德不可能说过玻勒马霍斯之前声称他说过的话,因为说这话既不合理,也有失诗人身份。西蒙尼德仍是值得尊敬的诗人。两人开始假定西蒙尼德也会认可他俩的"权威"——因为此时的"他俩"已成功摆脱了西蒙尼德思想的影响。玻勒马霍斯是第一卷中最后一个企图把一种独立于"自我控制"之外的"权威"用作支撑自己信念的一个基石(充分理由)的讨论者。在他之前有这种企图的是他的父亲。当然,如上所述,二者借用的权威迥然不同:前者用的是传统的"诸神权威";后者用的是神的创造者——诗人的权威。此后登场的大智者色拉叙马霍斯没有借助任何"权威",他"自食其力",自有一套独特的正义观;他有着社会学家的思维,提出的关于"正义"的洞见纯

---

[1] 有关这种转变的详细解读,参 Bloom(1991:316); Steinberger(1996:174–175)。

粹根植于他对现实世界和城邦社会的冷峻观察。①

三 敌友界限的张力

成功让玻勒马霍斯对"助友害敌"这种方式的正义性产生怀疑之后，苏格拉底接着开始考虑"何为朋友"这个话题。苏格拉底和玻勒马霍斯两人都同意：人们一般倾向于把自认为的好人看成朋友。但问题是，通常被认为的好人就一定是真的好人吗？有没有看错的时候？换言之，存不存在一些为了成为他人之友而伪装成好人的人？对此，玻勒马霍斯给出了很机智的答案：所谓现实的并不那么重要，当务之急在于如何看待这个问题。如果人本质上是群体性动物，这就意味着，没有人能够过与世隔绝的生活。这说明，几乎所有人都必然有朋友，也需要朋友。但许多人都无法清楚说出他们称之为朋友的那些人的真实品性是怎样的。这是生活的一个不幸事实。如果"理想友谊"的生成条件是，成为朋友的双方都是心意契合的好人，且彼此深知这点，那么这种友谊必然要比纷繁俗世中的友情来得更加纯粹和干净，也极其罕见。如果玻勒马霍斯承认这点，那从这个前提可以推导出一个令玻勒马霍斯无法接受的推论：正义的人只有在涉及人的"德性"方面犯错时，才会"助益坏人、为害好人"，才会被称为"不义"之人。因此，要想走出这个困境，唯一可以做的就是重新定义朋友：朋友应当被恰如其分地定义为不仅表面上看上去是好人，而且是实际上的好人。

苏格拉底通过改造"朋友"的原有定义而提出了一个关于"朋友"的新定义。如果玻勒马霍斯认真对待这个新定义，它定会对他已经习惯了的那种生活方式产生深远影响。这种影响表现在，他首先不得不承认他认定的朋友就是他所认为的好人。这是否反映了他

---

① 不少学者注意到，色拉叙马霍斯更像是社会学意义上的现实主义者，他在思考正义时采用的是经验方法，相关讨论，参 Nederman（1981：143）；Santas（2006b：126）。

实际看待朋友的方式？基于目前讨论，我们无法得知。但可以确信，这是大多数普通人的"朋友观"的一个典型特征。对大多数人而言，朋友的定义很简单，就是指围绕在自己身边的人（可分享快乐、可分担痛苦、可以一起吃喝玩乐）。对方是不是好人、是否有良好的道德品性，则是许多人在交友时考虑的次要因素或条件。即便有很多人在口头上承认这点在交友时也很重要，但在实际行动中早已将之抛到九霄云外去了。

这说明，在玻勒马霍斯看来，忠心于、效忠于朋友的人可以对朋友之外的人无恶不作，而且这样做在道义上不受任何谴责。他的这种看法根植于他对"家庭"和"城邦"的依恋。他将"好"和"属己之物"等同视之。他像他的老父亲一样，希望把苏格拉底视为自己的朋友，所以邀请对方加入这个古老的大家族，使之成为其中的一员，为其效力（328d）。在玻勒马霍斯看来，"外人"唯有成为这个家族的正式成员后，才有可能与家族内部的其他成员成为好朋友。照此原则，影响交友的关键因素是血缘关系，而非品性或其他东西。事实上，人们通常认为，家庭关系更重要的一点就是血缘关系，而血缘关系可以转换成一种内在化的合作机制，这是因为在家庭关系中任何一个子女都有其父母各自一半的基因，而没有哪个亲生父母不会把孩子的利益内在化，而这种内在化一定会促使父母关心自己的孩子。[1] 城邦是"家庭"的放大版，所以对城邦的忠诚可以理解成一种对于"家族"忠心的延伸。在"属己之物"中看到"好"，并致力于追求这种"好"的倾向是人性中最强大的推动力之一，也是伟大的献身精神和精力之源。[2]

一旦区分了什么是好东西，什么是"属己之物"，人对家庭和城邦所坚持的"忠诚原则"就会受到削弱。为坚持正义，一个人必

---

[1] 有关家庭关系的解释，参 Dawkins（1989：Chapter 8）；张维迎（2014，页157）。

[2] 有关"属己之物"和"好"之关系的探讨，参 Bloom（1991：324）。

须四处寻找好人,不管这种好人身在何处,不管对方是否属于与己之邦交战的另一城邦的公民。如果坚持正义的人想一心寻求"好人",他就必须熄灭他对"属己之物"的爱欲之火,否则,这种爱火就会让他玩物丧志、迷失自我、坠入"不义"深渊,最终与"好人"擦肩而过。"好物"和"属己之物"之间的这种区分有害于家庭和城邦的基石。因此,家庭和城邦必然会千方百计阻止这种"区分"大白于天下。让玻勒马霍斯抛弃他首要的"忠诚原则",无异于让他摧毁自己生活的目的、意义和尊严。但他若想与苏格拉底的这个论点保持一致,就必须做出这种牺牲。一个希望坚持苏格拉底式"正义"的人必须事先成为那种认为全人类都属于同一精神共同体的"宇宙城邦主义者"(cosmopolitan)或"世界公民"(citizen of the world)。①

苏格拉底的论证已经说明:一个人要想真正做到"助友害敌",就需要先成为超越爱国主义、民族主义的"哲人",同时需放弃对大多数人称为"朋友"的那些人的依恋。苏格拉底开始对"助友害敌"这一正义定义的内核发起猛攻,指出没有哪个"正义之人"会伤害别人(如"正义之人的工作不在于伤害朋友或其他人","伤害任何人都绝不是正义的")。他对"正义"的这种理解显然与希腊绅士们对于"正义"的理解截然对立,原因在于他对"正义"的理解完全是"非政治性的",也是"非伦理性的";他否定了敌友之间的区别,模糊了二者的界限。苏格拉底对"正义"的这种理解与《克里同》(49a–e)、《申辩》(41d–e;37b–c)中的说法一脉相承,都强调"无伤害原则"位于"正义"的核心位置上;它在第二卷中再次出现,是柏拉图神学的一个基本原则,是审查诗人的一个规则(379b)。②

---

① 很多学者指出,苏格拉底的这种正义观与斯多亚派的理想公民概念有密切关联,参 Bloom(1991:324);Nussbaum(1997:50–83)。
② 有关无伤害原则贯穿柏拉图正义观始终的讲法,参 Weiss(2007:110, n. 22);Kahn(1993:137)。

此外，苏格拉底对"正义"的这种理解也把复仇欲望排除在外了。这种理解立足于"生活本质上并非是竞争性的"观念。苏格拉底当然不是指，正义之人想要让全天下所有人都受益于正义之人，而是指正义之人只想让自己的朋友受益于正义之人，而对旁人则坚持一种漠不关心的态度。在商业贸易交往频繁的港口长大的玻勒马霍斯坚信，一个人不可能只帮助朋友而不伤害敌人，因为每个城邦都有可能与别的城邦为争夺稀缺资源而相互竞争，甚至大动干戈。于玻勒马霍斯而言，在这种竞争机制下，伤害是难以避免的。对朋友实施帮助在某种程度上就等于对敌人施加伤害。事不关己的冷漠态度在很多时候也会造成巨大的伤害。①

现实世界中不可能存在没有敌人的城邦，亦不可能存在没有敌国的国家。一个人若没有加害自己母邦之敌的意图，就很难，甚至无法成为一名合格的好公民。除非一个人脱离了城邦的视角，他所认定的好东西也不稀缺，也没有遭到别人占有欲的潜在威胁，他才有可能做到对自己母邦之敌漠不关心。唯有属于灵魂（心灵）的东西才有可能属于所有人，并向所有人敞开；人们在拥有它们的时候也没有必要排挤一些人，"知识无国界"背后的逻辑亦基于此。然而，战争在很大程度上起因于这种排挤。一个人可能因为有使用别人钱财的意图，才抢别人的钱，但恐怕很少有人会为了享有别人大脑中的知识而从别人身上直接抢知识②；一个人拥有的知识和经验属于灵魂之物，是别人抢不走的。

总之，苏格拉底与玻勒马霍斯各自立场的最根本的区别之一在

---

① 对比美国大屠杀纪念馆的纪念碑上铭刻着的那一首出自马丁·尼莫拉（Martin Niemoller）（1892—1984）的德国新教牧师之手的短诗："起初他们来抓社会主义者，我没有说出来——因为我不是社会主义者；接着他们来抓工会主义者，我没有说出来——因为我不是工会主义者；此后，他们来抓犹太人，我没有说出来——因为我不是犹太人；后来，他们来抓我——却没剩下什么人为我说话了。"原文参 Niemöller（1997）。

② 有关这种类比的解读，参 Bloom（1991：324）；Strauss（1996：189 - 190）。

于，前者立足于"哲学"，从"哲学"的整全视角看待问题，所以得出知识或智慧是"至高之好"（the highest good）；后者则立足于城邦，以城邦的局部视角思考问题，所以主张财产或金钱主宰一切，是"至高之好"，是人类生活中最不可或缺的一种"好"。

四　伤害与利益的概念辨析

苏格拉底和玻勒马霍斯在即将得出结论的这一部分讨论中对"何谓伤人"有迥然不同的认识。苏格拉底坚称，所谓"伤人或害物"，就是使一个人或一样东西在其特有美德方面变差。不仅如此，他在这里未经给出任何证明的情况下就理所当然地假定：正义是人的美德。因此，所谓"伤人"就是使对方变得比以前更不义。在纠正了先前所说的"各门技艺完全中性"的观点之后，他进一步断言，技艺的实践者只有忠实于他们各自实践的技艺时，才会全心全意服务于他们所不能忽视的目的。因此，正义之人无法通过"正义"使他人变得更不义，因而也就伤害不了任何人。玻勒马霍斯在谈论伤敌时头脑中还没有形成苏格拉底早在《申辩》中就已言明的那种伤害（blaptei）概念（Apology 25c–e）。[①] 因此，玻勒马霍斯所谓的"伤敌"与日常意义上的"伤敌"概念毫无二致，就是指夺走敌人的财产或性命。玻勒马霍斯所理解的"好东西"无非就是指钱财、权力等"外在好"。那是否说明，苏格拉底与玻勒马霍斯各自的立场必然冲突？显然不是。苏格拉底的立场其实可以与玻勒马霍斯所主张的"偷敌人财物或取敌人性命"的做法保持一致。我们只需在苏格拉底原有的说法上加上一个限定条件即可说明这一点：只要"实施伤害的人"在伤害他人的过程中没有让被伤害者变得更不义（在德性方面变得更差）。因此，二者的根本分歧在于对"什么是'真正的好'"有不同理解。玻勒马霍斯只在表面上对"正义"赞赏有加；"正义"在他看来并不是至高无上的好，也称不上就其本身而言

[①] 有关柏拉图对于"伤害"的理解，参 Jeffrey（1979：63）。

是应去追求的东西。于他而言,正义同金钱和权力一样,其本身并无善恶,只是一种工具;可以用它为善,也可以用它为恶,这关键取决于使用它的人的品性。这意味着,他所理解的"正义"在价值上更像是一种达到保命守财目的的手段,而远非"好生活"的目的。概言之,正义是一种工具性的好,而非"非工具性的好"或"目的"。

可见,玻勒马霍斯的"正义定义"作为一个规则对满足"群体性自私"(collective selfishness)必不可少。在现代国家观念产生之后,通常所谓的"爱国主义"便是这种群体自私的最佳体现。① 按照玻勒马霍斯的正义观,人之所以对自己所属群体中的成员表示忠心,为的是能更有效地占外人便宜。"正义本身"若不是好的,那原则上就不存在那些防止这种由共同体层面的"自私"扩展到个人层面的理由。这就是苏格拉底为何声称这个"正义"定义看似绅士、有公德心,但本质上是一位集金钱与权力于一身的"阔僭主"的一个发明。财富若是人生中的至高目的和终极目的,捞财的最佳方式就是尽力打破人们心中恪守的所有信仰,一方面夺取城邦的统治大权,另一方面尽可能多地征服其他城邦或民族。当且仅当正义不是手段,而是一种目的时,我们才有充分理由始终坚持"正义",并在坚持过程中不畏强权,不惧恐吓。

如此看来,玻勒马霍斯身上显然存在一种他本人尚未能察觉到的由"对财产的爱"与"对正义的爱"所造成的张力。这种张力是苏格拉底所要揭露的,也是色拉叙马霍斯即将利用的。色拉叙马霍

---

① 这种思想与马基雅维利对于爱国主义的理解有相近之处。按照马基雅维利的讲法,爱国主义就是群体自私,而主宰人格的激情、对荣耀的渴望,只能通过他人的欢呼和感知到的利益来实现,因此,个体的"主宰自私"(master-selfishness)可以建立在表面上更值得尊敬的集体自私之上。对于"马基雅维利的爱国主义"的精彩解释,参 Strauss(1978:10-11);有关个体自私与群体自私之间的关系,参 Mansfield(1983:855);Moulakis(2005:256)。此外,"如何防止爱国忠诚退化为集体自私的规范性原则"是现代政治科学讨论中的重要议题之一,参 Kwak(2017:436-449)。

斯认为,"正义"就是一伙与其受害者面对面的强盗才有的"道德";唯有傻子才会上它的当,才会把它当作不可失去的珍宝。① 不难看出,玻勒马霍斯为自己有能力帮助朋友并消灭他们共同的敌人而自豪;他信奉希腊绅士的道德,崇拜荷马笔下的英雄,喜欢模仿阿喀琉斯,尤其是认可后者坦然接受死亡之举,而不同意那种放弃为普特洛克勒斯(Patroclus)报仇的做法。② 色拉叙马霍斯处在"彻底的自私心理"与"对'共同好'的全身心忘我投入的精神境界"之间的一个站不住脚的位置上。玻勒马霍斯所代表的这种"绅士派道德"是自相矛盾的。③ 一位绅士,若他足够精明、足够有远见,他所欲求的那些"好"就可能会把他引向"僭主政体"。色拉叙马霍斯就沿着这个方向坚定前行。这预示了为何接下来顶替玻勒马霍斯参与讨论的是推崇"僭主政体"的人,而非推崇别的"政体"之人。

五 正义作为一种高级知识

苏格拉底对玻勒马霍斯提出的反驳主要围绕"助友害敌"这一定义展开。该反驳可分为三个阶段。在第一阶段,二者主要讨论了一个人怎样才能惠及朋友(332c–334b);在第二阶段,二者则试图定义朋友(334c–335b);在第三阶段,二者严厉批评了"正义之人能伤害别人"这一说法(335b–336a)。④

正义是不是一种知识,是苏格拉底首要关心的问题。为了弄明白这个问题,苏格拉底首先指出,西蒙尼德的本意是指:"所欠之物便是相称之物。"(332c)这说明,上一轮讨论所强调的"保管人"已不再重要。这一轮讨论唯一关心的问题是,什么东西才适于对方?"正义"指剥夺一个人自认为属己的东西或指给予一个人某种他无资

---

① 色拉叙马霍斯对于正义的理解,参 Annas(1981:8)。
② 玻勒马霍斯的人格理想,参 Neumann(1969:206)。
③ 关于这种矛盾的揭示,参 Bloom(1991:325)。
④ 有关这三个阶段的划分,参 Annas(1981:24–34);Bloom(1991:319)。

格得到的东西。无论是"善待（*eu poiein*）朋友，虐待（*kakōs poiein*）敌人"，还是"给朋友益处、帮助（*ōpheliai*），给敌人害处（*blabai*）"，都等同于"给双方各自以相称之物"（332d）。

对玻勒马霍斯而言，"正义"就是给朋友想要的，同时拒不给敌人想要的。苏格拉底没有通过关注朋友或敌人的需求，而是通过关注客观上适于朋友或敌人的东西更改了玻勒马霍斯的原意。在苏格拉底看来，就患病之友而言，不管他本人是否喜欢吃药，他只要服了药，就算得到公平对待了。

讨论重心的转移表明，正义之人首要关注的东西是玻勒马霍斯从未考虑过的东西。不难看出，问题的关键不再是给朋友"好东西"（*agatha*）的这种倾向，而在于认识所要给的这些"好东西"的本性是什么。从这个角度看，正义在很大程度上是一种知识。①

如果"正义是一种知识"这个命题成立，那必然会推出"正义之技艺"（the art of justice）这个概念。这就是苏格拉底把论辩矛头直接指向最为明显的也是唯一可信赖的涉及"相称之物"（what is fitting）的"道德知识的模型"（a model for moral knowledge）的原因；这种模型并非技术性的技艺，而是数学家所具有的那种理论性知识。② 医生希望给身体提供"相称之物"，也知道什么才是适于身体的"相称之物"，以及如何恰当地给身体提供这种东西。正义之人若想要像医生一样实现自身"目的"，就必须拥有一门正义技艺。因此，当前首要的问题是，怎样鉴定"正义技艺"。从形式上看，"正义"同给病人带来健康、给病毒带来灭亡的医术一样，必定是关乎"给朋友益处，给敌人害处"的技艺。

---

① 有关讨论重心之转移意义的探讨，参 Bloom（1991：319）；Strauss（1996：189）。

② Bloom（1991：319）等一些人指出苏格拉底这里所信赖的东西是一种"知识模型"（models of knowledge）。这种看法是不确切的。一种更为确切的表达是一种"道德知识的模型"。相关说明，参 Pappas（2003：25）。有关柏拉图早期对话中的"知识模型"的讨论，参 Benson（2000）。

第三章 玻勒马霍斯：新生一代的正义观（331e–336a）

但以这种方式定义正义会得出正义毫无用处。正义并不是唯一一种能"助友害敌"的技艺。对患者和航海者来说，医术和航海术要比正义的用处大得多。各门技艺都旨在追求某个"好"。每门技艺都有能力产生"政治性正义定义"所提倡的"恩惠"或"伤害"。当务之急是要发现什么题材是专属于"正义"（而非别的技艺）处理的东西。这显然是一个异常艰巨的任务。

玻勒马霍斯认为"正义"在战时、和平时期及保管财物等事情上有不可替代的正面作用。同解决"正义题材"这个难题相比，玻勒马霍斯的这个看法更有助于了解他本人的正义观。战争与金钱的关系是密不可分的。如前所述，"玻勒马霍斯"这个人名的希腊文本意就是"军阀"，他的父亲则是地地道道的军火制造商。人们趋之若鹜的金钱是玻勒马霍斯所谓的"好东西"，战场上的战士则是他所谓的"正义公民"。可是，苏格拉底轻而易举就能说明：同正义之人相比，训练有素的战士在战争中才是更好、更有用的搭档。同理，作为搭档，业务娴熟的会计或银行家在和平时期也比正义之人更好、更有用。苏格拉底这里举的这些反例意在说明，"正义"关注的焦点是，"共同体"（或社会）中的好东西是如何获取和分配的（332c–d，333a，333b）。[1] 这一轮的谈论得出了一个异乎寻常的结论：正义在"助友害敌"的事情上"一无用处"。通过辩论，苏格拉底和玻勒马霍斯最终发现：世上人们所能想到的题材如今都已被除"正义技艺"之外的其他技艺瓜分殆尽了。"正义技艺"什么也没分到，所以它可能一无所用。医生因有益于其友，被认为是正义的，但"正义"对医生来说，仅是医生对医术这一技艺的运用与实践，而医术肯定是某种有别于正义的东西。"技艺"是产生"好处"和"害处"的手段。技艺有"题材"，正义却没有。因此，以这个标准看，正义可能不是一门技艺，也不可能产生好处或害处。"正义"在这一轮讨论中的作用（*ergon*）似乎消失得无影无踪。

---

[1] 关于这种"共同体"的讨论，参 Bloom（1991：320）。

苏格拉底在使用"技艺类比"(Craft Analogy)过程中刻意强调：技艺道德中立，本质上不好不坏，因为它能够轻松自如地产生截然相反的结果。① 这个说法令玻勒马霍斯大吃一惊，因为它产生的直接后果是，"正义技艺"的实践者既精于守卫，也精于偷盗；既擅于撒谎，也擅于讲真话。拥有正义技艺的人在同一件事的正反两方面都能得心应手，游刃有余。如果是这样，技艺中没有什么东西会指导一个人应该朝哪个方向发展，应该做什么，不应做什么。技艺的实践者不过是技术层面娴熟的技工而已。

正义之人非但没有成为"可靠性之典范"(the model of reliability)，反倒沦为"不可信赖之原型"(the archetype of untrustworthiness)。正义之人如今已经彻底沦为"没有指导原则的权力拥有者"。"正义之人"既是钻洞、爬墙的盗贼，也是江湖骗子（334b）。如果玻勒马霍斯认可这一点，他所定义的正义之人就同他的父亲克法洛斯所定义的那种"说真话和偿还所欠的债"的正义之人截然对峙。若是这样，玻勒马霍斯刚从父亲那里继承来的定义经过他的辩护之后完全变成了一个反面教材。这是对他们父子价值观的一种讽刺。

二者得出这样的结论：正义之人有时不会还债，甚至还会向友人撒谎。玻勒马霍斯不愿意接受这个结论。这是可以理解的。毕竟，他是一位希腊"绅士"。不光彩、不名誉的事他是坚决不碰的。他可能会承认，有些事就算不名誉，也得照做，甚至会亲力亲为，但他肯定拒不承认这样做的后果。假如他承认了，他所倡导的所有"标准"都会丧失价值，这样他的价值观也就随之土崩瓦解了。因此，玻勒马霍斯有"伪善"的一面，其身上流露出的那种"道德主义"的局限性在此一览无遗。②

苏格拉底在此暗示，玻勒马霍斯试图捍卫的那些"好东西"是

---

① 柏拉图是否同意像"医学"这样的技艺在道德上是中立的，是一个比较有争议的问题。相关讨论，参 Moes（2001：353－367）；Annas（1981：26）；Reeve（1988：8）；Benardete（1989：18）。

② 对于道德观局限性的探讨，参 Bloom（1991：320）。

通过不怎么正当的方式获得的，同时指出玻勒马霍斯关于它们的记忆已经模糊不清了。① 玻勒马霍斯的品性就是如此，他宁可选择产生伤害这样的结局，也不愿用非绅士的手段去达成一个"好目的"。柏拉图在《理想国》后面几卷中透露，苏格拉底既不反对谎言（尤其是"高贵之谎"），也不尊重公民的私有财产，但对"共产主义式理想"却情有独钟。

"正义是一门单纯的技艺"这一假设产生了严重的理论困难。颇具讽刺意味的是，这种困难是以"正义之人既是无用之人又是小偷"这一命题明确表达出来的。技艺需要特定专门的"题材"，在道义上也是中立的。到此，不得不抛弃"正义是一门单纯的技艺"这一假设。在苏格拉底看来，与其说正义是一种价值中立的技艺，不如说它是一种基于知识的"情感倾向"（Emotion Disposition）。这意味着，每个正义的技艺者除了具备自身用以谋生的技艺之外，还需要具备一种为善的"倾向"。② 例如，合格的医生除了必须具备救死扶伤的专业知识和技能以外，还需要有救治病人这种倾向，否则若有人出高价索要他的一个病人的命，他可能会为了获得高额利润而将病人置于死地。再者，假如治好身患绝症的病人所获得的报酬远不及利用这些病人的"求生欲"骗取高额医药费获得的利润，没有这种"倾向"的医生肯定会选择后者。

随着克法洛斯的离去，基于经验证据的"祖权"被人可以通过推理论证而认识的事实所取代。③ "技艺"是几乎所有不需要接受任何信仰或某一特定传统指导的理性人都有机会获得的那种知识最显著的来源之一。那种渴望知道亏欠他人之物的欲望通常立刻会促使人去认识一门能给予其"正义"指导的技艺，这种情况就如渴望"健康"而去识别"医术"一样。不管传统习惯对所谓"正义者的

---

① 对此暗示的详解，参 Bloom（1991：321）。
② 有关"正义是一种倾向"或"正义是一种情感倾向"的讨论，参 Bloom（1991：321）；Roberts（2010：37）。
③ 关于克法洛斯离开的意义的探讨，参 Bloom（1991：321）。

品性"能有多大影响，一个人只知道遵守规则，而不知其所以然，是不足以被称为正义之人的。克法洛斯就是活生生的例子。每个医生都应该具有医德，都应该信守"希波克拉底誓言"（the Hippocratic oath）。正是这种"信守"让医生变得可信赖。当前的关键问题是：如何认识到这一誓言的"好"？如何认识到为何遵循这一誓言会产生有益的结果？[1] 如果医术的目的就在于让医术得到完美的发挥，就在于给病人以健康，那医生的活动价值就取决于此。这意味着，不管一个医生的医术多么高明，倘若他对这个首要问题置若罔闻，那他的技艺与其说对治病无用，毋宁说危险。一个人有道德美德、无专业技能可能对于社会是无用的，但一个有专业知识而无道德美德的人则是危险的。从这个角度看，"正义"必然要求存在一门专门处理何为对"人"和"共同体"有益之物的知识，否则各门具体技艺的知识技能就在服务于某个"权威性神话"。

苏格拉底与玻勒马霍斯之间的交谈以一种极其消极的方式勾勒出了这种必不可少的知识的性质是什么。这种知识绝不可能像那些总存在于每个共同体之中的技艺（如制鞋术、编织术、木工手艺等）一样。这也是苏格拉底在《申辩》中极力强调的。在《申辩》中，他指出自己在寻求"有智慧的人"的过程中发现诗人和政治家几乎什么都不懂。技工与这些有头有脸的人相比确实有某种专业知识，但技工的知识也是有限的、部分的、片面的。因此，致力于追求关于"整全"知识的苏格拉底宁愿像以前一样无知，也不愿像他们那样不懂装懂（*Apology* 21c3 – 21d7）。[2]

苏格拉底有这种想法，在于他坚信，通常所言的"智者"往往为自己有游刃有余于职场江湖的能力而沾沾自喜，但他们在涉及何为知识本身、灵魂和美德等重大问题上却避之犹恐不及。以苏格拉

---

[1] 有关这一誓言与正义之关联性的探讨，参 Bloom（1991：321）；Walton & Kerridge（2014：17 – 27）。

[2] 有关《申辩》与《理想国》在此问题上的关联性的讨论，参 Leibowitz（2010：75 – 76，54）。

底的方式"无知",便是向"整全"开放。①"技工"虽是拥有知识者的"范型",但技工具有的那种知识并不适用于诗人和政治家所关注的领域。因此,当务之急在于如何把诗人和政治家所关注的领域与专业技工或一般性的手艺人所拥有的那种知识(无论是经验型的还是理论型的)有效地结合起来。苏格拉底这里寻求的知识正是那种可以把二者有机结合起来的知识。

苏格拉底与玻勒马霍斯共同得出的结果同苏格拉底在《申辩》中质问技工时得出的结果基本一样。他在《申辩》中发现"技工"的知识都是不充分的,但并没有阐释其"不充分性"背后的原因。他在这里则解释了其原因。人们通常认为,各门技艺就像医术一样,都是自足的。但其实不然。医生可以给患者带来健康,但"健康是好"这一判断本身并不是医生从医术中学来的。这种情况对其余所有技艺也适用。日常技艺大都处理的是"局部性的好"。如果有所谓"局部性的好",那就意味着,还存在"整体性的好";关于前者的知识服务于关于后者的知识。当前讨论的错误在于试图给正义寻求一种具体的题材,使"正义技艺"成为众多普遍技艺中的一员。

进而言之,讨论的错误在于只承认医生才对医术的目的有发言权,其余人则无权过问。事实是,要能更有效地帮助一位身患重病的朋友,不仅需要一名医术精湛的医生,而且需要一位知道健康对谁相称以及为了健康该牺牲多少其他"好"并能够指导医生做最有助于病人之事的人。对苏格拉底而言,一方面存在这样一些统治着整个"从属型技艺"(ministerial arts)(如从属型诗歌)的群体——

---

① 柏拉图笔下的苏格拉底否认他知道。然而,他经常声称自己确实拥有确定性和知识。他怎样才能避免他对知识的一般立场(即他缺乏知识)和他声称拥有特定知识之间的矛盾呢?正确的解释是,苏格拉底的认识论以"自我"概念为中心。所以,他必须争辩,没有人是明智的,直到他们知道他们自己是明智的。所以"他是明智的"只成为他所知道的"他知道"的对象;在那之前,它是错误的。所以不知道自己知道的智慧人,就是无知的。只知道自己什么都不知道的无知之人,才是明智的。有关苏格拉底式无知概念的阐释,参 MacKenzie (1988: 331 - 350); Bloom (1991: 322)。

"主人型技艺"(master arts),另一方面"主人型技艺"对"从属型技艺"必不可少。① "主人型技艺"的性质如同《欧西德莫斯》中所论述的那种"高级技艺"(*Euthydemus* 289a – d)一样。亚里士多德在《政治学》中提到的那种"最高的建筑技艺"——对于政治的研究——也与此类似(*Politics* 137 – 139)。② 要建成一所像样的房屋,不仅需要木匠、泥瓦匠、屋顶工、粉刷匠等工人,还需要一名能给他们以总体指导的"建筑设计师"。唯有如此,他们才可以井然有序地分工合作。城邦治理亦是同理。要想把城邦治理得井井有条,我们不仅需要负责干具体工作的专家,而且需要专注于研究"整体性好"的哲人。

从对房子的规划与设计角度看,建筑师比这些负责房屋某一局部建设方面的人更为重要。建筑师给他们提供指导性意见,而自己却无须成为一名木匠、泥瓦匠、油漆工或屋顶工等负责房屋局部建设的具体技工,尽管他本人有能力成为其中的任何一位。没有建筑师,所有与建筑房屋有关的其他技艺就缺少一个赋予其自身总体性目的的总指挥,具体的技艺也会变得无用或无法统一起来一致行动。正义就像合唱团中指挥所具有的那种统筹兼顾的指挥技艺。正义就是一门统领着那些产生"局部好"来为"整体好"服务的"总技艺"。正义就是那种其他技艺都不知道,但又被预先假定的关于"好"的知识。"立法者"实际上组织所有技艺,并告诉各门技艺的执行者能做什么,不能做什么。因此,苏格拉底这里所建议的技艺与其单纯说是一门"立法科学"或"政治科学"③,不如说是一门"伦理科学"。因为苏格拉底关心的不只局限于政治和法律,而且扩

---

① 有关这两种技艺之间的关系,参 Strauss(1996:195 – 205);Samad(2010:27);Irwin(1995:60 – 61,173 – 174)。

② 有关二者之间关联性的探讨,参 Bloom(1991:321 – 322);Cherry(2012:37 – 107);Ford(2015:1 – 21)。

③ 有关正义与立法科学之间关联性的探讨,参 Bloom(1991:322);Hall(2017:33 – 68);Ostwald(1977:41 – 63)。

展至一般性的伦理和道德。严格地说,苏格拉底建议的是一门关乎道德哲学中正当性和适度的技艺。如果每个技工都遵循在规定正当性和适度的确立方面有智慧的规则制定者所制定的法律和伦理原则,那么,他们每个人就是正义的。各门技艺正是通过这种方式才会为每个人提供相宜之物。普通技艺的"不充分性"引出了"正义技艺"。苏格拉底教导众人:一个人要想成为完全的正义之人,就必须先成为哲人。这意味着,哲学对正义必不可少。哲学有一个能在"助友害敌"方面给人以帮助的"题材"或"研究对象",因为唯有哲学知道何为"好"、何为"相称"。唯有哲学才不是中立的,原因在于哲学寻求的是"整体性的好"。如此看来,正义是知识,是有用的,因此它不能产生截然对立的结果。这是当前"论证"提出的解决方案。一个由哲人统领的其成员全是技工的"共同体"将是一个把好处给予朋友的"共同体"。遗憾的是,这个解决方案是后面几卷才完整提出来的,因为此时的玻勒马霍斯对"哲学的本性"茫然不知。让处在这种思想认识水平上的人去发现一样超出他能力范围之外的东西,实为强人所难。

传统"诗人"和基于祖传习俗或神灵律令的"律法"在玻勒马霍斯年少时就向他透露了万事万物在"宇宙"中的适当位置。玻勒马霍斯对此深信不疑。正因为受到了这样的教育,他才在"助友"过程中看不到任何困难和阻力。他的世界仍是一个前哲学的世界,一个受诗性文化所主导的世界。[1] 他的世界观是受哲学产生之前的诗性文化所塑形,因此必须摧毁或革新他所信奉的这个世界的权威,

---

[1] 有关"前哲学的世界"的这种说法,参 Bloom(1991:323);诗性传统对于希腊青年人价值观的影响,参 Blundell(1991:6-7)。此外,人们注意到,这对父子所提供的正义观与第四卷对于正义的描述存在某种关联性。克法洛斯和玻勒马霍斯对正义的前哲学定义都围绕着这样一个直观的概念展开,即正义在某种程度上是一个关乎分配应得之物的问题,不管这意味着直接偿还你的债务,还是给予朋友和敌人他们应得的不同待遇。在第四卷中,正义被规定为一种状态,其中灵魂或城邦的每个部分都被赋予了应有的角色。相关探讨,参 Barney(2006:58-59)。

否则"寻求哲学"或"追求智慧"将只会沦为华而不实的空壳,口号再响亮也不可能被付诸实践,更别提成为广大上进青年的"生活方式"或"思维模式"了。

第二节 玻勒马霍斯正义观的意义与局限

"说真话,偿还所欠的债"这条正义原则被柏拉图彻底抛弃了吗?很多人的回答是"肯定的"。但这种看法正确吗?如果细读文本,不难发现,《理想国》后面几卷在论证城邦有正当理由要求走出洞穴的哲人必须回来服务城邦政事管理时所依据的一条主要原则便是"偿还所欠的债"这条正义原则。因此,在这一小节中,我们将进一步阐明这一原则在《理想国》中所起的重要作用,同时指出其局限性。

一 助友害敌作为正义的局限性

苏格拉底与克法洛斯之间进行的一席由"年老负担"所引出的关于正义话题的谈话勾起了一直在旁默默静听的年轻人玻勒马霍斯的强烈兴趣;他跃跃欲试地想要参与到讨论中来,以便展示自己的论辩才华。克法洛斯急于为神搞献祭活动,所以无暇详细回应苏格拉底提出的反驳。针对苏格拉底的说法,他仅表示稍许肯定之后,就乘机把当前的讨论事宜直接转交给了自己年轻气盛的儿子。苏格拉底顺水推舟,接着克法洛斯关于"正义行为"与"不义行为"的简短评论,开始与玻勒马霍斯展开论辩。苏格拉底首先问道:"讲到'正义'这东西本身嘛,我们难道仅仅认为,有话实说,有债照还('实话实说,偿还欠债')就算正义吗?还是这样做有时是正义的,而有时却是不正义的呢?"(331c1–5)而后他又举出反例进行反驳:假如 A 和 B 是朋友,A 在 B 头脑清楚时从 B 那里借了武器,但后来 B 疯了,并要求 A 归还武器,那在这种情况下任何人都肯定会同意,

第三章 玻勒马霍斯：新生一代的正义观（331e–336a） 179

A 不应把武器还给 B，也不该把全部真相告诉已疯掉了的 B。但若 A 在这种情况下仍选择归还，仍选择讲真话，A 就是不义的（331c7–9）。苏格拉底反驳要点的意思十分清楚："讲真话，偿还所欠的债"通常被认为天经地义、合乎正义，但正常人又都明白，在有些场合下我们似乎既没有必要，也不应该不知变通地恪守该原则，否则就像疯人要回武器的例子所表明的，这必然会导致冲突，甚至可能招致杀身之祸、灭顶之灾。因此，按照苏格拉底的观点，单纯讲真话或偿还所欠的债并非难事，真正难的是如何把这个原则一以贯之。这是否说明，一个人要想总在不自相矛盾或不造成伤害的情况下坚持这个原则几乎是不可能的？若是如此，这个原则很可能就不是我们所要寻求的那个放之四海而皆准并在任何情况下遵守它时都不会产生冲突的正义"定义"（*horos*）（331d2）。

面对苏格拉底的反驳，父子俩的反应迥然不同：如上所述，有着丰富人生阅历的克法洛斯只表示同意，并没有对此展开讨论，便笑着离开，献祭去了。他的儿子和继承人玻勒马霍斯因为初出茅庐，争强好胜，不但没有表示同意，而且竭力为父亲所表达的正义观辩护，尽管他在辩护过程中舍弃了该原则中"讲真话"这一要素。此外，在辩护过程中，他没有像父亲那样借助神的权威，而是借助希腊传统诗人（神的创造者）的说法为西蒙尼德的权威论断提供佐证："偿还所欠的债就是正义。"（331e3–4）

谈到此，人们经常探讨的两个问题是：（1）玻勒马霍斯为何要放弃"讲真话"这个构成正义原则的要素？（2）他为何要引入西蒙尼德的权威？[①] 对于第一个问题，人们通常认为，他这么做是想表明，正义与撒谎是可兼容的。苏格拉底随后提出的高贵之谎就是这个说法的一个典型例证。这其实是站在柏拉图的立场上来作答的，而并没有考虑玻勒马霍斯的立场。那么，玻勒马霍斯究竟认不认可

[①] 关于这两个问题的详细探讨，参 Young（1980：404–419）；Taran（1985：85–110）；Lycos（1986：35–38）；Rosen（2005：31）。

这样的解释呢？从卷一开头他威逼利诱苏格拉底留下的情节看，他本人似乎也善于撒谎。这主要表现在两方面。其一，当苏格拉底执意要回雅典时，他不仅以人数众多（力量上的优势）要挟对方留下，而且扬言"自己是不讲理的人"，拒不听从对方任何言辞上的说服。但细心的读者很容易就能看出来，玻勒马霍斯的威胁是闹着玩的。苏格拉底的"执着""不屈服"和"不妥协"精神是出了名的，如果他一心想回去，恐怕谁也阻拦不了，不然他也不会被雅典人处死了。如前所言，苏格拉底选择留下很大程度上是因为格罗康想留下；作为老师，苏格拉底不放心把格罗康单独一个人撇下，以免他被随后出场的大智术师色拉叙马霍斯所误导（苏格拉底尤其担心格罗康的政治野心进一步膨胀）。所以，这极可能是玻勒马霍斯撒的第一个谎。其二，当格罗康的兄长阿德曼图利用苏格拉底的好奇心（如提到骑马火炬拉力赛）来挽留苏格拉底的时候，玻勒马霍斯立刻补充了通宵达旦的表演活动，还承诺有晚宴和与美少男们的交谈。可是，通读完整个《理想国》后，我们发现，这些承诺一个也没有兑现：苏格拉底既没有欣赏到所谓的彻夜节目，也没有品尝到美食，更没有接触到什么美少年。感官上的享受并没有实现，取而代之的是精神上的享受，即与不同身份、年龄和背景的人进行了彻夜长谈。如果说有什么宴会的话，那只能说有言辞之宴（而且这个宴会并不是玻勒马霍斯提供的，而是色拉叙马霍斯提供的）。所以，这可能是玻勒马霍斯第二次撒谎。如此种种迹象表明，玻勒马霍斯认可正义与谎言之间存在某种兼容性。

再来看第二个问题：玻勒马霍斯为何要引入西蒙尼德的权威？首先，玻勒马霍斯这里并没有说"偿还所欠的债"是正义的定义或一种正义的行为，而只是说它可以作为正义行为的一种属性。从苏格拉底的言辞可以看出，苏格拉底也认为西蒙尼德的观点十分重要且有道理，因为他强调像西蒙尼德这样有着大智慧、像神一样的存在所支持的观点，是不能轻易反驳的，是不容易理解的（331e5 – 8，332b9 – c1）。玻勒马霍斯借用西蒙尼德权威的意图可能在于用"传统习俗"来压制苏格拉底。但事与愿违,苏格拉底并不吃这一套,而是理所当然地假定西蒙尼德不可能赞成"偿还所欠的债"就是正义。苏格拉底接着指出,很多人之所以这么理解"正义",很可能是曲解了西蒙尼德的意思,因为西蒙尼德所说的"正义就是偿还所欠的债"与他上文所举的反例相冲突(331e8 - 332a8)。正因为如此,苏格拉底认为西蒙尼德肯定不是这个意思,而是别有所指。西蒙尼德跟别的诗人一样,都对"什么是正义"这一问题含糊其词,所以他认为西蒙尼德真实想表达的意思是,正义就是给予每个人以恰如其分的报答,即西蒙尼德所谓的"还债",尽管对话并没有提供进一步的证据说明西蒙尼德的原话是怎样的。

苏格拉底反驳说,很难描述正义所特有的特定题材和特定利益,因为对话中所提到的每一种题材似乎都已经被其他专门技艺瓜分殆尽了(332c5 - 333e2)。这意味着,在苏格拉底看来,正义不是一种普通的技艺,而是一种如《欧西德莫》中所描述的那种高级技艺(*Euthydemus* 289a - d)①,它就像亚里士多德后来在《政治学》中所论述的那种"至高的建筑术"(*Politics* 137 - 139)一样。② 但苏格拉底在这里并没有明确提及这个说法。

苏格拉底在第二轮的反驳中考虑到了这个说法。他认为如果玻勒马霍斯的说法正确,那么,正义之人就等于用一门与信守或违背诺言有关的技艺而想尽一切办法"助友害敌"(帮助朋友、伤害敌人)的人(*Republic* 333e3 - 334b6),这也是他在《小希比亚》中提出的反驳。这个结论令人无法接受,因为这表明,正义之人既使用正义手

---

① 关于这种技艺的详细探讨,参 Irwin(1995:60 - 61);Parry(2003:1 - 28);Rider(2012:1 - 14)。
② 对柏拉图而言,正义与治国术和王者般的技艺(*basilikê technê*)似乎是一样的(*Lovers* 138b7 - 18);正义是一种似于"建筑师技艺"(architectonic art)或"高级技艺"(*Euthydemus* 290b - c)的东西。相关探讨,参 Bloom(1991:333);Irwin(1995:171);Peterson(2017:412 - 431);Maynard(2000:1 - 26)。关于亚里士多德的建筑科学的探讨,参 Johnson(2015:163 - 186)。

段，也使用不义手段去助友害敌（*Hippias Minor* 375d7 – 376b6）。

虽然玻勒马霍斯拒绝接受"正义涉嫌骗人"这个结论，但他还是坚持认为正义包含伤害敌人。假如正义包含伤害敌人这条原则，那只要一个人被我们认为是敌人，我们就应该理所当然地去伤害他，而不管他事实上是否与我们为敌或是不是坏人。经过苏格拉底一番辩驳之后，玻勒马霍斯很快认识到这种行为是欠妥的，因为这样做有时会产生不义（334c1 – d8）。从历史角度看，历史上的玻勒马霍斯后来的不幸遭遇也印证了"任人唯亲"或"以利交友"的正义原则的危险性。当玻勒马霍斯被"三十僭主"残忍杀害以后，他的兄弟吕西亚斯家族的钱财也被血洗一空。幸存下来的吕西亚斯后来抱怨"三十僭主"以不义方式对待了他们的家族，理由在于他们这个家族生活在民主制下，素来奉公守法，并与雅典当局一向保持着友好关系，从没做过伤天害理的不义之事，更没被别人冤枉过。按理，他们家族应得到好的回报，但如今却沦落到被抄家灭口的下场（*Lysias* XII 20，4）。在没遭到苏格拉底的反驳之前，玻勒马霍斯关于正义的说法在一定程度上默认"三十僭主"奉行的做事原则——唯利益（金钱和权力）至上——的合理性。但当他成为"三十僭主"实施这种公然不义的受害者时，他一定认识到了这种不义原则的危害。[①]

[①] 吕西亚斯在撰写反对"三十僭主"埃拉托色尼（Eratosthenes）的演说中，以一件残酷的事件结束了对他的兄弟玻勒马霍斯的逮捕、处决和葬礼的叙述。他说，在逮捕过程中，"三十僭主"中另一个成员——梅洛比乌斯（Melobius）从玻勒马霍斯的妻子耳朵上抢走了一对金耳环。这个看似微不足道的细节所具有的情感潜力在古典学界引发了热烈讨论，参 Bolonyai（2007：34 – 42）；有关历史上的玻勒马霍斯的身世及其悲惨遭遇的记载，参 Wooten（1988：29 – 31）。人们通常认为柏拉图在撰写玻勒马霍斯的正义观念时影射了这段历史，含蓄地批评了吕西亚斯。笔者认可这种解释，因为吕西亚斯在法庭上陈述反对埃拉托色尼的演讲中，呼吁对杀害他哥哥玻勒马霍斯的凶手进行报复。然而，在柏拉图的《理想国》中，苏格拉底当着吕西亚斯的面说服玻勒马霍斯相信伤害敌人是不义的。苏格拉底的论证集中在某些问题和假设上，而后者正是吕西亚斯对埃拉托色尼的控诉的关键特征。因此，苏格拉底与玻勒马霍斯的谈话，在某种程度上，是对《反对埃拉托色尼》的一种柏拉图式回应。相关解释，参 Irwin（1995：171 – 172）；Gifford（2001）；Rudebusch（2002：77）；Pappas（2003：11）；Howland（2004a：179 – 208）；Sheppard（2009：21）；Emlyn-Jones（2013：xvi – xvii）。

第三章 玻勒马霍斯：新生一代的正义观（331e–336a） 183

　　玻勒马霍斯接下来修改了自己的观点，认为正义之人伤害与其为敌的坏人是正义的（335b2–5）。在《克里同》中，苏格拉底声称，我们不应当用虐待罪犯的方式来打击报复不义，不应该以不义报复不义、以恶制恶（Crito 49a–e）。在这里，苏格拉底进一步强调，正义之人伤害任何人都是不对的（Republic 335b6–d3）。① 苏格拉底的这个说法让很多人觉得无法理解，因为我们无法想象一个不伤害他人的正义之人。难道正义之人连自己的敌人也不会伤害吗？按照对话中对于"德性"的解释，他之所以这么认为，主要在于他假定，伤害就等于使别人在德性方面变差，使别人更不义；正义之人显然不能这么做，因为敌人（的品性）已经够坏了，没有人希望敌人变得更坏。因此，在他看来，这不是一种正确运用正义来对付不义之人的手段。这里还涉及一个对于悲剧作家的指控。在柏拉图看来，悲剧误导我们假定外在财富和处境是幸福中最重要的元素，但真正更为重要的是一个人的道德品质。当苏格拉底这里说"正义之人伤害任何人都是不对的"时，他其实在颠覆观看悲剧长大的希腊人的价值观。②

　　假如正义对幸福充分且必要（即正义＝幸福），那"伤人就是使对方变得更不义"这一说法才有道理。因为在这个前提条件的限制下，使人的处境变得每况愈下的唯一办法就是使对方变得不义。然而，即便我们同意，除了使人变得不义的手段之外，我们没有别的办法去伤害一个人，我们也无从知道：正义的人是不会使别人变得更不义的。苏格拉底可能会说，对正义的正确运用肯定有益于别人，会使别人变得更正义。但凭什么要相信他的这种说法呢？这个问题是读到这段文字的人不得不进一步询问的。③

------

①　苏格拉底这里详细的推理逻辑是：朋友是有用的人（334e–335a），伤害别人意味着使他们更坏（335b–c）；伤害别人不属于正义之人所为（335e）；正义是一种聪明或智慧（350a–c），不正义的人甚至与自己相矛盾（351e–352a）。相关探讨，参 Rowe（2007b：42）。

②　关于苏格拉底说法的激进性，参 Irwin（1988：55–83，1992：85，n.65）。

③　这种质疑，参 Irwin（1995：172）。

尽管这些问题是苏格拉底论证所存在的问题，但它们同样也是玻勒马霍斯的正义观的问题。玻勒马霍斯坚持认为：正义之人应该以任何可能的方式去伤害他们的敌人——只要这个敌人是真正的坏人，只要正义之人在伤害他的过程中不采用欺瞒拐骗的方式。由此可得出，在玻勒马霍斯看来，正义应该对无缘无故的伤害施以惩罚。这种伤害虽然不能与坏人所做的任何坏事或恶行相提并论，但也会使受害者更不义。在苏格拉底看来，这种公然的不义也不可能会是正义之人的特征。

苏格拉底断定，如果认为西蒙尼德相信正义允许我们伤害人，那我们就曲解了西蒙尼德的意思。事实上，在苏格拉底看来，关于正义的这种看法反映了极端不义的僭主的观点（336a5－7），而非圣贤的观点。于苏格拉底而言，尽管运用权力"助友害敌"的僭主（就像伤害吕西亚斯和玻勒马霍斯的"三十僭主"）一样很容易就能利用职务便利替自己洗白，使自己伤天害理的行为显得正义，但僭主的这种行为其实是一种欺骗，其言论是冠冕堂皇的骗人之辞。

二 偿还所欠的债作为正义的意义

苏格拉底认为，我们不应该拿"助友害敌"原则来解释西蒙尼德的观点。那么，我们应该诉诸关于"正义行为"的什么原则来解释西蒙尼德的观点呢？这正是《理想国》所要提出的问题。通过提出这个问题，柏拉图顺理成章地把我们带到了《理想国》所探讨的核心问题上。

首先，苏格拉底一心想定义什么？显然，他要定义的东西与"正义"（dikaiosunê）有关。"正义"这个抽象名词可以提炼出正义行为或正义之人的一种属性。当苏格拉底说"若B疯了，那A作为朋友就不该把武器归还给B"时，他指的是"行为的正义性"（the justness of actions）。但当他说"A作为朋友在这种情况下如果选择归还武器，那便是不义"时，他说的是"人的正义性"（the justness of persons)。① 同"苏格拉底式对话"一样,第一卷虽然提出了有关正义行为的问题,也提出了关于正义之人的问题,但并没有解释这两个问题是如何联系在一起的。②

其次,面对何为正义之人这一问题时,我们可能会首先设法定义正义行为,然后再把正义之人简单定义成执行这些行为的人。这正是克法洛斯所讲的"讲真话,偿还所欠的债"这一原则的潜在含义。苏格拉底在与玻勒马霍斯论辩的过程中考察了这种含义,并通过论证表明,很难对那种独立于任何深层次的道德假设的"正义行为"的必要且充分条件作出清楚的说明。

再次,苏格拉底通过论证指出,如果遵循克法洛斯所建议的规则,我们的行为"有时是正义的,有时则是不义的"。在那种情况下,"偿还所欠的债"既是正义的,又是不义的。这展示了对立面的并存现象。柏拉图喜欢在对立面的可感知属性与道德属性之间作类比。该类比是第五卷中证明关于"相"的知识之必要性论证的一个重要依据(479a5-8)。

此外,当柏拉图让苏格拉底对克法洛斯提出这个反驳时,柏拉图想到这个论证了吗?可以肯定,这个反驳本身并非与"苏格拉底式对话"格格不入;一个人在对"相论"没有任何概念的情况下也很容易理解它。这种"精确说法"事实上并没有出现在"苏格拉底式对话"中。柏拉图决定在第一卷中使用这一表述,和他的"相论"论证有关。《理想国》剩余几卷充分考虑了这一点。③

"正义就在于讲真话,偿还我们所欠的债"这一说法提出了两个深层次的问题:(a)这两个原则是正义之人所必须坚持的吗?(b)可以用来解释这两个原则为何是正义之人所必须坚持的原则的原因的共同点是什么?这两个问题最初是苏格拉底针对美诺关于"勇敢"的描

---

① 关于这两种正义性的区分,参 Irwin(1995:173)。
② 关于第一卷与早期对话在这个问题上的关联性,参 Irwin(1995:173, n.17)。
③ "相论"与第一卷的关系,参 Irwin(1995:173);Cross(1954:433-437);Nehamas(1975:105-106)。

述而提出的，它们与第五卷关于"爱看者"（philotheamones）① 和"爱听者"（philēkooi）② 的讨论密切相关（475d - 476a）。③

第一，西蒙尼德的观点纠正了对话者们在最初描述正义时犯下的错误。苏格拉底说："西蒙尼德跟别的诗人一样，对于什么是正义说得含糊不清。他实在的意思是说，正义就是给每个人以恰如其分的报答，这就是他所谓的'还债'。"（332b - c）这表明，如果有些东西应归于（或是欠）某人，我们就应当把这些东西归还某人。柏拉图想让我们接受这种修订吗？我们有理由相信他确实有这样的意图。因为对柏拉图而言，拒绝接受玻勒马霍斯对西蒙尼德的说法的解读并不等于拒绝西蒙尼德的说法本身。事实上他让苏格拉底仅仅说，人们无法准确理解西蒙尼德话的意思（331e）。

第二，西蒙尼德的观点除了在玻勒马霍斯与苏格拉底的论辩中起着举足轻重的作用，还在第四卷关于正义本性的讨论中扮演至关重要的角色。在第四卷中，苏格拉底第一次明确表明，正义就在于"做自己的事"（433a8 - b1）。这个说法虽与西蒙尼德关于正义行为的看法有所不同，但二者紧密相关。如果理想城邦把应归于每个人的东西分配给每个人，那每个人就会拥有属于"自己的东西"（即

---

① 这个词的本义是"喜欢看的人"，它一般被英译作"lovers of sights""lovers of seeing"或"sight-lovers"。

② 这个词的本义是"喜欢听的人"，它一般被英译作"lovers of sounds"。

③ 《理想国》指出，即使是想要看到和注视尘世事物的欲望也会使灵魂误入歧途（475d）。在众多的"爱者"中，"视觉和听觉的爱好者"（爱看者和爱听者）为"智慧爱者"（philosophos，哲学家）提供了典范。苏格拉底将"视觉和听觉的爱好者"描述为"去参加所有的酒神节日，无论是在城镇还是在城邦中，从不放过一个的人"（475d）。酒神祭的特色是激动人心的场面，如公民宗教仪式、花式游行和诗歌表演（悲剧、喜剧、酒神祭）。柏拉图用这些"视觉和听觉的爱好者"作为哲学家的类比。就像"爱看风景的人"一样，哲学家也爱看东西。但是哲学家爱的是正确类型的奇观——"真理"的景象（tēs alētheias philotheamonas；475 e）。他们用"心灵之眼""看到"这个真理。相比之下，看到身体上的景象，会使灵魂远离真理。因此，柏拉图将生理的"视觉"与理性的"视觉"对立起来。相关讨论，参 Nightingale (2016：59 - 60)；Stokes (1992：103 - 132)；Annas (1986：3 - 18)；Irwin (1995：265 - 266)。

应归他所有的东西);而如果每个人都信守这种分配,他就会"做自己的事",从而做到公平正义。总之,当第四卷把"拥有属于自己的东西"和"做属于自己的事"放在一起考虑时(433e6 - 434a1),这让人瞬间回想起第一卷提及的西蒙尼德的观点。①

第三,在关于已走出洞穴的哲人是否应当回归洞穴的讨论中,西蒙尼德的观点也发挥了重要作用。苏格拉底在第七卷中对众人说,指望理想城邦中的哲人参与统治、共谋国事,并非痴心妄想,而是有理有据。城邦把他们抚养成人,给他们提供最好的教育,这样他们才有机会发展自己的哲学天赋和其他先天潜能。当哲人们从哲学沉思转到行政管理,为城邦政事服务的时候,他们是在对他们早年所得到的东西做出再公平不过的回赠与报答(520a6 - c1)。理想城邦中的哲人为什么应该下降到洞穴中来管理城邦?究竟是什么激发哲人回到政治生活的洞穴之中从而承担起王权的责任?第一卷中西蒙尼德所提出的"偿还所欠的债"这一正义原则对此作出了合理的解释(520a6,520e1)。② 这意味着,城邦之前提供给哲人早年成长所需要的东西,原本就应归城邦所有,是城邦借(而非赠送)给哲人的。如今城邦要求(强迫)哲人参与统治,只不过是换一种方式要回他们欠城邦的东西。换言之,当城邦召唤哲人回归政治生活时,哲人即便内心里很不情愿,也在道义上必须选择"接受",否则便违反了正义原则(520d6 - e1)。③

---

① 关于二者之间关联性的探讨,参 Irwin (2007: 74); Cooper (1977: 151 - 153); Lycos (1987: 34 - 36)。

② 人们通常指出,柏拉图认可这一说法:正义在于回馈一个人所得到的东西。有关"正义与互惠"之间关系的探讨,参 Irwin (1995: 314); Gill (1996: 287 - 307); Nightingale (2004: 131 - 137); Schofield (2007: 157); Becker (2005: 21); Gill (1998: 303 - 328)。

③ 不难看出,第一卷与后面几卷在此问题上的关联性十分紧密。例如,玻勒马霍斯对正义的定义——"让每个人都应得到他应得的"(*opheilomenon*,331e3;*prosekon*,332c2)——接近于苏格拉底后来提出的这一正义定义:"让每个部分都做自己的事情。"(433a - b)再者,"每个人都不应该被剥夺自己的东西,也不应该拥有不属于自己的东西"(433e6),这是好城邦的统治者断案、断定是非所依照的原则。该原则与西蒙尼德的说法很接近,相关探讨,参 Kahn (1993: 137)。

第四，假如以上推理站得住脚，那可以说，其一，"理想城邦"的组织结构的全部道德基础都在为西蒙尼德的观点进行辩护；其二，克法洛斯当初把正义与"互惠"联系在一起是有几分道理的。从这个角度看，西蒙尼德关于正义行为的看法在第一卷中并没有遭到否弃，而是随后被苏格拉底巧妙地用到了涉及正义原则的解释上。这表明，我们不能像人们通常以为的那样，认为苏格拉底在第一卷中否定了所有对手的见解。① 正确的看法是，在柏拉图看来，第一卷的功能并非仅在于消除关于"正义"之本性的错误看法；它还有另外一个隐含功能，即引入一些柏拉图希望在后面几卷中为之辩护的论点。

最后，要对"正义"之本性作出令人满意的解释，一个人需要给西蒙尼德的观点增添什么新内容呢？随后出场的大智者色拉叙马霍斯认为，这种新内容指的是什么是"应得的"或"适合的"②，因而他没有对"应得"或"适合"的各种行为进行精确的行为描述。精确的行为描述将告诉我们一些"清晰而准确"的信念（336c6－d4）。色拉叙马霍斯的要求表明：关于"道德属性"的定义应将其还原为非道德的、可感知的属性。③ 在此恐怕没有哪个读者不想知道：《理想国》中对美德的描述是否试图符合这一非道德术语定义的普遍要求。

---

① 通常的误解，参范明生（1993，页772）；Rowe（2006：14）。

② 这里的"某人应得到的东西"等同于"适合于某人的东西"。关于这种互换性概念的讨论，参 Santas（2005：126）；Kosman（2007：126）。

③ 色拉叙马霍斯的介入将读者的注意力吸引到寻找还原性定义的问题上。因为色拉叙马霍斯想要的是"清晰而准确的"（336c6－d4）解释，这种解释消除诸如"应得的"或"适当的"等术语。如果能满足色拉叙马霍斯的要求，一个人就能找到那种通过将道德属性还原为非评价性属性来消除争议的解释。人们经常指出，对明确性和精确性的追求，也是苏格拉底寻求道德属性定义的基础。相关讨论，参 Irwin（2007：74）；Welton（2006：293－317）。

第 四 章

色拉叙马霍斯：智者的正义观
（336b – 354c）

毫无疑问，智者色拉叙马霍斯是《理想国》整篇对话所塑造的一位极具感染力、穿透力和煽动力的强权式的人物意象，他与苏格拉底是《理想国》整篇对话中唯一一对针锋相对的人物，他们的相遇是两种对立人生观的触碰，构成了《理想国》第一卷的高潮。① 二者的这次相遇，显然不是互相理解的一次拥抱，而毋宁说是一场旗鼓相当的较量。

第一节 习俗主义与非道德主义之争

作为对话的灵魂人物之一，色拉叙马霍斯在第一卷中的说法极其重要，因为《理想国》剩余九卷内容显然都是在试图回应他提出

---

① 很多人把苏格拉底与色拉叙马霍斯的相遇，视为《理想国》第一卷的高潮。关于苏格拉底反驳色拉叙马霍斯的企图，以及二者的辩论在《理想国》整体论证中的作用，参 Reeve（1985：246）；Flew（1995：436 – 447）；Fissell（2009）。

的挑战,这点无人否认。① 柏拉图在第二卷中借格罗康之口说得十分明确:

> **格罗康:** ……要知道,我觉得色拉叙马霍斯放弃得太早了,就像一条蛇被你迷住了似的。但是,依我看,任何一方都还没有论证。因为我想听听到底什么是正义,什么是不正义,并且,当正义的时候,它们在灵魂里各具有什么样的力量;至于它们各自的报酬和后果,我不想予以考虑。
>
> 因此,如果你赞成的话,我愿意重申一下色拉叙马霍斯的论证。第一,我会陈述人们认为正义是怎样一种东西,以及它的起源是什么。第二,我会论证,所有把正义付诸实践的人都不是心甘情愿的,他们只是把它作为必要的东西,而不是本身就好的东西。第三,我会论证,他们这样做是有充分理由的。因为他们说,不义者的生活比正义者的要好得多。
>
> 苏格拉底啊,须知这并不是我自己的信念。是的,我很困惑,我满耳朵听到的都是色拉叙马霍斯,还有无数其他人这样的议论,搞得我震耳欲聋。然而,我却尚未听见有人像我所希望的那样去捍卫正义,证明它比不正义好。我想听到它就其本身得到赞扬,而且我觉得自己最有可能从你那里学习到这点。这就是为什么我要详细地赞美不正义的生活:通过这样做,我将向你展示那种我想听你赞扬正义,谴责不正义的方式。(358b1 – d5)

---

① 关于色拉叙马霍斯的看法对于伦理学、政治学或政治哲学的重要性的强调,参 Foot(1958 – 1959: 99 – 100); Annas(1981: 34 – 35); Reeve(1985: 246 – 265); Chappell(1993: 1); Bruell(1994: 264); Novitsky(2009: 11); Anderson(2016: 151 – 172)。此外,撇开色拉叙马霍斯的政治和伦理学说的影响力不谈,单纯从第一卷的创作意图来看,色拉叙马霍斯也当之无愧是《理想国》中的灵魂人物。因为,除了表面上介绍整个《理想国》的中心主题和驳斥色拉叙马霍斯对"正义"的定义这一目的之外,第一卷还有一个潜在意图,那就是对抗色拉叙马霍斯在宣传自己的正义观念时使用的"修辞"所具有的心理力量;这一意图存在于色拉叙马霍斯的性格和行为之中。相关讨论,参 Quincey(1981: 301); Betti(2011: 35)。

一方面，色拉叙马霍斯的说法很重要，这是大家公认的；但另一方面，他与苏格拉底的论辩又在某些方面看起来有些古怪。这种古怪不可避免地带来了很多争议。比如，人们就他究竟说了什么骇人听闻的言论，以及如何理解他的立场，存有很大分歧。造成这种分歧的直接原因在于，色拉叙马霍斯在卷一中就"正义"的本性前后发表了不同的言论；这些言论看上去无法组成一个逻辑自洽、语义融贯的信念集。① 这种不一致究竟是下意识的、深层次的，还只是表面上的？这一问题可细化为两种可能：第一，色拉叙马霍斯自始至终都坚持一个基本上内在一致的立场，只不过他本人因不善于系统地阐述自己的观点而给人造成一种前后不一的表面印象，但在苏格拉底"辩驳法"的鞭策下，这种表面上的不一致逐渐被消除；第二，他本人从一开始就持有一个本质上逻辑混乱的立场，以至于被强调逻辑一致性的苏格拉底逼得走投无路，涨红了脸并最终只好放弃论辩。如果第一种可能性更接近事实，即色拉叙马霍斯确实持有一个内在一致的立场，那进一步的问题则是，这个立场究竟从一开始就逻辑内在一致，还是直到第一卷结束才趋于一致？

回答这些问题之前，先来回顾一下它们具体是如何产生的。在面对"何为正义"这个几乎令所有人都头痛的问题时，傲慢无礼，甚至有些桀骜不驯的色拉叙马霍斯一登场就当着众人的面没有给参与讨论的苏格拉底和玻勒马霍斯好脸色看；争强好胜的他明显觉得自己在这个圈子中的威望受到了苏格拉底言语上的直接挑战和攻击，所以以攻为防，顺便"杀鸡儆猴"。在苏格拉底一番苦口婆心的劝慰

---

① 很多学者指出色拉叙马霍斯除了给出一个定义外，几乎没有提供什么：他"在辩论中只是个孩子"，是个"轻率而困惑的思想家"，易于"吹毛求疵"。总之，在他们看来，色拉叙马霍斯是一位头脑混乱的思想家，他在卷一中关于正义的说法有诸多"不合逻辑""前后不一"，甚至"相互重复"的毛病。这方面的讨论，参 Jowett (1871); Annas (1981: 38); Cross & Woozley (1964: 47); Maguire (1971: 142 - 143)。也有些人如 Reeve 认为这种对色拉叙马霍斯的估计是严重错误的，因为从他的言论中可以发掘出两个令人印象深刻和前后一致的论点。相关探讨，参 Reeve (1985: 246); Hourani (1962: 110); Kerferd (1947, 1964)。

下,他振振有词地声称:(1)正义不过是强者的利益(或益处)而已。但这个关于正义的主张在苏格拉底(更确切地说,是柏拉图)精心设计的用以澄清他的意思的几番"有意误解"之下很快卸下"强者的利益"这个包袱,而镶上"对法律的服从"这样的金边。因为他这时又补充说:(2)正义就是服从律法。可是这个新提出的"正义"观念没存活多久,便在苏格拉底随后陆续提出的"反驳论证"的猛烈攻击下变成了另外一套说辞,因为他在第一卷包含的唯一一个长篇大论的演讲中坚称:(3)正义就是他人的"好",即正义是惠及他人的行为,不义则有益于实施不义的行为者。

以上哪个立场最能代表他正义观的精髓,长期以来一直是人们争论的焦点。一些学者认为,色拉叙马霍斯并不清楚他所坚信的东西,以致像一匹脱缰的野马从一个立场任意跳到另一个立场——这使得我们不可能把他的各种说法整合、复原成一个逻辑自洽的可辩护的统一立场。柏拉图这么设计的理由在于,他想借此揭露这位道德怀疑论者是一个庸俗、肤浅、头脑混乱的愚蠢家伙。毕竟有一些历史证据表明,色拉叙马霍斯是一个真实的历史人物;对话中那些描写他的段落说明,柏拉图试图通过丑化他的形象(气量狭小、盛气凌人、感情用事)让我们读者加入作者的行列一起来厌恶他、鄙视他。例如,在对话中,他一上来就以骄横的气势压人,给人一种傲慢无礼且耐心不足的直观印象;他用粗鲁至极的方式辱骂苏格拉底,指责对方虚伪,并庸俗地张口向苏格拉底索要钱财。这与苏格拉底虚怀若谷、安贫乐道、胸怀坦荡、注重自省的崇高风范和道德完善的自觉性的形象形成鲜明对比。很显然,在这些学者看来,历史上的柏拉图肯定对历史上的色拉叙马霍斯深恶痛绝,不然何必要用如此尖酸、刻薄、带有讽刺的言辞来给对手脸上抹黑呢?[①] 但这种

[①] 《理想国》中的色拉叙马霍斯与历史上的色拉叙马霍斯关系的探讨,参 Voegelin(2000:112-125);Gotoff(1980:297-311);Scaltsas(1993:247-250);Betti(2011:33-34)。

刻板印象的解读令人满意吗？我们至少可以找到两个理由来质疑这种解读：

第一，并没有足够的证据表明历史上的色拉叙马霍斯是否会认为他的观点类似于《理想国》中色拉叙马霍斯所主张的那些观点，也不能确信柏拉图是否故意捏造了一个含混不清的立场并让色拉叙马霍斯这个人物去支持；

第二，显而易见，从第二卷开始，柏拉图认为色拉叙马霍斯是在替一种理论辩护，这种理论是一种柏拉图所认为的关于正义之真相的实际而又危险的替换物。如果我们刻意把这种对立性描述得弱于柏拉图实际上对它的态度，柏拉图就犯了理智不诚实的错误，而这是这位哲学家极为忌讳的事情。①

既然这种解读存在很大缺陷，那让我们回到最初的问题，即色拉叙马霍斯就正义的本性究竟说了些什么呢？在这个问题上，传统看法是，色拉叙马霍斯在某种程度上提出了两种观点，而这两种观点都被柏拉图视为与他自己的观点相对立。②

一种是"习俗主义"（conventionalism）——这在法律背景下有时也被称为"守法主义"（legalism）③ 或"法律实证主义"（legal positivism）④。不论以怎样的"主义"进行表达，它的核心理念是，

---

① 有关这两点反驳理由的详解，参 Annas（1981：35-36）；S. A. White（1995：307-308）；Piper（2005：30-31）。

② 有关传统看法的详细解读，参 Annas（1981：35-37）；Putterman（2000：79-81）；Novitsky（2009：11-15）。

③ 有些学者如 Hourani 从"他人的好"到"对法律的服从"这一还原中得出了色拉叙马霍斯的守法主义立场，另有学者如 Kerford 则将"对法律的服从"解释成"他人的好"，从而将色拉叙马霍斯的立场归为自然权利理论范畴。有关这两种解释的介绍，参 Harlap（1979：352-353）。

④ 这种"习俗主义"很容易和道德虚无主义纠缠在一起，因为后者通常认为，既然所有道德术语的意义都是由它们所处的社会和政治环境决定的，那么只有傻瓜（尤其是被那些在"宣传"斗争中更精明的人欺骗的傻瓜）才会认真对待道德措辞，并认为自己在违反规则并"不公正地"行事时不仅是轻率的，而且是客观的作恶者。关于"道德虚无主义"的解释，参 Rist（2002：15）；Hansen（2010）。

"正义不是别的,无非就是守法而已"。在坚持这种理念的人看来,我们事实上确实遵从我们所隶属于的法律和制度,并且我们这么做是因为我们别无选择,只能这么做——如果我们不这么做,我们就会遭到惩罚或遭受来自工作、生活、学习和人际交往等各种形式的挫折与社会压力。但如果认为正义是某种高于或凌驾于这种实际上所"遵从"的东西,那我们就是受控于某种虚无缥缈的幻觉。正义是我们用于指称某些特定行为的一个让人产生误解或偏见的名称,而被人们称为正义的行为会因为区域、国家的文化传统的不同而不同,并在根本上取决于一个地方的制度。说"正义"这个名称具有误导性,是因为它不仅诱导我们天真地相信存在某种高于或凌驾于"遵从法律"之上的东西,而且还使我们相信这种东西存在于诸如此类的行为的所有情况之中,并具有一种独立价值。但事实上,如果认真审视现实世界中的一些残酷事实,我们就会发现,正义即为权力问题,而谈论"正义"实际上就等于是在谈论权力的价值和由谁来掌权之事。[①] 按照这种解释,在探讨正义本性时,色拉叙马霍斯具有一种不曾为道义情感所蒙蔽的冷峻而近于苛酷的现实主义眼光,他看到了那些不道德的权术诡诈确实可以帮助一个人或一个城邦取得某种成功,所以对"正义"做了一种还原解释。他在用"愤怒"敲打我们每一个人的脑门,竭尽全力提醒我们注意有关"正义"的高谈阔论与漂亮表演背后的权力现实,并语重心长地告诫我们:"正义的真相就在于此,这个世界就是按照'强权即为合法'这样的逻辑运作的。"这也正是所谓"玩世现实主义者"(cynical realists)当中的一些人对于正义的态度与立场:尽管一谈到正义,参与者个个都摆出一副品格高尚的样子,尤其是那些道貌岸然的以道德专家自居的人,但他们关于正义的高谈阔论不管听起来多么诱人、多么令人向往,它们

[①] 有关正义是否仅是权力的玩物,参 Ambrosio(1987:22);Hoesly & Smith(2013:60-65)。

无非就是指这些东西，即大多数人对法律和来自他们生活环境的社会压力的遵从。

另外一种观点则认为："色拉叙马霍斯主张正义和不义实际上具有一个独立于人为制度的'真实存在'（real existence），并且，色拉叙马霍斯对不义做出了誓死捍卫的坚决承诺。"这种观点有时被人们贴上了"非道德主义"（immoralism）的标签。[①] 如果说，"习俗主义者"（conventionalist）认为在我们谈论的正义与不义背后什么东西都没有，那么，在"非道德主义者"（immoralist）看来，则有一个关于正义的非常重要的问题需要回答，即一个通过证明"不义"比"正义"更好来作答的问题。"非道德主义者"认为，"正义"有一个"真实的存在"，具体体现在一些法律和制度之中，而任何有点头脑的人都会认识到，遵从这样的正义从"行为者"（agent）的角度看是一件坏事。如果说"习俗主义者"告诉我们，正义不是我们所以为的那样，那么"非道德主义者"则告诉我们，正义正是我们所认为的那样，把正义看成是一种美德，是大错特错，是千万要不得的——关于正义没有什么令人钦佩或值得赞扬的东西；纵然正义惠及的是弱者，但惠及弱者有那么好吗？按照这种解读，色拉叙马霍斯的观点就与《高尔吉亚》中卡利克勒（Callicles）这个人物的观

[①] 在英语世界，也不乏学者杜撰出"injusticism"这个词来称呼这种观点，尽管英文中并没有这样的词。详情参 Annas（1981：36）。在中文语境下，可以把它称为"非道德主义"，并把坚持这种思想的人称为"非道德主义者"（immoralists）。这些人认识到，恪守正义（或道德）可能会给一个人的幸福带来毁灭性的灾难（如心理上的恐惧、囚禁、折磨和死亡等）。与之相比，"不道德"（immorality）带来的结果（如权力、财富和荣誉等对幸福有重大影响的东西）则令人想望。因此，道德生活于人而言是一种坏的生活方式；道德之人是头脑简单、不明智的家伙（cf. Republic 348b – d）。正因如此，Gadamer（1986：48）、Gill（1996：289）、Crotty（2009：193）等人称色拉叙马霍斯是激进的非道德主义者。关于"非道德主义者"的详解，参 Rudebusch（2002：97 – 98）；另外，Brink（1989：46 – 47）和 Yunis（2007：8）等一些学者也会把色拉叙马霍斯称为"amoralist"（无道德论者）或"不折不扣的无道德论者"（the thoroughgoing amoralist）。

点有不少相近之处（Barney，2004）。① 卡利克勒主张：由强者来统治并剥削弱者天生就是正义的，由弱者来抑制强者只是因为习俗才是正义的。二者都试图通过彻底拒斥被大多数人认作道德的基础（根基）的东西，从而推翻世俗公认的道德价值体系。因为高超出众的力量和卓尔不群的智力本身并不给予它们的拥有者通过利用它们而可以获得任何东西的权利，这是一个基本的道德假设（Annas，1981：37，48-49）。通俗一点讲，无论一个人力量多强大，智商多高，他也不应当靠利用这种优势去获得他想得到的任何东西，因为他所具有的力量和智商本身并没有赋予他通过利用它们以获得任何欲求之物的权利。但色拉叙马霍斯本质上不同于卡利克勒，因为他并没有使用"自然正义"或"习俗正义"这样的术语来谈论正义；按照"非道德主义者"的解读，他的立场基本上是一致的，即正义具有一个独立于习俗的"真实的存在"，它自身之中不存在任何值得赞扬或钦佩的东西。②

平心而论，任何有助于生成这两种截然不同的解读的立场都是纷繁复杂的。前人已对此做了大量工作。但笔者将从一个稍微不同的角度讨论这些论证，而不仅仅是复述他们的工作。笔者希望从这种角度可以清晰地阐明相关问题。

---

① Gadamer 等人也认为卡利克勒与色拉叙马霍斯各自的观念有异曲同工之处：二者提出"权力决定正当"（Might makes right）的宣言，只是为了揭示在一切诡辩中普遍存在的一种心态：没有人自愿做正确的事。详细讨论，参 Gadamer（1983：50）。此外，卡利克勒的立场一直被称为是"尼采式的"（Nietzschean）。对我们而言，这种比较总体上是比较中肯的，尽管在很多细节上存在出入，详细探讨，参 Rosen（2005：38）。

② 关于这两种流行观点的概括与总结，参 Annas（1981：36-37）。后一种观点的代表性人物除了 Annas 之外，还有 Benson（1997：315），因为后者同样认为色拉叙马霍斯主张的是"非道德主义"（immoralism）。在与苏格拉底的讨论中，Bloom（1991：336）将色拉叙马霍斯视为传统主义者。还有些学者认为这种观点是非道德主义的，但在某些重要的方面，它与色拉叙马霍斯早期将正义定义为与统治权力有关的东西的传统主义相冲突。相关探讨，参 McCoy（2005：268）；Moore（2015：328，n. 18）。

首先，笔者在下文中的一个重要任务是要考察"色拉叙马霍斯的立场究竟是什么"这个问题。对于这个问题，就目前来看，传统中风靡已久的一个看法是："色拉叙马霍斯的说辞肯定凑不成一个一致的立场。按照柏拉图的描述，色拉叙马霍斯基本上并没有改变想法，而是在苏格拉底'步步为营'的提问下，他所坚持的正义构想由一开始的混乱而又含糊不清的言辞组合逐渐凝聚成一套清晰而又具说服力的说辞，这套说辞更为明显地揭露了他的立场的核心要义。他的真实立场是非道德主义者的立场，但他一开始以一种令人困惑的方式对它做了陈述，这使得它表面上看上去更趋向于习俗主义的立场。然而，随着苏格拉底在讨论中的不断追问，色拉叙马霍斯被迫澄清了自己所真正坚持的东西，并揭露了这种东西其实是非道德主义。"①

尽管这种传统看法在一定程度上是正确的，但它也有其明显的局限性。在接下来的这一章节中，笔者将根据对话内在的逻辑顺序对传统的部分观点提出质疑，指出它在阐释色拉叙马霍斯的立场，尤其是把色拉叙马霍斯的真实立场归为非道德主义这一做法上所存在的重大缺陷。换言之，笔者不认可一些人曾经对于色拉叙马霍斯真实立场的极端解读，即"色拉叙马霍斯的真实立场是'正义是他人的好'，不义则是强有力地追求自己的利益"②。相反，笔者所要论证的是，色拉叙马霍斯的真实立场乃是"正义是强者的利益"。

色拉叙马霍斯与苏格拉底的对话起始于二者之间的分歧，而不是发端于如何理解色拉叙马霍斯的真实立场，所以遵循对话内部的论辩逻辑顺序，这里的基本讨论格局是：在第二小节中主要探讨二者之间的分歧，在第三小节中将重点讨论"何为色拉叙马霍

---

① 对于这种传统看法的概述，参 Annas（1981：37）；早在 Annas 之前，Shorey（1930：x）也持有类似的看法，因为他认为色拉叙马霍斯是一个尼采式的"非道德主义者"（immoralist）。有关尼采与色拉叙马霍斯在道德观上的共性的分析，参 Chappell（1993：16）。

② 这种观点的主要支持者是 Annas（1981：46，44-45）和 Kerferd（1964）。

斯的真实立场";待这个立场被确立之后,鉴于苏格拉底对此陆续提出了三个论证加以反驳,笔者将在第四小节中集中精力探讨苏格拉底的这三个论证并试图回答它们是否像表面上看上去的那么虚弱无力。①

第二节 正义问题上的分歧与对峙

显然,苏格拉底与色拉叙马霍斯之间的争论主要围绕着两个重要的分歧点展开:(1)什么是正义的本性,以及(2)人应该过的最好生活是正义的生活还是不义的生活。苏格拉底在问题(1)上把色拉叙马霍斯驳得面红耳赤之后才转向问题(2)。② 下文的讨论基本上按照这两个问题相继出场的次序展开。

一 色拉叙马霍斯式的强者

问题(1)其实产生于如何理解正义与正义之人的关系,即正义是否对施行正义的"行为者"有益。对此,苏格拉底假定,正义不仅有益于施行仁义的正义之人,也有益于别人。色拉叙马霍斯只同

---

① 许多诠释者批评苏格拉底论证的逻辑极其不充分。尤其是苏格拉底最后所使用的那个使色拉叙马霍斯感到脸红的论证(即苏格拉底对 pleonexia 的讨论)常常被称为"非常谬误的""糟糕得令人尴尬"和"有缺陷的",并被指控利用模棱两可的谬误来回避问题(Reeve, 1985:261; Cross & Woozley, 1964:52; Henderson, 1970:218; Beversluis, 2000:239; Irwin, 1979:182; McCoy, 2007:117; Annas, 1981:50, 55)。但也有些人认为,苏格拉底论证的弱点是柏拉图战略上的,色拉叙马霍斯没有认识到苏格拉底逻辑上的不足,是柏拉图论证智者辩论能力不足的一种方式。另一些人则认为,柏拉图这样做是希望为后来对《理想国》的讨论提供一种激励(Reeve, 1985:263)。Barney 和 Pappas 等学者则正确地思考了色拉叙马霍斯的反驳所具有的更广泛的意义,即苏格拉底对色拉叙马霍斯的反驳富有成效(Pappas, 1995:70; Barney, 2006:59)。我们比较认可最后一种看法。

② 对于这两个问题的集中探讨,参 Henderson(1970:218); Rist(2002:19); Sparshott(1957:54-61)。

意正义之人有益于别人，但矢口否认正义有益于施行正义的"行为者"，同时主张正义事实上是"强者的利益"（tou kreittonos sumpheron）：

> 那么，听好了。要我说，正义无非就是对强者有利的东西。（338b9 – c2）

对话走到这一步首先引入了一个概念辨析问题：色拉叙马霍斯所谓的"强者"（kreitton）究竟是指什么？用苏格拉底的话说，这里的"强"究竟指身体力量上的强，还是指"权力""知识"或其他方面的强？苏格拉底用牛肉与拳击运动员的例子对此进行了一番"蓄意误解"的澄清之后，怒不可遏的色拉叙马霍斯直言自己所说的强者，不是指个体身体力量上的强有力，而是指制定法律的"政权"或"统治阶级"：

> 每个城邦中的强者为统治者……每一种统治类型都创立对自己有利的法：民主制立民主法，僭主制立僭主法，其他政体莫不如此。通过这样立法，每个政体都来宣称：凡是对被统治者正义的即对于自己——统治者——有利。并且，不管谁违背这个原则，它都给他冠上"目无法纪"和"不义"之名的帽子，并予以严惩。苏格拉底，这就是我所谓的"正义"，它在所有城邦中都一样，即对"现政权"有利的东西。因为"现政权"肯定是强者，所以任何通过正确的方式运用理性计算的人都会得出这样的结论：正义无论在哪里都一样，即对强者有利的东西。（338d9 – 339a3）

按照色拉叙马霍斯的这种解释，"正义行为"就是指被统治者所遵守的用以促进强者利益的法律的行为。色拉叙马霍斯所理解的这些正义行为的共同特征乃是，它们同属于一种正义秩序，并由符合强者利益的一些强者颁布的法律来规定,其出发点与宗旨实际上促进的是强者的利益。①

从这个角度看,苏格拉底与色拉叙马霍斯真正的分歧可能不像表面上看上去那样,仅停留在正义与正义之人的关系上,而在于如何看待正义的标准:色拉叙马霍斯坚持认为,最高统治者的法令是终极性的,并不存在任何超越于其上的权威;苏格拉底则坚持主张,当且仅当法律符合一种优于法律并独立于最高统治者意愿的正义标准时,法律才正义。②

回到色拉叙马霍斯的正义秩序问题。按照色拉叙马霍斯的观点,正义秩序之所以不存在,只是因为某个人或某个群体碰巧在除体能之外的其他方面比他人强,而强者如果不按某个公认的统治者或人们通常称为统治阶级或领导机构所颁布的法律或命令进行统治,那这种统治实际上就是不义的。当然,需要承认的是,色拉叙马霍斯这里并不是说,每条法律都是自动正义的。相反,他认识到,不义之法有可能存在,因而才声称,当且仅当一种法律事实上促进强者利益时,它才是正义的。如果按照这种思路,以往一些人将色拉叙马霍斯所谓的"强者"简单定义为城邦中的那些掌权者及构成其"最高统治阶层"的成员(不论这些最高统治者是由普罗大众、富人、出身高贵者,还是由单个人构成)③,是过于简单化了。因为对照原文,不难发现,色拉叙马霍斯所谓的"强者"严格说来,不是指会犯错误的普通的统治者,而是指在任何情况下都清楚知道什么是符合政权利益的、严格意义上的完美统治者。这一点在克勒托丰与玻勒马霍斯之间的一段简短的插话中得到了明确说明

---

① 人们对于"正义是强者的利益"这一说法的解读,参 Irwin(1995:174);Rosen(2005:43);Harlap(1979:347-350)。

② 色拉叙马霍斯对于法律与正义之关系的探讨,参 Bloom(1991:326-327);Michaelides-Nouaros(1980:329-333);Thompson(2015:33-35)。

③ 这种过于简单化的设定,参 Bloom(1991:326);King-Farlow & Rothstein(1964:15-22);Nederman(2007:30)。

(339e11—341a3)。①

那么，当色拉叙马霍斯声称正义是强者利益的时候，他头脑中所想的社会究竟是按照怎样一套规则运作的？换言之，他所设想的社会究竟是一个人们普遍遵循丛林法则的弱肉强食的社会，还是一个人们普遍遵纪守法、遵循互不伤害（甚至互助）规则的稳定和谐的社会？一些对色拉叙马霍斯有偏见的人可能会毫不犹豫地认为色拉叙马霍斯指的是前者。这其实是犯了一个先入为主的错误。因为从对话中的信息看，色拉叙马霍斯指的是后者；②他明显关注的是守法行为，而不是碰巧有益于某个强党的各类行为（338c4—339a4）。而且从他对苏格拉底毫不客气地指责看，他内心其实关心的是臣服者或被统治者的行为，而不是强者和统治者的行为：

> 头脑简单的苏格拉底啊，你必须这样考虑：正义之人必然总比不义之人获得的少。首先，就拿他们彼此订合约的事儿来说吧。当正义之人同不义之人成为合伙人之后，你在他们散伙时决不会发现，正义之人比不义之人多得，相反，只会发现少得。其次，再看和城邦有关的事儿吧。等到交税时，等量的财产，正义之人交税多，不义之人却交税少，但等到城邦分红时，正义之人一无所得，不义之人却大发横财。最后，当他们各自担任公职时，正义之人就算在其他方面没遭到惩罚，也会发现自己的私人事业因为不得不被忽略而恶化不少，又因为恪守正

---

① 克勒托丰认为色拉叙马霍斯的意思是：正义存在于强者或统治者认为对自己有利的事情上，因为这是弱者被命令去做的事情。然而，色拉叙马霍斯反对克勒托丰的传统主义的建议，即统治者寻求他们自认为是他们利益的东西（340b—341a）。这表明，色拉叙马霍斯是一个理想主义者，他对自己想象中完美的科学式僭主充满钦佩之情。相关探讨，参 Barney（2006：47—48）；Moore（2015：326, n. 14）。

② 支持后者的主要代表人物是 Irwin（1995：175）；Arp（1999：20）；Stauffer（2009：5）。我们这里倾向于这种看法。

义，没从公款受惠半点儿，还因为不肯以不义手段惠及亲属和熟人而被后者记恨。(343d1 - e5)

这里需要强调的是，在这样的社会中，当色拉叙马霍斯声称正义有益于强者的时候，他很有必要区分正义规则的直接受益者和最终受益者。在一个奉公守法的正义社会 C 中，A 要是遵守诺言，把所借的物品还给 B，B 就是直接的受益人，A 则是直接的损失者。以《悲惨世界》中为了抚养姐姐的 7 个孩子而偷窃面包，被判苦役 19 年的冉阿让为例。冉阿让因偷了一块面包而受到社会的正义之罚，显然充当了直接的受害者。在这个例子中，表面上看似乎没有哪个人是直接的受益者，因为当时的冉阿让是没有能力偿还面包的，当时的社会（司法当局）也不会为冉阿让的偷窃埋单。即便如此，根据色拉叙马霍斯的说法，人们对于这种正义规则的普遍恪守会产生一定的累积效应，而这种效应会使旨在维护社会秩序的现行政权所在的共同体的稳定性指数越来越大，所以在这种情况下即使找不到直接的受益者，也毫不费力地会发现一个最终的受益者，即政权 C。基于这点，无论是在一个政治清明还是黑暗腐败的社会中，统治当局都无法容忍对整个社会秩序存在威胁的行为。[1]

二 色拉叙马霍斯式的技艺

对于色拉叙马霍斯提出的这种关于正义的认识，苏格拉底也不否认，正义就在于遵守严格意义上的统治者的法律。但他随即指出，如果承认这一点，那就不能将正义定义为强者的利益。因为按照苏格拉底的逻辑，技艺本质上是利他的，它关心的是其处理对象的利益。[2]

---

[1] 关于色拉叙马霍斯正义观的理解，参 Irwin（1995：175）；Harlap（1979：347 - 350）；Hatzistavrou（1998：62 - 63）；Nederman（2007：27）；Wedgwood（2017：35）。

[2] 苏格拉底对于技艺的理解，参 Sedley（2007：272）；Schofield（2007：151）；Zuckert（2010：177）。

他关于技艺的这个设想并非空穴来风，而是由医术类比得来。苏格拉底认为，医术作为一门技艺，天生关心的是病人的福利，而非运用它的人（即医生）自身的福利。同理，统治作为一门技艺，应该像其他技艺一样，关心的是被统治者的利益，而非施展这种技艺的人，即统治者的利益。这解释了承担统治之责的人的心理动机：他们参与统治，要么是受到了金钱和荣名的奖励，要么是受到了惩罚之威胁（347b - d）：

苏格拉底： 色拉叙马霍斯啊，各种技艺肯定统治着自己所处理的对象，并比后者强，是不是？

〔他在这点上也做出了让步，尽管心里十分不情愿。〕

苏格拉底： 所以，任何一门知识都不考虑或命令于自己有益的东西，而是顾及和规划受治于它们的弱者的利益。

〔他最终也接受了这点，尽管试图做出反抗。但等他同意了之后，我就接着话头说道：〕

那么，可以肯定，没有哪个医生，就他是一个医生来说，考虑或命令于自己有益的东西，却不考虑对他的病人有益的东西。因为我们已经一致同意：严格意义上的医生是身体之主宰，而不是会赚钱的人？

色拉叙马霍斯： 是的。

苏格拉底： 所以，严格意义上的舵手是众水手们的领导，而不是一名水手？

色拉叙马霍斯： 这也是我们已经一致同意了的。

苏格拉底： 岂不由此推知，舵手和领导不会考虑和命令对舵手有利的东西，而是会去考虑和命令对受治于他们的水手们有利的东西？

〔他勉强同意这点。〕

苏格拉底： 这么说，色拉叙马霍斯啊，无论任何人，不管他居于何种统治职位，就他是一个统治者来说，决不考虑或命令对自己有利的东西,而是去考虑或命令对被统治者——他施展的技艺所作用于的对象——有利的东西。他关注的是对被统治者有益和合适的东西。他说的做的一切,他的一言一行都是为了这一点。(342c7 - e11)

从一个大的背景看,苏格拉底的这个想法并不新颖;它早在《高尔吉亚》中就有所显露,那时它主要被用来说明"政治技艺"处理的对象(*Gorgias* 504d5 - 505b8)。苏格拉底这里之所以"老调重弹",可能是想为他之前的这一假定作进一步解释。[①] 不管苏格拉底是否有意为之前的说法进行辩护,他都正确地指出了色拉叙马霍斯的论证推理所存在的逻辑破绽。苏格拉底认为,即便像色拉叙马霍斯所宣称的,正义是由施展"统治技艺"的统治者来制定的,我们由这一前提也不必然推出这样的结论:正义就是为了统治者的利益而被规定的。相反,事情的真相如他在"好人城"设想中所指出的,"统治技艺"必须专门关心被统治者的利益:

假如产生一个"好人城",那其中的公民们会争着抢着不去统治,就像现在他们争先恐后想要去统治一样。到那儿会看得一清二楚:真正的统治者天生追求的不是他自己的利益,而是被统治者的利益。所以,有识之士宁可受人之惠,也不愿烦劳助人。因此,色拉叙马霍斯"正义是强者利益"的说法,我完全不能赞同。(347d1 - e1)

然而,苏格拉底用以攻击色拉叙马霍斯的逻辑同样也适用于攻击他本人。苏格拉底的这一说法显然是说得过头了,否则不会有

[①] 《理想国》与《高尔吉亚》在此问题上的关联性,参 Irwin(1995:176);Zuckert(2010:163 - 164);Rist(2002:23)。

那么多人站出来反对他，替色拉叙马霍斯打抱不平。① 色拉叙马霍斯也并非等闲之辈，他一眼看出了苏格拉底的论证存在的问题。在接下来涉及牧羊人与羊群的关系讨论中，色拉叙马霍斯特意强调，即便每一门技艺本身，像苏格拉底所认为的，关心的是其对象的完善或改进，这也不能必然证明每门技艺的设计主要是为了其对象的利益，而不是为了实施这门技艺的人的利益。就牧羊人与羊的例子而言，牧羊人养肥羊肯定不是为了羊的利益（即便他把羊当作宠物），而是为了自身或其雇主的利益。他本质上希望通过卖羊来赚钱获利。如果把牧羊人与羊群这一类比应用于统治者与被统治者身上，色拉叙马霍斯关于统治和正义的最初主张可能更受欢迎、更吸引人，苏格拉底提供的建议则可能"无人问津"。如果仔细审查一下色拉叙马霍斯对苏格拉底提出的尖锐批评，我们似乎更能确信这一点：

> 因为你认为牧羊者和牧牛者考虑的是有益于牛羊的东西，而且他们把牛羊养肥，照料它们时，心里想的不是对他们主人和对他们自己有益的东西，而是心怀别的目的。此外，你还认为，城邦中的统治者，也就是，真正的统治者，用不同于人们考虑羊的方式来考虑被统治者，即他们日夜操劳和考虑的是他们自己利益之外的东西。你离明白正义和正义行为，不义和不义行为，是如此之远，以致你竟然没有意识到：正义其实就是他人的"好"，是对强者和统治者有利，而对服从者和侍奉者有

---

① Beversluis（2000：234-235）对苏格拉底的论证提出了三个有力的批判：其一，没有挣工资的技艺这回事；其二，苏格拉底呼吁牧羊人"照顾他们的羊"，这种呼吁依赖于田园诗般的田园场景的感伤意象，这是不现实的；其三，苏格拉底关于"挣工资是一种关乎自我利益的技艺"的主张与他之前关于"所有技艺都有益于'除了技艺或其实践者之外的某个人或某物'"的主张相矛盾。此外，还有很多人在此问题上替色拉叙马霍斯鸣不平，参 Reeve（1988：280，n.15）；Irwin（1995：176）；Henderson（1970：219）。

害。不义则相反，专门统治那些实际上头脑简单的正义之人。因此，受"不义"统治的那些人做对另一个强于他们的人有利的事，从而使他们为之效劳的那人幸福，却没有让自己有半点儿幸福。(343b1 – c9)

基于生活经验和一般性的常识判断，在牧羊人与羊群的关系问题上，我们很可能会支持色拉叙马霍斯，反对苏格拉底。除非在特殊情况下，牧羊人一般不会以羊自身的利益作为行动指南。尤其从人类中心主义的视角看，牧羊人把羊养肥，并非因为把羊养肥对羊有好处（尽管这可能对羊有益），而是因为把羊养肥可以更好地被其主人享用，或卖出更高的价钱，获取更多利益。我们可以这样设想：如果把羊养肥会使羊痛苦（如容易得肥胖症、行动不便），但考虑到商家（如牧羊人的雇主或顾客）迫切需要的是大肥羊，牧羊人也照样会把羊养肥，而不顾羊的感受（例如养殖户用瘦肉精或劣质饲料喂畜类，亦是同理）。这从根本上说，是因为他真正关心的是获利，而非羊群本身的健康境况、舒适程度或幸福。进一步讲，牧羊人之所以关心羊群的身体状况，其根本原因在于羊群的身体状况与羊肉的销售或享用，并最终与他自己的收入有直接关系。因此，现实中的牧羊人可能并非像苏格拉底所描述的那样，是为他施展技艺（牧羊技艺）的对象（羊）提供最好之物的人：

> 牧羊技艺唯一关心的肯定是为其对象提供最好的东西，因为——就如我们所知道的——当牧羊技艺完全作为它自身时，它本身就充分具备了自身处于最佳状态所需要的一切。(345d1 – 4)

显然在色拉叙马霍斯看来，苏格拉底对于这种现象的描述并没有抓住问题的本质。牧羊人之所以让羊群处于或保持一种优良状态，完全是为了让羊群能够最有效地服务于人的利益；牧羊人绝非一心只为了羊的利益。这是但凡略有常识的人都不会反对的。

苏格拉底为何要在这里犯下一个常识性错误呢?① 答案极有可能是,他的目的论逻辑决定了他必须这样主张。按照目的论的推理逻辑,如果牧羊技艺的目的(telos)旨在谋利而不顾自身的完善,那它应该被恰如其分地称为赚钱技艺,而非牧羊技艺。既然它被称为牧羊技艺,而不是其他,其原因可能就在于,它的根本目的在于牧羊(即让牧羊技艺的功能得到完美发挥);除此之外,它别无所图。② 至于人们通常所说的由牧羊而得来的利益,则完全是一种附带现象。也就是说,牧羊人只要按照牧羊技艺的标准完美地运用了牧羊技艺,让牧羊技艺的目的得到了完美实现,就是一位合格的牧羊者。至于他在此过程中有没有获利,这与牧羊技艺本身的优劣没有直接关系。正因如此,苏格拉底才会在对话中引入涉及"特定的技艺"与作为"公分母"③ 出现的"赚钱技艺"之间辩证关系的讨论,其意在提醒我们注意技艺本身的完善与运用技艺所带来的利益之间的断痕。在色拉叙马霍斯所举的牧羊例子中,人们在潜意识里会认为苏格拉底太理想,因而倒向色拉叙马霍斯的那种立足于现实(常识)的利己立场。但当面对如何评价一个好医生(如评价医生的使命或首要职责是治病救人,还是治病赚钱等诸如此类)的问题时,我们(尤其是在生病时)很可能又会倒向苏格拉底的立场。因为按照技艺的分类原理,评价一个好医生的标准不在于他能赚多少钱,而主要在于他的医术是否高明,能治什么病,能救多少人。如果承认医生的首要职责就是赚钱,那么医生的定义就与炒股、炒房之人的定义没有任何实质性区别。这意味着,评价医生好坏的标准无关于医术水平的高低,

---

① 有关这种错误的详细分析,参 Morris(2008:72-73);Yunis(1997:63)。

② 《理想国》第一卷中的苏格拉底显然是一个目的论者。后来的亚里士多德在思考正义的时候也坚持目的论的思维逻辑。相关探讨,参 Sandel(2010:Chapter 8)。

③ 关于这个数学比喻,参 Bloom(1991:333)。

而只关乎他是否很能赚钱。① 如此类推，现实社会中的任何职业都可以用"为了赚钱"来加以定义。如果我们假定赚钱是它们的本质属性和根本出发点，那就不存在把各门技艺区分开来的标准。我们显然不会这么认为。有人可能会进一步反驳说，无论怎样，人们施展一门技艺的出发点肯定是利己的，其主要目的是为了赚钱，其次才是为了别的目的。但问题是，有没有其他可能，或更好的备选项？从上文论述看，以赚钱来规定技艺本质属性的做法不仅更容易消除技艺之间的差别，而且会导致技艺名不副实，使技艺的完善与施展技艺所带来的利益断然分离。按照苏格拉底的目的论逻辑，我们其实可以更好地把这两种目的有效地统合起来。比如，一个人一旦严格遵循某一门技艺的原则，完美地实现了它的目的，他似乎并没有任何损失，附带"利益"反倒会随之而来（甚至不请自来），这就好比人们常说的"你若花开，蝴蝶自来"。相反，一个医生，如果他表面上打着治病救人的口号，实际上却是为了牟利，那他显然不能被恰如其分地称为"医生"，因为他在施展技艺的过程中不仅背离了"救死扶伤"这一使命，而且忘却了以实现医术的自我完善这一根本宗旨。从这个角度看，苏格拉底与色拉叙马霍斯的争论表面上看是聚焦于理想的技艺与现实的技艺孰优孰劣的问题，但实质上牵涉的是技艺的本质属性是什么、技艺与技艺之间的根本分别在哪里，以及评价一门技艺优劣与否的标准（"好"）是什么等一系列问题。可以说，苏格拉底的想法看似违背常理，却在情理之中，色拉叙马霍斯的看法则看似符合常理，却又在情理之外。

---

① 人们一般指出，金钱或"经济体系"便是一种"组织原则"。在平常城邦中，付给技艺产品的金钱数额决定了什么技艺被实践，如何实践，以及什么样的人来实践。金钱是贯穿所有技艺的公分母。金钱确立了所有技艺的价值，并为实践它们提供了动机。自称可"教授修辞术"并在雅典四处招揽学生的色拉叙马霍斯，也属于这个体系的一部分。他的修辞术只有在人们想要它并肯自掏腰包学习它时，才对他"有用"（*chrêsimon*）。正因如此，色拉叙马霍斯常常被人们称为修辞学家（rhetorician），而非形上学思想家（metaphysical thinker）。相关探讨，参 Bloom（1991：333）；Ferrari（1987：249）；Leibowitz（2010：53）。

第三节　如何理解色拉叙马霍斯在
　　　　　正义问题上的立场

如何理解色拉叙马霍斯在正义问题上的立场？这一直是柏拉图研究中争议最多、分歧最大的议题之一，也是《理想国》最重要的问题之一，因而是本章的核心。其争议点主要集中在两个问题上：其一是色拉叙马霍斯关于正义的种种说辞之间是否存在根本性冲突；其二是他关于正义所提出的哪个主张代表了他真实的立场。前者涉及争夺"正义"这一头衔的各种竞争者之间的相互一致性问题；后者涉及色拉叙马霍斯对正义的描述或定义的"身份"（identity）问题。[①] 本节任务是在结合以往相关研究的基础上，进一步澄清色拉叙马霍斯的真实立场，并对其内在逻辑、合理性和谬误性进行批评性分析。不同于过去一些笼统的、似是而非的说法，本节基于文本试图说明：第一，色拉叙马霍斯就"何为正义"给出的"正义作为强者的利益、对法律的服从、他者之好"这三条公式化的表述之间看似存在冲突，实则存在一致性；第二，色拉叙马霍斯的正义之定义并非是"正义是对法律的服从"，也非"正义是他人的好"，而是"正义是强者的利益"。

一　色拉叙马霍斯关于正义之定义的三重规定

色拉叙马霍斯在替自己的强者型正义观辩护的过程中引入了《理想国》全书所关涉的一个重大问题：不义的人与正义的人相比究竟谁更幸福？色拉叙马霍斯主张，事实证明不义的人无论从哪个角度看都要比正义的人生活得好、生活得幸福。他的这个主张明显是

[①] 关于这两个问题重要性的探讨，参 Reeve（1985：246）；Nicholson（1974：210）；Chappell（2000：101）。

从他的另一个关于正义的断言中推导出来的:"你居然不了解正义事实上是他人的好,即对强者和统治者有利,而对顺从侍奉者有害,不正义的情况则正相反。"(343c3-6)

至此,我们注意到色拉叙马霍斯就正义的本性先后下了四个断言:

A 要我说,正义无非就是强者的利益。(φημὶ γὰρ ἐγὼ εἶναι τὸ δίκαιον οὐκ ἄλλο τι ἢ τὸ τοῦ κρείττονος συμφέρον.) (Ⅰ 338b9-c1)

B 通过这样立法,每个政体都来宣称:凡是对被统治者正义的即对于自己有利……(τίθεται δέ γε τοὺς νόμους ἑκάστη ἡ ἀρχὴ πρὸς τὸ αὑτῇ συμφέρον... θέμεναι δὲ ἀπέφηναν τοῦτο δίκαιον τοῖς ἀρχομένοις εἶναι...) (Ⅰ 338e2-3)

C 苏格拉底,这就是我所谓的正义,它在所有城邦中都一样,即对已建立的统治有利的东西。(τοῦτ' οὖν ἐστιν, ὦ βέλτιστε, ὃ λέγω ἐν ἁπάσαις ταῖς πόλεσιν ταὐτὸν εἶναι δίκαιον, τὸ τῆς καθεστηκυίας ἀρχῆς συμφέρον) (Ⅰ 338e5-7)

D 正义事实上是他人的好。(ἡ μὲν δικαιοσύνη καὶ τὸ δίκαιον ἀλλότριον ἀγαθὸν τῷ ὄντι) (Ⅰ 343c2-3)[①]

人们通常认为,这四个不同论断可概括为三个著名命题:[②]
A:正义是强者的利益(正义即是对强者有利的东西)(338b-c)
B:正义是对法律的服从(正义即是守法)(338e)
C:正义是他者的好(正义即是对他人有益的东西)(343c)

人们普遍承认,这三个命题中有一个是色拉叙马霍斯关于正义

[①] 对于这四条的归纳与整理,参 Chappell (1993:3)。
[②] 关于这三个命题的概括与总结,参 Maguire (1971:143); Hadgopoulos (1973:204-208); Nicholson (1974:210); Reeve (1985:246); Boter (1986:261-281)。

的定义（或代表着他在正义问题上的真实立场）。传统上，认为"A 是色拉叙马霍斯的立场"的想法一直占据着主流地位。但进入 20 世纪 40 年代后，争议开始出现。① 有些人指出 C 才是色拉叙马霍斯的真实立场，例如克费德（G. B. Kerferd）较早指出色拉叙马霍斯的真实立场一直被人误解而失去了本意；他的真实立场乃是 C，而不是其他（Kerferd，1947：19-27，1964：12-16）。对于这种惊世震俗的主张，有些人支持，有些人则反对。例如，尼科尔森（P. P. Nicholson）、安娜斯及余纪元等人从不同角度对克费德所支持的这一立场进行了辩护（Nicholson，1974：210；Annas，1981：45-46；余纪元，2009，页 45）。但有些人如与克费德同时代的霍拉尼（G. F. Hourani）以及后来的一部分学者则激愤地表示，克费德完全搞错了，因为色拉叙马霍斯本质上是一位"守法主义者"（legalist），所以 B 才是他的真实立场。对于霍拉尼提出的这种指责，克费德也不甘示弱，对其进行了有力的回击，由此也引发了两人长达数十年的笔头争论。② 除了极少数尚未介入或刻意避开这一争论的现代学者以外，剩下还有相当数量的现代学者仍坚持传统的看法，主张 A 是色拉叙马霍斯关于正义的立场，尽管其内部就如何理解这个立场与其他两个命题的关系以及它们是否兼容等问题持有不同见解。③

---

① 有关这种争议的概述，参 Nicholson（1974：210-232）；Reeve（1985：246-265）；Chappell（1993：1-3）。

② Kerferd 和 Hourani 的共性在于，二者都认为色拉叙马霍斯的立场是自洽的。不同于 Kerferd，Hourani（1962：110-120）认为色拉叙马霍斯相信正义意味着对于法律的服从，所以色拉叙马霍斯坚持的是守法主义者的立场。后来的 Anscombe & Morgenbesser（1963：393-401）也支持 Hourani 的这种解读。有关 Hourani 与 Kerferd 两人之间争论焦点的概述与评判，参 Maguire（1971：142-163）；Hadgopoulos（1973：204）。

③ Nettleship（1901），Crombie（1962），Guthrie（1987），Barker（1960），Irwin（1977，1995），Gerson（2003：253），Hatzistavrou（1998：62），Ober（1998：217）和 Reeve（1985，1988，2004）等一大批杰出的学者都捍卫传统的看法。关于捍卫这一立场的西方学者名单比较完整的概述，参 Nicholson（1974：211，n. 3）；Reeve（1985：246-247，1988：18）；Nederman（2007：26-42）；国内传统看法，主要参范明生（1993，页 774）；包利民（2010，第四章）；张波波（2019）等。

首先，不难看出，如果色拉叙马霍斯把 B 和 A 或 C 结合在一起，他就会陷入麻烦。如拿 A 与 B 来说，如果哪位统治者（强者）由于一时疏忽而制定了于己不利的法律，那以 B 的标准看，服从这样的法是正义的，但以 A 的标准看，服从对统治者不利的法恰恰损害了统治者的利益，因而是不义的。这就必然造成"既是又否"的逻辑悖论：被统治者在这种情况下对法律的服从，既是正义的（以 B 的标准），又是不义的（以 A 的标准）。苏格拉底在对话中对此也有所察觉：

> **苏格拉底**：各个城邦中的统治者都绝无错误，不会犯错，还是有可能犯错？
>
> **色拉叙马霍斯**：当然有可能犯错了。
>
> **苏格拉底**：所以，当尝试确立法令时，他们是否立对了一些法令，而立错了另一些法令？
>
> **色拉叙马霍斯**：我想是这样的。
>
> **苏格拉底**：法令如果规定了对统治者有利的东西，那就是正确的，而如果法令规定了对统治者不利的东西，那它就是错误的？你是不是这个意思？
>
> **色拉叙马霍斯**：是的。
>
> **苏格拉底**：统治者不管确立了什么法，被统治者都必须执行，这就是所谓的"正义"？
>
> **色拉叙马霍斯**：当然。
>
> **苏格拉底**：那么，按照你的说法，不仅做对强者有利的事，而且做与之对立的，即对他们不利的事，也是正义的。（Ⅰ 339c1 - 339d2）

其次，A 与 C 之间的冲突似乎更为明显。倘使哪位僭主或不为被统治者谋利的统治者为了一己私利而干了损害被统治者利益的事，那以 A 的标准看，此人的这种行为是正义的，但以 C 的标准看，这种行为却是不义的。

最后，B 与 C 之间的可能冲突也不言而喻。假设色拉叙马霍斯同时坚持 B 和 C，那么，每当统治者制定了符合自己利益的法律并遵守了这样的法律时，那他的这种行为以 B 的标准看是正义的，而以 C 的标准看则是不义的。①

因此，如果色拉叙马霍斯将 B 与 A 或 C 结合在一起，那么从表面上看，他将被迫对可能的情况作出前后矛盾的判断。如果我们假定色拉叙马霍斯关于正义的各种说法是前后一致的，就需要想办法化解它们之间的这种冲突。

二 正义作为强者利益的普遍适用性

既然 B 在这三个命题之间起着桥梁作用，而且有些人确实主张 B 是色拉叙马霍斯的正义定义，我们不妨先从这个命题入手，寻找突破口。前面提到，以克费德为首的一些人极力反对将 B 视为色拉叙马霍斯的正义定义。他们提供的一个证据对我们反对 B 很有帮助。如果仔细阅读文本，就会发现，色拉叙马霍斯在与苏格拉底开始讨论之初可能持有 B。但是，即使他刚开始坚持过 B，他也很快就明确地拒绝了它。他事实上拒绝了克勒托丰（Clitophon）的观点：被统治者应该服从统治者的法律，不管这些法律是否符合统治者的利益（340b6 - c5）。相反，他坚持这样的主张：被统治者必须只遵守统治者在没有搞错自己利益的情况下制定的法律。言外之意，被统治者若是服从了统治者在对自己的利益把握不准确的情况下制定的法律，便是不义的。因此，在发生错误的情况下，被统治者所应做的不仅仅是遵守法律。这就有力地证明了，无论色拉叙马霍斯一开始持有什么观点，B 都不是他关于正义的最终描述的一部分。②

---

① 关于 A、B 和 C 之间潜在冲突的分析，参 Reeve（1985：247）；Hadgopoulos（1973：204）。

② 对 B 的反驳，参 Kerferd（1964：12 - 16）；Reeve（1985：247）。

色拉叙马霍斯是否曾致力于倡导过 B？换言之，他在没有受到苏格拉底的质疑之前是否主张过 B？根据文本，不难看出，他没有做过这样的承诺。

第一，他从来没有明确地陈述过 B。他说的东西看起来像 B，但不是 B 本身。因此在 339b7 – 9 处，他同意"服从统治者是正义的"，但这不等于 B。

第二，在 339c19 – 122 处，他同意"被统治者服从统治者的法律是正义的"，但这也不等于 B，理由在于，B 是关于绝对的正义，而不仅仅是关于被统治者的正义。这也适用于他在 338e3 – 4 处的重要主张：统治者宣称被统治者服从法律是正义的。

第三，在 340a4 – 6 和 340a7 – 8 处，玻勒马霍斯和克勒托丰两位围观者都声称色拉叙马霍斯致力于倡导这样的观点：遵守统治者的法律是正义的，不管这些法律是否为统治者的利益服务。但在 340c6 处，色拉叙马霍斯否认这一观点。他主要关注的是正义和统治者的利益之间的联系，而不是正义和法律之间的联系。不少学者如 Reeve 指出，柏拉图在此引入玻勒马霍斯和克勒托丰之间的简短交流，正是为了将色拉叙马霍斯的观点，与许多智者（Sophists）持有的一般观点——正义是对法律的服从——区分开来。因此，B 只在论证的早期部分中扮演了重要角色。①

既然 B 已被排除，那么当前只剩下 A 和 C 两个积极的竞争者了。前面提到，它们也不一致。如果统治者的行为是正义的，那么他的行为就是为了统治者的利益（根据 A），也就是说为了他自己的利益（而不是别人的利益）。但他若按自己的利益行事，就不秉公行事（根据 C）。因此他的行为既正义又不正义。②

到目前为止，针对这一冲突，还没有决定性的文本解决办法。

---

① 关于这三条理由的详细探讨，参 Reeve（1985：247，n. 10）；Hatzistavrou（1998：62）。

② 关于 A 和 C 之间的冲突，参 Reeve（1985：247）；Nicholson（1974：223）。

其一，那些相信 A 是色拉叙马霍斯的正义定义的人宣称，色拉叙马霍斯意图将 C 这个限制条件加于"除统治者之外的所有人"；其二，那些相信 C 是色拉叙马霍斯的正义定义的人则宣称，色拉叙马霍斯意图将 C 这个条件强加于 A；其三，另外一些人虽强调 A 是色拉叙马霍斯的正义定义，但主张色拉叙马霍斯试图把 A 和 C 两个原则都加于"受强者统治的被统治者"。① 但是，涉及色拉叙马霍斯意图的文本证据仍有待寻找。

在我们看来，把 C 视为色拉叙马霍斯的正义定义难以在对话内部的逻辑脉络上站得住脚。此外还有三条强有力的文本证据佐证：色拉叙马霍斯的正义定义是 A，而不是 C。

第一，色拉叙马霍斯对 A 这一核心论点的强调次数明显多于对外围论点的强调次数。当苏格拉底首次问色拉叙马霍斯什么是正义时，色拉叙马霍斯主张是 A（338c1-2），然后他在讨论的不同地方对于同一断言重述了至少五次（339a1-2，339a3-4，341a3-4，343c4，344c7）。相比之下，色拉叙马霍斯只提到 C 一次（343c2）。所以单从强调的次数来讲，如果我们假定 C 是他的正义定义，那就很难解释他为何不在讨论中反复强调自己的核心论点，却对一个预先设计好的处于外围地带的命题予以三番五次的说明。

第二，苏格拉底的旁白表明：A 正是色拉叙马霍斯关于正义的定义。在 343a1-2 处，苏格拉底自己就透露："大伙心里都很清楚，他关于正义的说法②已经变成它的反面了。"（ὁ τοῦ δικαίου λόγος εἰς τοὐναντίον περιειστήκει）既然命运发生逆转的是 A，而不是其他（342e6-11），那苏格拉底无疑也认为 A 就是他必须去反驳的定义。③

---

① 对于学者们所提供的这些解决之道的概述，参 Reeve（1985：248）；Reeve（1988：279，n.13）。

② λόγος 在希腊语中的意义十分广泛，一般是指"言说"，但在这里也可以指"定义"。

③ 这里的前两点证据受益于 Reeve（1985：248）等人的观察。

第三，苏格拉底对于讨论的总结进一步指出 A 是色拉叙马霍斯的正义定义。在论述统治报酬时，柏拉图插入了一段格罗康与苏格拉底展开的对话：

格罗康：苏格拉底啊，你这样说是什么意思？头两种薪酬我都熟悉，但不懂你说的惩罚是指什么？你怎么称它也是一种薪酬呢？

苏格拉底：看来，你不明白最优秀的人所得的那种薪酬，即那种说服最适合统治的人在他们愿意统治时所得的报酬。你难道不晓得，爱名贪钱被视为一种耻辱，而且事实上也的确可耻吗？

格罗康：怎么不晓得！

苏格拉底：因此，这就是好人为何不肯为金钱为荣名来统治的缘故。他们要是因为统治公然取酬，就会被称为佣工，要是暗中把报酬视为自己统治的收益，就会被称作小偷。此外，他们也不会为了荣名去统治的，因为他们并非野心勃勃的爱名者。因此，若要使他们愿意统治，那就必须给他们施加某种强制或惩罚。这可能就是那些在还没有受到强迫之前，就自愿想要统治的人被视为可耻的缘故吧。如果有人不愿自己亲自统治，那么，最大的惩罚则是受治于比他坏的人。我想，当好人确实统治时，他们是因为怕这个，才去统治的。好人参与统治，不像是去做好事，也不像是去在其中寻欢作乐，而是像把它看成是某种无可避免的事，因为他们无法把统治交付给任何比自己好或同自己一样好的人。假如产生一个好人城，那其中的公民们会争着抢着不去统治，就像现在他们争先恐后想要去统治一样。到那儿会看得一清二楚：真正的统治者天生追求的不是他自己的利益，而是被统治者的利益。所以，有识之士宁可受人之惠，也不愿烦劳助人。<u>因此，色拉叙马霍斯"正义是强者利益"的说法，我完全不能赞同。但对于这个问题，我们以后另</u>

第四章　色拉叙马霍斯：智者的正义观（336b – 354c）　217

<u>找时间再谈。他当前主张的"不义之人的生活比正义之人的强"
这个说法，在我看来，更要紧。</u>（Ⅰ 347a6 – e5）

　　过去一些人认为这段文字的内容有些偏离主题。其实，这种看法并不正确。苏格拉底这里讲的"好人"和"好人城"不仅为后文论述的"哲人王"和"美好城邦"（Kallipolis）埋下伏笔①，而且更为重要的是，这段文字向我们再一次暗示，色拉叙马霍斯的真实立场是 A。我们应当尤其注意画线部分的话：苏格拉底这里总结性地强调（也是最后一次声明）色拉叙马霍斯的立场是 A，尽管 A 是他本人不同意的。我们发现，这段文字实际上是苏格拉底与色拉叙马霍斯之间论战的论题转折点。之后苏格拉底随即把第一卷的关注焦点转向了对第二个问题的探究，即不义之人的生活是否好过正义之人的生活。有人可能会反驳说，这只是苏格拉底一厢情愿的总结；或许色拉叙马霍斯并不同意这样的说法。但在苏格拉底总结完毕后，色拉叙马霍斯并没有反驳这种看法。以色拉叙马霍斯这样有着狂妄、暴躁、易怒、直率、粗鲁性格的人（336a10 – b6）②，如果苏格拉底说了什么于他不公的言论，他肯定会暴跳如雷，并提出强烈抗议的。但有趣的是，他并没有这样做，这在一定程度上暗示，色拉叙马霍斯默认了苏格拉底的总结。这充分说明，柏拉图有意让我们相信，A 就是色拉叙马霍斯关于正义的真实立场。

　　总之，把这三项证据放在一起，很好地解决了有利于 A 的身份争议。事实上，从这三条文本证据看，第一卷的内容在很大程度上都倾向于支持色拉叙马霍斯的正义定义是 A，而不是 C。虽然这些证据不能解决一致性问题，但它们确实有利于那些限制 C（或同时限

---

　　① 这段文字是否离题，是一个争议的问题，参 Kahn（1993：138）。
　　② 有关色拉叙马霍斯这个人物性格的评论与分析，参 Reeve（1988：13）；Benardete（1989：20）；Blondell（2002：182）；Allen（2006：ix）。

制 A 和 C) 的解决方案, 而不是只限制 A。可以想象, 如果色拉叙马霍斯有一个可利用的、不受任何限制的"原则"作为正义的定义, 那他肯定不会把一个受限制的原则用作正义的定义。① 对话中跟苏格拉底论辩的每个人物都在寻找一个普遍适用的、放之四海而皆准的完美正义定义, 色拉叙马霍斯也不例外, 他试图宣扬一种适用于所有城邦的正义定义:

> 苏格拉底, 这就是我所谓的正义, 它在所有城邦中都一样, 即对已建立的统治有利的东西。因为已建立的统治肯定是强者, 所以任何通过正确的方式运用理性计算的人都会得出这样的结论: 正义无论在哪里都一样, 即对强者有利的东西。(338e5 – 339a3)

三 三重规定之间的兼容性问题与解决方案

如果 A 是色拉叙马霍斯的真实立场, 那么, A 和 C (或 B) 之间的冲突可以消除吗? 人们对此存在很大争议。② 有些人认为这种冲突是无法消除的, 因为色拉叙马霍斯的立场本质上是不一致的, 但有一些人认为色拉叙马霍斯的立场是自洽的, 所以并不存在冲突, 或者就算有冲突, 也只是表面上的。坚持后一种观点的人诉诸的主要策略是, 色拉叙马霍斯不是在给正义下定义, 而是在描述正义。他们认为, 唯有这样理解, 色拉叙马霍斯关于正义的看法才是"有趣、可信和连贯的", 文本中的冲突也才能消除。按照时间顺序, 查普尔 (T. D. J. Chappell) 可以说是最早提出这样的策略来化解各个命题之间冲突的现代学者。他在《色拉叙马霍斯的美德》一文中基于维特根斯坦 (Wittgenstein) 对"规定性"(prescription) 与"描述

---

① 大多数人通常认为色拉叙马霍斯寻求的是普遍原则, 而不是相对正义, 参 Reeve (1985: 248); 另外, 也有部分学者认为色拉叙马霍斯对于正义的理解是相对主义式的, 参 Novitsky (2009: 11 – 30)。

② 关于这种争议, 参 Hadgopoulos (1973: 204); Chappell (1993: 1)。

性"（description）之间的区分而指出："色拉叙马霍斯并没有一个关于正义的规范性论点，而是拥有一个关于正义的描述性论点。"（Chappell，1993：4）霍伯斯（A. Hobbs）在《柏拉图与英雄》一书中则沿着这条思路而论证并得出这样的结论："（色拉叙马霍斯）最初说的正义是强者的利益不应被理解为他关于正义的完整定义，而应当被视为一种关于正义如何在现实政治世界中运行的描述。"（Hobbs，2000：167－168）另一位学者芭妮（R. Barney）在《苏格拉底对于色拉叙马霍斯的反驳》一文中基于对赫西俄德《工作与时日》的考察也坚持了同样看法。她指出："色拉叙马霍斯并不是在给出一个正义定义，而是通过指出通常理解的正义的标准效应来揭露它……事实上，他在假定一个老生常谈的、传统正义概念……不义似乎是由贪婪（pleonexia……）和傲慢驱动的行为，包括违反法律和社会规范（nomoi）。正义则被理解为，遵守法律、行事诚信、自我约束以及勿碰他人之财的事情；它是使我们成为好公民和好邻居的美德。"（Barney，2006：45）

以上这种从描述性角度来看待色拉叙马霍斯的说法的解释在一定程度上或许可以让我们避开如何化解这三个命题之间的冲突的困难，但它本质上又暗藏着风险和不必要的麻烦。这种风险在于：（1）柏拉图本人是否会在规范性论点和描述性论点之间作出严格的区分，这是十分可疑的；（2）柏拉图笔下的色拉叙马霍斯在多大程度上可以等同于受宣扬传统道德的《工作与时日》影响的（历史上的）色拉叙马霍斯，这是有待商榷的。[1] 这种麻烦在于它会引入关于"什么是定义的本性""为何描述性的陈述不能作为定义使用"[2] 以及

---

[1] 有关历史上的色拉叙马霍斯与柏拉图笔下的色拉叙马霍斯之间的对比分析，参 Nederman（1981：143－167）；White（1995：307－327）；Reeve（1988：276，n. 5）。

[2] 关于如何理解柏拉图式定义及其与现代人所谓的定义之间的区别，参 Kerferd（1964：12－13）；Hadgopoulos（1973：208）；Annas（1981：22－23）；Allen（2006：xi）。

"色拉叙马霍斯论点的应然性、实然性和本质主义"① 等相关问题的争论。鉴于此,本书虽然也坚持认为色拉叙马霍斯的立场是内在一致的,但将另辟蹊径,即在确立 A 是色拉叙马霍斯的真实立场之后,从文本内在的语境与逻辑中找出证明 A、B、C 这三个命题可以相互兼容的证据。

第一,就利益的最终指向而言,色拉叙马霍斯明显认为它是指向强者(城邦的统治者)的。这一点可以从对话中他对僭主制的顶礼膜拜看出(344a6)。色拉叙马霍斯相信,任何社会中的强者都通过立法和执法来控制公民的教育和社会化过程。不仅如此,他还深信,统治者像其余人一样,都是利己的,而不是利他的。因此,强者立法、接受社会习俗——包括语言习惯传统——都是为了实现自身利益的最大化,而不是为了服务和保护弱者——被统治者——的利益。此外,他还指出,决定被统治者的正义观和其他诸美德观念的正是传统上沿袭下来的这些习俗。在他看来,被统治者在经过一番遵从或服从法律的训练之后,就会不知不觉地接纳一套为统治者的利益(而不是其自身利益)效劳的意识形态和社会行为规范。正因如此,色拉叙马霍斯不会像苏格拉底和玻勒马霍斯等已经过社会化的被统治者们一样把正义看成是某种促进行为主体幸福的真正高贵、有价值的东西。相反,他坚称正义在所有城邦中都是一样的,代表着强者的利益(Ⅰ 338e12 – 339a3)。②

第二,对于苏格拉底揭示的 A 与 B 之间的冲突,色拉叙马霍斯通过诉诸那种完美的、不会犯错的统治者概念化解了该冲突:

> 我的意思是说,有人在救治病人的过程中犯错时,你是不是就因为他犯了那个错误才称他是一名医生的?或者,有人在

---

① 关于色拉叙马霍斯论点的"本质主义阐述"(essentialist interpretations)路径的评析,参 Harlap(1979:347 – 348)。

② 关于色拉叙马霍斯正义观的解释,参 Reeve(2004:xiii);Anderson(2016:21)。

计算过程中犯错时,你是不是就因为他犯了那个错误才称他是一名会计的?我认为,我们确实会用语言表达说"医生犯错","会计犯错"或"文法教师犯错"——但这只是字面上的说法。然而,他们每个人,就其合乎我们给他们的称号而言,是绝不犯错的。因此,按照精确的说法——你是个坚持精确说法的人——没有哪个技工曾会犯错。只有当他的知识舍弃他时,他才犯错。并且,就因为他犯了那个错误,他就不是什么技工了。没有哪个技工、智慧者或统治者在他们统治那一刻会犯错的,即便所有人将会说:医生或统治者会犯错。你必须按照这种不精确的方式来理解我刚才给你的答复。不过,最精确的回答是:一名统治者,就其身为统治者而言,是绝不犯错的,并且准确无误地命令于自己最有益的事——这也是被统治者必须做的事。因此,如同我一开始说的,做对强者有利的事就是正义的。(Ⅰ 340d1–341a3)

既然在色拉叙马霍斯看来,完美的统治者在任何情况下都不会弄错自己的利益,那么他们在任何情况下都不会制定于己不利的法。所以,他认为 A 与 B 之间永远不会存在冲突。

第三,就 A 与 C 之间的兼容性而言,前面已经提到,主张它们之间存在冲突的人(如 Kerferd, Annas 和 Nicholson)坚称色拉叙马霍斯关于"正义是他人的好"的主张与他之前关于"正义是强者的利益"的主张相冲突,因为(根据之前的定义)强者的正义行为对强者有利。可是,只要我们以如下方式看待色拉叙马霍斯说话的具体语境,这种冲突便会自动消失。换言之,一旦我们意识到,色拉叙马霍斯在关于正义的这两次断言中,都意在强调正义存在于弱者一方对有利于政权(政制)的规则的遵守中时,所谓的冲突就不复存在。色拉叙马霍斯从未断言该政权的行为是正义的还是不正义的。相反,从他那番长篇大论可知,他用正义(或不义)来形容个别官员的行为。在他看来,既然克制自己不接受贿赂不符合他自己的利益，所以每个官员的行为的确都是为了政权的利益，也都是为了他人的"好"。因此，按此理解，我们就不应该像克费德等人那样否认"强者的利益"实际上是色拉叙马霍斯对正义的描述，不应该否认 A 其实是色拉叙马霍斯的真实立场①：

> 你离明白正义和正义行为，不义和不义行为，是如此之远，以致你竟然没有意识到：正义其实就是他人的"好"，是对强者和统治者有利，而对服从者和侍奉者有害。不义则相反，专门统治那些实际上头脑简单的正义之人。因此，受"不义"统治的那些人做对另一个强于他们的人有利的事，从而使他们为之效劳的那人幸福，却没有让自己有半点儿幸福。
>
> 头脑简单的苏格拉底啊，你必须这样考虑：正义之人必然总比不义之人获得的少。首先，就拿他们彼此订合约的事儿来说吧。当正义之人同不义之人成为合伙人之后，你在他们散伙时决不会发现，正义之人比不义之人多得，相反，只会发现少得。其次，再看和城邦有关的事儿吧。等到交税时，等量的财产，正义之人交税多，不义之人却交税少，但等到城邦分红时，正义之人一无所得，不义之人却大发横财。最后，当他们各自担任公职时，正义之人就算在其他方面没遭到惩罚，也会发现自己的私人事业因为不得不被忽略而恶化不少，又因为恪守正义，没从公款受惠半点儿，还因为不肯以不义手段惠及亲属和熟人而被后者记恨。(343c1 – e5)

读到这段话时，我们不应该因为色拉叙马霍斯说了"正义事实上是他人的好"便认定它是他关于正义的真实立场，更不应该把它与"正义是强者的利益"这个主张对立起来。于色拉叙马霍斯而言，

---

① 有关 A 与 C 之间冲突的化解之道的阐释，参 Irwin（1995：378，n. 30）；Chappell（1993：10）。

其他不正义的人比这个或那个正义的人更强大,能够不时地打破这个或那个规则而不受惩罚。在城邦中,僭主比其他任何人都强大,他能够同时违反所有的法律,一下子攫取所有的财产,同时奴役所有财产的主人(344b)。在这个过程中,"最彻底的不义"的一个例子被揭露出来。因此,一种更强大的统治者只是更强大的不正义被统治者的一个更极端的版本。正义既是这些不正义被统治者的利益,更是僭主的利益。①

总之,综合以上分析,我们认为 A、B、C 三点之间的冲突是表面上的,是可以化解的。

四 色拉叙马霍斯正义观的实质

阐述完色拉叙马霍斯的正义立场的自洽性以后,我们有必要思考另外一个问题:色拉叙马霍斯为何被赋予这样的正义观?

首先,如果说,对"完美"和"不朽"的渴望在很大程度上构成了早期希腊哲学的基础(*Theaetetus* 180e – 181a;*Metaphysics* 986b10),那从色拉叙马霍斯的立场看,他同前一位论辩人玻勒马霍斯一样都受到这种渴望的影响。这种渴望使他们相信,存在一个关于正义本性的完美定义。② 就此而论,把色拉叙马霍斯仅仅当成一位现实主义者,或许是不妥的。因为他相信存在完美的、不会犯错且知道一切的统治者(僭主),这足以说明他的理想主义比起苏格拉底

---

① 关于僭主与其他不义的被统治者之间的关系的分析,参 Reeve(1985:258 – 259);Reeve(1988:116);Barney(2006:45);Nicholson(1974:224);Wilson(1995:63)。

② 《理想国》通常被视为一部关于"完美城邦"的书,它以拥有追求"完美"的对话者为特征。这种常规看法有一定道理,因为若无这些追求"完美"的对话者,"理想城邦"就不可能被建立起来。同时,这些对话者被说服去适应一个与他们眼前利益相悖的美丽新世界。要在行动(实践)中建立最好的城邦,"立法者"需要具备几乎难以置信的条件。同理,要在言辞中建立最好的城邦,"立法者"也需要具备精力充沛无比的对话者,否则他们在讨论中途就因体力不支而放弃讨论了。关于《理想国》一书的完美主义倾向的解释,参 Nichols(1987:55, 53);Bloom(1991:331)。

来有过之而无不及。色拉叙马霍斯的理想型统治者（344a）分明就是苏格拉底在第九卷中论述的"最好、最正义、最幸福（eudaimonestaton）"的哲人王的对立面（580c1-4）。① 当然，色拉叙马霍斯的正义观不同于玻勒马霍斯的，其不同主要体现在两点：其一，对玻勒马霍斯而言，正义的属性主要是行为所拥有的属性。② 相比之下，色拉叙马霍斯认为正义首先是法律或政治制度的属性，只是在衍生层面上是符合这些法律的行为的属性。③ 其二，二者最本质的不同在于，色拉叙马霍斯更愿意把"正义"看成是统治者与被统治者之间的一种政治关系（而非玻勒马霍斯所认为的一种局限于商业领域中的敌友关系），以此来佐证弱肉强食（强者统治弱者）是自然界和人类社会发展的规律，因此它是自然正义的。在此意义上讲，色拉叙马霍斯的确是站在城邦的立场上思考问题的。他维护的是城邦统治者的利益，他的"正义是强者的利益"这一定义也是城邦当权者的正义定义。④ 也正源于此，柏拉图才把色拉叙马霍斯刻画成苏格拉底在《理想国》中遇到的最强对手。苏格拉底唯有战胜了城邦的代言人，才能为自己"洗清罪名"；也唯有通过"杀死"色拉叙马霍斯推崇备至的那种集智慧与权力于一身的无法无天的自私僭主，苏格拉底才能让那种致力于制定维护城邦整体利益（而不是某一特殊阶层的利益）的法律的哲人王们在理想城邦中有立足之地。在此意

---

① 关于色拉叙马霍斯的理想型统治者与苏格拉底的理想型统治者的比较，参 Reeve（1988：198）；Kahn（1993：138）。

② 玻勒马霍斯对于正义的这种理解，参 Reeve（1988：7）；Page（1990：247）。

③ 色拉叙马霍斯对于正义的这种理解，参 Reeve（1988：11）；Nederman（2007：30）。

④ Strauss 明确指出色拉叙马霍斯扮演了愤怒的城邦，是城邦的代言人，参 Strauss（1964：78，1996：183）；Bloom（1991：326）重申并进一步发展了 Strauss 的这种观点。Nicholson（1974：211）等人对这种政治倾向的解读提出了批评。如今也有很多人认为色拉叙马霍斯是"自然权利"的倡导者；柏拉图是有意把色拉叙马霍斯关于"正义"的说法限制在政治领域，同时暗示色拉叙马霍斯的立场与《高尔吉亚》中卡利克勒的立场存在一定关联性。相关探讨，参 Harlap（1979：347）；Annas（1981：37-38）；Irwin（1995：176）；Barney（2004）。

义上讲，不仅是《理想国》第一卷，甚至整个《理想国》都可被视为柏拉图或苏格拉底的申辩。① 事实上，在第七卷中谈到是否应当强迫哲人回归洞穴时，苏格拉底已经挑明，理想的法律不是像色拉叙马霍斯或格罗康所以为的，旨在于维护某一特殊阶层的利益，而在于维护城邦各个阶层的整体利益：

> 我的朋友，你又忘了这一点，法律所关心的并不是如何让城邦中的某一阶层过上与众不同的幸福生活，而是如何设法在整个城邦中产生这种状态，用说服或用强制的手段使公民们和谐共处，使他们相互之间分享他们每一人能向共同体提供的利益，法律在城邦中造就了这种人的目的并不是好让每一人自己想往哪个方向跑就往哪处跑，而是利用他们来使城邦联合在一起。（Ⅶ 519d9 – 520a4）

其次，从色拉叙马霍斯的言论看，柏拉图有意让他传达这样的信息：城邦中的所有居民就像价值观念如白纸的新生婴儿一样。这样，统治者与其博取被统治者的喜爱，不如使他们感到恐惧。统治者应当像威严的父母管教孩子一样控制被统治者，他们可以采取的手段有设置奖惩、言论审查制度、控制公民的教育和信息接收渠道，把有利于统治者利益的行为规定为正义，把对其不利的行为贬斥为不义，并予以重罚。生活在这种城邦中的公民的伦理信念是由强者的利益（而不是由事实）所决定的。因此即便有人如苏格拉底用"辩驳法"对这些信念加以考察，也根本判断不出它们的真伪，更无从获得正确、可靠的伦理知识。可见，色拉

---

① 有些人如 Sesonske（1961：31）认为《理想国》第一卷是柏拉图的申辩，因为柏拉图在卷一中承认了苏格拉底的失败并解释了失败的原因。另有些人如 Bloom（1991：307）则坚称：《理想国》是真正的苏格拉底的申辩，因为只有在《理想国》中，苏格拉底才充分处理了雅典指控强加给他的主题——这个主题就是哲人与政治共同体的关系。他们的这种看法看似偏激，但在某种程度上是有道理的。

叙马霍斯的整个论证基于一种大胆的城邦统治理论：（1）统治作为一门技艺本质上是"剥削性的"（exploitative）；① （2）城邦本质上不是一个为被统治者服务的组织，而是一台用于剥削被统治者利益的"剥削机器"（exploitation machine）；② （3）这台机器内部的所有社会行为规范及其评价标准都是由志在于满足一己私利的掌权者制定的。

再次，色拉叙马霍斯之所以主张"强者的利益至上"的城邦—政治理论，原因在于他对于人性的预设：人性都是自私自利且贪婪的。他在对话中反复使用"*pleonexia*"（超越或胜过）这个词的各种变体③就说明了他的这一信念。"*pleonexia*"通常被视为大部分的恶行之源，其确切意思是"想要拥有和得到的愈来愈多""无限制地拥有愈来愈多东西的欲望"或"总是想要拥有更多的状态"（尤其是渴望拥有越来越多的金钱和权力），这与正义的根源——做本职工作或拥有自己应得的东西——形成鲜明对比。④ 因此受尼采影响，现

---

① 有关"技艺本质上是不是剥削性的"讨论，参 Annas（1981：49 - 50）；Roochnik（1996：5 - 20）。

② 这个比喻，参 Reeve（1988：107）。此外，色拉叙马霍斯倾向于将政府视为压制弱者的压迫工具，参 Arruzza（2012：270）；Mumford（1965：271 - 292）。

③ 对照 344a1，349b3，8，c1，4，6，8，12，e12，350a2，b1，8，b14，c1。

④ *Pleonexia* 这个词通常等同于"贪婪"（即渴求而不知满足，相当于成语"欲壑难填"的意思）。贪婪是古代雅典历史、意识形态和政治思想中的核心。相关探讨，参 Fissell（2009：35 - 43）。它激发了政治行动，并引起了当代关注公民冲突和帝国主义的分析家们的注意。相关探讨，参 Balot（2001：1）。在现代人的价值观念中，"贪婪是一种恶习"，是不言自明的。贪婪不仅理所当然被假定为个人的一种恶习，而且通常被认为与公民的德性相冲突。譬如，在遇到自然灾害或人为战争时，人们通常假定，一个良好社会中的成员会凝聚在一起：人们之间相互关照，而不是榨取最大利益。如果一个社会中的人们在危急关头剥削自己的邻居，以获取经济利益，那么这个社会就不是一个良好社会。这样的观念促使人们认为，贪婪是一种恶。这意味着，一个社会要变成良好社会，就应当竭力反对贪婪。希腊文 *pleonexia* 这个词的负面性质并不十分明显。所以，在不加任何说明的情况下，把它等同于"贪婪"很容易引起误解。有关贪婪在现代社会中的价值定位，参 Sandel（2010，Chapter 1）；Collier & Hoeffler（2004：563 - 595）；Balot（2001）。

代解读者基本上同意：*pleonexia* 是"不义"的根源所在，它会致使人们掠夺不归自己所有的东西。① 人们的这种看法是有道理的，因为《理想国》也支持这种解释。柏拉图在第二卷借格罗康之口对人性贪婪的一面有所暗示：人们生来把"贪婪性满足"（*pleonexian*）作为"好"来追求，并以此为荣：

> 假设我们授予正义之人和不义之人各方做自己喜欢做的事的自由。这样，我们就可以跟着他们俩，看看他们的欲望会把他们各自引向何方。我们会当场抓获这个正义之人，因为他正和不义之人走在同一条道路上。他们这样做的原因在于胜过他人的这种欲望。这正是每一个自然的存在天生把它作为"好"来追求的东西。（Ⅱ 359c3－5；cf. Ⅱ 358e1－361d3）

苏格拉底和色拉叙马霍斯在第一卷中也都一致同意，完全不义的人会设法胜过（*pleonektein*）所有人：

> **苏格拉底：**那么，不义之人呢？他声称自己应胜过正义之人或正义行为吗？
> **色拉叙马霍斯：**当然声称了。他认为自己应胜过所有人。
> **苏格拉底：**那么，不义之人也会胜过别的不义之人或不义行为吗？他会尽其所能从所有人那里为自己谋取最大的利润吗？
> **色拉叙马霍斯：**会的。（349c4－c10）

---

① 关于 *pleonexia* 的阐释，参 Cassirer（1946：74－75）；MacIntyre（1984：128）；Boter（1986：261－281）；Reeve（1988：47, 26, 279, n. 12, 2004：327）；Algra（1996：39－60）；Rosen（2005：55）；Keyt（2006：353）。

从这样的人性假设出发，便可得出：一个人如果力量足够强大，就可以随意拿走别人的东西而不受惩罚，这样他也就没有避免不义或尊重他人意愿的动机，这正如格罗康所观察到的：

> 人们说，这就是正义的起源和本性。它介于最好与最坏之间。所谓最好，就是干了不义之事而不受惩罚；所谓最坏，就是遭受了不义而没有能力报仇。正义处在这两个极端的中间。它之为人们所热爱，不是因为它是一件好东西，而是因为这些人太弱而没有力量去干不正义之事却不受到惩罚。然而，任何一个有力量行不义的人——真正的男子汉——绝不会愿意和任何人订什么契约答应既不行不义也不遭受不义的侵害。因为这样做对他而言意味着疯癫。按照这个论证的说法，苏格拉底啊，这就是正义的本性，那些就是正义的自然起源。（Ⅱ 359a3 – b5）

前面已经提到，色拉叙马霍斯与苏格拉底或柏拉图的根本分歧在于，色拉叙马霍斯不认为存在既利于统治者又利于被统治者的正义。在他看来，统治者参与统治完全是受"欲求更多的东西"这一欲望所驱动，只想无限制地通过奴役被统治者，而不受限制地拥有尽可能多的他们想得到的东西。因此他一味地强调"正义是强者的利益"，而不是像苏格拉底在剩余九卷中那样，主张"正义是各干各的"（ta heautou prattein，Ⅳ 433a – e）[①]，维护的是整体的利益

[①] Cf. 369e2 –370c5, 374b6 – e2, 400e6, 406c4, 421c2, 423d2 – 6, 433b4, d4 – 5, e6 – 8, 12, 434c9, 435b5, 441d9, e1 – 2, 442b1, 443b2, c10, 452c5, 453b5, 467e5, 496d5, 550a2, 586a6；这个说法通常被英译作"doing one's own thing"（做自己的事），"each person doing his proper job"（每个人都做自己的本职工作）或"to mind one's own business"（管好自己的事），汉译可理解为"每个人各干各的事"，相关英文翻译和解释，参 Vlastos（1971c：66 –95）；Kahn（1988：541 –549）。

(591d6–e5)。① 不难看出，对力量的渴望源于 thumos，这种渴望具有巨大的破坏力。色拉叙马霍斯和苏格拉底之间的交流有助于在对话中引入政治统治的问题及其适当的受益者。苏格拉底将继续论证，管理城邦的最佳方式是，让那些最不渴望参与统治的人成为执政者（520d），而当统治成为争夺的对象时，无论是执政者还是城邦本身都会被摧毁殆尽（521a–b）。对柏拉图而言，政治权力和哲学必须结合起来，否则诸城邦或人类的弊病就得不到根治（473d）。我们可以把这种结合看作是在社会层面上的反映，在一个秩序井然的灵魂中，thumos 和理性的结合。②

复次，我们一旦接受色拉叙马霍斯的这个理论，并承认城邦中的统治阶层拥有这个权力，就很难抵制来自色拉叙马霍斯的强者型正义观的诱惑。因为在"人造光"——洞穴之内价值观——照耀和熏陶下，人们很容易就能认识到：（1）各个城邦反复灌输给幼童和青年人的价值观和行为准则（无论是学校教的、法律制度规定的或是社会赞赏的）都是用来维护统治者或强者利益的；（2）在任何政体中，规定正义的法律服务于强者的利益，而正义则是弱者之间所订立的互不伤害的社会契约所导致的结果；（3）决定是非曲直的是强权而非知识或智慧；（4）谁拥有形塑公民意识形态、左右社会舆论和主导世界政治—经济局势的力量，谁就掌握话语权和真理；（5）一个人即便干了人们通常认为的坏事或不义，但可以通过成为彻底不义之人，从而避开一切惩罚，并最终使自己受益无穷。

最后，假如上述推理可以站得住脚，即统摄 B 和 C 两个命题的 A 确实最能代表色拉叙马霍斯关于正义的看法，而强者的利益也最

---

① 因此，这里的根本问题是，如何以某种方式行使政治权力，以实现全体城邦公民的利益，而不是统治者的私人利益。只有统治者的利益和福祉与整个城邦的利益和福祉相同时，政府才能避免沦为压制弱者的压迫工具。相关讨论，参 Arruzza（2012：270）。

② 有关二者之间交流的意义的探讨，参 Wilson（1995：67）。

能表达他关于"正义规则"的解释,那么进一步的问题是:如果情况确如色拉叙马霍斯所言,这些规则的最终受益者是共同体和政权,而不是某个个体,那我作为其中的一员要想获得某种直接利益,在面对守法和违法的选择问题时,应该怎么做?基于"法律是有目的性并且旨在于维护强者的利益"这一信念,色拉叙马霍斯可能认为,我们一旦彻底认清正义规则的意图,就能认识到,我们假装表面上遵守而实际违犯这些规则要比真心诚意遵守这些规则生活得更好、更幸福;在一个恶人当道、尔虞我诈的社会中,真正恪守正义的人总比行不义的人过得不济、悲惨。因为假如追求自己的幸福就是指追求自己的利益,① 那么正义的人在这样的社会中一旦遵守了法律,就要被迫牺牲自己的利益,把利益拱手让给不义之人或不义政权。相比之下,不义之人只要助纣为虐、不断向僭主政体靠拢,或多或少都能从中捞到好处:

> 不义之人的情况则在各个方面都相反。我当然是指我先前描述的那个人:那位胜过其他所有人的大能者。你如果想弄懂不义比正义对于个人是多么有利,他才是你应该去考虑的人。你要是考虑一下最彻底的那一类不义,那种让"行不义的人"最幸福,而让遭受不义的人——不肯行不义的人——最悲惨,就会轻而易举明白这一点。我指的这种〈不义〉就是"僭主制",因为它既用隐秘的手段,也用武力把别人的财产,不论神圣的、世俗的、公有的或私有的,不是一点一滴,而是一下子洗劫一空,全拿走。有人要是干了这种"不义"的一个部分,被抓后,受罚不算,还遭奇耻大辱,被责骂为庙宇窃贼、绑匪、窃贼、强盗、扒手——这些可耻之

---

① 柏拉图并不用 *eudaimonia* 及其同源词来指"快乐感觉"(the feeling of pleasure)。对《理想国》而言,追求幸福仅仅意味着追求自身的利益,因此要发现幸福,一个人必须确定自己的真正利益位于何处。有关《理想国》中对于幸福观念的规定,参 Kraut(1992b:332, n. 4)。

名在一定程度上都是用于称呼那些造成如此危害的人的。但当有人不仅侵吞公民财产，而且绑架、奴役这些财产的所有者时，不但没有背负这些可耻名号，反而被说成幸福、有福气，不仅那些公民自己这么说，甚至连所有得知他干尽了整个不义之事的人也都这么说。因为那些谴责"不义"的人，之所以谴责不义，并不是怕做不义的事，而是怕吃不义的亏。(344a2 – 344c4)

综上，"正义是强者的利益"是色拉叙马霍斯真实的正义立场或定义，它与另外两个命题并不必然冲突，而是可以兼容的。前面的讨论表明，色拉叙马霍斯所谓的"强者"是指城邦的"政权"，而政权的利益不必然仅仅指单个统治者的一己之利。即便统治者在金钱和权力等外在物的获得上坚持"多多益善"的原则，即便他们的兴趣在于最大限度地搜刮民脂民膏、中饱私囊，我们也知道，这样的统治之策终究对维护统治不利，因此这些行为无论如何都不是明智的君主所为。如果法律可以根据某个强人的意志随便更改，那法律便毫无严肃性与神圣性可言，在这样的制度下，一个人即便生活得很富有，也依然是没有安全感的。当被统治者感到无权无势的时候，他们唯一能做的就是团结，以对抗统治阶层。色拉叙马霍斯的理论无疑破坏了人与人之间的相互信赖，鼓励他们互相争斗。在此，有些人如埃尔文指出，与色拉叙马霍斯针锋相对的苏格拉底在对话中据理论证的"统治者公正无私地参与统治"这一纯粹设想本身也并不必然表明，正义就没有系统地指向政权的利益（Irwin, 1995: 177）。确实如此。把正义规定为强者的利益的做法在一个政治开明、人人都是朋友（*philoi*）的正义社会中或许是可以行得通的，甚至在"美好城邦"也是可行的，如果美好城邦的目的就在于培养强者而消除弱者的话（590c8 – d6；412d2 – 7）。这样的正义定义其实并不妨碍作为被统治者的弱者追求自己的利益，因为没有权力的弱者只要顺从统治者的意志行事即可获得利益。事实上，苏格拉底后来在第六卷说他和色拉叙马霍斯已经成为朋友（498d），这可能表明他与色拉叙马霍斯并非在所有方面都尖锐对立。① 但问题是，色拉叙马霍斯所倡导的这样一个贪而无信、不仁不义、翻脸如翻书的僭主政权（一人独大的贪婪权力的强人政治统治模式）如何能保证以"正义是强者利益"的名义得来的利益决不会落入私人腰包呢？

第四节 对色拉叙马霍斯的"不义比正义有利"的反驳

"不义比正义更有利"是色拉叙马霍斯在《理想国》中评价正义与不义各自价值时所作出的一个重要论断。第一卷后半部分的讨论基本围绕这个论断展开。下文讨论则主要围绕苏格拉底如何反驳这一论断及其产生的成效展开。

---

① 关于苏格拉底和色拉叙马霍斯为何成为朋友的探讨，参 Zuckert（2010：163 – 185）。有些学者如 S. A. White（1995：324）对愤世嫉俗的色拉叙马霍斯表示同情，将他描述为"一位对当代政治事务具有洞察力的批评家，他对不正义取得的胜利感到沮丧"。这种解读或许有一定道理。不难看出，作为一名职业修辞学教师，色拉叙马霍斯起初似乎对从演讲艺术中赚钱最感兴趣（337d）。然而，他却积极参与对话——尽管他当众骂了苏格拉底难听的话，还对他咆哮（338d），但他确实听了苏格拉底的话（450b）。值得称赞的是，他在第一卷中被苏格拉底的"言辞"痛打一顿之后，并没有选择赶紧溜走，而是最终又回到了谈话中——他一度提醒苏格拉底，聚会的目的不是为了获取黄金，而是倾听"道理"（logoi），以此鼓励苏格拉底继续把谈话进行下去（450b）。色拉叙马霍斯对学习的渴望使他能够从谈话中获益，这与他最初的设想大不相同。和玻勒马霍斯的情形一样，苏格拉底通过论证所展示的关于正义的哲学实践的确让色拉叙马霍斯变得更好。苏格拉底在第六卷甚至温和地告诫阿德曼图："当我们刚成为朋友的时候，不要让色拉叙马霍斯和我产生矛盾，尽管我们以前并不是真正的敌人。"（498c – d）当然，不排除这样一种可能：苏格拉底这样说，只是希望用温柔和善意安抚多少有些反抗的色拉叙马霍斯。对于色拉叙马霍斯比较正面的解读，参 Patterson（1987：341 – 342）；Howland（2004a：206）。

第四章　色拉叙马霍斯：智者的正义观（336b–354c）　233

一　色拉叙马霍斯不义思想的激进性：不义作为美德与智慧

由前面论述可知，苏格拉底与色拉叙马霍斯两人都同意，所有人都追求幸福，但他们就如何获得幸福持有不同看法。澄清和反驳完色拉叙马霍斯所理解的技艺和统治者之后，苏格拉底便转而考虑反驳色拉叙马霍斯的"不义者比正义者生活得好"的说法。色拉叙马霍斯之所以会坚持这样的看法，是因为他认为正义不是人的美德，而是天真、愚蠢，并对施行正义的行为者有害；不义反倒是精明和美德，且对施行不义的行为者有益：

苏格拉底：也就是说，你称正义为美德，不义为恶德喽？

色拉叙马霍斯：你这小可爱啊，我既然说了"不义有利，正义则不是"，又怎么可能说出这种话呢？

苏格拉底：那你到底是怎么说的？

色拉叙马霍斯：正相反。

苏格拉底：也就是说，正义是恶德喽？

色拉叙马霍斯：不，是相当高尚的纯真。

苏格拉底：所以，你称"不义"是不光明正大的喽？

色拉叙马霍斯：不，我管它叫"精明"。

苏格拉底：色拉叙马霍斯，你也认为不义之人是明智和良善的喽？

色拉叙马霍斯：没错，如果他们有能力施行彻底的不义，能使〈整个〉城邦、全民族都处于其权力管制之下的话。你可能以为我是指扒手吧？不是这样的犯罪——它们要是没有被发现，岂不也有利可图？但它们与我刚才描述的〈那种不义〉相比，是不值一谈的。

苏格拉底：你想错了，我并非没有领会你的意思。但你的说法确实让我大吃一惊：你竟然把不义跟美德和智慧摆在一起，而把正义与它们的对立面放在一处。

色拉叙马霍斯：但这就是我摆放它们的方式。(348c5 – e4)

针对色拉叙马霍斯提出的人生建议——不义才对一个人最有益，才是最好的生活方式（336b – 334d），[①] 苏格拉底强调，如果色拉叙马霍斯承认正义是一种美德，那么他就可以借用传统观点予以反驳，从而证明正义比不义更能促进一个人的幸福。但如今，色拉叙马霍斯冒天下之大不韪，不但矢口否认正义是一种美德，而且极力宣扬不义才是美好、强大的东西。面对如此惊世骇俗的强硬立场，苏格拉底只好坦言自己无法再使用基于传统习俗的论证来反驳色拉叙马霍斯了。

苏格拉底：朋友啊，这如今是一个更加强硬的难题了，懂得说什么来回应并不容易啊。假如你断言了不义较为有利，但仍像其他一些人一样承认它是一种恶德或可耻的话，那么，我们还可以基于传统之见来探讨这个问题。但你如今显然会说，不义才是美好和强大的，并会把我们过去经常归于"正义"的所有属性都归给"不义"，因为你胆敢把不义与美德和智慧归为一类。(348e5 – 349a1)

为了更加全面深入地理解和把握苏格拉底的思想，我们必须弄清楚苏格拉底这里所说的基于传统的论证究竟是指什么。首先，可以肯定的是，在陈述与传统观点相一致的论证时，苏格拉底的意思显然并非必然指，每个人都会立即同意，正义就一定促进幸福。相反，比较合理的理解是，苏格拉底坚信，大多数人都可能同意，假如正义是人的美德，那么鉴于向往美好之心人皆有之，我们就应当

[①] 很多人认为，色拉叙马霍斯想把不义推荐为一种生活方式，甚至是于人而言的最好方式，比如 Kerferd（1947：19 – 27）和 Korsgaard（1999：4）。此外，本章一开始提到的 Foot（1958 – 1959：99 – 100）也正是据此得出色拉叙马霍斯的观点是："不义是最好的生活方式。"

选择正义而摒弃不义。如果苏格拉底这里的意图是使大家相信所谓的"幸福论"（eudaemonism）的真实性是不言自明的，那我们将不得不同意，正义总是促进幸福。这或许解释了为何苏格拉底总是相信这样的看法：把正义视为一种美德的人无法再一贯地坚称正义并不促进幸福。[1]

其次，就这个"基于传统之见"（kata ta nomizomena）的论证的指向而言，很多人指出它很可能是指苏格拉底在《高尔吉亚》中用以反驳波鲁斯（Polus）的那个论证（Adam，1902；Murphy，1951：4；Irwin，1995：378，n. 33）。但令人遗憾的是，色拉叙马霍斯一口咬定正义不是一种美德，这种态度瓦解了这个传统论证在当前论证中的有效性，而且当他做出这样的否定断言时，他也间接否定了卡利克勒的观点：拥有并能够使用胜过他人之能力的这种自然力量的人最符合"自然正义"（natural justice）的标准。就此而言，以往一些学者（如 Shorey）认为《理想国》中色拉叙马霍斯的立场与《高尔吉亚》中卡利克勒的立场是一样的（Shorey，1930：64），这实为一种误解。因为虽然色拉叙马霍斯与卡利克勒对于正义所持有的这两种观点都是愤世嫉俗的——两者都把正义视为一些人对另一些人使用的武器——但只有色拉叙马霍斯认为正义对于那些传统上正义的人是没有好处的、无利可图的，并认为这是确凿不移的真理。不难看出，色拉叙马霍斯的推理逻辑是，既然正义是强者强加给弱者的某种东西，那它对弱者是没有任何好处的。[2]

二 "选择性超越"论证：正义作为美德与智慧

苏格拉底在反驳色拉叙马霍斯的"不义比正义有利"这一说法

---

[1] 关于古典幸福论的探讨，参 Brink（1999：252 - 289）；Annas（1998：37 - 55）。

[2] 对于色拉叙马霍斯思维逻辑的分析，参 Weiss（2007：96）；Klosko（1984：15 - 16）。

的过程中究竟提出了哪几个论证？对此，学者们各执己见、莫衷一是。有些人认为他一共提出了三个论证，也有些人认为这些论证可以细化为五个，甚至更多。① 这里遵循化繁为简的原则，将苏格拉底的反驳论证整合为三个主要论证。

首先要说明的是第一个反驳论证及其起点。前面已经阐明，苏格拉底认为"正义是一种美德"的观点属于传统之见，色拉叙马霍斯所持的"不义是美德"——即"超越或胜过（*pleonektein*）别人的这种能力最好"的观点——则属于非传统观点的范畴。显然在色拉叙马霍斯眼中，人生并非像苏格拉底所认为的那样，是一段互帮互助的旅程（328e1），而是一场无休止的竞赛，其中最具斗争天赋的人得到的最多，拥有最大的美德。② 苏格拉底的第一个论证（349b1-350c11）正始于这里，它的矛头对准了色拉叙马霍斯的"那位具有那种比其他人做得更好的大力大能之人"（343e7-344a1）的说法。在对话中，色拉叙马霍斯相信成功源于优势（利益）的不断积累，因此认为那种利用一切机会为自己积聚优势并以此"超越"或胜过他人的极端不义者是最有美德的人。于他而言，赞成"完全不义行为"（348d5-9; cf. 351b4-5）的人就是这样的人——他们会利用一切机会施行不义，尤其是大规模的不义。色拉叙马霍斯对于自己心中根深蒂固的信念深信不疑，所以在面对苏格拉底的反驳时，很快就承认不义之人会对生活中的所有人（包括同类）都抱有这种胜过、超越和竞

---

① 比如，Annas（1981：50-57）认为苏格拉底提出了三轮论证，依次是349a-350e, 351a-352c, 352d-354b。Bloom（1991：335-337）同样也认为苏格拉底提出了三个论证。Irwin（1995：178-179）同样认为苏格拉底提出了三个论证，依次是349b1-350c11, 350e1-352a9, 352d8-354a11。Reeve（1988：19-24）则认为苏格拉底依次提出了五个论证，分别是342c1-d1, 345b7-347d8, 348b8-350c11, 351a6-352d2, 352d2-354a9。Benardete（1989：20-34）认为苏格拉底提出的反驳论证很多，其数量不少于五个。

② 色拉叙马霍斯对于人生的理解，参 Bloom（1991：335）；Barney（2006：54）。

争的态度。① 苏格拉底认为色拉叙马霍斯既没有理解美德的本性，也误解了竞争的含义。于苏格拉底而言，真正的超越或竞争，不是在外在好的数量上的竞争，也不是跟自己的同类（从事同一技艺的人）比较谁优谁劣，而是跟过去的自己比，是在如何完善技艺本身以及如何让自己的技艺日臻完善方面做出卓越的成就。概言之，在苏格拉底看来，真正的竞争是和优秀（无论是道德层面的还是理智层面的）竞争；自我在美德方面获得了进步才是最值得拥有的胜利。这意味着，战胜自己的缺点，提高自我的修养，实现自我的超越，才是受人敬重的赢家。言下之意，真正的比较应当发生在纵向的自我内在品质的层级与境界方面，而不应停留在横向的外在益物积聚的数量多寡方面。比如，一名能干的、技艺精湛的从业者不会任意地试图胜过同属于一个职业的其他能干的、技艺娴熟的从业者。因为但凡有医学常识和职业素养的人都会明白，如果一名医生只是通过多给患者开药来胜过另外一位给病人开适量药剂的能干医生（即便多开药的做法让他为医院赚了更多的钱），那这并不能说明他是一位优秀的医生。相反，这种做法是愚蠢的，而且无论从医院的长远发展来看还是从病人的健康角度来看，都是有害的。色拉叙马霍斯所推崇的这种任意求胜的欲望表面上看可以彰显一个人的竞争意识，实则是无能、愚蠢和无知的从业者的标志。再者，假如两位优秀的哲学家（或数学家）都在为寻求一个哲学难题的最优解而不懈努力，那他们之间即便有竞争，这种竞争也不是数量上的竞争。按照苏格

---

① 有些学者如 A. W. H. Adkins（1960：238）和 MacIntyre（1984：138-139）正确地指出，柏拉图笔下的色拉叙马霍斯与《荷马史诗》中的英雄人物（尤其是阿伽门农）有相似之处。阿伽门农是荷马英雄的原型，他从未了解到《伊利亚特》的写作目的是为了教导人们合理地生活；他只想要胜利，并为自己获得胜利的果实。其余的人要么是被利用的工具，要么是被征服的对象。因此，柏拉图笔下的"色拉叙马霍斯"这种类型的智术师将成功作为行动的唯一目标，并将获得做事和得到想要的东西的能力理解为成功的全部内容。美德自然而然就被定义为一种确保成功的品质。加之，对于智术师和其他希腊人来说，成功必须指在某个特定的城邦中的成功。因此，成功的伦理学与某种相对主义在此相结合。

拉底的观点，正义之人有选择的竞争与超越要比不义之人不加选择地一味竞争与超越更明智，所以正义在此意义上更像是美德，不义则更像是恶德、恶习性。①

  苏格拉底：没什么区别。但我还有一个问题想让你试着回答一下：你认为一个正义之人想胜过别的正义之人吗？
  色拉叙马霍斯：根本不想。否则，他就不会是那个实际上"有教养的单纯家伙"了。
  苏格拉底：那正义行为呢？
  色拉叙马霍斯：也不想……
  苏格拉底：正义之人不会胜过与自己相似的人，而会胜过与自己不相似的人。
  色拉叙马霍斯：没错。
  苏格拉底：如此看来，正义之人同明智、良善的人相似，不义之人则同无知、邪恶的人相似。
  色拉叙马霍斯：看似如此。
  苏格拉底：而且，我们同意过，他们各自都具有与他们相似的人的那些品质。
  色拉叙马霍斯：没错，同意过。
  苏格拉底：既如此，这就证明正义之人是良善和明智的，不义之人则是无知和邪恶的。(349b1–350c11)

  前面已经提到，在面对正义是不是一种恶习时，色拉叙马霍斯对此的回答是，它是"一种很高尚的天真"（panu gennaia euetheia，348c12）。这表明，正义于他而言就是当你依然信任公共协议之时，在你发现那些协议被自私的人用来为他们自己弄到权力之前，你的

---

① 有关苏格拉底对于"超越"的理解，参 Bloom（1991：335）；Barney（2006：53）。

品性所呈现的那种方式。①

　　苏格拉底当前提出的这个论证的确可以说成是对色拉叙马霍斯赞扬完全不正义之立场的"漂亮回应"（Irwin，1995：178；Rowe，2007：187-190）。在色拉叙马霍斯眼中，不义之人是正义之人的对立面，而城邦是一个"冰冷"（冷漠）的原子化社会。这意味着，统治者不能依靠，他人就是地狱，身处其中的公民也无须考虑社会责任；每逢正义者在正义行为与不义行为之间作出选择时，正义者都有强烈致力于正义行为的欲望，不义者则以同样强的欲望致力于不义行为（Joseph，1935：32-34）。以往一些人曾指出，色拉叙马霍斯的以上说法在一定程度上是可行的，因为由不义之人组成的团伙可以对外施行不义，而对内坚持正义，即所谓"盗亦有道"（Annas，1981：51-52；Reeve，1988：20）。这种看法其实并不符合原文中色拉叙马霍斯与苏格拉底辩论的语境，因为二人都在绝对意义上讨论正义与不义。所以，苏格拉底才会义正词严地指出，如果在积聚益物方面设法超越或胜过别人就是不义的一个特征，那么，不义无论如何都不总是上策，因为在积聚益物的事情上，单纯的竞争并非总是对施行竞争行动的行为者有益。②

　　苏格拉底的胜利是否意味着他的说法在任何情况下都成立呢？显然不是。首先，我们必须对他的说法加一个限制条件：当且仅当正义等于智慧，并且一个人行为的目标在没有剥夺他人利益的情况下也能实现。当然，要认识到这点绝非易事。因为苏格拉底的这个论证是用来指明一种本质上是非竞争性的高尚的人类活动领域。它试图表明，以为己谋取更多利益为宗旨的欲望本身与技艺或科学的本质属性相抵触，因为后者如同律法一样，处理的是普遍性问题，

---

　　① 色拉叙马霍斯对于正义的理解，参 Nussbaum（2001：508，n. 25）；Harlap（1979：370）。

　　② 关于竞争在获得幸福之事中的价值，参 Irwin（1995：178）；Barney（2006：60，n. 11）；Anderson（2016：20）。

而非个别性问题。①

即便做出这样的限定,苏格拉底的这个论证也不足以令人完全信服:一个人若不是身心健全的竞争者就与"好的生活"无缘。如果承认这一设定,那就等于主张,只有各方面都健全的竞争者才有机会过得好。但现实生活的经验教训是,过得好的人往往未必是身心健全的竞争者。此外,苏格拉底的这个论证可能还有另外一个致命缺陷:它并没有解释为何一种专心致力于完善技艺或追求智慧的生活就比别的诸如以赚钱为目的的生活更优越。难道只有专心致力于追求"智慧"的生活(即哲学的生活),才一定是最好的生活选择吗?② 情况若是这样,苏格拉底就需要摆出更多的证据来说明这点。

既然苏格拉底的论证存在如此之多的缺陷,为何色拉叙马霍斯在论辩中没有看出来,反倒让苏格拉底屡占上风?苏格拉底能让这个论证取得成功,很大程度上是因为色拉叙马霍斯既没有能力在竞争性的生活与合作性的生活之间做出适当而又清楚的区分,也没能在各门技艺的类比中看出"技艺类比"的问题所在。色拉叙马霍斯片面地认为生活的本质就在于获取更多利益,而获利的数量则为评判生活好坏、高低的唯一指标。他的这一想法在理论上存在巨大缺陷,更别说在现实中"按部就班"实行了。这个想法并非空穴来风。就公民社会的特性及人类生活和财产的不稳定性而言,它可能有着坚实的社会基础。但这也无法阻挡色拉叙马霍斯的失败结局。因为他即便认识到这点,也因为狂妄自负而欠缺从哲学上为这种洞见进行辩护的能力。他最终以失败告终在所难免。这里需要注意的是,苏格拉底的胜利不是完全借助理性论辩的力量;他在论辩中除了用"理性论证"反驳对方外,还利用世俗社会中的人所共有的"荣辱

---

① 关于欲望与技艺之间张力的探讨,参 Bloom(1991:335 – 336);Barney(2006:49 – 50)。

② 有关这个问题的探讨,参 Bloom(1991:336);Brown(2000:1 – 17)。

心"作为武器来羞辱和惩罚对方。① 色拉叙马霍斯受到了双面夹击，一方面深刻感受到自己理屈词穷，另一方面真切体会到了在众人面前丢脸的滋味。

三 "盗亦有道"论证：正义的工具性价值

现在让我们把目光投向第二个论证（349e11）。第二个论证主要驳斥的是"不义比正义强大"这一说法（344c5）。苏格拉底认为，"不义"不仅没有正义强大，而且总是在团体内部制造纷争与不和；任何团体内部成员之间只要互施不义，就不能进行有效合作，更别提朝着共同目标一致行动了。

> **苏格拉底：**……你会认为存在这样的可能吗，即一个城邦可以成为不义之邦，设法用不义的方式奴役别的城邦，等到成功把它们奴役后，便让它们中的许多人受治于它的统治？……我明白了，这就是你的立场。但我现在想考察考察这个问题：变得强于另一个城邦的城邦，是无须正义的帮助就获得这样的力量呢，还是需要"正义"的帮助？……色拉叙马霍斯，你让我太感动了，因为你不光点头或摇头，而且给我的答复也挺美……你在这件事上的表现也实在太好了。既如此，那就请回答一下下一个问题，再让我乐一乐吧。你说，一座城邦、一支军队、一伙盗贼或贼寇，或任何具有共同的不义目的的团伙，

---

① 就柏拉图在对话中反复使用的"盘诘或反驳"（to cross-examine/to refute）（*Republic* 337e）这个概念而言，人们通常认为这个词有意模糊经验认知维度（逻辑层面）与情感维度（心理层面）之间的差别，因为"羞耻"（*aischunê*）与"反驳"（*elenchos, elenchein*）之间的联系在希腊文中很容易建立起来，因为动词"*elenchein*"就有"驳斥，驳倒，推翻，占上风，证明，往某人脸上抹黑，使某人蒙羞、自惭形秽或容颜扫地"等多层含义。英译者也常用多个词（e.g., to bring to the proof, to disprove, confute, to disgrace, put to shame, to cross-examine, question, prove, refute, get the better of）来解释这个希腊文。关于这个词的详解，参 Tarnopolsky（2010：38）；Benson（1989：591–599）。

如果它们的成员不公正地对待彼此，那么，它们还能取得什么成就吗？……它们要是不以不义的方式对待彼此，是不是更有可能做成事……那么，色拉叙马霍斯啊，是不是因为不义在它们当中引起了"内讧""仇恨""争斗"，而正义则给它们带来了"和谐""友爱"？……你真是太好了，你在这方面的表现也仍然出类拔萃。所以再回答一下我这个问题：假如"不义"的功能，不管出现在哪里，它都是去制造仇恨，那么，每逢不义产生的时候，无论是出现在自由人当中，还是诞生于奴隶当中，它岂不都会使他们仇恨彼此、拉帮结派，不能实现任何的共同目的吗？……（351b4 – e2）

第一，在此，需要再次假定，苏格拉底认为不义之人毫无保留地致力于实施不义行为、做非正义的事。唯有如此，我们才可以理解为何这样的不义之人总会优先选择不义行为，而非正义行为。色拉叙马霍斯显然接受了这个极端假设，因为他在这里说的正是完全不义的人和完全不义的城邦（351b4 – 5）。一个人如果接受了这种完全不义的观念，并纵容它在自我的价值观中生根发芽，就很难认识到为何在生活中总要优先选择正义，而不是不义。苏格拉底这里针对这种极端不义的设想所做出的回应是，彻底的不义并不能构成一个可靠的行动指南；一个人或一个团体不可能把不义原则彻底地应用于生活的各个方面。进而言之，如果我们像色拉叙马霍斯所设想的那样，在任何情况下总是毫不犹豫地优先选择不义的行为，而非正义的行为，那我们就与他人不能进行任何有效的合作，也不能与任何团体（即便在盗贼内部，也有某种保证利益均沾或互不伤害的规定）有任何有效的共同行动，哪怕是最低限度上的参与也变得不可能。

……正义的人更明智、更好、更能成事，而不义的人甚至都不能共同行动。每当我们说不义之徒们有效联合起来、齐心协力去实现一个共同目标时,我们的这种说法都并非完全属实。这些人如果是彻底的不义之徒,那么,他们就绝不会有能力一直井水不犯河水,互不侵犯。他们之间明显是存在某种正义的,这种正义至少阻止他们在对他人行不义的时候在自己人当中也行不义。正因如此,他们才能实现他们所能实现的。否则,他们在开始行不义的时候,在半途中就被自己的不义败坏了。因为那些罪大恶极、真是坏透了的彻底不义之徒是完全不能有任何有效的行动的。我认为,我说的所有这一切才是事情的"真相",而不是你一上来说的那些话……(352b6 – c9)

第二,苏格拉底与色拉叙马霍斯的辩论间接地勾画出了希腊传统观念中的两种美德:"合作性美德"(cooperative virtues)和"竞争性美德"(competitive virtues)。[1] 在苏格拉底看来,正义更像是"合作性美德"中的一员,而非"竞争性美德"这一阵营中的一个棋子。色拉叙马霍斯推崇彻底不义之人,这无异于是在彻底否定合作性美德的价值,同时无限放大竞争性美德以及贪婪对于一个人的益处。[2] 与色拉叙马霍斯不同,苏格拉底强调,竞争性美德固然重要,但单纯的竞争与想要得到太多的欲望会让个体趋向于认同以牺牲他人利益来换取自己利益的价值观念。长此以往,这势必会导致社会成员彼此丧失信任,相互残杀。竞争性美德需要在合作性美德的配合下才能更好地发挥作用。一个人若想更好地实现自己的目的,那在任何情境下都不该彻底抛弃合作性美德。

---

[1] Adkins(1960)首先提出了这两种美德概念,后来麦金泰尔继承并发扬光大了这两个概念。这方面的详细解读,参 MacIntyre(1984:168 – 175, 156);此外,涉及竞争与合作的相关讨论,参 Annas(1981:52 – 53);Barney(2006:53)。

[2] 色拉叙马霍斯拒绝正义的策略导致他粗暴地谴责合作。他当时面临着不一致的危险,因为完全拒绝合作就意味着放弃与他人的合作,尽管有时合作是成功的必要条件(350c – 352c)。有关 pleonexia 及其引起的竞争的探讨,参 N. White(2013:25 – 26);Fissell(2009:41)。

在考察了彻底的不义对人际关系的影响之后，苏格拉底紧接着讨论了不义对个体灵魂的负面影响。他进一步指出，不义之人将会拥有一个不能合作、不能做出理性行为的处于分裂状态的灵魂。

>   我想，它在单个人身上也会造成它天生产生的同样效果。首先，它会使个人因为内心纷争并与自己不是一条心而不能行动；其次，它不仅会使个人与自身为敌，而且与正义的人为敌。（352a4－8）

人们常在"如何理解苏格拉底这里所指的分裂的灵魂"这一问题上争论不休（Irwin，1995：179）。如果对照一下《理想国》之前的对话，不难发现，这个问题其实并没有想象得那么突兀、那么不可理解。早在《克里同》中，苏格拉底就指出，不义有害于一个人的灵魂。

>   **苏格拉底**：很好。如果我们由于不听从专家的意见而毁掉了我们那个为健康所改善、为疾病所破坏的部分，在这个部分毁掉之后我们的生活还值得活下去吗？这个部分就是身体，对吗？
>   **克里同**：对的。
>   **苏格拉底**：身体坏了、处于不良的状态，生活还值得活下去吗？
>   **克里同**：绝不值得。
>   **苏格拉底**：如果那个为正义行为所改善、为不义行为所毁灭的部分毁了，我们的生活还值得活下去吗？那一个部分，不管叫什么，是我们的那个与正义和不义有关的部分，我们认为它比身体差吗？
>   **克里同**：根本不。
>   **苏格拉底**：比身体贵重吗？

克里同： 贵重得多。(47d8-48a5)

但在那时他并没有对这种伤害的具体内容作出进一步解释。在《高尔吉亚》中，苏格拉底曾把正义等同于灵魂的秩序，而这种秩序产生于理性对行为者的欲望所做的适当克制与训练（Gorgias 503e9-505b11）。[1]

如果把这两篇对话中的这些解释与苏格拉底这里的说法结合起来，便会发现，苏格拉底这样说可能是想继承早期对话中的某个（些）假设，并在此基础上进一步就不义对灵魂的伤害作出更为具体的解释。[2] 可是，他所指的灵魂冲突究竟指什么？它是如何产生的？苏格拉底并没有对此作出进一步说明。但如果对照一下《理想国》后面几卷对于灵魂进行的多重划分，我们就会恍然大悟：苏格拉底这里预先抛出这一观点，意在为后几卷所论述的灵魂的理性部分与非理性部分之间的冲突埋下伏笔，为认识灵魂的正确结构铺平道路。[3]

撇开对话之间及对话内部的这种关联不谈，现在从思考纯哲学问题的角度考虑，苏格拉底的这个说法有道理吗？很多人大肆批评这个说法，责备苏格拉底在没有解释这种冲突及其缘由的情况下就把引起灵魂内部冲突的"个人内心的不义"（the intrapersonal injustice）直接等同于造成灵魂外部人与人之间冲突的"人际的不义"（the interpersonal injustice）。[4] 单就第一卷而言，他确实没有给出具

---

[1] 随后可知，在《理想国》中，柏拉图同样指出，正义存在于灵魂的适当秩序之中。关于《理想国》中正义与灵魂和谐的详细探讨，参 Stauffer（2001：1）；Vlastos（1969：505-521）；Parry（1996b：31-47）。

[2] 关于《高尔吉亚》中"灵魂正义"的详细探讨，参 Irwin（1995：178，378，n. 35）；Anton（1980：49-60）；F. C. White（1990：117-127）；Tarnopolsky（2010）。

[3] 关于柏拉图心理冲突理论对于道德哲学的意义的探讨，参 Annas（2000：6）；Klosko（1988：341-356）；Cooper（1984：3-21）；Singpurwalla（2010：880-892）。

[4] 关于这两种不义的关联性的探讨，参 Harrison（1962：122-126）；Irwin（1995：178-179）；Heinaman（2003b：161）。

体说明。但不难看出，苏格拉底持有这种看法，可能是因为在他看来，假如色拉叙马霍斯所推崇的那个完全不义的僭主一有机会就践行不义，那此人定会在自己的灵魂上也实行不义，由此导致灵魂的失序。久而久之，这种行为必会给其人际关系中不义的介入提供可乘之机。这样，二者之间就建立起了某种联系（351e9 – 352a9）。行恶不仅害人，而且害己——使自己人格分裂，心灵发生扭曲。对苏格拉底而言对灵魂的伤害肯定是更大的伤害。有人可能在此反驳说，色拉叙马霍斯式的不义之人没有我们想象得那么极端。这种反驳其实是无效的，因为从色拉叙马霍斯对僭主的溢美之言可以清楚看出，他的确倡导的是一种极端不正义的观念，而苏格拉底也的确是以一种相当极端的方式来理解这种观念的。

四 "功能"论证：正义与幸福

苏格拉底的最后一个反驳论证同样也是用来回应色拉叙马霍斯的"不义者要比正义者幸福"这一说法的。先来简单梳理一下苏格拉底的这个论证。这个论证主要诉诸 F 的德性与 F 的功能（ergon，本质活动）之间的关系，即好刀是善于切削的，好眼是善于观看的，等等。[①] 他由此推出，灵魂的德性取决于灵魂的本质活动，而后者就等于统治、慎思和生活。按照这一前提假设，苏格拉底进而推出，有德性的灵魂是一个生活得好的灵魂。按照苏格拉底的逻辑，既然正义此时此刻已被假定为灵魂的德性，不义则被假定为其恶德，那正义者生活得好，因而幸福，不义者生活得差，因而不幸福。所以，对话最终的结论毫无疑问是：正义的人幸福，不义的人悲惨。

苏格拉底：很好。告诉我，你认为有没有"马的功能"这样的东西？……你会把马的功能或任何别的事物的功能看成是：

[①] 关于"功能主义"的详细介绍，参 Thayer（1964：303 – 318）；Santas（1985：223 – 245）；Robinson（2014：280 – 281）；Morrison（2001：1 – 24）。

只有它才能做，或只有它才能做到最好吗？……除了用眼睛外，你还能用别的东西观看吗？……除了用耳朵外，你还能用别的东西聆听吗？……既如此，这些东西就是它们的功能，是不是？……再者，你能用匕首、刻刀或任何别的东西修剪葡萄藤吗？……可在这方面，没有什么东西可以比专门为修剪葡萄藤这一目的设计的修枝刀做得好？……那么，我们要不要把"修剪"看成这种刀的功能呢？……我想，你这会儿可能对我之前问的问题有更深的理解了。我那时是在问每样事物的功能是否就是那种唯有它才能做或唯有它才能比别的东西做得好的东西。……很好。你是不是也认为，每样被赋予一种功能的事物，就有一种美德？我们再重复一下之前的说法。我们说，眼睛有一种功能？……来吧，我们接下来考虑一下这个问题：灵魂有没有某种你用别的东西实现不了的功能？譬如，照看东西、统治、商议等事情？你是否可以正确地将这些事情归于灵魂之外的别的东西，说它们是其专有？……这么说，坏灵魂必然把事情治理、照顾得很糟，好灵魂必然把一切治理、照顾得很好？……所以，正义的灵魂、正义的人会生活得好，不义的灵魂、不义的人则生活得差。……生活得好的人肯定幸福、有福气，生活得不好的人则情况相反。……所以，正义之人幸福，不义之人悲惨。……但有益的肯定是幸福，而非悲惨。……所以，有福的色拉叙马霍斯啊，不义就绝不比正义有益了。（352d8–354a9）

首先让我们从文本字面的意义深入到文本背后的哲学问题。总的来看，苏格拉底第三个论证的意思是说，正义是令人想望的，因为它是灵魂的健康与完善。但令人惊讶甚至有些莫名其妙的是，色拉叙马霍斯在第一轮的论证中竟然毫不犹豫地同意了苏格拉底的"正义是人的德性"的看法。正是这种同意使得苏格拉底再一次占了上风：德性如果不是允许事物良好地发挥其功能的东西，那它会是什么呢？显然没有人会想要一个身患重病的身体或一匹不能负载货物的马。既然如此，正义作为灵魂的德性本身就是令人想望的。然而，我们也不能被苏格拉底这番令人眼花缭乱的论证所迷惑。因为他的这个论证除了在前提假设这方面缺乏说明之外，可以说徒有形式，空洞无物。即便承认，所有人都渴望和希望拥有一个健康的灵魂，这也说明不了什么，因为能够阐明健康的灵魂是由什么构成才是关键之所在。更何况，我们也不清楚第三个论证中所说的正义是否就等同于第二个论证中所说的正义。换言之，为了最终的收益而去遵守共同体律法的人同那个努力提高自我修养和完善自我灵魂的人，正好是同一个吗？①

其次，苏格拉底事先已经假定，正义如果是一种美德，就一定会促进践行正义的"行为者"的幸福。色拉叙马霍斯没有理由在美德与幸福的关系问题上提出与之相反的看法，因为他在声称不义是一种美德的时候，这种声称本身已经假定了美德和幸福之间存在这样一种正比例关系。② 可当前的问题是，正义是人的美德吗？苏格拉底给出了肯定回答，但并没有给出任何解释。即便我们承认，苏格拉底成功反驳了色拉叙马霍斯的"不义是一种美德"的说法，但他也无法从这种反驳的胜利中得出正义就是一种美德。进而言之，有关"超越"的那个论证虽然表明正义比不义在某一方面更像美德（如正义并不在所有场合中都试图胜过、力图超越），但这并不足以证明正义就是人的美德。同样，关于灵魂冲突的那个论证即便表明了极端的不义具有毁灭性，它也并不足以证明正义就是唯一之选。所以，综合来看，立足于事物的"功能"这个论证欠缺它所需要的脚手架。③

再次，我们还可以按照这种逻辑继续推演下去。即使同意苏格

---

① 类似的质疑，参 Annas（1981：50）；Bloom（1991：336 - 337）；Nederman（2007：33）。

② 有关这种关系的解读，参 Irwin（1995：179）；Barney（2006：57）。

③ 人们通常对苏格拉底论证的指责，参 Bloom（1991：336）；Irwin（1995：179）；Rosen（2005：38）；Henderson（1970：227）。

拉底的"正义之人要比不义之人过得好"这一前提假设，我们也不一定会同意他由此得出的这个强大结论。他问色拉叙马霍斯，"灵魂如果被剥夺了它特有的德性，还会很好地实现其功能吗？还是这是不可能的？"（353e1－2）色拉叙马霍斯回答："这是不可能的。"这番对答意在说明两人都同意，美德对幸福必不可少。苏格拉底由此共识进一步推出，"坏灵魂把事情统治、料理得必然很糟糕，而好灵魂必然把诸事料理得妥妥当当"（353e4－5），并得出"正义的灵魂，正义的人将活得好，不正义的人活得差"（353e10－11），所以正义的人将幸福，不义的人将悲惨（354a1－5）。苏格拉底迫切希望他的听众接受"正义实际上保证幸福"这一理念，但他并没有给出需要接受这一理念的理由。就《理想国》第一卷而言，苏格拉底的这个理念超出了他寻求证明以反驳色拉叙马霍斯主张的范围，超出了来自"功能"和"德性"论证所能证明的有效性的限度。来自人的功能的这一论证始于色拉叙马霍斯先前由于粗心大意而承认的一个说法，但得出了一个之前论证不能为之进行有效辩护的超强结论。总之，在这个论证中，苏格拉底假设一个人的幸福在于很好地履行自己的功能（职责），但他没有解释他这么认为的原因。

此外，在第四卷中，柏拉图回到了人类的功能这一主题。他一开始提到了城邦中不同个人和阶层的"工作"或"功能"（再次提到 ergon）。当个人和阶层履行他们的社会功能时，就促进了整个城邦的幸福（421a8－c6），但如何将他们的功能与第一卷中介绍的功能联系起来，还有待考察。柏拉图对这种关系的解释是，社会功能提供了一个关于个人自身功能的类比或形象。灵魂便是真正的"自己"，而灵魂正义在外部行为以及灵魂的各个部分的态度和关系中都是指做"自己的事"。① 正义是"身体健康"的灵魂类比；健康通过排列人体不同的部分来维持人体的自然秩序，以便我们可以从事人

---

① 有关柏拉图所谓的"正义便是做自己的事"这一观念的详解，参 Irwin（1995：227－229）；Kamtekar（2001：189－220）。

类生活的正常活动。正义维持着灵魂的自然秩序,使我们能够执行人类的功能。这就是为何选择灵魂正义的人会选择其内在的人类的统治,而不是狮子(血性部分)或多头野兽(欲望部分)的统治(589a6 – b7)。

虽然他没有明确地说幸福在于行使人的理性能动部分的功能,但柏拉图关于正义和人的功能的论述表明,他假定了这种幸福的概念。他似乎含蓄地同意亚里士多德的观点,即幸福存在于一种由理性活动构成的生活中,因为人本质上是理性的能动主体(*Nicomachean Ethics* i7)。值得注意的是,柏拉图诉诸人类的功能来解释正义如何是非工具性的好。如果他关于灵魂正义的本性的看法是正确的,那么灵魂正义就是幸福的一部分,因为幸福在于用实践理性来控制一个人的生活方向。①

最后,可以通过引入《菲丽布》中关于"好"的性质和构成的论点来支持我们关于《理想国》的这一主张。苏格拉底提倡一种这样的生活:这种生活包含那种使生物有能力过这种生活的"智思";他没有说这些生物本质上是理性的,也没有暗示,即便理性是这些生物偶然的或不重要的特征,他的论点也会成立。在批判普罗塔库斯时,他提出,没有"理性"指导的由最大快乐构成的生活不是人类的生活,而可能属于某种动物存在的基本形式(*Philebus* 21c – d1)。那些拒绝由理性引导生活的人违背了他们的本性(22b6 – 8)。柏拉图坚持认为,对人类而言的"好"必须是对具有人类本性的生物的"好";因此,它必须是这样一种"好",这种好在于对理性能动部分的运用。在这里,《菲丽布》更清楚地表达了一个关于幸福的观点,这是预先设定的,虽然它在《理想国》中没有被清楚地表达出来。②

---

① 关于亚里士多德的功能论证理论与柏拉图的幸福概念之间的关联性的分析,参 Irwin (1995: 288); Santas (1985: 244); Granger (1990: 27 – 50); D. Frede (2013)。

② 有关《理想国》与《菲丽布》在幸福问题上的看法的连续性的分析,参 Irwin (2007: 104 – 105); Annas (2009); D. Frede (1985: 151 – 180); Carone (2000: 257 – 283)。

五 色拉叙马霍斯的脸红及其原因

很多学者认为苏格拉底在《理想国》中驳斥色拉叙马霍斯的论证，往好了说是软弱无力的，往坏了说是谬误的。① 诚然，苏格拉底针对色拉叙马霍斯的挑战而提出的整个论证有种种漏洞与破绽，但从第一卷的尾声来看，色拉叙马霍斯不再像以前那样气焰嚣张，而是态度变得相对温和。色拉叙马霍斯的态度发生这样的转变虽不能完全归于苏格拉底对色拉叙马霍斯的胜利，但它与苏格拉底屡次在论辩中占据上风不无关系。苏格拉底成功驯服色拉叙马霍斯的秘诀是什么？换言之，苏格拉底靠什么制服了色拉叙马霍斯？有些人如罗森（Rosen）认为色拉叙马霍斯的投降与其说是出于说服，不如说是出于羞愧（Rosen，2005：38）。② 从色拉叙马霍斯的脸红得知，这种看法有一定道理。③ 无知的人是无所畏惧的，无耻的人则是不可战胜的，苏格拉底不仅深知这一点，也知道色拉叙马霍斯是一个顾及颜面的人，所以他在理性论证不能对色拉叙马霍斯的价值观产生影响的地方巧妙利用了色拉叙马霍斯的虚荣心。在这场争论的最后，自以为是的色拉叙马霍斯被证明是不正义的、不明智的，在观众面前，他的智慧被证明是不可信的，最糟糕的是，他被证明是一个拙劣的修辞学家。看似无耻的色拉叙马霍斯，什么话都愿意说，但当他的虚荣心暴露无遗时，他却失控了，因为他脸红了。人们通常认为，他没有真正的思想自由④，

---

① 对于这种指责的总结，参 Barney（2006：44）；Moore（2015：321 - 322）。

② 类似的，Bloom（1991：336）等人也认为，与其说苏格拉底是在反驳对手，毋宁说他是在羞辱、惩罚对手。此外，Moore 等人也指出，苏格拉底最后的反驳之所以成功，并不是因为他迫使色拉叙马霍斯说出了与他最初的非道德主义论点相反的"论点"（logos），而是因为讨论显示了他的灵魂在伦理上的不一致性，他同时致力于把知识和胜利作为价值来追求。相关探讨，参 Moore（2015：342）。

③ 人们通常认为色拉叙马霍斯在探求真理的道路上不够理性，总是受情感支配，所以最终在论辩中不能占据主导位置，参 Rosen（2005：38）。

④ 关于羞耻、言论自由及心智自由之间的关系对比，参 Bloom（1991：336）；Saxonhouse（2006：76，193，212）；Tarnopolsky（2010：Chapter 3）。

因为他执着于威望，执着于群众的掌声，执着于群众的思想；他只发表一般的意见，而这些意见通常是保持沉默的，因此显得比大多数人更明智；但他真的很传统，很小气，喜欢掌声胜过喜欢真理。①可见，色拉叙马霍斯的失败除了受制于他本人的论辩能力不足外，还在于他本人有一个致命弱点：他在心智上并没有真正摆脱习俗的束缚，反而在潜意识里把"耻辱"作为一种约束他人行为的价值。在对话中，我们可以清楚感受到他对"耻辱"的重视。例如在苏格拉底说了于他不公的话时，他这样指责苏格拉底："苏格拉底，你真是太恶心了。"（338d）在这里，当他发觉自己的虚荣心一览无遗地被暴露在众人面前时，便不由自主地脸红了。

> 色拉叙马霍斯同意所有这一切说法，但这"同意"来得并不像我当前讲述得那样轻松，而是既勉强又吃力。因为是大夏天，他所产生的汗水的数量之大令人咋舌。我那时看到了我从未见过的一幕——色拉叙马霍斯脸红了。（350d1-4）

一些解释者用这种逻辑上的不充分来论证苏格拉底的目标是心理治疗而不是认知矫正，但这并没有解释为什么色拉叙马霍斯感到脸红。② 很明显，当色拉叙马霍斯不情愿地承认对方的"胜利"时，他脸红了。关于"色拉叙马霍斯为何脸红"这一问题的解释自然可以有很多种，因为柏拉图并没有确切说明。③ 有些人推断说，他的脸红与羞耻无关，而是完全由夏天的天气炎热所引起的，因为一个无法无

---

① 有关色拉叙马霍斯的性格特征的分析，参 Bloom（1991：336）。
② 关于这种流行思路的概述，参 Moore（2015：321）。
③ 关于"色拉叙马霍斯为何脸红及其脸红象征着什么"等这些问题的探讨，参见 Strauss（1964：74）；Annas（1981：52）；Gooch（1987：124-127）；Bloom（1991：336）；Waterfield（1993：385）；Strauss（1996：180-181）；Rosen（2005：57）；Nichols（1987：203，n. 30）；Ranasinghe（2000：9）；Brickhouse & Smith（2000：61）；Blondell（2002：182）；Lampert（2010：267）；对于这些问题的最近探讨，参 Moore（2015：321-343）。

天、没有道德感的人是不会有羞耻心,是根本不会脸红的。例如,施特劳斯指出:"他无法无天,言行无耻;他只是因为热才脸红。"(Strauss,1964:74)① 另有人如朱克特(Zuckert)则认为色拉叙马霍斯脸红是因自己的笨拙而感到尴尬所致(Zuckert,2010:163)。有些学者如安娜斯则不同意这些解释,认为他脸红并非因为尴尬,因为色拉叙马霍斯并没有做过任何令人尴尬的事;对古希腊人来说,脸红是一种耻辱的象征,而设计这小小的戏剧性场面是为了描绘这场争论的寓意;色拉叙马霍斯作为一位"爱荣誉的人"(honour-lover)②,认为辩论是激烈的竞争和炫耀,在乎的是别人如何看待自己,而不是自我的反省,他因为输给苏格拉底而受到公开的羞辱(Annas,1981:52)。不难看出,后一种解释比前一种留下更多的阐释空间。

首先,色拉叙马霍斯的确受到了羞辱。他被苏格拉底打败了,丢了面子。但是,他的脸红透露了更多的信息。在公开的羞辱中,色拉叙马霍斯可能一直顽固地保持冷静:在语言层面上,他顽固地隐藏自己的信念(349a,350e)。然而,他的脸红却不由自主地透露出他已认识到自己的渺小,即使他不愿承认自己最终的失败。③

其次,色拉叙马霍斯的脸红表明他已经失去了对自己和场面的控制,因为脸红通常被视为一种无意识的心理状态的生理表现。他对争论的失控在他自己和在场的每个人看来都是一目了然的。他的脸红是心理剧变的脸红。④ 他可能意识到苏格拉底不公平地操纵了辩

---

① Strauss 在另外一篇文章中明确指出:"色拉叙马霍斯脸红,不是因为他感到羞耻,而是因为他从白昼起就很热。"(1996:180-181)有些学者也认为色拉叙马霍斯是"厚颜无耻""无所顾忌的",参 Bloom(1991:336);Brickhouse & Smith(2000:20)。但有些学者认为色拉叙马霍斯脸红,是因为有自尊,感到了羞耻,参 Moore(2015:321)。

② 学者们通常认为,色拉叙马霍斯具有爱荣誉者的特征;他认为正义主要是法律和政治制度的一种属性。他表现出愤怒(336b,386d),并被柏拉图描述为一个热爱胜利和渴望赞美与钦佩的人(338a)。然而,他钦佩的是贪婪的僭主,而不是成功的爱荣誉者,因为他不是在"美好城邦"中长大的,他的兴趣是病态的。详细探讨,参 Reeve(1988:41)。

③ 关于心理矛盾的分析,参 Gooch(1987:127)。

④ 关于脸红与心理活动的关系,参 Lear(2006:459)。

论,但他无力抓住苏格拉底的诡计。根据色拉叙马霍斯的说法,不正义的人确实占了所有人的上风,因此,不义者就像熟练的工匠。相反,正义的人,作为一个天真的傻瓜,不可能胜过任何人。正义之人属于无知和无技能的阵营,而不正义的人属于他们的对立面。苏格拉底此时却得出了相反的结论,将色拉叙马霍斯弄得狼狈不堪(349b – c)。①

第三,不难看出,脸红是一个人想要隐藏的东西不自觉地流露了出来。它揭示了一个人可能承认也可能不承认的缺陷。它显然与爱欲和自我认识的问题有关。② 色拉叙马霍斯由于其自身的"优越"型自尊,要比普通人更希望征服他人和比他人"拥有更多",因此他敏锐地意识到被苏格拉底公开击败的耻辱。一旦苏格拉底确立了他的关键前提——正义即美德,不义即邪恶——并将这一论点重新置于苏格拉底的竞争场上,色拉叙马霍斯就输了。③

总之,色拉叙马霍斯为自己在大庭广众之下输给苏格拉底而感到丢脸,这从侧面反映出,他羞于做真实的自己,羞于承认自己在正义问题上的无知。这个他刻意隐藏的东西尽管被他用层层表象所包裹,甚至以"正义是强者的利益"这样惊世骇俗的口号掩饰,但最终还是被苏格拉底揭露了出来。他的"*thumos*"除了让他感到愤怒以外,还让他感到奇耻大辱。④ 如果说个人的自尊心与耻辱感有时

---

① 有关色拉叙马霍斯的脸红与他自身的失控之间的关联性的分析,参 Nichols (1987: 203, n. 30)。

② 有关脸红本性的解释,参 Benardete (1999: 27 – 29)。

③ 不难看出,色拉叙马霍斯并不是仅仅因为一个蹩脚的论点而受到羞辱,他的性格至少保留了某种自尊。关于色拉叙马霍斯的自尊及其脸红之间的因果关系的分析,参 Vasiliou (2008: 189 – 190); Moore (2015: 342)。

④ 按照《理想国》第四卷的解释,灵魂的第三部分 *thumos*(激情或血性)控制着一个人的愤怒和羞耻(440a – c)。人们通常认为,它与"个人认同感"(a sense of personal identity) 密切相关,是色拉叙马霍斯的性格的一个显著特征。色拉叙马霍斯的"灵魂"受 *thumos* 所支配,他的"理性"受 *thumos* 扭曲并摧残着。关于 *thumos* 与色拉叙马霍斯的性格之间的关联性的详解,参 Hobbs (2000: Chapter 5); Blondell (2002: 182); Lear (2006: 458 – 459); Wilson (1995: 58 – 67)。

是一体两面,那么内心有着深刻耻辱感的人往往外表上会表现出特别的自信和自尊。这样的人也常常会为了维护住自己高大靓丽的形象,不惜以谎言和愤怒掩盖内心深处呼之欲出的耻辱感。内心藏有的不可告人的秘密越多,他们需要的"遮羞布"(fig leaf)也就越大,渴望拥有权力以获取安全感的欲望也就越强烈。色拉叙马霍斯显然就属于这样的人。①

第五节　第一卷结果的贡献及其局限性：向第三篇过渡

第一卷的讨论结果对柏拉图哲学的贡献及其局限性分别是什么？回答这两个问题之前,我们务必需要弄明白第一卷的讨论结果是什么。这可以拆分为两个问题来回答：其一,第一卷的成绩、贡献和突破体现在哪里？其二,它所达到的最后状态和结局又是什么？② 首先来看第一个问题：与《理想国》之前的对话（尤其是早期对话）相比,第一卷的成绩、贡献和突破凸显在哪几个方面？从以上分析可知,它们主要体现在以下三个方面。

第一,从关注的问题的性质看,第一卷探讨了早期对话（包括过渡期对话）未曾提出的"正义"问题。涉及正义的讨论早在《克里同》和《高尔吉亚》中就"崭露头角"了,所以很多人认为第一卷表面看上去不过是老调重弹,没有什么实质性的突破。然而,这种看法其实有失偏颇,一个理由是,对话者们在那两篇对话中只是理所当然地假定传统上那些关于正义的一般性信念已经被人们普遍接受,所以在讨论中并没有触及"正义"的本性,也没有充分认识

---

① 有关自尊与耻辱之间关联性的分析,参 Leibowitz（2010：54）。
② 关于第一卷的意义及其在《理想国》和柏拉图对话录中的地位和作用的总体探讨,参 Irwin（1995：180）；Zyskind（1992：205-221）。

到寻求正义之定义这一任务的重要性。相比之下，第一卷中的苏格拉底不仅在正式讨论之始就明确提出"正义是什么"的问题，而且在整个讨论过程中都试图要给"正义"找到一个放之四海而皆准的完美定义。另一个理由是，在第一卷中苏格拉底首次提出正义是不是（一种）美德的问题，并且在讨论即将结束之时，不仅特别强调探求正义之定义（本性）的重要性（特别是他语重心长地指出，除非自己事先能搞清楚什么是正义，否则代表"正义"这一方而对色拉叙马霍斯提出的任何反驳都不能令人信服），而且他对讨论之所以失败的原因做了自我检讨——坦然承认自己的过失和对于正义之本性的一无所知（354b3 – c3）。在此，我们也可以看到苏格拉底对于早期对话中所引入的"定义优先级"（Priority of Definition）原则[1]的坚持。

第二，从探讨的内容看，在《理想国》之前，《高尔吉亚》就"正义与幸福究竟有何关系"这一问题进行了最为深入的探讨。第一卷对于这个话题的讨论在很大程度上继承了《高尔吉亚》中涉及正义与幸福之关系的一些看法。例如，人们普遍认为，第一卷中苏格拉底最强的对手色拉叙马霍斯的观点与《高尔吉亚》中卡利克勒的观点有很多相似之处。然而，我们也应当认识到他们各自的观念有着不同的特点。这种不同主要体现在，卡利克勒虽坚称正义是一种美德，但强烈要求修正涉及"正义"之外延的常规看法（*Gorgias* 492a）。[2] 相比之下，色拉叙马霍斯则走得更远，完全否认正义是一种美德。在第一卷中，苏格拉底明显感到色拉叙马霍斯比《高尔吉亚》中的卡利克勒和玻鲁斯（Polus）都难对付，否则他就不会强调色拉叙马霍斯提出了一个难上加难的问题（*Republic* 348e1 – 349a2）。但在某些方面，色拉叙马霍斯不像卡利克勒那样激进，其原因主要

---

[1] 有关这一原则的详细探讨，参 Benson (1990)；Woolf (2014：143 – 156)。

[2] 很多人注意到，色拉叙马霍斯不同于卡利克勒的地方在于前者否认正义是一种美德，后者则坚持认为正义是一种美德，但要求修正关于"正义"外延的一般观点。相关探讨，参 Irwin (1995：180)。

在于，他不反对关于"真正正义行为"的普遍观点，也没有诉诸卡利克勒在"自然正义"（natural justice）与"习俗正义"（conventional justice）之间作的那个对比。[①]

第三，从讨论的结果看，首先需要承认，讨论在形式上是失败的，这在于讨论者直到最后也没有搞清楚作为指导人类生存的基本原则或首要道德属性的正义是什么。其次，"正义的人是否幸福"这一问题的答案也只有在弄明白了正义的本性之后才可以获得。更糟糕的是，苏格拉底在第一卷中对"幸福"的本性只字未提，所以我们不清楚柏拉图是如何理解幸福的。然而，形式上的失败并不代表所有方面的失败，更不代表即将"踏上征途"的读者一无所获。第一卷至少勾勒出了《理想国》整篇对话的计划和问题梗概，诸如卷末最后一句话为接下来的第二卷到第四卷的讨论内容设定了一个总纲领。经过与不同人物的对话和交谈之后，苏格拉底在卷末开始认识到，若想比较全面地回应色拉叙马霍斯提出的挑战，就必须对正义的本性重新仔细勘察一番。

现在来看第二个问题，即第一卷所达到的最后状态和结局又是什么？这同样可以从以下三个方面来回答。

第一，从苏格拉底在第一卷中对色拉叙马霍斯提出的反驳所具有的效果来看，如我们在文中反复强调的，没有人会满意：其一，色拉叙马霍斯肯定是第一个不满意的，他在讨论最后所表现出的"频繁附和而拒不积极参与讨论"的怠慢态度说明了一切；其二，《理想国》中的另外两位主要对话人格罗康和阿德曼图兄弟肯定也不满意，不然，他们就不会在第二卷一开始就急着帮忙复兴色拉叙马霍斯的挑战，也不会执意要求苏格拉底"重装上阵"，对"不义比正义更好"这一挑战作出新回应；其三，对话的主导人苏格拉底肯

[①] 有关《理想国》与《高尔吉亚》之间的关联性的分析，参 Harrison（1967：32）；Gewirth（1968：215）；Irwin（1995：180）；Barney（2004）；Zuckert（2010：167）。

定也不满意,他不仅在第一卷结尾处坦言自己对于论题的探讨顺序和结果失望至极（354a13 – c3），而且在第二卷开头欣然接受了格罗康和阿德曼图的要求；其四，柏拉图作为作者一定也分享了这些人物的不满，否则他也就不会通过撰写后面的九卷来平息这种不满了；其五，大多数读者也肯定不会满意第一卷交付的答卷，否则就难以解释为何会有那么多替色拉叙马霍斯辩护的文章"大行其道"了。①

　　第二，虽说有这么多的不满，但我们也需要认识到，第一卷的结论并非完全是否定性的或消极的。事实上，苏格拉底在第一卷中还是比较有力地回击了色拉叙马霍斯的挑战。一方面，苏格拉底至少通过论证表明，仅仅违反正义原则的决心并不是生活的可靠指南（更别提构成最好的生活方式了），因此，色拉叙马霍斯以他那样的方式，提倡不义的做法是错误的。另一方面，苏格拉底认为（正如他反对卡利克勒所说），如果把不义作为我们为人处世的最高原则，把极端不义作为最好的生活方式，我们就完全消除了灵魂秩序和理性审慎。他在为正义进行辩护时所提出的论证的最合理的部分表明，合理规划自己的生活所需要的不是"不加制约的不义"（359d – 362a）。假如苏格拉底的看法是对的，那么备受诟病的美德与技艺之间的类比就仍然是相当合理的，因为"寻求幸福"便在于寻求自己的利益，而不义的人对不义的承诺意味着他们对实现自身利益所需要知道的事情一无所知。

　　第三，针对色拉叙马霍斯提出的挑战，苏格拉底在第一卷中做出了某种卓有成效的反击。但这仍然无法掩盖这样一个令人感到惋惜的事实：苏格拉底对色拉叙马霍斯的回应还不足以让他在当前这个强大的不义挑战面前站稳脚跟，还不足以维护正义。苏格拉底的失败在于他没有将对手的观点由"极端"推向"精致"。就色拉叙马霍斯设想的不义之人而言，其败笔在于，与其将不义的人设想为

---

① 有关这种"不满"的分析与总结，参 Irwin（1995：169）；Rowe（2007：186）；Barney（2006：44）；Henderson（1970：218）；Moore（2015：322 – 323）。

优先考虑不义的人,不如将他设想为完全不优先考虑正义的人,这样他就愿意在正义的人拒绝行不义的情况下采取不正义的行动。这种对"不义"所采取的更温和的态度显然比色拉叙马霍斯对"不义"的态度更有吸引力,因此对苏格拉底捍卫的"正义",更具有危险性和破坏性。类似的,对于苏格拉底提出并捍卫的"正义的人幸福,不义的人悲惨"这一假设性结论,与其把它说成"我们的幸福完全取决于我们是否有美德"或"正义的人必然因拥有正义而幸福"那种"充分性命题",倒不如把它设想成"正义的人比不义的人幸福"或"拥有美德的人要比任何缺乏美德的人都幸福,不管缺乏美德的人拥有什么,拥有美德的人缺乏什么"这样的"比较性命题",这样苏格拉底才能更好地捍卫自己的立场:正义(或美德)仅是幸福的主要组成部分,而非其唯一的构成要素。作为全篇对话的设计者,柏拉图不可能没有认识到这一点。相反,他在第一卷一直克制自己,直到第二卷才将这些新设想公之于众(cf. 360e – 362c,387d,392c – d,580b)。

第三篇

对色拉叙马霍斯式挑战之回响的再回应

色拉叙马霍斯在《理想国》第一卷中向苏格拉底提出的"不义"挑战被第二卷中的格罗康、阿德曼图兄弟复活并升级，这促成了《理想国》余下九卷对正义的再次探讨。因此，这部分的讨论则是承接第二篇遗留下来的问题意识，它以《理想国》其余九卷内容为基础，试图结合现代伦理理论的资源，以古今比较的宏大视角，来剖析柏拉图对色拉叙马霍斯之挑战及其加强版的再回应及其伦理意义。该部分通过对柏拉图形而上学、认识论和核心伦理思想的归纳及其特征（如以行为者为中心的、幸福论的、实在论的等）的展示来进一步说明，柏拉图令人信服地向四种持不同正义观点的人证明，人一旦正确认识了正义与幸福各自的本性及其关联，就会理解二者的一致性，就会认识到正义因其本身也可以成为人生命中最有价值、最值得追求和拥有的东西。因此在何为正义及正义的价值定位上，色拉叙马霍斯关于正义之说辞及其推导出来的一些学说显然不及柏拉图伦理理论优越，后者关于正义内在价值的种种证明尽管在修辞、哲学或其他方面存在诸多不足，但撇开受时代的局限不谈，它们总体上还是有理有据、颇具说服力的；而这对解决关于正义的现代争论有很大的借鉴意义。

第 五 章

柏拉图伦理理论 vs. 色拉叙马霍斯之挑战加强版

柏拉图伦理理论有何优越性？我们这里主要选取色拉叙马霍斯的理论作为参照系来回答这个问题。换言之，本章所要探讨的问题为，为何柏拉图的伦理理论要优于色拉叙马霍斯的。提出这个问题是基于这样一个话语语境：如今不少道德哲学家提醒我们至少应考虑到正义不是一种美德的可能性。这种可能性受到《理想国》中苏格拉底的高度重视。在这篇对话中，每个人物都假定，如果色拉叙马霍斯能够确立自己的这一前提，即不义比正义更有利可图，那么，他的结论一定会是，有权力不因行不义而受惩罚的人就有理由把行不义作为最好的生活方式。关于现代道德哲学的一个惊人事实在于，几乎没有人在接受色拉叙马霍斯的前提并摈弃他的结论的过程中看到任何困难，这是因为尼采在这个问题上的立场被认为更接近那位远离当今学术道德家们的柏拉图的立场（Foot，1958－1959：99－100；Chappell，1993：15－16；Rist，2002：14－15）。色拉叙马霍斯在《理想国》第一卷中关于正义所提出的有别于传统标准看法的另一种选择成为《理想国》第二到第十卷必须回应的挑战，而《理想国》的主要意图就在于反驳色拉叙马霍斯这样的人，向他们证明：相比不义，正义本身对它的拥有者更有益。① 如果这个挑战不是严峻的，如果色拉叙马霍斯关于正义的另类见解不是一份有趣的、有眉有眼的、连贯的论述，我们就不清楚道德哲学家们为何要为理解《理想国》煞费心思。这一章节将通过展示柏拉图伦理理论的核心思想，以证明为何色拉叙马霍斯关于正义的一整套说辞不及柏拉图的伦理理论优越。

第一节 柏拉图伦理理论的身份及其合法性

然而，在正式进入这个话题之前，有必要先来说明，当论及柏拉图的伦理理论时，我们究竟是指什么，即何为柏拉图的伦理理论？在具体解答这个问题之前，首先应当回答人们经常争论的一个问题：柏拉图有没有伦理理论？这个富有争议的问题之所以产生，主要在于一些人基于柏拉图思想的整体性及其写作方式（对话体）的独特性，而反对用分门别类的方法研究柏拉图思想。进而言之，这些人坚持以整体性视角研究柏拉图，认为柏拉图写的是对话录，而这些对话录并没有传达一个组织严密的概念体系，所以他并没有现代意义上的学科型的哲学体系；既然他没有哲学体系，他的伦理理论则无从谈起。比如，德国哲学家、文化哲学创始人卡西尔（E. Cassirer）在其代表作《国家的神话》中通过对于《理想国》的整体论述得出这样一个与众不同的结论：

---

① 有些学者如 Annas（1981：321）认为柏拉图只是用第二到第九卷来回应色拉叙马霍斯的挑战，第十卷是整部对话的一个附属品，因为整个论证在第九卷结束之时便已经被完整呈现了。我们在这里并不坚持这一立场，而是认为柏拉图对色拉叙马霍斯的回应应该包括第十卷的内容，对于来世世界的运行机制的畅想与对正义的辩护密不可分。关于《理想国》主要意图的说明，参 White（1979b：44）；Chappell（1993：1）；Warnek（2005：xiv）。

所有这一切向我们再次表明，柏拉图思想的完整一体性。在他的哲学学说中，我们找不到后来思想家介绍的那种"专业化"（specialization）。他的全部作品都源于同一模型。辩证法、知识论、心理学、伦理学和政治学，所有这一切都融为一体，成为一个连贯不可分离的整体。（Cassirer，1946：77）①

时隔多年之后，德裔美国保守主义政治哲学家施特劳斯在其主要著作中提出过一个比它有过之而无不及的激进论断："柏拉图从未构建过什么哲学体系。在某种程度上严格地说，在十七世纪之前，没有人有体系，而且（比如）柏拉图甚至没有写过亚里士多德所从事的论文。柏拉图只写了对话录。"（Strauss，2001：5）"单独的某篇柏拉图式对话既不是哲学科学百科全书中的一章，也不是哲学体系中的一章，也不是某个场合的产物，也不是柏拉图发展过程中某个阶段的遗留物。"（Strauss，1996：182）显然，在施特劳斯看来，柏拉图从未构建过一个类似于哲学教科书式的理论体系，而且个别的柏拉图对话录彼此之间也不存在所谓的"发展"。

有些人在这个问题上走得更远。比如，历史哲学家、政治哲学家沃格林（E. Voeglin）和美国知名柏拉图研究者罗德之等人基于柏拉图《第七封信》中关于对话形式意图的那个著名声明而认为，柏拉图从未把自己的想法以系统的方式记录下来，并且他们认为，柏拉图作为神秘哲学家，其思想的真理奥秘是不可言说的（Seventh

---

① 国内老一辈学者当中亦有与此类似的想法，比如著名哲学家张东荪认为："柏拉图之对话，虽是由于各个对话单独发表，然其背后却是相互贯穿，而可以形成一个整体。犹如一个大海，各篇对话的思想只是其中一波，而思想之全体则即是此海。"参张东荪（2007，页5）。

Letter 341a – e)。① 这意味着，柏拉图没有所谓的哲学体系，而且即便有，这个体系也是不可言传的。另有一些学者虽然承认柏拉图有所谓的哲学学说，但他们义正词严地强调这些学说或所谓的哲学奥秘不在这些对话录之中，而是被收集在柏拉图学园内部的一些听柏拉图讲课的人所作的零星笔记所组成的"未成文学说"（*agrapha dogmata*）中（Harris，1990；Nikulin，2012）。② 还有一些人基于柏拉图表达方式的"对话体"特征而在原则上根本不承认有所谓的"柏拉图学说"或"苏格拉底学说"，否则在他们看来柏拉图就会像其他人那样直接以"论文形式"进行哲学创作了。③ 立场没有这么极端的一些人则主张，即便柏拉图有一个哲学体系，这个体系也缺乏必要的组成部分，内在联系混乱，条理不清楚，或者其所蕴藏的内在逻辑并不连贯；前后思想也不统一。④ 总之，不管出于什么样的具体理由，以上这些人都一致认为柏拉图并没有写下一个逻辑严密的哲学体系或学说理论。

---

① 人们通常认为，柏拉图在《第七封信》中对他自己所发表的著作有过一个告诫。这个告诫强调，叙拉古的僭主狄奥尼修斯二世及其奉承者们不可能理解"我严肃对待的事物……因为，我的写作没有论及这些事物，也将永远不会有。因为不像别的教益那样，这是无可言说之事"（*Seventh Letter* 341c1 – 6）。显然，这段陈述会引发一个基本的阐释学问题：如果柏拉图本人声称他的对话录中没有他所谓的"严肃"见解（也就是他关于"最高实在"的思想），后人如何可能从他的对话录出发抵达他的那深邃的真理，便是一个非常有争议的问题。人们对于这个问题的专门考虑，形成了分别以亚里士多德、普鲁塔克和施莱尔马赫为代表的三个不同的阐释传统。关于这三个传统的归类与概述，参罗德之（2012，页 1 – 4）；Rhodes（2001：179 – 247）；Rhodes（2003：113 – 181）；Lloyd（1990）。

② 亚里士多德最早在《物理学》（209 b14 – 5）和《形而上学》（987b18 – 21）中提出这种想法。近代以来这一解读路径的首要力推者是"图宾根学派"。

③ Woodridge 就是这一立场的主要代表人物，详请参 Gonzalez（1995）。

④ 在语言分析诠释者内部，有些人认为柏拉图的学说不成体系。他们的目的是通过指出论证中的逻辑缺陷或概念错误来拒绝柏拉图的学说。相关介绍，参 Osborne（1999：132）。例如，以 Sachs（1963：141 – 158）和 Adkins（1960：289）为代表的一些人认为，柏拉图对话中使用的一些概念模棱两可，尤其是《理想国》的整个论证都建立在一种"不相干谬误"（the fallacy of irrelevance）或"模糊谬误"（the fallacy of equivocation）上。

然而，另有一个与之不同的古代传统则视柏拉图为古代先哲中第一位有心使自己的观点体系化，并把自己对各种主题的思想以一种相互嵌套并相互支持的方式整合在一起的哲学家。坚持这种解释传统的人甚至认为，柏拉图是把"哲学"作为一门独特学科来发展的发明者，是史上把"哲学"看成涵盖三个领域（逻辑学、伦理学和物理学）思想体系的第一人。① 至于柏拉图的代表作《理想国》，坚持这一诠释传统的当代众多研究者更是认为柏拉图在这部对话中自始至终贯彻了这一分类原则。比如，当代知名柏拉图研究专家里夫在《哲人王：柏拉图〈理想国〉中的论证》这部影响颇大的哲学著作的序言中就为《理想国》的完整性作出这样的评价：

> 《理想国》包含一个"相论"（Theory of Forms）② 和一个关于它的"知识论"（Theory of Knowledge）；它们明显不同于《美诺》《菲多》《会饮》和《斐德若》，并且比之更合理、可信……《理想国》不仅标志着对早期对话中苏格拉底伦理理论的决定性突破，也标志着对中期对话中学说的决定性突破……柏拉图的灵魂理论，尤其是他关于各种欲望的解释……是理解他的形而上学和认识论以及认识《理想国》如何构成一个整体的康庄大道……他的伦理理论……呈现为一条连续的思路。

---

① "中期柏拉图主义者"（the Middle Platonists）按照斯多亚学派（Stoic）的建议把哲学分为伦理学、物理学和逻辑学这三个相互依赖的部分来解读柏拉图。有关这一传统路线的详细说明，参 Annas（1999：Chapter 5）。之后的黑格尔（1960）；以赛亚·伯林（2001）；Windelband（2001）；Irwin（1977，1995）；Annas（1982，2000）；Kraut（1992a）以及 D. Frede（2013）等学者基本上都认为柏拉图在著作中系统阐发了一整套理论；他有一个哲学体系。他们通过撰写一系列"柏拉图纲要"一类的著作，将柏拉图思想组织成一个哲学体系。有关这一立场的详解，参 Kraut（1992a：1-30）。

② "*idea*"或"*eidos*"的汉译有许多。我们一贯主张将之译为"相"，这也是陈康先生最早提倡的，参陈康（2011，页 133 注释 3）。

(Reeve，1988：xⅲ）①

里夫的这种看法提出以来,得到了众多学者的响应和支持。例如,费内中（Ferejohn）就旗帜鲜明地指出:"柏拉图被正确地视为一位高度系统化的哲学家,《理想国》被正确地视为他最系统的著作之一。"（Ferejohn,2006：217）这种看法可以说代表了当代不少试图证明柏拉图对话录暗含一个统一意图的学者的共同心声。这种心声促使一些坚持柏拉图有哲学体系的人不仅致力于论证《理想国》一书的完整性,也试图说明柏拉图具有那种系统性的、逻辑性的、整体性的思维,其所有对话录无论是在结构安排上,还是在表现的艺术手法上都有其条理缜密、轻重分明的独特见解和模式。当然,这种力求证明"柏拉图思想有缜密的逻辑体系,是一体的"雄心抱负也屡受责难与批评。②

对于这一问题引发的争议,本书承认柏拉图确实没有把自己的思想明确分割成各自独立的几个部分;他的哲学思想也的确可以被说成以对话形式呈现,浑然天成而未分门类。然而,这些事实并不一定表明,柏拉图就没有用对话录传达一个严整的科学的哲学体系,我们现代人就不能采用分门别类的方法来研究他的思想。相反,我们倒可以像他的弟子亚里士多德及其众多追随者们那样认为,柏拉图对话录明确而系统地呈现了"柏拉图哲学学说"的主体部分,读者可以从他的对话录中提炼出那种具体领域的专门学说（如伦理学、政治学、心理学、教育学、美学、道德哲学、宗教哲学、心灵哲学、政治哲学、科学哲学、语言哲学、形而上学、认识论和价值理论等）。③ 当然,以这样带有肢解甚至误解的分门别类的视角研究柏拉

---

① Reeve 的这部著作自 1988 年出版以来,受到很多学者的赞赏。详情,参 Schiller（1991：486）；Ferrari（1990：105）；Kraut（1990：496）；Morgan（1989：418）。

② 关于柏拉图思想的统一性与发展痕迹的概述,参 Prior（2012）；Kraut（1992a：1）；Shorey（1903）。

③ 有关亚里士多德对于柏拉图对话的阐释原则的看法,参 Irwin（1995：5-7）。

图对话有可能让解读者一方面陷入对柏拉图思想进行教条式理解的危险境地；另一方面也不可避免割断了柏拉图思想之间的内在逻辑及其完整性，甚而让他的思想支离破碎、互不联通，丧失了固有的整体性特质。然而，在柏拉图研究中，没有任何一种方法是周全的、完美无缺的，也没有任何方法可以完全杜绝这种误解的可能。要想找到一种统摄研究柏拉图哲学的各种方法的万全之策，几乎是不可能的。相反，任何一种研究方法都必然顾此失彼，有其自身的优缺点。在我们看来，在研究柏拉图时，分门别类的分析方法相比较而言不失为一种更行之有效的可行策略。有些时候，为了更深入把握柏拉图思想的整体性，我们有必要采用分门别类研究的思路。当然，这里所说的"分门别类"的路径并不简单地等于割裂开了的、碎片化了的研究方法。至于有些人担心的这种研究策略可能有风险，可能让研究者把柏拉图思想置于僵化、教条、缺乏人情味甚至错误的理解境地，本书坚持认为，只要从柏拉图对话录中撷取出来的这些学说有助于我们现代人更好地理解并解决哲学问题，冒这个险不仅值得，而且情有可原。

柏拉图有没有伦理学？退一步讲，我们能否从柏拉图对话录中提炼出一个"柏拉图伦理学"？显然，这个问题首先涉及伦理学的界定、解读柏拉图对话所采用的具体路径及所要研究的对象和范围。因为当谈论柏拉图伦理学时，我们首先得说明，伦理学的定义（核心关注）是什么，采用的研究路径是什么，所根据的文本是哪一篇对话还是所有对话，以及做出这些选择的原因是什么。

现代学者一般认为，从词源上讲，"伦理学"源于古希腊词 ēthikós（ἠθικός），意思是"与一个人的品格[1]有关的"，它本身来自根词 êthos（ἦθος），意思是"品格、道德本性"（LSJ）。因此，在古代教学大纲中，"伦理学"或"ἠθική"是指一种哲学研究，研究的是人的道德品性（无论好坏）以及品格在组织一个人的生

---

[1] 即"性格""品性"或"品格"。

活方面所起的决定性作用。事实上,"伦理学"的别称是"道德哲学",后者本身起源于西塞罗的决定(在公元前 1 世纪),他决定用他自己臆造的词"*moralis*"来翻译希腊语ἠθική,而 *moralis* 在拉丁语中的意思与ἠθική本质上是一样的,都是指对道德品性的哲学研究。

当代道德哲学或伦理学与此不同,这是因为自古以来人类文化的长期发展使得哲学反思人类境遇的基础发生了变化,继而改变了哲学本身内部的观念,即哲学可以合理地希望实现和不能实现的目标。但不管怎么说,古代哲学家们一致认为,道德品质(或好或坏)对个人生活的行径起着核心作用;古代文学(历史、戏剧、诗歌)和许多文化实践,无论是古希腊的还是后来古罗马的,都在这方面支持这一论断。无论是在文学作品中,还是在现实生活中,品格出众的人都被树立为榜样。更常见的是,那些品格不好或有缺陷的人,无论是在日常生活中,还是在高雅的文化语境中,都成为人们着迷讨论的焦点。①

就伦理学的规定和核心关注而言,有一种普遍流行的观点认为,所谓"伦理学"就是指对于"正确行事和过上美好生活的关注",而在坚持这种规定的人看来,柏拉图显然有伦理学,因为这种伦理思想在柏拉图对话中无处不在,这种伦理思考贯穿于他的整个对话录之中。② 此外,在研究柏拉图伦理学的具体方法上,坚持这种观点的人反对"发展论"③ 的解读路径,而主张在解读柏拉图对话录时,要一以贯之地坚持用"中期柏拉图主义者"提倡的"美德充分性"

---

① 有关古今伦理学不同含义的分析,参 Cooper(2012:3-4)。
② 对于伦理学的这种规定,参 Annas(2009:267)。
③ "发展论"的主要拥护者有 Vlastos,Irwin,Shorey 及 D. Frede 等人。当然,这一阵营内部也有分歧。这种分歧导致他们分为"统一论者"(unitarians)、"修正论者"(revisionists)和"演化论者"(evolutionists)三个不同的阐释流派。关于这三个阵营的详细讨论,参弗雷德(2014,页 3-5)。

（the sufficiency of virtue）原则。① 然而，有些人虽然也承认柏拉图有伦理学，但他们却采用发展论的视角来研究柏拉图伦理思想；他们认为，柏拉图的伦理学说并非一次成型而成体系、再未更改，而是"在探索中进行"，并存在一个阶梯式的发展脉络；柏拉图的伦理理论起始于对苏格拉底伦理观点不足之处的反思，后经过《高尔吉亚》等早、中期几篇对话的发展，其主体部分最终形成于《理想国》；晚期对话只在《理想国》中基本伦理思想的设定框架上做了有益的拓展、修改和必要的微调。② 总之，坚持这种立场的人认为，柏拉图的伦理学是发展着的，而且确立柏拉图伦理学核心要义的是《理想国》，而非其他。

对于以上这两种观点之间的异同之处，本书同样主张柏拉图有伦理学，而且从宏观角度认为它就是指"对正确行事和过上美好生活的关注"。这种意义上的伦理学在柏拉图著作中无处不在。柏拉图的伦理思考不仅贯穿于他的生活、日常活动之中，而且渗透于他的哲学观念以及全部对话录作品之中。有人可能觉得我们这样说夸张了，其实不然，即使是在以探讨"存在"与"非存在"问题为主要主题的《智者》中，柏拉图也是在发现"诡辩"独特之处的背景下探讨这一问题的，只因为"诡辩"会破坏我们过好生活的努力。③ 对柏拉图来说，哲学探究，无论它离现实可能有多远，都绝不会脱离过一种美好而有价值的生活的框架。

---

① 在 Annas（1999：44-45）看来，"美德对幸福就足够"这一原则贯穿于柏拉图思想的始终。另外，Annas（2009：267-268）如今反对那种把柏拉图对话录划分为早、中、晚三个发展阶段的思想。

② 支持这一立场的人通常认为，柏拉图有一个系统的客观伦理学：他的伦理思想有自身的独特特征，不仅与他的认识论和形而上学密不可分，而且存在一个围绕"苏格拉底伦理思想"展开批评的发展脉络；《理想国》正是这一伦理思想发展的较完备形态，之后的对话只是对它进行了必要的修改和有益的补充。对于柏拉图思想发展脉络的概述，参 Irwin（1995：3-4）；Benitez（1996：160）。

③ 有关柏拉图对于诡辩的探讨，参 Kerferd（1954：84-90）；Stewart & Sprague（1977：21-61）；Rickless（2010：289-298）。

进而言之，伦理关切可以说遍布于柏拉图的各种类型的对话录之中；它们有时出现在这样的场景中，即苏格拉底热衷于向他人说明他们未能理解他们就勇敢、友爱或美德所提出的主张，有时甚至是出现在苏格拉底或其他人就各种主题所作的未被打断的长篇大论中。不难发现，在柏拉图对话录中，伦理有时是被单独处理的，有时是在政治背景下，有时是在形而上学理论化的框架中。

但在具体的解读方法上，笔者认为发展论的视角更为合理，因为即便假定一个人思想的主体部分从始至终都没有太大的变化是有可能的，我们也很难想象其基本思想在生命成长的漫长过程中没有变化，除非作者英年早逝或出于某种原因中断了自己的学术研究——很显然，柏拉图不属于这种例外。此外，鉴于柏拉图一生撰写了几十篇对话录，一个人在一篇文章中很难逐一考虑柏拉图对话录中涉及伦理的每一个讨论，所以本书暂且假定确立柏拉图伦理学核心要义的是《理想国》，并把它作为研究的主要蓝本。

然而，即便上文成功回答了"何为伦理学、柏拉图有没有伦理学、柏拉图的伦理学是否存在发展以及确立柏拉图伦理学核心要义的是哪一篇对话"等问题，在进入"何为柏拉图的伦理学"这个核心话题之前，我们仍需要事先声明以下几点：

第一，上文虽然从鸟瞰式的、宏观的视角假定柏拉图的伦理思想是发展的，但在如何具体解读《理想国》中的伦理思想的方法上，我们并没有说明本书所采取的研究方法是哪一种类型。对于这个问题，本书将不采用那种以历史主义和文艺视角研究柏拉图思想的方法[1]，而是试图采用"分析方法"（Analytic Approach）[2]。换言之，本书主要关注的是《理想国》中的论证和思想，而不是对话的戏剧

---

[1] 有关戏剧性的解读路径的详细介绍，参 Blondell（2002：1-80）；Kahn（1998：83-87）；Robinson（2014：13）。

[2] 关于"分析方法"的介绍与评析，参 Osborne（1999：132）；Benitez（1996：160）；有些人专注于柏拉图对话中的论证与思想的研究，而忽视其戏剧元素的诠释作品，参 White（1979b：62）。

特征（如人物塑造、情节和场景）或文学元素等。

第二，前面我们虽然说明，本书采用分门别类的视角，但这不是一种孤立的、片面的视角。所以就《理想国》中的伦理学与形而上学之间的关系而言，以往一些学者认为《理想国》中的伦理学与形而上学（即"相论"和"'好'的相"）是彼此分离的，而且他们强调，柏拉图提出"相论"不是为了支持他的伦理理论，而是别有用意（Annas，1999：44-45）。这种看法在本书看来其实是一种误解。很显然，《理想国》中的伦理学和形而上学（甚至认识论）相互依托、相互支持、密不可分。《理想国》中的伦理学的基石无疑就存在于其中的形而上学当中，作为柏拉图整个哲学的核心，"相论"就是为了支持他的伦理理论被提出来的。

类似的，就《理想国》中的伦理学与政治学的关系而言，过去一些学者过于看重《理想国》中的伦理学和政治学的相互交织且密不可分性，甚至认为《理想国》中有关政治方面的论述是其整个道德论证的关键环节（Reeve，1988；Price，1997：364；Brown，2008）。这种看法有一定道理，但并非完全正确，因为我们不会因为《理想国》中各种思想的相互交织性而放弃分而论之的策略。即便我们承认，《理想国》中的伦理思想与政治思想相互依存，但《理想国》的主体部分显然主要处理的是伦理问题，而非政治问题。进而言之，《理想国》主要是一部伦理著作或道德哲学著作，而非政治学、政治科学或政治哲学著作。正是基于这样的一般性假定，本书试图主要以伦理角度阐释《理想国》中的思想。①

---

① 一些学者如 Annas（1999：Chapter 4）坚称《理想国》是一部伦理作品，而非政治作品，而且其中的伦理学与政治学是彼此分离的。我们的观点虽没有他们那么偏激，但也承认《理想国》中涉及政治（"理想城邦"及其"政体"）的论述所占的比重非常小，而且是在"应当如何生活"这个规范性伦理问题的框架下展开的。就此而言，《理想国》中的政治论述是其伦理论述的构成部分，因而《理想国》可能主要是一部伦理作品，而非政治作品。有关《理想国》是不是一部政治作品的探讨，参 Ferrari（2000：xxii - xxv）。

第三，在"伦理学或伦理理论"的界定问题上，我们先前对于伦理学核心关注的那种规定尽管在宏观上是没有问题的，但从微观角度看它明显过于宽泛而失之具体。要准确而具体地把握什么是伦理理论，我们显然需要寻找一种更为具体、确切的规定。对此，当代著名道德哲学家斯坎伦（T. M. Scanlon）在其发表于 1982 年的一篇重要论文《契约主义与功利主义》中对伦理理论作出了如下这样的具体规定：他认为一种伦理理论必须做三件事。其一，它必须提供一种关于伦理的形而上学。它必须确定伦理的"题材"（subject matter），所关涉的伦理判断是什么，它们的"真值条件"（truth conditions）是什么。其二，它必须提供一种关于伦理的认识论。它必须解释我们的"认知器官"（cognitive apparatus）是如何与伦理题材相互作用的，我们是如何发现关于它的事实的。其三，它必须提供一种关于伦理动机的理论。它必须解释那个题材是如何吸引我们的认知器官的，它是如何影响我们的意志和欲望的（Scanlon，1982：593 - 607）。

斯坎伦的这种规定在伦理学界影响颇大，甚至在一段时期内成为人们衡量一个理论是否可以被称为伦理理论的标准。[1] 本书认可这种规定，尽管我们并不认为它是衡量伦理理论的唯一标准。事实上，没有一种关于伦理理论的界定是完美的。这种规定的合理性在于伦理学的确有三方面的任务：本体论的、认识论的和动机论的。可是，当前的问题在于，柏拉图在《理想国》中是否有意识地从事了这三方面的工作？即第一，他是否确定了伦理的题材和关于它们的伦理判断；第二，他是否解释了认知器官与伦理题材的互动方式；第三，他是否曾阐明了伦理题材吸引人的意志的方式。在此，有人可能会指出，我们用现代人的理论标准去框定古人思想的做法必然面临着

---

[1] Scanlon 一般被认为是社会契约传统的代表：其一，他本人推崇的契约主义起源于康德和卢梭的思想，而不是霍布斯的思想；其二，他并没有将道德的起源或道德行为的正当性定位在对"自身利益"的理性追求之中。详细探讨，参 Shafer-Landau（2012：556 - 557）；有关 Scanlon 对于伦理学规定的意义的探讨，参 Reeve（1988：264，319，n. 10）。

一定的难度和风险，毕竟古今社会在历史、经济、政治、文化、语言等各个方面已经发生了巨变。更何况，所要研究的人物是一位用对话形式，而不是用观点透明、第一人称的论文分析方式进行写作的哲人。对于这种顾虑，如前所述，本书并不是试图判定柏拉图是否构建了一个与当代道德哲学家们所规定的伦理学标准完美耦合的伦理理论，而是想探明，我们是否可以从柏拉图对话录——尤其是《理想国》这篇最能代表其中期（主体）伦理思想的对话——中所提炼出的伦理教诲构建出一个满足现代标准的伦理理论。如果可以，那任何断然否认柏拉图有哲学体系或系统性学说的说法就可能存在一定的片面性或者虚假性。

最后，就探究的策略而言，假设当我们知道一个伦理理论按照斯坎伦提供的以上这三条规定告诉了我们什么信息，我们就知道它是什么类型的伦理理论，它在伦理理论的分类系统中居于什么位置。而且，假设当知道它在那种分类系统中的位置之后，我们就知道了它首当其冲地会受到哪些主要的批评。按照这样的假设，在下文中，我们将依次说明从《理想国》（以及相关对话录）中涉及伦理问题的讨论内容中提取并构建出的伦理理论在整个现代伦理学的分类系统中属于哪一种类型，并借此说明柏拉图伦理学的特征以及回答柏拉图的伦理理论缘何要优于色拉叙马霍斯的。

第二节　柏拉图伦理理论的第一任务

就上文提到的第一个规定而言，首要的问题是：柏拉图是否认为伦理学有一个"题材"，伦理判断[①]有"真值条件"？有人可能会

[①] "伦理判断"（ethical judgment）有时也被称为"道德判断"（moral judgment），关于这个概念的阐释，参张庆熊、周林东、徐英瑾（2005，页94）；R. Campbell（2007：321-349）。

对此深表怀疑，觉得古人探讨的范围比较笼统、比较宽泛，很难有确定的伦理内容。然而，有些人可能会说："答案是肯定的"，因为柏拉图并不认为这些判断仅仅表达了某种情感或态度，也不认为它们是一种命令。柏拉图不是一位非认知主义者，他认为衡量或判断一个人是正义的，就是把一种属性——一种拥有被正确统治的灵魂的属性——归于他。如果被评判者拥有这种属性，"他是正义的"这一判断就是真的，否则就是假的。①

很显然，后一种看法更为合理。因为从文本看，很多人注意到，柏拉图的伦理学和政治理论都要求有一种真实的可能性，即人类有一种非常可靠的能力来做出正确的伦理判断，而这些判断可以被用于对一个运作良好的政治城邦或一个发展良好的道德人进行适当的管理上。柏拉图的中心思想是，如果这些伦理判断不像代达罗斯的雕像那样是"稍纵即逝的"，那么它们的对象就必须是具有足够固定、稳定和确定性的实体。柏拉图既相信这种知识是可能的，又相信可感知世界完全缺乏这种实体，因此他就假定这种稳定的实体存在于"他处"：在一个与感官所呈现的世界"分离"的地方。由此看来，柏拉图最著名的哲学发明——"相论"，就是专门为这种认识论目的而设计的（Ferejohn, 2006：217 - 218；Sedley, 2007：256 - 283）。如果柏拉图提出这些"相"的最终目的是论证关于这些"相"的知识可以被用于作出高度可靠的伦理判断，而且这些判断可能与可感知世界中的问题和情况有关，那么，了解这些"相"的人，在判断可感知世界中的事物时，应该比那些从未"攀登"过洞外世界的人，有更可靠的依据。很显然，对柏拉图而言，将知识与纯粹的真实信念区分开来的正是更高程度的可靠性，所以他不会否认，把关于"相"的知识应用于可感知世界本身就是一种知识（Ferejohn, 2006：220；Fine, 1999）。

---

① 有关柏拉图是否认为伦理学有一个"题材"，伦理判断有"真值条件"这一问题的探讨，参 Reeve（1988：265）。

以上这种评价基本上是中肯的，尤其是它关于柏拉图如何看待伦理判断及其真值条件所作出的解释似乎让人信服。但这样的总结并不让人满意，因为它并没有回答这个题材究竟是指什么。那么，何为柏拉图伦理学的题材？这个问题同样与柏拉图伦理理论的第一任务密切相关，因而是我们下面要着重回答的。

一　柏拉图伦理理论的特征

何为柏拉图伦理学的题材？对此，一些人认为柏拉图伦理学的核心题材包含对两个问题的回答，即一方面去回答"我们应当如何生活"这个规范性问题，另一方面去回答"我们如何才能知道我们应当如何生活"这个认识论问题。比如，埃尔文在其《柏拉图伦理学》这部著作的序言中开宗明义地告诉读者：

> 谈及"柏拉图道德哲学"，我是指两件事：第一，是指柏拉图对"我们应当如何生活"这个规范性问题的回答；第二，是指他对"我们如何知道我们应当如何生活"这个认识论问题的回答。柏拉图对规范性问题的回答依赖于他对美德和幸福之关系的看法；他对美德的观点则依赖于他对理性、欲求和动机的看法，所以我们对规范性问题的讨论就把我们带入了他的道德心理学。他对认识论问题的回答取决于他对知识、信念和探究的解释。柏拉图相信，当且仅当有为知识提供基础的"相"时，知识才是可能的，所以，他对认识论问题的回答要求对理念的形而上学问题做出回答。因此，我们还必须尝试理解他的相论。（Irwin，1995：3）

埃尔文这里虽然谈论的是柏拉图的道德哲学，但很显然，在他看来，柏拉图的道德哲学与柏拉图的伦理学所指的是同一个东西。不管埃尔文的这种用法是否恰当，但假如他的这种界定在理论上是可行的，那么，下面就要问柏拉图的伦理理论具有什么特征，它究竟是什么性质的理论。有学者如里夫认为，柏拉图的理论不仅属于一种伦理实在论，而且是一种伦理自然主义；此外，他还强调，柏拉图的理论是"以行为者为中心的"（agent-centred），而不是像大多数当代伦理理论那样是"以行为为中心的"（act-centred），其推理过程如下：

> 因为诸如"正义""明智""节制"这样的伦理术语是指真正的、独立于心灵的属性，伦理判断也拥有客观的"真值"（truth value），所以柏拉图的理论属于一种伦理实在论。因为这里所说的这些属性不是摩尔所认为的等同于"善"（goodness）的非自然的属性，而是属于灵魂的自然主义理论的属性，柏拉图的理论也是一种伦理自然主义。因为这些属性主要是行为者的属性，而不是其行为的属性，他的理论也是"以行为者为中心的"，而不是像大多数当代伦理理论那样是"以行为为中心的"。（Reeve，1988：265）

从原创性角度看，里夫的这种观点不算新颖，因为早在他之前，德米特（Dummett）就在《真理和其他之谜》中指出，柏拉图的伦理理论是一种伦理实在论；[①] 而"以行为者为中心"和"以行为为中心"的区分方式应该说是他继承了安娜斯的这种设定。[②] 安娜斯

---

① "伦理实在论"亦称"道德实在论"（moral realism）。它与"道德绝对论"（moral absolutism）共同反对"道德相对主义"（moral relativism）、"怀疑论"（skepticism）和"虚无主义"（nihilism）。有关这些概念的详解，参 Brink（1989：14，90 - 92，167 - 168）。Dummett 以提出反实在论思想著称于当代英美分析哲学学界。他在《真理和其他之谜》一书中明确指出柏拉图的伦理思想属于伦理实在论，参 Dummett（1978：145 - 165，202 - 214）；Reeve 等一些学者都认可这种规定，参 Reeve（1988：265，2004：xii）；本书也认为柏拉图是一个伦理实在论者。近些年关于柏拉图道德实在论思想的专门论述，参 Rist（2012）。

② Reeve（1988）本人在注释中也提示他的这两种看法主要受 Dummett 和 Annas 两位学者的启发。

在《柏拉图的理想国导论》中明确地指出：

> 伦理理论可以用一种广义而又清楚的方式分为两种类型：以行为为中心的和以行为者为中心的。以行为为中心的理论是最近的道德哲学传统中最广为人知的那一种。它们始于对正确的行为这一概念的关注：首要的问题被认为是，"所做的正确之事是什么？"并且首要的概念也被认为是关涉责任、义务和道德上所应当做的事，因而对于"所做的正确之事是什么？"这个问题所做的可以接受的回答将被认为是由一系列责任和义务构成。如果我们继续问一个好人是怎样的，我们会被告知：好人就是那种做他或她自己应当做的事的人，即在所有情况下或大多数情况下倾向于执行正确的行为的那种人。
>
> 我们认为好人就是那种可以信赖的尽自己责任的人，他们的美德就在于凭着良知做正确的事。相形之下，一个以行为者为中心的理论始于另外一个不同的地方。这种理论关注好的行为者或好人这一概念。它认为首要的问题应该是，"我应该成为什么样的人""什么是好的生活""什么样的生活类型是令人敬佩的？"。我们通过追问好人在这些情况下会做什么样的事情，从而找出所去做的正确之事是什么。所去做的正确之事等同于好人所做的那种事。对于以行为者为中心的这种思考路径，首要的观念并非是责任和义务，而是好和美德。当然，大多数道德理论对于行为和行为者都有要讲的话；把这两种理论区分开来的并非是那种其中一种只处理行为，另一种只处理行为者，而是对于这种来说，行为首先作为道德主体出现，对另外一种来说，行为者扮演这样的角色。康德主义和功利主义都是以行为为中心的理论，因为尽管他们都谈论行为者的道德评价，但他们都使行为者的道德评价次于行为的道德评价，而后者被认为是基本的道德问题……（《理想国》中的）这个论证的整个发展脉络在443c-d处得到了栩栩如生的总结，柏拉图在这里

说正义的范围并非是外在的行为,而是一个人自身内在的自我。他使正义的行为者成为首要关注的问题,而不是正义行为的问题成为色拉叙马霍斯、格罗康和阿德曼图关注的核心问题。(Annas,1981:157-169)

当然,安娜斯的这种划分方式在哲学史上并非独一无二,因为早在她之前,汉普夏(S. Hampshire)和古尔德(J. Gould)等人就注意到了古今道德哲学研究径路的差异性。他们敏锐地指出,现代道德哲学家关注的是:"我们的意思是什么?我们如何(如果有的话)确定用来表达对我们自己或他人行为的道德判断的句子的真实性?"但这完全不是柏拉图在对话录中所问的那种问题:柏拉图,像亚里士多德一样,关心的是道德"行动主体"(agent)的问题,而不是道德"法官或评论家"的问题。这种伦理观差异的根源可以从心理学的角度来解释:柏拉图对道德决定的可靠性没有任何基本的怀疑,甚至对人类生活中是否存在任何有效的、有争议的"目标"也没有怀疑。他自己最迫切的努力是要找出一种可行的方法(在实践中)来达到对他来说在某种意义上是"给定"的目标。因此,在汉普夏和古尔德等人看来,柏拉图伦理学的中心问题是:一个人怎样才能达到他真正的道德高度(境界)(Gould,1972:ix-x)?①

所以,综合来看,人们较容易在"柏拉图的伦理学具有实在论特征以及柏拉图的伦理学是一种以行为者为中心的理论"这两点上达成共识。本书也认同这种看法。至于里夫通过对比柏拉图关于"好"的看法与摩尔在《伦理学原理》中关于"好"的理解的不同之处而得出的"柏拉图的伦理理论是一种伦理自然主义"这一结论,

---

① 关于"柏拉图伦理学主要关心行为者(而非行为)"这一说法的现代讨论,参 Brickhouse(1984:148)。

笔者对此深表怀疑①，其理由在于现代道德哲学家们可能倾向于仅仅基于人类灵魂学的经验事实而去解释"好的行为"（德性行为），但柏拉图并不满足于此。对柏拉图而言，一种行为之所以是好的，是因为它与好的"行为者"之间有一种联系，而"行为者"之所以是好的，是因为他们与"好本身"之间有某种关联。在柏拉图哲学中，"好本身"（the Good）独立于"自然世界"而存在，本质上是一种超越于"自然"、与神有关的属性。因此，与其说柏拉图的理论是一种伦理自然主义，毋宁说它是一种"具有伦理实在论性质的非自然主义式版本"（non-naturalist version of ethical realism）。②

然而，谈到"自然"一词时，我们这里一定要注意：古希腊人思考 φύσις（physis）的方式与我们现代人看待"自然"的方式具有

---

① 当然，关于摩尔与柏拉图各自在"好"的理解上的异同点，人们有不同的看法。比如，White（1988：139）就强调二者有相近之处。摩尔认为一把锋利的刀作为切牛肉的工具是好的，但并不意味着刀本身就是好的。在摩尔看来，刀本身没有伦理上的好坏（善恶）；"锋利"是刀的自然属性，好（善）不是刀的自然属性。但柏拉图并不这么看，他认为人的"德性"（优秀）类似于刀的锋利，德性是灵魂的一种（自然）属性（《理想国》第一卷）。摩尔对"善"的区分，参张庆熊等（2005，页94-95）。关于柏拉图说的"好"与摩尔说的"善"之间的区分，参包利民（1996，页8-9）。摩尔与苏格拉底就"知识"或"善"的不同看法的分析，参 Santas（2001：42-45）。以往一些人倾向于认为，二者很相似，并指出摩尔关于"好"的理解在很大程度上受到柏拉图的启发。本书承认柏拉图关于好的理解影响了摩尔，但更愿意强调二者的不同，即本书比较同意 Reeve 的前半部分观点，即"这些属性不是摩尔意义上的那种被认为与善等同的非自然的属性，而是属于灵魂的自然主义理论的属性"。

② Brown（2009）等一些学者对笔者这里支持的这一说法给出了非常细致的证明，他们的结论也是，柏拉图的伦理学应该属于"伦理实在论的非自然主义版本"。此外，某些现代哲学家企图从人的自然属性出发论证道德规范。"快乐论者"主张人有追求快乐的天性，因此快乐应成为判别"善"的基本准则。"生命论者"主张，生物有求生的本能，生命是进化的，因此，应把维持生命和促进生命的进化视为最根本的价值和义务。这种从人乃至生物的自然属性出发论证善、应该、价值和义务的学说通常被认为是自然主义的伦理学。鉴于这种学说主张可以在人和生物的自然属性中认识和判别伦理规范的优劣，所以它也被人们称为一种自然主义式的认识主义的伦理学说。这一思潮的概述，参张庆熊等（2005，页93）。然而，无论如何，柏拉图显然不认同这种学说，因为他认为价值的标准取决于人对"好之相"的认识。

某些相似之处，但又有明显的区别。这种相似性与差异性主要体现在二者对"自然"的价值设定上。至少从牛顿开始，现代人对于自然世界的科学性的理解基本上趋向于机械论的、还原主义式的。进而言之，科学通过发现事物的组织构成方式以及支配这些物质要素的规律和原理来理解世界，所以科学似乎关心的只是事实，与人的情感无关（无善恶之分），是价值中立、价值无涉的（value-free）。① 鉴于这种研究进路既适用于有生命的事物，也适用于无生命的活动和事物，所以科学往往通过把人类的行为还原到其物理（生理）的基础层面来理解人类的行为。一些古希腊宇宙学家倾向于拥护类似的自然主义，他们相信这个世界上存在一些与超自然神秘力量无关的关于自然现象的解释。不仅如此，他们还相信，人类的存在并非独立于自然世界之外。基于这种信念，他们在"自然"与人之间看到一种连续性，而这种连续性往往促使他们通过参考人类经验的各个方面（而不是像一些现代科学家简单地通过把人类的经验还原成一般性的物理力量）来理解在这个世界中起作用的力量。比如，早期宇宙学家恩培多克勒就试图通过参考两股基本的力量来理解自然世界中的运动。对他而言，把事物聚拢在一起的这种力量应当被称为"爱"，而相互排斥的这种力量则应当被称为"斗争"（仇恨）。可以肯定，恩培多克勒在人类行为背后的驱动力中看到了某种不能被还原到物理层面而又具有普遍规律性的东西。在柏拉图的《会饮》中，医生厄里克希马库斯（Eryximachus）在把爱描述成相互竞争的各种力量之间的一种普遍性的平衡或和谐时展示了这种自然观念。② 不管柏拉图在多大程度上认同厄里克希马库斯揭示的这种在古希腊人当中普遍流行的自然观念，都可以肯定，相比现代人的"自然"观念，他关于"自然"的设想更接近于他所处的那个时代的观念。

---

① 有关科学是否中立、价值无涉的探讨，参 Lacey（2005）。
② 有关古希腊人与现代人理解自然的方式的不同点的分析，参 Brost（2008：66 - 67）。

当我们把目光投向柏拉图关于"数学"(作为"科学"的标准范例)的价值的论述时,我们会更清楚地认识到,数学与"好"的关系不像一些现代人所理解的那样,是外在的、工具性的或无甚关联的。很多关注柏拉图自然哲学的研究者如波恩伊特(Burnyeat)指出,在柏拉图看来,研究数学并非仅仅是通往"好之知识"的工具。相反,于柏拉图而言,数学的内容是伦理理解的重要构成部分。因此伦理和政治都是数学性的。善是客观世界的一部分,数学是一门价值科学。数学与客观世界的善之间的联系是通过协调、和谐和比例的统一而建立起来的,这些协调、和谐和比例的统一表达了神圣的工匠仁慈设计的善。比例本质上是好的,也是对数学的恰当研究。柏拉图认为抽象的运动学(与天文学相对的纯粹非感性的运动理论)和抽象的和声学导向了"好之知识"。抽象的运动学涉及《理想国》中所描述的"球体的和谐"。《蒂迈欧》指出,球体的圆周运动是世界灵魂的"理智"的运动,人类灵魂也有类似的运动。世界的灵魂和人类的灵魂是空间性的,有着循环的运动(不可见性和无形性使它们成为没有形体之物)。灵魂是抽象的和声学中最重要的主题——对良好比例的研究。一个能理解各种数学规律及其相互关系的灵魂,就具有了世界灵魂的和谐与善。这样的灵魂可以充当一个组织社会与世界的模型,一个可以被经过适当训练的统治者用以塑造一个共同体的模型。[1]

澄清完柏拉图的"自然"观、"数学"观和"灵魂"观及其三者之间的关联性后,让我们把注意力重新转到柏拉图伦理学的特征这一问题上。对柏拉图而言,凡是人,都希望生活得好,生活得幸福。此外,他还认为人应该为了幸福(eudaimonia)[2] 而行动,因为幸福是道德思考和行为的至高目的,而正义等被统称为美德(aretê)

---

[1] 有关柏拉图对于数学的益处的阐释,参 Burnyeat(2000:1-81)。

[2] 亚里士多德对于 eudaimonia 的理解和柏拉图的观念很相近,因为亚里士多德在《尼各马可伦理学》第一卷中同意 eudaimonia 是首要的好,我们做一切事都是为了它。详细探讨,参 C. C. W. Taylor(1998:49)。

的灵魂属性则是达到这一目的所必备的技艺（technê）和性情（diathesis）。从这些基本信念可看出，柏拉图的伦理理论可谓是一种"基于美德的幸福伦理观"（a virtue-based eudaemonistic conception of ethics）（Frede，2013）[1]，或"一种幸福论框架下的美德至上伦理"（Vasiliou，2008：282），或"一种自我中心式的后果论"（an egoistic kind of consequentialism）（Brown，2009）[2]。基于柏拉图伦理学的幸福论特征，把柏拉图称为一个"幸福论者"（eudaimonist），是不过分的。[3] 与此相关，既然柏拉图在诸多对话录（尤其是早期对话录）中把美德视为人生的至高目的并对其予以充分的关注，[4] 甚至依据"美德"来定义"道德性的好"（moral goodness），并把这种"好"理解成灵魂的"状态"（conditions），而不是趋向"正确行为"的"性情"（dispositions），所以在此意义上讲，柏拉图可能比

---

[1] 关于"柏拉图伦理学是一种基于美德的幸福伦理观"的这一说法的详解，主要参 Frede（2013）。

[2] Brown（2009）等人都认为《理想国》提供的伦理理论最好描述成"幸福论式的"（eudaimonist）（cf. Euthydemus 278e；Nicomachean Ethics 1.4，1095a17 - 20）。人们通常认为，即便柏拉图、苏格拉底和亚里士多德对幸福与美德的关系持有不同看法，但他们都一致认为，二者本质上是息息相关的。他们从未单单以金钱、权力和地位来衡量"幸福"，他们看重的永远是人内在的美德。他们在很大程度上都坚持"美德至上"，认为一个人首先应当以"美德"为目的，因此他们都坚决反对任何背离"美德"的行为。相关概述，参 Vasiliou（2008：6）。另外，Annas（1993）和 Vasiliou（2008：5）等学者认为，"幸福论"的特征是除昔兰尼学派（Cyrenaics）的理论之外的所有古代道德理论的共同点。持有同一立场的代表性学者还有 Vlastos（1991：203）；Irwin（1995：248）及 Brickhouse & Smith（1994：103）等人。有关这一阵营成员及其观点的概述，参 Vasiliou（2008：6）。

[3] 人们通常认为柏拉图或柏拉图某些对话录中的苏格拉底是一位幸福论者。比如，Brink（1997：124）就称："苏格拉底、柏拉图和亚里士多德都是幸福论者；他们认为，行为者的实践推理应该由他们自己认为正确的幸福或 eudaimonia 概念来规范。"事实上，Annas（1999：2；1998：46）等人指出，古代作家与柏拉图属于同样的伦理传统。他们都是幸福主义者，认为我们每个人都有一个最终的目的，那就是 eudaimonia，为此我们寻求一个实质性的规范。本书在这点上也持这种看法。

[4] 对于柏拉图对话中"美德至上原则"的揭示与强调，参 Vasiliou（2008：282 - 283）。

亚里士多德更应该被称为"美德伦理学家"(virtue ethicist)。①

由以上分析,我们大致可以归纳出柏拉图伦理理论的三大特征:

第一,以"行为者为中心的"特征;

第二,基于美德的幸福论特征;

第三,基于"相论"的实在论特征。

二 对于柏拉图伦理学特征的质疑

以上所归纳的关于柏拉图伦理学的三大特征几乎没有哪一个是无可争议的。这种争议来自两个方面:其一是能否用这样的概念统摄柏拉图的伦理思考;其二是即便柏拉图的伦理思想确实有这样的特征,柏拉图的这种思想倾向是否有坚实的、牢不可破的基础。对前两个特征的质疑方式属于前者;对后一个特征的质疑方式属于后者。

首先,就第一个特征而言,有些人如布里豪斯(T. C. Brickhouse)提出了这样的质疑:

---

① 人们通常在"柏拉图与亚里士多德哪个更应该被称为美德伦理学家"这一问题上存在分歧。有些人如 Santas(2001:Chapter 8)觉得亚里士多德可能不是真正的美德伦理学家,柏拉图才是。他们的理由是,亚里士多德认为"正义"这种美德等同于那种最终是由共同体的好(利益)所决定的正义行为。因此,关于正义,他有一个目的论式的而不是美德论式的伦理学。然而,他可能有一种关于其他美德的美德伦理学。柏拉图是美德伦理学家,是因为他根据美德来定义"道德善",美德被理解为灵魂的状态,而不是趋向正确行动的性情。很显然,对 Santas 等人而言,只有当一个哲学家认为关于"美德"的判断可以独立于关于"行为是否正确"的判断而得到验证时,他才能被称为具有美德伦理学。这种看法有一定道理,但大多数美德伦理学家肯定会认为这个定义太局限了。所以,本书基本肯定柏拉图是一位美德伦理学家,但在"亚里士多德是不是一位美德伦理学家"上持保留态度。关于 Santas 等人的这种看法的评论,参 Stalley(2003:446)。有些学者如 Young 对"Santas 否认亚里士多德的伦理学是德性伦理"表示强烈不满,详细探讨参 Young(2003:452-453)。此外,关于亚里士多德是否有美德伦理学的探讨,参 Santas(1993:1-32)。

尽管把以行为者为中心的理论归于柏拉图的做法并不新颖，但 J. 安娜斯却是少数几位觉得这种做法没有明显问题的评论者之一。例如，人们常说，把正义等同于灵魂的各部分处于和谐秩序的理论基于一种含糊其词的说辞。这种质疑正如这个反驳所揭示的，是为了证明通常所认为的正义行为总有回报。因此，通过接受这个挑战所规定的条件，柏拉图本人求助于这样一个论据：以某种方式设想的正义总是有益的。然而，他得出结论说以相当不同的方式设想的正义就是那种总有回报的东西。有些人试图指出发生在第四卷的文段……来使柏拉图免受这样的指责，即柏拉图在此处断言一个正义的人将总会通过某种"司空见惯的粗俗测试"。因此，柏拉图很可能相信，一个正义的人将有利己主义式的理由……去执行通常被认为正义的那种行为。尽管柏拉图的确做了这样的断言，即正义之人通过了"粗俗测试"，众所周知的是，柏拉图对此并没有提供任何论证。（Brickhouse，1984：148－149）

此后，达尔（Dahl）等人也相继提出了类似质疑。他们指出，从表面上看，柏拉图的正义理论是以行为主体为中心的。正义适用于具有和谐灵魂的人，并衍生于促进灵魂和谐的行为。然而，这并没有为柏拉图提供一个与之对应的正义理论，因为挑选出这些行为的特征也会使它们促进灵魂的和谐。因此，他们指出，尚不清楚是否应该认为柏拉图持有一种以行为主体为中心的正义理论，而不是以行为为中心的正义理论。[①]

其次，就幸福论特征来说，有些学者如怀特（N. White）就对埃尔文的《柏拉图的伦理学》一书所基于的幸福论解释原则提出了冷峻的批评。他认为埃尔文虽然紧扣柏拉图对话的内容对柏拉图的思想做出说明，但这并没有掩饰他遵循的研究传统是格林

[①] Dahl 等人的这种看法及其证明过程，参 Dahl（1991：830－831）。

(T. H. Green)这样的新黑格尔主义者的,"根据这一传统,两个最重要的特征刻画了希腊伦理学。首先,它是'幸福主义者式的'(eudaimonist),即主张一个人自己的幸福是一个人的终极理性目标……其次,这种幸福主义有着非常特殊的目的,即以避免或尽量减少产生于康德和其他类似的道德立场的道德和个人利益之间发生的冲突。这种阐释希腊伦理学的风格到目前为止一直是最近两个多世纪以来的标准。它把希腊伦理学呈现为一种可行的替代某些现代伦理教义的理论,如康德的。我认为,对希腊思想进行历史性描述,既是误导人的,也是不准确的……"(N. White, 1979b: 58-60; cf. 1996: 148)[①]

不管怀特的这种认识在多大程度上是合理的,它都至少提醒我们"幸福论"的这种诠释路径有可能只是现代人的一个发明——它只是众多阐释思路中的一种而已。更何况,我们在柏拉图对话中确实可以找到柏拉图关于一些并未出于幸福论目的的行为的论述:比如,(1) 渴望繁殖的欲望,其近乎人们对于不朽的渴望(*Symposium* 207a-209e);(2) 对于美的热爱(*Phaedrus* 249d-256e);(3) 哲人们通过回归城邦事务而偿还他们向曾给他们提供教育的城邦欠下的债(*Republic* 520a-e)。[②]

最后,"实在论"的特征更容易招致批评。人们通常指出,这种批评的主要内容在于,以"内在一致性"和"可理解性"角度鉴定的作为"美德"($ἀρετή$)的东西有可能从"真实性"($ἀλήθεια$)的角度看,是一种"恶德"或"恶习"($κακία$)。[③] 比如,《理想国》第一卷中的色拉叙马霍斯就反对希腊传统文化中的正义概念,并提

[①] White (1999: 497) 坚决反对 Irwin (1995) 的看法,即反对将古希腊伦理学(尤其是柏拉图伦理学)称为"eudaimonism"(幸福论)。

[②] 关于柏拉图对话录中非幸福论事例的讨论与总结,参 White (1999: 497-512); White (2002)。

[③] 有关这种批评意见的详细探讨,参 Reeve (1988: 265)。

出传统上被视为美德的正义其实是一种愚蠢和天真。相反,不义在他看来才是美德和精明:

> **苏格拉底**:那么好,你对这个问题是怎么看的?你称这二者中的一个为美德,另一个为恶德吗?
> **色拉叙马霍斯**:当然了。
> **苏格拉底**:也就是说,你称正义为美德,不义为恶德喽?
> **色拉叙马霍斯**:你这小可爱啊,我既然说了"不义有利,正义则不是",又怎么可能说出这种话呢?
> **苏格拉底**:那你到底是怎么说的?
> **色拉叙马霍斯**:正相反。
> **苏格拉底**:也就是说,正义是恶德喽?
> **色拉叙马霍斯**:不,是相当高尚的纯真。
> **苏格拉底**:所以,你称"不义"是不光明正大的喽?
> **色拉叙马霍斯**:不,我管它叫"精明"。(Ⅰ 348c2 – d2)

撇开《理想国》这一文本不谈,反观当今的伦理学讨论,我们也能清楚地感受到,伦理学说中的"自然主义""实在论"或"科学性的整体论"时常遭受接二连三的反驳。其中,最负盛名的一个反驳即为"自然主义谬误"(naturalistic fallacy)。[①]

然而,这些反驳没有一个取得了决定性胜利。如今,在很多人对于道德实在论的有力辩护之下,伦理自然主义在学界的声誉可

---

① 关于摩尔"自然主义谬误"的概念及其影响的介绍,参张庆熊等(2005,页93);Frankena(1939:464 – 477)。需要指出的是,人们一度普遍认为,"事实"与"价值"之间存在不可逾越的鸿沟。但如今这种二分法备受批评。比如 Hacking, Murdoch, McDowell 和 Rorty 都曾发文对此进行猛烈抨击并提出了引人深思的反驳。相关探讨,参 Tanner(2006:1 – 6)。

谓蒸蒸日上，而不是像时下一些人以为的，是在走下坡路。① 尽管如此，这里有一个反驳尤其值得一提。反对伦理自然主义的一些人经常提出的一个著名反驳是，如果伦理学是自然主义式的、实在论式的和科学性的，那我们就有理由期望在伦理信念中看到一种"趋同性"（convergence），即那种我们在数学、物理学、生物学或医学等自然学科中所发现的会聚状态。此外，我们还有理由期望能够诉诸建立在这种"会聚状态"之上的客观程序一劳永逸或决定性地解决人们在价值观念上的分歧与争论。遗憾的是，到目前为止，我们人类并没有找到这种东西。世界范围内的各种文明因历史、语言、文化、传统，以及更为重要的宗教的不同而呈现出的迥然相异特征似乎足以说明，关于伦理观的这种"会聚状态"是不存在的，也没有解决最为激烈的伦理分歧的办法，否则以各种名义发动的暴力冲突、恐怖袭击甚至宗教战争就可以通过和平对话来解决。因此，伦理学似乎不可能是自然主义式的、实

---

① 对于这种学术研究的动态把握，参 Reeve（1988：265）；Yang, Taylor & Saffer（2016：146-160）。脑科学对以灵魂学为基础的伦理学冲击最大，这方面有益的探讨，参斯瓦伯（2011）。此外，"自然主义"作为一个宽泛的术语，它是指在哲学中的这样一系列路径，这些路径都试图根据自然界自身的运作，展开哲学的解释。大卫·休谟无疑是自然主义的教父，他的道德哲学也许正是最明显的自然主义。休谟认为，我们无法通过对道德性的理性论证来解释我们关于对错的感觉，只有把道德看作一种本能，一种自然培养起来的感觉，我们才能真正理解它。若时间快进两个世纪，我们会发现，用达尔文的术语来说明我们的道德本能是如此地与休谟的观点紧密相连（事实上，对达尔文的兴趣的部分原因在于英美哲学界的一种较为普遍的趋向：自然主义日益兴盛）。现今在哲学的所有领域，都有自然主义的解释。就像所有的哲学运动，自然主义都有大量的批评者。支持者把它看作根据好的科学建立好的哲学的努力，然而，它的批评者却常常说这是坏的哲学和坏的科学的结合。关于"伦理自然主义"的解释和影响，参 Lenman（2006）。显而易见，柏拉图虽然不完全赞成伦理自然主义（柏拉图哲学中确实有一种超自然的元素），但他明显有伦理自然主义的倾向。最后，Sturgeon（1985：49-78）的《道德实在论》（Moral Realism），Railton（1998：175-182）的《道德解释和道德客观性》以及 Wollheim（1984）的《生命线》已经从不同层面论证"伦理自然主义"的合理性。

在论式的或科学性的。①

针对这种反驳,"伦理实在论者"(ethical realist)亦不甘示弱,常常作出如下回应:自然科学工作者与伦理研究者所研究的对象有本质区别。在伦理学中,我们这些伦理研究者处理的是动态的、不稳定的、易受人的情感和价值观念影响的"心理—政治体制"。这种体制,从实在论者对于它们的描述来看,要远比物理学或医学研究者在各自领域所讨论的那些可以被量化处理的相对稳定的计算模型更为复杂多变且难以操控。这些伦理学科的题材以具有不可解决的争议为特征,并在它们产生以来的很大一部分历史时期内都缺乏"会聚状态"。而且,它们中的一部分至今仍处于这一状态。此外,伦理信念要比物理信念或医学信念更易于受到(个体的、团体的、党派的或国家的)"利己主义"(self-interest)和"意识形态"(ideology)的影响。由于这个原因,伦理信念相对而言更容易成为利益集团之间争论的焦点,而较难受到"理性"或"论证"的影响。总而言之,在伦理实在论者看来,指出伦理学中存在不可解决的争议以及伦理信念中缺乏"会聚状态",非但没有给"伦理实在论"以致命一击,把它彻底驳倒,反倒适得其反,僵化了局面,让伦理实在论者认识到了自己所支持的伦理实在论的特征。②

为了化解僵局,我们认为柏拉图作为伦理实在论者针对这一反驳有一个与众不同的回应。③ 从《理想国》看,柏拉图是从人的欲望出发来回应为什么一些伦理信念不能形成"会聚状态"的。对柏

---

① "反实在论者"从不同角度提出了许多反驳。这里提到的这个被公认为最具代表性。关于这一反驳的概述,参 Brink(1989:50 - 52, 133 - 142);有关文明的冲突的根源的解释,参 Huntington(2013)。

② Railton(1986:163 - 207)的回应与柏拉图的伦理理论颇为契合。持有同一立场并替"道德实在论"(Moral Realism)辩护的代表性人物还有 Foot(1983:379 - 398);Rist(2012);Shafer-Landau(2003)。

③ 类似的看法,参 Reeve(1988:266)。

拉图而言,这个反驳所指的这些信念和争论都是第七卷所描绘的那些因受"食欲性欲望"(appetitive desires)所支配而只能看到穴壁上的投影(看不到其投影背后的"实在")的穴居人的信念和争论。"食欲性欲望"是无法无天(paranomoi)、贪得无厌的,因此被它们控制的人为了满足他们的欲望,甚至会违反一些基本的禁忌,比如禁止通婚、乱伦和食人。①

> 相反,在激情的暴政下,他竟在醒着的时候想做起过去只有在睡梦中偶一出现的事情了。他变得混乱,无法无天,无论杀人越货还是亵渎神圣,什么事都敢做了。主宰他心灵的那个激情就像一个僭主暴君,也是无法无天的,驱使他(像僭主驱使一个城邦那样)去干一切,以满足它自己和其他不守规矩的欲望的要求。而这些欲望一部分是外来的,受了坏伙伴的影响;一部分来自内部,是被自身的恶习性释放出来的。这种人过的生活能不是这样吗?(Ⅸ 575a1-6)

不难发现,关于这种人,关于他们的心理有一个不容忽视的客观事实:这种人如第一卷中的克法洛斯一样,缺乏严格规范的普遍推理能力,忽视抽象思辨和明辨是非思维的重要价值,在认知上仅依赖于"传统习俗"和"日常经验"。② 他们没有认识到最适当的抽象对象,即柏拉图所说的"相",因此注定要过着充满挫折和琐碎快乐的生活。他们因自己不可改变的"性格"而注定不幸福,因为他们对荣誉、金钱和身体上的快乐的过度热情导致了心理冲突,并阻止他们体验人类所能体验到的最大快乐,即认识和研究"相"的快

---

① 有关"食欲性欲望"的详解,参 Reeve(1988:45)。
② 关于《理想国》中这种人的欲望特征的详细分析,参 Reeve(1988:43-47);Kahn(1987);Lorenz(2006);Nussbaum & Hursthouse(1984)。《理想国》卷一中的克法洛斯无疑就是这一类人的典型代表,读者可以对照《理想国》第七卷中线喻中的意见区来印证这点。

乐。他们对世界的看法是由那些掌握权力的人决定的，而不是由事实决定的，他们能为自己做的最好的事情就是在哲学家的指导下生活。① 因此，这种人的伦理信念自然不能形成"会聚状态"，他们的许多伦理争端也将无法得到解决，这对柏拉图而言并非是出乎意料的事。因此，在面对反实在论者立足于"习俗伦理思想"的缺点或特征而发起的攻击时，坚持伦理实在论的人有必要保持沉默。相反，他们应该像柏拉图所做的那样，通过提供一套关于这些缺点和特征的实在论式的理论加以反击。②

综上所述，我们所总结的这三个特征尽管存在争议，不能被所有人接受，但它们至少可以帮助我们更有效地认识柏拉图伦理学的侧重点。

第三节　柏拉图伦理理论的第二任务

前面已经提到，"规范性问题"必然会引发对"认识论问题"的思考，也就是，"我们应当如何生活"与"我们如何才能知道我们应当怎样生活"密不可分。所以，伦理学的第二个任务势必要解释柏拉图意义上的人的"认知器官"是如何与伦理题材产生互动的，即人是如何发现关于伦理题材的事实的。下文讨论主要围绕这一问题展开。

一　柏拉图的认识论

如果说，柏拉图对这个认识论问题的解答依赖于他对知识、信

---

① 在第六卷结尾，柏拉图将一条线分成四段，并为每一段分配了清晰的上升"对象"。通常认为，柏拉图在此讨论了四种不同的心理类型以及它们用来解释世界的相应的抽象实体。详细探讨，参 Kraut（1990：492 – 493）。

② 有关这种反击的详细探讨，参 Mackenzie（1985：88）；Reeve（1988：266）；Wallach（1997：377 – 398）。

念和探究的解释，是因为他认为只有当"相"为知识提供基础时，知识才有可能，那么，他对于这个认识论问题的回答的确就会要求他必须对"相"的形而上学问题做出回答。这意味着，柏拉图"伦理理论"的形而上学和认识论的关系是相辅相成、密不可分的。① 从伦理学史的宏观视角看，伦理理论的形而上学和认识论最初相辅而行，二者之间也没有泾渭分明的界限。然而，自18世纪以来，伴随近代科学技术的兴起和发展，一些科技哲学家——如以卡尔纳普（R. Carnap）为代表的"逻辑实证主义者"（Logical Positivists）为提倡科学的世界观而拒斥形而上学。② 认识论上的革命扩散到伦理学领域，这导致一些伦理理论家也一度放弃了对"形而上学"的探究。然而，随着认识的不断深入，人们对二者关系的看法出现了戏剧性大转折，如今越来越多的人开始再度相信：伦理理论的形而上学对它的认识论有十分显著影响——这种影响促使人们相信，人只能以某种特定的方法去发现或有可能发现关于某一类特定题材的事实。这一思想转变对柏拉图思想的研究者来说无疑是一个可喜的安慰。因为柏拉图早就告诉我们，人不能仅

---

① 柏拉图哲学中规范性问题与认识论问题的关联性，参 Irwin（1995：3）。

② 按照人们通常的理解，以卡尔纳普为代表的"逻辑实证主义者"特别关心建立一套理想的人工语言，其目的之一是提倡科学的世界观和拒斥形而上学。他们认为，如果建立起这样一套语言，就能进一步区分科学和形而上学，把科学语言所具有的精确性和公共的可理解性充分发挥出来，就能在根本上起到贯彻意义标准和证实原则的作用。这一思想史的概述，见张庆熊等（2005，页136）。就认识论而言，19世纪的实证主义认为，只有由感觉提供的东西才是确实可知的，并且所有实在都是人们通过经验感知到的。这是柏拉图绝不赞成的。因为柏拉图在思想倾向与信念上并不是唯物论者、还原论者和经验论者，而以科学为取向的实证主义者则必然导向这个方面。正如不少人指出的，实证主义者的这种严格、彻底的经验主义倾向必然使他们陷入这样的困境：各种感觉的相互关系如何能使一位科学家得到有关这个物质宇宙的可靠而普遍的知识，而这个物质宇宙很可能恰恰是这些感觉的起源。另外，如果自然规律无非是感觉经验的概况或从中抽象出来，那就难以说明自然规律的力量。这方面的介绍，参 Baldwin（2003：396 – 397）。

靠直觉、常识、对"非自然主义式的世界"（nonnaturalistic world）的产前观察的回忆或对语词概念及其意义的分析，就足以发现关于"事物"（如美德或快乐）的真理。[1] 这种认识，尤其体现在他对幸福的理解上，因为他并没有像亚里士多德那样，把幸福说成是能动的个体的自足状态（*Nicomachean Ethics* 1102a5）。[2] 柏拉图认为幸福是一种难以理解的完美状态，因为它建立在形而上的前提之上，而这种形而上的前提似乎既模糊不清又超出了一般人的理解范围。[3]

柏拉图所坚持的这种认识事物的方法所立足的一个重要前提在于，他假定"整全"（*panton*）是部分的全体，而人们通常所提倡的这些立足于分门别类的（甚至是孤立式的）认识方法所能获得的知识都只是局部、相对、有限而不真实的，因而坚持这种方法的人几乎都难以（甚至不可能）真正认清"自然属性"和"超自然属性"的真实面目。依柏拉图之见，真实的知识，是关乎人类生活终极目的——幸福——的知识，是一种向整全开放、使人类生活完整或完备的知识，即哲学。因此，作为对整体性智慧的探求，哲学致力于追求的是普遍的知识，即整全的知识。[4] 但对柏拉图而言，人唯一可以用于发现内含正义成分的关于"幸福"的知识，不可能仅是早期对话中的"苏格拉底式辩驳法"、"回忆理论"（the theory of recollection）或《菲多》中初步提出的"相论"，而是《理想国》在此基础上发展出的一整套在辩证层面可辩护的、在经验层面充分的、关乎这个世界的统一理论的"辩证法"（*dialektike*）学科（Ⅶ

---

[1] 关于柏拉图认识论方法的探讨，参 Reeve（1988：xi，101-109）；Moravcsik（1992）；Lee（2005）；Silverman（2003）；Taylor（2008）；Gentzler（2005）。

[2] 有关亚里士多德对于幸福的理解，参 Broadie & Rowe（2002：109）。

[3] 有关柏拉图式幸福的理解，参 Frede（2009，2013）。

[4] 对于柏拉图式哲学的整体性质的把握，参 Strauss（1989：4，38-39）；Cushman（1958）；Williams（2009：148-182）。

525d4—526b3）。① 对柏拉图而言，辩证法既是一种科学性的方法，也是一门主宰性学科，是唯一有可能弄清"事物属性"的可行方法，而拥有这种关于万物统一理论的主人则非"辩证法家"莫属：

> **苏格拉底：** 一个能掌握关于每一事物的真实存在的解释的人你不赞成把他叫作辩证法家吗？一个不能这样做，即在某种程度上不能对自己和别人作出解释的人，你不赞成说他没有理解它吗？
>
> **格罗康：** 我怎能不赞成呢？
>
> **苏格拉底：** 这个说法关于"好"不也同样合适吗？一个人如果不能把好之相和其他一切事物区分开来并给它作出解释，不能像在战场上经受攻击那样经受得住各种考验，并竭力用实

---

① 部分学者如 Robinson（1953：146—179）和 Reeve（1988：265）基于《理想国》第一卷、《第七封信》（344b3—c1）以及相关对话录的信息认为，对比早期对话，柏拉图在中后期基本上放弃了早期对话使用的那种纯粹基于"回忆"的认知理论。在他们看来，柏拉图在《理想国》中则采用了一种受复杂的数学理论启发的整体性认识论。《理想国》中的太阳喻、线喻和洞穴喻不仅对前期对话介绍的"相论"进行了新阐释，而且《理想国》中包含的本体论远比《菲多》《会饮》和《斐德若》中论述的本体论思想更为深刻。这种看法有一定道理，因为《理想国》的确没有提到《美诺》和《菲多》中介绍的那种"回忆"理论，而是提出了一种新"相论"。《理想国》似乎提倡一种整体性的认识论，尽管这种认识论在早期对话中也有征兆，如美德的统一性（那个时候的探究仅局限于道德生活领域）。这虽不能说明柏拉图抛弃了《美诺》和《菲多》中发展出的"回忆理论"，但至少可以确信，柏拉图认识到它们存在一定的局限性。此外，Robinson（1953：150）和 Reeve（1988：101—109）等人还指出，《理想国》还放弃了"苏格拉底式辩驳法"，致力于追求一种辩证层面上可辩护的、经验层面上充分的、关乎这个世界的统一理论（这种理论涵盖心理、社会及文化等多个层面）。对于这种观点，我们首先虽不能像 Robinson 和 Reeve 等人如此坚决地认为，《理想国》完全放弃了之前用的认识方法（因为我们不能排除柏拉图修正前期认识工具的可能），但《理想国》（卷七）确实明确揭示了"辩驳法"的负面作用（如对"辩驳法"的不当使用会让年轻人成为道德怀疑论者和感觉论者），因此必须严格控制"辩驳法"的使用范围（537c—539e2）。关于柏拉图认识工具的探讨，参 Beatty（1979：3—17）；Seeskin（1992：142）；Kraut（1992a：30, n. 2）；Silverman（2003）；Lee（2005）；Taylor（2008：165—190）。

在而不是用意见考察一切事物，在正确的方向上将论证进行到底而不出现失误，他如果缺乏这种能力，你就会说他并不知道好本身和任何其他的好；但是如果他成功触及它的大概轮廓或表象，他便对它只有意见而没有知识，他这一辈子便都是在打瞌睡做迷梦，在还没醒过来之前便已进入地狱，永远长眠地下了。是这样吗？

格罗康：真的，宙斯作证，我肯定会这么说。（Ⅶ 534b2 – d2；Cf. Ⅶ 533a7 – 11）

既然柏拉图的辩证法是一种认识事物的整体性方法，我们就可以宣称：其一，在柏拉图哲学中，辩证式的科学性的整体论与实在论和自然主义相得益彰；其二，柏拉图式伦理学的认识论和形而上学的结合无疑是天造地设的一对。①

二 柏拉图形而上学和认识论的独特性：对色拉叙马霍斯的反击

行文至此，有人可能会疑惑：柏拉图为何会坚持这样的认识论方法？其原因主要在于他对形而上学和认识论的认识独具一格。这种独特性主要体现在以下三个方面。

第一，从哲学史的发展视角看，"哲学"自笛卡儿的"认识论转向"以来一直视怀疑论为知识的敌人。因此，人们的共识是，要想集中自己的力量有效对付这位敌人，哲学家必须采用概念化、理智化、抽象化的方式。可是，在读完《理想国》之后，我们惊讶地发现，柏拉图在《理想国》中很少讨论认识论方面的怀疑论。相反，他着重探讨了那种可以被称为"受欲望诱导的幻想"（the desire-induced fantasy）的东西。因此，柏拉图极有可能认为这种幻想

---

① 关于柏拉图式伦理学与其形而上学和认识论关系的讨论，参 Reeve（1988：265）；Annas（2009：284）。

才是哲学的真正敌人。如果说，柏拉图真如后来在对"灵魂"的本性理解方面借鉴他太多想法的弗洛伊德[1]一样认为，哲学真正的敌人是受欲望诱导的幻想，那么，我们就需要知道其背后的原因。很显然，于柏拉图而言，我们不知道这个世界真正的样子，不是因为（据物理学家所知）"宇宙是一个巨大的、由意识创造的虚拟现实模拟，而我们可能都被困在一个'矩阵'中"[2]（就像柏拉图设想的"洞穴"）等诸如此类的假设，而是因为我们的欲望扭曲了我们的视野和理性判断能力，使我们看到我们想看到的，而不是实际上存在的东西。[3] 正如人们通常说的，自我放纵和愚蠢的人看到他们想看到的，而明智、良善的人想看到真相（Lear, 2004: 4）。这是一个具体的敌人，是世界上一个真正的因果关系，必须具体地予以打击。因此，对柏拉图而言，解决如何获得知识以及怎样逃离幻想的洞穴的难题的方案与其说要诉诸抽象的、方法论意义上的策略，毋宁说诉诸教育性的、政治性的和具体性的手段。对柏拉图而言，现实的情况往往是，智力是欲望之奴，而欲望则是品性和习惯的奴隶；品性和习惯一方面是可塑性的产物，另一方面是训练、教育和社会化的产物——所有这些东西反过来又在很大程度上受城邦、统治者、法律和宪法所控制。所以认识论不得不从智力受到污染的地

---

[1] 有关柏拉图的灵魂理论与弗洛伊德的心理学之间的关联性的分析，参 Kahn (1987: 101)。

[2] 关于宇宙是否为一个巨大的、由意识创造的虚拟现实模拟的讨论，参 Haisch (2014: 48-60)。

[3] 有些人如 Reeve (1988: 115) 指出，哲学自（笛卡儿）"认识论转向"以后，一直认为知识的敌人是怀疑论，因此，笛卡儿希望寻求一种抽象的论证来对抗怀疑论。然而，柏拉图并没有过多讨论认识论方面的怀疑主义。因为，按照 Reeve 等人的观点，对柏拉图来说，真正的敌人是"受欲望诱导的幻想"。不难看出，Reeve 等人的这种阐释路径主要采用并修正了后休谟主义对柏拉图灵魂学的解释。如今，这种做法在学界变得十分受欢迎，很多学者如 Williamson (2008: 402); South (2004) 和 Rowland (2009) 都在某种程度上支持这种解释。本书在这点上也持相同看法。关于"认识论转向"，参 Hatfield (2001); Turri & Buckwalter (2017: 25-46)。

方开始。①

对柏拉图认识论的这种认识或许可以帮助我们解释为何色拉叙马霍斯在《理想国》中提出的伦理—政治观点——正义等同于那些符合强者型统治者利益的法律与政治制度所具有的属性，而我们作为被统治者的伦理信念是由我们的统治者的利益（而不是由事实）决定的——对大多数人具有致命吸引力，乃至被视为一条永远颠扑不破的真理。② 在包括色拉叙马霍斯在内的许多人看来，强大的统治者之所以有能力决定他们的臣民如何感知和评价那个把他们自己囊括在内的社会世界的规则与秩序，正是因为一般人的智力可以理解的这个事实受欲望所控制，而欲望则受统治者的法律、宪法和意识形态所塑造。但换另一个角度来看，这些说法也可以被用来说明：为何色拉叙马霍斯的这种想法是错误的，甚至是危险的。这种错误主要体现在以下三个方面。

（1）色拉叙马霍斯曲解了"自由"和"能力"的本性。他认为城邦中的强者可以为了自己的利益，不择手段（尤其是最大限度地剥削弱者）。强者想要胜过别人，更希望支配别人或凌驾于他人之上的欲望本身，正是那种把灵魂锁在幻想和终极性挫败的枷锁里的主要欲望。僭主表面上立于庙堂之上，受人顶礼膜拜，但其灵魂里的理性部分却比受他剥削、蹂躏和统治的臣民受到了欲望部分更为彻底的奴役、摧残和剥削（569c3-4）。③

---

① 有关笛卡儿认识论计划与柏拉图认识论计划在目的上差异的分析，参 Reeve (1988: 115); Seeskin (1992: 142)。

② 有关色拉叙马霍斯对学生的诱惑力的说明，参 Reeve (1988: 107, 247); Boter (1986); Chappell (1993, 2000)。

③ 根据《理想国》，僭主式的人（571a1-576e2）是最病态的，被无法无天的、不必要的欲望所统治：欲望像僭主一样作为唯一的统治者生活在他体内，让其灵魂完全处于无法无天的、无政府的状态（575a1-2）。他甚至没有认识到，有关他对越来越多的食物、饮料和性的追求的外部限制是由对杀人、食人和乱伦的禁忌构成的。*Pleonexia* 或者无节制地渴望越来越多的欲望在他身上肆无忌惮地肆虐着（343e7-344c8, 348b8-350c11, 545a2-b1, 571a1-592b6）。相关探讨，参 Reeve (1988: 47)。

(2) 色拉叙马霍斯忽视了智力的反思作用。即便智力是受欲望所诱发的幻想的奴隶，这种情况也是可矫正的。因为自然和塑造欲望的社会及政治体制可以独自被智力所塑造。"纸里终究包不住火，没有不透风的墙"，当权者可以愚弄别人于一时，也可以愚弄部分被统治者于永远，但肯定无法愚弄全体人类于永远。对真相的掩盖从来不是一蹴而就的事情，幻想的面纱从未是完全不透明的，色拉叙马霍斯自己的理论也默认了这点。总之，我们可以发现扭曲我们的视力和理智的那些欲望，并找到如何通过政治变革减小和抵消它们的负面影响的办法。①

(3) 色拉叙马霍斯忽视了"合作"在人类这一群体的工作中的重要性。他只是片面地看到竞争在人类社会中的重要意义和正面价值，而没有看到一味的竞争，只顾促进自我利益的欲望会导致社会秩序的瓦解，由此引发战争和灾难。他将所有人类的交往都解释为冲突，并没有理解"共同好"的概念；苏格拉底将继续阐述超越个人利益、以合作取代冲突的社会原则。对色拉叙马霍斯来说，整个人类生活就是一个零和游戏。他没有像苏格拉底那样认识到，我们每个人即便为了幸福，也没有必要互相欺压，而为了实现这一目标，更好的策略是相互分工合作，共同创造一个公平正义的生活环境。在这个游戏规则中，不只是强者才有资格追求幸福，弱者也可以通过联合和团结争取"幸福"的权利。②

第二，逻辑经验主义者在此问题上的观点往往既令人联想到柏拉图的《理想国》，又与之截然不同。他们对客观世界的描述是这样

---

① 有关这前两个方面错误的解释，参 Reeve（1988：116）；Dover（1974a）；Everson（1998a）。

② 色拉叙马霍斯确实属于那种不愿意合作的人，所以苏格拉底在第一卷中终止了与他共同探究正义之本性的活动。相比之下，格罗康和阿德曼图在性格和智力上都更适合从事《理想国》第二至第十卷中所进行的那种更具合作性的正义探索。正因为如此，从第二卷开始，读者明显感到对话中的大气氛有所好转，火药味逐渐减弱。相关探讨，参 Gill（1996：289）；Wilson（1995：67）。

的：当我们过滤掉人类视角的认知影响时，我们会发现这个世界是什么样的。更全面地说，这是一种对世界的看法，它考虑了我们从通常的角度所忽略的所有方面，从而解释了我们为什么会体验它：月亮既是一个银色的圆盘，又是一个遥远的巨大球体。不难看出，这一观点在柏拉图的《理想国》中得到了第一次全面的阐述和辩护。一般认为，逻辑经验主义者如汉斯·赖兴巴赫（Hans Reichenbach）提出的电影院是柏拉图著名的洞穴比喻的20世纪版本（Reichenbach, 1938：219-220）。柏拉图是一名优秀的诗人，但他的哲学思想也同样深邃。电影院和洞穴都要求我们从外部来看待我们对世界的日常体验。实际上，通过拿这种体验与我们从科学的角度看待客观世界的观点进行比较，我们可以看到这种观点是有多么不足。电影院类比，就像洞穴一样，表达了这样一种观点：人类经验只是一种特殊的、狭隘的视角，因而我们必须超越这种视角，才能获得对事物的全面、准确和恰当的解释。

　　以上是二者的相似之处。下面来看它们的不同之处。其一，二者的受众不同。逻辑经验主义者的读者成长在一个已经熟悉人类体验的世界与科学解释的世界之间的"对比"的时代。在柏拉图时代，这是一个新奇的概念，很难被理解。此外，柏拉图所面向的读者范围之广，是一本现代科技哲学书籍所无法企及的。从他们开始的地方到他希望看到他们结束的地方，他的读者还有很长的路要走。他们需要意象和各种各样的说服手段来活跃《理想国》第五卷到第七卷的漫长论述。其二，二者所依赖的权威不同。逻辑经验主义者可以信赖现代科学所享有的权威。在柏拉图时代，没有任何一种思想体系或解释理论具有这样的权威。每件事都有争议，每一个解释方案都必须与对手竞争。现代逻辑被逻辑经验主义者理所当然地确认为可靠资源。在柏拉图时代，逻辑学还没有发明出来，更不用说建立起来了。推理和分析的方法和它们将被应用的内容一样有争议。

　　但是，逻辑经验主义者和柏拉图关于客观世界的观点之间真正的根本区别如下：对于20世纪的逻辑经验主义者来说，客观世界就是现代科学（尤其是数学、物理学）所描述的世界，在这种描述中没有"价值"的空间。从我们最喜欢的科学的角度来看，这个客观世界是一个没有蕴含"善"的"祛魅"（disenchanted）世界。相反，对柏拉图来说，最受欢迎的科学——在他的例子中是数学——恰恰是使我们能够理解"善"的东西。诸数学科学告诉我们客观事物是如何变化的，它们本身就是价值科学。对柏拉图来说，理解"善"的多样性在很大程度上意味着通过数学理解客观世界。柏拉图，像亚里士多德和他之后的斯多亚学派一样，确实相信这个客观世界中存在"价值"，而"价值"（价值观）是现代哲学家喜欢称之为"世界家具"的一部分的东西。总之，对缺乏人情味的、非人格化的、客观的"善"的理解是柏拉图数学教育的高潮和终极目的（telos）。正是这种非人格化的、客观的"善"的概念将《理想国》的认识论和形而上学与其伦理—政治理论联系起来。柏拉图对客观世界的看法是最激进的政治计划的基础，而逻辑经验主义者的观点则往往不是这样。洞穴的寓意是，乌托邦可以建立在统治者对客观世界的认识上，因为客观世界包括"善"和整个价值领域。①

第三，同我们现代人对于形而上学和认识论的认识相比，柏拉图的形而上学和认识论的另一个不同在于二者所服务的目的有本质区别。我们的目的是用来支持旁观者的。这些旁观者拥有保持远离政治和伦理的选择，并最终对现实世界作出一种真实的、具有可理解的、说明性的描述。柏拉图的目的是用以支持行为者的。这些行为者从一开始就有意无意地卷入了关乎政治和伦理事件的某种旋涡当中。他们使用形而上学和认识论的主要目的在于改变世界，用以实现"好"。② 从这个角度看，马克思对他之前的哲学家所提出的这个著名批评——"哲学家们只是用不同的方式解释世界，而问题在

---

① 有关柏拉图认识论、形而上学的探讨，参 Burnyeat（2000：6-8）。
② 从认识论角度对于色拉叙马霍斯观点的批评，参 Reeve（1988：117）。Reeve 的这个说法受到了不少学者的支持，详情参 Seeskin（1992：142）。

于改变世界"（马克思，1995，页57）——可能就不适合被用到柏拉图身上，因为柏拉图的形而上学和认识论的目的也在于改变世界，并且其做出这样的改变是为了实现"好"。当然，这里遗留下来的问题是："好"是什么，如何改变，以及所要改变的"这个世界"究竟指什么？它完全是指物理世界，还是仅指人的精神世界，或是二者都有所涉及？对于这些问题的思考自然会把我们带到关于柏拉图伦理学的第三任务的讨论中。

第四节　柏拉图伦理理论的第三个任务

以往一些学者在解读《理想国》的时候由于过分关注柏拉图对于正义的辩护，而忽视《理想国》中涉及认识论与形而上学同正义之间关系的论述文段，这导致一些读者甚至理所当然地认为《理想国》中涉及认识论与形而上学的论述与柏拉图对于正义的辩护是相分离的。这其实是一种误解，因为柏拉图的形而上学、认识论及灵魂论显然是其伦理观和政治观的基础，《理想国》中对于正义的辩护从根本上说主要取决于柏拉图的认识论与形而上学。[①] 基于这种认识框架，本书在论述完前两个任务之后，紧接着来讨论之前规定的伦理理论的第三个任务：如何理解柏拉图式的伦理题材吸引人的意志的方式，也就是，说明柏拉图是怎样诠释伦理题材是如何吸引人的意志的。对于这个问题，按照之前的探究原则，考虑到当代伦理理论基本上被道义论和后果论所统治，所以引入道义论和后果论无疑会有助于我们更为清楚地看出柏拉图伦理理论在价值吸引力上

---

① 有关柏拉图的形而上学、认识论及灵魂论对于其伦理观和政治观的重要性的强调，分别参 Fine（1999：ⅴ）；Reeve（1988：43）。关于柏拉图的形而上学如何在替苏格拉底式的论点——正义与自我利益相一致——的辩护过程中所起的关键作用，参 Kraut（1992b：311－337）。

的特征。① 下面的讨论主要分为两部分，分别对应于把这些理论彼此区分开来的方式。

一 第一种区分方式：后果论与道义论

首先来看"后果论式理论"（consequentialist theories）。这些理论中最为人熟知的代表是"行为功利主义"（act-utilitarianism）②，它们主张伦理事实是通过人的欲望来吸引人的意志的。因此，"利己主义式的行为功利主义"（egoistic act-utilitarianism）坚称，我们有理由或有意愿做正义之事，是因为做正义之事的后果会让我们的欲望得到更大程度上的满足。这些理论的优缺点均十分明显。它们特有的优点在于，它们在"伦理事实"和人的意志之间提出的"吸引模式"既是可理解的，又是简单明确的。不仅如此，它们提供的区分对错的公式也很直白——人只要计算所有行为可能带来的后果，就可以决定行为本身是否具有正当性。然而，它们所面临的特有难题在于，人之欲望的多样化让人难以看清，"伦理事实"为何尤其以这种方式才能吸引我们的意志。因为正义的要求明显是绝对的、无条件的，因而它们并不取决于我们碰巧想要得到的东西，反倒常常与我们的这种需求相冲突。如果坚定不移地遵循"正义"，我们有时就必须克制或挫败我们的欲望，甚至害己害人（如固执而不知变通地遵守"说真话、偿还所欠的债"这一原则）。但如果倒向另一个极端，不假思索地听从"欲望"指挥、跟着"欲望"走，我们有时候就不得不做不义的行为、做不义的事③。

那么，与后果论相对立的"义务论式的理论"（deontological

---

① 有关后果论与道义论对于探究柏拉图伦理学的性质的意义，参 Reeve（1988：266）。

② 有时也被译作"情境功利主义"。

③ 有关这种模式的优缺点的探讨，参 Reeve（1988：266 - 267）；Scheffler（1988）；Pettit（1989：116 - 126）。

theories)① 对这个问题是如何看的呢？不同于后果论，义务论式的理论坚持认为伦理事实吸引独立于人的欲望之外的意志，也就是说，伦理事实独立于我们的欲望而吸引我们的意志。这些理论中最为人熟知的是康德的理论。对康德而言，不管行为者碰巧有什么欲望，他都有一个具体体现在"绝对律令"（categorical imperative）这样的东西中的决意做正义之事的客观理由。这些理论的优缺点同样十分显著。它们特有的优点在于，它们在人的意志和伦理事实之间提出的吸引模式，不仅解释了正义施加于人的那些绝对要求意味着什么，而且避开了人之欲望的多样性这一难题。它们特有的弱点在于，这种吸引模式从根本上说是神秘的，并且很容易陷入一种诡谲的神秘论和不可知论的泥沼。在解释这种吸引模式如何可能的过程中，康德不得不诉诸先验观念论的独特资源（包括关于现象与本体的区分）——这种解释在一定程度上是神秘的。比如，在《道德形而上学基础》中，康德指出，我们自由的"本体意志"仅受基于义务的动机，即受对一种客观或绝对的理由的感知所吸引。但我们的"现象意志"也将需要一个本体动机来让它运作起来。康德所提供的这个动机就是"敬畏"（achtung），更确切地说是，对道德律令的敬畏。然而，关于敬畏，尽管康德煞费苦心设法通过附上一系列迷人的注释从其他角度来证明"这种敬畏"的价值，但正如部分学者通常指出的，它似乎就是一种欲望或倾向。因此，康德最终所提供的理论是：伦理事实是通过我们的欲望来吸引我们的现象意志的。按照康德的描述，只有我们的本体意志才会避免这种命运，而关于本

---

① "deontology"（义务论或道义论）这个词来源于希腊语，意思是责任（deon）和（逻各斯的）科学（或研究）。在当代道德哲学中，义务论是关于哪些选择是道德要求的、禁止的或允许的规范理论之一。换句话说，义务论属于道德理论的范畴，道德理论指导和评估我们应该做什么（道义理论），而美德理论指导和评估我们是什么样的人和应该是什么样的人（美德理论）。在评估我们选择的道德理论领域中，义务论者——那些认同道德义务论的人——反对结果论。关于"义务伦理学"概念的探讨，参 Alexander & Moore（2017）。

体意志，我们人唯一能够知道的是，我们如果想理解道德动机，就必须拥有它。①

由以上正反两方面的分析可以清楚地看出，后果论与道义论既有吸引人的地方，也有缺憾。这两种理论没有哪一种令人完全满意。事实上，两个中没有哪一个满足我们的要求，这本身恰恰说明它们各自都对我们有一些吸引力。然而，我们所需要的是这样一种理论：它在意志和伦理事实之间提出的吸引模式，既是通过我们的欲望，也是通过绝对的要求来运作的。从某种程度上说，这可能正是柏拉图的伦理理论所给予我们的东西。为了证实这一判断的合理性，我们不妨尝试考虑这样的问题：柏拉图的理论是否可以有机地结合以上这两种理论的优点，同时避开二者的缺陷呢？要想回答好这个问题，我们就需要对构成柏拉图伦理学说的核心要素——正义观——有所了解。换言之，这个问题的解答与如何理解柏拉图的正义观密不可分。

从《理想国》中的论述看，柏拉图认为正义实乃"灵魂"（$psych\hat{e}$）②的健康、有序与和谐，不义则是灵魂的疾病和无序。对柏拉图而言，一个人要想做到完全正义，光靠拥有关于"正义"这一美德的知识是不够的，他还需要拥有一个和谐的灵魂，即他必须让自己灵魂的各个部分都恰当地履行了其职责。可是，一个人要得

---

① 关于康德的看法，参 Kant（2002：14 n. 14，24 n. 3，59 n. 3）。人们通常认为，康德必须借助先验观念论的特殊资源（包括本体界与现象界的区分）来解释这种吸引是如何可能的，而这是一种神秘措施。对于康德在这个问题上的看法的评论，参 Reeve（1988：319 - 320，n. 14，267）。此外，人们通常指责康德对政治学与伦理学的认识进行了相关的扭曲，因为他认为人类属于两个不同的王国，即"自然王国"（the realm of nature）和"目的的道德王国"（the moral realm of ends），并且设想后者相对来说不受前者的变化的影响。相关批评，参 Nussbaum（2001：xxii）。有关义务论式的伦理学的整体概述与评价，参 Alexander & Moore（2017）。

② 柏拉图的灵魂概念的外延通常被认为大于我们现代人对于心灵的理解。柏拉图所谓的一个人的自我等同于"灵魂"（$psych\hat{e}$），而灵魂则是人的知觉、情感、欲求和决策的基地。关于柏拉图式的灵魂概念的解释，参 Reeve（2004：xiv）；Long（2005）。

到一个和谐的灵魂，他首先需要在思维上是"批判式理性的"①。所以，按照柏拉图的观点，所谓达到完全正义就等于达到批判式理性的状态，而达到批判式理性的状态就等于行为者的活动只受批判式理性的欲望或真实的利益所驱动。② 此外，按照柏拉图的观点，当且仅当一个行为有助于促进行为者的灵魂的和谐时，行为者履行这个行为才是正义的。

苏格拉底：事实上，正义似乎是如我们所描述的这样一种东西。然而它不是关于外在的"各做各的事"，而是关于内在的，即关于真实本身，真正属于其本身的事情。这就是说，正义的人不许可自己灵魂里的各个成分相互干涉，取代别的部分的工作。他应当安排好真正自己的事情，首先达到自己主宰自己，自身内秩序井然，对自己友善，成为自己的朋友。当他将自己的这三个成分合在一起加以协调，仿佛将高音、低音、中音以及其间的各音阶合在一起加以协调那样，使所有这些成分由各自分立而变成一个有节制的、和谐的整体时，于是，如果有必要做什么事的话——无论是在获取财富、照料身体方面，还是在某种政治事务或私人合约方面——他就会做起来；并且在所有这些领域当中，他都考虑并称呼凡保持和帮助获得这种内心和谐状态的行为是正义的美好的行为，监督这种行为的知识是智慧，而把只起破坏这种和谐状态作用的行为称作不正义的行为，把指导不和谐状态的信念称作无知。

格罗康：苏格拉底，你说得完全正确。（Ⅳ 443c8－444a2）

因此，正是基于以上这几点理由，我们认为对柏拉图而言，理

---

① 关于这种思维模式的分析，参 Reeve（1988：233）；Winch（2004：467－484）；Mulnix（2012：464－479）。

② 相关探讨，参 Reeve（1988：267）；White（1984）。

性的人的欲望与正义的那些要求之间不存在发生冲突的可能性。至少在这个意义上，理性人与伦理事实建立密切关系的这种模式是绝对的。它不取决于行为者碰巧想要什么，而是取决于他如果想要保持理性的状态，就必须要什么。与此同时，正义的人之所以是正义的，是因为他的欲望被"恪守正义"（即渴望拥有一个和谐的灵魂）这一目的完美地满足了。① 伦理事实正是通过他的批判性理性的欲望来吸引他的意志的。因此，综合权衡各方面的因素后，我们有理由相信，柏拉图所提供的这种理论正是我们苦苦觅求的理论。②

二 第二种区分方式：目的论与道义论

然而，还可以找到另外一种以目的论思想为坐标的、在后果论与道义论之间做出区分的方式。按照目的论式伦理体系的标准，后果论式的理论是目的论式的，即是目的论框架下的理论。这些理论优先发展并构建出一套关于"属人之好"（the human good），即一种关于人的努力的终极目的的观念——这种观念不涉及"正义"或"正当性"（the right）③ 的考量，然后认为"正当性"或"正义"就是让这种属人之好最大化、达到最大值的东西。因此，作为拥护

---

① 在很多早期甚至中期对话中，苏格拉底不止一次强调，正义是一种精神健康，不义则是一种精神疾病或混乱，所以一个人的精神生活如果是完全混乱的，就是不值得过的。柏拉图很可能同意这种观点，参见《理想国》卷四、卷八和卷九。

② 人们通常认为，柏拉图的这种理论可以被称为"自然化的道义论，即一种具有休谟式哲学面孔的道义论"（a naturalized deontology, a deontology with a Humean face）。笔者在这里并不想把柏拉图的理论与休谟哲学作比较，尽管笔者不否认二者之间有可能存在某种契合性。有关这两种思想的关联性的探讨，参 Reeve（1988：167 - 169，267）。从心理学方面构建柏拉图到休谟的心灵关联，参 Warren（1916：208）；Erde（1978）。此外，我们也需要注意到他与休谟关于"理性"概念的理解差异，在柏拉图的学说中，理性显然不是（休谟所认为的那样）一种被动的东西，而是理性在没有灵魂其他部分的帮助下也可以把人调动起来。有关这种差别，参 White（1979b：49）。

③ 在讨论人生的终极目的时，Mill 并没有提到"justice"，而是用了"the right"，所以我们在翻译的时候用了"正当性"一词，而非"权利"。关于 Mill 哲学中的"justice"和"the right"之间的不同，参 Reeve（1988：267）；Riley（2005：57 - 78）。

这种理论的典型代表，密尔（J. S. Mill）认为这种属人之好就是幸福，并且坚持主张：

> 把"功利"或"最大幸福原理"当作道德基础的信条主张，行为的对错，与它们增进幸福或造成幸福之反面的倾向成正比。所谓幸福，是指快乐和免除痛苦；所谓不幸福，是指痛苦和丧失快乐。（Mill，2009：14）①

很显然，对密尔而言，一种行为，只要它有助于促进幸福，就是正义的，反之，则是不义的。总之，目的论式的理论认为，"正当性"或"正义"通过利用它与"好"的优先接触来吸引我们的意志。相形之下，义务论式的理论显然不是目的论式的，即它们显然不是目的论框架下的理论，因为它们先发展并构建出一套关于"正当性"的理论，这种理论并没有预先假定人的终极意图、目的或任何关于"好"的确定概念，然后让"行为者"只在"正当性"所确定的界限内追求这种"好"。很显然，义务论式的理论认为"正当性"独立于它与这种"好"的接触而吸引我们的意志（Vallentyne，1987：21-32）。

按照这种对比方式，尽管柏拉图一方面认为正义本身就是一种好，同时坚持主张一种独立于"正义"的关乎"好"的理论，但他显然应被视为一个目的论者，而非道义论者②，其根本原因在于，在

---

① 在 Mill 哲学中，"幸福"与"快乐"是不作区分的。但在柏拉图哲学中，"幸福"与"快乐"是两个截然不同的概念。有关《理想国》中幸福与快乐的区分，参 Reeve（1988：144-159）；D. Frede（1985：151-180）。

② 柏拉图是否为目的论者，是一个比较有趣的话题。基本上很少有人（如 Santas）否认他是一个目的论者。相比之下，大多数人（如 Reeve）认为柏拉图不适合被贴上"道义论者"的标签。当然，也有人如 W. Graham 提出相反的看法，认为柏拉图早期对话录中的"苏格拉底"最好被认为是一个责任理论家或道义论者，对他来说，目的论的考虑是无关紧要的。相关讨论，参 Santas（1985：223-245）；Reeve（1988：268）；Graham（2017：25）。此外，人们通常认为柏拉图的目的论是人类中心主义和神创论式的，而亚里士多德的目的论是自然主义和功能主义式的，参 C. Allen & J. Neal（2019）。

他的理论中,"最伟大的研究对象"不是"正义",也不是别的美德,更不是"美之相"(the Form of Beauty)①,而是"好之相"(the Form of the Good)②,这一点在《理想国》中说得十分清楚:

阿德曼图:啊,这些美德还不是最重要的东西吗?还有什么东西比正义及我们所讨论过的其他美德更重要的?

苏格拉底:是的,还有更重要的。就是关于美德本身我们也必须不满足于像现在这样观其草图,我们必须注意其最后已完成的画像。既然其他这些没什么价值的东西我们尚且不惜费尽心力不懈地工作,以便达到对它们最精确透彻的了解,而对于最重要的东西反而认为不值得最精确的了解它,岂不荒唐可笑?

阿德曼图:的确如此。但是你认为有人会放过你,不问一问:你所指的这最重要的主题是什么,它是和什么有关的吗?

苏格拉底:我有这个思想准备,你可以随便问吧。但是我相信你是听说过好多遍的,现在你要么是没听懂,要么就是存心和我过不去,给我添麻烦。我猜测是后一种可能。因为你多次听我说过,"好之相"是最重要的需要了解的东西,关于正义等其他东西的知识只有从它演绎出来才是有用和有益的。现在我差不多深信你知道,这就是我所要论述的,你也听我说过,关于"好之相"我们并没有足够的知识;如果我们不知道它,你也知道,即使对别的事物拥有最全面的知识对我们也没有任

---

① 以往一些人认为,根据《会饮》,爱的最终或"主要"对象是"美之相",而后者与"好之相"是相同的。这种观点其实是一种误解。在《会饮》中,柏拉图并不认为"好"与"美"是可以互换的,也不认为它们的指称或对应的"相"是相同的。确切地说,他认为"美"本身是"好"的附庸。对于这个问题的详细探讨,参 F. C. White (1989)。

② 《理想国》强调,好城邦的哲人—统治者必须理解的最重要的事情是"好之相"(504 – 505b)。"好之相"通常被视为柏拉图关于"实在"的终极原则。关于"好之相"的详细探讨,参 Reeve (1988: 91); Schofield (2006: 216)。

何益处,正如别的东西,虽拥有而不拥有"好",于我们无益一样。或如我们拥有一切而不拥有"好",你认为这有什么益处呢?或者懂得别的一切而不懂任何美的和好的东西,这有什么益处呢?

阿德曼图:真的,凭宙斯发誓,我认为是没有什么益处的。(Ⅵ 504d4 – 505b4)①

为何它是最伟大的研究对象?很显然,对柏拉图而言,原因在于,对它的认识是生活得好和享受正义之益处的唯一可靠的指南(517a – e)。由此,我们可以得出三个结论:

第一,柏拉图为理想城邦的统治者所规划的教育目标和高潮是关于"好"的知识(Burnyeat,2000:43);

第二,"好"是强烈欲望的对象,它比生理欲望更能有力地激励哲学家(Osborne,1999:133);

第三,"好"不仅是柏拉图伦理—政治理论的核心,也是其形而上学和认识论的核心(Fine,1999a:Ⅴ)。

谈到"好",就不得不提及柏拉图的"相论"。人们普遍承认,"相论"处在柏拉图整个哲学的核心位置上;对柏拉图而言,永恒不变的"相"既是哲学探究的目标,也是其依据(Silverman,2002:1)。不难看出,"相"在柏拉图对话中,尤其在《理想国》等中期对话中的地位极高;柏拉图在这个时期不仅将"相"视为万物的真正本性,而且将"好之相"更是视为所有"好"(goodness)的"超验原则"(transcendent principle)(Frede,2013)。《理想国》在"相论"的基础上引入了一种新的"好"概念,而关于《理想国》中的"相论",人们通常认为它包含两个核心主张:

第一,"相"是完美的,即它具有最高程度的所有定义性特征;

第二,"相"是纯粹的,也就是说,与特定的 Fs 不同,"相" F

---

① 另外,《理想国》还强调,"好"是幸福的原因(*Republic* Ⅱ 379b11 – 14)。

在任何方面都不是"非 F"。①

然而，这里需要注意以下两点：其一，不像康德②等人所理解的，柏拉图并没有把他的"相"置于超越所有尘世经验边界的纯推理的真空中。事实上，他预设辩证法家必须使用相当多的普通经验作为他有条不紊的研究方法的基础。因此，这种对感官的诋毁是出于一个异常简单的原因：即使是普通的经验也需要超越感官证据。苏格拉底在《理想国》中论述的问题不属于感官的范畴，因为感官无法决定正义和非正义的本性。再怎么观察像雅典或克里特岛这样有序或无序的城邦，也不会让我们接近一种理论。要得出这样的结论需要费一番周折，正如苏格拉底在他关于如何建立一个城邦以及如何在其中找到正义的长篇论述中所展示的那样。简而言之，这也说明了几何学家和哲学家之间的区别。几何学家在演示证明时，需要在他的眼前有一个特定的三角形。相比之下，哲学家只在一种隐喻意义上设想他的对象的格式塔。③ 有些学者认为，"相"既是"属性"（properties）又是"特殊性"（particulars）④；另有些人则否认"相"是属性⑤。在我们看来，这些"相"只是像平等、正义和善那样的道德和数学属性（*Phaedo* 75c – d）。⑥

其二，我们在此可以发现柏拉图的伦理学与亚里士多德的伦理学之间的一个重大区别。这种区别主要体现在两种伦理学在美德内

---

① 关于《理想国》中"相论"的阐释，参 Santas（2001）；Stalley（2003：383 – 384）。

② 康德把"相"当作心灵的纯粹概念，他也没有注意到柏拉图的"相"不是静止不动的抽象概念。这种理解与柏拉图本人在《智者》中讽刺的那些"相之友"的理论倒有几分相似之处（*Sophist* 248a）。相关探讨，参 D. Frede（1999：208 – 209）。

③ 关于柏拉图式"相"的理解，参 D. Frede（1999：208）。

④ 例如，Gallop（1975：95 – 97）；Bostock（1986：200 – 201）；Malcolm（1991）。

⑤ 例如，Santas（2001：182）。

⑥ Gentzler（2005：494，n. 11）等人也支持我们这种看法。对此观点的辩护，参 Fine（1993）；Penner（1987ab）。

容的来源问题上持有不同看法。在回答"什么是美德"这样的确定性问题时,亚里士多德不会像柏拉图那样诉诸"相"。相反,亚里士多德认为美德的内容来自适当的教养,这显然不同于柏拉图的解决方案:"相"是美德的内容所在,因而"美德的本性"根本上取决于我们对于"好之相"的认识。①

可是,什么是"好之相"呢?《理想国》并没有正面回答这个问题,只是给出了两点暗示:第一,它类似于太阳,是万事万物的原因(aitia):

> **苏格拉底**:在此之后,他大概对此已经可以得出结论了:造成四季交替和年岁周期,主宰可见世界一切事物的正是这个太阳,它也就是他和他的同伴过去以某种方式看见的所有那些事物的原因。
>
> **格罗康**:显然,这会是他的下一步。(Ⅶ 516b9 - c3)

第二,"正义"像其他事物一样,是其所是,成为它所成为的样子,是因为它与"好本身"的关系:

> 因为你多次听我说过,好之相是最重要的需要了解的东西,关于正义等其他东西的知识只有从它演绎出来才是有用和有益的。(Ⅵ 505a1 - 3)

晚期对话《菲丽布》弥补了《理想国》这方面的缺憾。在这篇对话中,柏拉图对"好"进行了三重规定:(1)"好"是完美的

---

① 正因为如此,亚里士多德非常强调"习惯化"在发展和塑造行为者的情感和情绪中所起的作用。详述,参 Annas(1995:911)。人们普遍认为,柏拉图与亚里士多德在"美德内容"的来源问题上有着根本的分歧;前者诉诸"相",后者诉诸"教化"。详细探讨,参 Vasiliou(2008:284 - 285;2007:35 - 76)。正因为有这种分歧,有些人如 Osborne(1999:133)甚至指出柏拉图做道德哲学,亚里士多德做伦理学。

(*teleion*, 20d1);（2）是充足的（*hikanon*, 20d4);（3）具有普遍的吸引力（20d7 – 10）：

> **苏格拉底**："好"必定是完美的，还是有瑕疵的？
> **普罗塔库斯**：苏格拉底呀，它一定是万事万物中最最完美的！
> **苏格拉底**：那"好"是充足的吗？
> **普罗塔库斯**：谁说不是呢？以至于它在充足方面胜过其他所有〈存在的〉事物。
> **苏格拉底**：我想，关于它，没有什么可比以下这点更确定的了：一切知悉它的事物皆追求它，渴望它，希望把它捕获从而据为己有，而对别的事物一概予以蔑视，除非这些事物的完成包含〈某个〉"好"。
> **普罗塔库斯**：确乎如此。（*Philebus* 20d1 – 11）

这意味着，对柏拉图而言，"好"什么也不缺，什么也不需要，是世间所有生物都渴望并希望据为己有的东西。综合这些不同时期的文本论述来看，柏拉图显然认为，正因为我们每个人都渴望"好"，我们的欲望才与伦理事实建立了密切联系。[①] 柏拉图的这种看法使得他与大多数现代道德理论家在关于"正当性"与"好"先后关系的主张上截然对立。这种对立可以借助道德理论家桑德尔（M. J. Sandel）所归纳的两种思考正义的方式加以说明。桑德尔在对比亚里士多德与康德和罗尔斯各自采用的不同思考"正义"的方式时指出：

> 对于康德和罗尔斯而言，权利优先于好。那些界定我们的

[①] 有关"好"在欲望与伦理事实之间的关联性上的角色，参 Reeve（1988：81 – 94, 268）。

各种义务和权利的正义原则,应当中立于各种关于美好生活的观念。康德认为,为了达到这一道德法则,我们必须抽离于自己各种偶然的利益和目的。罗尔斯坚持认为,为了慎议正义,我们应当搁置我们各种特殊的目的、情感以及各种好观念,这是在无知之幕背后思考正义的关键。

这种思考正义的方式与亚里士多德思考正义的方式相冲突。亚里士多德认为,正义原则不能够或不应当中立于美好生活。与之相反,他坚持认为,正义宪制的目的之一就在于养成好公民、培育好品性。他认为,如果我们不慎议所分配的物品——如职务、荣誉、权利和机会——的意义,我们就不可能慎议正义。(Sandel,2010:125)[①]

桑德尔在这里处理古今之争的时候虽然只把亚里士多德作为古代传统的代表,但其实古代这一传统阵营也不能不包括柏拉图,因为柏拉图在"正当"与"好"的优先关系上也认为那些界定人的各种义务和权利的正义原则不能够,也不应当中立于关于各种"好生活"的观念(尽管柏拉图与亚里士多德各自对于正义的理解有所不同)。在《理想国》中,苏格拉底明确地说明了这点:

苏格拉底: 因此,我们所以说这种人应当成为一个最优秀的人物——也就是说,一个自己内部有神圣统治者的人——的奴隶,其目的是使他可以得到与一个最优秀人物相同的管理。我们这样主张并不是因为,我们认为奴隶应当像色拉叙马霍斯看待被统治者那样,接受对自己有害的管理或统治,而是因为,受神圣的有智慧的统治者统治对于大家都是比较好的。当然,

---

[①] 权利的优先性通常被视为是对康德坚持道德责任的首要性的一种适应,参Rawls (1971: 31-32); Stauffer (2001: 7)。有关"权利优先于好"这一原则的意义的详细探讨,参Sandel (1982: 1-14); Sandel (2005: 153)。

这位统治者最好是属于他自己的,来自自身内部,否则就必须从外部强加,为的是我们大家可以在同一种东西指挥下尽可能变得相似和友好。

格罗康: 确实对的。

苏格拉底: 也很明白,制定法律作为城邦所有公民的盟友,其意图就在这里。如同在城邦中一样,我们管教儿童,直到我们已经在他们身上确立了所谓的宪法管理时,才放他们自由。也就是说,直到我们已经靠我们自己心灵里的最好部分帮助,在他们心灵里培养出了最好的部分来,并使之成为儿童心灵的护卫者和统治者时,我们才让它自由。我们这样做的目的也就在这里。

格罗康: 是的,这是很明白的。(590c7 – 591a3)

由此我们可以得出,以柏拉图(和亚里士多德)为代表的这一古代传统与以罗尔斯为代表的这一现代传统在关于"好"及其优先性的问题上的立场有着根本性的不同。这种不同具体表现在以下四个方面:

第一,对柏拉图(和亚里士多德)而言,"好"是基本的伦理概念。[1] 在许多对话录(如《高尔吉亚》《蒂迈欧》和《菲丽布》)中,柏拉图说得很清楚,"好"存在于"统一"和"秩序"之中。[2]

---

[1] 人们通常认为,"好"在柏拉图伦理学中占据着举足轻重的地位,这与柏拉图对于"自然"的理解密切相关。从柏拉图(特别是从亚里士多德)传下来的自然科学的概念以"相"(*eide* 或种类)为中心进行解释,并在此之外假定了一种"相"的秩序,其结构可以从目的论的角度加以理解,还可以用"好"的概念或应该是什么的概念来理解。相关探讨,参 Lovejoy(2017);C. Taylor(1993:216)。

[2] 关于柏拉图所谓的"好"存在于什么当中这个问题的探讨,参 Santas(2001);Stalley(2003:384)。也有学者如 Schofield 指出,柏拉图的"统一原则"与罗尔斯理解的"正义原则"之间存在很多相似之处,如罗尔斯似乎也认可"好"存在于社会统一性之中,而在罗尔斯看来,社会统一性是一个秩序良好的社会的条件,在这个社会里,每个人都接受并认识其他人,都接受同样的正义原则。相关探讨,参 Schofield(2006:217)。

所以，他攻击某些关于"好"的理论——"好"存在于快乐或欲望满足之中——这些理论对现代哲学家来说很重要。他与现代大多数哲学家的首要不同在于，他认为"什么是一个好人"的问题优先于"什么样的东西是好的"这个问题。正因为如此，他们捍卫人们通常所谓的"完善论"（perfectionism）类型的伦理学，而不是去拥护某种最大化"目的论"的理论。①

第二，一些现代哲学家如罗尔斯认为，人类可以在没有就"终极性的好本身是什么"的问题上达成共识的情况下，在实现他们各自所认为的终极之好的手段上达成共识。换言之，他们认为"正当"（权利、正义）优先于"好"②，即关于"正当"的问题可以独立于"好"的问题来决定。柏拉图（和亚里士多德）并不这么认为，甚至持相反看法。③

第三，柏拉图（和亚里士多德）伦理学的核心是对"诸好"（goods）的排序。灵魂的好（美德）高于身体的好（健康），而身体的好又高于任何"外在好"。一些现代哲学家可能并不如此认为，尤其在内在好与外在好的价值高低之比较上，可能会持有非常不同

---

① 部分学者如 Santas（2001）指出柏拉图的理论是"第一个伟大的关于'善'的完善论理论"。这一点，笔者是比较认可的。此外，人们通常在"亚里士多德的伦理学是否应归为完善论"的问题上存有异议。比如，有些人如 Santas 根据 Sidgwick 的做法，认为亚里士多德的伦理学属于完善论。有些人如 Young 则不同意这种看法。关于这种争论的详情，参 Santas（2001）；Young（2003：452）；Griswold（2007）。此外，一些学者如 Arneson 正确地指出，柏拉图的伦理"完善论"不可避免地影响了他的伦理—政治观。尤其在政治学方面，柏拉图认为"完善论"意味着专制。在最好的情况下，能获得"善之知识"的人是少数的，而那些少数人是唯一适合统治的。应该成为政治统治者的是知识渊博的少数人，而不是无知的多数人（像民主国家中的情况那样），而且（在柏拉图看来）是知识渊博的少数人，而不是每个人，应该被赋予管理每个人生活的主权。相关探讨，参 Arneson（2000：38）。

② "权利"优先于"好"通常被视为罗尔斯最著名的学说之一，参 Schofield（2006：217）。

③ 柏拉图一般被视为"政治道德主义"的支持者，"将道德置于政治之前"（Schofield，2006：218）。关于这种古今分歧，参 Rawls（1988：251-276）；Galston（1989：711-726）；Secada（2004）。

的见解。①

第四，柏拉图对于"好"的这种理解直接影响了他对于一个好社会的设想。不能看出，柏拉图的伦理—政治正义的实质性原则与罗尔斯或德沃金或任何其他自由主义原则是不可调和的。大多数自由主义者在构成社会成员的人口中假定了一种平等的自由地位，并根据他们对自由（政治自由）的权利以及他们对社会、经济利益和机会的权利的阐释，相应地阐明正义。柏拉图则做了一个不同的假设：如果社会要高效、安全、稳定，就必须履行基本职能，这就要求不同类别的公民享有不同的地位，而正义也必须相应地在适当履行社会职能方面得到考虑。同样，他所设想的伦理—政治正义原则将获得普遍的接受情况，这一点与罗尔斯或任何政治自由主义者认为适当的情况完全不同。但无论是在罗尔斯对一个秩序良好的社会的正式规范中，还是在德沃金对社会理想的描述中，都避免提及任何一套特定的正义原则。事实上，二者的这两种关于"正义"的表述被普遍认为是中立的，介于自由主义和柏拉图式的正义观之间。②总之，柏拉图认为国家（政府）应该支持一种明确的"好"的概念，而自由主义传统中的许多哲学家会对这一主张提出异议。即使柏拉图的这种看法是正确的，他仍然可能会因为提出一个过于狭隘的、应该得到官方支持的"好"的概念而受到批评。③

三 目的论所面临的质疑与挑战

进入现代以后，这种立足于"目的论"思维方式的伦理理论除

---

① 有关柏拉图伦理学价值排名的探讨，参 Santas（2001）；Vasiliou（2008：4）。
② 有关柏拉图的理想社会构想与自由主义者的理想社会构想的差异性的分析，参 Schofield（2006：245, n. 71）；（2006：270 – 280）。
③ 关于柏拉图与现代自由主义传统的哲学家在"国家是否在价值观上保持中立"这一问题上不同态度的详细分析，参 Kraut（1992a：45, n. 50）；Santas（2001）；Stalley（2003：382）；Schofield（2006：283, 270 – 275, 245, n. 71）；Mason（1990：433 – 452）；Kraut（1999c：316）。

了受到自然科学及其相关的进化论思想的冲击①，同"自然主义"（naturalism）的处境一样，还受到了来自各种推崇个体自由的思想家们的猛烈抨击。这些抨击之中有一个可以说是极具毁灭性的：目的论式的理论许可人们以目的论的方式悬置伦理问题，特别是允许至关重要的个人权利遭到侵犯或允许重要的个人欲望遭到挫败，只要这种允许会更好地帮助"社会整体"（或大多数人）获得（较多的）"好"（幸福）。比如，践踏、剥夺一个无辜个体的尊严、自由与生命（如把他囚禁，让他在受到非人虐待之后，再被处死），如果有助于挽救成千上万条无辜的生命或让其余人或更多人的幸福得以最大化，那么"行为功利主义者"（act-utilitarianism）就可以证明囚禁、折磨或杀死这个无辜个体的行为是正当的。② 当然，这种所谓的"正当性"在某些"自由论者"（libertarians）或主张人权和人格尊严拥有一个超越于功利或目的的道德基础的人看来无疑是最可笑、最荒谬、最残酷、最站不住脚的。因为在严刑逼供问题上，常见的批评如下：

> 有些人在原则上排斥酷刑，认为这侵犯了人权，也未能尊重人类的内在尊严。他们反对酷刑的理由并不依赖于功利主义的考量。他们认为人权和人类尊严拥有一个超越于功利的道德基础。如果他们是对的，那么边沁的哲学就错了。（Sandel, 2010: 25）

然而，我们知道，所谓人权和人格尊严这样的东西若无一个超验的或形而上的基础，自由论者就很难从根本上驳倒"行为功利主义者"的立场，因为仅基于自然科学或生物学的发现似乎很难证明

---

① 现代学者对古希腊目的论的批评，参 M. R Johnson（2005）；Walsh（2008）；Sandel（2010: 100）。

② 关于这个问题的探讨，参 Rawls（2009: 22 - 27）；Bales（1971）；Singer（1972: 94 -104）；Mackie（1973）。

人有人格尊严,更别提证明人格尊严神圣不可侵犯了。从根本上讲,这个问题与哲学领域争论最为激烈的另一个问题密切相关:什么是人的 self(自我)?赋予人以人性、使人成为人的那个东西究竟是什么?①

为看清这个批评所具有的真正杀伤力,我们有必要区分 A 和 B 两种情况。② 假设在 A 这种情况下,大多数人的那些通过让某个个体的重要欲望落空或遭到挫败而得以满足的欲望本身(如求生欲)非常重要。比如,除非处死一个无辜的人,否则,就需要赔上几条甚至成千上万条无辜的生命。这样的具体例子能举出很多。例如,医学上的一个与癌症治疗有关的重要突破若被证明是可行的,那它就会给成千上万的癌症患者带来福音,但取得突破的最后一个步骤却需要在一个无辜的人身上做实验,而这种实验必然会杀死这个无辜的人;再如,假如一个无辜的人不幸感染了一种不能治愈的高致命性、传染性的病毒,但为了防止这种病毒迅速蔓延开来,我们是否应该囚禁或杀死他呢?在 A 这种情况下,如果目的论式的理论仍试图证明"侵犯这个个体的权利或挫败他的重要欲望的行为"是正当的,那么,这些理论就没有什么明显的缺陷。为了拯救多数人的生命,牺牲一个人的做法在很多人看来并无太大的问题。事实上,它经常被作为一个反驳用来反对道义论式理论,因为道义论式理论并没有证明在这种情况下牺牲个体是合理的、正当的。③ 然而,假设在 B 这种情况下,大多数人的那些通过侵犯某个个体的权利或让某个个体的重要欲望遭到挫败而得以满足的欲望本身并不十分重要

---

① Mill 在回应快乐是否有高低之分时,指出我们需要假定一种独立于人的期望和欲求的涉及人类尊严的理想,因此更高级的快乐不是因为人喜欢它才更高级,而是因为这种快乐运用了人更高级的认知能力,并使我们成为更加完善的人。关于 Mill 的观点及其现代回应,参 Sandel(2010:32,57-62)。但如果不承认灵魂的存在,人格尊严这样的东西似乎缺乏一个基础。

② 有关这两种状况的设想,参 Reeve(1988:268)。

③ 有关这个反驳的探讨,参 Scheffler(1982:215-239,1988,1992,1994);Frazier(1994)。

（至少这些欲望的重要性不及求生欲重要）。除非处死一个无辜的个体，否则，其余人将拥有的快乐会比他们本该拥有的稍少一些。比如，在古罗马时期，罗马当局为了娱乐观众，常常允许角斗士与猛兽打斗、与同伴相互残杀，甚至纵容将手无寸铁的基督徒扔到斗兽场中供狮子撕咬。① 不论基于什么样的原则，如果哪个目的论式理论在 B 这种情况下也许可个体作出这种牺牲，那从伦理角度看，它就有一个明显的缺陷。因此，如果有哪种功利主义理论允许大多数人无关紧要的"好"② 在重要性或意义上超过单个个体重要的"好"，那它就会遇到麻烦、陷入明显的困境。但如果它只不过允许大多数人重要的"好"在重要性或意义上超过某个个体重要的"好"，那它要么根本不会陷入困境——比如为挽救更多无辜个体的性命，允许对心狠手辣的恐怖分子施行各种非人的折磨，以便让他们供出关于即将发生的恐袭情报③，要么不会陷入十分明显的困境——比如允

---

① 关于这个历史事例的详情，参 Sandel (2010：26)。

② 鉴于"权利"（right）是我们现代人使用的概念，下面就用"好"（good）代替"权利"（有关古希腊哲学中是否有与权利概念相对应的概念的探讨，参 Annas, 1981：11）。在"好"的意义规定上，尽管柏拉图与现代人有所不同，但为了更好地揭示问题，我们暂且可以听从一些现代哲学家如 Rawls (2009：22-23) 的建议，把这里所谈论的"好"简单规定为"欲望之满足"或"理性欲望之满足"（尽管我们知道柏拉图所谓的"好"并不简单地等于"欲望之满足"）。此外，古希腊的"好"概念与现代人的"好"概念的不同之处被认为主要体现在二者对于"价值理论是否主观或客观"所持有的不同态度上。详细探讨，参 Brink (1989：222)。

③ 是否可以对恐怖分子刑讯逼供，是一个比较有争议的问题。有些人认为为了国家和民族的利益，为了捍卫宗教和信仰，为了挽救更多的生命、确保大多数人的幸福，对恐怖分子做任何事都可以，无论采用的手段多么残忍、多么血腥（甚至通过伤害恐怖分子的亲人来逼供，也是情有可原的）。有些人（如一些自由主义者）则反对这种看法，认为如果这么做，在一定程度上就表示认同了恐怖分子的做事逻辑；更何况，做人是有底线的。但反驳者会问，这个底线在哪里？当底线被冲击时，应当如何做出选择，又是一个非常值得认真思考的问题。笔者在这里只是想说明，人们一般在道义上反对"刑讯逼供"，怕冤枉无辜，但在"是否可以对恐怖分子刑讯逼供"这个问题上却倾向于给出"肯定"回答。关于恐怖主义、自由主义及是否应对恐怖分子施加折磨等伦理问题的探讨，参 Allhoff (2003：121-134)；Luban (2007：249-262)；Parry & White (2001)。

许《那些离开欧米拉的人》(*The Ones Who Walk Away from Omelas*)中描述的那个被囚禁的小男孩继续承受极端的痛苦,以换取全城人的幸福。①

四 柏拉图与功利主义者

以上这种区分带来了一些帮助,同时也不可避免地引入了新的评判标准问题②:诸如,怎样在无关紧要的"好"与重要的"好"之间作出区分?重要与否的标准是什么?所有个体在价值观上能否达成共识?对此,我们是否应该采用功利主义理论中的价值一元论的思维方式,认为所谓的"重要"只体现在"量"上,并不加评判地衡量人的各种偏好(欲望),把每个人的欲望均质化,依靠计算行为者的行为后果对整体的利弊大小来决定行为本身是否正当?③

---

① 关于这个故事的完整信息,参 Le Guin(1991:1-5)。人们经常讨论的问题是:这些条件在道德上是可接受的吗?对边沁功利主义的第一个反驳,即诉诸基本人权和人类尊严的那个反驳认为它们在道德上不可接受,即使它们能带来整个城市的幸福。侵犯那个无辜孩子的权利是不对的,哪怕是为了多数人的幸福。这个例子引出了"杀掉一个无辜的人,而得到整个天下,这种事情是否能做"这个伦理问题。然而,又有很多人觉得,为了确保多数人的幸福,牺牲一个人或少数人的幸福,又是合理的。如果反对,则会牺牲掉大部分人(或全社会)的幸福。关于这个例子的评析,参 Sandel(2010:26);Adams(1991:35-47)。

② 17世纪的科学革命摧毁了柏拉图—亚里士多德关于宇宙是"相"的实例化的概念,这种概念定义了判断事物的标准。在自然主义思想中,对这些标准的唯一合理的解释是将之作为"主体"的投射。相关探讨,参 C. Taylor(1993:211)。

③ 功利主义对"偏好"孰优孰劣不加区分的价值观并非空穴来风。现代知识文化的整个自然主义倾向倾向于否定强评价的思想。所有解释和理解的模式是自然科学式的,它起源于17世纪的革命。它为我们提供了一个中立的宇宙:它没有内在价值的空间,也没有向我们提出要求的目标。功利主义的部分动机是渴望建立一种与这一科学愿景兼容的伦理。这一观点在现代想象中占有一席之地,甚至超越了功利主义的范畴,它有助于接受一种无可置疑的模式,从而对主观主义产生一种近乎绝望的默许。从另一个角度看,自然主义和主观主义的联系就更加明显了。对于这个问题的详细探讨,参 C. Taylor(1993:210)。

首先，对于这些问题，柏拉图的总体态度是，他并不认为所有偏好或欲望都同等重要，而是认为欲望与其对象（即意向性对象）不可分离，而后者有价值上的高低差异。这种差异的根源在于他立足于形而上学、宇宙论和本体论所建立的关于"好"的客观价值层级大序。① 他是道德客观主义者（Gentzler，2005：471），因此不会像一般的功利主义者那样认为，价值理论是纯粹主观的，欲求的满足是判断何谓高尚、何谓卑劣的唯一基础，或所有"道德性的好"（moral goods）都可以被纳入一种关于苦乐的机械计算之中。相反，价值理论于他而言是客观的，欲望本身的满足不能作为评判一件事是否正当的理由，欲望有性质上的客观差异，与之相关的快乐或痛苦不仅有高低之分，也有真假之别（cf. *Philebus* 36c–55a）。

其次，柏拉图可能会同意现代人对于功利主义的批评：功利主义使正义和权利成为一种算计，而非原则；功利主义的根本缺陷在于它将所有的属人之好都纳入一个单一的、整齐划一的价值衡量标准，即对所有的属人之好等量齐观，而没有考虑它们之间质的区别。显而易见，在反功利主义的美德理论家看来，功利主义者忽视了价值的多元性与异质性，忽视了关乎手段和目的的理智慎思的可能性，忽视了激情对于社会教化的敏感性，即忽视了偏好的内生性。②

五　柏拉图与反目的论者

柏拉图的理论虽不同于功利主义的理论，但它同功利主义的理论一样都属于目的论式的理论，所以目的论式的理论所遭受的批评同样对柏拉图的理论有冲击性。那么，面对上文论述的这种针对目

---

① 关于柏拉图哲学中"好"的价值排序的详细探讨，参 Santas（2001）。
② 对于功利主义思想的批评，参 Wiggins（1975–1976：29–51）；Richardson（1997）；Nussbaum（2001：xxiv）；Sandel（2010：57–62）。

的论式的理论提出的批评，柏拉图应如何应对呢？对于这个问题，我们认为，柏拉图的理论可以基于以下两个不同的理由来回应这种批评。

第一，尽管柏拉图认为，个人或城邦的所有行为最终都服务于一个"总目的"，即幸福，但他显然不能被称为"规则功利主义者"（rule-utilitarian）①或"行为功利主义者"（act-utilitarian）②，因为他并不认为所有的正义规则或行为都导向幸福，或都使幸福最大化。相反，他可以被恰当地称为"动机功利主义者"（motive-utilitarian）③或"品性功利主义者"（character-utilitarian）④，这在于他看重的是行为者的内在品质和行为动机，他认为存在一个让人成为正义之人，即拥有一个和谐的、被妥善治理的"灵魂"的功利主义式理由，即便这个理由有时会导致行为者去执行一些无助于成就"幸福"或没有使其幸福最大化的行为。柏拉图在《理想国》中对此说得十分直白：

苏格拉底：这就对了。须知，如果我们灵魂中对这个定义还有什么争议存留着的话，那是用一些日常的事例就可以充分证实我们所说不谬的。

格罗康：你是指什么样的事例呢？

---

① "规则功利主义"一般是指：正确的行为是遵循一套规则的行为，如果被普遍接受，它将使效用最大化。关于"规则功利主义者"这一概念的解释，参 Fritzsche & Becker（1984：166-175）。

② 即相信"正确的行为是使效用最大化的行为"的人。关于"行为功利主义者"这一概念的解释，参 Bales（1971：257-265）；Reeve（1988：269）。

③ "动机功利主义者"一般认为一个人应该像具有那些最能产生效用的动机或美德的人那样行动，并将这些美德引入关于标准和决策程序的解释中。关于"动机功利主义者"这一概念的解释，参 Adams（1976：467-481）；Skidmore（2018：207-221）。有关各种功利主义类型的介绍，参 Crisp（1996：5-6）。

④ 关于"品性功利主义者"这一概念的解释，参 Reeve（1988：269）；Railton（1988：401）。有关美德伦理学家的各种分类介绍，参 Marcum（2012：46）。

苏格拉底：例如，假设要我们就一个关于正义的城邦和一个与正义城邦有同样先天同样教养的个人的问题达成一致，即我们是否相信这种人——如果把金银财宝交给他管的话——会鲸吞盗用它们，你以为有谁会相信这种人会比不正义的人更像干这种事的呢？

格罗康：没有人会这样相信的。

苏格拉底：这样的人也是决不会抢劫、偷窃庙宇，在私人关系中出卖朋友，在公共生活中背叛城邦的吧？

格罗康：决不会的。

苏格拉底：他也是值得信赖的，无论如何也不会不信守誓言或别的协约的。

格罗康：怎么会呢？

苏格拉底：这样的人决不会染上通奸、不尊敬父母、忽视神灵的罪恶的，尽管有别人犯这种罪恶。

格罗康：他们是决不会的。（Ⅳ 442d10 - 443a11）

因此，对柏拉图而言，即便一种行为会使行为者的幸福最大化，这个事实也并不意味着，执行这个行为就是正义的，因为个体的正义和真正的幸福从根本上说取决于他的灵魂和谐。① 此外，"正义"的双重结构让柏拉图认识到"个体灵魂的结构"和"城邦政制的结构"之间存在某种平行对应的关系或因果决定论。对柏拉图而言，城邦是被放大了的个体，所以针对个体的这个说法同样适用于城邦。同样存在一个使城邦在结构上处于正义，即拥有一个实例化的优良政制的功利主义式理由。在此，有些人可能会认为在这种城邦中只有使幸福最大化的那些行为才会被核准为正

---

① 对柏拉图而言，道德行为和真正的幸福源自同一个可靠来源——处于和谐状态的灵魂。此外，他还认为，一旦灵魂处于这种状态，行为主体就会自动产生正义行为。有关柏拉图的"作为灵魂和谐的正义"观念的探讨，参 Reeve（1988：250 - 263）；Pappas（2003：35）。

义的,但情况并非如此,因为城邦所推崇的正义是让每个人能在城邦—社会中追求最适合于自己的工作,并与他人和谐相处。① 因此,即使侵犯个人的权利或挫败他的重要欲望的事实使大多数人的幸福最大化,这也并不意味着,个人或城邦这样做就是正义的。然而,似乎可以肯定,万一城邦的存亡危在旦夕,加之知识渊博、富有智慧的哲人王们也找不到比牺牲一个个体的生命更好的出路时,柏拉图肯定会同意以牺牲包括哲人王在内的任何一个(或一些)个体的生命来保全大局的做法。然而,之前谈论的大多数人的不怎么重要的欲望在重要性或意义上超过某个个体的重要欲望的情况肯定不能与此相提并论。在当前这种情况下,利益攸关的是"正义秩序"本身的存亡问题,而"正义秩序"在《理想国》中乃至整个柏拉图对话录中受到的重视程度丝毫不亚于"理性"和"好"受到的重视。② 对柏拉图而言,对正义秩序本身的捍卫,是原则问题,不容商量。

第二个理由在于柏拉图对于教育的重视。众所周知,柏拉图在《理想国》中极其重视教育对人的欲望的塑形与规训作用,他的理论与许多伦理理论的不同之处就在于它格外强调教育和对欲望的塑造。③ 这正是众多解读者倾向于把《理想国》视为一部伟大而优美

---

① 部分学者在此正确地指出,柏拉图伦理学理论的基本价值观念是"功能发挥良好"概念。这给了他一个独立于美德的"好"的概念。因此,他避免了似乎有损于"苏格拉底伦理学"基石的循环论。但是,诚然,他的伦理理论建立在"好"的概念上,这一事实并不意味着他的理论在任何情况下都是目的论的——这还需要另外一个最大化原则。柏拉图可能有一个关于城邦正义的这种原则,但可能没有关于灵魂正义的这种原则。所以至少就人的正义而言,柏拉图有一种美德伦理学。相关探讨,参Santas (2001); Stalley (2003: 383)。

② 关于正义在柏拉图对话中的重要地位及其意义的探讨,参 Keyt (2006)。

③ 有关柏拉图伦理学中教育元素的重要性及其特殊性的探讨,参 Reeve (1988: 269); Gill (1985); Hourani (1949); Kamtekar (2008); Scolnicov (2013)。

的论教育的著作的主要原因。① 也正因为柏拉图如此重视对欲望的塑形，他不必像许多现代伦理学家们那样过多地担忧各种欲望之间的冲突。毋庸置疑，教育课程在"理想城邦"中扮演着核心角色，它一方面被城邦的统治者用作规训欲望和开发智力的工具；另一方面也充当着教育不同的人格类型的功能。如前所述，正是从这一点出发，我们可以清楚看出，柏拉图理论计划的精粹与笛卡儿有着本质上的区别。笛卡儿求助于"抽象的论证"，是为了反驳"怀疑论"，但柏拉图认为哲学真正的敌人不是"怀疑论"，也不是诡辩（修辞），更不是诗②，而是那种"受欲望诱导的幻想"（desire-induced fantasy）。竞争对手的不同决定了应对之策的差异。因此，解开谜团的关键主要不在于如何理解柏拉图关于"理性"的看法，也不在于将"理性"与"欲望"对立起来③，而在于弄清楚他处置"欲望"的方式④。就对付敌人的方法而言，柏拉图不像笛卡儿那样去构建一套抽象的理论体系，而是构建并发展出一套新奇的教育政策和政制改革方案。说它"新奇"，主要在于相对于现代人所谓的那种主要致力于向受教育者传递信息、教授知识、予以就业指导或技能培训的教育观念而言，柏拉图认为教育的真正宗旨不是像使盲眼具有视力

---

① 一般认为，哲人王独自一个人是不可能改变世界的，其根本原因在于他并没有超越体制的能力，无论在武力上还是经济上，他都严重依赖于他者（如护卫者和生产者）。所以，他的伟大抱负只能通过体制内的手段（如教育和法律）来实现。在此意义上讲，哲人既是教育家，又是立法者。正因为如此，卢梭认为《理想国》不是一部论政治体系的作品，是有史以来第一部论教育的论文。后来有很多人如 Jaeger、Cassirer 和 Bloom 都或多或少地表达了对这种看法的认同。关于《理想国》中教育思想的探讨，参 Cassirer（1946：62）；Bloom（1991：x）。有关柏拉图整个教育思想的探讨，参 Kamtekar（2008：336 - 359）。

② 有关柏拉图哲学最大敌人的探讨，参 Strauss（1996：193 - 195）。

③ 传统上，不少人如 Campbell（2007：323）指责柏拉图是将"理性"和"情感"截然对立起来的第一人。这种看法其实有失公允。

④ 人们通常认为，在《理想国》中，柏拉图是第一个提出完整的灵魂理论的哲学家，也是第一个系统地阐述欲望概念的哲学家。关于柏拉图欲望理论的完整概述，参 Kahn（1987：77）。

那样给灵魂灌输知识,而是更像使眼睛从"别处"转向"光明"一样(518b-c)。概言之,《理想国》中的教育是为了在人性所能允许的情况下尽可能多地消除其不必要的欲望,即基于美德的要求对人的品性①加以适度的塑造,让哲人王以及居住于"美好城邦"中的其他阶层的灵魂结构达到适于其本性的和谐,这种思想尤其凸显在苏格拉底与格罗康的一段对话中:②

> **苏格拉底:** 因此,灵魂的其他所谓美德似乎近于身体的优点:它们的优点确实不是身体里本来就有的,是后天的教育和实践培养起来添加上去的。但是智慧这一美德似乎确实有比较神圣的性质,是一种永远不会丧失能力的东西;因所取的方向不同,它可以变得有用而有益,也可以变得无用而有害。有一种通常被说成是聪明的坏人。你有没有注意过,他们的目光是多么敏锐?他们的灵魂是小的,但是在那些受到他们注意的事情上,他们的视力是够尖锐的。他们的"小"不在于视力劣等,而在于视力被迫服务于恶,结果是,他们的视力愈敏锐,恶事也就做得愈多。
>
> **格罗康:** 这是真的。
>
> **苏格拉底:** 但是,假设这种秉性的这一部分从小就已得到锤炼,已经因此如同释去了重负,——这种重负是这个变化世界里所本有的,是拖住人们灵魂的视力使它只能看见下面事物的那些感官之乐的纵欲如贪食之类所紧缠在人们身上的。——假设重负已释,这同一些人的灵魂的同一部分被扭向了真理,

---

① 有关品性教育在《理想国》中的重要性的探讨,参 Gill (1985:1-26)。
② 关于古典教育与现代教育的差别,参 Strauss (1989:36);Annas (1981:86-87)。有关柏拉图教育目的的探讨,参 Reeve (1988:50)。事实上,Reeve 等人的这种看法主要受休谟思想的影响,在学界有一定的影响力,受到不少学者的肯定,参 Morgan (1989:418)。此外,柏拉图在《法义》中对于教育功能的看法在某种程度上延续了《理想国》中的论述,这方面十分有启发性的探讨,参 Gould (1972:110-118)。

它们看真理就会有同样敏锐的视力，像现在看它们面向的事物时那样。（Ⅶ 518d9 – 519b5）

进而言之，要统治正义的城邦，统治者必须具有正确的知识。但与现代人的假设相反，人们通常指出，柏拉图认为获得知识的能力并非"独立于道德品质之外"。① 如前所言，柏拉图特别关注"受欲望诱导的幻想"是如何扭曲那些没有有序灵魂的人的视觉和知识的。通过教育来驯服欲望，哲学家们学会了更清晰、更准确地观察这个世界：特别是，他们既学会了（对个人和城邦而言）真正的幸福是什么，又学会了如何在实践中获得幸福（通过构建"Kallipolis"）。要言之，在柏拉图看来，关于"好"的知识蕴含着尽可能充分地实现好生活的能力。②

此外，在人性的可塑性问题上，可以说，任何乌托邦计划的核心都是其对人性可塑性的构想。柏拉图在《理想国》中可以说自始至终都坚持这种想法：人性在某些方面是极具可塑性的。③ 具体而言，人们通常指出，苏格拉底在《理想国》结尾处提出的关于"灵魂"的主张——它能承受所有的善与恶——简明扼要地说明了灵魂可塑性对人类生活的影响（621c – d）。因为灵魂能够忍受所有的恶和所有的善，所以人类的幸福只有通过训练才可能实现，即唯有通过培养关于灵魂本性的知识和一种能让人很好地选择自己行为的灵魂状态，人方可获得幸福。因此，厄尔神话加深了苏格拉底和格罗康对人类生命所担负的任务的理解。④

---

① 关于这种看法的详细说明，参 Reeve（1988：115）；Mackenzie（1985）；Scott（1999）。

② 有关这种知识的探讨，参 Reeve（1988：99）；Williamson（2008：402）；Santas（1980）；Barney（2010：363 – 377）。

③ 相关探讨，参 Morrison（2007：235）。

④ 人们通常认为，灵魂可塑性是柏拉图心理学的中心问题，柏拉图在《菲多》《理想国》和《法义》这三篇对话中都在努力解决这个问题，这三篇对话都以对灵魂的突出讨论和丰富多样的叙述而著称。相关概述，参 Brill（2013：161，3）。

当今神经生理学的一些研究尽管不承认柏拉图式的身心二元论，但它们同样基于大量的实验而得出"心灵"（即他们所谓的"大脑"）在某些方面的可塑性极为强大，它能接受年龄以及来自其他方面的挑战所造成的改变。[①] 这里并不试图说明，柏拉图所谓的灵魂与神经生理学所谓的大脑完全等同，而是想说明二者存在相似之处。假如柏拉图的这一假设成立，那么让整个人类或社会中的某个阶层的一些欲望得到适当的规训，显然是在人性所能允许的范围之内的。当然，柏拉图也并非鼓吹"教育万能论"。他清楚地认识到，人生而不同，具有不同禀赋。他用"金银铜铁"比喻（415a－416e）表达了类似于现代人所熟悉的"基因决定论"所呈现的意思。他的这一天赋差等原则预先决定了不同职业禀赋的人在秩序井然之邦中的不同职责（即"一人一职"原则）。

苏格拉底： 宙斯作证，这是一点也不奇怪的。须知，在你刚说这话时，我就想到，首先，我们大家并不是生下来都一样的。相反，我们每个人在禀赋上与其他人有所不同，适合于不同的工作。你说是不是？

阿德曼图： 是的。

苏格拉底： 那么是一个人实践好几种手艺好呢，还是一个人单搞一种手艺好呢？

阿德曼图： 一人单搞一种手艺好。

苏格拉底： 此外，我认为这一点也很清楚——一个人不论干什么事，错过适当的时节就会前功尽弃。

阿德曼图： 不错，这点很清楚。

苏格拉底： 我认为，所要去干的一件工作不是等工人有空了再慢慢去搞的，相反，是工人出于需要必须全心全意当作主

[①] 现代科学对于大脑可塑性这一属性的探讨，参 Lund (1985); Kolb & Whishaw (1998: 43 – 64); Kuo, Paulus & Nitsche (2008: 648 – 651)。

要任务来抓的,是不能随随便便、马虎从事的。

阿德曼图:必须这样。

苏格拉底:这样,只要每个人在恰当的时候干适合他秉性的工作,放弃其他的事情,专搞一行,这样就会每种东西都更容易生产得数量又多质量又好。

阿德曼图:对极了。(Ⅱ 370a – c;cf. 423d)(Ⅱ 370a – c;cf. 423d)

然而,这种对于天性差异的认识又让柏拉图坚信,人性或人的灵魂在某些方面的"可塑性"是很有限的,尤其在智力层面。比如,让社会中的绝大多数人都成为哲人或科学家显然在柏拉图看来是任何教育体系都应当"望而却步"的,因为这种教育的宗旨明显是超乎人性的。总之,对柏拉图而言,个体天性上的差异必须得到承认与尊重。基于这一原则,他虽然主张哲学生活是最好的生活方式,但他的"理性"并没有要求他主张要把所有人的智力水平都提升到哲人的境界,更没有要求他号召所有人都应当过一种哲学式的沉思生活。当然,如前所述,柏拉图也不是在推行"教育无用论"。相反,他的教育理论始终介于二者之间的一个平衡点上,因为他主张,理想的教育应该对所有人的欲望与智力依其本性和"好"这两个标准进行不同程度的矫正。属人的幸福(*eudaimonia*)肯定是令当事人满意的生活,而这意味着,一个人若能做到依其天性而活,那就是在过幸福生活。[1] 然而,怎样才能认识人的天性呢?柏拉图认为唯有借助哲学才能做到这点。鉴于大多数人没有能力接近哲学,所以他们在哲人的指引下生活肯定会最幸福。[2]

正是这种想法让他觉得在一个比较封闭的环境中,人们可以在

---

[1] 有关古希腊幸福概念的探讨,参 Cooper(1977:151);Nussbaum(2001:6,136 – 160,89 – 117)。

[2] 有关哲人与非哲人之关系的探讨,参 Reeve(1988:187 – 204)。

哲人的引导下达成一致的价值观。柏拉图通过描述一个理想城邦来回答有关教育和动机的问题。为了使年轻的公民的灵魂从身体上的快乐的"铅坠"的重压中解脱出来（519b），柏拉图认为，在这个城邦中实行的任何让灵魂转身的努力都应该"直接从孩提时代"抓起（519a），尽管他也承认，这可能是一个永远不会在现实中产生的"城邦"。① 然而，对柏拉图而言，就算这样的城邦没有支持它产生的环境和土壤，单个个体也应该以城邦的共同体生活为目的（591e-592b）。② 由此我们可以看出，在"美好城邦"中，哲人王们制定和施行的教育计划会让每个个体的欲望一起得到满足，一起遭到挫败。③ 作为读者，你也许会怀疑他所提倡的这个通过教育来改造人性的宏伟计划的成效，但不容置疑的是，如果这个计划奏效（除非发生了一些极不寻常的情况，如不可控制的灾祸等）了，那它必将确保，"理想城邦"中的个体没有哪个会发现，只有当他的重要欲望遭到挫败时，大多数人的重要欲望才能得到满足。④

六 哲人参与统治的动机：正义与自我利益的统一性

如何确保"理想城邦"中包括哲人在内的所有公民在追求自我利益的同时维护正义，这是柏拉图所面临的一个难题；而对该难题的思考自然而然地把我们引向了最后一个问题：对"伦理事实"与"意志"之间的衔接有影响的那些欲望的确切性质究竟是什么？这是下文所要回答的。

---

① 有关"理想城邦"能否实现，是一个比较有争议性的话题。这个问题一般包含两个方面：理论上的可行性和实践上的可实现性。相关探讨，参 Morrison（2007：232）。

② 有关个体目的与集体目的之关系的探讨，参 Nussbaum（2001：163）；Morrison（2001）。

③ 有关哲人王教育计划的探讨，参 Reeve（1988：269）。

④ 十分严苛的道义论者可能不会满足于对个人权利的这种程度的保护，但人们通常认为，这是否值得严重担忧，是有争议的。相关探讨，参 Reeve（1988：269）。

1. "伦理利己主义"与"伦理利他主义"的区分

按照伦理理论分类图谱上的相关坐标,不难发现,一方面存在各种各样的"伦理利己主义"(ethical egoism);另一方面也存在与之一一对应的各式各样的"伦理利他主义"(ethical altruism)。按照强弱划分原则,"伦理利己主义"通常被认为可进一步细分为强、弱两种类型。二者的共同点在于它们都主张"伦理事实"通过对目的的渴望来吸引一个人的意志;二者的不同点在于,(S1)"强伦理利己主义"坚持认为行为者萌发的这些对于"目的"的渴望并不把其他人的欲望之满足作为其自身的主要成分或关键要素,而(W1)"弱伦理利己主义"则认为这些对于"目的"的渴望可以把其他人的欲望之满足作为其自身的主要成分或关键要素。一般来说,人对食物、饮料的渴望就属于一种"强利己型欲望",因为一个人对这些欲望的满足并不把别人的欲望之满足作为其自身的主要成分,至少在大多数情况下,没有人会认为只要其他人吃饱喝足了,他自己就不饿不渴了。然而,在正常情况下,虽然幸福美满的婚姻生活是每个人都想拥有的,但人们对这种婚姻的渴望则属于弱利己型的,因为一个人对该欲望的满足不仅可以,而且尤其愿意把其配偶的欲望之满足作为其自身的主要成分。在幸福美满的婚姻里,配偶双方的欲望在某种程度上是被彼此的欲望的满足所共同满足的(这一原则也同样适用于解释幸福的恋爱关系)。换言之,在这种婚姻中,没有哪个幸福的配偶会否认这一点:幸福美满的婚姻不是一方无限制地推迟自己的欲望之满足,另一方无限制地满足自己的欲望,而是配偶双方各自的欲望得到共同满足所致。

按照同样的原则,"利他主义"也通常被认为可进一步细分为强、弱两种类型。二者的共同点在于,它们都主张"伦理事实"通过对目的的渴望来吸引一个人的意志。二者的不同点在于,(S2)"强利他主义"主张行为者萌发的这些对于"目的"的渴望只把其他人的欲望之满足作为自身的主要成分或关键要素,而(W2)"弱利他主义"则强调行为者萌生的这些对于目的的渴望可以把自己的欲望之满足作为其自身的主要成分或关键要素。上面提到的那种对幸福美满婚姻的渴望则是弱利他型的,因为一个人对该欲望的满足可以把自己的欲望之满足作为其自身的主要成分或关键要素。但假如一个人的欲望是其他人的强利己型欲望必须得到满足,那他的这个欲望就是强利他型的。例如,在战争、饥荒年代,我们常会看到,由于食物和饮料非常匮乏,一些父母为了让孩子活命,甘愿自己挨饿,主动把食物让给孩子(甚至为了能为孩子争取一些口粮,自动把自己贱卖给人贩)。在这类事例中,这些父母的那个希望自己的孩子能够活下来的欲望就可以被说成是强利他型的,因为他们此时的欲望只把自己孩子的欲望之满足作为其自身的主要成分或关键要素。①

以上这种分类看似简略而粗浅,但从中我们至少可以清楚地认识到:(S1)"强利己主义"和(S2)"强利他主义"是相互排斥的,(W1)"弱利己主义"和(W2)"弱利他主义"则可以互相兼容。所以,寄希望于找到一种把利己主义的"自我利益"(或"利己性")与利他主义的"对他人的益处"(或"利他性")有机结合起来并与伦理事实建立密切关系的伦理理论是有可能的。柏拉图不可能没有意识到这种可能性。确切地说,这种可能性正是他的伦理理论所利用的。为了更清楚地看清这一点,下面将围绕"哲人是否应当返回洞穴"这一古老问题展开讨论、说明。

《理想国》不止一次暗示,哲学生活是最好的生活方式,因此倘若让已走出洞穴并看到朗朗乾坤(客观世界的真实面貌和"好之相")的哲人自己选择是否返回洞穴,他们一般是不愿意从光明之处再度下降到昏昏暗暗的政治生活的"洞穴"当中去的,而是希望让"思想"继续停留在类似于"福佑岛"(the island of blessed)的精神

---

① 有关柏拉图哲学中利己主义概念的探讨,参 Kraut(1973:330-344);Irwin(1977:254-280);Cooper(1977:151-157);Reeve(1988:269-270);Roth(1995:1-20)。关于柏拉图利他主义概念的探讨,参 Annas(1977:532-554)。

境界,"如神一般地"(*homoiôsis theô*)沉思真理。① 显然对柏拉图而言,同政治生活相比,哲人们更爱过一种完全脱离政治俗事的哲学式沉思生活。然而,《理想国》另一方面又强调,哲人出于正义的要求必须选择下降到"洞穴"中,不管哲人是否愿意(496c-e,592a,520a-b)。具体而言,在著名的洞穴比喻的结尾,苏格拉底解释道,在了解了洞穴之外的世界之后,哲学家们必须"被迫"回到洞穴,用他们的智慧来造福那些被留在洞穴里的人(520a)。这个比喻的含义是,在接受了完整的哲学教育之后,包括对"好之相"的理解之后,哲学家们在"美好城邦"中不应该被允许将他们的生命完全奉献给沉思的乐趣。相反,他们必须利用自己的智慧来统治这座城邦。②

因此,有些人指出,哲人个人的理想追求与社会要求之间存在一种不可调和的矛盾。照此观点,"美好城邦"是不可能实现的,其主因在于就算城邦培养出一批深具哲学智慧并拥有实权的哲人—统治者们,这些人也不愿意参与政事;他们内心里爱的是智慧(哲学生活),而非权力(政治生活);强迫他们将个人的兴趣点转移,必然违背他们的意愿,削弱他们的幸福。坚持利己主义原则的哲人—统治者必然会坚决抵制城邦的这种要求。③ 关于"哲人是否应当回归洞穴"这个富有争议的问题,需要说明以下几点。

第一,大多数人都认为,哲人是否重返洞穴这一问题引发的混乱局面没有明确的解决方案,除非引入大量文本中没有明确说明的内容,因此解读者提出的任何答案都是推测性的;

第二,很多人承认,从本质上讲,让一个在"美好城邦"中生

---

① 对照 519b7-d7,521b7-10,540b-c;cf. *Theaetetus* 176b, *Timaeus* 90c。
② 相关探讨,参 Morrison(2007:242)。
③ Strauss 和 Rosen 等人认为《理想国》的核心思想是,我们不可能人人都享有正义,因为个人利益(个人好)与共同利益(共同好)之间的冲突是无法解决的。关于二者的观点,参 Rosen(2005:5);学者对二者观点的评论,参 Ferrari(2007:124)。

活的哲学家从沉思转向城邦管理，确实会减少他的幸福。在柏拉图的著作中，幸福不仅取决于一个人的灵魂状态，而且（如在亚里士多德的著作中一样）取决于他的活动；

第三，不难看出，在理想城邦的背景下，如果一个哲学家从自身利益的角度出发，拒绝履行公职，可能比接受它更糟糕。例如，如果正义要求服从，那么犯下的不义甚至比在官僚机构中劳动更糟糕。哲人作为城邦中最正义的人肯定不愿意背负"不义"这样的指责。所以，正义所要求的恰恰是有争议的。要求哲学家牺牲自己是不公正的。

在以上三点中，人们较容易在前两点上达成共识，在第三点上出现分歧。所以我们下面重点来看第三点。为了更清楚地看清这里存在的争议性，我们将引入一个非常著名的阐释路径——施特劳斯派的解释思路。施特劳斯派认为，柏拉图对理想城邦的描述极具反讽意味，他想让我们读者看到，"美好城邦"是不可能的，甚至是一个反乌托邦。[1] 施特劳斯派论点的核心是这样的：对于哲人来说，重新进入洞穴，意味着离开沉思生活，去从事改善非哲学家生活的肮脏工作，而这对哲人是有害的（它减少了他的快乐与幸福）。既然选择对自己更坏的事情是不理智的，哲人知道这一点，哲人就不会回到洞穴里去。这对"美好城邦"意味着哲学统治阶级不会同意履行他们的市政职责。但是没有有效的哲学统治，

---

[1] Strauss 及其追随者其实在这一问题上也存在分歧。例如，Rosen 和 Strauss 在柏拉图打算如何严肃地推荐 Callipolis 的方式这个问题上有分歧。对于 Strauss 来说，柏拉图根本不打算推荐实现 Callipolis 的方式。因为这些方式是有害的结果，不可避免地等待着对"正义"的乌托邦式的刺杀。因此，Strauss 认为道德上应该避免所有这些尝试，应该让哲学家的利益与公众舆论相一致。相比之下，Rosen 理解的柏拉图则认为，哲学家统治社会确实是可取的；柏拉图的《理想国》至少包含那么多关于它的政治宣言。然而，在 Rosen 看来，柏拉图面临的难题是，他想不出有什么办法可以在不涉及有害做法的情况下防止哲人变成一个僭主。关于二者的观点及其分析，参 Rosen (2005: 5); Ferrari (2007: 124). 关于施特劳斯派对柏拉图《理想国》的诠释，参 Klosko (1986: 275 – 293)。

"美好城邦"是不可能的。所以苏格拉底反其道而行之的论证具有反讽意味。①

对于施特劳斯派提出的这种阐释思路,我们可以从两个方面来回应:其一是反讽;其二是哲人的自我利益与城邦的要求之间是否存在难以调和的矛盾。

首先,关于"反讽"这一诠释原则,人们对它有不同的理解。对于相信"古典文献学是一门严谨的科学"的人来说,"反讽"这种文学手法似乎完全削弱了这种信念的基石。可以说,没有任何算法,没有任何古典文献学能够向在字里行间看不见"反讽"的人证明反讽的存在,反之亦然。例如,有些学者如罗韦(Rowe)指出:"无论我们对柏拉图的评价如何低,我们都不能认为他对这样一个反讽性的说法充耳不闻:要想建立一个'幸福'的城邦,'最快、最容易'的方法就是摆脱城邦的大多数的原始居民。"(Rowe, 1999: 268)很多学者如莫里森(Morrison)认为这个建议不含什么反讽意味,也不相信柏拉图这么做了。然而,有些人如罗韦却持有相反的看法。显然,在这一点上,不是罗韦跑偏了,就是莫里森缺乏语言敏感性。但我们无法证明他们中哪一个的看法是对的。不难看出,那些对反对就"柏拉图的某句话是否暗含反讽"展开辩论的学者表现出愤怒甚至轻蔑的学者们正在犯一个低级错误。把柏拉图的乌托邦设想当作反讽的学者(如施特劳斯派),通常也会同意柏拉图的批评者的看法,认为"美好城邦"是不可能的(Strauss, 1964: 127 -

---

① 这里以最著名的施特劳斯派方法为例。按照施特劳斯派的观点,《理想国》的论点告诉我们,城邦只有在哲学家的统治下才能在正义中繁荣。但是苏格拉底告诉我们,哲学家们不想去统治,因为那样会干扰他们作为哲学家的关注,妨碍他们去寻求真理,他们也不会被强迫去统治。因此,结果必然是,社会最多只能由以意见而不是以知识为基础的人统治,而且如果这些人要团结在一起,达到某种接近"正义"的程度,这些意见就必须被赋予某种权威,即我们在《法义》中找到的那种经过改造的神学所提供的权威。对于施特劳斯派方法论的探讨,参 Rowe (2015)。关于柏拉图《理想国》作为一部反讽之作的说法,参 Hyland (1988: 317 – 335); Seery (1988: 229 – 256); Griswold (2002: 84 – 106)。

128)。然而，与传统的柏拉图批评者不同的是，这些诠释者认为柏拉图意识到他的建议是不可能的，甚至是荒谬的，而且柏拉图打算让警觉和聪明的读者看到这一点。因此，柏拉图传达的真正信息是与文本表面信息相反的："美好城邦"是不连贯的，是不可能的。①

其次，对施特劳斯派阐释路径的一个重要回应采取了不同的策略。按照这一观点，与"好之相"有过认知接触的人，出于对"好"（"美德"）的热爱，并受这种爱所驱使，会尽其所能地在这个世界中增加"好"，让"好"洒满人间。不难看出，这一版本的柏拉图哲人王的动机不是心理上的利己主义，而是普遍的仁爱。哲人王是一位"好"的狂热追求者。②

这种解释的合理性基础虽能在文本中可以找到一些蛛丝马迹，但也只是推测性的。有些人如莫里森反对这一解释，认为哲人王们是爱国者：他们的动机首先是对自己的城邦的忠诚，其次才是对所有希腊人的忠诚（Morrison，2007：243）。

毋庸讳言，在柏拉图著作中，利己主义与利他主义的确是一个深刻而又困难的问题。《理想国》中那些被精心挑选出来，又被进一步培养成统治者的那些人，的确从小到大反复被灌输的思想是，无论发生什么，都要死心塌地忠诚于自己的城邦（375c，412e，413c，414d‑e）。因此，莫里森等人的看法就有一定道理：哲人王们既不是利己主义者，也不是深具普世情怀的利他主义者，而是爱国者（Morrison，2007：243‑244）。然而，无论是施特劳斯派的阐释路径，还是普遍仁爱的阐释路径，都似乎要求统治阶级的爱国动机因哲学启蒙而转变——这种视角似乎是站不住脚的。其原因在于，如

---

① 施特劳斯派通常给出各种原因来解释为什么"美好城邦"是不可能的。有些是传统的批评，比如对配偶和子女实行的共产主义与人性是不相容的。这里谈论的"哲人是否应回归洞穴"是他们重点讨论的问题。有关施特劳斯及其追随者在这个问题上的看法，参 Strauss（1964：124‑127）；Strauss（1963）；Bloom（1991：407）。

② 这种阐释，参 Hall（1977：193‑313）；Kraut（1991：519‑521，1992b：311‑337）；Parry（1996a）。

果柏拉图相信哲学家真的像莫里森等人建议的,可以成为真正意义上的爱国者,那么,要求哲学家做出自我牺牲的任何要求,都不会是实现柏拉图"理想城邦"的障碍。

这是否意味着,莫里森等人提供的这种解决方案完美地解决了这个问题?显然不是。这个方案不无启发,但没有进一步解释这是怎样的爱国者。一个爱国者就一定不是一个利己主义者或利他主义者吗?如果爱国者主要受爱国主义所支配,利己主义者主要受利己主义所支配,利他主义者则主要受利他主义所支配,那后两种主义就一定不能与第一种主义相兼容吗?此外,爱国主义在当今显然是一种饱受争议的道德情感。例如,有些人将爱国视为一种不容置疑的美德,而另一些人则把它视为对"权威"的盲目服从、沙文主义和战争的源头。[1] 因此,为了避免引入新的争议,我们不妨换一种思路,看是否存在更好的解决方案。下面我们重点来考察另外两种解决思路。

一种思路是,用《理想国》"519a–521e"这段话表明,与最初的表象相反,柏拉图并没有承诺从"自我利益"(self-interest)的角度对正义进行全面的辩护。按照这种解读,柏拉图认识到,在这种情况下,必须破例。[2]

另一种思路则试图找到一种方式,让统治(从长远来看)最终促进哲学家们的最大好(利益)。[3] 具体而言,这种思路诉诸弱利己主义和弱利他主义的有机结合来化解"哲人回归洞穴而不违背自己的利益"的难题。它的论证思路如下:哲人王的愿望是通过"正

---

[1] 有关爱国主义的探讨,参 Chroust(1954:280–288);Swartz(2004:195–199)。

[2] 这种解读的主要支持者是 White。详细探讨,参 N. P. White(1979:189–196;1986:22–46)。

[3] Reeve(1988:201–203);Kraut(1991:43–62;1999b:236);Beatty(1976:545–575)和 Irwin(1977,1995)等人基本上都采取了这种思路,尽管他们各自的论证方式有所差别。

义"来实现他的意志,就是希望生活在这样一个世界里,这个世界的结构保证他在一生中尽可能多地享受了解真理的快乐。拥有超人之识的哲人王肯定知道自己的真正利益存在于对知识和智慧的不懈探求之中,所以他最希望获得的是认识真理的纯粹快乐——最好快乐。"伦理事实"或"正义"正是通过他的这种欲望来吸引他的意志的。这种欲望,就像赚钱或受人尊敬的快乐所对应的那种通过伦理事实来激发爱财者和荣誉爱好者的意志的欲望一样,是弱利己主义式的。哲人对这种欲望的满足是以满足他人的欲望为基本组成部分的。这就是缘何"美好城邦"中的成员会彼此相爱、同甘共苦。"美好城邦"中每个成员的幸福与其他所有成员的幸福共生相连。每个成员在追求自身幸福的同时也在追求其余所有人的幸福。爱钱财的生产者用他们的产品来换取爱荣誉的护卫者的保护和爱智慧的哲人王的知识,而不是与他们竞争同一种好(462e - 463b)。这种追求虽在价值上存在差异,但本质上融汇互补、并行不悖,奠定了"美好城邦"整个伦理—政治结构的理论基础。考虑到每个人欲望的内在力量,在这个理想体系中,每个人都能在其所受的教育的带领下尽可能地朝着太阳(好)靠近。因此,每个人都将尽其所能地变得完全有德性,并且尽可能地追求并获得真正的幸福。正是这一点使得柏拉图的城邦既是一个伦理理想又是一个审慎理想,既最大限度地正义,又最大限度地幸福。[①] 就此而言,可以得出两点结论:

第一,苏格拉底似乎成功回应了色拉叙马霍斯的一个挑战:正义是他人的好,是一种牺牲自我利益的表现,而这种牺牲只对弱者与愚者有益,因而强者和智者会拒绝为他人做出这样的牺牲。这样,苏格拉底就确立了自己的论点:"美好城邦"必须是一个促进全体公民幸福的伦理—政治共同体(419a - 421a),因而"自我利益"(利

[①] 有些学者如 Ferrari 也认为,Callipolis 是一个幸福的城邦,而且是最幸福的城邦。但他们同时强调,Callipolis 的幸福与个别哲学家所能达到的幸福相比,简直是小巫见大巫,而且这样的人会后悔把这两种幸福联系在一起。详细探讨,参 Ferrari (2003: 315); Ferrari (2007: 126)。

己)与"对他人的益处"(利人)在"美好城邦"中必须保持一致。

第二,因为"美好城邦"既是最正义的又是最幸福的,那它同时也是对格罗康和阿德曼图在《理想国》第二卷中提出的强化版的色拉叙马霍斯式挑战的回应。因为如果最大的正义和最大的幸福合一,那么就幸福而言,值得一个人拥有的显然是正义而不是不义。①

2. 柏拉图式幸福

从以上分析,不难看出,第二种解决思路更为合理,其理由在于它能让我们更清楚地认识到柏拉图在处理"正义"与"自我利益"之间的张力时所做的努力。然而,这种思路也引出了"如何理解《理想国》中的幸福观"这一问题。这个问题的答案显然与《理想国》整本书的构思意图密切相关。下文将从三个方面展开说明。

(一)正义的"好处"是某种快乐吗?

一般认为,《理想国》主要在回答两个问题:第一,什么是正义;第二,正义是否有好处。② 《理想国》最终得出的结论是,正义符合一个人的利益,正义的人将会比不义的人更 eudaimon(幸福),而完全正义的人将比其他任何人(尤其是比完全不义的人)都生活得好。但是,正义的"好处",也就是,eudaimonia(幸福)究竟是什么呢?《理想国》并没有正面回答这个问题。我们只是从别的对话录得知,柏拉图认为"幸福"是"好",是人的终极目标(the ultimate aim)。③ 可是,这个目的是古希腊人通常所说的"hêdonê"(快乐)吗?

部分学者如里夫以《会饮》中一个关于幸福的著名说法为依据,指出柏拉图认为幸福是终极性的,是就哪一种生活值得选择的唯一评判标准。④ 于是,他们接着指出,这个标准可以用"形式"与

---

① 关于"理想城邦"的特征及《理想国》的论证思路的分析,参 Reeve(1988: 270, 2004: xiv - xv); Annas(1981: 321 - 324); Kraut(1992a: 12 - 13)。

② 有关《理想国》核心任务或主要意图的说明,参 N. P. White(1979: 48);另见 N. Pappas(1995: 15)。

③ 这个说法,参 *Symposium* 205a2 - 3, *Philebus* 11d, *Sophist* 230e。

④ 这种常规看法,参 Reeve(1988: 153)。

"内容"两种方式来表述；从形式上讲，真正的幸福对柏拉图而言一定是"稳定的，是对人整个一生的真正利益的最佳满足"。①

然而，在我们看来，即便承认追求幸福对柏拉图而言就等于追求自己的真正利益，这个规定也没有实质性内容，因为我们接下来还得查明什么是人"真正的利益"。里夫等人认为，从内容上讲，这种"利益"便是"快乐"（Reeve，1988：164），而柏拉图式幸福本质上就存在于一种真正的快乐之中，即"学习和认识真理"的快乐之中。因此，根据里夫等人的观点，幸福对柏拉图而言就在于人终其一生稳定地获得尽可能多的这种快乐。② 在当今学术界，一些人可能受现代哲学思维（或经济学思维）的影响，更多地从"快乐作为欲望之满足"的角度来确证这一论点。比如，这里提到的里夫在其名作《哲人王：柏拉图〈理想国〉中的论证》中就对柏拉图式"幸福"作出了这样一种"还原"解释："哲人是由理性欲望支配的。他最希望得到的是学习和认识真理的快乐……因此，他将幸福等同于在一生中稳定地获取尽可能多的学习和认识真理的快乐。"（Reeve，1988：37）

这种解释在我们看来十分可疑，其原因主要集中在以下三点：

第一，从词源上看，形容词 eudaimôn（"幸福"），和其同源形式，如名词性实词 eudaimonia，是由 eu 和名词 daimôn 合成的复合词：eu 是意思有"好"（agathos）的形容词的标准副词，而名词 daimôn 表示对发生在人类身上的东西有影响的神圣的或半人半神的生命存在（或更一般的神圣力量或权力）。因此，作为 eudaimôn，从词源上看，是走运或成功，或者在这些存在生命或力量方面很富足。③ 很显然，柏拉图不会犯这样的低级错误，把表示心情愉快的

---

① 参 Reeve（1988：36，231）；另参 Reeve（2004：xxv）。持类似立场的学者，还有 Gosling & Taylor（1982）和 Rudebusch（1999）。

② Reeve 等人多次强调，对柏拉图（哲人）而言，幸福便是一生中稳定地获得尽可能多的学习和了解真理的快乐。相关探讨，参 Reeve（1988：36）。

③ 关于 eudaimonia 及其变体的词源解释，参 Bobonich（2010：294）。

euphoria 与 *eudaimonia* 混为一谈①，更不会用 *eudaimonia* 及其同源词指"愉悦感"（the feeling of pleasure）②。相反，不少学者如弗雷德（D. Frede）强调，对柏拉图而言，*eudaimonia* 意味着长远意义上的客观幸福的状态：一种充实的人类生活。至于一个 *eudaimôn* 的人的心情是否总是保持愉快，这在柏拉图伦理学（甚至整个古希腊伦理讨论）中并没有受到太多关注，尽管人们一般推测一个 *eudaimôn* 的人应该在人生的大多数情况下都保持心情愉快。③

第二，从学术传统看，很多学者如努斯鲍姆（Nussbaum）指出，把柏拉图式的"幸福"等同于一种满足感或快感的观念，主要是受康德哲学和功利主义哲学的影响，而用这种观念来理解柏拉图的 *eudaimonia* 无疑是误入了歧途。对柏拉图而言，*eudaimonia* 主要是活动（而不单纯是心理状态），主要是指"过一种于人而言的好生活"，或如英美一些学者所建议的"人的茂盛"（human flourishing）。④ 柏拉图（甚至大多数古希腊思想家）会把"幸福"理解成某种本质上活跃的东西，并认为其中一些值得称赞的活动，不只是生产性手段，而实际上是"幸福"的组成部分。尽管有个别希腊思想家可能会把 *eudaimonia* 等同于"快乐状态"。但需要指出的是，包括柏拉图在内的很多古希腊思想家都把快乐想成某种活跃的东西，而不是某种静态的东西。因此，将 *eudaimonia* 等同于快乐的方程式，与功利主义哲学家所指的那种"快乐与幸福之间的等同性"不是同一回事。此外，把 *eudaimonia* 等同于一种快乐状态的观点在希腊传统中不占主流，是一种非传统的、违反直觉的立场。

第三，从内容上看，在《欧西德莫》（*Euthydemus* 278e）和

---

① 关于希腊词 *eudaimonia* 在希腊文化中的用法，参 D. Frede（2010：3）；本书附录 6。

② *eudaimonia* 这个词常常被英译作"happiness"，汉译为"幸福"。有关古今幸福含义的区分，参 Kraut（1992b：332, n. 4）。

③ 有关幸福生活是否令人愉快的思考，参 D. Frede（2010：3）。

④ 如 Nussbaum，参 Nussbaum（2001：6）。

《理想国》（*Republic* 354a）这两篇对话中，柏拉图告诉我们：幸福即是"做得好"（*eu zên*）和"生活得好"（*eu prattein*），而 *eudaimonia* 的反面即 *athliotes*（"悲惨"或"不幸"）。柏拉图的这种看法在一定程度上也影响了亚里士多德的幸福观，因为后者在《尼各马可伦理学》中指出，大多数人会把 *eudaimonia* 等同于"生活得好和做得好"（*Nicomachean Ethics* 1095a 17 – 26）。而就与"幸福"密切相关的"快乐"（*hêdonê*）所对应的希腊文原意而言，学界关于它有两种流行的说法。一种说法是把快乐说成从各种各样的活动中得来的某种东西。按此说法，快乐就是"一种感觉"（a sensation）。另外一种说法则把快乐说成是某个人的快乐。照此说法，快乐就是"一种活动模式"（a mode of activity），即一种以某种方式完成的活动，而不必与某种感觉联系在一起。① 总之，正如鲁德布施（Rudebusch）等人指出的，以某种方式完成的这种活动本身正是被"行为主体"所期待的，而且可以毫不费力地让参与这种活动的人全神贯注于此，甚至让后者不愿意中断这种活动，即便要忍受身体上的痛苦。例如，在奥运赛事中，乒乓球运动员尽管可以尽情地享受比赛带来的乐趣，但由于深受长期高强度的训练所带来的慢性疾病或伤痛的折磨，他们在打球时可能只感觉到痛苦，或者以痛苦为主。但是，即便身体深受伤痛和疲劳所带来的消极影响，很多运动员还是乐此不疲。就上文提及的参与模态快乐的行为主体所具有的一些症状（如期待、专注、不愿中断等）而言，亚里士多德认为模态快乐会让热衷于它们的人具有这些症状的原因在于，这种快乐本质上是"灵魂的无障碍的活动"，可以理解成人对一种于"做得好"（doing well）至关重要的能力的运用。②

基于《申辩》中的一些说法，完全有理由把模态快乐的概念归

---

① 这种区分，参 Rudebusch（1999：5）。
② 这也是 Dent（1984）和 Rudebusch（1999）所坚持的诠释路径。两位学者都主张亚里士多德对于快乐的诠释与苏格拉底在对话录中对于快乐的诠释有相通之处。

于柏拉图。在这篇对话中，苏格拉底曾辩称，无梦的睡眠，一种无感觉的活动，是一种超乎寻常的快乐（40d6）。假若苏格拉底自始至终都坚持一种关于快乐的感官解释，那么，他在《申辩》中在快乐问题上就犯了一个滑稽可笑的低级错误。事实上，在学界有一些坚持感觉主义路线的阐释者如罗奇尼克（Roochnik）确实认为苏格拉底在这里犯了一个愚蠢可笑的错误（Roochnik，1985：214）。但假如柏拉图坚持一种关于快乐的模态解释，那么，苏格拉底的这个论证就有一定道理。对柏拉图而言，无梦的睡眠可以毫不费力地发生，却不令参与它的人感到无聊。人们可以怀着期待的心情，和不愿戒除这种活动的心态来接近它、获得它。这种睡眠是通过减轻烦恼、减轻痛苦，以及提神，从而在生活中扮演有意义的角色。它尽管不是能知觉的事件，但肯定是无障碍的。快乐所具有的这些感觉尽管吸引着我们，让我们流连忘返，但只有关于快乐的一种模态解释才真正抓住了快乐中有价值、有意义的东西。

　　总之，无论从哪个角度看，认为柏拉图同意"某种快乐（尤其是感觉性的）可以成为终极性的，甚至是关于哪一种生活值得选择的唯一的评判标准"的设想，都是很荒谬的。"幸福"在价值上是绝对的、无条件的好，而快乐则是依条件而定的好。快乐的条件性价值，正如学者拉塞尔（D. C. Russell）在其代表作《柏拉图论快乐和好生活》中所言："柏拉图认为快乐是一种有条件的好，它的好依赖于，并且是由，在实践智慧的领导下，快乐在一个有德性的品性身上所呈现的角色所决定的。"（Russell：2005：9）即使柏拉图认为学习和认识真理的活动，是可以给人带来一种极大的快乐（无论是感觉式的或模态型的），但问题是，他是否认为这些活动之所以有价值，就是因为它们给我们带来了极大的快乐之感觉体验呢？进而言之，在《理想国》中，柏拉图在本体论和形而上学上设立的最高的研究对象——"相"——之所以值得我们去了解和学习，是因为这样做是非常令人愉快的呢，还是除了我们对它们的愉悦反应之外，它们因为自身其他别的特征就足以值得我们反复花时间学习、钻研呢？答案很显然是后者。因为这些"相"是卓越的"好"，而我们的精神生活在我们了解、热爱和模仿它们的过程中得到了极大的改善。

(二) 是单纯因快乐而选择正义的吗？

行文至此，有人可能会指出，《理想国》中柏拉图在代表"正义"一方去驳斥"不义"的过程中所给出的三个论证中的第二个和第三个论证诉诸的岂不就是快乐吗？这难道不自相矛盾吗？

在我们看来，事实尽管如此，但并不矛盾。因为这两个论证仅仅是柏拉图第一个论证的补充，而三个论证中只有一个论证直接声称：正义之人比不义之人幸福。因此，准确地来说，是幸福，而不是快乐，才是柏拉图决定过哪一种生活的评判标准。确切地说，快乐在《理想国》的总体方案中的作用不大。[1]

然而，受快乐主义与功利主义思想影响的一些人（如 J. C. B. Gosling、C. C. W. Taylor 和 C. D. C. Reeve）[2] 则拒绝我们所支持的这种解释，而是选择我们所拒绝的那一种思路来作答。他们认为，柏拉图给出的这两个关于正义具有极大快乐的论证是作为分开的证据被陈述出来的，以证明哲人王的生活最好、最正义、最幸福（Reeve，1988：153）。他们的看法显然很难在文本上站住脚。

首先来看他们通常所引的支持他们这种解读的一个文段："那么，这就是我们的一个证明。但是看看第二个，看看你是否认为里面有什么重要的东西。"（Ⅸ 580c9 - d1）这里提到的第一个证据已经得出结论：正义的人是最幸福的。

里夫等反对者则认为所引的这句话是指第二个证据将试图得出

---

[1] 有关快乐在《理想国》中涉及正义的论证中所起的作用的探讨，参 Kraut (1992b：314)。

[2] 比如，J. C. B. Gosling 和 C. C. W. Taylor 在《希腊人论快乐》中就坚持了这样的解释，参 J. C. B. Gosling & C. C. W. Taylor (1982：98 - 101)。他们的解释得到了 C. D. C. Reeve 的赞同，参 C. D. C. Reeve (1988：307 n. 33)。对于这种进路的批评，参 R. Kraut 给 C. D. C. Reeve 的著作写的书评，参 Kraut (1990：492 - 496)。

同样的结论。在他们看来，既然第二个证据认为正义的生活最令人愉快，所以柏拉图假定幸福就存在于某种快乐之中。

可是，我们必须要这么理解这段话吗？细读文本后，我们发现，没有什么要求读者必须这样解读所引的这个文段。我们同样可以认为柏拉图是指这样的意思："这是一个证明正义之人打败不义之人的证据。得出同样结论的证据如下所示。"所以这样来解读，第二个证据就不是在试图表明，正义之人比不义之人幸福，而是（准确地来说），柏拉图是试图借此表明不义之人会遭受额外的损失，即一种不同于第一个论证所展示的损失。事实上，随后的文段也支持我们的这种解读，而里夫等反对者则对这个文段避而不谈。比如，在文本第九卷589b7－c3处，柏拉图发表了类似于"声明"的言论：

> 因此，从每一个角度来看，赞美"正义"的人的说法都是真实的，而赞美"不义"的人的说法都是虚假的。因为不论我们是否考虑快乐或良好的声誉或利益，赞美正义的人道出了真相，而谴责正义的人却没有任何合理的话讲，并对他所谴责的东西没有半点儿知识。①

这段文字清楚地表明，柏拉图把赞扬正义的"利益"（益处）和赞扬它的快乐区别开来，也就是说，这个声明显然把"正义比不义更有益"这个说法与"正义更令人快乐"区分开来了。事实上，当柏拉图在《理想国》44467－445a4处问正义是否比不义更有利（lusitelei）时，他实际上是在问正义的人是否更幸福。此刻，"利益"（ophelia）是一个柏拉图用来与第二卷中的"幸福"交换使用的词。所以，当第九卷提醒人们注意利益与快乐之间的区别时，这是在指出，在这三个论证中，只有第一个才处理了第二卷中提出的问题。这意味着，第九卷中关于快乐的两个论证，并不是针对正义

---

① 类似的文段，参581e7－582a2，588a7－10。

或不义是否更有利的问题而提出的。

因此，要想理解《理想国》的重要主题，我们必须把注意力聚焦于第一个论证。回顾一下我们开头提到的这种关于"柏拉图式幸福"的一般看法：对柏拉图而言，幸福从形式上讲，就是"稳定地对人整个一生的真正利益的最佳满足"。里夫等反对者可能认为柏拉图的第一个论证使用了这种形式上的幸福概念：它试图说明，正义之人要比其他人更充分地满足自己真正的利益。但按照柏拉图的观点，什么是一个人真正的利益呢？里夫等反对者的回答往往是，该利益就存在于满足"完全理性的，且意识到所有相关事实"的人所具有的欲望之中（Reeve，1988：155）。照此观点，要想做到完全理性，一个人就必须经过一系列理想上的深思熟虑——他在这种考虑中都意识到相关的事实，清楚地思考，并摆脱了受到扭曲的影响（Reeve，1988：168）。作为哲人之训练的一部分，理性地思考，正是哲人被一直要求做的事。因此，他们要比其他任何人更能认清自己的真正利益，更幸福。

然而，这引出了另外一个认识论上的问题。在经历了一系列理想上的深思熟虑之后，我们如何知道我们想要什么？或许，我们会发现我们最想要的是某种权力、荣誉、物质财富和生理快感的混合。我们不能简单地假定，大众不假思索地去追求的"好"肯定不会是那些见多识广、不受"扭曲影响"的人所青睐的"好"。在此，里夫等反对者可能诉诸的解释是，柏拉图假定只有灵魂状态达到和谐的人才成功地满足了自己的真正利益，他通过做出这样的合理假设，从而避开了我们的反驳。按照他们的逻辑，既然一个人真正的利益不可能是拥有受到挫败的欲望，那么，当人的欲望不可避免地彼此发生冲突时，他们必须保持失意的状态；哲学家拥有正确的欲望，因为他们以这样的方式训练了灵魂的三个部分，即通过确保拥有和谐的灵魂融合的方式。他们的欲望的内容必须是正确的，因为他们内心中的各种欲望就是被如此美妙地组装在一起的。

诚然，我们都偏爱灵魂上的和谐胜于冲突（挫败）。但是，当前重要的阐释问题在于，柏拉图是否让这些灵魂状态承担他第一个论证所承担的那么重的负担。柏拉图可能会说，促使哲学家的生活比其他人的生活好的因素就在于前者免受内心冲突的影响吗？我们之所以去研究几何学及其相关学科，是因为我们由此获得了内心平静，因而缺少智识生活的人就含有一定程度上的灵魂痛苦？我们的质疑点就在于，柏拉图把幸福等同于快乐的第二个论证和第三个论证，是否像反对者们所认为的那样，导致产生了一个涉及不得不分析他第一个论证的相关问题。柏拉图肯定认为对"相"的研究，是一种值得进行的活动，更何况它还可以导致内心的平静。此外，里夫等反对者们通常认为柏拉图心中坚持这样一个至关重要的假设：只有哲学家才可以避免不可克服的灵魂冲突，这也是十分可疑的。可以肯定，对哲学无知，但有适度欲望的人也可以在没有极大的内心冲突的情况下得到满足。谁没有遇到过这样的人？事实上，正如克劳特（Kraut）等一些学者观察到的，克法洛斯在柏拉图看来可能是一位已经获得内心平静的人，不管这种内心平静是如何达到的（Kraut，1990：496）。[①]

里夫等反对者们可能会反驳说，这样的人虽然已经获得了幸福的形式（和谐的欲望），但没有获得幸福的内容（哲学研究的快乐）。柏拉图真的会让这种幸福概念这样彼此脱节吗？我们对此深表怀疑。因为，如果欲望彼此之间形式上的关系本身（即它们和平共存）可以确立其内容的正确性，那么，柏拉图岂不会被迫说，因年老体衰（外力）而达到清心寡欲的克法洛斯就同因"美德"（内力）而达到心灵宁静的哲人一样幸福吗？这岂不很荒唐吗？

既然柏拉图认为我们不是因为正义能带来快乐而选择正义，而是正义本身的价值便足以让一个人选择正义，那么，柏拉图所言及的幸福（人的真正利益）究竟指什么呢？我们认为它是灵魂处于某种状态。于柏拉图而言，道德（正义）行为和真正的幸福由一个单

[①] 对于克法洛斯这个人物形象的正面评价，参 Reeve（1988：6–7）。

独的源头流出,即灵魂处于某种状态。这种状态被柏拉图想象成一种平衡或和谐,而灵魂一旦处于这种状态,就会自动产生正义的行为;因为拥有这种状态是令人愉快的,所以一个人的灵魂若是处于这种状态,就会是幸福的。① 有人可能会反驳说,这不等同于说,柏拉图认为"令人愉快"等于"幸福"吗?显然不是。

(三) 柏拉图式幸福作为功能的实现

回到开头的问题:幸福存在于什么中?从《会饮》中可知,依柏拉图之见,幸福在于拥有好东西,而这点在他看来无须证明(Symposium 204e–205a)。在《理想国》中,他则通过增加传统的"好物"(goods)清单来为哲学生活(完善的正义生活)辩护。换言之,"令人愉快"或"愉悦"只是正义生活可有可无的外在附带物,而不是出于正义自身不可或缺的内在构成。

有人可能会问,柏拉图究竟认为幸福在哪里呢?答曰:它就在于功能的实现之中。如前所述,在《理想国》中,幸福便是一个人真正的利益,正如克劳特所言"对柏拉图来说,寻求自己的幸福只是为了寻求自己的利益,因此,要想发现幸福是什么,就必须决定一个人真正的兴趣(利益)所在。"(Kraut, 1992: 332, n. 4) 与"苏格拉底"不同,柏拉图并不认为美德仅仅是实现幸福的一种工具;恰恰相反,他始终坚持,美德是幸福的主要成分。②

在《理想国》中,柏拉图预设,一个人功能的实现足以确保他的幸福,至少打败了色拉叙马霍斯的"功能"论证是这样认为的(352d–354a)。这意味着,幸福和履行职责之间存在密切的联系,一个人的幸福是在履行自己的职责中找到的。③ 功能论证指出,每个

---

① 有关灵魂状态与幸福的关系的讨论,参 Pappas (1995: 35)。
② 这里的"苏格拉底"尤其是指《高尔吉亚》和《克里同》中的苏格拉底;这里的"柏拉图"是指《理想国》第二到第十卷中的苏格拉底。有关苏格拉底与柏拉图在美德与正义问题上的异同点的分析,参 Irwin (1995: 345)。
③ 柏拉图的这种幸福观念后来被亚里士多德所吸收,相关讨论,参 Nicomachean Ethics (X, 6, 尤其是 1176b24–27)。现代学者们的讨论,参 Mohr (1987: 141)。

物体、动物和人都有特定的 *ergon*（功能或工作）。① 如果灵魂能很好地发挥它的功能，它就能做得很好。既然灵魂（*psyche*）的 *ergon* 是活着，而它的美德就是那些使它能活得好或幸福的状态，所以对于一个活着（有灵魂）的东西来说，"做得好"意味着"生活得好"，而"生活得好"则等于"生活得幸福"（cf. *Crito* 48b4 - 10）。② 诚然，在证明正义的优越性问题上，苏格拉底对色拉叙马霍斯的反驳有种种缺陷③，但必须指出，柏拉图在《理想国》中并没有将"功能论证"废除。相反，"功能论证"是由"一人一职"的原则所肯定的，这是柏拉图理想城邦的基础。但是，把每个人的活动都限制在一种工作中似乎相当不人道，即使这种限制可能是最经济和最有效的。④ 这些特点足以使我们对柏拉图笔下的理想生活感到不快，更不用说这里还没有探讨的某些其他特点了，例如为上层阶级设想的公共生活，以及出于优生学理由而操纵的通过抽签分配性伴侣的生育制度。

由此可见，柏拉图在描述理想城邦中的幸福生活时并没有把"令人愉快"作为一个衡量它是否幸福的条件；他显然并不关心所有能使他的城邦"宜居"的条件。相反，他更关心的是，如何保证每个人的功能在这样的城邦得以实现，这样他们便可以幸福。然而，一些采用分析哲学路径的解读者往往将柏拉图对于幸福的理解狭义地限定在某种欲望之满足上，尤其是对于渴望真理、智慧的满足上，而这对他们而言便是"柏拉图式幸福存在于某种快乐之中"这个命题的前提条件。而我们的研究表明，将幸福欲望化（幸福＝欲望之满足），乃是

---

① 有关"功能论证"理论在《理想国》中的意义的解释，参 Keyt（2006：343）；D. Frede（2013）《克里同》对于"活得好"的看法，参 Irwin（1995：45）。

② 亚里士多德后来显然继承了这种对于幸福的理解，参余纪元（2011）。

③ 如 Annas（1981）和 Reeve（1988）。此外，很多阐释者都认为苏格拉底对色拉叙马霍斯的反驳（尤其是他的"功能论证"）有些不足之处，分别参 Annas（1981：50）；Reeve（1988：23）。

④ 有些人（如 Taylor）认为《理想国》中的这种家长制统治理论是一种人道主义作风，这是本书所不赞成的，参 C. C. W. Taylor（1999：284）。

对柏拉图式幸福所包含的"功能实现"原则的最粗暴、最严重的误读。采取这种理解的阐释者们对何为柏拉图式幸福这个问题的解答都存在着误读和偏差。而正是由于这样的误读和偏差，他们不仅错失了《理想国》中幸福作为功能的实现的思想，也通过被误解的《理想国》中的幸福思想，进一步掩盖了柏拉图对于幸福的真正理解。

综上，我们是在《理想国》中正义之思的启发下形成关于柏拉图式幸福作为功能实现的想法的。我们发现，如果人们希望自己通过阅读文本获得柏拉图的幸福观，那么，他们就应该确立新的理解途径，从而清醒地意识到，柏拉图认为人的幸福既不存在于外在因素如财富、权力、名誉等之中，也不取决于神恩、运气或快乐，幸福主要源自美德（尤其是正义），而后者则是在一个人功能的实现中找到的。这样，一个人只要依然是好人，就不受厄运之影响。拥有这些美德，就是要对一个独特的题材有知识上的掌握——只有通过对美德的成功探究，才能获得这种精通；如果一个人把这些问题抛诸脑后，生活就不值得过下去。当然，对美德的训练，并非一个纯粹的知识问题，而是既包括对理性的正确使用，也包括对情感和欲望的适当教育。在这个意义上，柏拉图式幸福恰恰隐藏在人们对自身的功能的充分性的运用与实现中，隐藏在有序、合理、正义的生活方式和权衡各种选择的哲学方法中。这种幸福并不在于获取尽可能多的某种快乐之中，无须我们处心积虑地同"欲望"做抗争，也无须我们投入到对"抽象哲学"的纯粹思考之中，只要我们返回自身，认清并实现自己的功能和使命，它就会在这种通过实现"功能"的活动而使灵魂处于某种和谐的状态中呈现出来。①

七 哲人式的爱：对色拉叙马霍斯伦理信念强有力的回击

毋庸置疑，我们这里介绍的最后一种解释相比其他解释有更多

---

① 关于柏拉图式幸福的探讨，参 Mohr（1987：131 - 145）；Lodge（1926：225 - 239）；Morrison（2001：1 - 24）。

的优点，它一方面避免了关于写作技巧（如"反讽"）、语词概念（如爱国者）和"何为例外"等所引发的争议，另一方面也更契合热衷于乌托邦探讨、充满理想主义幻想的解读者的口味。更为重要的是，这种解释貌似完美地处理了哲人—统治者的私心与他们对其他成员的关爱之间的裂缝，同时阐明了柏拉图式幸福的真谛。然而，我们不应满足于这种解释，因为它可能会把哲人—统治者置于一个尴尬境地：哲人—统治者并不是出于普遍仁爱之要求，为了其同胞们的利益才爱他们每个人的。有不少人就指出，这种解释貌似十分完美，实则蕴藏着深深的危机：哲人王对其同胞们的"幸福"的兴趣是通过他本人的利己心和他对"好"的热爱为媒介的，这一事实表明他并非真正为了他们本身的利益而爱他们中的任何人。①

首先，从文本角度看，《理想国》中有很多证据表明，哲人—统治者参与城邦管理的动机并非是出于对其同胞本身的爱或利益的关心，而是最先出于保护自己的利益不受伤害。诸如，在第一卷中，在论述统治者的报酬时，苏格拉底与格罗康展开了一番意味深长的对话：

格罗康：苏格拉底啊，你这样说是什么意思？头两种薪酬我都熟悉，但不懂你说的"惩罚"是指什么？你怎么称它也是一种薪酬呢？

苏格拉底：看来，你不明白最优秀的人所得的那种薪酬，即那种说服最适合统治的人在他们愿意统治时所得的报酬。你难道不晓得，爱名贪钱被视为一种耻辱，而且事实上也的确可耻吗？

格罗康：怎么不晓得！

苏格拉底：因此，这就是好人为何不肯为金钱为荣名来统治的缘故。他们要是因为"统治"公然要求报酬，就会被称为

---

① 有关这种阐释本身存在的不足之处的分析，参 Reeve（1988：270）。

佣工，要是暗中把报酬视为自己统治的收益，就会被称作小偷。此外，他们也不会为了荣名去统治的，因为他们并非〈野心勃勃的〉爱名者。因此，若使他们即将愿意统治，那就必须给他们施加某种强制或惩罚。这可能就是那些在还没有受到强迫之前，就自愿想要统治的人被视为可耻的缘故吧。如果有人不愿自己亲自统治，那么，最大的惩罚则是受治于比他坏的人。我想，当好人确实统治时，他们是因为怕这个，才去统治的。好人参与统治，不像是去做好事，也不像是去在其中寻欢作乐，而是像把它看成是某种无可避免的事，因为他们无法把"统治"交付给任何比自己好或同自己一样好的人。假如产生一个"好人城"，那其中的公民们会争着抢着不去统治，就像现在他们争先恐后想要去统治一样。到那儿会看得一清二楚：真正的统治者天生追求的不是他自己的利益，而是被统治者的利益。所以，有识之士宁可受人之惠，也不愿烦劳助人。(*Republic* Ⅰ 347c3 – d7)

苏格拉底这里讲的"好人"显然就是指后面几卷中论述的哲人—统治者，而这里谈论的"好人城"则被普遍视为随后几卷中所论述的"美好城邦"的雏形（Kahn, 1993：138；Sedley, 2007：272）。如果这种常规看法是正确的，那么，苏格拉底的这番言辞就意在强调：哲人参与政治统治的动机从根本上讲是为了让自己免受最大惩罚，而非在于对其他人利益的保护。这意味着，柏拉图在此希望展示哲人的这种远离政治纷争、与哲学为友的出世心境。

其次，柏拉图的这种利己主义式的爱，早在《会饮》中就一览无遗地暴露在读者面前。在《会饮》中，一个名叫狄奥提玛的来自曼蒂娜（Mantinea）的女人向苏格拉底解释道，爱欲（eros）起初指向个人的肉体之美，但随着行为者在爱的阶梯上不断攀爬（让爱的脚步不断前行），这种专注于形体之美的爱开始指向人的理智和品性方面值得赞美的特征。爱欲得到了充分发展之后，便会指向"美之相",即那种既完全令人心驰神往的东西,又是所有值得钦佩之物的根源。正是对这种抽象之美的欲求引起了我们在生理和心理上的繁殖与孕育。因此,最初被理解为一个人对"美"(*kalon*)的强烈欲望的 eros,实际上显现了对其自身幸福的普遍欲望(*Symposium* 204e1 - 205d9, 210a - 212b)。学者们经常撰文对柏拉图认可的这番言论表达赞美之情(Irwin, 2007:110)。然而,学界内部并非所有人都对柏拉图式爱持赞许态度。比如,知名古典学家弗拉斯托斯冷峻地指出:第一,柏拉图的这种说法实际上暗含了这样一种观点,即单个人并不是因为其本身而值得被爱。进而言之,对柏拉图而言,哲学家应该把美的身体和灵魂用作沉思所有美物之源——"美之相"——的阶梯;人们选择爱他人的动机,只是在于让自己接近"美之相",因此爱在一个人的"自我完善"之事中仅仅扮演着工具性的角色。第二,(在弗拉斯托斯看来)柏拉图同样没有在《会饮》中论证:我们攀爬爱的阶梯会丰富和改善我们的家人和我们所熟悉的人的生活。对柏拉图而言,完美之爱似乎是指向完美"相界"的,它主要是对爱者(施爱之人),而不是对被爱者(被爱之人)有益。言而总之,在弗拉斯托斯看来,柏拉图爱欲理论的根本缺陷在于,它所提供的爱的对象是由最优的品质构成的抽象个体,而非该个体的一切,——这乃是一种非常狭隘的自私的爱(Vlastos, 1971a:3 - 42, 1981:31)。[1]

再次,如果把这种批评运用到《理想国》上,我们便会发现,《理想国》也表达了类似的观点:一个人所感受到的对于另外一个人的爱与其自身的幸福紧密地捆绑在一起(412d2 - 7)。[2] 如果《理想国》的确认同《会饮》中的这条原则[3],那我们甚至可以提出一个

---

[1] 一些人基于《会饮》的研究而对 Vlastos 提出的批评做了相关反驳,参 F. C. White (1989); Sheffield (2008: xxv - xxvi, 2009: 252); Brost (2008: 71)。

[2] 有关这种捆绑关系的说明,参 Vlastos (1977: 29 - 30); Reeve (1988: 205)。

[3] 关于《会饮》中苏格拉底与女祭司的交谈内容是否应该被视为柏拉图爱欲理论的核心思想的争论,参 Lesher & Sheffield (2006)。

非常极端的假设：哲人的这种对于他人的无私之爱背后潜藏着极大的自私；他是一个乔装成利他主义者的精于算计的利己主义者；他真正爱的是自己，而非其他人。如果这个假设成立，那么人们通常所坚持的"哲人是一位有着强大的道德自律感、关怀弱势群体的使命感和承担社会责任的救世主"或"哲人是一个大公无私的利他主义者"等这些主张的合理性就受到了挑战。这个假设成立与否，显然与我们对于爱（尤其是柏拉图式爱）的本性的理解密不可分。

因此，当前的问题是：《理想国》中的哲人—统治者是否应当被视为理想的人格典范？我们是否应当把"人际的爱"（interpersonal love）或友爱视为人生最珍贵的东西之一？色拉叙马霍斯等愤世嫉俗者①可能会指出"友爱"不值得珍视，现实中的人性都自私自利，现实中人与人之间的关系不过是相互利用而已，因而所谓的亲情、爱情和友情都是假的；人与人之间的"情"无非是利益罢了，即便存在，也不值得完全依赖。② 柏拉图会认同这些看法吗？《理想国》所描述的哲人对于爱的理解也是这样吗？要想回答这些问题，就需要探究爱的本性和价值，从而明白"怎样才算真爱一个人"。③

---

① 色拉叙马霍斯通常被认为是这样的愤世嫉俗者，因为他总是说，没有理由为了正义行事而放弃利益，而有充足的理由不放弃任何利益。相关讨论，参 Foot（2002：158 – 159）。

② 在《理想国》中，柏拉图为了塑造其心中的理想人格——"哲人王"形象——不惜使用一些看似夸张的说法。例如在谈到哲人时，柏拉图总喜欢用"最正义者""最幸福者""最有智慧者"这样的最高级称谓（580b – c）。这些称呼无不表明哲人王的人格才是他心之所爱。柏拉图对这个理想人格典范的探索，是在辩证法的帮助下，通过假定"相"、论证其合理性展开的。相关探讨，参 Morrison（2007：237 – 238）；Reeve（1988：158）。

③ "柏拉图式爱"一直是学者们争相讨论的话题。我们这里所论述的这四种关于爱之模式的构想，主要基于以下这些学者出色的研究成果，如 Harlow（1958）；Kosman（1976：53 – 69）；Irwin（1977：268 – 274）；Levy（1979）；Singer（1984）；Reeve（1988：270 – 272，2006：294 – 307）；Reeve（2005）；Price（1989）；Osborne（1994）；Ferrari（1992）；Irwin（1995：298 – 316）；Vlastos（1981a）；Schindler（2007：199 – 220）；Giannopoulou（2008：486 – 488）。

1. 第一种爱的模式：对适合于他人之"好"的欲求

鉴于亚里士多德关于友爱的讨论最负盛名，我们关于友爱的探究不妨从他的相关评论开始。关于友爱，亚里士多德认为它包含"对人友善"（为了对方的利益而希望他得到好）或"爱"——这是互惠的，而且双方都知道这一点。亚里士多德认为某些事情值得去爱，即可爱的。这些事可以分为三类：好的、令人愉快的和有用的（*Nicomachean Ethics* 1155b）。与这三个对象相对应的是三种友爱。为了快乐和实用而建立的友爱并不包含对他人的善意。如此完善（或完美）的友爱只存在于有美德的人之间，他们彼此喜爱，因为每个人本身——也就是说，有美德的人因为他们的性格而彼此相爱。另外两种友爱之所以如此重要，只是因为它们与完善的友爱有相似之处，即良善的人们彼此之间既愉快又有用。友爱包括善意。善意只存在于良善的人之间的友爱中。亚里士多德认为，在功利和享乐的友爱中，人们似乎对自己怀有善意，而不是对彼此怀有善意。亚里士多德式的友爱涉及人们之间的相互喜欢（cf. Crisp, 2000：xxx - xxxii）。照亚里士多德的这种观点，爱一个人就是希望他好。如果采纳这种观点，把它作为我们关于爱的描述，那哲人王就爱他的同胞们。因为他强烈地想为他们谋幸福，就像他强烈地想为自己谋幸福一样。

然而，应当采纳亚里士多德提供的这种关于爱的解释模式吗？康德主义者可能会对此不以为然，认为无论谁作为"爱者"（*erastes*，即爱的实施者），都要尊重他之"所爱之人"（*pais*，即爱的承受者）的"自主性"（autonomy），这既是爱恋关系中的要求和必要条件，也是一种广泛共享的信念。① 爱一个人并不是简单地为他谋幸

---

① 柏拉图哲学中的 *eros* 概念范围极广，它既可以指"sexual desire"（性欲），也可以指一般意义上的"love"（爱）。关于这个概念的解释，参 Ferrari（2006：269, n. 1）；本书尤指后一层意义，因为哲人王与其同胞的关系犹如《会饮》中所谈论的爱者与被爱者的关系（210b）。关于希腊时期各种爱的解释，参 Brost（2008：67 - 68）。

福。爱者所谋的幸福必须是被爱方所构想的幸福。但即便按照这种准康德式的关于爱的解释模式，哲人王也深爱着他的同胞们。因为哲人王为其同胞们所谋求的幸福，不是他本人所期待得到的幸福，而是其同胞们所构想的幸福。他想让爱钱者成功地获得赚钱的快乐，而不是让他们获得享受嘉奖或认识真理的快乐。

由此可见，爱一个人可能远非仅仅在于将自己所设想的"好"强加于对方。或许，被爱之人对自己的"好"的依恋与爱慕必须独立于"爱者"对他自己的"好"的依恋与爱慕。爱一个人，就是想方设法让对方拥有对方所构想的"好"，不管这是否提升了"爱者"自己的"好"，正所谓"爱一个人就是要对他好，满足恋人各方面的需求"。爱者们必须愿意为他们所爱的人有所付出，甚至牺牲一切。如果采纳这种关于爱的解释模式，哲人王们就不爱他们的同胞们。因为哲人王们的爱，严格说来是一种利己主义式的爱，是以自我为中心的爱。他们为其同胞们的幸福着想，是因为这种幸福以某种方式被捆绑在他们自己的"好"上了。然而，这种模式，也是我们不应该接受的。因为按照这种模式，恋爱中重要的是，"爱者"想要得到他之所爱之人的"好"。但如果是这样的话，要求爱不应该沦为利己型（自我为中心型）的东西的唯一理由就是"利己主义"（egoism）可能与想要得到所爱之人的这种"好"的渴望相冲突。然而，如果我们有办法保证这种冲突不会发生（诸如在"美好城邦"内，这种情况可能就不会出现），那就有充分理由希望"爱"沦为利己型的，因为这将保证，爱者对他之所爱之人的"好"的奉献、忠诚和热爱程度，与他对于自己的"好"的奉献、忠诚和热爱一样强烈。然而，这种设想明显与《理想国》中苏格拉底关于不同类型的人的爱的描述不符（585a8–587b9）。

2. 第二种爱的模式：对被爱之人的目的的增进

或许，我们之前迈出的第一步已误入歧途。换言之，我们把注意力集中在"好"上是犯了根本性的错误。恋爱中至关重要的东西可能是增进被爱之人的目的的这种无私（或相对无私）的欲望，不管被爱之人实现这种目的是否事实上会对他有好处。爱一个人，就是希望对方拥有他所想要的，即使获得这种东西会对他有害无益。爱不仅需要信任、包容和理解，还包括尊重所爱之人的"自发性自由"（liberty of spontaneity）①。有时爱者的这种尊重会纵容所爱之人的任何选择。这种关于爱的解释模式表面上很合理，但本质上也存在着严重缺陷。如果我们把它作为一种"自爱模式"（model of self-love），其中的一些缺陷就会暴露出来。因为行为者如果不加限制地放任自己的欲望，对自己的欲望始终持一种不加批判的态度，这肯定是"自爱"中的一个缺陷。这个判断同样也适用于对他人的爱：行为者如果对自己所爱之人的欲望始终持一种不加批判的态度，这肯定也是"他爱"中的一个缺陷。有人可能会认为，使得我们无视这个事实，把我们的注意力吸引到这个模式身上的原因在于我们坚持这样的信念：尊重一个人的自发性自由的替代选择就是强迫他顺从或屈从于自己的自发性自由。但是，这个信念可能是虚假的，因为柏拉图在《理想国》中暗示，通过证据、论证、教育以及强制，可以改变和修正人的欲望的对象（Reeve，1988：272）。事实上，《理想国》中爱者（哲人—统治者）的作用正是设法通过这些手段来促使他所爱之人的欲望的对象发生好转：

  苏格拉底：也很明白，制定法律作为城邦中所有人的盟友，其意图就在这里。我们管教儿童，直到我们已经在他们身上确立了如同城邦中的宪法管理时，才放他们自由。换句话说，直到我们已经靠我们自己灵魂里的最好部分帮助，在他们内心里

---

  ① 休谟和洛克在讨论自由意志时区分了两种自由："自发性的自由"（Liberty of Spontaneity）和"漠不关心的自由"（Liberty of Indifference）。前者是我们选择做某事的自由，它与强制性的约束或无能形成对比。后者是一个令人怀疑的概念，它意味着没有因果关系或必要性，但却有希望与责任相结合。有关这两种自由概念的介绍，参 Blackburn（2005）；Bunnin & Jiyuan Yu（2008：656）。Reeve 等一些学者这里基本上认可"自发性的自由"这种自由概念的解释，参 Reeve（1988：271）。

培养出了最好部分来，并使之成为儿童灵魂的似于我们自己的护卫者和统治者从而取代我们的位置时，我们才让他们自由。

格罗康：是的，显然是这样的。（Ⅸ 590e1－591a3）

3. 第三种爱的模式：对已经存在的价值的一种响应

到目前为止，我们还尚未找到一个看似合理的爱的模式来为这个反驳提供担保：哲人王们并不关爱他们的同胞们。可是，有些人可能仍在怀疑：哲人王们并不关爱他们的同胞们。因此，接下来势必需要进一步考虑爱的本性。同样，亚里士多德在友爱的分类问题上提供的一个著名说法或许有助于澄清这个问题：

> 友爱被分为上面这些类型；坏人会因为快乐或效用而成为朋友，他们彼此在这方面相像，但好人则会因其自身之故，即因为他们的良善而成为朋友。因此，这些是不带有任何限定条件的朋友；其他人是以偶然的方式、通过与这些人相似而成为朋友的。（*Nicomachean Ethics* 1157b1－4）

按照这种关于爱的解释模式，爱一个人，并不是希望他拥有他所想要的或"好"，而要去重视他、珍爱他，因为他已经很好了。这种模式的核心观念是，爱就是一种对已经存在的价值的响应。然而，与前几种模式相比，这个模式也好不到哪里去。如果爱是一种对某人身上的"好"的响应，那么，只要行为者的利己主义不与这种响应相冲突，那我们就有充分的理由断定这种响应也是一种利己主义式的响应。如果它的确可以成为一种利己主义式的响应，那我们就有充分的理由认为，哲人王们把这种响应展示给了他们的同胞们。

4. 第四种爱的模式：对价值的一种赋予

然而，爱或许并不是一种对已经存在的价值的响应，而是对价值的一种赋予。按照这种解释模式，爱一个人，就好像因对方所具有的一切特质而把对方本人视为有价值或好的对象一样。所谓"爱一个人，就是爱他的全部，而不是只爱他的优点"。"好"并不决定他的价值。相反，实际情况更像是他决定了"好"的内容。这种解释模式看似费解，但至少抓住了对理解"爱"来说必不可少的两个想法：

（1）爱包括为了对方的利益而关心或重视对方；
（2）爱本质上包含"爱者"所承担的风险。

关爱一个人就好像他是"好"一样，这显然就是在为对方本身的利益或幸福而关爱对方。但这种被当成"好"对待的东西可能根本不是"好"。或者它一开始是好的，但不久就变质了（如对方品性变坏等）。如果不排除这种可能，爱一个人显然蕴含着巨大的风险。

如果这种模式正是我们所苦苦觅求的模式，也是哲人王们所采纳的模式，那哲人王肯定一门心思专注于自己的事情，忽略那些不重要的事情，即全身心地投入到哲学研究及对"相"的沉思中去，而不爱任何人。他要是以利己的方式顾念着、爱慕着自己的"好"，就绝不会让自己以这样的方式轻易受到另外一个人的伤害，也绝不会把自己的幸福随便托付给他者，更绝不会悍然将自己的幸福置于危险境地。如果事情真的是这样，哲人王们就为了获得自己的"好"而不相信任何人。这意味着，对他们而言，完美的生活将是由理性的利己主义式的计算所统治的自足生活，而不是受出于对美的东西（如个人的美或抽象的美）的热爱所激发的诗意生活。[①] 在我们这些重视人与人之间的良好感情的生物看来，这或许是他们身上的一个缺陷。但在说这是一个缺陷时，我们一定要格外小心。因为正如柏拉图式爱的辩护者们通常所告诫的那样，要表明这是一种缺陷，我

---

① 有些学者如 Irwin（1995）赋予柏拉图或其笔下的哲人王一个理性、有序、超然的愿景。他们认为，柏拉图所设想的完美生活应该是由理性的自我利益考量所主宰，而不是由对"美"的爱所主宰。对于这种观点的批评，参 Osborne（1999：134）。按照我们这里提供的这种关于"爱"的分析模式，《理想国》中哲人王的形象很可能就如 Irwin 等人所描述的那样。

们还需要对"爱"展开辩护甚至捍卫,而不仅仅只是分析它。更为重要的是,我们需要表明有能力去爱为何是一件好事,而不是一种心理上的负担(灾难)或情感消耗。有些人可能认为我们的"直觉"能够独立证实我们的"爱"的价值(Reeve,1988:272),这其实未能充分认真对待"直觉的负面作用":当我们依赖错误的思考路径思考问题时,"直觉"往往是错的,而且还会误导我们,经常把我们置于困境当中。就《理想国》而言,如果我们太相信"直觉",那就意味着,我们未能认真对待色拉叙马霍斯或柏拉图的说法。概言之,我们在哲人王身上看到的那个对我们关于"爱"的直觉构成威胁的挑战,是我们无法仅仅通过诉诸"直觉"来回应的。

以上提出的各种关于爱的解释模式只是我们结合亚里士多德发表的一些关于"友爱"的评论而进行思考的产物,因此它们绝不能被等同于关于"爱"的详尽无遗、准确无误的描述,也不能被简单地归结为"柏拉图式的爱欲理论"。事实上,有些人认为柏拉图本人并没有写下一个关于爱的专门理论。比如,费拉里(G. R. F. Ferrari)就指出:

> 柏拉图没有关于爱的一个综合性理论。相反,他把某些公认的关于爱的意见挪用到他自己独特的哲学目的上。他没有兴趣告诉我们,和一个柏拉图式的爱者生活在一起会是什么样子。(Ferrari,1992:248)

尽管如此,柏拉图无疑对于爱的本性十分着迷,否则就不会在好多篇对话录中(如《会饮》《斐德若》和《理想国》)讨论爱了。他对爱的持久关注很容易让人产生这样的怀疑:他可能有一个关于爱的本性的理论(Reeve,2006ab)。不管柏拉图是否有一个关于爱的理论,我们读者都希望从他的对话录中找到一种关于爱的综合理解,尽管这必然是一项异常艰巨的任务。

然而,就文中关注的"哲人王们是否爱他们的同胞"这一问题而言，前面已经提到的弗拉斯托斯及后来的努斯鲍姆（Nussbaum, 2001：Chapters 6 & 7）等学者都从不同层面对柏拉图关于爱的设想提出了诸多批评意见。他们基本上把批评的矛头对准了柏拉图式爱之观念的冷酷无情。如果我们把眼光放大到柏拉图整体作品的宏大背景，寻求柏拉图爱欲思想的发展轨迹，就会发现这种批评，与批评者们忽视柏拉图晚期思想中关于人性的思考有着紧密联系。换言之，这种批评的支持者们忽略了柏拉图晚期对话如《菲丽布》中关于人性状态的讨论，他们几乎没有注意到我们激情承诺的本性，也没有看到《菲丽布》在修正与爱密切相关的快乐观时带来的重大进步。把快乐作为恢复身心平衡的这种"新治疗"和讨论关乎我们情感的健康性问题并没有展示出一种对于我们作为人类而认定的对人不可或缺的东西的不尊重。柏拉图仍然是一位追求完美的哲人。他的这种追求构成了他一生依恋苏格拉底的基础，所以他不会否认爱和快乐使我们人类这个种群具有人性。他开始认识到，为什么不能也不应该根除爱和快乐，而应该培育它们。这正是经由《理想国》提出而最终被《菲丽布》所确证的内容。我们的匮乏状态恰恰是让我们具有人性的东西，也是使我们太具有人性的东西。它是我们有朽状况的必要组成成分。①

概言之，柏拉图坚信，人性状态的匮乏这一特征决定了我们不能根除"爱"这种欲望。有能力去爱是人性使然。这种能力并非绝对的好事，也不必然是一种心理上的负担。对柏拉图而言，我们的幸福从根本上说并不取决于我们在行动的过程中在多大程度上不受"爱"这种欲望的影响，而是取决于我们如何正确地培育这种欲望并将它引向真正持久、稳定和美的东西。就本书关注的主题而言，如果柏拉图式伦理学的基本问题确如柏拉图在不同对话录中所暗示的，就是"我们应当如何生活"（cf. Republic 352d, Gorgias 500c），而且它是指"一个人怎样才能获得客观的、从自己的利益出发的、最有

---

① 有关晚期对话录中关于人性匮乏状况的探讨，参 Frede（1992：456）。

价值的生活"(*Republic* 344e),而不是指"道德上最好的生活方式是什么"①,那么,就如《理想国》所教导我们的,建立并凝聚一个互信、互助、互爱的城邦—社会,才是获得这种生活最有效的方法。在柏拉图看来,人的美德在智慧而正义的人群当中就好像葡萄树得到了阳光雨露的滋养一样,繁茂成长,直抵那清澈的蓝天。② 色拉叙马霍斯所提倡的"弱肉强食"(单纯地相互竞争、攀比与尔虞我诈)的伦理原则不是,也不应当成为人类社会的生存法则;"理想城邦"归根结底是一个其成员互为兄弟姐妹的充满爱的大家庭(其中没有哪个成员会因为财富、出身或性别等传统特权而深受青睐;没有哪个成员的幸福会被忽视,也不允许任何人漠不关心他人的幸福;共同体中的每个成员都过着一种在某种程度上客观有价值的生活),而不是一个推崇相互钩心斗角与利益争夺的斗争哲学的丛林之园。柏拉图的愿景激励我们去爱完美的、美好的、美丽的东西,去追求非物质的真理而不是物质性的好东西,并以正确的理由去追求合乎德性的生活。这一愿景还包括对概念清晰性和理性论证的深切尊重,正是由于这个原因,"苏格拉底"经常为对话中概述的立场提供一些系统的论证。我们必须首先理解柏拉图《理想国》中的总体方案,然后才能解释其中包含的论点,从而形成对这种世界观的令人信服的辩护。③

行文至此,我们可能会更为清楚地认识到,用现代术语来给柏拉图《理想国》的伦理理论进行归类并非一件容易的事。其难度主要在于以下三个方面:④

第一,一部现代伦理学著作将涉及义务、职责、责任和权利。这些概念在柏拉图《理想国》中确实有类似的对应物,但柏拉图主

---

① 有关柏拉图伦理学的基本问题的规定,参 Taylor(1998:49)。
② 有关人的美德与葡萄树之间的这个类比,参 Bury(1965);相关寓意解读,参 Nussbaum(2001:1, xxii)。
③ 关于柏拉图愿景及其整体构想的说明,参 Osborne(1999:133)。
④ 有关用现代伦理术语归类柏拉图理论的难度的分析,参 Hobbs(2000:xii)。

要关心的是人类的美好生活问题。对柏拉图这样的希腊哲学家来说，核心的伦理问题不是"道德上我应该做什么或不应该做什么"，而是"*eudaimonia* 是什么"。① 换言之，由于对柏拉图而言"好"是最重要、最卓越的伦理概念，所以他在《理想国》中主要不是在提出一个简单的伦理理论（如关乎"义务"的理论）。

第二，柏拉图的伦理学是幸福论式（eudaimonist）的。所以，很多学者用幸福论框架来解释柏拉图的伦理学。在解释柏拉图伦理学时，幸福论框架下的阐释的典型运作方式是，我们要知道什么是最高之好，什么是最高目标，即什么是 *eudaimonia*？接下来需要做的是确定 *eudaimonia* 的内容究竟是什么。例如，它是一种状态还是一种活动？它是完全由美德组成的，还是由外在好物组成的，或者二者兼而有之？然而，柏拉图在有些时候似乎又认为，美德是最高的目的和目标，是伦理学压倒一切的关注焦点。柏拉图关于美德与幸福以及最高好（最终目的）之间的关系的模糊论述②，一方面使得我们觉得他的理论与现代的伦理理论颇有相似之处，另一方面又使我们觉得他的理论与现代理论在关注点上有根本的不同。举例来说，虽然他的理论类似于某种类型的围绕"整体好"（the overall good）这一中心展开设计的功利主义理论，但它在其他方面仍然与该学说的现代形式有相当大的偏差，这归根结底在于他对"好"的理解与现代人对"好"的理解有着根本的分歧，导致双方在交流中出现种种隔阂。

第三，人们通常认为，在如何认识"好"问题上，《理想国》中阐述的"道德认识论"（moral epistemology）观点使人不清楚柏拉图的伦理理论是否与"道德直觉主义"（moral intuitionism）有本质

---

① 后来的亚里士多德显然继承了柏拉图的这种伦理观念，参 Crisp（1999：110）。

② 以"幸福论框架"来解释柏拉图的伦理学是否唯一的路径或最佳路径，是一个有争议的问题，这在于柏拉图有时把美德作为一个人行为的最高目标，并将美德视为决定哪些行为表现或类型是有美德的东西，相关讨论，参 Vasiliou（2008：282）。

的联系。① 有些人如麦凯（J. Mackie）相信柏拉图式"相"只有通过神秘的能力才能理解比如所谓的"道德直觉"（J. Mackie，1977：38），因为像柏拉图这样的"道德客观主义者"必须求助于"一种特殊的直觉"作为这种实践洞察力的最终来源（J. Mackie，1977：39）。很显然，在麦凯等人看来，一个人对道德客观主义的承诺必然使他致力于推荐一种"道德直觉"的能力。然而，有些人如根茨勒（Gentzler）则指出，麦凯等人误解了柏拉图，柏拉图并非一个直觉论者。根茨勒等人一方面强调柏拉图的形而上学实际上并没有使他陷入直觉主义的认识论（Gentzler，2005：471）；另一方面认为道德直觉主义与柏拉图在很多对话（尤其是《菲多》）中所提倡和应用的"假设型"的探究方法是对立的（Gentzler，2005：495，n. 14）。我们在这里更支持后一种观点。不难看出，道德客观主义者受到直觉主义的诱惑，便"弃械投降"，倾向于直觉主义，因为在他们看来似乎很难以"直觉主义"之外的方式解释我们如何从数学、几何、天文学、和声等科学，甚至生物学、社会学或心理学中获得的信息中推断出我们对"好"的本性的看法。毕竟，正如许多现代道德哲学家仍然坚持的那样，似乎不可能从"是"中推断出"应当"②。事实上，麦凯等人认为正是客观道德属性作为神奇的激励因素的奇妙性，使得它们除了被一种神秘的直觉能力理解外，不可能被任何一种能力所理解（Mackie，1977：38 – 42）。③ 许多当代直觉论者已经

---

① 有些人如 N. White 称柏拉图的理论为"准功利主义"（quasiutilitarianism），并指出它与"直觉主义"的关系并不明朗，参 N. White（1979：57）。

② 虽然 G. E. Moore 关于这个结论的"开放性问题"的论证通常被认为是建立在有问题的语义上的，但由于价值观的行动指导性质，"一般直觉"的力量似乎仍然很强大。相关探讨，参 Darwall, Gibbard & Railton（1992：15 – 16）；Gentzler（2005：493，n. 31）。

③ 事实上，Mackie 把"道德直觉主义"归因于柏拉图并不是一个特例。在当代学术讨论中，直觉主义通常被人们（如 Darwall, Gibbard & Railton，1992：187）称为"柏拉图式的伦理直觉主义"。此外，许多谨慎的柏拉图学者认为，在《理想国》中，柏拉图主张"好之相"是被直接理解或凭直觉知道的。相关概述，参 Gentzler（2005：493，n. 1）。

从对"道德属性"的客观主义的承诺转向了他们的直觉主义。① 如果价值的领域确实是独一无二、自成一体、不能认识的,那么无论一个人理解了多少其他种类的事实,他将都无法理解"好"的本性,除非他直接地去理解它。然而,如果柏拉图的观点是正确的,即所有人类天生都有追求"好"的动机(505e),那么他就不需要把任何神奇的力量归于"好"本身,来解释"好"对人类的规范性力量。如果我们同意柏拉图的"好是统一的"这一看法,那么"好"就不是独一无二、自成一体、不能认识的,我们对"好"的认识,就像我们对其他非感知的"属性"的认识一样,是通过形成"假设"和分析它们的含义的过程而获得的。总之,柏拉图在《理想国》中提倡并使用的方法,即作为获取道德知识的手段,与对道德直觉主义的承诺,是格格不入的(Gentzler,2005:474)。②

尽管如此,基于以上梳理及分析,一方面不难看出,用现代的归类措辞与标准去描述一个遥远的哲学理论是何其困难;另一方面也不难认识到,柏拉图有一个伦理理论,而且这个理论无论相比现代伦理理论还是色拉叙马霍斯的都在某些重要方面具有很大的优越性与广阔的研究前景。通过展示柏拉图伦理理论的核心思想,我们可以清楚地看出,柏拉图成功向"心怀好意、理智上诚实、对探究正义的价值着迷不已的人(如格罗康和阿德曼图,或研究正义的学者)","因相信正义是一种欺骗(谎言),它本身对正义之人没有任何好处而拒斥正义的人(如色拉叙马霍斯这样的职业智术师)","因相信正义能给自己带来良好的声誉而对它有一些考虑,但从未厘清它在与其他好(尤其是他们所追求的物质性、社会性的好)的对比排名中究竟应处于何种位置的人(如克法洛斯和玻勒马霍斯父子)",以及"认为正义确实是一种好东西,但同时又认为人们获得

---

① 有关当代直觉主义的现状的介绍,参 Dancy(1991:415-417)。

② Gentzler 坚信柏拉图并非直觉论者,并对"直觉主义"的阐释路径提出了正确而深刻的批评,参 Gentzler(2005:490)。

它仅仅是为了获得别的好东西,即它本身没有内在价值的人(如大多数普通人)"等四种人①证明,一个人一旦正确认识了正义与幸福各自的本性,就会明白二者是一致的,并且会认为正义因其本身是宇宙中最有价值、人生最值得追求和拥有的东西。

---

① 有关这四类人正义价值观的详细分析,参 Yunis(2007:6)。

结　　语

毋庸置疑，无论何国何人，大都会承认"爱己"或"自爱"是一件应当的事。

这便是保存自我生命的要义，也是延续个体生命甚至族群血脉的根基。因此回归到城邦管理之事上，要求觉醒的哲人完全是义务性的、利他的、自我牺牲的，这着实是一件不易之事。同理，理想城邦中觉醒的哲人，为了能使城邦的当权者解放被统治者，须一面清结旧账——报答城邦的养育之恩，一面开辟新路——探索关于"好之相"的奥秘，这更是一件极困苦而艰难的事，尽管它同时是一件极伟大的要紧之事。但从另一个角度而言，只有在一个受真正有智慧的统治者管理的社会中，时刻坚持正义的人（当然包括哲人自身）才总是最终的受益者，而不是受损失者。而在制度不怎么完善的社会中，个体之好与社会整体之好之间则不可避免地存在某种悖论。

在哲学讨论中，总是有太多类似的事情要说，这种情况就像处于热恋中的青年恋人，总有说不完的话题，以致结论往往不在应在的位置上。柏拉图的整个理论都颇具争议，充满需要进一步反思和批评的重要靶标，这已是公认事实。作为他的整个理论的一个分支，他的伦理理论自然也具备这样的特征。然而，这个特征是值得拥护的，也恐怕是大多值得谈论的哲学理论所共有的。柏拉图用各种方法（诸如通过动摇我们对那些公认的教理的信任、提出被当代思想文化所忽视的问题，以及向我们详细地展示哲学如何可能成为最好的思维模式、生活指南、生活方式等）给我们指出大有希望变革的方向。

当然，在变革中追求完美的柏拉图从没有以任何形式宣称自己是哲学真理的唯一智囊，也没有把自己所创办的学园视为唯一的智库，更没有指望包括他在内的任何人能获得完满的智慧。他对哲学问题所采取的开放性态度表明，人作为人没有能力拥有智慧，而只能不懈怠地追求智慧，对边界性问题进行穷根究底的追问。这正是"哲学"一词所对应的希腊文"*philo-sophia*"（对智慧的爱与探求）的本质内涵。毋庸置疑，柏拉图的整个理论都是在这种探求智慧的精神的驱动下发展起来的，所以他的理论几乎在每一个点上都充满争议，甚至在某些情况下存在错误，是不足为奇的。

就《理想国》以及我们重点研究的第一卷而言，它之所以成为一部绝无仅有的伟大杰作，主要原因在于柏拉图不信任眼前的直觉，并坚持认为我们需要一种把形而上学、认知科学、伦理学、政治学、心理学、美学等学科集合成一个具有统一完备的智识结构的理论。透过这样一个理论，柏拉图告诫我们，对他人的好与对自己的好并非必然冲突，"权力决定正当性"不是，也不应当成为一个良好的世界秩序的基础原则；理想的或正义的城邦不应该是色拉叙马霍斯所描述的那种由统治者为了维护自己的利益并对抗被统治者的利益而经营的剥削机器，而是致力于最好地服务于每个人（尤其是欠缺统治技艺的被统治者或弱者）的真正利益的有机体。对柏拉图而言，所谓正义，它不是一种缺乏唯一性与一致性的外在行为规则，而是一种和谐关系，是与内在灵魂状态密切相关的、指向稳定的性格倾向的美德——既是人灵魂的一种美德（灵魂秩序），也应是城邦的一种美德（政制秩序）。当然人的正义是根基性的，它是城邦之正义的原型。作为美德，正义是幸福的首要构成要素，因而正义的人并不仅因正义而幸福，而是比其他任何人（尤其是不义之人）都更幸福，这是柏拉图用《理想国》其余九卷内容对第一卷中的"正义的人幸福"这一充分性论点作出的进一步阐释。没有美德这个"1",其余被通常认为是"好"(如身体上的健硕、美貌、金钱、权力、荣誉等)的"0"再多也没有意义。就正义(或道德)行为的性质而言,在柏拉图看来,哪怕在最普遍意义上说,它也是弱利他行为,是受不仅要促进自身利益而且要促进他人利益的欲望所驱使的行为。

当然我们不能肯定柏拉图的一切。生活在社会中的每一个个体都受个体活动范围及其认识水平的限制;无人能彻底走出自己的时代。凡是作为社会人,他都活在历史中,他的见识与思考都受他所处的时代所限,柏拉图也不例外。随着时代的发展与历史的不断推进,柏拉图思想中的一些局限性也愈渐凸显。比如他过分地强调国家对于公民私人生活的干预,过分地推行严格的社会阶层划分,过分地看轻民主制的积极意义,过分地推重理论研究而轻视实践生产经验,过分地申说"好"的单体化而斥责"好"的多元性,等等。但是我们对他的批评是有一定前提和限度的。这个前提在于,我们需要对其作品进行比较充分的研读,并能够合理地甄别出哪些说法才能真正反映他的见解。这个限度在于,我们需要认识到柏拉图是人而非神,他不可避免地受其经历和所处时代的影响,因而他在解释事物时必然带有自己的前见。对于他的思想,无论是盲目地提出批评还是过度地赞美,都是他最不希望看到的。他用对话录的形式进行哲学创作,肯定不是为了让我们原封不动地接受他所写的一切,而是希望我们真正参与到所讨论的问题中来,一起为"走出困境"出谋划策,让"哲学"的光和热照亮并温暖更多爱智之人。

总之,《理想国》,尤其是第一卷,是一部值得一生反复阅读的经典之作。我们决不能以高人一等的态度对待它,更不应该仅仅因为它未能符合现代智慧提出的涉及"好"的多元性、价值多元化的社会和法律、司法、国家的中立性等假设而以漫不经心的态度把它弃置一旁。可以说,对柏拉图《理想国》第一卷的研究于人于己都是一项未竟的事业。于人而言,它包含了我们今天仍然在孜孜不倦地讨论并发掘的重要伦理争议和道德资源，我们显然需要继续用批判与理解的态度去阅读它；于己而言，对它的思考已经自然而然地成为笔者自己日常生活的一部分，这正在深刻地影响着笔者的生活并不断地被这生活所充实。

附录1 《理想国》第一卷译文及注释

一 参照的希腊文版本、译本及注释本

按出版时间顺序排列；带 * 标志的为重点参考文本

A. 希腊文本及注释本：

[1] *J. Adam, ed., *The Republic of Plato*, edited, with critical notes, commentary, and appendices. 2 vols. Cambridge：Cambridge University Press, 1902.

[2] *D. J. Allen, ed., *Plato：Republic*, Hoboken：Wiley-Blackwell, 1944.

[3] *J. Burnet, ed., *Respublica*, *Platonis Opera* Volume Ⅳ, Oxford：Oxford University Press, 1978.

[4] *S. R. Slings, ed., *Platonis Rempublicam*, Oxford：Oxford Classical Texts, 2003.

B. 英译本及注释本：

[1] G. Burges, *Plato：The Republic, Timaeus and Critias*, New and literal version. London：H. G. Bohn, 1854.

[2] A. D. Lindsay, *Plato：The Republic*, London：J. M. Dent, 1906.

［3］B. Jowett, *Plato: The Republic*, Oxford: Oxford University Press, (1871) 1921.

［4］*P. Shorey, *Plato: Republic*, edited, translated, with notes and an introduction. 2 vols. Loeb, Cambridge, MA: Harvard University Press, 1935 – 1937.

［5］F. M. Cornford, *Plato: The Republic of Plato*, New York: Oxford University Press, 1945.

［6］G. M. A. Grube, *Plato's Republic*, Indianapolis: Hackett, 1974.

［7］R. Larson, *Plato: The Republic*, Wheeling: Harlan Davidson. 1979.

［8］R. W. Sterling, & W. C. Scott, *Plato: Republic*, London: W. W. Norton & Company, 1985.

［9］*A. Bloom, *The Republic of Plato*, translated, with notes and an interpretive essay. New York: Basic Books, (1968) 1991.

［10］*G. M. A. Grube, trans. *Plato: The Republic*, revised by C. D. C. Reeve, Indianapolis: Hackett, 1992.

［11］*R. Waterfield, *Plato's Republic*, Trans. Waterfield. Oxford: Oxford World's Classics, 1993.

［12］*G. R. F. Ferrari (ed.), *Plato: The Republic* (Translated by Tom Griffith), Cambridge: Cambridge University Press, 2000.

［13］*C. D. C. Reeve, trans., *Plato: The Republic*, Indianapolis: Hackett, 2004.

［14］*R. E. Allen, trans., *Plato: The Republic*, New Haven: Yale University Press, 2006.

［15］*J. Sachs, *Plato: Republic*, Bemidji: Focus Publishing, 2006.

［16］C. Rowe, *Plato: The Republic*, London and New York: Penguin Classics, 2012.

[17] * C. J. Emlyn-Jones, & W. Preddy, eds., *Republic*, Vol. 1. Massachusetts: Harvard University Press, 2013.

C. 柏拉图全集

[1] *The Collected Dialogues of Plato: Including the Letters*, E. Hamilton & C. Huntington (eds.), New York: Pantheon Books, 1961.

[2] *Plato: Complete Works*, J. M. Cooper & D. S. Hutchinson (eds.), Indianapolis: Hackett, 1997.

D. 中译本

[1] 柏拉图：《理想国》，郭斌和、张竹明译，商务印书馆1986年版。

[2]《柏拉图对话集》（《理想国》卷一译文），王太庆译，商务印书馆2004年版。

[3] 柏拉图：《理想国》，顾寿观译，吴天岳修订与注释，岳麓书社2010年版。

[4]《柏拉图及其思想》（《理想国》卷一译文），严群译，商务印书馆2010年版。

[5] 柏拉图：《理想国》，王扬注译，华夏出版社2012年版。

[6]《理想国篇》，徐学庸注译，安徽人民出版社2013年版。

二 《理想国》第一卷内容概要

（一）简约版

苏格拉底一天受邀到已经上了年纪的克法洛斯家中做客。主客见面后相谈甚欢。他们之间的交谈主要围绕"何为正义"这一主题展开。克法洛斯暗示，他所认为的正义就是指讲真话和偿还所欠的债。听到这番回答,苏格拉底颇有争辩兴头,因而针对这一说法提出很尖锐的反驳和质疑。克法洛斯忙于献祭,故没有多余时间回应苏格拉底的质问,而是把讨论任务交给了他的大儿子兼继承人玻勒马霍斯。作为继任者,玻勒马霍斯在接手了整个讨论之后就正义的本性提出了一系列貌似新颖的看法(如正义就是"助友害敌"等),苏格拉底毫不客气地对此进行了一一反驳。苏格拉底的反驳过于有力,欠缺论辩经验的玻勒马霍斯由此丧失了争辩的斗志,并向苏格拉底屈膝投降,这促使在一旁静听的智者色拉叙马霍斯忍不住闯入讨论,并提出所谓正义就是指强者的利益(此正义其实是人们通常所谓的不义)。色拉叙马霍斯与苏格拉底之间的讨论将第一卷关于正义的谈话推向高潮,并引发了另一个重要问题的争论:对行为者而言,究竟行正义好,还是行不义好?色拉叙马霍斯认为人生显然是一场竞赛,其中越不义的人越容易成功,那些最不仁义的人可以通过成为僭主从而获得最大幸福。苏格拉底则主张一个人要想真正幸福,就应当反其道而行之。双方关于这个话题的争论异常激烈,这致使讨论并没有按照既定的探究顺序展开。苏格拉底在第一卷结尾处对此疏忽作了自我检讨,并挑明他们实际上需要首先确立的是:正义究竟是什么?其次才能回答正义是否比不义更好——因为如果连什么是正义都不知道,那他们如何向他人解释正义究竟是不是一种美德,以及正义是否使人幸福呢?

(二)详细版

1. **327a**:刚参加完雅典城外比雷埃夫斯港的一个宗教节日庆典,苏格拉底与格罗康打算返回家中。然而,在回家的路上,他俩偶遇了蛮横无理的玻勒马霍斯及其率领的一大帮来自比雷埃夫斯港的年轻人。在这些人的威逼利诱之下,他二人被迫滞留在比雷埃夫斯,并随同玻勒马霍斯一块儿来到他年迈的父亲克法洛斯家中。《理想国》的主要谈话场景就这样被巧妙设置在这户富贵人家的家里

(328b)。

2. **328c**：苏格拉底与克法洛斯久别重逢，一见面就老年的负担（328e）和财富的益处（329e）展开了亲切友好的交谈。克法洛斯首先声称，尽管财富有助于缓解这些负担，但决定人们生活方式的关键因素是他们的品性和习惯，而非年龄。其次，他还声称，财富非常重要，因为它减少了人们因贫穷而被诱惑去做不义之事的可能性，由此也减轻了人们对于死后会发生什么的恐惧。这番对答引入了正义话题的讨论（正义问题的讨论是后面九卷的重中之重，并以第十卷来世生活的神话告终）（331c）。克法洛斯最后声称，正义就在于讲真话和偿还所欠的债（尽管这个定义是苏格拉底从克法洛斯的一番人生感悟中精心提炼出来的）。

3. **331d**：阅历丰富的克法洛斯本可以当面回应苏格拉底对他的正义定义提出的质疑，但这种机会不幸被寡智不敏的玻勒马霍斯的插话打破了。此时新一轮的献祭即将开始，克法洛斯借机将讨论任务交给了玻勒马霍斯，而他自己则急着去料理他所认为的重要之事，忙着向诸神献祭去了。苏格拉底与玻勒马霍斯之间的讨论得出了另外一个关于正义的定义：正义是关乎给予人们恰如其分的东西：给予朋友好东西，给予敌人坏东西（332c）。这个定义不仅没有终结正义问题的探讨，反倒牵引出一系列新问题。比如，这种给予究竟在什么情况下施行才合适（332d）？正义的人岂不也最擅长行不义吗（333e）？此外，谁是我们的朋友，谁是我们的敌人（334c）？虐待敌人真的正义吗（335b）？……玻勒马霍斯随后被这些接踵而来的一系列新问题搞得头昏脑涨，不仅被迫丢弃了很多他以前信以为真的关于正义的观点，而且在苏格拉底的一番循循善诱之下背叛了原来的信仰，站到苏格拉底的立场来攻击原来的一方。

4. **336b**：一方面看到苏格拉底在论辩中屡占上风，另一方面见玻勒马霍斯亦步亦趋地追随苏格拉底，智者色拉叙马霍斯一忍再忍，但最终还是控制不住自己的愤怒，为真理和正义大声疾呼。

作为一名不可一世的职业教师,他对苏格拉底的厌恶夹杂着一种把对方视为竞争对手的情绪。他一登场就要求苏格拉底就正义的本性给出正面解释,但在苏格拉底的几番诱导(揶揄、奉承和戏谑)之下,他便忍不住吐露了自己关于正义的真实想法。他关于正义的定义是:正义就是对强者有好处的东西(338c)。他对此定义进行了两次辩护(338d – 341a,343a – 344c),但苏格拉底仍觉得这个定义不够清楚。首先,这个定义是否意味着:所谓的利益即为强者所认为的无论什么好东西吗(339b)?玻勒马霍斯和克勒托丰自告奋勇地承担起了澄清色拉叙马霍斯正义说法的任务(340a)。色拉叙马霍斯坚持认为强者就他是强者而言是不会犯错的(340)。苏格拉底对"技艺"的目的进行了鞭辟入里的分析,指出:技艺的目的在于为它所处理的对象谋取好处,而不是为它的实施者谋求好处(341c)。色拉叙马霍斯对此做出了一个常识性反驳:牧羊人的目的并非在于为他们的羊群谋求好处(343b)。苏格拉底卓有成效地区分了牧羊人对于其羊群的关切以及牧羊人对于谋生的关切(345c)。苏格拉底义正词严地提出,最好的统治者是不情愿统治的(347a)。他依次提供了三条论证来支持"正义生活优胜于不义生活":(Ⅰ)正义的人是明智而又良善的,不义之人则是无知而又邪恶的(349b);(Ⅱ)不义造成内心不和谐,并阻止有效行动(351b);(Ⅲ)正义之人相比不义之人过着更为幸福的生活(352d)。在第一卷结尾处,色拉叙马霍斯虽然被迫在一些次要的原则问题上作出让步,但什么是正义以及正义是否比不义于己更有益,却仍是有待深入探究的问题(354b)。①

---

① 关于《理想国》第一卷内容概要的总结,参 Ferrari & Griffith (2000:ⅹⅲ); Reeve (2004:ⅩⅩⅩ); Rowe (2006:12)。

三 序曲（327a – 328b）

1. 苏格拉底与玻勒马霍斯的偶然相遇

苏格拉底开始讲述①：[**327A**]②〔昨天我跟阿里斯顿的儿子格罗康一块儿下降到了比雷埃夫斯③，去向女神④祈祷。同时我也想看看当地居民⑤是如何操办这个节日的，因为他们是第一次举

---

① 《理想国》完全是叙述性的。它没有提到苏格拉底故事的接受者。唯一确定的是，这篇对话中唯一的说话者是苏格拉底。他以讲故事的形式介绍一个发生在雅典城外的谈话。相关解读，参 Tarrant（1955：85）。

② 正文翻译中的编码，参 Sachs（2006）。

③ 这个地方是雅典的一个港口。它距离主城区有一段距离。有些学者如 Voegelin（2000：106 – 107）认为从雅典城到比雷埃夫斯大约 5 英里（8.04672 千米）。有些人如 Emlyn-Jones & William（2013：3，n. 4）则认为它们之间的距离是 9 千米。苏格拉底与格罗康究竟走了多少路，或许只有柏拉图知道。苏格拉底这里遗漏了冠词，是有点不寻常的。对此，一种通行的解释是，它暗示了一个去"彼岸之地"（the Land Beyond）（即死者待的地方或至少是阴影待的处所）的旅程。它是一个港口，与商业密不可分。作为一个海滨城市，居住在这个地方的人员背景十分多样。这里的文化也颇具多样性。关于这个地名的详解，参 Brann（2011：56，n.1）。

④ 对雅典人而言，雅典娜才是他们的女神，所以这个女神肯定不是指雅典娜。结合苏格拉底在第一卷末尾的暗示（354a10 – 11），"该女神"（τῇ θεός, hê theos，the goddess）很可能是指色雷斯的月亮女神本迪斯（Bendis）。由文中的信息可见，有关祂的祭礼刚刚被引入到比雷埃夫斯港。相关介绍，参 Allen（1944：78）；Pappas（2003：14）；Reeve（2004：1，n. 1）；McPherran（2008：84 – 103）；Nails（1998：383 – 396）；Planeaux（2000：165 – 192）；Waterfield（1993：380）。关于本迪斯神的介绍及其在雅典人心目中的地位和影响力的整体论述，参 Pache（2001：3 – 11）。

⑤ Ἐπιχώριοι（epikhórioi）：当地人，当地居民，本地人或土著居民（Reeve & Sachs：local residents/Bloom：native inhabitants/Rowe：locals/Emlyn-Jones：local people）。Shorey 把它译为"citizens"可能会缩小这个词的外延，因为这里的居民不仅包括雅典公民，还可能包括侨居雅典的客籍民（如克法洛斯家族）以及享有其他政治身份的人群。类似的，Griffith 把它译作"Athenians"（雅典人）也欠妥。

办这个节日。① 我原以为本地居民的游行队伍②很美③，但在我看来，色雷斯人的表演④却毫不逊色。[**327b**] 我们做完祷告，观看了游行队伍之后，就准备动身回城里去。⑤ 当我们赶着回家的时候，克法洛斯的儿子玻勒马霍斯远远地看见⑥了我们，就吩咐⑦他

---

① 这里说的"第一次"具体指哪一年？换言之，这个事件具体发生在哪一年？对此，学者们莫衷一是。有人说这个时间是难以确定的，也有人认为可以确定。如果知道这个时间，我们也就能依此推算出《理想国》的戏剧日期。但目前并没有十分可靠的证据说明这个日期具体是哪一年。学界比较通行的看法是，这个日期大概介于公元前431—前411年之间。有关《理想国》戏剧日期争论的概述，参 Nails（1998：383 - 396）；Ferrari & Griffith（2000：1，n. 3）；参本书第一章第二节第一小标题。

② πομπή：游行、游行队伍、列队、赛会（Griffith & Sachs：parade/Reeve，Allen，Bloom，Emlyn-Jones & Rowe：procession）。关于这个词的详解，参 Allen（1944：79）。此外，关于古希腊节庆、游行赛会及其起源、内容、目的及举办方式的介绍，参 Connor（1987：40 - 50）。

③ καλός 的意义十分丰富，常汉译为"美的""高贵的""美好的""极好的""了不起的""光彩壮丽""出色的""壮美的""光彩炫目""美本身"或"美的东西"，英文常解释为"beautiful, fine, splendid, splendorous, good, noble, better, best, well, right, excellent, more fully, form of beautiful itself, many beautiful things, the beautiful, the beautiful itself"（Griffith：excellent/Bloom：fine/Allen, Reeve & Sachs：beautiful/Emlyn-Jones：quite excellent）。这个词通常被认为有双重意义（美学上的和道德上的）。就道德意义而言，它常被译为"高尚"。笔者这里选用了"美"这个字进行翻译，一方面因为《理想国》开头的这个希腊文词引入了一个包含道德价值和美学价值双重价值的统一价值概念；另一方面因为按照《汉语大词典》中的解释，"美"在汉语中既有美学层面的含义，也有道德层面的含义，而且常泛指优良品德。希腊观念中的"美"与中文的"美"在理解上有相通之处。有关这个希腊文词的详解，参 G. R. Lear（2006：105）；Nussbaum（2001：178，7，164 - 199）。

④ πομπή：演出、游行、节目（Reeve：show）。

⑤ To astu（town）：城镇，市镇或市内商业区。它是指受防御墙所包围的中心地带。它与 polis 相对，因为后者是指包括港口在内的整个雅典城邦。有关 to astu 这个词的相关解释，参 Emlyn-Jones &William（2013：3，n. 4）；Allen（1944：79）。

⑥ Κατεῖδον：观察到或注意到（observing, noticing）（Reeve：to see/Sachs & Griffith：to spot/Allen&Emlyn-Jones：to catch sight of）。有关这个词的解释，参 Allen（1944：79）。

⑦ Κελεύω（keleúō）：派遣、命令或打发（Reeve&Allen：to tell/Bloom, Emlyn-Jones&Sachs：to order/Griffith：to get）。小奴童转述时也用了同样的措辞。一般认为玻勒马霍斯颐指气使、旁若无人的主人派头被这个词展现得淋漓尽致。

的奴童①跑来,让我们等候他。那男孩从后面抓住②我的斗篷③。〕

奴童：玻勒马霍斯想让您二位等一下。

〔我转过身来问他主人④在哪儿。〕

奴童：他就在你们后面。请等他一下。

格罗康：好的,我们会等他的。

〔[**327c**] 不久之后,玻勒马霍斯追上了我们。同他一起来的有格罗康的兄弟阿德曼图,尼客阿斯的儿子尼克拉托斯,还有另外几个人,他们所有人显然都是从游行表演队伍那边赶过来的。〕

2. 玻勒马霍斯的要求

玻勒马霍斯：苏格拉底啊,看样子,你们俩好像正要急着离开此地,回城里去呢。

---

① Παῖς：小奴隶。它一般被英译为"slave, slave boy",常指三类人：(1) 子女（儿子或女儿）；(2) 小孩,不论男女（少男或少女）；(3) 小奴隶（男仆或女仆）。它在这里指第三种意思,即指旧时希腊上流社会有身份、有地位者的伴当、侍童或男仆,似于中国古代富贵人家养的小厮或家僮。柏拉图对话中多次提到这个身份。比如,在《美诺》中,苏格拉底就同美诺的小奴隶进行了一场深刻而富有启迪的对话,以证明学习不过是"回忆"而已（*Meno* 82b; cf. *Charmides* 155a, *Protagoras* 310c）。关于"*pais*"一词的双重用法及其在希腊观念中的意义分析,参 Golden (1985: 91 - 104)。

② λαμβάνω：抓住,拖拽,揪住。类似的动作描写,参 *Charmides* 153b, *Parmenides* 126a, 449b。

③ Ἱμάτιον：古希腊时期人们穿的长袍或斗篷。关于这种服饰的介绍,参 Alden (2003: 1 - 16)。古希腊戏剧舞台上的服装穿着,参 Brooke (2013)；Reeve (2004: 327)。

④ Αὐτός：他的主人（Griffith, Allen & Bloom: his master）。在柏拉图对话中,有关主仆关系论述的段落,参 *Protagoras* 314d, *Symposium* 175a；另对照阿里斯托芬的《云》（*Clouds* 218）；有一些译者认为这句话中的"主人"一词是可省略的,比如"我转过身去问他在哪儿"（Reeve）,"于是我转身问他在哪里"（Emlyn-Jones）,"我转身问他,他自己在哪里"（Sachs）。但也有一些译者主张要翻译出"主人"一词,如"我转过身来,问他主人在哪儿"（Griffith）,"我转身问他的主人可能在哪里"（Allen）,"我转身问他主人在哪里"（Bloom）。有关这个词的解释,参 Allen (1944: 79)。

苏格拉底：猜得真不赖啊。

玻勒马霍斯：可你瞧见我们是多少人了没？

苏格拉底：怎么可能没有啊！

玻勒马霍斯：那么好，你俩要么必须证明自己比所有这些人都强①，要么就得乖乖留在这儿。②

苏格拉底：难道就没有别的办法了吗？——我们将说服你们应当放我俩走。

玻勒马霍斯：可我们要是不愿意听，你们也能说服我们？

格罗康：看来不可能有什么法子了。

玻勒马霍斯：那好。我们是不会听的。你俩最好拿定主意，现在做个决定吧。

3. 苏格拉底的妥协

阿德曼图：[**328a**] 你的意思是说你不知道今晚有一场为女神举办的骑马火炬接力赛吗③？

---

① 此处用的"*kreitton*"（强）与随后出场的色拉叙马霍斯使用的"正义是强者的利益"中的"强"是同一个词。人们一般据此来构建二人价值观之间的联系，参 Benardete（1989：10）。

② 也有人译作"那么，你们要么证明自己是能力更强的人，要么就留在这儿"（Shorey），或"那么，你们要么打败所有这些人，要么就留在这儿"（Griffith），或"那么，要么变得比他们强，要么就待在这里"（Sachs）。有些中译本在理解这句话的意思上出现了严重的偏差，比如"那么好！要么留在这儿，要么就干上一仗"（郭本），和"你要是觉得自己人多就走，要不就留下来"（王太庆）。这里的威胁是一句玩笑话，而非认真而严肃（cf. Benardete, 1989：10；Sachs, 2006：56, n. 3）。柏拉图笔下的苏格拉底受过多次这样的威胁，类似的例子，参 *Philebus* 16a；*Phaedrus* 236c。

③ λαμπάς：火炬接力赛跑。对于这种"生命火炬"（the torch of life）的隐喻性传递的说明，参 *Laws* 776b；关于本迪斯节火炬接力赛的介绍，参 Smith（1899：230 - 232）。另外，人们通常认为，火炬与格罗康（Glaukon）的名字之间存在密切的文化关联。"格罗康"这个名字的意思是"闪闪发光的""耀眼的"或"熠熠发光的"。*Glaukon* 等同于 *lampron*，即指火炬般闪闪发光的样子。因此，"火炬"象征着格罗康代表的政体——贵族制（544e）。相关探讨，参 Rudebusch（2002：78 - 80）。

苏格拉底：骑马吗？这倒是新鲜事物。他们是要骑在马背上，接力传递火炬，还是别的什么？

玻勒马霍斯：正是这样的接力比赛啊！此外，还将有通宵的庆祝活动，这真是值得一看哪！① 晚饭后，我们就起身一起前去观看这些庆典演出。到那儿我们会遇到不少年轻人，和他们好好聊一聊②。所以留下来，[**328b**] 别做其他安排了。

格罗康：看样子，咱俩好像非得留下不可了。

苏格拉底：你要是这么想，那咱们就必须这么着了。

四　克法洛斯与苏格拉底之间的交谈（328b – 331d）

1. 苏格拉底与克法洛斯的久别重逢

〔于是，我们就去了玻勒马霍斯的家。在那儿我们发现了玻勒马霍斯的兄弟吕西亚斯和欧西德莫斯，还有卡尔西登③的色拉叙马霍斯也在那里，以及派尼亚的哈曼提得斯、阿里斯托纽摩斯的儿子克勒托丰。玻勒马霍斯的父亲克法洛斯也在里面，而且 [**328c**] 我觉得他看上去相当苍老。要知道，我有一段时间没见他了。他正坐在一张有垫子的凳子④上，头上戴着一个花冠，因为他刚刚在院子里献过

---

① 这样的庆祝活动包含载歌载舞的节目，所以玻勒马霍斯才向苏格拉底推荐这值得一看。有关这种活动的详解，参 Waterfield（1993：380）。

② *dialexometha*：谈话，聊天。

③ "deme"（地区）是古希腊行政单位，是雅典的一个"政治分区"（political subdivision）。古希腊管理者把雅典境内及其周边的乡村细分为各个行政区，并管它叫"deme"。每个"deme"在一定程度上相当于一个自治政府。关于古希腊社会政治组织的运作方式，参 Traill（1975：i – 169）。

④ 即"一种附有头枕的椅子"（Sachs：一种头枕式座椅/Reeve：一种有垫子的椅子）。

一次祭。① 我们在他旁边坐下，因为那里有几把椅子是被围成一圈而布置的。② 克法洛斯一见我，就立刻③向我打招呼说：]

苏格拉底啊，你可不常下到比雷埃夫斯拜访我们啊！④ 但你该常来这里走一走呀。要是我还能够轻轻松松地到城里去旅行，就用不着你来这儿了。[**328d**] 相反，我们定会去找你的。不过以目前状况而言，你应常来这儿坐坐呀！我想让你知道，至少就我目前的情况来说，随着其他快乐——肉体上的快乐——逐渐消亡，我对讨论及其快乐的欲望却变得更加强烈。所以请务必照我要求的去做：同这些年轻人聊聊天，和我们一起待在这儿吧，就像你常和亲属密友

---

① 首先，献祭是希腊宗教生活的核心特征。牛、绵羊、山羊和猪都是在这种祭祀仪式上被宰杀的最常见的祭品。这种祭祀行为在古希腊非常普遍，被人们不断地重复执行和机械性地实践。有的祭祀是为整个城邦所举行的；有的祭祀是某个区或胞族或家族举行的。在这种活动中，祭祀者不断将礼品敬献给诸神。唯有如此，共同体的团结才能得到保障，人神之间的正确关系才可以得到确立。其次，在古希腊时期，献祭者献祭时，必须头戴花环以示虔敬庄重。此外，克法洛斯头戴花环时的画面与《吕西斯》中美少男吕西斯出场时的场景如出一辙（*Lysis* 207a）。最后，在《会饮》中，羡煞旁人的美男子亚西比德出场时也是头上戴着由常春藤和紫罗兰编成的花冠（*Symposium* 212e1 - 2）。有关古希腊祭祀活动的介绍，参 Morgan（1992：228 - 229）；Festugière（1954）；Ferrari & Griffith（2000：2, n. 2）。

② 关于δίφρος（座椅）的布局，对照 *Protagoras* 317d - e。另对照西塞罗的《莱伊利乌斯：论友谊》："有一天，他像往常一样，坐在花园里的一个组成半圆形的凳子上。"（cf. *Laelius*1. 2）椅子的布局似于圆桌会议上的座椅布局，代表着工商阶层倡导的民主平等观念。

③ 克法洛斯这里一看见苏格拉底时，他究竟"立即"同苏格拉底打招呼，还是"热情"同苏格拉底打招呼，人们对此有不同理解。有些人（如 Sachs）认为这里应理解为前者，即"克法洛斯见了我，马上招呼我，说"，也有人（如 Bloom）则认为应理解为后者，即"克法洛斯一看见我，就热情地跟我打招呼，说"。此外，也有人（如 Reeve）认为这里不需要这个修饰词，即"克法洛斯一看见我，就向我打招呼"。

④ 对照《伊里亚特》："穿长袍的忒提斯，无限尊敬的客人，今天怎么驾临我们家？你可是稀客。请进屋来，让我有幸招待你一番。"（*Iliad*, xviii. 385 - 387）另对照《奥德赛》中的"手执金杖的赫尔墨斯，我敬重的亲爱的神明，今年怎么驾临我这里？你可是稀客。"（*Odyssey*, V. 87 - 8）。此外，对照索福克勒斯的《俄狄浦斯在科罗诺斯》（*Oedipus at Colonus* 672）。克法洛斯埋怨苏格拉底不常来看望自己的口气与《拉凯斯》中拉凯斯变相劝说苏格拉底常来他这里做客时用的口吻颇为相近（*Laches* 181c）。

待在一块儿似的。①

苏格拉底：我一定会这么做的，克法洛斯。事实上，我很喜欢跟年纪非常大的人讨论问题。他们就像是经过了一条我们可能也会不得不踏上的道路的人似的②，所以我认为我们应该向他们请教[**328e**]：这条路是怎样的，是崎岖艰难的呢，还是平坦容易的？③我将特别高兴能从您这儿查明您对这个问题的看法，因为您已经到达诗人们所称的"老年之门槛"这个生命中的节骨眼上了。这是生命中的艰难时刻吗？您对此有什么要说的吗？

2. 老年的负担

克法洛斯：宙斯在上，④ 苏格拉底啊，我会一五一十地告诉你我的想法。[**329a**]你是知道的，我们年龄相仿的几个人时常聚在一起，以维护那句老话。⑤ 见面时，我们中的大多数成员都会哀叹不

---

① 从克法洛斯的后一句话可看出，他自己很希望苏格拉底成为他们这个圈子中的一员。此外，也不难看出，克法洛斯邀请苏格拉底留下的主要目的，并非仅仅在于让苏格拉底同他聊天。更重要的是，他希望苏格拉底同这些年轻人聊天。这为克法洛斯随后中途离场埋下了伏笔。相关探讨，参 Reeve（2013：44）。

② 西塞罗在《论老年》中模仿了苏格拉底在 328d 处说的这句话（cf. Cicero, *de senectute* 5-6）。相关探讨，参 McCabe（2007：3）。

③ 赫西奥德在《工作与时日》中也表达过类似的想法：美德之路起先崎岖坎坷，随后愈渐轻快平坦（Hesiod, *Works and Days* 290）。

④ 或译作"凭宙斯发誓"。宙斯是当时希腊的最高神，即诸神之神，所以它相当于中国人讲的"天"。这样这句口头禅几乎等于国人日常讲的"我可以指天发誓"。

⑤ 原文并没有明确说明这句古话具体的内容是什么。然而，Shorey 以及某些中译者（如郭斌和等）在没有合理依据和未加说明的情况下便给出这句谚语的内容，这其实是对作者极大的不尊重。很多人推测它可能是指"同龄人相互取悦"（类似的说法，参 *Symposium* 174b；*Phaedrus* 240c；西塞罗的《论老年》："你们知道，俗话说，物以类聚，人以群分"）。这则谚语最早见于《荷马史诗》《奥德赛》："因为神明总是让同类与同类相聚。"（*Odyssey* xvii. 218）严格地讲，中文中并没有与之完全对应的俗语，尽管有与之相近的表达，比如"同声相应，同气相求"。英文的情况也类似，比如，"God ever draws together like to like"（上帝总是把彼此类似的人聚在一起），"birds of a feather flock together"（物以类聚，人以群分），"like to like"（物以类聚）或"people enjoy the company of others their own age"（人们喜欢和自己年龄相仿的人在一起）。关于这则谚语的详解，参 Waterfield（1993：381）；Ferrari（2000：3, n. 7）；Bloom（1991：5, n. 13）；Reeve（2004：3, n. 6）。

已：一方面是因为他们对自己已经失去的青春快乐充满渴望,另一方面是因为他们对性爱①、酒会、筵席,以及随之而来的其他东西念念不忘②。每逢哀叹时,他们便会感到异常恼火③,就好像自己被剥夺了重要的东西似的,觉得自己曾经生活得好,如今的生活则不算是生活了。④ 其他一些人甚至还抱怨老年人受到自己亲属的肆意漫骂,[**329b**] 因为这个缘故,他们会把年老给他们带来的一连串不幸遭遇都念叨一番。⑤ 但是,苏格拉底啊,我认为他们并没有怪罪那个〈真正的〉原因⑥。因为如果这一切不幸果真是年老所致,那至少就"老年"来说,我和我的同龄人应该会有相同的感受。可事实是,我过去遇到过的一些老人并没有这样的感受——尤其是诗人索福克勒斯。有一回,我也在场,当时有人问他:[**329c**] "索福克勒斯啊,您如今在

---

① τὰφροδίσια 应理解为"性、情欲、性欲、性爱"(Sachs:性嗜好),而非一些人(如 Shorey)所认为的"女人"(women)。对"性欲"的无奈和"对死亡的恐惧"几乎贯穿克法洛斯整个一生。克法洛斯前半生受"性欲"掌控,后半生则深受对死亡的恐惧折磨。到了晚年,在摆脱了性欲的支配之后,克法洛斯只好通过向神献祭来缓解对死的恐惧。撇开第一卷不谈,"性观念"在卷九关于"僭主爱欲"的描述中重新被提到。僭主受"僭主的爱欲"所控制,所以脑海中充满疯狂(573e)。有关性爱概念在《理想国》中意义的分析,参 Nettleship (1901:15); Zuckert (2009:340); Sandford (2010:1-11)。

② ἀναμιμνήσκω:追忆起,回想起,回忆起,记得,缅想。

③ 即易怒的,急躁的,毛躁的。

④ 类似的理解,见"好像他们那时生活得很好,但现在连生活都没有了"(Sachs);西塞罗在《论老年》中也说过类似的话:"他们抱怨说,他们已经失去了感官上的快乐,没有感官上快乐的生活根本不成其为生活。"除此之外,其他著作也使用过类似的说法,如西蒙尼德的残篇 71,索福克勒斯的《安提戈涅》(*Antigone* 1165)和贺拉斯的《书札》(*Epistles* ii. 2. 55)等。

⑤ 类似的描写,参 Sophocles, *Oedipus at Colonus* 1235。

⑥ 原文是 τὸ αἴτιον(那个原因)。一些人(如 Bloom)将此译为"the cause"(那个原因);另一些人(如 Sachs)译作"what is responsible"或者"负有责任的东西";此外,也有些人(如 Reeve 和 Shorey)则译为"the real cause(真正的原因)。笔者在这里做了折中处理。类似的说法,见索福克勒斯(Sophocles)的《厄勒克特拉》(*Electra* 167b21)、柏拉图的《菲丽布》(*Philebus* 28a)及伊苏克拉底(Isocrates Ⅳ. 230)。

性爱方面怎么样啊？还有能跟女人做爱吗？"① 他说："老兄啊②，安静安静吧，③ 摆脱这一切，我实在太高兴了，我就像④从一个疯狂野蛮的主人手里逃脱出来的奴隶似的。"我当时就觉得他的话在理，如今仍是这样认为。要知道，正是老年让人平心静气，摆脱所有这些东西的。当这些欲望停止施压，不再对我们胡搅蛮缠⑤时，索福

---

① τὰφροδίσια 本义是"性，性爱"（Sachs：sex），可引申为"性生活"。若追本溯源，这个词其实与性爱女神阿佛洛狄特（Aphrodite）密切有关。性欲通常被认为是人的一种本能欲望。所以有些译文干脆用阿佛洛狄特代指性爱，同时用自然力量指性欲。比如，Shorey 的译文就体现了这点："索福克勒斯，你对阿佛洛狄特的服务又如何？你的自然力还没有减弱吗？"再如，"嗨，索福克勒斯，你的性生活怎么样？你还能和女人在一起吗？"（Sachs）但有些中译本可能出于羞于谈性，采用了一种较为含蓄的表达。比如郭本的译文："索福克勒斯，你对于谈情说爱怎么样了，这么大年纪还向女人献殷勤吗？"这种理解分明篡改了原文的意思，因为克法洛斯这里不是在谈"感情"，也不是在谈"为讨好别人而细心伺候、奉承"，而是明确在谈"性欲"和"性爱"。如果不在翻译中把《理想国》中的"性爱"（爱欲）主题凸显出来，那么，我们就很可能就会忽略作为《会饮》主题的爱欲与作为《理想国》主题的正义之间的关联。关于《理想国》中性爱意义的探讨，参 Sandford（2010：1 – 11）。

② 原文用了 ἄνθρωπε 一词，本义是指"人或人类"（Reeve, Bloom & Shorey：man/Nussbaum [2001：137]：human being）。索福克勒斯说这话究竟是针对人类这一种族说的，还是仅针对提问者而言？如果是后者，那么，有人译作"my good sir"（Griffith）或"fellow"（Sachs）也未尝不可，但如果是前者，则必须译作"人啊"，表示是一种对人之为人的感概，类似于阿波罗神庙门楣上的那句"人啊，认识你自己吧"的箴言口气。Nussbaum 言之凿凿地证明是前者，即指的是"人类"。很多译者倾向于认为指的是后者。笔者这里赞成后者的观点。因为按照原文的语境，索福克勒斯说这话明显是针对提问者而言的。

③ εὐφήμει 本义为"安静或肃静"（Shorey & Sachs：hush/Bloom：silence/Reeve：quiet），或许可引申为"住口"或"别谈了"（Griffith：Don't talk about it），似于中国旧时王侯、官员等外出时禁止闲人喧哗之辞。有些中译本非但没有译出这点，而且把原文意思改得面目全非，让人读来不知所云。比如："别提啦！洗手不干啦！谢天谢地，我就象从一个又疯又狠的奴隶主手里挣脱出来了似的"（郭本），"别提啦，我托天之福，已经摆脱了这种事情，就像脱离一个残暴疯狂的主子一样，不受约束了"（王太庆）。

④ hôsper：宛如、仿佛（Reeve&Griffith：like/Bloom：as though/Shorey：as if）。克法洛斯随后不仅将索福克勒斯这里提到的"一个主人"变为"一大群主人"，而且将"hôsper"一词略去。人们通常基于这点而做出这样的猜测：克法洛斯这样说极有可能是为了说明自己疯狂野蛮的主人是完全真实的，参 Benardete（1989：13）。

⑤ 柏拉图其他对话也有类似的表述，如 *Phaedo* 86c，*Philebus* 47a，*Laws* 645b，644e。

克勒斯所说的就都应验了：[**329d**] 我们确实摆脱了许多疯狂的主人。但是，苏格拉底啊，在这些问题上，和那些涉及处理亲友关系的事情上，真正的原因①不是年老，是人②的生活方式。③ 人们要是有序而知足④，老年也只是适度繁重；如若不然，苏格拉底啊，无论年轻或年老，这都不容易承受啊。

〔我对他说的这番话表示钦佩⑤，但我想让他再多给我讲几句，于是我就敦促他继续讲他的想法：⑥〕

---

① 人们通常认为，这句话的完整结构应为"善恶的真正原因"，参 Reeve（1988：5）。

② Ἄνθρωπος严格地讲，是指人类这一物种。因此，克法洛斯这话针对的是整个"人类"而言的，而非单个人，参 Bloom（1991：441－442，n. 14）。

③ τρόπος有两层意思：（1）习惯，品性，心性，气质，性情，性格；（2）生活方式（英文一般将其解释为"a way of life, habit, custom, a man's character, temper"）。鉴于此，有些人译作"品性"或"性情"（Bloom, Griffith, Grube & Shorey：character/S. Benardete [1989：12]：temperament/Sachs：disposition），有人则译作"生活方式"（Reeve：a way of life）。就《理想国》而言，笔者认为，这两种译法都可以，理由在于一个人的品性其实就具体体现在他的生活方式中。因此，可以说《理想国》探讨的是于一个人最有利的生活方式，也可以说它是在探讨"一个人养成什么样的品性才最幸福"（参 344e1）。总之，克法洛斯这里是想说，一个人的品性或生活方式是他幸福与否的决定性因素。人们通常认为，这正是苏格拉底在接下来回应格罗康挑战中所坚持的核心论证的重要组成部分。有关《理想国》各卷统一性的相关解释，见 Kahn（1993：137）。

④ 即有秩序而感到满足、节制而知足或有序而自得（Reeves：有序、满足/Bloom：有条理、对自己满意/Shorey：温和开朗/Griffith：文明和满足/Sachs：有序安宁/Grube：温和、满足）。

⑤ Ἄγαμαι 有多层含义，最常见的两种理解分别为：（1）惊奇，诧异；（2）羡慕某人或某物。鉴于此，有人（如 Bloom）认为这里应理解为"满是好奇"。有些人（如 Reeve 和 Shorey）则认为应理解为"佩服"。单从文本的语境看，笔者认为，这两种理解似乎都可以解释得通，因为苏格拉底对克法洛斯说的这番话兼有"钦佩"和"赞叹"之意（有人可能认为这话有反讽意味，但笔者认为这样的解释有些牵强，因为苏格拉底在原则上并不反对克法洛斯的看法）。此外，苏格拉底随后在评价格罗康和阿德曼图的说法时也用了同样的表达（367e5）。

⑥ 鉴于此，也有译者（如 Sachs）译作："我感到十分佩服他说的这些话，并且我想让他再多说几句，于是我就一步一步劝说他继续讲下去。"

克法洛斯啊，［**329e**］当你说这番话时，我猜想大多数人①是不会接受的。相反，他们认为你较为轻松地承受老年，不是因为你的生活方式，而在于你很富有。因为他们说，富人有很多的安慰。②

克法洛斯：你说的没错。我的话说服不了他们。他们的反驳也有些道理，尽管这不像他们以为的那么有理。色弥斯托克勒在这个问题上的反击颇为中肯。有个来自塞里福斯岛的人诽谤他——说他的盛誉在于他的城邦，［**330a**］而不在他本人时，他答道，自己要是塞里福斯人，固然不会出名，但要让对方是雅典人，对方也出不了名。③ 同样的话也适用于那些并不富有而感到年老难以忍受的人：一个言行正派的好人要是同时忍受贫穷④与年老，固然不会轻松，但

---

① οἱ πολλοί（*hoi polloi*）：多数人（Bloom：the many/Reeve：the masses/Sachs：most people）。构成希腊城邦主体居民的人群是占大多数的相对贫穷之人。他们是民主制的主要拥护者，在希腊政治思想中的地位常被拿来与支持贵族制的"少数精英"作比较，参 Bloom（1991：442，n. 16）；Reeve（2004：328）。

② παραμυθία 有三层含义：（1）鼓励、劝告或说服；（2）安慰、慰藉、消遣、起安慰作用的人或事物（Sachs & Reeve：consolations）；（3）减轻和解除。这里是指第二层意思。关于老年的安慰，修昔底德也曾发表过看法。他认为，"老年的安慰"是"荣誉"，而非"金钱"（Thucydides Ⅱ. 44），参 Gomme（1981）。

③ 克法洛斯举的这个例子明显与希罗多德（Herodotus，8. 125）记述的版本存在出入。相关探讨，参 Reeve（2004：4，n. 8）。

④ 谈到苏格拉底，这除了首先让人想到他的自知无知的智慧以外，其次可能就是他的 πενία（贫穷）。比如，在《申辩》中，苏格拉底就对陪审团说自己"一贫如洗"（*penia* [i] *muria* [i]）（*Apology* 30a7 - b2）。而在《理想国》卷一中，当色拉马霍斯向他索要罚金时，他同样对众人说自己没钱（*Republic* 337d1 - 10）。人们经常讨论的问题是，苏格拉底是否像他本人说的那么穷困潦倒？基于历史事实可以认为苏格拉底过分夸大了自己的贫穷，因为他曾是一个重装备步兵（*Apology* 28e2 - 3），是一个可以养活两个妻子和三个孩子的父亲（*Apology* 38b5）。按照现在标准，他至少属于中产之列，尽管与少数富人相比，他确实没多少钱。在柏拉图对话中，苏格拉底为何要反复强调自己没钱呢？Blondell（2002：171）和 Reeve（2013：40 - 42）等一些人认为，苏格拉底这种说法中暗含反讽元素。这种说法虽有一定道理，但没有触及问题的实质。苏格拉底这样说，其实是为了反衬出"美德"（而非金钱）在他心目中的地位是至高无上的。当然我们也不能倒向另一个极端，认为苏格拉底视金钱如粪土；他不会彻底否认钱财的价值（钱财属中性物，本身无所谓好坏），也不会反对人们追求钱财。他只是在意人们追求钱财的方式；他反对以不义的方式获取财富，反对人们过分重视钱财，更反对那种把钱财看得重于一切的生活态度。有关苏格拉底对于钱财态度的探讨，参 Griffin（1995：1 - 16）。

一个〈品性〉不好的人，即便富有，也定是不会心安的。①

苏格拉底：克法洛斯啊，您的财富大半是继承来的，还是您自己亲手赚的？

克法洛斯：苏格拉底，[**330b**] 你在问我为自己赚了什么啊。② 我在赚钱本事上介于我祖父和我父亲之间。你是知道的，我祖父与我同名——他继承来的财富数额大约跟我现在拥有的一样多，而后他又让它增值了好几倍。可我父亲吕撒尼雅却让这数额减少到比我现在拥有的还少。至于我，我只要能留给我儿子们的家产不比我继承来的少，而是稍多一些，我就满意了。

苏格拉底：我这么问，在于您给我的印象是，您似乎不特别爱钱。[**330c**] 大凡不亲手赚钱的人的情况，通常都如此。③ 但凡亲手赚钱的人④爱钱的程度则是别人的两倍。因为这就好比诗人爱惜自己的诗作，父亲疼爱自己的孩子一样。⑤ 因此，亲手赚钱的人之所以如此重视自己的钱财，既因为他们像其他人一样认为钱是自己的产品，也因为钱有用。这使得这些人特别难相处，因为他们除了开口闭口赞美钱财而外，其他什么都不肯赞美。

克法洛斯：情况确实如此。

---

① 这里使用的"*eukolos*"一词通常被认为与在 329d5 和 330a6 处使用的"*eumenês*"几乎同义。有关它们之间的互换性的探讨，参 Reeve（2013：52）。

② 有人（如 Reeve）认为此处是一句陈述句，应理解为"克法洛斯，你问我为自己赚了什么"（What did I make for myself, Socrates, you ask.）。有人（如 Bloom）虽同意这是一句陈述句，但认为应理解为"挣来的，你什么意思，苏格拉底！"此外，也有些人认为这是一句疑问句，"获得的，啊？"（Shorey）或"我获得了什么东西吗，苏格拉底？"（Sachs）不管克法洛斯的这句话应怎么理解，它明显暗含愤怒的质问语气。关于这种愤怒语气的探讨，参 Benardete（1989：13）。

③ 亚里士多德在《尼各马可伦理学》（iv. 1. 20）和《修辞学》（i. 11. 26, ii. 16. 4）中也有类似的说法。

④ 白手起家的人或会挣钱的人（Griffith：靠自己力量成功的人/Reeve：那些自己赚钱的人/Shorey：那些自己获得了金钱的人/Bloom：会挣钱的人）。

⑤ 类似的说法，参 *Theaetetus* 160e, *Symposium* 209c, *Phaedrus* 274e。

3. 财富的最大益处

苏格拉底：千真万确如此。但再给我说点别的什么吧。据您看，您因拥有大笔财富而享受到的最大好处是什么？[**330d**]

克法洛斯：我要说的可能说服不了多数人。但是，苏格拉底啊，你是清楚知道的，当有人认为自己的末日不远时，他就变得担惊受怕起来，会担忧以前从未害怕的事情。这时关于地狱①的种种传说故事，② 如凡在这头儿③作恶的人到那头儿④都必须受罚⑤——这些他过去常拿来取笑的传说——如今 [**330e**] 开始折磨着他的灵魂⑥，

---

① *Haidês*：冥府、地狱或阎王，幽域之神，死者的统治者，地狱本身（Sachs：地狱）。从词源上讲，*haidês* 是"冥王，阴间之神"（Pluto），是"看不见"（*aidês*, invisible）一词的变体。它在希腊诗歌中常被代指死者的阴影或鬼魂所待的地方（*Odyssey* XI）。柏拉图在《菲多》中对 *haidês* 的含义进行了深度挖掘（*Phaedo* 79b）。关于 *haidês* 的详解，参 Benardete（1989：80）；O'connor（2007：68）。

② μῦθος：神话故事，传说（Sachs：stories）。《理想国》本身充满各种有趣的"神话故事"（*mythologia*）、寓言或比喻。比如，卷二提到的隐身指环故事，第六卷和第七卷提到的洞穴寓言、太阳喻、线喻和第十卷谈到的厄尔神话。此外，苏格拉底在《理想国》中主张，理想城邦反对丑化神灵的一切神话，驱逐对城邦有害的诗人。关于神话故事在《理想国》中的意义解读，参 Segal（1978：315 – 336）；Bloom（1991：442，n. 17）；Nussbaum（2001：131）。

③ ἔνθα：这里，阳世。

④ ἐνθάδε：那里，阴间。它不同于佛教中的"彼岸"，因为佛家以"有生有死"的境界为"此岸"，而以超脱生死，即涅槃境界为"彼岸"。克法洛斯显然没有这样的理解。他本人关于"那里"的理解更像是基督教传统中的"地狱"（hell）或世俗世界的"阴暗面"（the dark side）。有关这个词的详细探讨，参 J. Lear（2006：41）。

⑤ *dikên didonai*：受罚或遭报应。

⑥ *psuché*：广泛用来指"生命力"（life-force）的希腊词语。它描述了与自然的无生命的部分相对立的"有生气的存在"（animate beings）。在这个意义上，动物和植物都有灵魂。灵魂也构成了有生命或活着的个体的同一性（身份）和人格（这包括理智的和其他的精神能力）。在传统（《荷马史诗》的）观念中，人在死时灵魂是与身体分开的。幸存下来的灵魂在地狱里是作为"一个阴暗的幽灵"（a shadowy wraith）而活着的——它此时没有智力或意识。然而，在柏拉图哲学思想中，认为"灵魂可以免于一死"，这相当于断言"心灵或理智不仅可以与肉体相分离，而且可以独立于肉体而存活"。有关 *psuché* 的解释，参 Taylor（1997：428）。

因为他开始担心它们可能是真的。不管因为老弱①，还是因为现在更靠近地狱中发生的事而对此看得更为清楚，或是因为别的什么，他心中都充满了猜疑②和恐惧③，于是开始盘算着自己是否对什么人干过什么不义的事。他要是发现自己这一生作孽不少，就会像幼童一样，常从梦中惊醒，并且一直生活在一种不祥预感之中，总担心有坏事即将降临。[**331a**] 但是，一位自知没有做过不义之事的人，则如品达④所言，有甜美的希望⑤——老年的养护者——作为他形影不离的伴侣。⑥ 因为，苏格拉底，这位诗人说得真是漂亮迷人啊，尤其当他说有人过着正义、虔诚的生活的时候，

> 甜美的希望是不离左右的伴侣，
> 滋润心田，照料晚年；
> 希望啊，乃凡人心灵之舵手，
> 一统凡人变化多端之思想。

他说得多好啊。⑦ 正是在这一点上，我要说，拥有财富是最有价值的，不是对每个人来说，[**331b**] 而是对一个善良⑧而有秩序的

---

① 原文这个词颇有"老态龙钟"的意思。
② *hypopsias*：猜疑，怀疑，疑心。
③ *deimatos*：恐惧，恐怖。
④ 见于品达（Pindar）残篇 214，尽管二者有出入。
⑤ 希望有时被视为危险的东西，是精神苦闷的根源，但有时也被视为人间至善。从后文论述看，克法洛斯明显倾向于后者。他之所以有这样的信念，从根本上说取决于他的人身是自由的；同时他也相信自己的幸福是由个人意志所控制的，即便神灵也可以被祭祀活动所收买，为人类福祉服务。
⑥ 类似的说法，参伊苏克拉底（*Isocrates* i. 39, iv. 20, viii. 34），《安提戈涅》（*Antigone* 615），修昔底德（Thucydides, 2.62, 3.45）。
⑦ 类似的说法，参 *Critias* 108b。
⑧ *epieikei*：美好的，善良的。

人①来说。做到不欺骗人家,即便是无意的,不向别人撒谎,不欠某位神灵的祭品②和某个人的钱财,免得在恐惧中去往另外一个地方——拥有财富对此都贡献不小。拥有财富还有许多别的用途,但——比较起来,我想说,苏格拉底,对于一个有理智的人来说,这就是财富最有用的地方。

4. 正义作为讲真话和偿还所欠的债

苏格拉底: 克法洛斯,这真是个美好的观点啊。[**331c**] 但说到"正义"那东西本身,③ 我们要说,它仅仅④是"说真话,归还所欠

---

① *kosmiōi*:有秩序的,有规则的。

② 苏格拉底似乎也认为人应当在死之前做到不欠神明的祭品,这样他才能够问心无愧地去另一个世界。比如,在《菲多》中,苏格拉底临终之前的最后一句话就与此有关:"克里同啊,我们还欠埃斯科拉庇俄斯(Aesculapius)一只公鸡。把它还了,可别忘了啊。"(cf. *Phaedo* 118a)

③ δικαιοσύνη:正义(英文一般译为"justice, righteousness, doing right, morality")。它的形容词形式是"*dikaios*"(一般英译为"just, moral, right")。关于"*dikaiosunê*"与"*to dikaion*"之间的区分及转换,参 Irwin(1995:173, n. 17)。"正义"是《理想国》全篇对话最重要的主题之一。它在柏拉图对话中的重要性不亚于"理性"(*nous*)。正义讨论几乎涵盖了柏拉图每一篇对话——甚至在《巴门尼德》(*Parmenides* 130b7 - 9, 130e5 - 131a2, 135c8 - d1)、《蒂迈欧》(*Timaeus* 41c6 - 8, 42b21 - 2)和《菲丽布》(*Philebus* 62a)等这样的对话中,我们也可以找到探讨正义的言论。尽管如此,正义只在《理想国》中才被首次界定,并被充分论证。因此,一个人要想了解柏拉图的正义理论,就离不开对《理想国》的考察。关于柏拉图哲学中正义概念意义的概述,参 Keyt(2006:341)。

④ ἁπλῶς οὕτως:毫无保留地,无条件地(英文一般解释为"quite without qualification, simply, quite simply, just like that")(Sachs:仅仅)(类似的用法,参 *Gorgias* 468c3; *Protagoras* 351c7; *Menexenus* 73e5; *Republic* 377b5, 378a2, 386b9; *Laws* 633c9, 658a6)。这里用的"*haplôs houtôs*"与下文即将出现的"有时"(ἐνίοτε, sometimes)一词相对。因此,这里译作"总是"或许更妥。关于这个词的详解,参 Irwin(1995:171, n. 7); Penner & Rowe(2005:268)。

的债"① 吗？还是，做这些事②有时是正义的，有时则是不义的？比方说，我是指这种事：所有人都肯定会同意，假如某人从一位神志正常的友人③那儿借④了武器，但假如这位友人发疯⑤了，并要求把武器要回来，那么，这位朋友⑥就不该归还它们，如果他还了，那他就不会是正义的。而且，也不应该有人愿意把全部真相告诉[**331d**]处于这种状态的人吧。

克法洛斯：确实如此。

苏格拉底：这么看，"说真话，归还所借的东西"，就不是正义的定义⑦了。

〔玻勒马霍斯插嘴道：〕

---

① τὴν ἀλήθειαν αὐτὸ φήσομεν εἶναι… καὶ τὸ ἀποδιδόναι ἄντίς τι παρά του λάβῃ 本义是"说实话，把拿人的东西还人"或"讲真话，偿还所欠的债"（Shorey：讲真话，并偿还从别人那里得到的东西/Reeve：说真话，偿还所欠的债/Bloom：说真话和归还一个人从别人那里夺去的东西/Griffith：诚实并归还你从别人那里得到的任何东西/Sachs：说真话和归还从别人那里拿走的任何东西）；类似的说法，参色诺芬的《回忆苏格拉底》（4.2.18）和西塞罗的《论责任》（*De Officiis* 3.25）。

② 有些人（如 Reeve，Bloom & Sachs）认为这里应理解为"去做这些事"（to do these things/to do these very things）。有人（如 Shorey）则认为应理解为"这些行为"（these very actions）。笔者认为，这两种理解都可以解释得通。

③ 不同的表达，如 Sachs：朋友，一个头脑清醒的人/Reeve：一个神智健全的朋友/Ellen：一个心智正常的朋友/Shorey：一个精神正常的朋友。

④ 苏格拉底这里用的这个词的意义有些模棱两可。它似乎既可以理解为"接管"或"拿"（Sachs：to receive/Bloom：to take），也可以理解为"借用"（Reeve：to borrow）。

⑤ 或译作"神志不清"（Sachs：精神失常、精神错乱/Reeve：发疯/Bloom：疯了）。

⑥ 这里究竟指代"这位朋友"，还是指"我们"？有些人认为是前者，"这位朋友不应该归还它们"（Reeve）。但有些人则认为是后者，"一个人不应该归还那样的东西"（Sachs&Bloom）或"那样的话，我们就不应该归还它们了"（Shorey）。

⑦ ὅρος 本义为"界限"或"界标"（英文一般解释为"a boundary, landmark, mark, limit, rule, standard, measure, definition, species, marking-stone"）。后人将其引申为亚里士多德逻辑学意义上的"定义"。有关这个词的详解，参 Irwin（1995：171，n. 8）；Rowe（2012：375，n. 4）。

当然是了，苏格拉底，如果我们真的信任西蒙尼德的话。

克法洛斯：好吧，我就把讨论交给你了，① 因为该是我料理祭祀的时候了。②

玻勒马霍斯：我玻勒马霍斯不就是您所有财产的继承人③吗？

〔克法洛斯笑着回答道：〕

当然了！

〔他接着离开，去献祭了。〕

五　苏格拉底与玻勒马霍斯之间的　　争论（331e – 335e）

1. 正义作为"善待朋友，虐待敌人"

苏格拉底：[**331e**] 那么好，讨论的继承人啊，告诉我们吧，在你看来西蒙尼德就"正义"说了什么正确的言论。

玻勒马霍斯：他说，把欠人的还人就是正义的。在我看来，这

---

① 柏拉图笔下的苏格拉底通常视 λόγος（逻各斯）如财产一样，因此任何讨论或论证在他看来都可以互相转让。类似的说法，参 *Philebus* 12a，*Charmides* 162e，*Protagoras* 331a。

② 有人如 Waterfield 基于克法洛斯急于献祭一事猜测，克法洛斯很可能是一个"祭司"（priest）（参 Waterfield, 1993: 381）。笔者认为，这种看法欠妥。从克法洛斯急于献祭未必一定能推出他就是一个"祭司"。只能据此猜测，他是一个非常虔诚的信众。

③ κληρόνομος：（尤其指财产方面的）继承人，后嗣，嗣子，接班人，英文一般解释为"heir, inheritor"。对于这句话，还有另一种理解："我岂不就是归之于您的所有东西的继承人吗？"（Sachs：所以我继承了您的一份。/Bloom：我不是您的产业的继承人吗？）此外，Bloom 认为，这种理解从文本上难以得到比较充分的证据（参 Bloom, 1991: 443, n. 20）。但笔者认为，如此理解可能更有助于强调：玻勒马霍斯继承来的东西不只是物质财富，还包括精神性的东西，比如，对钱财的爱。

话说得真是太漂亮了。①

苏格拉底：不错，不同意西蒙尼德，是不容易的，因为他可是有智慧的②、神一般的人物哪。但他的意思到底是指什么？兴许你玻勒马霍斯懂得，我可不懂。他的意思显然不是指我们刚才说的"凡人家借给你的，你都归还人家，[**332a**] 即使对方索要时，对方已经疯了"。但不管怎么说，人家借给你的东西，肯定是应归于人家的东西，是不是？

玻勒马霍斯：是的。

苏格拉底：可当对方疯了时，无论如何都不该把东西还给他，是不是？

玻勒马霍斯：确实。

苏格拉底：如此看来，西蒙尼德说的"归还所欠就是正义"，是别有所指的。

---

① ἀποδιδόναι：给予或归还。这个词的意义比较丰富，故不同译者采用了不同的措辞（Griffith&Sachs：to give/Griffith：to return/Shorey：to render/Bloom：to give back to）。但如 Irwin（1995：171, n. 10）所见，其本质意思是指"把所欠之物给予某人"。这个定义在目前所知的西蒙尼德的残篇中找不到（对照 433 e）。一种可能是，柏拉图杜撰出来并强加给西蒙尼德；另一种可能是，西蒙尼德确实说过这样的话，但原诗没有流传下来。把每个人应得的给予每个人（Reeve：各人所当得的，都要偿还，便是正义的/Shorey：把每个人应得的报应给各人，便是正义的/Bloom：把所欠的分给各人，便是正义的/Sachs：给予每个人应得的，就是正义的）。原文使用了"*kalon*"，本义是"高贵"或"美好"。玻勒马霍斯可能感到父亲的正义观有些空洞、粗糙，故尝试提供一个美好的版本。但"美好"并不等于"真实"。事实上，玻勒马霍斯在继承父亲的正义定义过程中遗漏了"不撒谎"，即苏格拉底概括的"说真话"。基于这一事实，通常认为，柏拉图如此设计可能暗示：撒谎与正义并非不兼容。关于真话与谎言之关系的讨论，参 Rosen（2005：31）。

② 在《斐德若》中有一句常被人们争相引用的经典说法：苏格拉底说在他心目中，"有智慧"（*sophos*，wise）这一头衔只属于诸神，而大多数渴望成为有智慧的人则应该被称为"爱智慧的人或追求智慧的人"，即哲学家们（*philosophoi*）（*Phaedrus* 278d）。这个说法似乎与《理想国》中的说法相矛盾，因为苏格拉底在《理想国》中描绘了这样一个城邦：其中的哲学家获得了智慧，并且因拥有智慧而有资格去统治城邦。对于这种矛盾，人们通常提出的解决策略是假设：柏拉图把"理想城邦"的设想仅作为一个思想实验，而非一个现实上可操作的政治方案，参 Taylor（1997：412, n. 10）。

玻勒马霍斯：宙斯在上，实在是别有所指！他是说，朋友①当为朋友做好事，而不是做坏事。

苏格拉底：我明白了。②［**332b**］你是说，一个人如果在还所借的金子时，如果这种"归还和接受"有害，而且归还者和出借者如果是朋友，西蒙尼德就不会认为这是在"归还所欠"了？

玻勒马霍斯：的确是这样的意思。

苏格拉底：那这又怎么回答：一个人也该把亏欠敌人的还给敌人吗？

玻勒马霍斯：当然也要把欠敌人的偿还了。而且我认为，敌人欠敌人的正是伤害。

苏格拉底：西蒙尼德在说正义是什么时，像其他诗人一样，似乎在打哑谜。［**332c**］因为他似乎是说，正义就是给予每个人以恰如其分的东西——这才是他所谓的"归还他所欠的"。

玻勒马霍斯：你以为他还有别的意思吗？

苏格拉底：噢，凭宙斯之名起誓！假如有人问他："西蒙尼德，我们所称为'医术'的技艺给出的是怎样的亏欠物或恰当物？"你看他会如何回答呢？

玻勒马霍斯：他显然会说，医术就是把药品、食物和饮料给予身体。

苏格拉底：所谓"烹饪术"③给出的亏欠物或合适物又是什么呢？

---

① Φίλοις（friends）：朋友（复数）。Φίλος（单数）这个词通常被翻译为"朋友"，英译作"friend"。类似的，与这个词相关的φιλία通常被译作"友爱"，英译作"friendship"。但这里需要指出的是，希腊文中，φιλία还包括近亲之间的感情。有关这个词的详解，参 Allen（1944：87）。

② μανθάνω：我明白（Reeve：I understand）。

③ ἡ μαγειρικὴ τέχνη：烹饪技艺，烹调，厨艺，烹调术（Sachs：culinary）。柏拉图在《高尔吉亚》（464e-465a）中似乎认为，旨在为身体提供最好之物（*beltiston*）的技艺相当于医术（*iatrikê*），而旨在提供吃的快感，而不考虑对身体有益之物的技艺，则相当于烹调术（464e-465a）。二者差别的详述，参 Tarnopolsky（2010：46）。

玻勒马霍斯：[**332d**] 它就是把美味给予食物。

苏格拉底：很好。那我们所称为"正义"的这种技艺给出的东西是什么呢？给予谁？

玻勒马霍斯：苏格拉底，假如我们遵照前面的回答，① 正义就是把益处给予朋友，把害处给予敌人。

苏格拉底：这么说，西蒙尼德是说："善待朋友，虐待敌人"就等于"正义"喽？

玻勒马霍斯：我想是的。

2. 正义的用处

苏格拉底：那在疾病和健康问题上，谁最能"善待患病之友而虐待敌人"呢？

玻勒马霍斯：医生。

苏格拉底：[**332e**] 又，在遭逢海难时，谁最能做到这一点呢？

玻勒马霍斯：舵手。②

苏格拉底：那正义之人如何？他在什么活动、什么工作中最能助友而害敌呢？

玻勒马霍斯：我想，在作战结盟中。

苏格拉底：答得好！但玻勒马霍斯啊，当人没有生病时，医生对他们就毫无用处。

玻勒马霍斯：确实如此。

苏格拉底：因此，舵手对不开船航行的人也无用？

玻勒马霍斯：是的。

苏格拉底：所以，正义之人对并不处在交战状态中的人也毫无用处？

---

① 类似的说法，参 *Protagoras* 312a。
② κυβερνήτης：船长、舵手、操舵员、舵工、艄公。其喻指"向导，统治者，管理者"。通常认为希腊时期的"船长"权责颇广，基本上集船长、舵手和领航员等众家所长于一身。关于这个概念的详解，参 Reeve（2004：328）。

玻勒马霍斯： 不是的啊，我根本不这么看。

苏格拉底： 这么说，正义在和平时期也有用喽？①

玻勒马霍斯： [**333a**] 有用。

苏格拉底： 因此，种田也是有用的，是不是？

玻勒马霍斯： 是的。

苏格拉底： 用处在于提供农产品。

玻勒马霍斯： 是的。

苏格拉底： 制鞋同样也有用？

玻勒马霍斯： 是的。

苏格拉底： 用处在于获得鞋子——我想，你准会这么说。

玻勒马霍斯： 当然了。

苏格拉底： 告诉我，正义在和平时期对使用或获得什么有用？

玻勒马霍斯： 合约，苏格拉底。

苏格拉底： 所谓合约，你是指合伙关系，② 还是指别的什么？

玻勒马霍斯： 当然是指合伙关系。

苏格拉底： [**333b**] 谁在"棋盘游戏"③ 中是好而有用的伙伴？是正义之人，还是下棋能手？

玻勒马霍斯： 下棋能手。

苏格拉底： 作为伙伴，正义之人比建筑工人在铺设砖瓦石块之

---

① 亚里士多德在《尼各马可伦理学》中（*Nicomachean Ethics*，1094b18 以下）认为，"正义"和"有用"之间不能简单地画上等号，因为美德也有可能招致毁灭（类似的说法，参 Xenophon, *Memorabilia* IV 2, 32 以下）。

② κοινώνημα 本义是指"人与人之间的交易"（Sachs：合作伙伴关系）。从词源上讲，它源于"koinon"一词，而后者通常的意思为"共同的"或"公共的"。苏格拉底在第一卷中所使用的伙伴或合伙关系等词都是这个词的一种延伸。玻勒马霍斯所谓的"合约"（συμβόλαιον，contracts）仅与钱财有关。苏格拉底随后将它的范围扩展至"政治共同体"这一维度。关于这个词的详解，参 Bloom（1991：443，n. 23）。

③ πεσσός 可能是一种棋盘游戏（*lusoria tabula*），但是否似于"国际跳棋"（Bloom & Shorey：draughts/Reeve：a game of checkers/Sachs：checkers）、"中国跳棋"或"中国象棋"，不得而知，毕竟，现代人对这种游戏的规则知之甚少。关于古希腊棋盘游戏及其玩法的种种猜想，参 Kurke（1999：247 - 267）。

事上更好、更有用吗？

玻勒马霍斯：当然不是的了。

苏格拉底：同理，琴手比正义之人在拨弦奏乐之事上更擅长。那作为伙伴，正义之人在哪种合伙关系中与建筑工人或竖琴手相比，是较好的？

玻勒马霍斯：我想，在钱财之事上。

苏格拉底：玻勒马霍斯，我想，对钱的使用要除外吧。每逢一个人需要合伙购买或出售一匹马时，[**333c**] 我想，马倌①是较好的伙伴，是不是？

玻勒马霍斯：显然如此。

苏格拉底：此外，涉及船舶买卖时，作为伙伴，造船匠或者舵手岂不是较好的？

玻勒马霍斯：看似如此。

苏格拉底：那么，在共同使用金银的哪些事情上，正义之人作为伙伴比旁人较有用呢？

玻勒马霍斯：当你的财物必须得到妥善保管、存放时，苏格拉底。

苏格拉底：你意思是说，每逢没有必要使用金银，而只是保管金银时？

玻勒马霍斯：是这样的。

苏格拉底：这么说，当钱不被使用时，正义才对它有用喽？

玻勒马霍斯：[**333d**] 看似如此。

苏格拉底：同理，当一个人需要保管修枝刀时，正义无论在"合伙关系"中还是对"个人"都有用。当你需要使用修枝刀时，修剪葡萄的技艺才有用。

玻勒马霍斯：显然如此。

---

① ἱππικός：精于鉴别马匹优劣的人，类似于我们说的"伯乐"，泛指"育马者，养马的人，牧马人，骑手，善相马者，懂马之人"（Sachs：马专家）。

苏格拉底：你也定会说，一个人需要保管盾和琴，而不是使用它们时，正义有用。当你需要用盾、琴时，军人的技艺或乐师的技艺才有用？

玻勒马霍斯：确乎如此。

苏格拉底：这也适用于其他所有例子——当使用那些东西时，正义就无用，但当不使用它们时，正义就有用了？

玻勒马霍斯：看似如此。

苏格拉底：[**333e**] 那么，我的朋友啊！正义要是仅对无用之物才有用，它就不可能是什么极好的①东西了。我们来考虑下面这个问题吧！无论在拳击中，还是在别的什么打斗中，最擅长出拳的人是不是也最擅长防守？

玻勒马霍斯：当然。

苏格拉底：照此，擅长预防疾病的人，也就最擅长神不知鬼不觉地制造疾病喽？

玻勒马霍斯：我想是这样。

苏格拉底：[**334a**] 那么，军队中的一个好守卫，② 也恰是那个能窃取敌军计划和部署的人了？

玻勒马霍斯：当然如此了。

苏格拉底：这么说，每当某人是某物的聪明守护者时，他也擅长窃取此物？

玻勒马霍斯：看似是这样的。

苏格拉底：这么说，一个正义之人要是擅长守钱，也一定擅长偷钱喽？

玻勒马霍斯：至少这个论证表明是这么回事。

---

① 类似的措辞，参 *Hippias Minor* 365；Aristotle, *Topics*, ⅵ. 12. 6, *Nicomachean Ethics* ⅴ. 1. 4, ⅵ. 5. 7, *Metaphysics* 1046 b。

② 值得注意的是，《理想国》后面几卷构想的"理想城邦"中的统治阶层是由"护卫者"（φύλαξ，guardian）和"哲人统治者"构成。

苏格拉底：这么看，正义之人似乎已经被证明是一个贼喽！你这个想法大概是从荷马那儿得来的吧。因为他爱慕奥德修斯的外公①奥托吕科斯②，[**334b**] 说他在偷盗和发假誓③的事情上无人能及。所以，照你跟荷马、西蒙尼德的意思，正义似乎是某种窃技，即利友害敌的那种。你的意思岂不就是这个嘛？

3. 正义作为"利友害敌"

玻勒马霍斯：宙斯在上！当然不是了。但我如今再也不晓得自己刚才指什么意思了。④ 不管怎么说，我仍相信，"利友害敌"就是"正义"。

苏格拉底：[**334c**] 谈到"朋友"，你是指某个人认为的好而有用之人，还是指实际上好而有用的人，即便这人不认为他们如此？"敌人"的情况也如此吗？

玻勒马霍斯：一个人很可能爱他认为的好而有用之人，而憎恨他认为的坏人。

苏格拉底：可人们在这个问题上岂不也犯错，以致许多他们认为的好而有用者并非属实，反之亦然？

玻勒马霍斯：是有这样的事儿。

苏格拉底：所以，对人们来说，好人是敌，坏人是友？

---

① 此处应该是"奥德修斯的外公"（Bloom & Sachs：Odysseus' grandfather on his mother's side/Reeve：the maternal grandfather of Odysseus），而非"奥德修斯的舅舅"（Shorey：the maternal uncle of Odysseus）。

② 不同译者的理解，见"他爱奥托吕科斯"（Reeve），"他喜欢奥托吕科斯"（Sachs），"他钦佩奥托吕科斯"（Bloom）。

③ 伪证，伪誓，背信弃义（Sachs&Reeve：swearing false oaths/Shorey：perjury）。Bloom 把它理解为"宣誓"或"发誓"（swearing oaths），似乎不太准确。奥托吕科斯在《奥德赛》（*Odyssey* 19. 392 – 8）中以"见利忘义"著称。

④ 柏拉图在对话中（如 *Lysis* 216c，*Meno* 80a – e，*Euthyphro* 11b，*Symposium* 201b，*Theaetetus* 149a，169c）常以幽默笔触刻画苏格拉底对话者的困惑与茫然；色诺芬在《回忆苏格拉底》（*Memorabilia* iv. 2. 19）中也谈过柏拉图的这一写作特征。

玻勒马霍斯：当然了。

苏格拉底：这么看，"助益坏人，为害好人"，对他们来说，仍旧正义？

玻勒马霍斯：显然是的了。

苏格拉底：[334d] 然而，好人正义，不是那种行不义的人。①

玻勒马霍斯：确实。

苏格拉底：那照你这么说，加害那些没行不义的人却是正义了。

玻勒马霍斯：不！根本不是这样的，苏格拉底！我的说法看似糟得很。

苏格拉底：这么看，伤害不义之人，助益正义之人，才正义了？

玻勒马霍斯：这个说法似乎比刚才的来得好。

苏格拉底：那玻勒马霍斯啊，由此推知：对许多判断有误者而言，[334e] 伤其友（因为这些"朋友"对他们有害）、帮其敌（因为这些"敌人"对他们有好处）就正义。因此，我们会发现自己此时宣称的跟我们刚才说西蒙尼德指的意思正相反。

玻勒马霍斯：没错，确实可以得出这样的结论。不过，让我们换一下定义。因为我们好像没有把"朋友"和"敌人"定义准确。

苏格拉底：玻勒马霍斯，我们当时是怎样定义它们的？

玻勒马霍斯：我们刚才说，"朋友"是被认为的好人。

苏格拉底：那我们现在要怎么改才好呢？

玻勒马霍斯："朋友"既是被认为的好人，也是好人；被认为的好人，但不是好人的人虽被认为是"朋友"，但不是"朋友"。[335a] 同样的说法对敌人也适用。

---

① Shorey 把这句话理解为"但是好人是正义的，是没有能力行不义的"显然是不符合语境的。类似的看法，如"但良善的人肯定是正义的，不会做出不义的事情？"（Sachs），"然而好人是正义的，不是那种行不义的人"（Reeve），"然而好人是正义的，他们不会做不义的事？"（Bloom）

苏格拉底：照此说法，好人是朋友，坏人是敌人。

玻勒马霍斯：没错。

苏格拉底：所以你想让我们在我们之前关于"正义之人"的说法上再加上一种限定。我们那时说，"善待朋友，虐待敌人"就正义。如今你想让我们再加上这个限定：假如朋友好，就善待，假如敌人坏，就加害？

玻勒马霍斯：[**335b**] 没错，我觉得这样说才对头。

苏格拉底：正义之人真的应该伤害无论什么人吗？

玻勒马霍斯：当然。他应该伤害那些既坏又是敌人的人。

苏格拉底：马受了伤后，是变得较好了呢，还是变更坏了？

玻勒马霍斯：更坏了。

苏格拉底：是涉及使狗优良的"美德"方面，还是涉及使马优良的美德方面？

玻勒马霍斯：是涉及使马优良的"美德"方面。

苏格拉底：又，狗如果受了伤害，则是在涉及使狗而非马优良的美德方面，变得更坏了？

玻勒马霍斯：必然如此！

苏格拉底：[**335c**] 那人类呢，朋友？我们该不该这样说：人受了伤害，就在涉及人的美德方面变得更坏了？

玻勒马霍斯：当然。

苏格拉底：可正义不就是人的美德吗？①

玻勒马霍斯：必然如此。

苏格拉底：那么，我亲爱的玻勒马霍斯啊！受了伤害的人一定就变得更加不义喽。

---

① 在"ἀλλ' ἡ δικαιοσύνη οὐκ ἀνθρωπεία ἀρετή（335c3）?"这句希腊文中，苏格拉底究竟是在问正义是人唯一（特定）的 arete（美德），还是指正义是人的 aretai（"美德"的复数）之一或一部分美德？换言之，柏拉图在说"正义是人的美德"的时候究竟是特指，还是泛指？关于这个问题的详细说明，参 Jeffrey（1979：62）；Young（1974：100，n. 7）。

玻勒马霍斯：似乎如此。

苏格拉底：现在再说，乐师能用音乐①把人弄得不通音律②吗？

玻勒马霍斯：不能。

苏格拉底：或者，骑手能用骑术把人弄得不善骑马吗？

玻勒马霍斯：不能。

苏格拉底：那么好，正义之人能用正义把人弄得不义吗？[**335d**] 总而言之，好人能用自己的"美德"把人弄坏吗？③

玻勒马霍斯：根本不能。

---

① Μουσική（Sachs：music）是柏拉图用来表示年轻公民接受的诗歌——音乐教育的一般术语（参 *Republic* Ⅱ-Ⅲ，Ⅵ-Ⅶ）。音乐教育针对的是灵魂的健康状况，它对灵魂进行训练。与之对应的是对身体进行训练的 "*gumnastikê*"（体育）。"音乐"和"体育"是构成希腊自由民教育的重要组成部分。对希腊人来说，音乐尤指诗歌，即与"缪斯"（the Muses）密切相关的活动，在本质上从属于后者，涵盖了我们通常意义上的诗歌和音乐（舞蹈在其中可有可无）。诗歌、舞蹈和音乐这三者可以在剧场表演中完美地结合在一起。关于古代雅典城邦中音乐文化的介绍，参 Murray & Wilson（2015：108-118）；Havelock（2009：59-60，162）。

② ἄμουσος：缺乏音乐性，不合调子，不合调调，不通音律（Sachs：unmusical）。

③ ἀρετή：优良，美德，优秀，一般被译为 "goodness, excellence, virtue"。苏格拉底这里之所以问对方这样的问题，全在于他相信"美德之如技艺"。苏格拉底在早期对话中常拿美德与生产性技艺做类比。当他假定知识是美德的充分条件时，他总是举技艺例子来解释知识（*Charmides* 174b11-175a8；*Laches* 198d1-199a5）。他在《查尔米德》和《拉凯斯》中明确指出，他所讨论的知识就属于技艺这一范畴。当他在《欧西德莫斯》中回答"什么样的知识确保幸福"时，他其实真正回答的是"什么样的技艺确保幸福"（*Euthydemus* 288d9-291d3），也就是说，他关心的是"美德"这种技艺会生产什么样的产品（*Euthydemus* 291d7-e2）。如果对苏格拉底来说，美德是一门技艺，那么一个显而易见的问题就产生了：对苏格拉底来说，这门技艺是什么？有些学者如 Brickhouse & Smith 列出了技艺必须满足如下条件：题材、知识或智慧的合理性或规则性、可传授性与可习得性、明确性、无错误性、唯一性、独特性（参 Brickhouse & Smith，1994：6-7）。苏格拉底究竟怎样看待美德与技艺之间的类比，是一个有争议的话题。有关"*techne*"的条件的古代论述文献，参 Hippocrates，VM 1.11-16；De Arte 4-5；Democritus，DK 68 B 197；关于"*techne*"这一希腊概念的探讨，参 Nehamas（1986：298-300）；Nussbaum（2001：94-99）。关于技艺与美德之间类比之重要意义的探讨，参 Tiles（1984：49-66）；美德是不是一门技艺的讨论，参 Irwin（1995：68-70）。

苏格拉底：因为，我想，让物体冷却下来，不是"热"的功能，而是它对立面的〈功能〉。

玻勒马霍斯：是的。

苏格拉底：此外，让物体潮湿起来，不是"干"的功能，而是它对立面的〈功能〉。

玻勒马霍斯：当然。

苏格拉底：所以，伤害不是好人的功能，而是它对立面的〈功能〉。①

玻勒马霍斯：显然如此。

苏格拉底：又，正义之人是好人，对吧？

玻勒马霍斯：当然。

苏格拉底：所以，玻勒马霍斯啊！伤害朋友或任何人，都不是正义之人的功能，而是他对立面——不义之人的〈功能〉。

玻勒马霍斯：苏格拉底，[**335e**] 我认为你说得完全正确。

苏格拉底：所以，如果有人告诉我们说，"给予每个人他所应得的"就正义，并把这句话理解成：正义之人当害其敌、助其友，这么说的这个人就不明智，因为他的说法不属实。因为我们已经很清楚：伤害任何人都绝不正义。

玻勒马霍斯：赞同。

苏格拉底：如果有人告诉我们说，这样说的有西蒙尼德、拜厄斯、庇塔库斯或别的什么有福有慧之人，你我就要合伙攻之了。

玻勒马霍斯：就我自己来说，我愿意在战斗中成为你的伙伴。

苏格拉底：[**336a**] 你知道我认为"助友害敌即正义"是谁的言论吗？

---

① 伤害不是好人的"功能"（*ergon*），因而伤害任何人都不义。这种思想最早出现在《克里同》（*Crito*）中，被卷一继承，随后在卷二 379b 处重新被提及，并作为柏拉图"神学"中的一个基本原则而发挥作用。因此，它也是审查诗人言论所基于的一条原则。关于它作用及其意义的解读，参 Adam（1902）；Kahn（1993：137）。

玻勒马霍斯：谁的？

苏格拉底：我认为是佩里安德，或者帕迪卡斯，或者薛西斯，或者忒拜人伊斯梅尼阿，或是别的自以为大权在握的富人的言论。①

玻勒马霍斯：说得对极了。

苏格拉底：很好。既然无论"正义"或"正义者"都不在于"助友害敌"，这已变得十分清楚，那么，我们还能说正义是别的什么东西吗？

六　苏格拉底与色拉叙马霍斯之间的论战（336b – 347a）

1. 色拉叙马霍斯的愤怒（336b – 338a）

〔**336b**〕当我们说话的时候，色拉叙马霍斯多次试图接管讨论，但被坐在他旁边的人制止了，他们想要听我们把论证进行到底。然而，当我们在我刚说过的话之后停顿下来时，他再也不能保持沉默了。他蜷缩着身子，像一头要跳起来的野兽，向我们扑来，仿佛要把我们撕成碎片。玻勒马霍斯和我在他咆哮着冲进我们中间时，

---

① 不同英译者对此给出了不同翻译（Sachs & Reeve：另一个自以为很有权力的有钱人；Bloom：另一个对自己的能力评价很高的富人/Shorey：另一个自以为很有权势的富人）。苏格拉底这里提到的这些大人物是指历史上声名显赫的"僭主"，他们与色拉叙马霍斯随后推崇备至的"大权在握之人"遥相呼应。这些人的权力若是达到顶峰，便是色拉叙马霍斯心目中的完美僭主（344a1 – c4）。什么样的人才被苏格拉底视为真正有实权和能力的呢？按照《高尔吉亚》中的说法，一个人如果恣意妄为、完全按照意愿行事，那这既非"权力"的象征，也非"自由"的标志，除非他本人真心喜欢"好"（*Gorgias* 467a, 577d）。因此，对柏拉图而言，一个人即便富可敌国，若不懂得如何正确地使用钱财，也不能被恰当地称为"大能者"；相反，这种人大多是欲望之奴。相关讨论，参 Rowe（2012：375, n. 9）；Reeve（2013：36 – 37）。

既害怕又慌乱:①]

[**336c**] 苏格拉底,你们两个一直在说些什么废话②!为什么你们表现得像天真的人③,互相让步?如果你真的想知道什么是正义,不要只是问问题,然后通过驳斥答案来放纵你对荣誉的热爱。你很清楚,提问题比回答问题容易。④ 你自己回答,[**336d**] 告诉我们你所说的正义是什么。不要告诉我它是正确的、有益的、有利可图的、有收益的或有利的,而要清楚⑤准确地⑥告诉我你的意思。我不会接

---

① θηρίον:野兽,畜生(Sachs:a wild animal)。根据后文336d6给出的暗示,此处的这头θηρίον是指"狼"这种动物。为了突出色拉叙马霍斯所具有的这种无法控制的"血性"(thymos)及其对苏格拉底和玻勒马霍斯所产生的压倒性影响(他此时的心情无疑可用"怒不可遏"一词来形容),苏格拉底使用了动物的标志性语言(肢体语言)并诉诸一条传统谚语,从而把色拉叙马霍斯的品性与狼的特征联系起来(336d5-7)。色拉叙马霍斯对逻各斯(logos)的篡夺极有可能源于他那种带有破坏性的、不守规矩的行为。色拉叙马霍斯的性格特征也使对正义本性的探究陷入僵局。苏格拉底在第九卷中认为,僭主就是一只披着人皮的狼——他吸食人民的血肉,却永远不满足(564e-566e)。那么,究竟是什么深层次的原因让苏格拉底把狼与僭主联系在一起呢?苏格拉底的设想很可能基于阿卡狄亚(Arcadia)的"利基安宙斯神话"(the myth of Lycaean Zeus)。根据这个神话,任何人只要品尝了混合了人的内脏与祭祀用的牲畜的血肉之后就会变成一只狼。苏格拉底把这个神话用在了受人唾弃的射杀对手、放逐异己以及用土地分配的承诺安抚其余人的僭主身上。这种对于同类的杀戮与排挤在一定程度上就等于品尝人血。一个僭主,如果他自己没有被杀死并能幸存下来,他一定会变成一只"嗜血如命"的豺狼。关于这个隐喻概念及其与语言哲学的关系的文献非常丰富,可谓汗牛充栋,其中比较有代表性的资料,参 Kunstler (1991:189-205);Dorter (2005:266);Petraki (2011:144,246)。

② hythloi:胡说,废话。

③ εὐηθίζομαι:举止像个傻瓜、表现得像个白痴或装疯卖傻。εὐήθης有两层含义:其一是褒义,即"宽厚,好心肠,直率,淳朴,诚实";其二是贬义,即"笨蛋,头脑简单之人,傻瓜,呆子"。色拉叙马霍斯显然用的是第二层意思。

④ 类似的说法,见 Gorgias 483a。苏格拉底之所以光问不答,是因为他自称除了自知无知之外一无所知。这种观念通常被视为(无论是历史上的还是柏拉图笔下的)苏格拉底的一个重要特征。相关证据,参 Xenophon, Memorabilia i.2.36, iv.4.9, Theaetetus 150c, Clitophon 45c。

⑤ Saphōs:明确清楚。

⑥ Akribōs:确切,精确。

受你的这种胡说八道。①

〔他的话吓了我一跳,我看着他,感到害怕。我想,如果我在他看我之前没有看到他,我一定会目瞪口呆②。但事实上,当他开始被我们的论证激怒时,[**336e**] 我碰巧看到了他,所以我能够回答。我有点发抖地说:〕

不要对我们太苛刻③,色拉叙马霍斯。如果玻勒马霍斯和我在调查这些说法时犯了一个错误,你可以肯定我们是不由自主地犯了这个错误。如果我们要寻找金子,我们决不会自愿地④给对方让路,如果这样做会破坏⑤我们找到金子⑥的机会。所以,不要以为我们在寻求正义,一件比寻找大量黄金更光荣的事情时,会愚蠢地互相让步,或对寻找正义不那么认真⑦。你一定不要这样想,我的朋友,而应该像我一样,认为我们找不到它。因此,[**337a**] 让你们这些聪明人怜

---

① 或如 Sachs 所建议的译作:"因为如果你用这样空洞的字眼说话,我是不能忍受的。"

② ἄφωνος:目瞪口呆的、惊呆的、一下子愣住了或被吓得发呆而说不出话来。其意思相当于汉语中的"哑口无言""呆若木鸡"或"目瞪口呆"等成语的意思。按照古希腊迷信的说法,任何人在没有瞅见狼之前反被后者抢先一步瞅见,就会被吓得说不出话来。因此,有些人如 Griffith 指出,苏格拉底的这个说法似于英语中的"cat got one's tongue"(Griffith, 2000: 13, n. 13)。不难看出,这个类比很形象。此时的苏格拉底确实被吓蒙了,吐不出一个字,就像舌头被猫叼去了似的。相关解释,参 Bloom (1991: 14, n. 30); Waterfield (1993: 383); Reeve (2004: 13)。

③ 类似的反讽话,参 *Gorgias* 461c–d, 489d。

④ ἑκόντας:出于自愿,自发,自动,存心,英文常译为 "of one's free will, willingly, voluntarily, readily, wittingly, purposely, on purpose"。

⑤ διαφθείρω:破坏,消灭,毁坏,殄灭或腐蚀(Sachs: to ruin)。"*diaphtheirein*" 是《申辩》和《克里同》两篇对话的核心词汇;苏格拉底的罪状之一便是"败坏青年"(cf. *Apology* 18b–19e; *Crito* 45c7)。

⑥ χρυσίον:一块金子(Sachs: gold)。赫拉克利特的一句名言——"找金子的人挖掘了许多土才找到一点点金子"(残篇 D22)——与色拉叙马霍斯在《理想国》450b 处提到的 χρυσοχοεν(找金子)一词有密切相关。关于这种联系以及这个隐喻的文化意义的分析,参 Hussey (1909: 192–194)。

⑦ 类似的说法,参 589e, 600c–d, *Crito* 46d, *Laws* 647c, 931c, *Protagoras* 325b–c, *Phaedo* 68a, *Meno* 91e。

悯我们，总比让我们受到粗暴对待①要恰当得多。

〔他听到这话，冷嘲热讽地大笑起来：〕

赫拉克勒斯作证！② 这是苏格拉底对你们惯常用③的反讽④！我就知道会这样。我之前甚至告诉过其他人，如果有人问你，你不愿意回答，你会说反话⑤，做任何事，而不是给出答案。⑥

苏格拉底： 那是因为你是个聪明⑦的人⑧，色拉叙马霍斯。

---

① χαλεπαίνεσθαι既有"严厉（或苛刻）"之意，也有"粗暴"之意（Reeve：rough）。

② 严格地讲，柏拉图这里用的是"ὦ Ἡράκλεις"（Sachs：Oh Heracles/Reeve：By Heracles），而非像Shorey和Griffith所分别翻译的"Ye gods"（神哪）和"Oh, my god"（噢，我的神哪），尽管二者在各自文化系统中所表达的意思非常相近。

③ Ἔθω：习惯了的、习以为常的、通常的、惯常的（Sachs：routine/Reeve：usual）。因此，Shorey把它译作"有名的"（well-known）或许是不够贴切的。

④ Eirôneia：反讽。其动词形式"eirôneuesthai"即说反话，掩饰，假装，隐藏真心，英文一般将其译为"to be ironic, dissemble"（相关论述，参 *Symposium* 216e）。Vlastos（1991：4，24）等一些人认为εἰρωνεία意指"掩饰"（dessembling, shamming, being deceptive）。色拉叙马霍斯之所以指责苏格拉底，是因为在他看来苏格拉底是在撒谎，因为他自己也没有对他向别人提出的那些问题作出回答。就此而论，一些人（如Bloom、Grube和Shorey）把它翻译为"irony"，是不太准确的，原因在于"irony"（反语）和"dessembling"（掩饰伪装）有概念上的差别。εἰρωνεία跨立于这二者之间。柏拉图有时用它表示"掩饰"（*Sophist* 268b - c，*Laws* 908e），有时则用它表示"反讽"（*Symposium* 218d6，*Gorgias* 489e1 - 3，*Apology* 37e，*Symposium* 216b4）。关于反讽概念的详解，参 Tarnopolsky（2010：118）；Nehamas（1998：57 - 58）。色拉叙马霍斯之所以生气，是因为他看不惯苏格拉底那种"揣着明白装糊涂"的谈话作风。在《高尔吉亚》中，卡利克勒也愤怒地指责苏格拉底用"反讽"挖苦他人（489e）。反讽是不是一种好的习性，是一个有趣的话题。亚里士多德在《尼各马可伦理学》中给出了否定回答，并称"反讽"是人应该戒掉的恶习（*Nicomachean Ethics* 1127a23）。

⑤ εἰρωνεύομαι：装痴卖傻，装傻充愣，说反话的，讽刺的。

⑥ 苏格拉底在《理想国》卷一中对色拉叙马霍斯的第一印象是野蛮和粗鲁（336b，d；344d）。色拉叙马霍斯对苏格拉底的第一印象则是虚伪（337a，340d）。有关这两种印象的解读，参 Papas（2003：28）。

⑦ σοφός：精明的，狡猾的，世故的，机灵的（Sachs & Reeve：to be wise）。

⑧ "那是因为你很聪明，色拉叙马霍斯"（Sachs）或"那是因为你是个聪明的人，色拉叙马霍斯"（Reeve）。"明智的人"也可以被替换为"聪明人"（a clever person）。相关解释，参 Nehamas（1998：62）。

你知道得很清楚，如果你问某人 12 是多少，在问这个问题的时候，［**337b**］你警告他，"不要告诉我，伙计①，12 是 6 的两倍，或 3 乘以 4，或 6 乘以 2，或 4 乘以 3；因为我不会接受你的这种胡说八道。"②——我想，这对你来说是显而易见的，没有人能对这样询问的人作出回应。但假设他对你说："你是什么意思，色拉叙马霍斯，难道你提到的任何一个答案我都不该给出，即使 12 碰巧是其中之一也不行吗？你真了不起。你想让我说点什么而不是实话③吗？［**337c**］还是别的什么意思？"你会怎么回答他？

色拉叙马霍斯：那么，你认为这两种情况是一样的？

苏格拉底：我为什么不能？但即使它们不是一样的，但在你所问的人看来是一样的，你是否认为他不太可能给出他认为正确的答案，不管我们是否禁止他这样做？

色拉叙马霍斯：这就是你要做的，给出一个被禁止的答案吗？

苏格拉底：如果在我调查过这件事之后，这件事在我看来是对的，我也不会感到惊讶。

色拉叙马霍斯：［**337d**］如果我给你们看另一个关于正义的答案，一个不同于所有这些的答案，一个比任何一个更好的答案，那么你该受到什么样的惩罚呢？

苏格拉底：就是遭受适用于无知之辈的惩罚喽，除此之外，还能有什么呢？我想，向有识之士学习肯定是适合的〈惩罚〉。因此，

---

① ἄνθρωπος：人，这个家伙（Bloom：you human being/Reeve：man/Sachs：fellow）。

② 人们通常认为苏格拉底这里使用的"数学类比"（Mathematical Analogy）概念对于论证的有效性和严密性很关键。因为它与如何以正确的方式回答"什么是正义"这个问题有密切联系。这方面有益的探讨，参 Welton（2006：293 – 318）。

③ τοῦ ἀληθοῦς 本义是"无蔽"，可以引申为"真相、事实或真理"（Sachs & Reeve：the truth）。

我认为这就是我应遭受的〈惩罚〉。①

色拉叙马霍斯：你真是个有趣的家伙！但除了学习，你还得付钱。

苏格拉底：如果我有的话，我会的。

格罗康：他已经有了。如果是钱的问题，就说出来，色拉叙马霍斯。我们都会为苏格拉底捐献的。②

色拉叙马霍斯：［**337e**］哦，是的，当然，这样苏格拉底就可以像往常一样继续下去：他自己不回答，如果别人回答了，他就拿起③人家的说法来反驳④。

苏格拉底：我的好先生，首先，一个人不知道，其次也没声称

---

① 柏拉图在《蒂迈欧》中指出"无知"（anoia）是灵魂的一种"疾病"（nosēmata），它起因于"疯狂"（mania，神智丧失）或"愚昧"（amathia，缺乏学习）（Timaeus 86b-c）。显然对柏拉图和苏格拉底而言，"疯狂"和"愚昧"这两种消极的心灵状态是由极度的快乐或痛苦所造成的。正是基于该原则，苏格拉底在这里强调，适合于无知之辈的"惩罚"（dikai）乃是向有识之士学习。这方面的详解，参 Zuckert (2009：460-461)。

② 在《申辩》中，苏格拉底的朋友们也同样愿意为苏格拉底的处罚支付罚金。鉴于两篇对话的情景极为相似，人们通常猜测，《理想国》很可能才是真正意义上的"苏格拉底的申辩"。相关探讨，参 Bloom (1991：307-311，326)。

③ λαμβάνω 既有"抓住"之意，也有"拿起"之意（Reeve：to takes up/Sachs：to grab hold of）。

④ 盘诘，反驳（Shorey & Sachs：to cross-examine/Reeve：to refute）。这个词有意模糊经验认知维度（逻辑层面）与情感维度（心理层面）之间的差别，因为在希腊文中"羞耻"（aischunê）与"反驳"（名词 = elenchos；动词 = elenchein）之间的联系是容易建立的：动词"elenchein"就有"驳斥，驳倒，推翻，占上风，证明，往某人脸上抹黑，使某人蒙羞、自惭形秽或容颜扫地"等多层含义。鉴此，英译者也常用多个词（诸如，to bring to the proof, to disprove, confute, to disgrace, put to shame, to cross-examine, question, prove, refute, get the better of）来解释这个希腊文。关于这个词的详解，参 Tarnopolsky (2010：38)。此外，人们通常认为，当代"民主审议"（democratic deliberation）模式（包括罗尔斯和哈贝马斯的）之所以常常遭受"新康德主义者"（neo-Kantians）的反驳与批评，主要是因为他们不情愿把"道德"和"政治规范"的内容与权威系于个体的心理状态上。与之相比，柏拉图中期对话的一个显著优势在于其关注"伦理"和"政治协商"在逻辑和心理层面的这种交织，参 Krause (2008：2)。

知道，即使他对这件事有什么意见，也有个非凡之人①禁止他表达他的意见，那么，他怎么能回答呢？[**338a**] 不，你回答更合适，因为你说你知道，而且能告诉我们。不要固执②。你的回答是在帮我一个忙，不要吝惜③你对格罗康和其他人的教导。④

2. 正义作为强者的利益 (338a – 340c)

〔我说这话的时候，格罗康和其他人请求他照我的吩咐去做。色拉叙马霍斯显然想发言，以赢得好名声⑤，因为他认为他有一个非常好的答案。但他继续装出一副很想让我来回答这些问题的样子⑥。不过，他最后还是同意了，然后说：〕

[**338b**] 这就是苏格拉底给你们的智慧⑦：他自己不愿意教书，

---

① ἀνδρὸς οὐ φαύλου：重要人物，非凡之人，有影响或有势力的人，具有某种权威之人（Reeve：no ordinary man/Sachs：no inconsiderable man）。

② 原文一方面有"顽固，固执，固不可彻"的意思，另一方面也有"犹豫不决"的意思（Reeve&Shorey：to be obstinate/Emlyn-Jones：to hesitate）。

③ φθονέω：吝惜，舍不得给，不情愿做（Sachs：be grudging/Reeve：to begrudge）。类似的请求，参 *Laches* 200b。

④ διδάσκω：指导，教导（Reeve & Sachs：to teach）。苏格拉底在《美诺》中否认任何所谓的"教义"（*didachēn*），并只称知识的来源就在于"回忆"（*anamnēsis*）（*Meno* 81a – e）。但在《理想国》中，苏格拉底基本上再没有使用"回忆理论"。因此，人们通常认为，这预示着柏拉图对早期对话中所建构的"回忆理论"的抛弃，参 Reeve（1988）。类似的说法，见 *Laches* 200b。Shorey 和 Griffith 等不少译者认为最后这句话应理解为"就请惠赐高见，帮帮忙，给出答案吧，不要舍不得你的智慧啊，就教格罗康和我们其余人两招吧"。笔者并不赞成这种理解，因为原文中并没有出现"智慧"一词；再者，苏格拉底这里明显是想让色拉叙马霍斯给众人慷慨指点一下，而不是怂恿色拉叙马霍斯大方亮出藏匿于内心的"智慧"。其他译者的理解，分别见"所以，除了回答我的问题以外，别做任何别的事，也别吝啬在这里教格罗康和其他人"（Sachs）或"别固执。求你应允我，不要吝啬你对格罗康和其他人的教导"（Reeve）。

⑤ 由苏格拉底的描述可知，色拉叙马霍斯不仅爱钱，而且贪名。在整个论辩中，他都想向世人露一手，以获得赞誉。

⑥ Reeve（2004）对于这句话的理解与笔者的理解稍有不同，因为他的理解是"但他假装想让我来回答，以牺牲我的利益来赢得胜利"。

⑦ 这句话亦可理解为"这就是苏格拉底给你们准备的智慧"，或"这就是苏格拉底智慧的地方"，或"你们现在知道苏格拉底的智慧了"。"这就是苏格拉底的智慧"（Reeve & Sachs）。

却到处向别人学习，甚至不感激别人。①

苏格拉底：色拉叙马霍斯，你说我向别人学习，这话没错。但你说我连"谢谢"都不给，这就不对了。我是尽我所能给的。只不过我身无分文，只能给称赞。② 当我觉得有人说得很好的时候，我是多么热情地给予他称赞的呀。你一张口回答就会知道，[**338c**] 因为我认为你会说得很好。

色拉叙马霍斯：那么，听着。③ 我说，正义无非就是对强者有利的东西。④ 哎呀，你为何不称赞我呢？哦，你不愿意！

苏格拉底：首先，我必须明白你的意思。因为，照目前情况来看，我没有。你说，对强者有利的是正义。你到底是什么意思，色拉叙马霍斯？你肯定不是指这样的意思吧：拳击摔跤手⑤波吕达玛斯

---

① 类似的说法，参 *Cratylus* 391b。

② 对照 *Apology* 38a – b。

③ 类似的措辞，参 *Republic* 595c，*Apology* 20d，*Protagoras* 353c。

④ 类似的理解，如 Sachs：正义只不过是对强者有利的东西；Reeve：正义不是别的，只不过是对强者有利的东西。这句话也通常被译为"正义只不过是强者的利益"（如 Bloom & Ellen，Shorey，Emlyn-Jones）。这种教条化、公式化的定义口吻在柏拉图对话中并不少见。类似的表达，参 *Theaetetus* 151e，177d，*Laws* 714a – e。

⑤ Ἥμων 本义是"投掷者或投石者"。它在此处可能指"拳击摔跤手"或"自由式摔跤手"（Reeve & Bloom：the pancratist/Sachs：无拘无束的摔跤手）。按照亚里士多德在《修辞学》中的说法，παγκράτιον 是一种混合了摔跤和拳击的比赛（*Rhetoric*，I，5，14.）。鉴于此，现代学者一般将此称为"古希腊式搏击"（παγκράτιον，pancration）；它具体指一种混合了拳击和摔跤、夹杂脚踢与扼死等多种对抗策略的竞技活动。在此格斗中，运动员除了不准使用抓咬和用拇指挖对手的眼睛这两种动作之外，可以使用其他（包括折断或使对手的肢体脱臼等）一切格斗模式。ἥμων 不单指一种单一的竞技力量，而且特指一位既会摔跤又会拳击，在体能和速度方面都非常出色的全能选手。有些人如 Quincey（1981：300 – 315）指出，柏拉图用这个词很可能在影射色拉叙马霍斯的写作才能，因为历史上的色拉叙马霍斯号称在写作方面是一个全能天才。这或许是有道理的。但理想城邦可能并不允许这样的全能型人才存在，因为苏格拉底随后指出，在他和年轻人们建立的"言辞城邦"中，每个公民的能力只表现为拥有一门技艺，而不是拥有能实现各种潜能的才能。关于"拳击摔跤手"一词的含义分析，参 Allen（1944：95）；Nichols（1987：50）；Waterfield（1993：383）；关于"古希腊式搏击"的介绍，参 Crowther（1990：176 – 181）；Reeve（2004：328）。

比我们都强大。牛肉对他的身体有益。[**338d**] 所以,这种食物对于比他弱小的我们来说,也是既有利又正义的?

色拉叙马霍斯: 你让我恶心,苏格拉底。你用最邪恶的方式来解释我的说法。①

苏格拉底: 不是这样的,我的好朋友。我只是想让你把你的意思讲清楚。

色拉叙马霍斯: 那么,你难道不知道有些城邦是由僭主政体②统治的,有些是由民主政体③统治的,有些是由贵族政体④统治的吗?

苏格拉底: 我当然知道。

色拉叙马霍斯: 而且,每个城邦中的强者为统治者?

苏格拉底: 当然了。

色拉叙马霍斯: [**338e**] 每一种类型的统治都制定了对自己有利

---

① βδελυρός:令人厌恶或憎恶的,流氓的,粗鄙的或卑鄙无耻的(Sachs:nauseating)。阿里斯托芬在《群蛙》中也使用过这样的措辞(*Frogs* 465)。这句话通常也被理解为"苏格拉底,你卑鄙之极的小丑。你在用最容易歪曲我意思的方式理解我说过的话","苏格拉底,你好恶心啊。你正在用最能让你轻松地凌虐我意思的方式理解我的提议","苏格拉底,你令人恶心,你理解这句话的方式是你对它造成最大伤害的方式"(Sachs),或"你让我恶心,苏格拉底。你用最邪恶的方式来解释我的叙述"(Reeve)。不管采用何种表达,这无不说明:色拉叙马霍斯对苏格拉底这种"望文生义"的癖好心怀不满,认为对方完全是在肆无忌惮地曲解自己的意思。

② 僭主(tyrant):在城邦中通过非正规手段而达到显赫地位的统治者。相关解释,参 Taylo(1997:429)。

③ 于柏拉图以及那个时代的大多数人而言,民主制意味着所有的成年男性公民直接参与公民大会的决策过程和公义法庭的审判事务,其形式与今日的代议制不同。这种分别的详述,参 Schofield(2006:1)。

④ ἀριστοκρατία(*aristokratia*):贵族制度,贵族的,贵族政治的,有贵族气派的,贵族统治。英译者一般译为"aristocracy, aristocratic"(Reeve:aristocracy)。中文有时也把它译作"贵族制"或"贤人政制",这种译法,参姚介厚(2005,页630)。ἀριστοκρατία的字面意思是,"由最好的人来统治",即由精英统治,其与民主制("由人民来统治")相对立。关于这个词的精细论述和解释,参 Shorey(1903:62);Taylor(1997:421)。

的法律：民主制制定民主的法律，僭主制制定僭主制的法律，等等。通过这样立法，每个政体都宣称，对其臣民①正义的就是对自己——统治者——有利的，它惩罚任何偏离这一点的人，认为他们是无法无天的、不正义的。苏格拉底，这就是我所说的正义，在所有城邦中都是一样的：有利于既定统治②的东西。[**339a**] 既然既定统治肯定更强大③，那么任何进行理性计算的人④都会得出这样的结论：正义在任何地方都是一样的⑤——对强者有利的东西。

苏格拉底：我现在明白你的意思了。不管这是不是真的，我都会尽力查明的。色拉叙马霍斯啊，你自己已经回答说"正义的"即是"有利的"⑥——尽管你禁止我那样回答。[**339b**] 没错，你给它⑦加上了"对强者的"。

色拉叙马霍斯：这个添加想必在你眼里是无足轻重的吧。⑧

---

① 即被统治者。

② "*tēs kathestēkuias arkhēs*" 严格地讲，是指"已建立的统治、政府、统治主体或统治当局"（Reeve：已确立的统治/Shorey：已确立的政府/Bloom：已确立的统治机构/Griffith：统治当局/Sachs：已确立的统治权力）。

③ 苏格拉底认为"现政权"是掌权者，故称它为"强者"（*tou kreittonos*）或"一城之主"。

④ "*sumbainei tōi orthōs logizomenōi*" 严格地讲，应为"正确运用理性计算之人"（Reeve：任何正确进行理性计算的人/Shorey, Bloom & Sachs：正确推理的人）。

⑤ 色拉叙马霍斯此处说的"正义在任何地方都是一样的"（*pantakhou... to auto*）明显要比他之前说的"正义在所有城邦中都是一样的"（*en hapasais tais polesin tauton*）的意义更宽泛。色拉叙马霍斯一上来就开宗明义，明确声明：他自己并不像美诺（e.g., *Meno* 71e）、尤西弗罗（e.g., *Euthyphro* 5 以下）、拉凯斯（e.g., *Laches* 191e）、希庇亚斯（e.g., *Hippias Major* 286 以下）及泰阿泰德（e.g., *Theaetetus* 146c-d）等对话者那样理解"定义"的本性。

⑥ "正义就是有利"很可能是苏格拉底从色拉叙马霍斯之前说的"对一个人有好处就是正义"这句话概括出来的。苏格拉底在早期对话中一直以"道德利己主义者"（moral egoist）的形象出现。所以，他在卷一中认为正义（或道德）对灵魂有益，不足为奇。这方面有益的讨论，参 Mulholland（1989：542 - 550）。

⑦ "它"指"有利的"，即把"对强者的"加在了"有利的"之前。

⑧ 类似的说法，参 *Laches* 182c。

苏格拉底：轻重与否，目前还尚不清楚。但有一点是一清二楚的：我们必须搞清楚这个说法是否正确。① 我也赞成，正义是某种有利的东西。但你给它加上了"对强者的"。这我就闹不明白了。我们下面需要细细考察考察这个说法了。②

色拉叙马霍斯：尽管放手考察吧！

苏格拉底：这正是我接下来即将做的。告诉我吧，你是不是声称，服从统治者就是正义的？

色拉叙马霍斯：[**339c**] 是的。

苏格拉底：各城邦的统治者是永无过失的，还是容易犯错误呢？

色拉叙马霍斯：毫无疑问，他们容易出错。

苏格拉底：所以，当他们试图制定法律时，他们会正确地制定一些法律，而错误地制定另一些法律。

色拉叙马霍斯：我想是这样的。

苏格拉底：如果法律规定了对统治者有利的事情，那它就是正确的；如果规定了对统治者不利的事情，那它就是错误的。你是这个意思吗？

色拉叙马霍斯：是的。

苏格拉底：统治者制定的任何法律，臣民都必须服从，这就是正义？

色拉叙马霍斯：当然。

苏格拉底：[**339d**] 那么，照你的说法，不仅做对强者有利的

---

① 苏格拉底在对话中常爱用这种打趣、挑衅的方式刺激对手（如394b，470b–c，487e，493a，500b，505d，514b，517c，523a，527c，*Lysis* 203b）。

② "自称无知"是苏格拉底本人的一个著名特征。它在这里充当了一个展开论证的戏剧策略（参Shorey，1930）。另外，苏格拉底和色拉叙马霍斯一样都同意正义是某种有利的东西。但二者的区别在于，色拉叙马霍斯认为正义是某种对强者有利的东西，而苏格拉底则认为正义是某种对整体有利的东西。所以，在苏格拉底看来，真正的正义不是仅对某一个阶层有益，也不是牺牲一个阶层的利益去服务另外一个阶层的利益，而是对所有人都有益，维护的是城邦整体的利益。

事，而且做与之对立的，即对他们不利的事，也是正义的。

色拉叙马霍斯：你说的是什么话呀？①

苏格拉底：我想，跟你一样。但我们再来仔细考察一下吧。我们难道不是已经同意了：统治者在向被统治者发号施令时，有时会弄错什么是对自己最有益的事，而被统治者执行统治者的无论什么命令都是正义的？这点是不是已经达成共识了？

色拉叙马霍斯：我想是这样的。

苏格拉底：〔339e〕那么，你如今也就不得不这么想：你已经同意——每逢统治者和那些身为强者的人无意之中②下达了对他们自己有害的命令时，〈被统治者和弱者〉执行对他们不利的这些命令就是正义的。可你还说，其他人服从统治者下达的任何命令都是正义的。如此一来，智慧无比的色拉叙马霍斯啊，这岂不必然会得出这样的结论：做跟你的说法相对立的事就是正义的，〔340a〕因为弱者那时肯定受命去做对强者不利的事？

玻勒马霍斯：苏格拉底啊，宙斯在上，这点绝对清楚无比。

〔克勒托丰插嘴道：〕

当然是的了，要是你做他的见证人③的话。

玻勒马霍斯：谁需要证人哪？④ 色拉叙马霍斯本人就同意：统治者有时会颁布对自己有害的法令，而其他人服从这样的法令则是正义的。

---

① τί λέγεις σύ 是一句非常粗鲁的话，被阿里斯托芬在《云》（1174）中使用过，类似于"你什么意思啊？"（Sachs, Emlyn-Jones & Bloom：你什么意思？/Reeve：你在说什么呢？/Ellen：你在说什么！）色拉叙马霍斯怀疑自己遭到了反驳，故发出这样的疑问。类似的场景，参 *Euthydemus* 290e。

② 原文意思即为"非故意地，非存心地，不经意地或不情愿地"（Reeve & Emlyn-Jones：无意中/Ellen：不知不觉地/Bloom & Sachs：不情愿地）。

③ μάρτυς：证人，目击者，证据（Reeve & Sachs：witness）。在《高尔吉亚》中，苏格拉底强调唯一的见证人就是得到反对者认可（*Gorgias* 472a-b，474a）。

④ "需要什么证人呢？"（Sachs），或"谁需要证人？"（Reeve）

克勒托丰：玻勒马霍斯啊，那是因为色拉叙马霍斯主张：服从统治者的法令就是正义的。

玻勒马霍斯：没错，克勒托丰！他还主张，对于强者有利的就是正义的。[**340b**] 而且，在主张了这两条原则之后，他还接着同意：强者有时会命令从属于他们的弱者做对于强者本人不利的事。由这些同意可以得出：对于强者有利的，不过是〈对强者〉没利的。①

克勒托丰：但他所谓的"对强者有利"，是强者认为的对自己有利。这是他所主张的弱者必须做的，也就是，他主张的正义。

玻勒马霍斯：可他的说法分明不是这个呀。

苏格拉底：[**340c**] 是不是这个不要紧，玻勒马霍斯。色拉叙马霍斯如果现在想那样说，我们就接受吧。② 色拉叙马霍斯啊，告诉我，这是不是你打算说的：所谓"正义"，就是指强者认为于自己有利的东西，不管这种东西事实上是否对他们有利？我们要不要说，这就是你的意思呢？[**340d**]

3. 统治作为一门万无一失的技艺（340c – 342e）

色拉叙马霍斯：根本不是这样的意思啊！你认为我会把某个犯了错的人，就在他犯错那一刻，还称他为强者吗？③

苏格拉底：当你承认统治者不是绝无错误的，[**340d**] 而是有时也会犯错的时候，我当时确实以为你指的就是这个意思。

色拉叙马霍斯：苏格拉底啊，那是因为你在论证过程中是个吹毛

---

① 言下之意，正义既是强者的"利益"，也是强者的"不利"。

② 苏格拉底经常允许对话者修正自己的陈述、主张或断言（e. g., *Gorgias* 491b, 499b, *Protagoras* 349c, Xenophon, *Memorabilia* iv. 2. 18）。

③ 通常认为色拉叙马霍斯这里轻蔑地拒绝了克勒托丰提到的"主观主义式的正义观"，参 Kahn（1993：137）。

求疵的家伙①。我的意思是说,有人在救治病人的过程中犯错时,你是不是就因为他犯了那个错误才称他是一名医生的? 或者,有人在计算过程中犯错时,你是不是就因为他犯了那个错误才称他是一名会计的? 我认为,我们确实会用语言表达说"医生犯错","会计犯错"或"文法教师②犯错"——但这只是字面上的说法。然而,他们每个人,就其合乎我们给他们的称号而言,是绝不犯错的。[340e] 因此,按照精确的说法——你是个坚持精确说法的人③——没有哪个技工会犯错。只有当他的知识舍弃他时,他才犯错。并且,就因为他犯了那个错误,他就不是什么技工了。没有哪个技工、智慧者或统治者在他们统治那一刻会犯错的,即便所有人将会说:医生或统治者会犯错。你还必须以这种宽松的方式来理解我刚才给你的答复。[341a] 不过,最精确的回答是:一名统治者,就其身为统治者而言,④ 是绝不犯错的,并且准确无误地命令于自己最有益的事——这也是被统治者必须做的事。因此,如同我一开始说的,做对强者有利的事就是正义的。

苏格拉底:说得太好了,色拉叙马霍斯。所以你就认为我是在吹毛求疵喽?

色拉叙马霍斯:没错,我确实是这么看的。

苏格拉底:因此,你就认为,我刚才那样问,是不怀好意,是

---

① συκοφάντης (a malicious accuser or informer or denouncer):恶毒、存心不良的控诉者、告密者、斥责者或告发者。

② 文法学者,文法家,文法教师或教导者(Reeve, Sachs & Bloom: grammarian/Griffith: teacher/Shorey: schoolmaster)。

③ 有些人(如 Reeve 和 Shorey)认为这里应理解为"你是个坚持精确说法的人"(Reeve);另有一些人(如 Griffith 和 Bloom)则主张理解为"你喜欢以精确的方式言谈"。笔者觉得这两种理解都能讲得通。

④ "kath' hoson":"在……的范围内","就……来说"或"到……程度"(Sachs & Reeve: to the extent that)。

要在论证中给你耍赖使坏①喽？

色拉叙马霍斯：这点我是十分有把握的。但这样做对你没什么好处。[**341b**] 你靠隐蔽的手段是绝不可能加害于我的。你如果不用这种手段，而光靠论证是绝不能战胜我的。

苏格拉底：亲爱的色拉叙马霍斯，我怎敢如此放肆呢！② 但防止这种混淆再次落在我们头上，你可否澄清一下？当你说弱者做有利于强者的事就是正义的时候，你是指通俗意义上的统治者和强者，还是指你刚才说的精确意义上的？

色拉叙马霍斯：我是指最精确意义上的统治者。有本事，你就继续干那种坏事，施展你吹毛求疵的本领吧——[**341c**] 我是决不会请求你高抬贵手的。不过，你会发现自己着实无能为力。

苏格拉底：你以为我疯到要给狮子剃毛③，还要和色拉叙马霍斯争辩吗？④

色拉叙马霍斯：你刚才的确试过了，尽管你在这件事上同样也是个没用的废物！

苏格拉底：够了，够了，别说这话了！⑤ 告诉我吧：按照你之前提到的严格意义上的医生的定义，医生是指会赚钱的人，还是会治

---

① Bloom 和 Reeve 主张应理解为"伤害……"Griffith 和 Shorey 则主张应理解为"不公正地战胜……"笔者倾向于 Bloom 这一方的看法，因为"伤害"的意义更为宽泛。

② "我甚至不会去尝试"（Sachs），或"我甚至不愿尝试！"（Reeve）

③ ξυρεῖν ἐπιχειρεῖν λέοντα：剃狮子的胡须，剃去狮子身上的毛发或抓狮子的胡子（Reeve, Sachs&Bloom：to shave a lion/Shorey：to beard a lion），是当时的一句谚语，但并不常见，参 Adam（1902）。它意指几无可能完成的任务（参 Waterfield, 1993：384；Reeve, 2004：18, n. 17），同"虎口拔牙""磨砖成镜""太岁头上动土"等成语的意思颇为相近。正如 Wilson（1995：60）所指出的，柏拉图对这一形象的使用预示着卷九谈到的那头充满"血性"（*thumos*）的狮子（588b－e）。

④ "你以为我疯到要给狮子剃毛，还要和色拉叙马霍斯顶嘴吗？"（Reeve）或"你以为我会疯到去给狮子剃毛，或者用谎言来歪曲色拉叙马霍斯吗？"（Sachs）

⑤ 苏格拉底的说法有些粗鲁，相当于"够了，够了！"类似的措辞，参 541b，*Euthyphro* 11e，*Charmides* 153d。

病的人？注意：我们当前说的是真正的医生。

色拉叙马霍斯： 会治病的人。

苏格拉底： 那舵手呢？真正的舵手是水手们的领导①，还是水手？

色拉叙马霍斯： [**341d**] 水手们的领导。

苏格拉底： 换句话说，我们不应该考虑"他乘船航行"这个事实，也不应该就因为这个原因而称他为一名水手。他被称为舵手，不是因为他在航行，而在于他实践的技艺和对众水手们的统治。

色拉叙马霍斯： 这真是大实话。

苏格拉底： 是否存在对其中的每一个②都有利的东西？

色拉叙马霍斯： 当然有了。

苏格拉底： 技艺的天然目的是不是就在于考虑和提供对每个人有利的东西？

色拉叙马霍斯： 没错，这就是技艺的目的。

苏格拉底： 对每门技艺③有利的东西，除了它们本身尽可能完美而外，还有其他吗？

色拉叙马霍斯： [**341e**] 你什么意思？

苏格拉底： 是这样的：假设你问我，身体之为身体就够了，还是别有所求？我会回答说，"当然是有所需求。事实上，这就是医术

---

① 或译作"首领"或"统帅"。

② 此处的"其中每一个"具体指代什么，Reeve（2004：18，n. 18）认为指代"水手和身体"。笔者认为，如此理解比较笼统。因为身体明显是一个较大的范畴。从语境来看，它们有可能指代医生和舵手，也有可能指代病人和水手。唯有如此，我们才能把苏格拉底的下一个问题理解成：苏格拉底是在问技艺者从本行技艺中取得的那种利益是什么。相关探讨，参 Griffith（2000：19，n. 17）。

③ 此处说的"技艺"（τέχνη，art/craft/expertise）很可能等同于"技艺者之为技艺者"（the artist qua artist）（参 Shorey，1930）。

发明的由来——因为身体是有缺陷的,① 而这样的缺陷是令人不满意的。② 正是为了〈给身体〉提供有益之物,才产生这门技艺。"你认为我这样回答准确不准确?

色拉叙马霍斯:准确无误。

苏格拉底:[**342a**] 那医术本身的情况又如何呢?它有缺陷吗?技艺是不是需要进一步的"美德",这就如眼睛需要视力,耳朵需要听力一样,以致它需要另外一门技艺考虑和提供对自己有益的东西?③ 技艺本身是不是也有某些类似的缺陷,以致每门技艺都需要另外一门技艺来考虑对自己有益的东西?有如此考虑的技艺是否进一步还需要另外一门技艺,……如此推展,乃至无穷?还是,每门技艺都自动④考虑对自己有益的东西?[**342b**] 或者,技艺既不需自己,也不需另外一门技艺来考虑对自己有益的东西或用以防备自身的缺陷?这是因为技艺根本就没有任何缺陷或毛病,还是因为任何技艺都不适合去追求自己对象的利益之外的其他东西?技艺本身既然正确无误,那它只要完全地、精确地是其所是,就完全没有任何毛病或瑕疵?⑤ 请用你刚才提到的那种精确的谈话方式来考虑这些问题。情况是不是如我描述的那样?

---

① 有不少人认为,依苏格拉底之见,身体的缺陷由医术来弥补和"矫正"(*ko-lazein*),灵魂的缺陷则由"政治技艺"加以完善和矫正。相关探讨,参 Bloom(1991: 445, n. 36)。

② 类似的说法,参 *Republic* 608d13 - 610d3。

③ 视力是眼睛的德性。若无这种德性,眼睛就不能得到对它们有利的东西。(cf. Reeve, 2004: 19, n. 20)苏格拉底在卷一假定:德性是某种技艺(332d)。因此,他在这里才可以得出:眼睛需要更进一步的技艺来获得对眼有益的东西。

④ 此处的"自动"二字是否保留?有些译者选择了删去。比如,"它还是会考虑什么对自己有利?"(Sachs)或"还是技艺会寻找自己的利益?"(Shorey)也有译者选择保留。比如,"或是各门技艺自己考虑什么是有利的?"(Reeve)或"还是它本身考虑自己的益处?"(Bloom)

⑤ Shorey 认为这句话并非问句。Reeve 和 Bloom 则认为是。从语境看,Reeve 和 Bloom 的看法更妥。

色拉叙马霍斯：似乎如此。①

苏格拉底：岂不由此推知，医术［**342c**］不考虑于医术有益的东西，而是考虑于身体有益的东西？

色拉叙马霍斯：是的。

苏格拉底：又，育马术也不考虑于育马术有益的东西，而是考虑对马有益的东西？事实上，技艺是没有进一步的需求的，所以没有任何哪一门技艺考虑于自己有益的东西，而不考虑对它所处理的对象有益的东西？

色拉叙马霍斯：显然如此。

苏格拉底：色拉叙马霍斯啊，各种技艺肯定统治着自己所处理的对象，并比后者强，是不是？

〔他在这一点上也让步了，尽管很不情愿。②〕

苏格拉底：所以，任何一门知识都不考虑或命令于己③有益的东西，［**342d**］而是顾及和规划着受治于它们的弱者的利益。

〔他最后也同意了，尽管他试图反抗。不过，当他同意了以后，我说：〕

那么，可以肯定，没有哪个医生，就他是一个医生来说，考虑或命令于自己有益的东西，却不考虑对他的病人有益的东西。因为我们岂不已经一致同意了：严格意义上的医生是身体之主宰，而不

---

① 或言"看起来似乎是这样的"。这表明，色拉叙马霍斯对苏格拉底的说法半信半疑。

② 从苏格拉底旁白中的"不情愿"三字可看出（它随后又频繁出现过好几次），色拉叙马霍斯并没有被苏格拉底的一番论证驳得心服口服。色拉叙马霍斯的"勉强同意"只说明他承认苏格拉底在论证或玩弄语词游戏方面确实技高一筹，但并不认为苏格拉底当前的说法是"真理"。很多学者正是基于这点来论证色拉叙马霍斯在《理想国》卷一中并未被苏格拉底说服。这方面富有启发性的讨论，参 C. H. Zuckert & M. P. Zuckert（2008：342-343）。

③ 有人（如 Reeve）认为这里应指"技艺自身"。有些人（如 Shorey 和 Bloom）则认为是"强者"。笔者赞成 Reeve 的看法，因为技艺相对于其处理的对象确实是"强者"，但这点是从文中推出来的。

是会赚钱的人？

色拉叙马霍斯：是的。

苏格拉底：所以，严格意义上的舵手是众水手们的领导，[**342e**] 而不是一名水手？

色拉叙马霍斯：这也是我们已经一致同意了的。

苏格拉底：岂不由此推知，舵手和领导不会考虑和命令对舵手有利的东西，而是会去考虑和命令对受治于他们的水手们有利的东西？

〔他勉强同意了。〕

苏格拉底：这么说，色拉叙马霍斯啊，无论任何人，不管他居于何种统治职位，就他身为一个统治者来说，是决不考虑或命令对自己有利的东西，而是去考虑或命令对被统治者，也就是他施展的技艺所作用于的对象有利的东西。被统治者以及对被统治者有益和适当的东西正是他的心之所系，他去说的和做的一切，① 都是为了这一点。

4. 色拉叙马霍斯立场的转变（343a–345e）

〔[**343a**] 当我们在论辩中讲到这一点时，大家都很清楚，他对正义的描述变成了相反的东西②。色拉叙马霍斯没有回答，反倒说：〕

苏格拉底，告诉我，你还有奶妈③没有？

苏格拉底：什么意思？为什么不回答我，反倒问起这样的问题？④

---

① 换言之"他说的一切他说的事情和他做的一切他做的事情"或"他的一言一行"。

② 更为严格的理解是"当我们讨论到这儿时，大家都很明白，他关于正义的定义已经变成它的对立面了"。

③ 保姆或奶妈（Griffith：nanny/Shorey：nurse/Reeve & Bloom：wet nurse）；苏格拉底随后在 373c 处再次提到这个词。

④ 更接近原文句式的一种理解是："怎么回事？你是不是应该回答，而不是问这样的问题？"

色拉叙马霍斯： 这是因为她在让你淌着鼻涕东奔西跑①，在你需要擦擦鼻子②的时候也不给你擦一下，因为你不懂得羊和牧羊人的区别，是她的过错。③

苏格拉底： 啊，你怎么会这么想呢？

色拉叙马霍斯： 因为你认为［**343b**］牧羊人和牧牛人考虑的是什么是对他们的牛羊有益的东西，而且他们在养肥牛羊、照料它们时，心里想的是除了对他们主人和对他们自己有益的东西之外的某个目的。此外，你还相信，城邦里的统治者——也就是真正的统治者④——用不同于人们考虑羊的方式来考虑被统治者，他们日夜考虑的是除了他们自己利益之外的东西。⑤［**343c**］你远不明白正义和公义、不义和不公义，以致你不明白正义真的是别人的"好"⑥，是对强者和统治者有利的东西，是对顺从者和服事者有害的东西。不义正好相反，它统治着那些头脑简单的人——因为这就是他们真正的样子——正义的人，而不义统治着的那些人做着对另一个更强大的

---

① 有些译者没有译出"东奔西跑"的意思（如 Bloom, Sachs, Griffith, 郭本和王太庆），但有些译者（如 Reeve, Grube & Shorey）则坚持这一层意思。

② 有些人（如 Shorey）这里把原文译为"把脸擦干净"。但大多数译者将其译作"擦鼻子"。笔者遵循后者的意见。

③ 色拉叙马霍斯的责备包含两点：（1）苏格拉底的奶妈极不负责，听任苏格拉底流着鼻涕到处玩耍游逛，在苏格拉底迫切需要擦鼻涕时，也不帮忙擦一下；（2）她甚至没有教给苏格拉底如何分辨羊和牧羊人。

④ 这里说的"真正的统治者"（ἀληθῶς ἄρχουσιν）不是指理想中的"技艺专家"（即苏格拉底之前举例的船长、医生等各种领导者），而是指现实世界中的那些以权谋私的统治者。

⑤ "牧羊人与羊群"和"统治者与被统治者"之间的这个类比最早见于《荷马史诗》。荷马曾称最高统帅阿伽门农（Ἀγαμέμνων）为"人民的牧羊人"。柏拉图在这里首次借用了这一类比，随后在剩余几卷中进一步将其"发扬光大"（对照 440d，459e）。这一政治类比理论在《政治家》中也扮演了相当重要的角色（*Statesman* 271d - 272b, 275a）。相关探讨，参 Griffith (2000: 21, n. 18)。

⑥ ἀλλότριον ἀγαθὸν（他人的好）即指对别人有益，英文一般将其表述为"the good of another"。有很多人认为，这里的 ἀγαθὸν（好）等同于 338c 处提到的 συμφέρον（利益）。总之，色拉叙马霍斯这里无非想表达这样的意思：正义其实对他人有好处，而对自己无益甚至有害。

人有利的事；他们使他们服务的那个人幸福，［**343d**］却一点也没有使自己幸福。

　　头脑简单的苏格拉底啊，你必须这样考虑①：正义的人得到的一定总是②比不义的人得到的少。首先，就拿他们彼此签订合约的事儿来说吧。当正义之人同不义之人成为合伙人后，你在他们散伙时决不会发现，正义之人比不义之人多得；相反，你只会发现少得。其次，再看和城邦有关的事儿吧。等到纳税③时，等量的财产，正义之人交税多，不义之人却交税少，但等到城邦发放退款时，［**343e**］正义之人一无所得，不义之人却大赚一笔。最后，当他们每个人都担任政治职务时，一个正义的人，即使没有受到其他方面的惩罚④，也会发现他的私事⑤恶化得更严重⑥，因为他不得不忽视这些私事，

―――――

　　① 有很多译者认为这里应为"头脑简单的苏格拉底啊，你必须这样看待这个问题"（Shorey, Bloom, Grube & Sachs）。有人则理解为"头脑简单的苏格拉底，你无法回避这个结论"（Griffith）。有人则理解为"你必须这样考虑，否则你将是最天真的"（Reeve）。有些中译本译作"头脑十分单纯的苏格拉底啊，你该看清事实"（王太庆）或"头脑简单的苏格拉底啊，难道你不该好好想想吗？"（郭本）。

　　② *pantachou*（always）：总是。

　　③ 这通常被认为是一种特殊的"课税"，与我们今天熟悉的一般意义上的"税收"不同。要知道，古雅典没有正规的税务征收系统，但富人们会资助城邦当局修建一些剧场类的建筑项目。除了战时，城邦当局一般不会向公民征收财产税。有关古雅典课税制度的介绍，参 Waterfield（1993：384）。

　　④ 雅典当时并没有我们现在所谓的政客或专门的官职人员。城邦的管理者通常都是从普通公民中选拔出来的，因此大家都是轮流任职，而且大多数工作都无任何报酬。每到任期结束，地方法官就会把公民任职期间的政绩公之于众，让公众进行监督和审查。在监督和审查过程中，如有发现哪位公民在任职期间有渎职行为，就会有专门的董事会对其予以相应处罚，参 Griffith（2000：22，n. 20）。

　　⑤ 有人译作"财务状况"（Griffith：financial position），有人译作"家庭情况"（Sachs：household circumstances）或"家庭事务"（Bloom：domestic affairs），也有些人译作"私事"（Grube & Reeve：private affairs）或"个人事务"（Shorey：one's own affairs）。有中译本译为"家务"（王太庆）或"私人的事业"（郭本）。

　　⑥ 有些人（如 Reeve, Bloom, Grube 和 Griffith）主张这里应理解为"（更加）恶化"（to deteriorate more）。也有人则主张应理解为"陷入混乱"（Shorey：falling into disorder）或"进入一种悲惨的境地"（Sachs：to get into a sorry state）。也有中译本译为"弄得一团糟"（郭本）或"搞得很糟"（王太庆）。

而且因为他的正义,他没有从国库中得到任何好处,并且他还被亲戚和相识者所憎恨,因为他不愿意为他们提供不公正的帮助。一个不正义的人在各方面的情况都是与之相反的。当然,我指的是我之前描述的那个人:[**344a**] 一个比其他人都做得更好①的大权在握的人。② 你如果想弄清楚不义比正义对个人有利多少,他就是你应该去考虑的人。如果你考虑一下最彻底的那种不义,那种使那些行

---

① "*pleonektein*"(*pleon echein*)作为动词本义是指"得到更多",通常引申为"做得更好""超越""占上风""比……强""胜过"或"过度扩张"。鉴于此,英文本一般译作"to do better"、"to outdo"、"to outcompete"、"having more than"、"to have an advantage over"、"to get the better of"或"to overreach"。这个词最早可能出现在《游叙弗伦》中。但在那里它只是一闪而过,柏拉图并没有对此作出详细的解释(*Euthyphro* 15a3)。在《理想国》中,"*pleonektein*"是一个十分重要的概念。它与《理想国》中另外一个重要的概念——"*pleonexia*"(贪婪、贪得无厌、想要得到和拥有愈来愈多东西的欲望)密切相关,其原因在于"*pleonexia*"是不义的根源所在(359c)。它会诱使一个人夺取或得到本该属于他人的东西。因此,*pleonektein* 与《理想国》中的正义定义——"干自己的事或拥有属于自己的东西"(434a,441e)——是截然对立的。关于"*pleonektein*"与"*pleonexia*"各含义及其关系的分析,参 Reeve(2004:327);Annas(1981:51);Rosen(2005:55);Rowe(2012:375, n. 15);Bloom(1991:21, n. 37);关于"*pleonexia*"一词的由来与演变,见 Balot(2001:1 – 21)。此外,对色拉叙马霍斯或格罗康而言,贪婪(*pleonexia*)不单把金钱和物质财产作为其对象,还把一个人可能想要拥有的任何事物作为对象:比如,同你想望的任何人发生性关系,杀你想杀的任何人,或者从监狱中救出你想救的任何人(Ⅱ 360c; cf. Ⅸ 579b – c)。亚里士多德同样认为,通过把财富、荣誉、身体享乐的大头(*pleion*)分给自己从而满足自身欲望的"self-lovers"(自爱者)是贪婪的(*pleonektai*)(*Nicomachean Ethics* 9.8, 1168b15 – 21)。不难看出,色拉叙马霍斯假定处在人性最深处的东西是贪婪(*pleonexia*)。格罗康对此并未否认。"*pleonexia*"这个词不仅表示想要拥有更多的东西,还表示想要比别人拥有更多的东西。它既有贪心之义,又有竞争之义。根据灵魂三分学说,贪婪是欲望之恶,独裁是激情(血性)之恶。僭主式人物的统治欲望是如此之强,以致独裁的激情动机完全臣服于 *pleonexia*。因此,这样的人必定会挪用他人的财产,占为己有。有关这个词的详解,参 Schofield(2006:278, n. 38)。

② 有人认为这句话应理解为"那个具有比其余人做得好的大能者"(Reeve);有人主张译为"那个有能力大规模地占上风的人"(Shorey 和 Bloom);也有人理解为"那个有能力大规模地施行自私的人"(Griffith)。

不义的人最幸福①、使那些遭受不义的人——那些不愿行不义的人——最悲惨②的"不义",你就会很容易理解这一点。我指的是僭主制③,因为它既使用隐蔽的手段,也使用武力,来侵占他人的财产,不管是神圣的还是世俗的,公共的还是私人的,不是一点一点

---

① 色拉叙马霍斯这里使用了 εὐδαίμων(幸福)一词的最高级形式 εὐδαιμονέστατον,即"最幸福"或"最大幸福"(Reeve: happiest/Shorey: the most happy/Grube: the greatest happiness)。色拉叙马霍斯将"僭主"奉为最不义、最幸福者的典范(344a)。这种观点最早是在《高尔吉亚》中被"反道德斗士"波鲁斯(Polus)提出的。格罗康在《理想国》卷二中称赞不义时重新复活了这种观点(360e5 - 361a5; 362b2)。最后在卷九对于"僭主"的灵魂的描述中,柏拉图进一步论述了这种观点。不难看出,色拉叙马霍斯的看法与苏格拉底的看法截然相反,因为苏格拉底在卷九强调,真正过得最好、最幸福的人是"哲人"而非僭主。僭主事实上过得最不幸、最悲惨(580c1 - 4)。有关苏格拉底式哲人与色拉叙马霍斯式僭主之间的对比分析,参Kahn(1993: 138)。

② "*athlios*"可理解为"悲惨的""凄楚的""可怜的""卑鄙的""不幸的""痛苦的""潦倒的"或"穷困的",常被英译者译为"wretched, miserable"(Reeve, Shorey & Bloom)。这里用了 ἄθλιος(悲惨)一词的最高级 ἀθλιωτάτους,即"最悲惨"或"最大悲惨"(Reeve: the most wretched/Shorey: the most miserable/Grube: the greatest misery)。

③ τυραννίς 有两层含义:(1)君主制,皇权,君权;(2)绝对权力,专横统治,君主独裁。涉及希腊城邦政体时,它通常被汉译为"僭主政体",即一人统治的政体,相当于"独裁制"。英译者通常将其译为"tyranny"(Reeve, Shorey & Bloom)。一般认为,这个词最初(至少在苏格拉底和柏拉图生活的时代之前)可能只是一个中性词,只是到后来才逐渐沦为一个贬义词。"僭主政体"是这样一种"政制":位居城邦首位的统治者拥有至高无上的权力,可以任意处置被统治者的财产、参政权、人身自由或幸福,以满足自己的贪婪私欲。这样的统治者相当于独揽政权,实行专制统治的独裁者。就僭主政体在雅典的发展情况而言,古雅典曾在柏拉图撰写《理想国》之前(约两个世纪)被僭主政体统治过一段时间。僭主政体否认公民的自由和政治参与能力,所以雅典大众(民主制的支持者)和雅典精英(寡头制的支持者)都对它深恶痛绝。在苏格拉底和柏拉图所处的时代,雅典政治的中心轴基本上摇摆于寡头政治和民主政治之间,所以当时的雅典人基本上都不喜欢"僭主政体"。"僭主政体"在柏拉图对话中总是作为被批评的对象,是有历史根源的。有关"僭主政体"在希腊历史中的演变,参 K. A. Morgan(2003)。

地，而是一下子。[**344b**] 如果有人犯了这种不正义的一部分①而被抓住，他就会受到惩罚，受到极大的谴责——当这些部分不正义的人在做出这些伤害时，他们被称为寺庙劫匪②、绑架者、入室行窃者、强盗和小偷。然而，当有人侵吞了公民们的财产，然后又绑架③并奴役了财产所有者们时，他不但没有背负这些可耻名号④，反而被称为幸福和有福的⑤：[**344c**] 不仅那些公民他们自己这么称他，甚至连所有得知他犯下了全部不义的人也都这么称他。因为，招致那些辱骂"不义"的人责备的，不是害怕做不义的事，而是害怕受"不义"的折磨。⑥

---

① 此处强调的"干了这种不义之事的一个部分（kata merē）"与后文提到的"干尽了整个（tēn holēn）不义之事"形成对照。

② ἱερόσυλος：庙宇窃贼、盗窃圣物的人或盗庙者。希腊当时的庙宇不仅是祭拜诸神的神圣之所，也是城邦公民存钱的地方，所以它一方面供众人祭拜众神之用，另一方面起公库或国有银行的作用。所以，这里谈论的庙宇窃贼无异于我们今天说的抢劫银行的大盗，但性质更为严重，因为它同时也亵渎了神灵。相关讨论，参 Reeve（2004：22）；Ferrari & Griffith（2000：22）。

③ 原文这个词有歧义。有些人认为这里应理解为"绑架"（Reeve, Shorey, Grube & Bloom：kidnap）。也有人认为这里应理解为"夺取"（Griffith：seize）或"盗取"（Sachs：steal）。此外，也有中译者认为"剥夺"（郭本）或"霸占"（王太庆）。

④ 有很多英译者尽管选用不同的词进行翻译，但共同指向同一种意思：可耻的名号或耻辱之名（Grube, Bloom & Reeve：shameful names/Sachs：disgraceful names/Griffith：terms of reproach/Shorey：opprobrious names）。有些中译本译作"恶名"（郭本，王太庆）。

⑤ 对照 354a1 – 4。

⑥ 这里更为严谨的表达为："那些谴责不义的人之所以这么做，不是因为害怕做不义的事，而是因为怕遭受不正义。"色拉叙马霍斯一语点破了一般人对于正义的态度：大众对于正义与不义的理解完全遵循的是后果主义思维。这些人本质上不会因正义本身而去行正义，而是因正义所能带来的后果去规避不义。这种情况套用时下流行的一句时髦话即"你未必是好人，只是没机会行恶而已"。此外，它与苏格拉底在《高尔吉亚》（Gorgias 475e, 469b）中的一个著名论断遥相呼应：行不义的糟糕程度与遭受不义的糟糕程度相比，必然有过之而无不及。这意味着，于苏格拉底而言，"adikein"（行不义）比"adikeisthai"（遭受不义）更"kakion"（糟）。这种看法显然与大众的一般观念截然相反。

所以你看，苏格拉底，不正义，只要①规模足够大，比正义更强大、更自由、更有控制能力②。而且，正如我从一开始就说过的，正义是对强者有利的，而不义是有利可图、对自己有利的。

〔[**344d**]色拉叙马霍斯就像一个洗澡工③，把这滔滔不绝的话语一下子灌进了④我们的耳朵，正想要抬脚离开。可在场的那些人谁

---

① 这里的关联词究竟是"如果……就……"还是"只要……就……"，有些人（如 Reeve）认为是前者，也有人（如 Griffith）认为是后者。对于这个问题，首先得区分一下二者的区别。按照通常的语法解释，（1）"如果……就……"，如果表假设，后面接的内容是能有"就……"的结果的一种或多种条件之一，一般说没有实现的事情，有点惋惜。（2）"只要……就……"，只要表限定，后面接的内容限定这一种，那么就能有"就……"的结果。一般用来叙述比较确定的事。如果有馒头就能吃饱了（很可能有其他东西吃但没吃饱）；只要有馒头就能吃饱。如果当时你在，这就好了（你在，这比较好，但你当时在哪儿；其他事情也会有"好"的结果）；只要你在这就好了（"只要"限定唯一的条件"你在"，就有"好"的结果）。所以区分了这点之后，剩下的问题只在于，色拉叙马霍斯的意思究竟指，"不正义只要施行的规模足够大，是比正义更强大、更自由、更有控制能力"，还是指"不正义如果施行的规模足够大，是比正义更强大、更自由、更有控制能力"。笔者在这里更倾向于前者，因为色拉叙马霍斯这里很可能在强调"不义"的唯一条件。

② δεσποτικός本义是指"专横，暴虐或主人派头的"。鉴于此，一些英译者主张译作"masterful"（Reeve，Bloom & Shorey）或"powerful"（Griffith）。有些中译者译作"气派"（郭本）或"专断"（王太庆）恐为不妥，因为柏拉图用这个词特指作为主人之人所具有的态度作风，而非随便什么人的态度作风或某些事物所表现的气势。而译为"专断"则略有贬义，色拉叙马霍斯明显不会贬低他所崇拜的人格理想的。总之，色拉叙马霍斯用这个词很可能想突出"僭主"是一位有超强驾驭力的城邦管理者。

③ βαλανεύς：雅典旧时公共澡堂中主要负责取水、拿肥皂、按摩、理发等工作的仆役（Shorey：a bath-man/Reeve：a bath attendant/Griffith：some bath attendants），其职责相当于中国旧时在军队、机关、学校等单位中挑水、烧火、做饭的人所从事的工作。关于这一比喻的运用，另参 536b，*Lysis* 204d，Aristophanes，*Wasps* 843。

④ 柏拉图这里用了比喻手法，把色拉叙马霍斯作的长篇演讲比作"洪水泛滥""山洪暴发"或"大雨倾盆"。然而，一些中译本这里简单将其译作"大桶的高谈阔论"（郭本）或"大量的高谈阔论"（王太庆），这在一定程度上已经丧失了原文含有的这种夸张意境。

都不肯放他走。他们要①他留下来，把他所说的话说明一下②。我自己也特别坚持：]

你真了不起，色拉叙马霍斯！你在对我们发表了这样的演讲之后，在你还没有充分地教导我们——或自我得知——你自己的言论是对是错之前，你肯定不能想着离开吧？或者你认为自己正试图决定的是一件微不足道的事情，③ [**344e**] 而不是一种生活方式——那种使我们每个人都能从中获益④最多的生活方式？⑤

---

① ἐδεόμην 这个词比较难翻译。一些人认为它应该理解为"强迫"或"命令"（Griffith，Bloom，Rowe & Waterfield：to force/Reeve：to make），也有人认为应理解为"恳求"或"乞求"（Rosen，2005：51，to beg），另有一些人则主张译作"坚持要对方做……"（Shorey & Lee：to be insistent）。笔者认为，从文中的语境看，很难断定，众人是在"强迫"色拉叙马霍斯留下来，还是"请求"他留下，因为ἐδεόμην兼有这两层含义。所以为了译出这个词模棱两可的含义，我们在这里使用了"要"这个动词，因为"要"作为动词在中文中兼有"强迫""命令""希望"和"恳求"之意。不管怎么说，这幕场景与《高尔吉亚》中的一处场景颇为相似，当时高尔吉亚也曾极力劝说卡利克勒不要走开，而应当留下来继续与苏格拉底展开论辩。

② *elenchon didonai* 本义是"做出解释，给出交代或替……辩护"。从语法上讲，它类似于另一个常见的表达"*dikên didonai*"（遭受惩罚，受到恶报，支付罚金）（对照克法洛斯在330d8处告诫苏格拉底时说的话以及色拉叙马霍斯337d7对苏格拉底的威胁）。

③ 苏格拉底在不少对话中强调，涉及正义与不义话题的讨论并非简单的语词游戏，而是一个严肃的道德问题，即关乎一个人人生道路抉择的大事。比如，在《高尔吉亚》中，他特别叮嘱众人，"不要把我所说的话当作儿戏，要知道，我们讨论的主题是一个人如何生活——多少有点儿头脑的人都会认识到，没有什么主题能比这更值得严肃思考，不是吗？"（*Gorgias* 500c）关于《高尔吉亚》与《理想国》在这一方面的连续性，参 Annas（1981：56）。柏拉图关于这个问题的讨论，参 *Republic* 352d，377b，578c，608b，*Gorgias* 492c，500c，*Laches* 185a。

④ 苏格拉底这里用的"*lusiteloun*"（有益，344e2-3）一词相当于他随后定义正义时使用的"*sumpheron*"（有利，338c2）一词。其实，他随后在341a4和344c7处再次使用了"*sumpheron*"一词。

⑤ 最后这句话较为直白的理解即："我们正试图定义的是生活的全部行为，即我们每个人怎样才能以最有益的方式生活"（Griffith），或"我们正试图确定的是人生道路，凭此我们每个人会使生活最有益、最有价值"（Shorey，Sachs & Bloom）。有些中译本对这句话的理解略有偏差。比如，郭斌和等译为："它牵涉到每个人一生的道路问题——究竟做哪种人最为有利？"王太庆更是牵强地理解为："我们每个人应当做的难道不是过最高尚的生活吗？"

色拉叙马霍斯：你的意思是说，我不认为这是一个严肃的问题吗？

苏格拉底：要么是这样，要么是你根本不关心①我们，所以不担心我们会因为不知道你声称知道的事情而生活得更好或更糟。[345a] 不要啊，做个好人吧，表现出愿意教我们的意愿吧。如果你帮助一个像我们这么大的群体，你不会是在为自己做坏事。就我个人而言，我会告诉你我没有被说服。我不相信不义比正义更有益，即使你给它②充分的空间去做它想做的事。我的好朋友，假设有一个不正义的人，假设他确实有能力做不义的事，无论是通过秘密的手段还是公开的战争。尽管如此，他并没有说服我，不义比正义更有益③。[345b] 也许这里除了我之外还有人和我有同样的感受。所以，尽管你是有福的，但你将不得不充分说服我们，在考虑问题时，我们错误地把正义看得比不正义更重要。

色拉叙马霍斯：我怎样才能说服你呢？如果你不相信我刚才说的话，我还能做什么呢？我要把我的论点倾注到你的灵魂④里吗？

苏格拉底：不要啊，宙斯在上，千万别那样做！但首先，坚持你已经说过的话，⑤或者，如果你改变了立场，公开地改，不要试图欺骗我们。你看，[345c] 色拉叙马霍斯，继续检查你之前说过

---

① *meletê* 本义是"关心，关怀"（参 *Apology* 24c7），也有"长期实践、研究或关注"的意思，参 T. G. West & G. S. West (1998: 73)。

② 此处的"它"代指"不义"。柏拉图这里显然用了拟人修辞手法。

③ κερδαλέος：有益，有利。

④ 现代哲学所讨论的"心灵"（mind）一词与传统上译为"灵魂"（*psuchē*, soul）的希腊词并非同义词。不过，二者又是密切相关的。把柏拉图关于"灵魂"（*psuchai*, souls）的说法应用于"心灵"（minds），这常常是行得通的。事实上，这两个术语在任何情形下都是相当有弹性的。有关 *psuchē* 及其与 mind 之间关系的讨论，参 Taylor (1997: 411, n. 1)。

⑤ 对照 *Gorgias* 499 b - c；334 e, 340 b - c。

的事情，在定义了真正的医生后，当你后来把注意力转向真正的牧羊人时，你认为没必要保持同样的精确水平。你不认为一个牧羊人，就他是一个牧羊人来说，养肥羊群是为了做对羊群最有好处的事情。相反，你认为，就像一位即将在宴会上受到款待的客人，[**345d**] 他的目标是吃得好或做一笔未来的买卖——就好像他是一个很会赚钱的人，而不是一个牧羊人。可是，牧羊这门技艺唯一关心的肯定是为其所处理的对象提供最好的东西，因为正如我们所知，当①它在任何方面都不逊于牧羊技艺时，它本身就有足够的资源来满足它达到最佳状态所需要的一切②。无论如何，这就是为什么我认为我们有必要在此之前③达成一致，即每种统治——就它是一种统治来说——除了为它所统治和关心的对象寻求最佳利益外，别无所求，[**345e**] 而且无论是在政治统治还是私人统治中情况都是如此。不过，你认为那些统治城邦的人——那些真正的统治者——是自愿统治的吗？

5. 统治的报酬（345e–347e）

色拉叙马霍斯：宙斯在上，我想，是不愿意的。这个我还是知道的。

苏格拉底：可是，色拉叙马霍斯啊，你难道没有意识到在其他类型的统治中没有自愿的统治者吗？相反，他们要求获得报酬的前提是，他们的统治不会让他们自己受益，而是让他们的臣民受益。[**346a**] 告诉我，我们不是说，每一种技艺在它所能做的事情上都各

---

① Bloom 和 Shorey 认为应理解为"只要"（as long as）。Reeve 认为应理解为"当"（when）。很难确定哪一种理解更准确，因为柏拉图似乎在这方面没有做过十分明确、具体的区分。

② 类似的说法，参 343b, Aristotle, *Nicomachean Ethics* 1102a8；参 347e, 520d。

③ "之前的说法"主要指文段 341e–342e 处说的那个言论。

不相同吗？虽然你是有福的，但请不要违背你的信念①回答，这样我们才能得出明确的结论。

色拉叙马霍斯：没错，使它们彼此不同的东西就在于此。

苏格拉底：每一门技艺岂不提供给人们某种特有的②不同于其他技艺提供的利益？比如，医术提供给我们健康，而在海上航行时航海术则提供给我们安全，其他技艺也都可以如此类推？

色拉叙马霍斯：当然。

苏格拉底：此外，谋生技艺岂不提供给我们薪酬，因为这是它之所能？还是，你会称医术和航海术为同一技艺？你如果想照你之前建议的那样精确定义这些事情，那么，即便哪位舵手因航海对他有益而

---

① "真诚问题"在《克里同》和《理想国》这两部对话中与一个现实的问题紧密相关。在《克里同》中，人们经常探讨的一个问题是，以"真诚"的视角看，苏格拉底和克里同共同做出关于苏格拉底逃跑的决定是否恰当、合理？苏格拉底这里力劝色拉叙马霍斯不要掩藏真心，以防对方有关于"如何最好地生活"的答案却因为有一人独享的心思而舍不得给出。如果色拉叙马霍斯果真知道这个问题的答案，那他出于友情之需肯定会告诉在场的所有人。苏格拉底在《高尔吉亚》中也正是基于同样的理由力劝卡利克勒把他知道的秘密公之于众（*Gorgias* 500b - c）。就当前的语境而言，苏格拉底要求克里同和色拉叙马霍斯在回答问题时"不要说与自己信念相反的话"（cf. *Crito* 49d；*Republic* 346a）。这表明，"真诚"在这里之所以受到重视，不是因其本身，而是因其结果。进一步说，苏格拉底之所以选真诚而舍不真诚，是因为真诚要求对话者基于自己的信念行事，而不是说一些言不由衷的话来敷衍对方。再者，之所以选真诚而舍娱乐，是因为通常所谓的"信念"不只对思索，也对"实际行动"有实质性影响。此外，反讽与真诚问题也常常被放在一起讨论。当然，苏格拉底的反讽与苏格拉底向对话者所要求的"真诚"之间的关系如何，是一个异常复杂的问题。我们在此不宜细细展开。但就"反讽"而言，需要强调的是，"反讽"不是简单指说相反的话，而是指一种不说出自己的真实想法的复杂过程，即一种隐藏、质问的过程。反讽总是必然要假定一个双重的说话者和一个双重的听众。说话者说的话有时确实是他真实的想法，有时却不是。听众有时确实理解了说话者的意思，有时获得的理解却跟说话者实际所指的意思南辕北辙。关于"真诚"在探究哲学问题中的作用与意义的分析，参 McCabe（2007：59，29 - 30）；有关反讽与真诚的区分，参 Nehamas（1998：59 - 60）；对苏格拉底的无知与反讽的关系的探讨，参 MacKenzie（1988：331 - 350）。

② "idion"的本义是指"私人的"，其与"公共的"或"共同的"相对立。公私之间的利益冲突问题通常被视为《理想国》中十分重要的议题之一。相关探讨，参 Bloom（1991：445 - 446，n. 41）。

变得健康了，[346b] 你也不会因此称他从事的航海术为医术吧？

色拉叙马霍斯：当然不会了。

苏格拉底：你也不会称谋生技艺为医术，即便有人在谋生中变得健康了？

色拉叙马霍斯：当然不会。

苏格拉底：你也不会称医术为谋生技艺，即便有人在行医期间挣了薪酬？

色拉叙马霍斯：[346c] 不会。

苏格拉底：每门技艺都带来它自身特有的利益，这岂不是我们一致同意了的？

色拉叙马霍斯：没错，同意了的。

苏格拉底：如果有一种利益是所有技工都享有的，那显然是因为大家都运用了同一种〈而非各自特有的〉技艺。

色拉叙马霍斯：好像如此。

苏格拉底：又，我们是否说讨论中的那种使技工通过"赚薪酬"受益的额外附加的技艺就是"谋生技艺"？

〔他不情愿地同意了。〕

苏格拉底：那么，对每个技工来说，"领取薪酬"这种益处并非由他们各自的技艺提供。[346d] 相反，如果要"精确"研究这个问题，我们就必须这样说：医术提供了健康，谋生之术则提供了薪酬；造房之术提供了房子，伴随它产生的谋生之术则提供了薪酬；其他技艺的情况也莫不如此。它们每个都各尽其职，使其处理的对象受益。除了〈所添加的〉薪酬，技工是否从各自的技艺本身中获取别的利益？[1]

---

[1] 苏格拉底在这一轮论辩中指出"诸技艺"（*technai*）具有不同"能力"（*dunamis*，346a3），所以它们生产不同"产品"（*ergon*，346d5）并主管不同题材（346d6）。区分不同技艺的原则就在于此。这一原则最早在《伊安》中使用，但柏拉图那时只蜻蜓点水地提了一下，并没有展开专门论述（*Ion* 537c–538a）。这里重提这一原则，主要目的在于为卷五区分"知识"与"意见"的讨论做准备（*Republic* 477d）。相关讨论，参 Kahn（1993：138）。

色拉叙马霍斯： 显然没有。

苏格拉底： 但他仍提供了一种利益，[**346e**] 即使当他徒劳无功、白费气力时？

色拉叙马霍斯： 对，我想是这样。

苏格拉底： 那么，现在清楚了，色拉叙马霍斯，没有哪一门技艺或统治提供对它自身有益的东西。相反，像我们一直①所说的，它提供和命令对被统治者有利的东西，旨在追求弱者——而不是强者——的利益。亲爱的色拉叙马霍斯啊，这就是为什么我刚才说，没有人自愿选择统治，把别人的麻烦揽在自己手里来解决，而是每个人都索要报酬。要知道，任何打算施展其技艺的人 [**347a**]，都决不做和命令于己最有益的事——至少不在他按自身技艺规定下的指令行动时这样做——而是做或命令于被统治者最有利的事。正因如此，假如有人愿意②统治，似乎就得给他提供薪酬，或给钱，或给名，或他推辞，就给予惩罚。③

6. 最大的惩罚（347a–348b）

格罗康： 苏格拉底啊，你这样说是什么意思？头两种薪酬我都熟悉，但不懂你说的"惩罚"是指什么？你怎么称它也是一种薪酬呢？④

---

① Shorey 认为应理解为"前一阵子"。Reeve 则认为应理解为"一段时间"。Bloom 则主张译为"自始至终"（一直）。笔者同意 Bloom 的看法，因为苏格拉底一直以来确实没有更改过立场。

② Reeve 和 Bloom 认为应理解为"愿意"。Shorey 认为应理解为"同意"。笔者认为理解为"愿意"更妥，因为苏格拉底这里反复强调的是"意愿"问题。

③ 参见 345e；另对照亚里士多德的《尼各马可伦理学》（1134b6）。

④ 格罗康这里的困惑有二：第一，苏格拉底所谓的惩罚究竟何指？第二，惩罚何以被归为报酬的范畴？此外，柏拉图惯用戏剧方式解释隐喻、抽象概念和复杂定义。类似的例子，参 Republic 352e、377a、413a、429 c、438b、510b。

苏格拉底：看来，你不明白最优秀的人①所得的那种薪酬，即那种说服最适合统治的人在他们愿意②统治时所得的报酬。[**347b**] 你难道不晓得，爱名贪钱被视为一种耻辱，而且事实上也的确可耻吗？③

格罗康：怎么不晓得！

苏格拉底：那么，这就是为何好人不会为了金钱或荣誉而统治④。你看，如果他们因为统治而被公开支付工资，他们就会被称为雇工，如果他们偷偷地把工资当作统治的果实，他们就会被称为小偷。[**347c**] 另一方面，他们也不会为了荣誉而统治，因为他们不是有野心的荣誉爱好者⑤。所以，若要使他们愿意统治，就必须对他们

---

① 有人（如 Griffith）认为这里应理解为"最好的统治者"；有人（如 Shorey 和 Reeve）则认为应理解为"最好的人"；也有人（如 Bloom）主张理解为"最正派的人"。笔者认为这几种理解都可以，因为在《理想国》中，苏格拉底所说的"好"几乎等同于"优秀"和"正义"（涵盖理智和道德两个层面）。

② 有人（如 Griffith）认为这里应理解为"准备好"；有人（如 Reeve, Bloom 和 Sachs）认为是"愿意"；也有人（如 Shorey）认为应理解为"同意"。笔者认为这几种理解差别不大，因为这些理解都共同强调"统治者"有积极参与统治的意志。

③ 也有人如 Reeve 认为这句话的准确理解应为："你难道不知道那些热爱荣誉与金钱的人被人看不起，而且理当如此吗？"笔者认为这样的理解与笔者自己在正文中的理解差别不大。苏格拉底这里无非是想强调两点：第一，无论是贪图名利这种行为还是贪图名利或荣华富贵的人都被认为是可耻的；第二，他肯定人们作出的这种价值判断，认为有这种行为的人事实上也应受到这样的舆论谴责。此外对照 581c：哲人们是"爱智者"（*philosophoi*），护卫者们是"爱名者或荣誉爱好者"（*philotimoi*），工人们或生产者是"爱钱者或物质资料爱好者"（*philochrêmatoi*）。在《理想国》第一卷中依次出场的这三位对话者克法洛斯、玻勒马霍斯和色拉叙马霍斯当中，克法洛斯通常被视为是典型的爱钱者，而玻勒马霍斯和色拉叙马霍斯则既有爱钱者的特征，也有爱名者的特征。相关探讨，参 Reeve（1988：40–41）。

④ 此处的"统治"既可以理解为"谋求公职"，也可以理解为"担任公职"或"当官"。（下同）

⑤ οὐ γάρ εἰσι φιλότιμοι，即"他们并非是贪求荣誉的人"（Reeve：他们不是雄心勃勃的荣誉爱好者/Bloom：他们不是荣誉的爱好者/Shorey & Allen（1944）：他们不贪图荣誉）。

施加某种强制①或惩罚——这可能就是为什么在人们认为不必统治的时候想要统治是可耻的。现在，对不愿意统治的最大惩罚②就是被比自己更差的人统治。③ 我认为正是对这一点的恐惧让好人在统治的时候统治。他们接近统治，不是好像他们要做什么好事，或好像他们要享受其中，而是他们把它作为某种无可避免的事④，因为他们不能把它委托给比他们更好的人，甚至是像他们一样好的人。[**347d**]在一个好人城里⑤，如果它形成了，公民们会为了不去统治而战斗，

---

① "强迫统治"（ἀνάγκη，347c3，d1）和上文提到的"统治薪酬"（μισθός，345e6，347a1 – b7）在后面几卷中频繁出现（ἀνάγκη，3.416e2，4.419a20，5.463b3，464c；μισθός，6.519e4，520a8，e2，521b7，7.539e3，540b5）。

② "最大惩罚""最重要的惩罚"或"终极惩罚"（Reeve：最大的惩罚/Waterfield：最终的惩罚/Bloom：最大之罚/Shorey：首要惩罚）。相关论述，见亚里士多德的《政治学》（*Politics* 1318b36）。

③ 不少人在这句话的理解上存在分歧。比如，有人（如 Reeve）认为这句话应理解为"对不愿统治的最大惩罚则是受治于比他差的人"。一些中译者如郭斌和等将此译作"但最大的惩罚还是你不去管人，却让比你坏的人来管你了"；王太庆则译为"对好人的最大惩罚则是自己不愿统治别人而被比自己坏的人统治"。事实上，苏格拉底在这里想表达的意思是：好人如果不愿意统治，那对好人最大的惩罚则是被比自己坏的人统治。这也是苏格拉底在对话中第一次指出"恶人当道"的可怕性（这为后来的"贤人政治模式"埋下伏笔）。哲人为了避免恶人当道，就必须出来参与统治，尽管这违背了他自己的意愿和志趣。因此，苏格拉底才说哲人起初不愿意统治，但最终又会参与统治。这其实不像人们通常认为的是自相矛盾或从根本上背离了哲人的幸福。他意在强调哲人参与统治是一种迫不得已，在根本上其实是在维护自己的利益，至少避免了最大惩罚。

④ 有些人认为这里应理解为"某种必要的或不可避免的东西"（Reeve：something necessary/Griffith：something unavoidable/Bloom：a necessity）。但也有人主张这里应理解为"必要之恶"或"无可避免之灾祸"（Shorey：a necessary evil）。笔者觉得这里最好理解为"某种无可避免的事"，因为按照当前语境苏格拉底这里只是想强调好人参与统治并非自愿，而是迫不得已。因此他并没有说"统治"是一种恶。此外，关于"好"（the good）与"必要"（the necessary）之间辩证关系的讨论，参 358c，493c，540b，*Laws* 628c – d，858a，*Metaphysics* 1072b12。

⑤ "好人城"指的是全由好人组成的城邦。

就像他们现在为了统治而战斗一样。① 很明显，任何真正的统治者都不会自然地寻求对自己有利的东西，而是寻求对其臣民有利的东西。因此，任何有理智的人都宁愿受益于他人，而不愿麻烦地去造福他人。② [**347e**] 所以我一点也不同意色拉叙马霍斯的观点：正义是对强者有利的东西。但我们下次③会深入探讨。色拉叙马霍斯现在所说的——一个不义的人的生活比一个正义的人的生活更强④——似乎更重要。格罗康，你会选择哪种生活？你认为我们的哪个观点更接近真实？⑤

---

① 苏格拉底随后提出了一个与之相反的"猪邦"（a city of pigs）（372d）。这是柏拉图对"理想城邦"（the Ideal City）给出的第一次暗示（Adam，i．46）。苏格拉底设想的"理想共同体"具有的一个显著特征是：其中的每个成员都不愿参与"统治"，甚至不愿与"政治权力"有任何交集。这个观点在别处也表达过（对照521a，586c，519c-e）。因此，人们通常认为，这个"好人城"正是苏格拉底在后面几卷中要构建的"理想之邦"。苏格拉底在卷七中明确强调："统治"一职在哲人当中不受欢迎。但他又强调，已从"洞穴"中解放出来的哲人很有必要再次下到洞穴中管理城邦。这种"必要性"（义务或责任）远胜过哲人自身的志趣。苏格拉底的这一说法引发了一系列问题，如逼迫哲人参与政治是否违背哲人自身的利益，是否正义？哲人的私人利益能否在参与政治中得到满足？哲人为何要屈尊参与政治？哲人的幸福是否会因为这种强迫而受到削弱等？这些问题非常重要，因为它们涉及"理想城邦"能否实现，其中的每个公民能否幸福等问题。有关这些问题的讨论，参 Andrew（1983：510-535）；Seery（1988：229-256）；Rosen（1964：63）；Sedley（2007：256-283）。

② 这句话更为直白地表达为：所以每一个有头脑的人都宁愿受到别人的帮助，而不愿不辞劳苦地费力帮助他人。

③ εἰσαῦθις（以后）一词已经将问题全都公之于众（对照430c）。这表明色拉叙马霍斯正义定义的启发性已被挖掘殆尽，苏格拉底开始把目光转向另外一个大问题：不义生活是否比正义生活更有益。

④ Bloom 认为这里应译为比较级"更强"（stronger）。Reeve, Shorey, Griffith 和 Waterfield 等人则主张译为比较级"更好"（better）。笔者较倾向于 Bloom 的看法，因为柏拉图确实使用了"*kreitton*"一词，同时也认为可以译为"更好"，因为柏拉图这里就是在比较两种生活的优越性。但因为"强"在中文中也有"优越或好"这一层意思，故选用"强"。此外，"人若想生活得好，生活得幸福，究竟应该怎样生活"是《理想国》的核心问题。苏格拉底这里抛出了两种选择：正义或不正义？道德或不道德？

⑤ 一种更为平实的翻译为："格罗康，你会挑选哪一种生活方式？你觉得哪一种说得更为确切？"

格罗康：我认为一个正义的人的生活更有益。①

7. 不义作为一种美德（347e – 349b）

苏格拉底：［**348a**］你没有听到色拉叙马霍斯刚才把所有的好东西都归功于那个不正义的人了吗？

格罗康：听到了，但我没被说服。

苏格拉底：那么，如果我们能找到方法，你想让我们说服他，他说的不是真的吗？

格罗康：当然想了。

苏格拉底：好吧，如果我们用一个与他的演讲平行的演讲来反对他，依次列举出许多来自"正义"的好事物，然后他回答，然后我们再反驳，我们将不得不计算和衡量双方提到的好事物，［**348b**］而且我们需要一个陪审团②来裁决这个案子③。但另一方面，如果我们探究这个问题，就像我们一直在做的那样，通过寻求彼此的一致意见④，那我们自己可以同时成为陪审团和辩护人⑤。

格罗康：确实如此。

苏格拉底：那么你更喜欢哪种方法呢？

格罗康：第二种。

---

① 人们通常认为，苏格拉底在论证中战胜色拉叙马霍斯的计策之一就是诉诸周围年轻听众的识别力和羞耻感。他在大庭广众之下问格罗康是否认为正义者的生活比不义之人的生活有益。这位年轻贵族深知堂而皇之地只顾逐利并不光彩，只好曲意迎合苏格拉底的立场。但格罗康在卷二开头公然抛弃了这个立场。对于格罗康这一态度之转变的原因的分析，参 C. H. Zuckert & M. P. Zuckert（2008：343）。

② δικασταὶ：法官，陪审团（Reeve：jury/Bloom：judges）。

③ tōn diakrinountōn：判案（to decide the case）。

④ anomologoumenoi pros allelous：彼此之间达成协议（Reeve：寻求彼此之间的一致/Bloom：在彼此之间达成一致意见/D. J. Allen：在彼此之间达成协议）。苏格拉底这里把这种"问答式的谈话"称为"anomologoumenoi pros allêlous"。

⑤ ῥήτορες（rhêtores）本义是"公开演讲者"或"修辞学家"（public speakers, rhetoricians），这里是指法庭上的抗辩人或辩护人，相当于现在的"律师"（Bloom：pleaders/Reeve：advocates）。

苏格拉底：来吧，色拉叙马霍斯，从头开始回答我们。你不是说，完全的不义比完全的正义更有益吗？

色拉叙马霍斯：[**348c**] 我的确这么说过。而且，我还告诉了你原因呢。

苏格拉底：那么好，你对此是怎么看的，你把两者中的一个称为美德，另一个称为恶习①吗？

色拉叙马霍斯：当然了。

苏格拉底：也就是说，你把正义叫作美德，把不正义叫作恶习？

色拉叙马霍斯：你这小可爱啊，当我说了"不义有利，正义则不是"后，我又怎么可能说出这种话呢？

苏格拉底：那你到底怎么说？

色拉叙马霍斯：正相反。

苏格拉底：也就是说，正义是一种恶习喽？

色拉叙马霍斯：不，它只是非常高贵的天真。②

苏格拉底：所以，你称"不义"是不光明正大喽？

色拉叙马霍斯：[**348d**] 不，我管它叫"精明"。③

苏格拉底：色拉叙马霍斯，你也认为不义之人是明智和良

---

① κακία 本义指"性能方面的恶劣"，可引申为"恶习、缺点、劣性、邪恶或缺损"，与"ἀρετή"（优秀）相对立。另外，它也有"懦弱"和"懒惰"之义（Reeve, Shorey & Bloom：vice/Rowe：badness）。关于"kakia"一词的概念分析，参 Annas（1981：48）。

② γενναῖος：高尚的，高贵，高洁。εὐήθεια 有两层含义：第一层偏向于肯定，高贵的单纯；第二层偏向于贬低，阅世不深，头脑简单。色拉叙马霍斯这里试图混用二者，凸显其负面意思（色拉叙马霍斯在 343c6 处就称正义者头脑简单），苏格拉底则故意误以为对方在使用这个词的正面意义，即"纯真、直率、正直"。相关解释，参 Reeve（2004：26, n. 24）。

③ Εὐβουλία（*euboulia*）：深谋远虑，顾虑周到的，世故的，审慎的，忠告。苏格拉底早在《普罗泰戈拉》中就问过这样的问题：不义之人是否有可能提出"好计谋"（*euboulia*）（*Protagoras* 333d；318e）？普罗泰戈拉的回答是"有可能"。另外，《小希比亚》中主张，狡诈是"说谎者"（*ho pseudês*）的标志，却同狡猾、智力和智慧同属一列（*Hippias Minor* 365d–366a），参 Hobbs（2000：168）。

善的？

色拉叙马霍斯：没错，如果他们完全不正义，并能把诸城邦和整个国民①置于他们的权力之下。也许，你以为我指的是扒手？如果没有被发现②，这类犯罪也不是没有利润的。[348e] 但与我所描述的相比，它们不值得讨论。

苏格拉底：你想错了，我不是不明白你的意思。但这确实使我吃惊：你竟然把不义跟美德和智慧摆在一起，而把正义与它们的对立面放在一处。

色拉叙马霍斯：不管怎样，这就是我放置它们的地方。

苏格拉底：朋友啊，这是一个更难的问题，要知道怎样回答是不容易的。如果你像其他一些人③那样，宣称不正义更有利可图，但又同意它是一种恶习或耻辱，那么我们可以在传统观点④的基础上讨论这个问题。但现在，很明显，你会说，不正义是美好的，是强大的，[349a] 并将我们过去应用于"正义"的所有属性应用于它，因为你敢于将它与美德和智慧归为一类。

---

① 这里应为"整个民族、全体国民"（Reeve：whole nations/Griffith：nations），而不是"部族之人"（Shorey & Bloom：tribes of men），因为ἔθνος的本义是指"惯于住在一起的一群人"，因此理解为"民族"更妥。

② λανθάνω是指"躲过某人的注意，侥幸逃脱，未被察觉的"。

③ ἄλλοι τινές应该是指"其他一些人"（Reeve：some others/Shorey：some other），而不是"大多数人"（Griffith：most people）。这里说的"另一些人"极有可能包括像《高尔吉亚》中波鲁斯这样的人物（Gorgias 474 – 475，482 d – e）。

④ κατὰ τὰ νομιζόμενα（kata ta nomizomena）：依传统观点，基于传统原则，据习惯用法或基于传统路线（Reeve：在传统观点的基础上/Shorey：根据传统原则/Bloom：按照惯例/Griffith：遵循传统路线/Grube：通过诉诸传统原则）。在早期对话中，苏格拉底假定，传统上认定的美德即为真德，正义则属于传统美德之列。但色拉叙马霍斯拒不承认正义是一种美德。因此苏格拉底就无法基于传统看法反驳色拉叙马霍斯。相反，他只能借助被一些人称为"一个非常荒谬的论点"这样的策略进行反击，即不义不可能是一种美德，因为它不是一门技艺。关于苏格拉底反驳的分析，参 Reeve（1988：20）。

色拉叙马霍斯：你完全猜对①了我的观点。

苏格拉底：尽管如此，只要我认为你说的是你真正想说的，我们②就不应该回避这个论点，不应该回避研究这个问题。你看，色拉叙马霍斯，我相信你现在真的不是在开玩笑，而是在说你相信的"真理"。③

色拉叙马霍斯：不管我信不信，这对你有什么影响？你不是应该反驳我的说法吗？

8. 不义的优越性（349b – 350c）

苏格拉底：[**349b**] 这没什么区别。但我还想让你回答一个

---

① μαντεύομαι 本义是"预言"，可引申为"猜测"（Reeve：to guess），英文通常解释为"to divine, prophesy, presage, augur, forbode, surmise"，故有译者把这句话理解为"你真是一个名副其实的先知"（Shorey）或"你预言得很准确"（Bloom）。

② Shorey 认为这里应是第一人称单数"我"。Reeve 等人则主张是复数"我们"。苏格拉底此时显然是想拉拢色拉叙马霍斯一起加入探究"正义本性"的宏伟事业。

③ περὶ τῆς ἀληθείας 可能暗示了智者时代和前苏格拉底时期的书籍所使用的那种教条式标题，如安蒂丰（Antiphon）的《论真理》（Περὶ Ἀληθείας）（cf. *Theaetetus* 161c；Luginbill, 1997：163 – 187）。在"辩驳式对话"（the elenctic dialogues）中，我们常看到苏格拉底鼓励对话者说出自己所信奉的东西。他这么做为的是让对话者的观点和他本人的观点可以在论证中得到检验（e.g., *Gorgias* 500b, *Republic* 346a, 337c；*Crito* 49c – d；*Protagoras* 331c；*Gorgias* 495a – b，*Laches* 193c）。然而，也有例外情况发生。比如，有时苏格拉底会放宽对对话者的要求，即他嘱咐对话者不一定非得说出自己信奉的东西。在讨论中，苏格拉底之所以坚持这样的原则在于他认为一旦对话者说了什么言论，他就要忠于其言论的后果，即便在他试图撤出讨论时也是如此。比如，苏格拉底曾精心诱使高尔吉亚做出一个言不由衷的断言。这个断言因其"无诚意"而受到卡利克勒的嘲笑（*Gorgias* 499b – c）。苏格拉底允许普罗泰戈拉讨论大多数人的观点（而不是普罗泰戈拉本人的观点），其前提是，只要普罗泰戈拉肯如实回答自己的问题。而在《理想国》接下来的 349a10 处，当色拉叙马霍斯问苏格拉底"不管我信不信，这对你有什么影响"这个问题时，苏格拉底给出的回答却是"没什么区别"。如果这里存在一种规则，那这个规则就是期待对话者做出并坚持"一个绝对的主张"。有关这一原则的详细探讨，参 Kahn（1992：233 – 258）。此外，苏格拉底虽然允许对话者撤销自己的主张或提出新主张，但对以下这种情况却缺少宽容：他不允许对话者采取某种方式将自己与自己所采取的那种在论辩中处于下风的立场相分离。关于这点的详细探讨，参 Weiss（2001：102，n. 57）。

更深入的问题：你认为一个正义的人想要胜过另一个正义的人吗？

色拉叙马霍斯：根本不想。否则，他就不会是那个真正的文明人①和天真的人。

苏格拉底：那正义行动呢？

色拉叙马霍斯：也不想。

苏格拉底：他是否声称他应当②胜过不义之人，并且相信他这么做就是正义的，还是他不相信？

色拉叙马霍斯：他想要胜过不义之人，也会声称应当这么做，但他没有这个能力，做不到。

苏格拉底：这不是我问的问题。[**349c**] 我问的是，一个正义之人是不是不仅想，而且自称应胜过不义之人，但不想，也不自称应胜过别的正义之人？

色拉叙马霍斯：是的。

苏格拉底：那么，不义之人呢？他声称自己应胜过正义之人或正义行为吗？

色拉叙马霍斯：当然声称了。他认为自己应胜过所有人。

苏格拉底：那么，不义之人也会胜过别的不义之人或不义行为吗？他会尽其所能从所有人③那里为自己谋取最大的利润吗？

色拉叙马霍斯：会的。

苏格拉底：那我们这样说：正义之人不力图胜过像他这样的人，却力图胜过不像他的人，不义之人则对像他的和不像他的都力图胜过。

---

① 即有道德的、有礼貌的、有教养的、举止得体的人。
② Shorey 主张删掉"应当"一词。Reeve，Griffith 和 Bloom 等人则主张保留。笔者觉得不宜删去。
③ Reeve 认为这里应理解为"everyone"（所有人）。Shorey 则认为它应理解为"everything"（所有事）。笔者倾向于 Reeve 的理解。

色拉叙马霍斯：[**349d**] 说得好。

苏格拉底：这样看，不义之人是明智和良善的，正义之人则两方面都不是。

色拉叙马霍斯：同样说得好。

苏格拉底：所以，不义之人同明智和良善的人相似，正义之人则与他们各不相似？

色拉叙马霍斯：当然。既然正义之人本人具有这样的品质，那么，他怎么能不像拥有这样品质的人呢？不过，不义之人是不像他们的。

苏格拉底：很好。那他们各自都具有与自身相似的人的那些品质喽？

色拉叙马霍斯：怎么没有？

苏格拉底：很好，色拉叙马霍斯。[**349e**] 你是否称有人为"精通音乐者"，另一个人为"不通音乐者"？

色拉叙马霍斯：称的。

苏格拉底：他们中哪个在音乐方面有智慧，① 哪一个则没有？

色拉叙马霍斯："精通音乐者"大概有智慧，"不通音乐者"则没有智慧。

苏格拉底：又，他在其有智慧的事情上好，在没有智慧的事情上坏？②

色拉叙马霍斯：没错。

苏格拉底：情况对医生岂不也一样？

色拉叙马霍斯：一样。

苏格拉底：那么，色拉叙马霍斯，你认为一位乐师在调琴定弦

---

① 这里的"*phronimos*"（有智慧的）几乎等同于"*sophos*"（明智的）一词。至少在当前论证中，情况是这样的。相关讨论，参 Rowe（2012：376，n. 18）。

② 类似的说法，参 *Laches* 194d，*Lysis* 210d，*Gorgias* 504d。

时，① 想要胜过别的乐师，并且宣称这是他应做的吗？

色拉叙马霍斯：我不这样认为。

苏格拉底：但他确实想胜过"非乐师者"？

色拉叙马霍斯：必然如此。

苏格拉底：那医生呢？［**350a**］他在规定饮食时是否想胜过别的医生或医疗实践？

色拉叙马霍斯：当然不想了。

苏格拉底：但他确实想胜过"非医生者"？

色拉叙马霍斯：没错。

苏格拉底：在知识或无知的任何分支中，你是否认为一个有知识者②会故意比另一个有知识者为自己谋取更多利益，或者有意做更多的事或说更多的话，而不是像那些与他类似的人在同一情形下③做事？

色拉叙马霍斯：我想，情况一定如你所说。

苏格拉底：那无知者呢？［**350b**］他岂不是既想胜过有知者，又想胜过无知者？

色拉叙马霍斯：我认为是这样的。

苏格拉底：又，有知者明智吗？

色拉叙马霍斯：同意。

---

① *harmottomenos luran*：调琴。很显然，在苏格拉底看来，专业调音师的行为就在于"*harmottesthai*"（让乐器发出的声音合拍），这种行为的目的就是让音调"*harmonia*"，即谐美、和谐。有关这个词的详细讨论，参 Rudebusch（2002：99）。

② *epistêmon*：知识渊博的，有知识的，有见识的，聪明的。它是"*epistêmê*"（知识）一词的形容词形式。就"*epistêmê*"而言，它通常被英译为"knowledge"，其本义是指技艺或制作方面的专门技能。从词源角度来看，它衍生于 *epistasthai*。*Epistasthai* 则通常被译为"拥有知识"。有关"*epistêmê*"一词的概念分析，参 T. G. West & G. S. West（1998：66，n. 14）。

③ Shorey 和 Bloom 认为这里应理解成"同一行动"（in the same action）。Reeve 则主张理解为"同一情形"（in the same situation）。显然，Reeve 的理解更为宽泛。从文中信息来看，苏格拉底这里谈论的内容不仅涉及行动，而且涉及言谈。因此，Reeve 的理解更妥。

苏格拉底：明智者好①吗？

色拉叙马霍斯：同意。

苏格拉底：所以，好的明智者不想胜过像他的人，却既想胜过不像他的人，也想胜过与他相反的人。

色拉叙马霍斯：看似如此。

苏格拉底：[350c]但坏的无知者却既想胜过同自己相似的人，也想胜过同自己相反的人。

色拉叙马霍斯：显然如此。

苏格拉底：很好，色拉叙马霍斯，我们发现，不义之人既试图要胜过与自己相似的人，也试图胜过与自己不相似的人。这岂不就是你刚才说的？

色拉叙马霍斯：没错。

苏格拉底：正义之人将不会胜过与自己相似的人，而会胜过与自己不相似的人。

色拉叙马霍斯：没错。

苏格拉底：如此看来，正义之人同明智、良善的人相似，不义之人则同无知、邪恶的人相似。

色拉叙马霍斯：看似如此。

苏格拉底：而且，我们同意过，他们各自都具有与他们相似的人的那些品质。

色拉叙马霍斯：没错，同意过。

苏格拉底：既如此，这就证明正义之人是良善和明智的，不义之人则是无知和邪恶的。

9. 色拉叙马霍斯的脸红（350c-e）

〔色拉叙马霍斯同意了所有这一切说法，[350d]但并不像我说的那样容易，而是不情愿地，带着辛劳、烦恼，而且因为那时

---

① 此处的"好"可理解为"良善"。下同。

是夏天①，他的汗水②多得令人惊叹③。然后我看到了我以前从未见过的一幕——色拉叙马霍斯脸红④了。但无论如何，在我们一致认为正义是美德和智慧，不义是邪恶⑤和无知⑥之后，我说：]

很好，我们就把这⑦看成已经确立的内容吧。但我们也说过不义是一种强大的东西，或者你不记得了，色拉叙马霍斯？

色拉叙马霍斯：我记得。但我不满意你现在说的话。我可以就此发表演讲，[**350e**] 但如果我这样做了，我知道你会说我是在蛊惑

---

① θέρος 本义是"炎热季节"。有些人将其译作"夏天"（Reeve & Sachs：summer）。人们通常正是根据这个词推断出，本迪斯节举办的日子大致是在阳历六月的某一天。详解参 Griffith（2000：31，n. 30）。

② ἱδρώς：汗水，流汗（Sachs：sweating/Reeve：sweat）。

③ θαυμαστός：惊人的，异常的，奇妙的或巨大的（Reeve：amazing/Sachs：prodigious/Bloom：wonderful/Emlyn-Jones：remarkable）。柏拉图这里使用θαυμαστός这个词很可能是为了更加凸显出色拉叙马霍斯流的汗多得惊人。在此，柏拉图并没有明确指出，色拉叙马霍斯的汗水只限于额头，还是延伸至整个躯体。所以，如果贸然用"满头大汗"或"汗流浃背"这样的词来修饰此时的色拉叙马霍斯的光景，那可能会引起误解。色拉叙马霍斯这里为何会大汗淋漓？原因可能有二：其一是天气热（当时是夏天）；其二则是色拉叙马霍斯本人感到十分丢脸，因为他自知被苏格拉底一步步"拽"（ἕλκω）入到他极其不想面对但又不得不面对的结论面前。

④ ἐρυθριάω：脸红（Reeve & Sachs：to blush）。"脸红"多用来形容一个人的羞耻、丢脸或羞愧。柏拉图也常在对话中用"脸红"一词来描述一个人的羞愧之情。具体的例子有查尔米德（Charmides）的脸红（*Charmides* 158c）、克里尼亚司（Clinias）的脸红（*Euthydemus* 275d）、智术师狄奥尼索多鲁斯（Dionysodorus）的脸红（*Euthydemus* 297a）、希波塔雷（Hippothales）的脸红（*Lysis* 204b）、吕西斯（Lysis）的脸红（*Lysis* 213d）以及希波克拉底（Hippocrates）的脸红（*Protagoras* 312a）。关于柏拉图对话中"脸红"这一现象的专门讨论，参 Gooch（1988：124-127）。色拉叙马霍斯为何涨红了脸，是一个富有争议的问题。对于这个问题的讨论，参 Moore（2015：321-343；本书4.4.5）。

⑤ 与美德相对，实为恶德，恶习性（Emlyn-Jones：baseness/Reeve：vice）。

⑥ 愚蠢、糊涂、缺乏学习（Sachs：stupidity/Reeve & Emlyn-Jones：ignorance/Bloom：lack of learning）。

⑦ οὗτος（这）应该指代"正义者已证明又好又明智，不义者则证明又无知又坏"这个结论。

人心①。所以，请允许我想说多少就说多少②，或者，如果你想继续提问，尽管问吧，我会对你说——就像对讲故事③的老妇人说的那样——"好吧，"然后点头或摇头。

苏格拉底：不要啊，不要那样做。不要违背你自己的信念。

色拉叙马霍斯：既然你不让我作演讲，那我就回答你，好让你高兴。你还想要什么？

苏格拉底：宙斯在上，什么都不要了。但如果这就是你要做的，那就去做吧，我会问你问题的。

色拉叙马霍斯：那就问吧。

6.5.10 不义的功能（350e–352d）

苏格拉底：好吧，我会问我之前问过的问题，这样我们就可以有序地讨论同"不义"相对立的"正义"④ 是什么东西。[**351a**] 因为我相信，有人说过，不义比正义更强大、更有力。⑤ 但现在，如

---

① δημηγορέω：发表长篇大论；大放厥词，高谈阔论；汗漫之言；像一个演说家用滔滔不绝的言语蛊惑人心（Shorey：发表长篇大论/Bloom：发表公开的长篇大论/Waterfield：像演说家一样滔滔不绝/Reeve：从事煽动性质的演说/Griffith：发表演说/Sachs：非常讲究修辞地演讲）。苏格拉底常在对话中（如 *Theaetetus* 162d, *Protagoras* 336b, *Gorgias* 482c, 494b, 513a, 519d）或明或暗地反对智术师或修辞学家发表带有煽动性质的"一言堂"式讲演。苏格拉底提倡的是一种"对话方式"，即一问一答式的交流方式。色拉叙马霍斯这里之所以对此大发牢骚，其一很可能是因为格罗康与苏格拉底在未经他自己同意的情况下就进行了一番简短的对话（348a–b）；其二是他想乘此机会对苏格拉底的嘲讽进行一次漂亮反击。色拉叙马霍斯的反应表明，他本人眼里只有长篇大论，瞧不起对话，甚至陶醉于语词的数量和华丽性。

② 《高尔吉亚》（527a）中的波鲁斯也说过类似的言论。

③ *diamythologein*：讲故事（Sachs：telling stories）；类似的措辞，参 *Apology* 39e5。

④ 人们对原文的理解存在分歧。比如 Shorey, Bloom, Sachs 和 Griffith 等人认为这里应理解为"与不义相比的正义"；Reeve 则认为它应理解为"与不义截然相反的正义"。笔者倾向于 Reeve 的理解，因为苏格拉底这里显然将"不义"与"正义"对峙起来了。

⑤ 对照 344c。

果正义确实是智慧和美德，我想，这将很容易表明，它比不正义更强大，因为不义是无知①——现在没有人会不知道这一点。然而，色拉叙马霍斯，无论如何，我不想用这么简单的术语②来考虑这个问题，而是想用这样的方式来研究这个问题：你会说一个城邦可能是不正义的，试图不正义地奴役其他城邦，［351b］并成功地奴役它们，使它们屈服于它过去奴役过的东西吗？

色拉叙马霍斯：当然了。这就是最好的城邦，即那个最不正义的城邦，尤其会去干的。

苏格拉底：我明白这是你的论点，但我想探讨的重点是：一个比另一个更强大的城邦会在没有"正义"的情况下获得这种力量，还是需要"正义"的帮助？

色拉叙马霍斯：如果你刚才说的话成立，即正义就是智慧，那它就需要"正义"的帮助。［351c］但如果事情像我所说的那样，它将需要"不义"的帮助。

苏格拉底：色拉叙马霍斯，让我印象深刻的是，你不仅仅是在点头或摇头，而且给出了这些美妙的答案。

色拉叙马霍斯：那是因为我在设法取悦你呢。

苏格拉底：你在这方面也做得很好。既如此，那就请回答这个问题，再让我乐一乐吧。你认为一个城邦，一支军队，一群强盗或小偷，或者任何其他有共同的不正义目的③的团体组织，如果其成员彼此不正义④，它能够达到目的吗？

---

① ἀμαθία：无知，无明，愚昧，愚蠢，糊涂（Reeve：ignorance/Sachs：stupidity）。在柏拉图对话录中，涉及"无知"的讨论段落非常之多，参 Matthews（2006：101 – 118）。

② 类似的措辞，参331c，386b。

③ Shorey 主张将"不正义"一词删去。Reeve 和 Bloom 则主张保留。笔者认为应保留。

④ en allēlois...dikaiosunē：不公正地对待、伤害或冤枉某人（Shorey：to wrong sb./Reeve：to be unjust to sb./Bloom：to act unjustly to sb./Griffith：to treat sb. unjustly）。

色拉叙马霍斯：[**351d**] 当然不能了。

苏格拉底：如果他们没有不正义地对待彼此呢？他们会取得更多成就吗？

色拉叙马霍斯：当然了。

苏格拉底：因为，色拉叙马霍斯啊，不义导致了派系、仇恨以及他们之间的争吵，而正义带来了友爱和共同的目标感①。不是这样吗？

色拉叙马霍斯：为了不与你意见不同，我就说"是的哟"。

苏格拉底：在这方面你仍然做得很好，你真是太好了。因此，请告诉我：如果"不正义"的功能是在任何地方产生仇恨，那么无论何时，无论在自由人或奴隶②中间，[**351e**] 不都会使他们彼此仇恨，形成派别，无法达成任何共同目的吗？

色拉叙马霍斯：当然是这样了。

苏格拉底：如果它发生在两个人之间呢？他们会不会彼此不和，互相恨恶，彼此为敌，甚至是正义之人的仇敌？

色拉叙马霍斯：会的。

苏格拉底：那么，我了不起的朋友啊，如果不义出现在一个人的内心，那么它的力量是会减弱，还是会保持不变呢？

色拉叙马霍斯：假设它保持不变吧！

---

① ὁμόνοια 本义是指"心灵或思想的和谐一致"，可引申为"共同的使命感""全体一致"或"合作"（Shorey：oneness of mind/Bloom：unanimity/Reeve：a sense of common purpose/Griffith：co-operation）。鉴于此，笔者选用了"和谐"一词。此外，从前后文的逻辑关系看，苏格拉底在 351c - d 处所谈论的这种正义观随后在卷四（433a - 434e）中得到了进一步发展与完善。相关论述，参 Kahn（1993：138 - 139）。

② "美好城邦"（Kallipolis）中是否存在"奴隶"（δοῦλος），是一个富有争议的话题。柏拉图一方面暗示有可能存在这样的制度，另一方面又不认为它有必要存在。但无论存在与否，柏拉图似乎都认为如果"美好城邦"中存在奴隶制，那么，这种存在也是合法的，因为它的存在是人之天性使然。在理想条件下，这些奴隶与"自由民"（ἐλευθέροις）在本质上是同等"幸福"的。关于《理想国》中奴隶制存在性问题的探讨，参 Vlastos（1968：291 - 295）；Reeve（1988：216 - 217）。

苏格拉底： 这么看，不义的力量显然是这样的：每逢它出现在某一样东西中，不论是出现在一座城邦、一个家族、一支军队或任何别的东西中，[**352a**] 它首先使那东西由于它所造成的派别和差异而不能与它自己一致行动；其次，它会使这种东西与自身为敌，并与在各个方面都是它的对立面的东西——正义——为敌？①

色拉叙马霍斯： 当然是的了。

苏格拉底： 我想，它在单个人身上也会造成它天生产生的同样效果。首先，它会使个人因为内心纷争并与自己不是一条心而不能行动；其次，它不仅会使个人与自身为敌，而且会与正义的人为敌。是不是这样啊？②

色拉叙马霍斯： 没错。

---

① 人们对"正义"同"不义"是否在各个方面都对立这一问题存有分歧。比如，Reeve 和 Shorey 认为其答案是肯定的，Bloom 和 Griffith 则持有否定性的回答，尤其是 Griffith——她认为这段文字应理解为（特别注意画线部分）："显然，它的力量是这样的。不管它出现在什么东西中——不论是城邦、民族、军队或任何别的什么东西——它首先使这种东西因派系之争及分歧而不能一致行动；<u>其次使这种东西与自身为敌、与其反对的一切事物为敌，并与正义为敌？</u>是不是这样？"笔者这里倾向于 Reeve 和 Shorey 的看法，因为"不义"与"正义"在卷一中明显处于尖锐对立的两个极点。

② 关于不义之人内心的"不和"与不义团体内部的"冲突"之间的类比，苏格拉底在这里只是轻描淡写地提了一下。他并没有就其对错展开专门论述。尽管如此，这个论证已暗含了一个关于"灵魂理论"的假设。就如卷四中涉及灵魂多重划分的论述所假定的，事实证明灵魂可被分为几个部分。因此，就这段文字包含的这种类比方式而言，它极有可能是柏拉图构建《理想国》整体方法论和学说的逻辑起点。关于这个假设的重要性的强调，参 Kahn（1993：139）。

苏格拉底： 但是，我亲爱的朋友啊，[**352b**] 神们①不也是正义的吗？

---

① θεοῖς：神们，神明，诸神。需要注意的是，柏拉图这里用的是复数，而非单数。类似的措辞，参 Aristotle，*Nicomachean Ethics* 1179a24；*Democritus Fragment* 217d，382e，612e；*Philebus* 39e；*Laws* 716d；*Theaetetus* 162d。在《理想国》第二卷和第三卷涉及那种净化诗歌的论述中，柏拉图排除了诗歌艺术最频繁处理的几种人类情感的描述：悲伤、激情之爱和恐惧。但是，有一点却少有人注意到：柏拉图是用一个论证来排除这些情感的，那个论证假设了一种完美立场，并从这个立场出发去追问那些情感的价值。苏格拉底认为对真正的英雄或对神而言，对凡人之死哀痛欲绝，是决不恰当的。对于可感知世界中的一个小部分的缺失，更高级的存在者不会很介意。因此，既然文学作品（诗歌）应当为弱者提供一个道德理想，就绝不应该把这样那样的非似神的或不够庄严的情感包括进来（388b–e）。在较早期的一个段落中，他干过类似的事情，即求助于那种与神相契合的东西来排除这样的文学作品，即排除那些把高级的或神圣的英雄描述为讲虚假言论者的作品。苏格拉底质问他的对话者，完美无缺的存在者有什么"理由"要说谎？他自己得出的结论是，他们没有理由说谎，而且他认为那些即将作为我们榜样的人物不应该被描绘成参与了这样的活动，其原因正如他自己所言："神在言语行为方面完全是纯一而真实的，他既不改变自己的形貌，也不欺骗他人。"（382）在此，在诉诸与神相称的东西时，苏格拉底既使用一个完美立场去确定它的美学价值或道德价值，同时又通过言辞把这个完美立场描述成年轻的公民们的一个道德理想。应当模仿那些彻底摆脱了纯属于人类需求和兴趣的存在者，以此培养我们那种潜在的客观合理的行动。因此，我们的文学应该描述这些存在者以及他们的慎思。有关这种完美存在者的相关讨论，参 Nussbaum（2001：157–158）。此外，柏拉图在《蒂迈欧》中指出，神明澄浊扬清、完全正义、良善，既没有愤怒、嫉妒、恶意、怨恨，也没有性欲（*Timaeus* 29e）。因此，柏拉图意义上的神不同于希腊传统人士祭拜的那些同人一样有着七情六欲的神。柏拉图意识到自己所理解的神与传统神存在冲突。因此，他要求苏格拉底在《理想国》中构建的"理想城邦"对荷马、赫西俄德等诗人的诗篇进行严格的道德审查。关于柏拉图对于诗人的态度以及《理想国》中审查制度的论述，参 *Republic* 377b–392；Naddaff（2002）。关于柏拉图哲学中"神"的概念的解释，参 Mueller（1936：457–472）；Osborne（1994）。

色拉叙马霍斯：我们假设祂们是吧。①

苏格拉底：色拉叙马霍斯啊，这么说，不义的人也将是神们的敌人，而正义的人则是神们的朋友喽？

色拉叙马霍斯：你就安心享受这个"论证之宴"吧！② 别担心，我是不会反对你的，免得惹火上身，激起在场这些朋友们的敌意。

苏格拉底：来吧，通过继续作答，就像你一直做的那样，来为我完成这个宴会吧！③ 我们已经表明了：正义的人更明智、更好、更有能力行动，而不义的人甚至都不能一起行动。[**352c**] 因为每当我们谈到不义之徒们一起行动来有效地实现一个共同目标时，我们的说法都并非完全真实。这些人如果是彻底不义的，那就绝不能够做到不碰彼此。他们当中显然一定存在某种正义，这种正义至少

---

① 很多人认为苏格拉底这里没必要提出这样的问题，因为这个问题的答案是不言自明的。但其实不然。因为希腊当时祭拜神灵的祭祀活动五花八门，当时人们关于神灵本性的理解也不尽相同。色拉叙马霍斯这里的迟疑完全可以理解。除《理想国》(335a – d) 外，苏格拉底在不少地方（如 *Crito* 48b – 49d, 54c；*Gorgias* 468e – 474b）假定：任何人，甚至连神明都不该行不义。由此，他进一步推出：任何人都不应该施"恶"于他人（或以恶制恶），更不该以恶报答他人之善举。代表色拉叙马霍斯这一方进行发言的读者或许可以提出反驳说，大众眼中的神明（希腊奥林匹斯诸神）实际上不是"非报复性正义的典范"（models of non-retaliatory justice）；相反，诗人笔下的神们以欺诈和暴力方式行事著称；他们并非无所不知，也非无所不能，但不论好歹会定期干预人事（类似的说法，参 *Euthyphro* 6e – 9d；*Memorabilia* 1. 1. 19）。但苏格拉底并没有这样狭隘地理解神的本性。他可能认为，"正义"只有具体体现为"感恩图报、以德报德、以恶报恶（即以牙还牙的治罪法）"时，神明的行为才是正义的。因此，诸如饥荒、战争以及瘟疫等灾害也可以理解为一种宣泄"神圣复仇"的方式。这方面有益的讨论，参 McPherran（2006：85）；Zaidman & Pantel（1992：Chapter 13）；论神的原典，参 *Iliad* 4. 40 – 434；Hesiod, *Fragment* 174；Aeschylus, *Choephori* 314, *Agamemnon* 1560 – 1564；Aristotle, *Nicomachean Ethics* 1132b21 – 27。

② 柏拉图这里使用了"暗喻"这种修辞手法，将"论证"喻为"宴会"。鉴此，笔者把它译为"论证之宴"。

③ 类似的说法，参 *Republic* 354a – b，*Lysis* 211c，*Gorgias* 522a，*Phaedrus* 227b，*Timaeus* 17a。

阻止他们在对他人施行不义的时候在他们自己当中行不义。① 使得他们能够实现他们要实现的正在于此。当他们开始干不义的事的时候，他们只在半途中就被自己的不义所败坏了。② 因为那些坏透了的彻底不义之徒［**352d**］是完全无能力行动的。我现在认为这一切才是真理，而不是你一开始主张的那些话。不过，我们现在必须考虑这个问题，也就是，我们之前提出说要考虑的"正义的人是否也比不义的人生活得好、幸福"的问题。我认为，甚至从我们已讲的说法就可清楚看出，事实就是如此，但我们必须进一步把它考虑一下。毕竟，这个论证涉及的不是普通的话题，而是我们应当如何生活。③

色拉叙马霍斯：尽管放心考虑吧！

11. 美德与功能（352d – 354a）

苏格拉底：很好。告诉我，［**352e**］你认为有没有"马的功

---

① 苏格拉底这里是说，即使是一群盗贼匪徒，他们心中也有底线；"盗亦有道"，而其中一个很重要的"道"就是"不得内讧"。色拉叙马霍斯把人性简单定义为逐利，无视社会与合作的存在，而这正是苏格拉底极力反对的。

② 类似的观点，参 *Protagoras* 327c – d。

③ 人们常对如何正确理解最后这句话存有分歧。比如，Shorey 认为它应理解为"因为我们讨论的不是什么普通问题，而是人生的正确行为"；Bloom 则认为应理解为"因为该论证不是关于随便什么问题，而是关乎一个人应当生活的方式"；Reeve 则认为应理解为"毕竟，该论证关涉的不是什么普通主题，而是我们应当生活的方式"；Griffith 则认为应理解为"毕竟，我们的讨论并非关乎次要的事，而是关系到我们的生活应当怎样过"。笔者在各位译者的基础上做了综合。"我们应当如何生活"这一表述与《高尔吉亚》中所使用的ὅντινα χρὴ τρόπον ζῆν这一短语的意思如出一辙（*Gorgias* 500c；类似的说法，参 *Laches* 187e – 188a）。"应当如何生活"这一问题是柏拉图伦理思想的基石和根本出发点，它贯穿于《理想国》始末。关于这一问题重要性的探讨，参 Hobbs（2000：50）。

能"① 这样的东西?

色拉叙马霍斯：我看是有的。

苏格拉底：你会把马的功能或任何别的事物的功能看成是：只有它才能做，或只有它才能做到最好吗？

色拉叙马霍斯：我没听明白。

苏格拉底：我这样说吧：除了用眼睛外，你还能用别的东西观看吗？

色拉叙马霍斯：当然不能了。

苏格拉底：除了用耳朵外，你还能用别的东西聆听吗？

色拉叙马霍斯：不能。

苏格拉底：既如此，这些东西就是它们的功能，是不是？

色拉叙马霍斯：当然是的了。

---

① ἔργον (*ergon*)："功能，作用，职责"。除《理想国》（如 335d，445b）外，苏格拉底还在不少对话录（如 *Meno* 90e，*Laws* 896d，*Phaedrus* 246b；*Cratylus* 399d）中都提出了这样的假设：每个器物都有一个功能，而且不管它参与了什么活动，它都有一个与之匹配的 "*arete*"（即 "优秀、卓越，德性或美德，通常被英译为 "excellence" 或 "virtue"）。苏格拉底由此类比推出，灵魂也有一个功能，即指挥、控制身体的功能，因为灵魂是身体的 "生命之原则"。此外，苏格拉底还进一步假定，灵魂的美德是正义。好的灵魂会生活得好、生活得幸福。所以，正义比不义更能让人幸福。言下之意，正义不仅比不义更能体现一个人的智慧，而且一个人如果想过得好、过得幸福，正义对他而言不失为最佳之选（cf. Aristotle, *Nicomachean Ethics* i. 7. 14）。然而，人们通常对苏格拉底这里提出的说法大为不满，指责 "苏格拉底说人具有功能"，是大错特错。在他们看来，按照一般性的常识，只有 "人造物" 才有功能。我们说 "器物" 具有功能，是因为它们被人（创造者）赋予了一种功能；人使之用于实现某种目的。说人也有某种功能，就等于说人是神或上帝一样的存在为了实现某种意图而创造的某种生物。不然，人的功能又是谁赋予的？这种看法有一定道理。但我们需要认识到，这种反驳本身是苍白无力的。持有这种见解的人显然根本没有正确理解希腊文 "*ergon*" 的本质内涵：这种理解明显是建立在把 "*ergon*" 同我们现代人理解的 "功能" 混为一谈的基础之上。确切地说，对柏拉图而言，"*ergon*" 是指事物的 "本质属性" 或 "特征性行为表现"，即事物的 "工作" 或 "职责"。比如，就雕刻来说，"*ergon*" 不仅涵盖雕刻本身和雕刻这种工作，而且涵盖这种活动的特征性行为表现。概而言之，事物的 "*ergon*" 是这样一种东西：事物唯有靠它，才能施展其功能；唯有靠它，才能做到最好。苏格拉底这里举的眼、耳、马和人工制品之例旨在说明这点。关于 "*ergon*" 一词的概念分析，参 Annas（1981：54）；Gomez-Lobo（1989：170–184）；Mara（1997）。

苏格拉底：再者，［**353a**］你能用匕首、刻刀或任何别的东西修剪葡萄藤吗？

色拉叙马霍斯：当然能啦。

苏格拉底：可在这方面，没有什么东西可以比那种专门为修剪葡萄藤这一目的设计的修枝刀做得好？

色拉叙马霍斯：的确如此。

苏格拉底：那么，我们要不要把"修剪"看成这种刀的功能呢？

色拉叙马霍斯：当然要了。

苏格拉底：我想，你这会儿可能对我之前问的问题有更深的理解了。我那时是在问每样事物的功能是否就是那种唯有它才能做，或唯有它才能比别的东西做得好的东西。

色拉叙马霍斯：没错，我目前确实懂了，［**353b**］而且我认为每样事物的功能就在此。

苏格拉底：很好。你是不是也认为，每样被赋予一种功能的事物，就有一种美德？我们再重复一下之前的说法。我们说，眼睛有一种功能？

色拉叙马霍斯：是的。

苏格拉底：所以，眼睛也有一种美德？

色拉叙马霍斯：是的。

苏格拉底：耳朵是不是也有一种功能？

色拉叙马霍斯：是的。

苏格拉底：所以，耳朵也有一种美德？

色拉叙马霍斯：对的，它们也有一种美德。

苏格拉底：那其他事物的情况又如何呢？以上说法是否对其他事物也同样适用？

色拉叙马霍斯：适用。

苏格拉底：那么，眼要是缺乏自身特有的美德，而只有恶习，［**353c**］那还能实现其功能吗？

色拉叙马霍斯：怎么能呢？因为你是指它们要是拥有"失明"，

而非有"视力"吧?

苏格拉底：不管它们的美德是什么。要知道，我此刻不是在问这样的问题，而是在问：事物是否靠它特有的美德才将它的功能发挥得很好，而靠它的恶习才将它的功能发挥得很糟？

色拉叙马霍斯：你说得很对。

苏格拉底：所以，耳朵要是被剥夺了它们自身的美德，同样也会糟糕地发挥其功能？

色拉叙马霍斯：当然了。

苏格拉底：[**353d**] 又，上述这一论证对其他事物也适用吗？

色拉叙马霍斯：至少在我看来是适用的。

苏格拉底：来吧，我们接下来考虑一下这个问题：灵魂①有没有某种你用别的东西实现不了的功能？譬如，照看东西、统治、商议等等事情？你是否可以正确地将这些事情归于灵魂之外的别的东西，说它们是其专有？

色拉叙马霍斯：噢，不存在别的东西了。

苏格拉底：那生活②呢？我们要不要说它是灵魂的一个功能？

色拉叙马霍斯：当然要了。③

苏格拉底：我们不也说，灵魂有一种美德？

---

① 不难发现，在整个早期对话中，苏格拉底使用的灵魂概念与传统上《荷马史诗》中所描述的人死后遁入冥府的"灵魂"之间有一个鸿沟。苏格拉底使用的"灵魂"一般是指人在其道德、智力方面的东西。所以，苏格拉底经常会敦促众人通过获得知识和美德来"呵护和关心我们的灵魂"。相形之下，《荷马史诗》中所描绘的冥府中的那种灵魂或"阴影"只不过是我们肉体自身的那种无心智、无实体的影像。有关这两种灵魂概念的大致区分，参 Taylor (1997: 411, n. 2)；关于柏拉图之前的早期希腊人的灵魂概念的详解，参 Bremmer (1987)；Claus (1983: 67–68)。

② Ψυχή (*psuché*)：呼吸，生命，精气，生存，生命力。

③ 苏格拉底的这种解释通常被归为"功能主义"理论或一般意义的"目的论"思想范畴。它后被亚里士多德继承，并发扬光大。亚里士多德在《尼各马可伦理学》中同样认为，灵魂的职责或功能就在于"生活"，其德性就在于让"灵魂"过得好、过得幸福（cf. *Nicomachean Ethics* 5. 2）。有关 ergon 论证在亚里士多德《尼各马可伦理学》中作用的探讨，参 Achtenberg (1989)。

色拉叙马霍斯：［**353e**］是这样说。

苏格拉底：那么，色拉叙马霍斯，灵魂如果被剥夺了自身特有的美德，还会出色地实现它的功能吗？还是不可能出色实现？

色拉叙马霍斯：不可能出色实现了。

苏格拉底：这么说，坏灵魂必然把事情治理、照顾得很糟，好灵魂必然把一切治理、照顾得很好？

色拉叙马霍斯：必然如此。

苏格拉底：我们岂不同意过，正义是灵魂的美德，不义则是它的恶习？

色拉叙马霍斯：没错，我们同意过。

苏格拉底：所以，正义的灵魂、正义的人会生活得好，不义的灵魂、不义的人则生活得差。①

色拉叙马霍斯：按你的论证，显然如此。

苏格拉底：［**354a**］生活得好的人肯定幸福、有福气，② 生活得

---

① 柏拉图倾向于把身体想象成"灵魂"的工具，而不是相反。此外，他在某种程度上还认为"人"就等于其"灵魂"。正是内心中有这样根深蒂固的信念，他似乎看不出"人"与"灵魂"之间的差异。这个假设备受后人诟病。亚里士多德在《尼各马可伦理学》第一卷中虽然也采用了柏拉图这里使用的"*ergon*"论证，但避开了柏拉图这里遇到的难题，因为亚里士多德在《尼各马可伦理学》中一直谈论的是人的功能和卓越（优秀），而非"灵魂"的功能和卓越（*Nicomachean Ethics* 1. 3）。有关柏拉图这种观念优缺点的探讨，参 Nagel（1972：252 - 259）；Annas（1981：54）。此外，柏拉图这里所谓的"生活得好"究竟是指"以一种有效率、秩序井然的方式"生活呢，还是指"过一种有德性"的生活？过去，人们通常认为柏拉图这里的说法有些模棱两可。如今看来，这种看法有失偏颇。因为，柏拉图这里之所以这么说，是因为他特别想强调生活的"整体性"。相关讨论，参 Annas（1981：54 - 55）。

② εὐδαίμων 本义是指"拥有得天独厚的好精灵"，意指"吉祥，有福，受福佑的，美满的"（英文通常译作"happy"）。"*makarios te kai eudaiman*"：福佑、幸福的。对苏格拉底和柏拉图而言，"好"与"幸福"之间的等同性是不言自明的。在《高尔吉亚》中，苏格拉底指出，"好"是我们一切行为的理性目的。正是为了"好"，我们才做一切我们所做的事；我们不是为了别的什么，才去追求"好"的（*Gorgias* 499e7 - 500a1；467c5 - 468c1）。在《欧西德莫斯》中，苏格拉底认为幸福或过得好是每个人理性欲望的最终目标（对象）（*Euthydemus* 278e3 - 279a1）。由此可合理推出，对苏格拉底—柏拉图来说，"好"在伦理学层面即指幸福或过得好（cf. *Gorgias* 494e - 495b）。

不好的人则情况相反。

色拉叙马霍斯：当然了。

苏格拉底：所以，正义之人幸福，不义之人悲惨。①

色拉叙马霍斯：我们假设如此吧！

苏格拉底：但有益的肯定是幸福，而非悲惨。

色拉叙马霍斯：当然了。

苏格拉底：所以，有福的②色拉叙马霍斯啊，不义就绝不比正义有益了。③

色拉叙马霍斯：苏格拉底，你就把这个当成你本迪斯节的盛宴吧！④

---

① ἄθλιος：悲惨，凄楚。

② Μακάριος（*makarios*）：有福，幸福的或受福佑的（Reeve & Bloom：blessed）。Shorey 把这个词译为"most worshipful"（受人无比崇拜的）可能欠妥。在笔者看来，把它译作"有福的色拉叙马霍斯啊"或许更为贴切，更能反映出苏格拉底对色拉叙马霍斯的讥讽。有些中译本将此理解为"高明的色拉叙马霍斯"或"了不起的色拉叙马霍斯"则使这个词丧失了一种宗教意味，故是不可取的。

③ 这是卷一中的最后一个论证（正义比不义更有益），它所基于的假设是，每样事物都有其专有的功能（*ergon*）（352d－e）。这个假设后来在第二卷中被柏拉图设定成"理想城邦"的"专业化原则"（the principle of specialization）（369e）。相关探讨，参 Kahn（1993：139）。

④ Βενδίδεια（*Bendideia*）："本迪斯节"（the festival of Bendis）。在卷一的"宴会比喻"结束之时，色拉叙马霍斯乘机邀请苏格拉底好好享受本迪斯节这个盛宴（尽管它只是言辞之宴）（354a10－11）。由这些修辞语句可看出，它们浓缩了大量意象。比如，对话者这里第一次明确把"论证"喻为滋养身体的食物（354a12－c1）。"民以食为天"，食物无疑是人赖以生存的基本前提。不同于人们通常的理解，柏拉图这里似乎把灵魂所需要的言辞（相对于身体所需要的食物）视为人性的一个组成部分，进而把它与引起失衡和疾病的"穷奢极欲"与"多样性"联系在一起。随后可知，"食物比喻"在"猪的城邦"及卷八和卷九涉及僭主的讨论中被反复使用。通过这种前后对比，我们可得出以下观点，柏拉图《理想国》中借用的这个将"言辞类比成食物的比喻"至少暗藏了两种观念：（1）食物的过度多样性可能有害于身体健康；（2）对语言的不当使用则可能危及灵魂（精神）健康，并最终阻碍一个人在哲学上取得进步。综合这两点来看，在智者和修辞家的学说备受瞩目的那个时代，柏拉图的担忧可能是，就如食物的过度多样性会影响人的身体健康一样，对语言的滥用则可能影响人的精神健康——它让人性堕落，让人最终沦为非人一般的存在。关于"食物与言辞之间的比喻"在《理想国》中深层意义的详析，可参 Petraki（2011：Chapters 3 & 4）。

12. 自我检讨与自知之明（354a – c）

苏格拉底： 是你赐给我的①，色拉叙马霍斯，是在你对我变得温柔②，不再为难我，不再对我发火之后给的③。可是我还没有吃过一顿好饭。[**354b**] 但那是我的错，不是你的。我的行为就像那些贪吃的人④，每过一道菜都要先尝一尝，然后才真正品尝上一道菜。在找到我们要问的第一个问题——即正义是什么——之前，我放下了这个问题，转而去探究⑤它究竟是一种恶习⑥和无知，还是一种智慧

---

① ὑπὸ σοῦ γε：本义是 "多亏你"（thanks to you）（参 Allen，1944：100）。这里可引申为 "拜你所赐、由你提供或受你的恩惠和福荫"（Reeve：given by you/Emlyn-Jones：provided by you/Bloom：I owe it to you/Griffith：thanks to you/Sachs：it's thanks to you）。

② 变得温和、友好（Emlyn-Jones：to become gentler/R. E. Allen & Reeve：to become gentle with sb./Bloom：to grow gentle/Griffith：to turn friendly/Sachs：to become gentle）。

③ Χαλεπαίνω 这个词的意思有些模棱两可，因为它既有 "严厉、苛刻" 之意，也有 "恼火、发怒" 的意思。苏格拉底在对话中没有给出明确暗示。所以他这里指哪一层面的含义是不清楚的，这也引发了分歧。有些译者把它理解为 "生气或发火"（Griffith，Rowe，Emlyn-Jones & Shorey：to be angry/Waterfield：to be cross）；有人把它理解为 "不易相处、难对付或执拗"（Reeve：to be difficult）；有人把它理解为 "对某人过分严厉或使某人难堪"（Bloom：to be hard on sb.）。此外，也有人把它理解为 "对某人野蛮或凶狠"（Sachs：being savage toward sb.）。基于文本信息（336b – e），我们很难判定哪一种理解更为准确。柏拉图很可能有意用这个词涵盖各种意思。事实上，不难发现，色拉叙马霍斯给人的印象在这几个方面都有所涉及：他的愤怒、唯我独尊、难相处、苛刻等性格特点在对话中都有所体现。因此，笔者在这里对以上各种理解进行了调和，用 "为难（我），对（我）发火" 来反映苏格拉底这里使用的χαλεπαίνω一词所表达的几层意思。此外，苏格拉底这里对色拉叙马霍斯所说的这句话可能暗含讽刺。类似的例子，参 *Gorgias* 489d，*Euthydemus* 304c。

④ 即咂嘴弄舌的贪食者、贪口腹者、老饕或贪婪的赴宴客人（Shorey：gluttons/Sachs：greedy eaters/Grube：epicures/Emlyn-Jones：greedy banqueters）。柏拉图此处用的 "贪吃鬼" 与上文那个把 "谈话" 比喻成 "宴会" 的隐喻可以共同组成 "饕餮盛宴" 的场景。

⑤ 原文使用的这个词即 "探究、调查和探索"（英文通常译作 "to investigate"，"to inquire" 或 "to explore"）。它有时专指柏拉图在这种智性框架下展开的哲学活动。

⑥ 即卑劣、恶习、不良的品性（Reeve：vice/Emlyn-Jones：baseness）。

和美德。① 后来有人提出，不义比正义更有利可图，我忍不住放弃了先前的那个，继续进行下去。[**354c**] 因此，就我而言，讨论②的结果是我一无所知③。因为当我不知道什么是正义时，我就很难知道它是不是一种美德，或者拥有它的人是幸福的还是不幸福的。④

---

① 此处的"无知"与"智慧"相对立；"美德"与"恶习"相对立。

② Διάλογος（conversation, dialogue, discussion）：谈话，对话或讨论。

③ 一些中译者（如郭斌和、张竹明和王太庆等人）把这里的"无知"理解成"（我）一无所获"。这种理解明显背离了原文意思，因为原文字面意思是"（我）什么都不知道"（通常被英译为：Emlyn-Jones：I don't know anything/Reeve：I know nothing/Griffith：I'm none the wiser），而非"我什么都没得到"。苏格拉底这里坦白承认的"自我无知"通常也被用作证明"《理想国》第一卷应归入柏拉图早期创作的'无解对话'群中"的一个文本证据。有关早期对话与《理想国》第一卷在形式和内容上的关联性与相异性的详讨，参 Kahn（1993：131-142）。

④ 这是对话（如《美诺》）中苏格拉底常用的方法论策略，其所基于的认识论原则是，我们必须事先知道某一样东西的本性是什么后，才能知道有关它的某些确定的属性和功能。这意味着，对苏格拉底而言，认识某一事物的本性要先于规定或判断它的性质。有关"定义的优先性"（Priority of Definition）这一方法论的概述与简要评析，参 White（1976：10-19）；Prior（1998：97-113）；Benson（2000）；Wolfsdorf（2004a）；Vasiliou（2008：36-39）。

附录2 《理想国》第一卷中的人名解释

第一章（327a – 328b）

阿里斯顿：Ἀρίστων是柏拉图的父亲，似乎在柏拉图童年的时候就撒手人寰了（Taylor, 1926）。据说，他的血缘始祖最远可以追溯到海神波塞冬（Poseidon）。在《理想国》中，他多次被提到（e. g., 327a1, 368a4, 427d1, 580b9）。苏格拉底称赞他"是一位杰出（kleinou）的人物"（368a），尽管人们普遍承认，我们对阿里斯顿生平取得的成就一无所知（Annas, 1981：3 – 6, 2003：13；Reeve, 2004：ix；Nails, 2006：1 – 12；Burnyeat, 2004：80 – 87）。

色雷斯人：oἱ Θρᾷκες 即"色雷斯人"，英文一般译作"the Thracians"。

尼西亚斯：Nicias（约公元前470—前413）是古雅典的统帅，隶属于温和民主派。他多次被任命为将军，但在伯罗奔尼撒战争期间因大肆反对主战派克里昂被处死（Westlake, 1941：58 – 65）。

第二章（328b – 331d）

索福克勒斯：Σοφόκλεις（约公元前 496—前 408 年）是雅典三大悲剧作家之一。据说在长达 70 年的创作生涯中，他总共写了 123 部脍炙人口的剧作。但其作品流传至今的只有 7 部，分别为《埃阿斯》(Ajax)、《俄狄浦斯王》(Oedipus the King)、《安提戈涅》(Antigone)、《厄勒克特拉》(Electra)、《特拉喀斯少女》(The Women of Trachis)、《菲罗克忒忒斯》(Philoctetes) 和《俄狄浦斯在科罗诺斯》(Oedipus at Colonus)。其中，《安提戈涅》和《俄狄浦斯王》最负盛名，也最能反映他的创作才能。《理想国》中有 3 次提到他（e.g., 329b7, c1, 8）(Bowra, 1940: 385 – 401; Avery, 1973: 509 – 514)。

《理想国》中关于"爱欲"(eros) 的负面评价有许多，第一卷中的评论算是第一个负面评价。在上了年纪的索福克勒斯看来，"爱欲"就像"僭主"一样控制人的灵魂。索福克勒斯在不少剧作（如《俄狄浦斯王》）中描写了那些因违犯"性禁忌"(sexual taboos) 而受罚的人，这表明他对性禁忌十分敬重。苏格拉底在正义之邦关于性爱的规定中有意排斥亲子之间的乱伦，但并没有反对兄妹之间的乱伦。理想城邦中对家庭的废除侵犯了希腊传统观念中建立私人纽带所需要的最重要的基础——血缘。从第一卷中的这个戏剧情节来看，人们通常认为，苏格拉底与索福克勒斯关于"神圣之本性"(the nature of the sacred) 的看法存在严重的分歧。这种分歧从根本上也可以说成是哲学与诗之间的分歧（Rosen, 2005: 25）。

索福克勒斯对有人打听他的"性能力"(sexual capacity) 是否老当益壮感到相当愤怒，这在一定程度上暗示，索福克勒斯年轻时很可能过着一种花天酒地的混乱生活，如今随着年老体衰，他终于可以过上一种不受"爱欲"摆布的自由生活。"爱欲"其实不仅是达至更高目的的手段，也可以指一种肉欲性的满足，因为它可以同时涵盖肉体和灵魂两个层面。《会饮》指出，"爱欲"是介于有朽（人类的不完美）与不朽（永在不变）之间的居间状态。克法洛斯此时是否也如此认为，还是仅认为它是一种负担，我们不得而知（Benardete, 1989: 12; Nussbaum, 2001: 138）。

西蒙尼德：Σιμωνίδης（约公元前548—前468年）是古希腊抒情诗人兼挽歌作者，被德国诗人莱辛（Lessing）称为"希腊的伏尔泰"。他的诗作对玻勒马霍斯的价值观产生了极大的影响（Bloom, 1991: 444, n. 28; Marchesi, 2005; Huxley, 1978: 231 – 247; Thayer, 1975: 3 – 26）。

塞里福斯人：Σεριφίῳ即"塞里福斯人"；Σερίφιος即"塞里福斯岛"，是希腊的岛屿，位于爱琴海。

色弥斯托克勒：Θεμιστοκλῆς（约公元前524—前459年）是古希腊雅典民主派政治家、统帅，是一位富有争议的历史人物。譬如，关于他的死因，就有三种不同说法：（1）一种认为他饮公牛血自杀；（2）另一种认为他喝毒药自杀；（3）剩下一种认为他是自然死亡。现代研究认为，第三种说法较为可信（Marr, 1995: 159 – 167; Munro, 1892: 333 – 334）。此外，这个人物向来是影视剧改编的宠儿。例如，美国好莱坞电影《300勇士：帝国崛起》（2014）就是基于他在著名的马拉松战役中的战斗表现改编而成，尽管这个改编的故事和历史真实相差甚远。

品达：库诺斯克法莱的品达（Pindar of Cynoscephalae，约公元前518—前438年）是一位来自古希腊城邦维奥蒂亚（Boeotia）的抒情诗人。他常用诗歌赞美古代奥林匹克运动会、皮西安竞技会及其他比赛中的胜利者。《理想国》中有3次提到他（e. g., 331a3,

365b2，408b8）（Sandys，1915；Bluck，1958：405 - 414；Nussbaum，2001：1，xxii）。

第3章（331d - 336a）

宙斯：Ζεύς是希腊神话中的最高神，是众神和万物的主宰。他在《理想国》中常被作为感叹用语提起。仅在第一卷中，被提到的次数就多达8次，在剩余几卷中则被提到56次之多。

奥德修斯：Ὀδυσσεύς是"特洛伊战争"中的主要英雄之一，也是荷马《奥德赛》中的主人公。《理想国》有2次提到他（e. g.，334b1，620c4）。"奥德修斯"这个人物形象自诞生以来，一直饱受争议。有人说他是恶棍，也有人说他是英雄。他做人处事方面的胆小怕死、虚伪狡诈一直为人诟病，但他在战争方面表现出的善战、巧言善辩、足智多谋和坚忍不拔却又为人津津乐道。在柏拉图笔下（至少就《理想国》卷十而言），奥德修斯被描述为最具有哲人气质的人物，尽管这点被不少学者当作"柏拉图有意在为奥德修斯洗刷罪名"的一个证据（Montiglio，2007：37 - 51；Hirst，1940：67 - 68）。近年来，已有不少人提出，就第一哲人头衔的归属问题而言，奥德修斯当之无愧，即便他只是一个虚构人物（Lampert，2002：231 - 260；Howland，2004b）。不难看出，柏拉图对奥德修斯并不反感，反倒推崇有加，尽管采取了一种比较隐晦的赞扬方式（Montiglio，2011）。

奥托吕科斯：Αὐτόλυκος这个人名在希腊文中有"狼"的意思。他是奥德修斯的外公，在《奥德赛》中是出了名的窃贼和骗子。有些学者（如Shorey，1953，见其注释）说他是奥德修斯的舅父，是不准确的。

拜厄斯：Βίας ὁ Πριηνεύς 是公元前 6 世纪左右的人物，因其"美德"闻名于世。他也是"希腊七贤"（the Seven Sages of Greece）之一（Wiersma，1933－1934：150－154）。

庇塔库斯：Πιττακός（约公元前 640—前 568 年）是"希腊七贤"之一，以杰出的军事才能闻名遐迩。他和拜厄斯的地位旗鼓相当。许多至理名言都被归在他名下（Livrea，1995：474－480）。

佩里安德：Περίανδρος 是公元前 7 世纪古希腊科林斯的第二任僭主。他在位期间，使自己所统治的城邦在经济上取得了极大的繁荣，因此也被列为"希腊七贤"之一。然而，苏格拉底在《普罗泰戈拉》（*Protagoras* 343a）中对此人的评价并不很高（Carter，1989：355－378）。

帕迪卡斯：Περδίκκας（卒于公元前 321/前 320 年）是亚历山大大帝的一个将军，是阿奇劳斯（Archelaus）的父亲（*Gorgias* 471b）。在亚历山大死后，他成了整个亚历山大帝国的摄政者（Cole，1974：55－72；Bosworth，1993：420－427）。

薛西斯：Ξέρξης（约前 486 年—前 465 年）是波斯帝国的国王（Grethlein，2009：195－218），也常常被搬上大银幕。例如，美国好莱坞电影《斯巴达 300 勇士》（2006）对薛西斯那不可一世的骄傲神态做过细致入微的刻画，尽管我们不知道历史上的薛西斯也同样如此。

伊斯梅尼阿：Ἰσμήνιος（约公元前 404—前 382 年）是民主党人的领导者，十分贪恋钱财。他在《美诺》中也被提到（*Meno* 90a4－5）。在这里，他是苏格拉底列举的四人当中唯一一位非君主人士（Reeve，2004：333）。

第4章（336b–354c）

赫拉克勒斯：Ηρακλής以"力量大"著称，可谓是大力士和壮汉的代名词，这里被色拉叙马霍斯当成口头禅使用。人们通常认为，《理想国》中的苏格拉底象征着赫拉克勒斯，色拉叙马霍斯则象征着看守地狱冥府之门的三头怪兽。因此，苏格拉底在卷一中所要完成的任务之一就是凭借言辞（而不是武力）驯服色拉叙马霍斯（Philips，1978：431–440；Papadimitropoulos，2008：131–138；Silk，1985：1–22；Brann，2011）。

波吕达玛斯：Πουλυδάμας出生于塞萨利（Thessaly），是当地非常有名气的运动员，是公元前408年奥运会的获胜者。他同时也是特洛伊城的名人，和赫克托尔是战争中很好的搭档，两人在同一天晚上出生（Allen，1944：95；Reeve，2004：335）。

附录3　柏拉图对话录及其次序

毫无疑问,有很多种因素促成柏拉图选择了他所过的哲学生活,但如前面内容所表明的,苏格拉底的影响(尤其是苏格拉底的不幸遭遇)和柏拉图对他那个时代的雅典政治幻想的破灭在这件事上扮演着不可替代的关键角色。若无苏格拉底之死,雅典当时的政治若没有那么黑暗,我们很可能就看不到那么多优秀的"柏拉图对话录"。或许,情况就如泰勒(C. C. W. Taylor)所概括的"如果苏格拉底没有生活过,尤其是他没有像他那样死去,柏拉图是否会成为哲学家而不是政治家就值得怀疑了,如果柏拉图没有成为哲学家,西方哲学的整个发展势态将会是不可想象的不同"(1997:4)。柏拉图一开始因失去导师的痛苦和对现实政治的厌恶而感到迷茫,又继而通过哲学成功地将迷茫转化成一种动力、一种富有道德自律的正义感。柏拉图一生关注的哲学问题的跨度极为广泛,这充分反映在他的大量作品当中。更值得一提的是,相比其他古代哲学家,柏拉图又是颇为幸运的,这在于他的著作没有一部遗失,而是全都幸存于世。正因如此,人们常拿他作品的遭遇与亚里士多德作品的遭遇作比较,并暗自庆幸道:"柏拉图是唯一一位我们能够确信已拥有其全部公开出版作品的作者。亚里士多德发表的著作没有一部能够完整地幸存下来;流传到我们手里的是他的(非常丰富的)研究和讲学笔记,这些笔记本身提出了阐释上的难题。"(Annas，2000：22）①

当然，也有一些人提出质疑：我们是如何确定我们足够幸运地拥有柏拉图的所有著作的呢？对于这个问题，我们兴许可以诉诸以下这两点证据：

第一，凡在古代被提及的柏拉图著作没有一部未能流传至今；

第二，柏拉图著作的古代编辑甚至在编纂柏拉图全集的过程中还保留了他们认为是柏拉图伪作的作品，这一事实表明柏拉图的作品集从一开始就被当成了不可动摇的统一体（弗雷德，2014，页3）。

即便柏拉图的作品全都保留了下来，但如何阅读这些作品却总是存在巨大的不确定性和争议性，主要原因在于柏拉图所采用的对话形式拉远了作者与他所提出的观点的距离（cf. Annas，2000：22）。此外，这种不确定和争议不是从我们这个时代才开始的，而是从古至今一直都存在着（弗雷德，2014，页3）。面对这种现象，有人甚至说"如何读柏拉图"与"哲学是什么"这两个问题是一体两面的，因为，柏拉图对话录完美地阐释了哲学的本性。② 这种看法虽有夸大之嫌，但在一定程度上揭露了"读柏拉图的方法"与"做哲学"的本质联系。

暂且撇开读柏拉图的方法不谈③，让我们先来考察柏拉图究竟有哪些著作。目前以柏拉图名义流传下来的作品除了人们通常所熟悉的35部对话录之外，还有13封信札。在这13封信札当中，人们通常认为其中最重要的一封信是《第七封信》，这在于它的篇幅最长，内容也公认为最有趣。在这封信中，柏拉图主要以自传体的形式解释了他的几次西西里之行。虽然他在这封信中表面上是在解释这几次西西里

---

① 即便是具体谈到亚里士多德的伦理学，人们也经常强调，亚里士多德没有写过关于伦理学的书。相反，他讲课的笔记后来被其他人编成了两本书——《尼各马可伦理学》和《优台谟伦理学》。关于这两部作品的相对年代和价值存在很多争议。相关探讨，参 Crisp（1999：109）。

② 这种看法主要流行于施特劳斯派内部，参 Benardete（2000：407）。

③ 有关阅读柏拉图的方法之集中探讨，参 Rowe（2015）。

远行，但其实他是将消息通报给他所加入的政治派系。以过去杰出的作者和公众人物为名杜撰书信的做法在希腊化罗马时代早已变成了一项重要的文化产业。学界大部分人的看法是，这组文献中的书信即便不是全部也至少大部分内容是由后人杜撰，先后增益，凑合而成。历史上很多关于柏拉图生平的传记文章在很大程度上都基于这些信件的内容而作。然而，关于《第七封信》的真实存在性问题依然悬而未决，最主要的原因在于，部分学者通过对其措辞、句法以及其他行文风格的检验、核对、考证，并没有发现它和那些属于柏拉图最晚期的作品（包括《法义》）有明显差别。因此，这里或许有两种可能：一种是这封信的确出自柏拉图之手；另一种是这封信是最熟悉柏拉图思想或有意模仿柏拉图晚期作品写作风格的人所伪造的（cf. Annas, 1981：5；Schofield, 2006：14 – 15）。笔者在书中支持一种比较温和的立场：姑且假定这封书信是伪作，但不否定其中的部分内容对于研究柏拉图思想的哲学或历史价值。

施特劳斯本人及其一些弟子主张全盘接受历史上流传下来的归在柏拉图名下的所有这些对话录（cf. Strauss, 2001：11；Zuckert, 2009）。我们下面不打算采取这样的策略，而只选择当今学界大多数人认为可归为"柏拉图真作"的 27 篇对话。柏拉图的著作多以"对话体"写成，并成于不同时期，所以传统上人们基于"文体学分析"（stylometric analyses）具体将其划分为早、中、晚三个时期（cf. Dodds, 1959：20；Vlastos, 1991：46, n. 2；Brandwood, 1992：90 – 120）。国内老一辈学人基本上沿袭了这种三重划分的策略。比如，姚介厚教授在《西方哲学史》（第二卷）中根据已故西方学者的观点而坚持认为柏拉图的对话录分为三期（早期对话11篇，依次是《申辩》《克里同》《拉凯斯》《吕西斯》《查尔米德》《游叙弗伦》《大希比亚》《小希比亚》《高尔吉亚》《伊安》和《普罗塔戈拉》；中期对话8篇，依次是《欧西德莫斯》《梅勒克塞纳斯》《克拉底鲁》《美诺》《菲多》《会饮》《理想国》和《斐德若》；晚期对话8篇，依次是《巴门尼德》《泰阿泰德》《智术师》《菲丽布》《蒂迈欧》《政治家》

《克里底亚》和《法义》）（姚介厚，2004，页 571 - 572）。但近些年随着研究的不断深入与细化，即使是先前坚持三分法的学者也陆续开始承认并逐渐认识到，像《美诺》这样的作品无论从内容或形式上看都既不属于早期对话，也不属于中期对话，而应被排除在这三组之外，因为它严格地说是早期和中期的过渡之作，同时包含着这两个阶段的成分，标志着从对苏格拉底立场的阐述到引入一种独特的柏拉图立场的转变（cf. Benson, 1997: 316, n. 12; Irwin, 2007: 69）。鉴于此，如今愈来愈多的研究者开始基于"文体标准"（stylistic criteria）之外的"教义标准"（doctrinal criteria）把"早期"进一步细分为"早期"和"过渡期"（早期写成的对话被冠上"苏格拉底式对话""辩驳式对话"或"困惑式对话"等名称，而介于"早期对话"与"中期对话"之间的对话则被叫作"过渡期对话"或"过渡之作"）。① 若按后一种分法，柏拉图对话又可进一步细分为四个时期（尽管人们对每个时期内部的对话次序一直存在争议）。我们下面采纳的分法正是这种四分法当中最具有代表性的一个。②

Ⅰ　早期对话（8 篇），也叫"苏格拉底对话"（Socratic Dialogues）或"辩驳对话"（Elenchic Dialogues）：

《苏格拉底的申辩》（*The Apology of Socrates*），③《克里同》（*Crito*），《拉凯斯》（*Laches*），《查尔米德》（*Charmides*），《游叙弗伦》（*Euthyphro*），《小希比亚》（*Hippias Minor*），《伊安》（*Ion*），《普罗

---

① 关于四分期的提法及其主张者的详情，参 Dodds (1959: 20 - 24); Rowe (1976: 40); Irwin (1977: 291 - 293, n. 33); Irwin (1979: 4 - 8); Vlastos (1991: 45 - 80); Penner (1992: 121 - 169); Kahn (1996: 42 - 48); Reeve (2004: ix - x)。

② 基于目前资料，我们无法从根本上确定柏拉图每一篇对话成形的具体时间，也无法确定柏拉图对话成形的时间次序（不排除柏拉图同时构思和撰写几篇对话的可能）。关于柏拉图对话次序、文体学和年代学问题的集中讨论，参 Brandwood (1990); Brandwood (1992: 90 - 120); Nails (2002)。

③ 有些译者或研究文本的学者习惯把"苏格拉底"从篇名中删掉，我们在这里将其保留。当然，在一些情况下，为了便于书写，可以将其省去。

塔戈拉》(*Protagoras*)①;

Ⅱ 过渡期对话(9篇):《高尔吉亚》(*Gorgias*),②《吕西斯》(*Lysis*),《克拉底鲁》(*Cratylus*),《欧西德莫斯》(*Euthydemus*),《大希比亚》(*Hippias Major*),《梅勒克塞纳斯》(*Menexenus*),《美诺》(*Meno*),《菲多》(*Phaedo*),《会饮》(*Symposium*);③

---

① 《普罗塔戈拉》有时也被列入过渡期对话之列,参 Irwin(2007:69)。

② 相比《普罗塔戈拉》和《高尔吉亚》这两篇幅较长的对话,《申辩》《克里同》《拉凯斯》《查尔米德》《游叙弗伦》《小希比亚》《伊安》《吕西斯》和《欧西德莫斯》等9部对话有时也被一些人称为"短篇苏格拉底对话"(Shorter Socratic Dialogues),参 Irwin(1995:13)。有些学者如 Irwin(1995:90 - 92)和 Tarnopolsky(2010)认为,这些"短篇苏格拉底对话"在时间次序上要早于《普罗塔戈拉》;《普罗塔戈拉》则早于《高尔吉亚》,《高尔吉亚》则应置于"过渡期对话"之首。另外,从创作年代上讲,人们普遍认为《高尔吉亚》早于整个《理想国》。但有一些学者如 Friedländer(1958)也对此表示怀疑,认为《理想国》卷一单独是一篇对话,名为《色拉叙马霍斯》,应属于柏拉图早期对话中的一篇。真实情况若是如此,《高尔吉亚》与《色拉叙马霍斯》究竟谁先谁后确实是一个恼人的问题。笔者认为,《理想国》卷一即便应属于早期对话之列,在写作日期上也要晚于《高尔吉亚》,一个重要的文本证据是,柏拉图在塑造色拉叙马霍斯这个人物形象时一定事先想到了《高尔吉亚》中的卡利克勒。有关色拉叙马霍斯与卡利克勒二者之间的关联性的探讨,参 Barney(2004);Hansen(2010)。

③ 尽管 Reeve(2004:ix),Kahn(1996:47 - 48)和 Tarnopolsky(2010:35 - 36)等一些人把《菲多》和《会饮》置于中期对话之列,同时把《美诺》和《克拉底鲁》置于早期对话之列,但他们对《欧西德莫斯》和《吕西斯》的具体位置并不能达成一致意见。

Ⅲ 中期对话（4 篇）：① 《理想国》（*Republic*），② 《巴门尼德》（*Parmenides*），《斐德若》（*Phaedrus*），③ 《泰阿泰德》（*Theaetetus*）；④
Ⅳ 晚期对话（6 篇）：⑤ 《智术师》（*Sophist*），《政治家》

---

① 有些学者如 Brandwood（1976：xvii）基于对柏拉图对话录中的"小品词"（particles）及其他相关词性的分析把柏拉图晚期之前的对话分为三个时期；Irwin（1995：12）采用了他的这种分类方式。笔者和他俩的不同之处在于，本书一方面听从 Tarnopolsky（2010：36）的建议，认为应把《高尔吉亚》置于过渡期对话群之首，另一方面又听从 Vlastos（1991：46-48）的建议，认为应把《泰阿泰德》置于中期对话之末；同时在晚期对话次序问题上，笔者听从弗雷德（2014，页 41）的建议，认为应把《蒂迈欧》和《克里底亚》依次置于《政治家》与《菲丽布》之间。

② Tarnopolsky（2012：36）和 Benson（1997：316，n. 12）等人主张《理想国》卷一应置于早期对话之列，《理想国》卷二至卷十则应置于中期对话之列。Reeve（1988，2004）和 Kahn（1996）等人则侧重于强调《理想国》的整体性，主张不应该把第一卷从《理想国》这一整体中分离出去。对于这种意见分歧，我们无从知道柏拉图是如何撰写这些对话的，即他是彻底写完一部之后，然后才开始写另外一部新的对话呢，还是同时撰写好几部对话，所以在这个问题上有些人更青睐于 Tarnopolsky 等人的这种做法。诚然，《理想国》第一卷的论辩风格和组织结构很像早期对话，但我们在这里还是更尊重《理想国》的整体性，故暂且不把它拆分开来。

③ 如 Irwin（1995：12）所见，《斐德若》应排在《会饮》和《理想国》之后，因为《斐德若》应是对《会饮》和《理想国》的修正和发展，而不是它们的前奏。

④ 泰阿泰德之死的日期是目前学者们所掌握的唯一关于柏拉图对话时间次序的可靠信息。人们普遍认为造成泰阿泰德之死的那场战争发生在雅典和科林斯（Collins）之间，它发生的时间正值公元前 367 年（柏拉图正好 60 岁）。这大体上符合柏拉图对话的基本顺序。尽管如此，学者们还是有意见分歧。比如，弗雷德（2014，页 41）认为《泰阿泰德》应处于柏拉图晚期对话的开端。Vlastos（1991）和 Tarnopolsky（2010）等人则认为《泰阿泰德》应置于中期对话之末。笔者在这个问题上更倾向于弗雷德的看法，其原因在于，如果说《泰阿泰德》应该处于中期对话与晚期对话的交界点上，而晚期对话的排列顺序应当依次是《智术师》《政治家》《蒂迈欧》《克里底亚》《菲丽布》及柏拉图最后的未完成（未公开发表的）之作《法义》，那么，《泰阿泰德》就应该被置于晚期对话的开端——中期对话的末端。晚期作品探讨的主题虽然各不相同，但它们有一个共同点，那就是，晚期对话中关注的内容或多或少都受到了学园外其他哲学家哲学思想的影响与启发。

⑤ Brandwood（1990：206）基于对"散文节奏"（prose rhythm）的研究而令人信服地指出：我们这里所列举的这六篇对话是最后一组对话。

(*Statesman*),①《蒂迈欧》(*Timaeus*),②《克里底亚》(*Critias*),《菲丽布》(*Philebus*),《法义》(*Laws*)。③

虽然最近几年学术界也有些人根据更为细致的研究成果陆续提出更为精细而缜密的排序,但它们都没有像我们上面所采纳的这种较为粗糙的排序那样得到普遍认可。很多研究柏拉图对话录次序的人的一个直观感受是,对话内容越是复杂难懂,则其次序可能越靠后。不应当认为,每个人都会同意我们对柏拉图对话录采用的这种划分方式。事实上,反对这种划分方式的大有人在。比如,卡恩就论证了一种不同的划分柏拉图对话的方法(cf. Kahn, 1981: 305 - 320),他将柏拉图对话一分为二:"苏格拉底式对话"与"后苏格拉底式对话"(cf. Kahn, 2013: xvi)。此外,形形色色的统一论者也强烈反对人们参照假定的创作顺序来解读柏拉图对话蕴含的哲学思想中存在某种发展或演变轨迹(cf. Nails, 1992: 314 - 327)。我们这里并不想介入涉及柏拉图对话次序的任何争论,其根本原因在

---

① 《政治家》有时也被英译为"*Politicus*"。

② Owen(1953: 79 - 95)认为《蒂迈欧》应排在《巴门尼德》之前。Irwin(1995: 356, n. 29)和 Fine(1988: 373 - 390)则持相反看法。笔者在这个问题上倾向于支持 Irwin 的看法,其理由在于笔者同 Irwin 和 Fine 一样坚持认为,我们不应该把柏拉图在《巴门尼德》中所给出的涉及"相论"的"论证"视为对中期对话所提出的"相论"的一种否定。

③ 《法义》有时也被英译为"*Leges*"。它一向被视为柏拉图生前最后的一部对话,也是篇幅最长的一部。除此之外,它还被认为是一部未完成之作,因为这部著作并没有得到公开发表,而是一直被保留在蜡版上。这在很大程度上表明,柏拉图在去世之前并没有完成它,而是继续对其进行修订,有关这方面的论述文献,参 Meyer(2015: 1)。尽管如此,这并不必然表明,《法义》整本书的撰写日期一定晚于所有其他对话,因为我们不能排除这样一种可能:柏拉图在撰写其中几卷的过程中很可能也在写其他对话。对于这种猜测的理由的合理辩护,参弗雷德(2014,页 112 - 113)。近些年来,也有不少学者从学园内部中找资料来佐证这一点。比如,Nails & Thesleff(2003: 14 - 29)就通过搜集和整理大量古代文献而指出,柏拉图学园很可能像别的诸如希波克拉底(Hippocrates)的学校、亚里士多德的吕克昂学园以及希腊化时期毕达哥拉斯学派(Hellenistic Pythagoreans)的古代机构一样在从事集体创作活动,而《法义》几乎可以确信是集体创作的产物,并在柏拉图死后仍未完成。总之,从目前的研究资料看,《菲丽布》的成书日期极有可能介于《政治家》和《法义》之间,因为《政治家》《菲丽布》和《法义》普遍被认为分别反映了柏拉图晚期伦理思考的三个发展阶段,参 Irwin(1995: Chapter 9, n. 9);Waterfield(1980: 270 - 305)。

于这样的争论往往都是各说其词，很难有定论。从写作规律看，由于一个作家同时写几篇稿子是一个很正常的现象，所以不能排除柏拉图同时撰写好几部对话的可能性。而且就算有些对话的写作日期很晚，但柏拉图很可能将它们的戏剧日期设定得早于它们被撰写的年代。因此，这就意味着，在排列柏拉图对话录次序时，我们采用的标准是一个多选项，而不是单选项：究竟是按对话的写作日期、戏剧日期、行文风格、主题内容还是别的什么。①

此外，柏拉图的某一部作品也可能并非在同一个时期完成的。比方说，我们书中重点考察的《理想国》。部分学者的猜测是，第一卷的构思或完成时间可能要早于后面几卷的撰写时间。甚至有些人怀疑，第一卷很可能在柏拉图创作苏格拉底对话的时候就完成了，而后面9卷的撰写工作则很可能发生在他撰写中期对话期间。如果这些推理假设成立，那像《理想国》这样的对话，我们很难说它作为一个整体在创作时间上究竟属于早期对话之列，还是属于中期对话。因而似乎较为合理的做法只能是把它的各个章节拆开来分而待之。总之，不存在解决柏拉图对话次序问题的完美方案，只存在更好的解决方案；这个问题的关键在于，著者是否可以根据自己假定的次序或划分方法做出一个关于柏拉图思想的更好、更逻辑连贯、更令人信服的解释说明。

---

① 我们这里依据的主要是对话录的"构思年代顺序"（chronology of composition），这是19世纪和20世纪柏拉图学术研究的主导范式。除此之外，一般认为还有其他三种柏拉图对话的排序方式：其一是"教学秩序"（pedagogical order），定义为"我们阅读或教授对话的秩序"；其二是"戏剧年代顺序"（dramatic chronology）；其三是"理论或形而上学的顺序"（theoretical or metaphysical order）。关于柏拉图对话录的阅读顺序的概述，参 Altman（2010：18 - 51）；Poster（1998：282 - 298）；Howland（1991：189 - 214）；Irwin（2008）。

附录4　柏拉图思想的发展脉络

　　学者们对柏拉图作品的写作顺序，以及他的作品是否包含发展元素或包含什么样的发展脉络等诸多问题无法达成共识的原因除了附录3提到的柏拉图所采用的对话体表达形式之外，还在于柏拉图对话录的多样性。这种多样性既表现在每篇对话的表达风格、语言和形式上的千变万化，也表现在对话的主题内容上的丰富多彩。在此我们将重点来考察"发展论"（developmentalism，又名"唯发展主义"）对于柏拉图研究的重要性。"发展论"这一概念自19世纪首次被用于柏拉图哲学起，关于柏拉图整体理论是否存在所谓的"发展"就成了学界持续争论的焦点（Nails，1993：273－291；Kahn，1996：38－42；Byrd，2007：367－368；Vasiliou，2008：20－21）。从上面的论述，我们已初步认识到，关于柏拉图思想的这些争议波及的范围极为广大，其具体涉及每部单独作品的内容、各篇对话之间的联系、作品（尤其是信件）的真伪性，以及柏拉图与他的前辈思想家、同时代的人物以及其后辈思想家之间的思想关联。特别是，"如何正确理解柏拉图与他的精神导师苏格拉底及弟子亚里士多德之间的思想关系"这一问题所引起的争论是最为激烈和持久的。

　　有关柏拉图的争议性话题不胜枚举，下文就不打算逐一说明，而是重点突击，即主要通过介绍关于"柏拉图哲学是否存在发展或演变"这一争议性话题来说明本书在这个问题上所坚持的态度和立场。

　　如上所述，大部分学者都同意将柏拉图作品划分为三个或四个阶段，但他们对究竟该如何界定却存有很大的意见分歧。与此相关的争论是，这三个或四个时期的思想之间是否存在着非常显著的变化或差异。针对这一问题，学界内部争论不休，基本形成了三种势均力敌的声音：

类型名称	主要内容	主要现代代表人物
（1）"统一论者"（Unitarians）	柏拉图理论大体上是统一的；柏拉图作品始终展示了教义的统一性和意图的连续性；柏拉图的核心观点在其发展过程中并没有发生实质性的变化	Shorey（1903），Diès，Ross，Cornford，Cherniss，Zeller（1862），J. Burnet（1911，1914），Taylor（1917－1918，1933），Gomperz（1930），Robin（1935），Cherniss（1936）以及 Annas（1999）等①
（2）"修正论者"（Revisionists）	柏拉图著作充满了修改、翻悔和方向的变化；柏拉图到晚年放弃了或极大地修正了"相论"，因为他在阐释这一理论的基本原理时遇到了难以克服的严重困难	Lutoslawski，Ryle，Robinson，Runciman，Owen，McDowell 以及 Bostock 等②
（3）"发展论者"（Developmentalists）	柏拉图的观点在其写作时期的更替过程中发生了变化；柏拉图哲学一开始深受苏格拉底影响，尤其在论证方式方面，但在探求"苏格拉底式问题"（Socratic Problem）的答案的过程中，他开始另辟蹊径，采用并发展自己的论证方式，这体现在他的中期主要作品（如《理想国》）对形而上学和知识论的探讨中。柏拉图晚年提出并加以发展的观点几乎未受到苏格拉底的影响；相反，他到晚年更多地关注其他哲学流派的学说，比如，"埃利亚学派"（Eleatic school）、"赫拉克利特学派"（Heraclitean school）以及"毕达哥拉斯学派"（Pythagoreans）的学说	Hermann（1839），Susemihl（1855），Ribbing（1863），Vlastos（1991）以及弗雷德（2014）等③

---

① 在柏拉图哲学的现代研究中，统一论式观点首先得到 Shorey 的大力支持。一般而言，统一论者倾向于接受基本的教义导向。相关介绍，参 Press（1996：509）；对于统一论立场的批判，参 Bambrough（1972：295－307）。

② 有关修正论的详细介绍，参 Chappell（2013）；Hampton（1988：114，n. 4）；Prior（2012）；Teloh（1981）。

③ Hermann（1839）认为柏拉图的思想随着时间的推移自然而然地在哲学层面不断地发生变化和发展，特别是这种智力层面上的变化有助于解释学者们在柏拉图对话中所发现的那些含糊之处、晦涩之处以及矛盾之处等诸如此类的现象。Susemihl（1855）和 Ribbing（1863）两人虽然跟 Hermann 同属于一个阵营，但 Susemihl 的想法相对而言更为极端，因为他认为柏拉图思想的激进发展导致了"自身"的自我毁灭。相比之下，Ribbing 则认为柏拉图哲学的发展历程表明，在柏拉图的智性生活中，他的"相论"自始至终都保持不变。有关他们之间意见分歧的详细说明，参 Owen（1953：79－95）；Vlastos（1991）。

在以上这三种看法中,发展论观点几乎主导了近些年的柏拉图研究。我们这里也更倾向于发展论者所持的立场,其主要原因有以下三点:

首先,从早期的苏格拉底"问答式对话"到晚期的"主角"的"一言堂"式学说陈述,柏拉图作品呈现思想的形式有着不可否认的变化,其形式的改变与他所处理的哲学问题的变化息息相关。每一个认真的读者只要稍加反思便会意识到,"统一论"(Unitarianism)这种立场是难以站住脚的。柏拉图的哲学活动和写作生涯前后推算起来大概延续了50多年之久[①],而一个潜心于思考哲学问题长达50多年的人,不可能一直探索某种在本质上一直没有丝毫变化的学说。至少基于写作的一般常识,我们无法接受这样的论断。无论翻看何种历史,我们很难想象历史上有哪位具有伟大心灵的著者的作品没有反映出其思想经年累月所产生的实质性变化(不管他是哲学家、科学家还是艺术家),除非他不幸英年早逝未得善终,没能长时间从事自己的写作事业(Corlett,2005;Byrd,2007:365 - 381;弗雷德,2014,页4 - 5)。

其次,通过仔细阅读柏拉图对话,不难发现,柏拉图的思想在其生命历程中所发生的实质性变化也反映在其对话形式的变化之中。有充分的理由假定,所谓的"苏格拉底式对话"是柏拉图在哲学事业初期所写的作品。那时的他还深受苏格拉底的影响。这种影响即便不是体现在言语的措辞风格上,至少也体现在作者思考哲学问题的方式上。同样也可以假定,那些包含了对"苏格拉底式问题"的比较全面的回答的作品应该作于柏拉图的思想的成熟期。如果在这个阶段他还继续让苏格拉底担当对话的主人公,那一定是因为他已经(或初步)构建起了能回应苏格拉底式挑战或早期对话中其他对

---

① 从公元前399年苏格拉底死后不久,柏拉图很可能就开始写作,那时他还不到30岁。他坚持著述哲学直到80岁左右去世。据说在他去世时,他生平最后一部著作《法义》只写在蜡版上,还没有得到最终的修订。

话者的问题的学说。他的晚期作品则处理的是（无论是历史上的，还是早期对话中的）苏格拉底从未提出的问题。这可能就是他在这个阶段将对话中的核心角色交给了其他对话者，但仍保留苏格拉底作为听众的一个重要原因。很难想象，柏拉图不断变换作品的表现形式，交替使用苏格拉底式问答对话和说教式的探究技巧，纯粹出于一种愉快的消遣或写作技巧的空洞炫耀。若有人这么主张，那将不可思议，因为在哲学创作中，写作形式在很大程度上反映了作者所主张的解决哲学难题的方式。总之，形式和内容上的变化可以一起帮助我们大致区分出柏拉图的早、过渡、中、晚各个时期的作品。

最后，这种对柏拉图早期、过渡期、中期、晚期作品的总体上的划分，尽管是非常粗略的，但除了这种方式，我们目前可能想不出其他更好的划分柏拉图作品的方法。从目前研究状况看，所有想要借助"文体测定学"（stylometry）等技术手段建立更好分类方式的尝试都不能令人十分满意。因此，当要解释或化解同一时期或不同时期的不同作品之中的矛盾之处时，我们所能依靠的只能是我们自己的判断。由于柏拉图的作品极具多样性，加之柏拉图本人从未在对话中明确以自己的立场和名义讲话，我们就不能轻易下结论说："柏拉图早年犯下了的错误在时隔多年之后得到了彻底的纠正"，或是认为"他到晚年不过是变更了自己先前的观点和立场"。也许在很多情况下这种猜想有其合理之处，但我们仍然没有确凿的证据证明这一点。当然，也不能认为他永远赞同作品中主角人物的观点，即便当主角是苏格拉底的时候，情况也不例外（cf. McCabe，2008：89-111；弗雷德，2014，页3-5）。所以在阅读柏拉图对话时，要格外小心，最好在顾全大局的情况下不放过文本中的每一个细节。

当然，一个人要想真正受益于柏拉图的智慧，除了需要持久地关注、研读他的著作之外，还需要反复思索他在各篇对话录中带给"哲学"的五花八门的问题、他发明的用以解决这些问题的方法，以及他提出并探索的解决方案。然而，这些问题、方法和解决方案在数量上是如此之多，在类型上是如此多样化，以致它们不仅构成了

"柏拉图哲学",而且构成了"哲学"本身很大的一部分。特别是《理想国》,其所承载的内容和引发的思考可以说构成了哲学的一个导论,一方面证明"哲学"是如何可以帮助我们全力对付日常生活中大大小小的难题,另一方面向我们表明哲学是如何可以为我们提供一个逃离这种生活的途径。总之,它们作为柏拉图遗产的一部分,其内容意义深远,富有启迪性和教育性,我们在阅读柏拉图作品时,不可避免地会把它们带入到这种阅读体验中来。①

---

① 有关柏拉图提出的问题对于研究哲学的意义的探讨,参 Reeve(2004:xi)。

附录 5　柏拉图学园及其命运

"哲学"不仅是一种思维模式、智力活动,而且是一种新的社会实践。柏拉图可能会认同这种观点,因为于他而言,哲学不仅仅是一种独特的探究和论证模式,而更是一种基于特定伦理和政治承诺的独特生活方式。① 因此,柏拉图对哲学的贡献是从两方面展开的:其一是通过撰写哲学书籍,其二是通过创建哲学活动场所。换言之,他除了通过撰写对话录致力于为"哲学"正名以外,还以创办哲学学校——"学园"(the Academy)——的方式为哲学活动的有效开展提供一个高水平的交流平台。关于这个学园的创立初衷及其运作方式的情况,学者之间存在意见分歧。但从目前的可信资料看,"柏拉图学园"大概创建于公元前 387 年。它传统上被公认为是西方现代大学的鼻祖,是一所集理论科学与实践知识为一体的教研中心。从柏拉图最初的设想来看,它主要是一个研究机构,是一个拒绝收取费用的、致力于"缪斯"崇拜的组织,而不是正规的教学场所。所以把它等同于现代意义上的大学,是有失偏颇的。概言之,它的立意和重心在于学术研究,而非教学。早在学园创建之初,就有不少名声显赫、非常重要的理论研究者纷纷前来质疑问难、切磋学问。② 比

---

① 有关柏拉图对于哲学的构建及理解,参 Nightingale(1995:194)。

② 柏拉图"学园"是以希腊英雄阿卡德莫斯(Academus)之名命名的,它参照的模型是毕达哥拉斯学派的"thiasos"或宗教兄弟会。关于这个学园的创建宗旨及其意义的探讨,参 Chroust(1967:25-40);Taylor(1997:420);Nightingale(2004:16)。

如，曾对日月星辰运行做出过几何学解释的著名数学家兼天文学家欧多克斯（Eudoxus）、研发了立体几何的几何学家泰阿泰德（Theaetetus）、自然科学家兼历史学家赫拉克利德（Heraclides Ponticus）、传记作家赫尔谟德鲁斯（Hermodoros）及毕达哥拉斯学派的政治家、战略家、天文学家兼数学家阿尔基塔（Archytas）等各个领域的专家（Cherniss，1945；弗雷德，2014，页40－41，94－95）。当然，也不能认为这个学园只是一个理论研究中心，没有丝毫现实或实践意义的考量，因为学园中这些成员的研究不只限于理论层面，也延伸至政治实践领域，比如，伊拉斯塔斯（Erastus of Scepsis）和克瑞斯卡斯（Coriscus of Scepsis）等人就指导过一些城邦制定新的"政制"（regime）。①

该"学园"在柏拉图死后仍继续运行了几个世纪，直至公元前83年才结束。柏拉图去世后，他的侄子斯彪西波（Speusippus）继承了"学园"的领导权，并和学园早期的其他领导者如诺克拉底（Xenocrates）、珀雷蒙（Polemon）和克拉泰斯（Crates）等人一起以各种方式对所谓"柏拉图教义"（Plato's teachings）进行了不同程度的修改。现代研究表明，这些人实际上在某些重要方面背离了柏拉图哲学的精神。在克拉泰斯于公元前276年死后，他的继任者阿尔克西拉乌斯（Arcesilaus）、卡尔内阿德斯（Carneades）和其他哲学家深受某些柏拉图对话录（尤其是"苏格拉底式对话"）的影响而坚信：哲学不可能取得正面（肯定）的结果，而当以"困惑"（apo-

---

① 按古代文献记载，学园中的不少成员都担任过希腊各个城邦的智囊团、军事或政治顾问。有些成员也像公元前5世纪的智者一样，游历于各个城邦之间，帮助城邦的统治者改革政制、制定法令。比如，柏拉图的两个同僚伊拉斯塔斯（Erastus）和克瑞斯卡斯（Coriscus）返回母邦后，就成功劝说其统治者采纳一种更为开明的政体来治理国政。这方面的有益讨论，参Nickolas（1995：5）；另有一些资料表明，学园内的一些成员对通过哲学来直接改善世界的方式并不满意，而是弃哲从政，在一些城邦中充当政治革命家的角色。柏拉图是否鼓励他们这样做，是我们不知道的。相关说明，参Annas（1981：6－7）。

ria）结束。① 所以他们捍卫"怀疑论"（skepticism），并使学园成为怀疑论的中心舞台，把它发展成了后来所谓的"新学园"（the New Academy）。② 然而，再到后来，深受柏拉图另外一些著作的影响，阿什凯隆的安太阿卡斯（Antiochus of Ascalon）抛弃了怀疑论，并于公元前87年创立了"老学园"（the Old Academy）。一般认为，这个学园中的"柏拉图主义者们"（Platonists）的思想较为僵化、刻板、教条、少有怀疑精神。

总之，到目前为止，可以发现有两种重要的柏拉图哲学传统。一种是持怀疑论的学园，是柏拉图自己的学派。它持续了几百年直到公元前1世纪才结束，在此期间一直致力于在不依赖自己立场的情况下反驳他人的观点的谈论形式。第二种为后来的柏拉图主义者的传统。它自公元前1世纪起就以系统的方式研究柏拉图的思想，并这样讲授和发展这些思想。在这两种传统中，后者更具积极、正面、肯定意义，前者更具消极、负面、否定意义。二者的关系复杂多变，并常常相互对抗（cf. Annas, 2000: 5）。

在此之后，复兴了另一较缓和的斯多亚式柏拉图主义版本。这个版本持续活跃了两个世纪之后，在雅典和亚历山大港兴起了一种柏拉图主义运动。为了把这个运动与柏拉图本人的思想和普罗提诺后来创立的"新柏拉图主义学派"（the Neo-Platonist school）区分开来，一些学者把它称为"中期柏拉图主义"（Middle Platonism）（cf. Dillon, 1996）。今天我们最为熟知的中期柏拉图主义代表是普鲁塔克（生活在45—120/125年之间）。一般而言，普鲁塔克作为哲学家的意义在于，他试图从整体上公正地对待柏拉图的著作，并从中创造出一个连贯可信的哲学体系，就像普罗提诺后来所做的那样。③

---

① 以"困惑"（aporia）结束被普遍认为是"苏格拉底式对话"的一个显著特征，参 Cohen（1962: 163-174）。

② "新学园"通常被视为一个怀疑论学派，参 Strauss（2001: 4）。

③ 有关普鲁塔克的详细介绍，参 Karamanolis（2014）；Lamberton & Vivante（2001）。

普罗提诺（生活在 204/205—270 年之间）被公认为"新柏拉图主义"的创始人。他于公元 244 年在罗马创立了自己的学校。尽管深受中期柏拉图主义以及其他哲学潮流的影响，但他对柏拉图对话录仍极为重视。他的著作对后来各种类型的柏拉图主义的发展所产生的影响可与柏拉图对后者的影响相提并论。因此，毫不夸张地说，他是继柏拉图和亚里士多德之后最具影响力的古代哲学家之一。"新柏拉图主义"一词是 19 世纪早期欧洲学术界的一个发明，这表明历史学家喜欢把历史上的各个时期划分开来。在这种情况下，这个词的意思是普罗提诺开创了柏拉图传统发展的一个新阶段。当然，这种"新"意味着什么，是有争议的，主要是因为一个人对"新柏拉图主义"的评价取决于他对"什么是柏拉图主义"的评价。事实上，普罗提诺（像他所有的继承者一样）本人非常谦虚，认为自己只是一个柏拉图主义者；他只把自己当成"柏拉图哲学立场"的阐述者和辩护者来看待，并将柏拉图本人视作这个哲学立场最伟大的倡导者。因此，普罗提诺并不认为"原创"是一种嘉奖。然而，普罗提诺意识到需要恰当合理地解释柏拉图的思想。此外，他在柏拉图和他自己之间发现了时间跨度大约 600 年的哲学著作，其中大部分作品反映了著者与柏拉图的接触，以及柏拉图所开创的哲学传统。因此，人们通常认为，普罗提诺至少有两条原创之路可走，即使他的本意并不是提出一些全新的东西。其一是试图根据柏拉图所写或所说的，或别人所说的，来阐明柏拉图的意思。这是探索现代人称为"柏拉图主义"的哲学立场的任务。其二是为柏拉图辩护，反对那些普罗提诺认为误解了柏拉图、因而不公正地批评了柏拉图的人。普罗提诺发现自己（尤其是作为一名教师）采取了这两种途径。[①]

从普罗提诺时代起直到东罗马帝国皇帝查士丁尼一世（Justinian I）于 529 年下令关闭这些坐落于雅典的异教徒学校之前，这样那

[①] 有关普罗提诺的生平及其思想的概述，参 Gerson（2012）；Gerson（2018）；O'Meara（1995）。

样形形色色的被囊括在"柏拉图主义"（不论是中期柏拉图主义、新柏拉图主义，还是别的什么柏拉图主义）大旗之下的思想在古典时代晚期的异教世界中仍然是占主导地位的"哲学"。这个时期的其他新柏拉图主义思想家依次是普罗提诺的学生柏菲丽（Porphyry，生活在232—305年之间）、杨布利柯（Iamblichus，生活在250—325年之间）和普罗克鲁斯（Proclus，生活在410/412—485年之间）。这些人对中世纪的神学思想产生了决定性影响，并深深影响了以圣·奥古斯丁为代表的一大批哲学—神学家。[1] 直到19世纪，在德国的一些学者最先倡导回归文本，回到柏拉图著作本身之前，冒充柏拉图思想的大部分内容一直都是以上这些不同的"柏拉图主义"的大杂烩（cf. Kraut, 1992a：31, n. 3；Reeve, 2004：x）。

---

[1] 查士丁尼当时下令关闭的异教徒学校除"柏拉图学园"外，还有亚里士多德的"吕克昂"（Lyceum）、伊壁鸠鲁学派和斯多亚学派各自创立的学校。在此之前，雅典一直是哲学活动的中心舞台。有关查士丁尼以及公元529年雅典哲学教育之终结的探讨，参Watts（2004：168 – 182）。

附录6 核心术语解释与关键术语表

一 核心术语解释

(一) Πόλις概念

一般认为,"*politeia*"这个词从根本上说来源于"*polis*"(πόλις)(*polites*,即公民)一词(Bloom,1991:439)。"*polis*"通常被汉译为"城邦",英文一般译为"city, city-state, political community"。首先,希腊人常用它来指"独立的政治共同体"或"自足的政治单元"(Pappas,2003:22)。因此,我们在不加任何限制和说明的情况下,把它译成"国家"是容易引起误解的。事实上,现代研究者通常指出,*polis*是人们共享生活方式和管理自己、发动战争和维护和平的共同体。可见,城邦是一个自然的社会群体,包含了发展和行使人类权利所必需的一切。"*polis*"如今通常被译为"城邦"(英文"city-state"),就是因为研究者认识到,"*polis*"并不是现代意义上的国家(如"国家"与"社会"相区别),古代伦理—政治生活的特征与我们现代人的可能截然不同。其次,人们通常强调,像"政治家"和"公民"这样的词是建立在城邦的基础上的。从字面上看,公民(*polites*)是"属于城邦的人",而政治家(*politikos*)是"了解城邦的人"。政治(*politika*)只是"与城邦有关的事"。因此，术语的统一反映了城邦生活的统一。①

（二）ἀρετή 概念

古典学研究者们一般认为，希腊文化是一种专注"优秀"（ἀρετή, aretê）的文化，因为年轻人被广泛鼓励在生活的许多领域（如体育、智力和审美活动）中相互竞争。值得注意的是，在希腊语中，"优秀"（aretê）一词的词根是"男人"（anêr），而不是"女人"。苏格拉底是柏拉图乃至整个西方哲学的灵感来源，他提出的一个中心问题是："什么是 aretê?"（Crisp，1999：110）

如前所知，aretê 的本义是指"卓越或优秀"，传统上一般被汉译为"德性或美德"，英译为"virtue, goodness, excellence"。笔者在写作中也遵循这种传统的译法。德性概念在古典正义理论的研究中占据着举足轻重的地位，乃至许多人如桑德尔指出："古代正义理论始于德性，现代正义理论则始于自由。"（Sandel，2010：11）

关于古希腊"美德"概念，有以下三点尤其值得注意：

第一，从词源上讲，aretê 与战神阿瑞斯（Ares）有关。在早期的希腊语中，aretê 通常指的是勇气（andreia），这个意思在柏拉图的时代仍然存在。但后来它被扩展到指生活各个方面的"优秀"。当苏格拉底在《理想国》第一卷中称耳朵和眼睛也有"美德"时，现代读者往往会觉得难以理解这种说法，但在当时这却是常见的说法，因为它通常表示非道德的"优秀"。就此而言，"美德"这一常见的翻译有时会产生误导性（Howatson，2008：65）。②

第二，从词性构成角度看，aretê 在古希腊文中充当形容词 agathos（好的）的名词形式，即"goodness"（好）的功能。因此，这

---

① 关于古希腊城邦概念的解释，参 Strauss（1953：135 – 139，1963：65）；Nichols（1987：1, n. 2）；Skinner（1989：90 – 131）；Bloom（1991：439 – 440）；Schofield（1995：63 – 83，1996：831 – 858，2006：34）；Reeve（2004：327）。

② 关于 ἀρετή 的概念分析、历史演变及其在柏拉图哲学中的重要性，参 Annas（1981：31 – 32）；Blössner（2007：348）；Sheffield（2008：64）。

种"goodness"并非仅局限于"道德品质",而是泛指一种涵盖各个方面的卓越或优秀能力。比方说,在夸赞马跑得快或刀锋利时,人们常常会说,这是一匹日行千里、夜行八百的好马,或这是一把削铁如泥的好刀。这里说的"好"显然与"道德"无关,只关涉马的体能或刀的锐利方面的优秀、优良。概言之,根据古希腊人的用法,跑得快的马或切起来锋利的刀都可以被称为具有"aretê"的东西。

第三,从功能上讲,aretê 对一个人的"幸福"影响非常大。古希腊哲学家通常关心的是描绘幸福和美德的关系。在柏拉图的一些对话录中,苏格拉底认为美德就是知识。这在当时和现在都是一种极端的说法,其潜台词就是:做坏事的人之所以作恶是出于无知。① 苏格拉底还认为知识、美德和幸福是密切相关的,并把这种观点付诸实践。虽有机会逃脱雅典城邦宣判的死刑,但他毅然选择了留下来,因为他相信美德是"一个人能拥有的最宝贵的财富"(*Crito* 53c7)。柏拉图延续了苏格拉底的传统,将"*dikaiosune*"(通常翻译为"正义",尽管这个词涵盖的范围比"道德"更广)定义为灵魂各个部分之间维持的一种秩序,其中理性统治着欲望和情感。因此,对于苏格拉底和柏拉图来说,美德是人类幸福中极其重要的组成部分。现代研究者通常关心的问题是,美德固然对幸福非常重要,但它究竟有多重要?例如,《理想国》第一卷似乎意在证明:这种涉及人的 aretê 的知识就是正义,而就灵魂的幸福而言,光有正义就已经足够。换言之,正义足以保证灵魂的幸福(*Republic* 348 – 350)。随后,第一卷进一步指出,智慧不是别的,正是正义;而正义就是那种足以保证人之幸福的专门知识。因此,第一卷似乎同意"人之幸

---

① 在柏拉图对话中,涉及 aretê 的必要性及其统一性的段落比比皆是,比如,*Republic* Ⅱ 364c – d, Ⅳ 444e, Ⅹ 608b;*Meno* 98de, 99e – 100b, *Phaedo* 89e – 90a, *Theaetetus* 176a – c, *Laws* Ⅰ 629e – 630c, Ⅲ 696b – e, Ⅳ 718d – 719a, Ⅴ 734c – e, Ⅸ 863e – 864a, Ⅹ 904a – c, 906b, Ⅻ 962d, 963c – 964b, 965b – 966d;关于美德之统一性的研究资料繁多,其中较为深刻的论述,参 Penner (1973: 35 – 68);Cooper (1998: 233 – 274)。

福,全赖于美德"。但现代研究者会问,这种"优秀"具体有哪些内容?它是否包含健康、道德品质上的优秀等?柏拉图在第一卷之后是继续坚持苏格拉底的这种"美德充分性"观点,还是提出了一种较为温和的关于美德与幸福之关系的看法?这些问题构成了柏拉图伦理学研究的核心问题。

(三) Εὐδαιμονία 概念

首先,一般认为,从词源学上来说,形容词 eudaimôn ("幸福的") 及其同源形式如实词 eudaimonia 是 eu 和名词 daimôn 的合成词:eu 是形容词"好"(agathos)的标准副词,而名词 daimôn 指的是影响人类命运的神性或半神性存在者(或更普遍意义上的"神性力量"或"力量")(Bobonich,2010:294)。[①] "eudaimôn"意义丰富,有"富裕""顺利""走运""好运""成功"或"拥有一个有利的守护灵"等意思(Taylor,2010:13,n.5;Cassirer,1946:76)。柏拉图在《理想国》第十卷(620e)中说,命运女神赋予每个灵魂一个 daimôn(守护神)[②],使灵魂能够完成自己的使命(daimôn)(Holowchak,2004:60,n.17)。

其次,从前面的分析我们已经得知,eudaimonia 被普遍视为古希腊哲学中的一个关键术语。某些当代伦理理论家、学者(如 J. Annas 和 D. Frede 等)正试图复兴其本义,并尝试在其原有意义的基础上构建一种"古典幸福论"(Annas,1993:45-47;Frede,2010:3-4)。这注定是一场艰苦卓绝的战斗。因为"幸福"一词如今——无论在西方还是在东方——大多被用来形容一种得意扬扬

[①] 有些学者如 Crisp 更是指出 daimôn 在希腊语中是"幸运、运气"的意思,而 eu 的意思是"好"。他们的这种看法有一定依据,因为在《尼各马可伦理学》1.9 中,亚里士多德确实讨论了幸福是否仅仅是好运的问题。参 Crisp(1999:110)。

[②] Daimôn 在人神之间起媒介的作用,有时也被用来指个体的运气。老一辈译者王太庆主张把它汉译作"灵机",而笔者倾向于把它译作"守护神、精灵、精神或命运"。关于 daimôn 的专门论述,参 A. A. Long(2012:152-154)。

的心情、一种兴高采烈的情绪（内心满足感）、完美的极乐，抑或被用作一种祝福用语或吉祥语（如，祝你幸福！）。

大多数现代人对"幸福"的看法是非常现实的。他们所理解的"幸福"多指一种不受任何忧虑困扰的永久"心绪高潮"，一段无拘无束、连续不断的"快乐时光"，就像一些娱乐场所（如KTV）所承诺的那样。因此，大多数现代人对"幸福道德"（morality of happiness）持怀疑态度：他们不相信有这样的"幸福"，更别提幸福的生活，最多只承认有快乐时光。可见，现代人喜欢将"幸福"理解成完全主观的东西，倾向于把"幸福"与"道德"分开，即认为一个人幸不幸福与他本人是否"道德"无关。

但这显然不是古希腊人所说的"*eudaimonia*"，至少以苏格拉底和柏拉图为首的古典"幸福论者"（eudaemonist）不这么看。他们的立场可以从以下三个方面来说明：

第一，从语词上看，古希腊人不会把"*eudaimoia*"（幸福）和"*euphoria*"（精神欢快或极度兴奋）混为一谈；

第二，古希腊的 *eudaimonia* 指的是长期的客观完满状态，一种充实的人类生活；

第三，这样的"幸福"（*eudaimôn*）之人是否会有好心情以及好到什么程度，在古代伦理学中并没有受到太多的关注，尽管毫无疑问，古人一般认为幸福的人在大多数时候也应该感觉良好（cf. Frede，2010：3）。

总之，古希腊人的"幸福"（*eudaimonia*）概念与我们现代人的"幸福"观有很大的不同。这种不同主要体现在 *eudaimonia* 所表征的长期性和客观性。这是否意味着，古希腊人的"幸福"不涉及人的主观感受？显然不是。因为按照一些古典学者（如 Vlastos）的看法，*eudaimonia* 有两个特征，即主观性特征（令人愉悦的满意或满足）和客观性特征（获得好、完满），只不过第二个特征在古典幸福论中更为突出（Vlastos，1991：201-203）。换言之，*eudaimonia* 是一种长期的状态，远不止于某种有意识的感觉和情绪。因此，说某人

eudaimôn，就是说他是繁荣、茂盛和成功的，说他的生活从客观事实角度看过得很好（Barney，2006：n.7）。如此看来，老一辈译者（如郭斌和、张竹明）在翻译《理想国》的过程中将"*eudaimonia*"时而译作"幸福"时而译作"快乐"或"愉快"，是不严谨的，也是极其误导人的。

此外，在古代，不同的伦理学方法产生了不同类型的令人满意的生活形式，以及过这种生活所需的适当规则和条件。因此，近年来，学者们为了避免误解，采用了将 *eudaimonia* 翻译成"好生活""茂盛""繁荣"等词语的做法（如前所言，笔者自己仍坚持沿用"幸福"这一传统译名）。这一概念被当代伦理学家所接受，他们正试图将幸福恢复为"至善"（summum bonum）。比如，巴恩斯就指出"*eudaimonia*"是最好的东西（Barnes，2000：124）。

然而，在讨论古代各种类型的"幸福道德"时，柏拉图并不常被视为这类道德的主要代表（Annas，1993）。原因在于，正如他在其最著名的几部作品（如《菲多》和《理想国》）中所呈现的那样，幸福概念似乎既具有苦行禁欲色彩，又带有精英化倾向。然而，当我们把目光投向晚期对话《菲丽布》，会发现，柏拉图对待幸福的态度似乎不再那么反常识，而是主张将一种既包含知识又包含各种快乐的混合的人类生活，举荐为最好的人类生活（cf. Frede，2010：3-4）。这从一个侧面说明，"幸福"这一问题伴随着柏拉图的整个哲学生涯，是柏拉图从未停止思考的问题。就此而言，柏拉图，如同许多古代哲人一样，主张的是一种幸福伦理学，或者，如安娜斯恰当地描述的那样，是一种"幸福道德"。[①]

（四）ἡδονή 概念

在道德哲学中，受康德哲学和功利主义传统的影响，人们通常

[①] 古代伦理理论的共同特征是它假定 *eudaimonia* 是我们生活的目标，并围绕着"什么是 *eudaimonia*"这个问题而展开相应的建构。柏拉图伦理学应该也属于这一类型。相关讨论参 Meyer（2007：4）。

在"快乐"与"幸福"之间不作出任何区分,认为后者也是一种满足或快乐的感觉。这种做法不适用于古希腊哲学,尤其不适用于柏拉图哲学。"*hêdonê*"和"*eudaimonia*"在柏拉图哲学中是两个截然不同的概念(当然,有些希腊思想家可能会辩称,"幸福"与"快乐"是等同的)。前面我们阐明了"*eudaimonia*",现在让我们来看"*hêdonê*"。许多希腊思想家认为快乐是动态的而不是静止的。因此,很多古典哲学研究者认为,把 *eudaimonia* 等同于一种快乐状态的观点,在希腊传统中是一种非传统的、表面上违反直觉的立场(Nussbaum, 2001: 6; Santas, 2006: 308 – 322)。

(五)Τέχνη 概念

Τέχνη 通常被汉译为"技艺""技术""技能""手艺"或"艺术",英译为"craft, art, skill, cunning of hand"。关于 technê 一词所蕴含的深刻哲学内涵,柏拉图在《普罗泰戈拉》中进行了系统而详细的论述(Nussbaum, 2001: 88 – 135)。对柏拉图那个时代的大多数人来说,"技艺"在某种程度上相当于我们今天所谓的"科学"(science)。事实上,公元前 5 世纪的医师们一直试图证明医术也是一门 technê(Miller, 1955: 51 – 62; Reeve, 2004: 327)。

人们普遍认为,技艺概念在柏拉图对话中占有十分重要的地位。《高尔吉亚》曾对"技艺"做了如下说明:首先把"技艺"类比成一种基于经验的本领或诀窍(*Gorgias* 462 – 463),即认为 technê 是一种实现某种目的的、有组织的知识;其次强调烹饪(opsopoiia)之类的技艺是实践性的,而另一些如数学研究之类的技艺则是纯理论性的。大多数技艺(如制鞋、缝纫、编织、烹饪等)都有产品,另一些技艺(如演奏乐器)则没有;最后还指出一些技艺则比另外一些更具体。比如,虽同为技艺,耕地就比务农更为具体(Levy, 2005: 185 – 227; Franklin, 2005: 229 – 255)。

一个常见现象是,优秀的陶工懂得如何制作陶器,知道什么是上好陶器、什么是劣等陶器,但不能从学理上讲出其依据。在《申辩》中，苏格拉底对此也是百思不得其解：手艺人们知道他们自己在做什么，也能制作出优秀的产品，但可能无法用语言把这门技艺传授给他人，甚至不能对自己所从事的技艺的性质作出清楚描述。

柏拉图在早期对话中时常持有这样一种观点：美德——或某一具体的美德——是一种技艺或像技艺一样的东西。但他对这种类比的信心并非恒久不变。比如，他在《普罗泰戈拉》中对此表现出相当乐观的态度，认定美德就是一种技艺。但在别的对话（e.g., *Charmides*, *Hippias Minor*, *Euthydemus* 288 – 292）中，他又对自己在美德与技艺之间所作的这种类比持怀疑态度（Annas, 1981: 24 – 25; Tiles, 1984: 49 – 66）。因此，柏拉图在多大程度上认可"技艺类比"一直是学界争论的焦点（Reeve, 1988: 1 – 15; Meagher, 1988: 158 – 164）。

在《理想国》第一卷中，苏格拉底敦促玻勒马霍斯将正义视为一种像医术一样的技艺（332c – d）。然而，至少从表面上看，像医术这样的技艺和像正义这样的技艺是有区别的。有人可能会怀疑正义是否像医术（或工程学、管道技艺）一样是客观的。在《理想国》中，苏格拉底坚持认为，技艺是由其各自独特的最终目的来定义的。医术的最终目的是身体的健康（341e），马匹繁殖的最终目的是保证马的幸福（342c）。我们可以说，管道技艺的最终目的是通过管道高效、无泄漏地输送干净的水和废水。与这些不同的目的相对应的是不同的行为规范，其功能是引导这些行业的从业者走向他们的最终目的。客观地说，一个人应该怎样做，不应该怎样做，取决于他对某门特定技艺的目的的定义。然而，尽管像医术、养马和管道设计这样的技艺的目的是相当容易定义的，但玻勒马霍斯很快发现，要确定正义技艺的适当目的一点也不容易（332c – 334b）。同样难以确定的是，正义技艺在人们（如 Annas）通常所说的"生活的艺术（或技艺）"中可能扮演的角色，因为这一包罗万象的技艺的恰当目的（或目标）根本就不明朗。美好的生活除了是最大程度的快乐、欲望的满足、哲学的洞见，还是别的什么呢？在《理想国》

中，苏格拉底拒绝回答这个问题（506b-e）。柏拉图深知，对什么构成了好生活的"好"缺乏共识，很容易使人拒绝关于"价值"的客观主义，从而倾向于某种形式的主观主义或虚无主义（*Republic* 537e-539a；*Theaetetus* 151d-152e）。有些现代学者如麦凯（Mackie）则诉诸他们所谓的"相对论论证"——或者更准确地说，诉诸"道德异议论证"——以及他们的"奇妙论证"，以便对道德客观主义进行连续的攻击（Mackie，1977：36-38）。因此，麦凯等人认为，为了捍卫道德的客观性，以对抗人们对技艺类比的说服力的担忧与怀疑，柏拉图最终在《理想国》中接受了一种道德直觉主义。因为，如果他坚持认为"好"是一种简单的无法定义的属性，只有少数特殊的人可以通过使用一种特殊的道德直觉能力来获得这种属性，那么不借助道德主观主义或虚无主义，他就要对这两个事实做出解释：其一是为何关于"好"的本性存在着如此广泛的分歧；其二是即使是像苏格拉底这样的卓越哲学家，也无法对其本性做出理性的、可辩护的解释。苏格拉底不愿意定义"好之相"，他完全摒弃"感—知觉"在认识"好"的过程中所扮演的角色，以及他将哲学家对"好之相"的理解描述为一种精神上的"视觉"，这些事实在一些人看来充分表明，柏拉图认为"好之相"是一种非自然的不可定义的属性，这种属性只有通过一种道德直觉才能直接理解。例如，根据麦凯的说法，像"好之相"这样的"相"客观上具有很强的规范性：

> 了解它们或"看到"它们不仅会告诉人们该做什么，而且会确保他们去做，从而推翻任何相反的倾向……了解了好、正义、美和其他东西的"相"，他们就会仅凭这一知识，而没有任何进一步的动机，被迫去追求和促进这些理想。（Mackie，1977：23-24）

因此，麦凯等人指出，既然更熟悉的认知工具，如感—知觉，或归纳或演绎推理，本身不能使人获得任何这种客观的、引人注目的道德"应当"，那么像柏拉图这样的道德客观主义者就必须诉诸"一种特殊的直觉"，作为这种实践洞察力的最终来源（Mackie，1977：39）。总之，麦凯等人相信一个人对道德客观主义的承诺必然会他致力于推荐一种道德直觉能力，然而，自麦凯等人对道德客观主义发起挑战以来，实际上道德客观主义者已经聚集力量向我们展示了为什么他们的形而上学实际上并没有使他们陷入直觉主义认识论。因此，要确定柏拉图在《理想国》中是否真的信奉直觉主义，我们必须看看他到底说了什么。本书的分析表明，麦凯等人的说法显然站不住脚。①

（六）Πολιτεία 概念

*Politeia*② 是这篇对话的标题。但这个词究竟该如何理解？目前学界大致有以下三种看法。

第一，一些人主张 *politeia* 最好译为"政制"（regime）或"政体"（polity）（Strauss, 1964：56；Benardete, 1989：9；Bloom, 1991：436-437；Rosen, 2005：11）。具体而言，施特劳斯（Strauss）首先指出，政治之中的政治就是希腊人所谓的 *politeia* 现象；这个词可宽泛地理解为"constitution"（宪法）；其次他又强调这个词的重要性体现在两个方面：其一是 *politeia* 规定了政府的性质和权力；其二是 *politeia* 更为重要的意义在于，它还规定了一种生活方式，而一个社会的生活方式根本上是由这个社会的等级制度（社会分层）所决定的（Strauss, 2001：8）。作为施特劳斯的两位重要追随者：（1）布鲁姆则在此基础上进一步指出，这个词根本上源于"*polis*"（城邦）

---

① 有关《理想国》中技艺模型的探讨，参 Reeve（2003：39-58）；Gentzler（2005：469-470）。

② 通常人们会拿亚里士多德《政治学》中论述的"*politeia*"与柏拉图笔下的"*politeia*"作类比。这种比较是很不合适的。这方面有启发性的论述，参 Schofield（2006：33-34）。

一词（Bloom，1991：436 – 437）；（2）罗森（Rosen）则强调，politeia 是城邦之魂，及其律法之基（Rosen，2005：11）。

第二，另有一些人如斯科菲尔德则认为，politeia 的核心含义是"公民权"（citizenship），即"作为公民的条件"（the condition of being a citizen），因为《理想国》所属的文学传统本身就或明或暗地指出，它意在论述一个构成公民生活的法律和惯例的制度。因此，按照斯科菲尔德等人的看法，一篇涉及 politeia 的论文可能会讨论适当的社会分层。与此同时，斯科菲尔德等人还强调，这个词如果要译为英文，最好译作"constitution"（宪法）或"political and social systems"（政治—社会制度）（Schofield，2006：33 – 34）。

第三，还有一部分学者如谢泼德认为，politeia 的意思是"政事"（political business）或"共同体的公共政治生活"（the public and political life of the community）（Sheppard，2009：5）。

以上三种解释虽各不相同，但都侧重强调 politeia 的政治性含义。正因为如此，人们在翻译这篇对话的标题时常选用带有很强的政治性含义的名词。比如，它的拉丁文译名为"*Res Publica*"，德文译名是"Der Staat"，日文译名则是"国家"，[①] 英文遵从西塞罗的拉丁文译法，将之译为"*The Republic*"。国内学者吴献书、郭斌和、张竹明等人主张汉译为《理想国》，陈康等人译为《国家篇》，王太庆则译为《治国篇》，刘小枫等人主张译为《王制》。[②] 笔者在这里遵照吴献书先生的译名——《理想国》。理由主要有以下三点：

第一，柏拉图在这篇对话中确实用大量篇幅论述了一个由哲人王统治的"理想之国"或"美好之邦"（Kallipolis），所以用"理想国"译 politeia 并不偏题。

第二，通常一些汉译者或汉语学者习惯把"篇"字放到书名号

[①] 关于 politeia 等其他语言的译名的介绍，参 Sheppard（2009：5）；关于日文的译法，参中畑正志（1991：141 – 144）。

[②] 关于国内各种译法的讨论，参张波波（2016）。

里面，这是不对的。因为柏拉图各篇对话的名称都有特殊含义。有的对话多以人名为篇名（如《泰阿泰德》《菲丽布》《克里同》等），有的则以事件为篇名（如《会饮》），有的则以对话者的社会身份为篇名（如《政治家》《智术师》等），有的是以论题为篇名（如《理想国》《法义》），还有的是以人名和事件的合写为篇名（如《苏格拉底的申辩》）。国外已有不少人注意到柏拉图对话各个名称蕴藏着深刻内涵，并撰写了大量文章论述篇名在解读柏拉图思想中所起的重要作用。① 所以，无论作为译者还是研究者，我们都不应该擅自在他人作品的标题上增添额外的内容。如果有些人执意要在写作中加上"篇"字，那么，这个字应放在书名号之外（比如，在汉语中我们书写《诗经·大雅·灵台》篇时一般不会把"篇"字放在书名号里边）。

第三，"理想国"这个译名在汉语界通行已久、广为流传，所以遵"约定俗成"原则，我们姑且不做任何更改，尽管它像英文译作的名称——"*The Republic*"一样容易引起误解（尤其让读者误以为这篇对话只是一篇专门论述政治或政治哲学的著作）。

此外，柏拉图的一些对话除了具有一个总标题外，通常还附有一个副标题。比如，《会饮》和《斐德若》就分别附有"论好"和"论爱"这样一个副标题。《理想国》的副标题则为"论正义"。布鲁姆的译本就含有这个副标题。但如今，很多学者如塔兰特（Tarrant）和布鲁姆猜测，这个副标题极有可能为后来编者塞拉西鲁斯（Thrasyllus）所添加，理由在于：

（1）给对话加副标题这种做法与柏拉图本人的写作风格很不相符；

（2）亚里士多德在《政治学》（1261a-e）中论述《理想国》时并没有提及这个副标题（Tarrant，2000：78-79；Bloom，1991；Kosman，2007：116）。

---

① 关于柏拉图对话篇名特殊含义的深刻论述，参 Strauss（2001：2-15）。

有很多人反对这种添加副标题的做法。比如，法国著名思想史研究者柯瓦雷（A. Koyré）在《发现柏拉图》中说：

> 在我们的手稿和修订本中，《理想国》总会被附上一个"论正义"的副标题。帝国时代的古代评注者们，也就是柏拉图著作的第一批编辑，曾严肃自问：这本书的主题是什么——它首要关注的是正义还是城邦政制？是道德还是政治？这个问题在我看来无关紧要；更糟糕的是，这是个谬论。因为这个问题揭示了存在于编辑意识中的伦理学和政治学的分离（也可说成是政治学和哲学的分离），这样的分离可谓是柏拉图最不想看到的。（Koyré，1945：72）

所以，综合以上各种因素，为避免"画蛇添足"，笔者一方面决定在《理想国》这本书的标题旁边不添加这个副标题，一方面继续沿用《理想国》这个通行已久的译名，尽管我们要牢记它所对应的希腊文是 *politeia*。

（七）*dikaiosunê* 概念

《理想国》的主题是正义（*dikaiosunê*）的本性及其与人类幸福（*eudaimonia*）的关系（Lycos，1987：1）。然而，在谈到"*dikaiosunê*"时，我们应注意以下几点：

第一，它可以覆盖比"正义"更广泛的领域，并用于一般的"正当行为"。部分学者如里夫指出，它更接近于一般意义上的"伦理正当"（ethical rightness）。它的对立面"*adikia*"则指一般而言的"做坏事"（2004：328）。柏拉图似乎支持这一观点，他让苏格拉底在第一卷352e处把寻求"正义"描述为"寻找正确（正当）的生活方式"（Annas，1981：11）。

第二，学者们通常对如何翻译这个词存有分歧。传统上，它一直被译作"justice"（Reeve，2004：328）。然而，有些人如安娜斯主张将它译作"morality"（道德）或"virtue"（美德）（Annas, 1981：11；2008：272 n.6）；有些人如鲁德布施主张用"righteousness"翻译 dikaiosunê（Rudebusch, 2002：140）；另有些人如帕帕斯则主张 dikaiosunê 最好理解为"appropriateness"（恰如其分）（Pappas, 1995：15-16）。这从一个侧面说明，dikaiosunê 具有丰富的内涵。笔者在文中坚持将之译作"正义"。

总之，正义是柏拉图对话录中最普遍的话题之一，其在哲学上的重要性上仅次于理性。尽管柏拉图的每一篇对话[①]都或多或少探讨了这个话题，但只有《理想国》才对"正义"这一概念进行了精微的界定，并为其定义展开了理性辩说。因此，人们普遍承认，对柏拉图正义理论的任何研究都必须将工作重心集中到《理想国》上来，唯其如此，才能有所突破，才能实现认识正义之本性的意图。[②]

二 关键术语表

希腊文（拉丁化）	中文翻译	英文翻译
agathos	好，善，好处，益处	good
aitia	原因	cause
akrasia	意志软弱	weakness of the will
andreia	勇敢，勇气	courage
aporia	困惑，混乱，僵局，茫然无措	perplexity
aretê	优秀，德性，美德	excellence, virtue
dêmiourgos,（pl. dêmiourgoi）	手艺人，造化，造物，创造者	craftsman, maker

---

① 即使在像《巴门尼德》和《蒂迈欧》这样的对话中，柏拉图也认真探讨了正义问题，参 *Parmenides*（130b7-9, 130e5-131a2, 135c8-d1）；*Timaeus*（41c6-8, 42b21-2）。

② 有关柏拉图正义的整体性研究，参 Keyt（2006：341-355）。

续表

希腊文（拉丁化）	中文翻译	英文翻译
dikaiosunê	正义，道德，道义	justice, morality
eidos, idea	相，种，类别	form, kind, sort
eidōlon（pl. eidōla）	形象，表象	image
eikōn（pl. eikones）	相像，相似，相似之处	likeness
elenchos, elenchus	辩驳，辩驳法	refutation
epistêmê（pl. epistêmai）	知识，学科	knowledge, branch of knowledge
épithumetikon	（灵魂的）嗜欲性部分	theappetitive part (of the soul)
ergon	功能，职能，作用	function
erōs	爱，爱欲	love
éthos	习惯，习性	habit
eudaimonia	幸福，茂盛，繁荣	happiness, flourishing
doxa	意见	opinion
harmonia（pl. harmoniai）	音乐模式，调音，和谐	musical mode, tuning, harmony
hêdonê	快乐	pleasure
homoiôsis theô	似神般的	likening to god
kakia	恶习，道德缺陷，品行不端，恶德	vice, badness, moral failing
kakodaimonia	不幸，厄运，悲惨	unhappiness, misfortune
kalos	美的，美好，漂亮的（阳性）	fine, beautiful (masculine)
kalon（pl. kala）	美的，美好，漂亮的（中性）	fine, beautiful (neuter)
to kalon; auto to kalon	美，美本身	fineness, beauty; fineness itself, beauty itself
kallistos	最美，至美（阳性）	finest, most beautiful (masculine)
kalliston	最美，至美（中性）	finest, most beautiful (neuter)
kalōs	精巧地	finely
kalos kagathos	美好，高贵，高尚	fine and good, noble
kosmos	秩序	order
lexis	谈话方式	mode of discourse
logismos	推理，计算	reasoning, calculation
logistikon	（灵魂的）理性部分	the rational part (of the soul)
logos（pl. logoi）	言辞，言语，论证，说法，推理	word, account, argument, reasoning

续表

希腊文（拉丁化）	中文翻译	英文翻译
mania	疯癫，迷狂	madness
mimêsis（pl. *mimêseis*）	呈现，模仿，戏剧表演	representation, artistic image-making, dramatic enactment, imitation
nomos	惯例，习俗，礼法	law, rule, convention, custom
nous	理性，理智	reason
mousikê	音乐，艺术，文化	music, the arts, culture
mousikos	有教养的，有文化的	cultured, educated
muthos（pl. *muthoi*）	故事，神话	story, myth
ousia	存在，实有	being, reality
paideia	教育，教化	education
paradeigma	模型，范式	model
pharmakon	药，咒语，治疗法	drug, spell, remedy
philotimia	对荣誉的爱	love of honour
phusis	自然，本性	nature, state, condition
poiêsis	诗，创造物	creation, poetry
poiêtês	诗人，创造者	poet, maker, creator
poiêtikos	诗性的，诗意的	poetic
poiêtikōtatos	最有诗性或诗意的	most poetic
poiêtikê technê	诗艺，诗学	poetic craft or expertise
polis	城邦，国家	city, state
politeia	政制，宪法，公民权	regime, constitution, the conditions and rights of the citizen, citizenship
pseudeis logoi	谣言，流言蜚语	false stories, accounts
pseudos	谬误	falsehood
psuchê	灵魂	soul
rhêtōr	公共演说家，修辞学者，雄辩家	public speaker, rhetorician
sophia	智慧	wisdom
sophistês	智者，智术师，辩士，诡辩家	sophist
sôphrosunê	节制	moderation
technê（pl. *technai*）	技艺，技术，艺术，专业知识	art, technique, craft, expertise, expert knowledge

续表

希腊文（拉丁化）	中文翻译	英文翻译
technikos	拥有技艺，有一技之长	possessing craft, expertise
telos	终极目的，目标	end, aim
theios	神的，神圣的，神性的	divine
thumoeides	（灵魂的）激情部分	the spirited part (of the soul)
tropos	品性，性格，生活方式	character, way of life

参考文献

Achtenberg, D. (1989). The Role of the Ergon Argument in Aristotle's Nicomachean Ethics. *Ancient Philosophy*, 9 (1): 37 –47.

Adam, J. (1891). *Plato: Crito.* Cambridge: Cambridge University Press.

—— (1902). *Republic of Plato* (2 vols.). Cambridge: Cambridge University Press.

Adams, R. M. (1976). Motive Utilitarianism. *The Journal of Philosophy*, 73 (14): 467 –481.

—— (2006). *A Theory of Virtue: Excellence in Being for the Good.* Oxford: Clarendon Press.

Adams, R. (1991). Narrative Voice and Unimaginability of the Utopian Feminine in Le Guin's The Left Hand of Darkness and The Ones Who Walk Away From Omelas. *Utopian Studies*, 2 (1/2): 35 –47.

Adkins, A. W. H. (1960). *Merit and Responsibility. A Study in Greek Values.* Oxford: Oxford University Press.

Alden, M. (2003). Ancient Greek Dress. *Costume*, 37 (1): 1 –16.

Alexander, L., & Michael M. (2017). Deontological Ethics. *Stanford Encyclopedia of Philosophy.* https://plato.stanford.edu/entries/ethics-deontological/.

Algra, K. (1996). Observations on Plato's Thrasymachus: the Case for Pleonexia. In Jaap Mansfeld, Keimpe A. Algra, Pieter Van Derhorst &

David T. Runia (eds.) *Polyhistor* (pp. 39 – 60). Leiden: Brill.

Allhoff, F. (2003). Terrorism and Torture. *International Journal of Applied Philosophy*, 17 (1): 121 – 134.

Allen, C., & Neal, J. (2019). Teleological Notions in Biology. *Stanford Encyclopedia of Philosophy*. https://plato.stanford.edu/entries/teleology-biology/.

Allen, D. J. (1944). *Plato: Republic* I (Revised Edition). Hoboken: Wiley-Blackwell.

Allen, D. S. (2011). *Why Plato Wrote*. New York: John Wiley & Sons.

Allen, R. E. (1980). *Socrates and Legal Obligation*. Minneapolis: University of Minnesota.

—— (trans.) (2006). *Plato. The Republic*. New Haven: Yale University Press.

Altman, W. H. (2010). The Reading Order of Plato's Dialogues. *Phoenix*, 64 (1): 18 – 51.

Ambrosio, F. J. (1987). Gadamer, Plato, and the Discipline of Dialogue. *International philosophical quarterly*, 27 (1): 17 – 32.

Anderson, M. E. (2016). Thrasymachus' Sophistic Account of Justice in Republic I. *Ancient Philosophy*, 36 (1): 151 – 172.

Annas, J. (1977). Plato and Aristotle on Friendship and Altruism. *Mind*, 86 (344): 532 – 554.

—— (1978). Plato and Common Morality. *The Classical Quarterly*, 28 (2): 437 – 451.

—— (1981). *An Introduction to Plato's Republic*. Oxford: Oxford University Press.

—— (1986). Plato, Republic V – VII. *Royal Institute of Philosophy Supplements*, 20: 3 – 18.

—— (1993). *The Morality of Happiness*. Oxford: Oxford University

Press.

—— (1995). Précis of the Morality of Happiness. *Philosophy and Phenomenological Research*, 55 (4): 909 – 912.

—— (1997). Politics and Ethics in Plato's Republic. In Otfried Höffe (ed.) *Platon: Politeia* (pp. 141 – 160). Berlin: Akademie Verlag.

—— (1998). Virtue and Eudaimonism. *Social Philosophy and Policy*, 15 (01): 37 – 55.

—— (1999). *Platonic Ethics, Old and New*. Ithaca: Cornell University Press.

—— (2000). *Ancient Philosophy: A Very Short Introduction*. New York: Oxford University Press.

—— (2003). *Plato: A Very Short Introduction*. New York: Oxford University Press.

—— (2009). Plato's Ethics. In Gail Fine (ed.) *The Oxford Handbook of Plato* (pp. 268 – 285). New York: Oxford University Press.

Andrew, E. (1983). Descent to the Cave. *The Review of Politics*, 45 (04): 510 – 535.

Anscombe, G. E., & Morgenbesser, S. (1963). The Two Kinds of Error in Action. *The Journal of Philosophy*, 60 (14): 393 – 401.

Anton, J. P. (1980). Dialectic and Health in Plato's Gorgias: Presuppositions and Implications. *Ancient Philosophy*, 1 (1): 49 – 60.

Anton, J. P. & Kustas, G. L. (eds.) (1971). *Essays in Ancient Greek Philosophy*. Albany: State University of New York Press.

Archer-Hind, R. D. (1894). *The Phaedo of Plato* (2nd edn). London: Macmillan.

Arieti, J. A. (1991). *Interpreting Plato: The Dialogue as Drama*. New York: Rowman & Littlefield.

Arneson, R. J. (2000). Perfectionism and Politics. *Ethics*, 111 (1): 37 – 63.

Arruzza, C. (2012). Cleaning the City: Plato and Popper on Political Change. *Polis: The Journal for Ancient Greek Political Thought*, 29 (2): 259 – 285.

Arp, R. (1999). The Double Life of Justice and Injustice in Thrasymachus' Account. *Polis: The Journal for Ancient Greek Political Thought*, 16 (1 – 2): 17 – 29.

Bailey, C. (trans.) (1926). *Epicurus: The Extant Remains*. Oxford: Clarendon Press.

Avery, H. C. (1973). Sophocles' Political Career. *Historia: Zeitschrift für Alte Geschichte*, (H. 4): 509 – 514.

Bales, R. E. (1971). Act-utilitarianism: Account of Right-Making Characteristics or Decision-Making Procedure?. *American Philosophical Quarterly*, 8 (3): 257 – 265.

Baldwin, T. (ed.). (2003). *The Cambridge History of Philosophy* 1870 – 1945. Cambridge: Cambridge University Press.

Balot, R. K. (2001). *Greed and Injustice in Classical Athens*. Princeton: Princeton University Press.

Bambrough, R. (1962). Plato's Modern Friends and Enemies. *Philosophy*, 37 (140): 97 – 113.

—— (1972). The Disunity of Plato's Thought or: What Plato did not Say. *Philosophy*, 47 (182): 295 – 307.

Baracchi, C. (2001). Beyond the Comedy and Tragedy of Authority: The Invisible Father in Plato's Republic. *Philosophy & Rhetoric*, 34 (2): 151 – 176.

Barnes, J. (ed.). (1984). *The Complete Works of Aristotle*, Volumes Ⅰ and Ⅱ. Princeton: Princeton University Press.

Barnes, J. (2000). *Aristotle: A Very Short Introduction*. Oxford: Oxford University Press.

Barker, E. (1960). *Greek Political Theory: Plato and His Predecessors*.

Oxford: Taylor & Francis.

Barney, R. (2004). Callicles and Thrasymachus. *The Stanford Encyclopedia of Philosophy*, https://plato.stanford.edu/entries/callicles-thrasymachus/.

—— (2006). Socrates' Refutation of Thrasymachus. In Gerasimos Xenophon Santas (ed.) *The Blackwell Guide to Plato's Republic* (pp. 44 – 62). John Wiley & Sons: Blackwell Publishing.

—— (2010). Ring-Composition in Plato: the Case of Republic X. In M. McPherran (ed.) *Cambridge Critical Guide to Plato's Republic* (pp. 32 –51). Cambridge: Cambridge University Press.

Barrow, R. (2010). *Plato, Utilitarianism and Education* (International Library of the Philosophy of Education Volume 3). Abingdon-on-Thames: Routledge.

Beatty, J. (1976). Plato's Happy Philosopher and Politics. *The Review of Politics*, 38 (04): 545 –575.

—— (1979). Justice as Dialectic in Republic I. *The Southern Journal of Philosophy*, 17 (1): 3 –17.

Becker, L. C. (2005). Reciprocity, justice, and disability. *Ethics*, 116 (1): 9 –39.

Bellatalla, L. (1998). Philosophy and Education: From Elitism to Democracy. *The Paideia Archive: Twentieth World Congress of Philosophy*, 29: 32 –36.

Benardete, S., & Meier, H. (1999/2002). *Socrates and Plato the Dialectics of Eros = Sokrates Und Platon: Die Dialektik des Eros*. Minchen: Carl Friedrich von Siemens Stiftung.

Benardete, S. (1989). *Socrates' Second Sailing: On Plato's Republic*. Chicago: University of Chicago Press.

—— (1993). *The Tragedy and Comedy of Life: Plato's Philebus*. Trans. with Commentary. Chicago and London: The University of Chicago Press.

—— (1998). Plato, True & False by Seth Benardete. A Review of Plato: Complete Works edited by John M. Cooper. *The New Criterion*. https://newcriterion.com/issues/1998/2/plato-true-false.

—— (2000). The Argument of the Action: Essays On Greek Poetry and Philosophy. Edited with an Introduction by Ronna Burger and Michael Davis. Chicago and London: University of Chicago Press.

Benitez, E. E. (1996). Plato's Ethics by Terence Irwin. Review by E. E. Benitez. *The Review of Metaphysics*, 50 (1): 159 – 161.

Benson, H. H. (1987). The Problem of the Elenchus Reconsidered. *Ancient Philosophy*, 7: 67 – 85.

—— (1989). A Note on Eristic and the Socratic Elenchus. *Journal of the History of Philosophy*, 27 (4): 591 – 599.

—— (1990). The Priority of Definition and the Socratic Elenchus. In *Oxford Studies in Ancient Philosophy*, vol. 8 (pp. 19 – 65). Oxford: Oxford University Press.

—— (ed.) (1992). *Essays on the Philosophy of Socrates*. Oxford: Oxford University Press.

—— (1997). Socrates and the Beginnings of Moral Philosophy. In Taylor, Christopher Charles Whiston (ed.) *Routledge History of Philosophy* (pp. 298 – 328). Abingdon-on-Thames: Routledge.

—— (2000). *Socratic Wisdom: The Model of Knowledge in Plato's Early Dialogues*. Oxford: Oxford University Press.

Besson, S. (2005). *The Morality of Conflict: Reasonable Disagreement and the Law*. London: Bloomsbury Publishing.

Betti, D. (2011). The Search for the Political Thought of the Historical Thrasymachus. *Polis: The Journal for Ancient Greek Political Thought*, 28 (1): 33 – 44.

Beversluis, J. (1993). Vlastos's Quest for the Historical Socrates.

Ancient Philosophy, 13 (2): 293 – 312.

—— (2000). *Cross-Examining Socrates*. Cambridge: Cambridge University Press.

Blackburn, S. (2005). *The Oxford Dictionary of Philosophy*. Oxford: Oxford University Press.

Bluck, R. S. (1949). Plato's Biography: The Seventh Letter. *The Philosophical Review*, 58 (5): 503 – 509.

Blundell, M. W. (1991). *Helping Friends and Harming Enemies: A Study in Sophocles and Greek Ethics*. Cambridge: Cambridge University Press.

Blondell, R. (2002). *The Play of Character in Plato's Dialogues*. Cambridge: Cambridge University Press.

Bloom. A. (1968 /1991). *The Republic of Plato. Trans. with Interpretive Essay*. New York: Basic Books.

Blössner, N. (2007). The City-Soul Analogy. In G. R. F. Ferrari (ed.) *The Cambridge Companion to Plato's Republic* (pp. 345 – 385). Cambridge: Cambridge University Press.

Bluck, R. S. (1958). Plato, Pindar, and Metempsychosis. *The American Journal of Philology*, 79 (4): 405 – 414.

Blyth, D. (1994). Polemarchus in Plato's Republic. *Prudentia*, 26 (1): 53 – 82.

Boas, G. (1948). Fact and Legend in the Biography of Plato. *The Philosophical Review*, 57 (5): 439 – 457.

Bobonich, C. (2002). *Plato's Utopia Recast*. Oxford: Oxford University Press.

—— (2010). Socrates and *Eudaimonia*. In Donald R. Morrison (ed.) *The Cambridge Companion to Socrates* (pp. 293 – 332). Cambridge: Cambridge University Press.

Boeckh, A. (1874). *Gesammelte Kleine Schriften*. Leipzig, 4. 448.

Bolonyai, G. (2007). The Earrings of Polemarchus' Wife Revisited. *Hermes*, 135 (H. 1): 34 – 42.

Borši ć, L. (2005). Machiavelli between Thrasymachus and Socrates. *Platon über das Gute und die Gerechitigkeit*. Würzburg: Königshausen & Neumann.

Bostaph, S. (1994). Communism, Sparta, and Plato. In David Reisman (ed.) *Economic Thought and Political Theory* (pp. 1 – 36). Dordrecht: Springer.

Bostock, D. (1986). *Plato's Phaedo*. Oxford: Oxford University Press.

—— (1990). The Interpretation of Plato's *Crito*. *Phronesis* 35 (1): 1 – 20.

Bosworth, A. B. (1993). Perdiccas and the Kings. *The Classical Quarterly (New Series)*: 43 (02): 420 – 427.

Boter, G. J. (1986). Thrasymachus and ΠΛΕΟΝΕΞΙΑ. *Mnemosyne*, Fourth Series, Vol. 39, Fasc. 3/4, 261 – 281.

Bowe, G. S. (2007). In Defense of Clitophon. *Classical Philology*, 102 (3): 245 – 264.

Bowra, C. M. (1940). Sophocles on his own Development. *The American Journal of Philology*, 61 (4): 385 – 401.

Brandwood, L. (1976). *A Word Index to Plato*. Leeds: W. S. Maney and Son.

—— (1990). *The Chronology of Plato's Dialogues*. Cambridge: Cambridge University Press.

—— (1992). Stylometry and Chronology. In Richard Kraut (ed.) *The Cambridge Companion to Plato* (pp. 90 – 120). Cambridge: Cambridge University Press.

Brann, E. (2011). *The Music of the Republic: Essays on Socrates' Conversations and Plato's Writings*. Philadelphia: Paul Dry Books.

Bremmer, J. N. (1987). *The Early Greek Concept of the Soul*. Princeton: Princeton University Press.

Brickhouse, T. C. (1984). An Introduction to Plato's Republic by Julia Annas. Review by Thomas C. Brickhouse. *The Philosophical Review*, 93 (1): 147 – 151.

Brickhouse, T. & Smith, N. (1989). *Socrates on Trial*. Princeton: Princeton University Press.

—— (1993). Review of Vlastos. *Ancient Philosophy*, 13: 395 – 410.

—— (1994). *Plato's Socrates*. Oxford: Oxford University Press.

—— (2000). *The Philosophy of Socrates*. Boulder: Westview Press.

—— (2002). *The Trial and Execution of Socrates: Sources and Controversies*. Oxford: Oxford University Press.

—— (2004). *Routledge Philosophy Guidebook to Plato and the Trial of Socrates*. Abingdon: Routledge.

Brill, S. (2013). *Plato on the Limits of Human Life*. Bloomington: Indiana University Press.

Brink, D. O. (1989). *Moral Realism and the Foundations of Ethics*. Cambridge: Cambridge University Press.

—— (1997). Self-love and Altruism. *Social Philosophy and Policy*, 14 (01): 122 – 157.

Brink, D. O. (1999). Eudaimonism, Love and Friendship, and Political Community. *Social Philosophy and Policy*, 16 (1): 252 – 289.

Broadie, S. (1991). *Ethics with Aristotle*. Oxford: Oxford University Press.

Broadie, S., & C. Rowe. (2002). *Aristotle: Nicomachean Ethics: Translation, Introduction, Commentary*. Oxford: Oxford University Press.

Brooke, I. (2013). *Costume in Greek Classic Drama*. New York: Courier Dover Publications.

Brost, B. D. (2008). What's Love Got to Do With It?: Plato on Eros.

Philological Review, 34 (1): 66 – 67.

Brown, E. (2000). Justice and Compulsion for Plato's Philosopher-Rulers. *Ancient Philosophy* 20: 1 – 17.

—— (2004). Minding the Gap in Plato's *Republic*. *Philosophical Studies*, 117: 275 – 302.

—— (2008). Plato's Ethics and Politics in the Republic. *Stanford Encyclopedia of Philosophy*. http://plato.stanford.edu/entries/plato-ethics-politics/.

Brown, H. (1992). The Structure of Plato's *Crito*. *Apeiron*, 25: 67 – 82.

Bruell, C. (1994). On Plato's Political Philosophy. *The Review of politics*, 56 (2): 261 – 282.

Brumbaugh, R. S. (1991). *Plato for the Modern Age*. Lanham, MD: University Press of America.

Bunnin, N., & Jiyuan Yu (2008). *The Blackwell Dictionary of Western Philosophy*. Hoboken: John Wiley & Sons.

Burnet, J. (ed.) (1900 – 7). *Platonis Opera* (5 vols.). Oxford: Oxford University Press.

—— (1914). *Creek Philosophy: Part 1, Thales to Plato*. London: MacMillan and Co., Limited.

—— (ed.) (1924). *Plato: Euthyphro, Apology of Socrates, Crito*. Oxford: Oxford University Press.

—— (ed.) (1991). *Plato's Phaedo*. Oxford: Clarendon Press.

Burnyeat, M. F. (1971). Virtues in Action. In Vlastos (ed.) *The Philosophy of Socrates* (pp. 209 – 234). Garden City, NY: Anchor Books.

—— (1980). Aristotle on Learning to Be Good. In Rorty (ed.) *Essays on Aristotle's Ethics* (pp. 69 – 92). Oakland: University of California Press.

—— (1985). Sphinx without a Secret. *New York Review of Books*, 30 (5): 30 - 36.

—— (1987). Platonism and Mathematics: A Prelude to Discussion. In A. Graeser (ed.) *Mathematics and Metaphysics in Aristotle* (pp. 213 - 240). Bern and Stuttgart: Paul Haupt Verlag.

—— (1997/1999). Culture and Society in Plato's Republic. *Volume 20 of Tanner lectures on human values*. Delivered at Harvard University December 10 - 12. https://tannerlectures.utah.edu/_documents/a-to-z/b/Burnyeat99.pdf.

—— (2000). Plato on Why Mathematics is Good for the Soul. In T. Smiley (ed.) *Mathematics and Necessity: Essays in the History of Philosophy* (pp. 1 - 81). London: British Academy.

—— (2004). Fathers and Sons in Plato's Republic and Philebus. *The Classical Quarterly* (New Series): 54 (01): 80 - 87.

—— (2012). *Explorations in Ancient and Modern Philosophy* (Volume 2). Cambridge: Cambridge University Press.

Burnyeat, M., & Frede, M. (2015). *The Seventh Platonic Letter: A Seminar*. Edited by Dominic Scott. Oxford: Oxford University Press.

Bury, J. B. (1965) (ed.). *The Nemean Odes of Pindar*. AM Hakkert.

Butler, J. (1999a). The Arguments for the Most Pleasant Life in Republic IX: A Note Against the Common Interpretation. *Apeiron*, 32: 37 - 48.

—— (1999b). On whether Pleasure's Esse is Percipi: Rethinking Republic 583b - 585a. *Ancient Philosophy* 19: 285 - 298.

—— (2002). Justice and the Fundamental Question of Plato's *Republic*. *Apeiron*, 35: 1 - 17.

Byrd, M. (2007). The Summoner Approach: a New Method of Plato Interpretation. *Journal of the History of Philosophy*, 45 (3): 365 - 381.

Bywater, J. (ed.) (1894). Aristotle's *Ethica Nicomachea*. Oxford:

Clarendon Press.

Campbell, L. (1894). *Plato's Republic*. Oxford: Clarendon Press.

Campbell, R. (2007). What is Moral Judgment?. *The Journal of Philosophy*, 104 (7): 321 – 349.

Carone, G. R. (2000). Hedonism and the Pleasureless Life in Plato's Philebus. *Phronesis*, 45 (4): 257 – 283.

—— (2005). *Plato's Cosmology and its Ethical Dimensions*. Cambridge: Cambridge University Press.

Cartledge, P. (2009). *Ancient Greek Political Thought in Practice*. Cambridge: Cambridge University Press.

Carter, J. B. (1989). The Chests of Periander. *American Journal of Archaeology*, 93 (3): 355 – 378.

Cassirer, E. (1946). *The Myth of the State*. New Haven: Yale University Press.

Chappell, T. D. J. (1993). The Virtues of Thrasymachus. *Phronesis*, 38 (1): 1 – 17.

—— (2000). Thrasymachus and Definition. *Oxford Studies in Ancient Philosophy*, 18: 101 – 107.

—— (2013). Plato on Knowledge in the Theaetetus. *Stanford Encyclopedia of Philosophy*. https://plato.stanford.edu/entries/plato-theaetetus/.

Cherniss, H. F. (1945). *The Riddle of the Early Academy*. Berkeley: University of California Press.

Cherry, K. M. (2012). *Plato, Aristotle, and the Purpose of Politics*. Cambridge: Cambridge University Press.

Chroust, A. H. (1954). Treason and Patriotism in Ancient Greece. *Journal of the History of Ideas*, 15 (1/4): 280 – 288.

—— (1967). Plato's Academy: the First Organized School of Political Science in Antiquity. *The Review of Politics*, 29 (01): 25 – 40.

Claus, D. B. (1983). Toward the Soul: An Inquiry into the Meaning of ψυχή before Plato. *Apeiron*, 17 (1): 67 – 68.

Cleary, J. J. & Gurtler, G. M. (eds.) (2000). *Proceedings of the Boston Area Colloquium in Ancient Philosophy* XXVI. Leiden: Brill.

Collier, P., & Hoeffler, A. (2004). Greed and Grievance in Civil War. *Oxford Economic Papers*, 56 (4): 563 – 595.

Cornford, F. M. (trans.) (1945). *The Republic of Plato*. New York: Oxford University Press.

Cohen, M. H. (1962). The Aporias in Plato's Early Dialogues. *Journal of the History of Ideas*, 23 (2): 163 – 174.

Cole, J. W. (1974). Perdiccas and Athens. *Phoenix*, 28 (1): 55 – 72.

Connor, W. R. (1987). Tribes, Festivals and Processions: Civic Ceremonial and Political Manipulation in Archaic Greece. *The Journal of Hellenic Studies*, 107: 40 – 50.

Cooper, J. M. (1975). *Reason and Human Good in Aristotle*. Cambridge, MA: Harvard University Press (reprinted 1986 Indianapolis: Hackett Press).

—— (1977). The Psychology of Justice in Plato. *American Philosophical Quarterly* 14: 151 – 157, reprinted in Cooper (1999a): 138 – 149.

—— (1984). Plato's Theory of Human Motivation. *History of Philosophy Quarterly* 1: 3 – 21, reprinted in Cooper (1999a): 118 – 137.

—— (ed.) (1997). *Plato: Complete Works*. Indianapolis: Hackett Press.

—— (1998). The Unity of Virtue. *Social Philosophy and Policy*, 15 (01): 233 – 274.

—— (1999). *Reason and Emotion*. Princeton: Princeton University Press.

—— (2012). *Pursuits of Wisdom: Six Ways of Life in Ancient Philoso-

phy from Socrates to Plotinus. Princeton: Princeton University Press.

Corlett, J. A. (1997). Interpreting Plato's Dialogues, *The Classical Quarterly (New Series)*: 47 (02): 423 – 437.

—— (2005). *Interpreting Plato's Dialogues*. Las Vegas: Parmenides Publishing.

Crossman, R. H. S. (2012). *Plato Today* (Vol. 9). Abingdon: Routledge.

Creed, J. L. (1978). Is It Wrong to Call Plato a Utilitarian?, *The Classical Quarterly (New Series)*: 28 (02): 349 – 365.

Crisp, R. (ed.). (1996). *How Should One Live?: Essays on the Virtues*. Oxford: Clarendon Press.

—— (1999). Aristotle: Ethics and Politics. In David Furley (ed.) *Routledge History of Philosophy*, 2, *From Aristotle to Augustine* (pp. 109 – 146). London and New York: Routledge.

—— (2000/2004). *Aristotle: Nicomachean Ethics*, Translated and Edited by Roger Crisp. Cambridge: Cambridge University press.

Crombie, I. M. (1962). *An Examination of Plato's Doctrines, Volume I. Plato on Man and Society*. London: Routledge & Kegan Paul.

Cross, R. C. (1954). Logos and Forms in Plato. *Mind*, 63 (252): 433 – 450.

Cross, R. C. & Woozley, A. D. (1964). *Plato's Republic*. London: St. Martin's Press.

Crotty, K. M. (2009). *The Philosopher's Song: the Poets' Influence on Plato*. Lanham: Rowman & Littlefield.

Crowther, N. B. (1990). The Evidence for Kicking in Greek Boxing. *The American Journal of Philology*, 111 (2): 176 – 181.

Cummins, W. J. (1981). Eros, Epithumia, and Philia in Plato. *Apeiron*, 15 (1): 10 – 18.

Cushman, R. E. (1958). *Therapeia: Plato's Conception of Philosophy*.

Chapel Hill: University of North Carolina Press.

Dahl, N. (1991). Plato's Defence of Justice. *Philosophy and Phenomenological Research*, 51: 809 – 834, reprinted in Fine (2000): 689 – 716.

Dancy, J. (1991). Intuitionism. In Peter Singer (ed.) *A Companion to Ethics* (pp. 411 – 20). New York: Blackwell Publishers.

Darwall, S., Gibbard, A., & Railton, P. (1992). Toward Fin de siecle Ethics: Some Trends. *The philosophical review*, 101 (1): 115 – 189.

Dawkins, R. (1989). *The Selfish Gene*. Oxford: Oxford university press.

DeFilippo, J. (1991). Justice and Obedience in the *Crito*. *Ancient Philosophy*, 11: 249 – 263.

Dent, N. J. H. (1984). *The Moral Psychology of the Virtues*. Cambridge: Cambridge University Press.

De Vries, G. J. (1985). Laughter in Plato's Writings. *Mnemosyne*, 38 (Fasc. 3/4): 378 – 381.

Dietz, M. G. (2012). Between Polis and Empire: Aristotle's Politics. *American Political Science Review*, 106 (02): 275 – 293.

Dillon, J. M. (1996). *The Middle Platonists*, 80 *BC to AD* 220. Ithaca: Cornell University Press.

Dobbs, D. (1994). The Piety of Thought in Plato's Republic, Book 1. *American Political Science Review*, 88 (03): 668 – 683.

Dodds, E. R. (1933). The Portrait of A Greek Gentleman. *Greece & Rome*, 2 (5): 97 – 107.

—— (ed.) (1959). *Plato: Gorgias*. Oxford: Oxford University Press.

Donohue, B. (1997). The Dramatic Significance of Cephalus in Plato's Republic. *Teaching philosophy*, 20 (3): 239 – 249.

Doris, J. (2002). *Lack of Character: Personality and Moral Behavior*.

Cambridge: Cambridge University Press.

Dover, K. J. (1968). *Lysias and the Corpus Lysiacum* (Vol. 39). Oakland: University of California Press.

—— (1974a). Socrates' Refutation of Thrasymachus and Treatment of Virtue. *Philosophy & Rhetoric*, 7 (1974): 25 –46.

—— (1974b). *Popular Greek Morality in the Time of Plato and Aristotle*. Oxford: Oxford University Press.

—— (2005). *The Transformation of Plato's Republic*. Rowman & Littlefield: Lexington Books.

Duke, E. A., W. F. Hicken, W. S. M. Nicoll, D. B. Robinson & J. C. G. Strachan (eds.). (1995). *Phaedo*, *Platonis Opera Volume I*. Oxford: Oxford University Press.

Dummett, M. (1978). *Truth and Other Enigmas*. Harvard: Harvard University Press.

Eades, T. (1996). Plato, Rhetoric, and Silence. *Philosophy & Rhetoric*, 29 (3): 244 –258.

Emlyn-Jones, C. J., & William, P. (eds.) (2013). *Republic*. Vol. 1. Cambridge, MA: Harvard University Press.

Engstrom, S. & Whiting, J. (eds.) (1996). *Aristotle, Kant, and the Stoics*. Cambridge: Cambridge University Press.

Erde, E. L. (1978). Founding Morality: 'Hume V. Plato' or 'Hume & Plato'?. *Southwestern Journal of Philosophy*, 9 (1): 19 –25.

Everson, S. (ed.) (1990). *Companions to Ancient Thought I. Epistemology*. Cambridge: Cambridge University Press.

—— (1998a). The Incoherence of Thrasymachus. *Oxford Studies in Ancient Philosophy*, 16: 99 –131.

—— (ed.) (1998b). *Companions to Ancient Thought IV. Ethics*. Cambridge: Cambridge University Press.

Ferejohn, M. T. (2006). Knowledge, Recollection, and the Forms in

Republic Ⅶ. In Gerasimos Xenophon Santas (ed.) *The Blackwell Guide to Plato's Republic* (pp. 214 – 233). Hoboken: Blackwell.

Ferrari, G. R. F. (1987). *Listening to the Cicadas: A study of Plato's Phaedrus.* Cambridge: Cambridge University Press.

—— (1989). Plato and Poetry. In George Alexander Kennedy (ed.) *The Cambridge History of Literary Criticism* (pp. 92 – 148). Cambridge: Cambridge University Press.

—— (1990). Philosopher-kings: The Argument of Plato's Republic Reviewed by G. R. F. Ferrari. *The American Journal of Philology*, 111 (1): 105 – 109.

—— (1992). Platonic love. In Richard Kraut (ed.) *The Cambridge Companion to Plato* (pp 248 – 276). Cambridge: Cambridge University Press.

—— (2003). *City and Soul in Plato's Republic.* Sankt Augustin: Academia Verlag.

—— (2007). Curing by Killing. Plato's Republic: A Study by Stanley Rosen. Review by G. R. F. Ferrari. *The Review of Politics*, 69 (1): 123 – 126.

—— (2008). Socratic Irony as Pretence. *Oxford Studies in Ancient Philosophy*, 34: 1 – 33.

—— (2010). Socrates in the Republic. In Mark L McPherran (ed.) *Plato's Republic: A Critical Guide* (pp. 11 – 32). Cambridge: Cambridge University Press.

Ferrari, G. R. F (ed.): and Tom Griffith (trans). (2000). *Plato: The Republic.* Cambridge: Cambridge University Press.

Festugière, A. J. (1954). *Personal Religion Among the Greeks* (Vol. 26). Oakland: University of California Press.

Findlay, J. N. (1974). *Plato: The Written and Unwritten Doctrines.* London: Routledge.

Fine, G. (1990). Knowledge and Belief in *Republic* V – Vii. In Everson (1990): 85 – 115.

—— (1992). Inquiry in the *Meno*. In Kraut (1992a): 200 – 226.

—— (1993). *On Ideas*. Oxford: Oxford University Press.

—— (1996). Nozick's Socrates. *Phronesis*, 41 (3): 233 – 244.

—— (ed.) (1999a). *Plato 1: Metaphysics and Epistemology Oxford Readings in Philosophy*. Oxford: Oxford University Press.

—— (ed.) (1999b). *Plato 2: Ethics, Politics, Religion and the Soul*. Oxford: Oxford University Press.

—— (1999c). Knowledge and Belief in Republic 5 – 7. In G. Fine (ed.) *Plato 1: Metaphysics and Epistemology* (pp. 215 – 247). Oxford: Oxford University Press.

—— (2004). Knowledge and True Belief in the Meno. *Oxford Studies in Ancient Philosophy*, 27: 41 – 81.

—— (ed.) (2008). *The Oxford Handbook of Plato*. Oxford and New York: Oxford University Press.

Fissell, B. (2009). Thrasymachus and the Order of Pleonexia. *Aporia*, 19 (1 – 2009): 35 – 43.

Forde, S. (1989). *The Ambition to Rule: Alcibiades and the Politics of Imperialism in Thucydides*. Ithaca, NY: Cornell University Press.

Flew, A. G. N. (1995). Responding to Plato's Thrasymachus. *Philosophy*, 70 (273): 436 – 447.

Foot, P. (1958 – 1959). Moral Beliefs. *Proceedings of the Aristotelian Society*, 59: 83 – 104.

—— (1983). Moral Realism and Moral Dilemma. *The Journal of Philosophy*, 80 (7): 379 – 398.

—— (2002). *Moral Dilemmas: and Other Topics in Moral Philosophy*. Oxford: Clarendon Press.

Foster, M. B. (1937). A Mistake in Plato's *Republic*. *Mind*, 46:

386 – 393.

—— (1942/1961). *Masters of Political Thought. Volume I Plato to Machiavelli*. London: George G. Harrap & Co.

Ford, A. (2015). The Purpose of Aristotle's Poetics. *Classical Philology*, 110 (1): 1 – 21.

Franklin, L. (2005). Techne and Teleology in Plato's Gorgias. *Apeiron*, 38 (4): 229 – 255.

Frankena, W. K. (1939). The Naturalistic Fallacy. *Mind*, 48 (192): 464 – 477.

Frazier, R. L. (1994). Act Utilitarianism and Decision Procedures. *Utilitas*, 6 (1): 43 – 53.

Frede, D. (1985). Rumpelstiltskin's Pleasures: True and False Pleasures in Plato's Philebus. *Phronesis*, 30 (2): 151 – 180.

—— (1992). Disintegration and Restoration: Pleasure and Pain in Plato's Philebus. In Richard Kraut (ed.) *The Cambridge Companion to Plato* (pp. 425 – 463). Cambridge: Cambridge University Press.

—— (trans.) (1993). *Plato: Philebus*, with Introduction and Notes by the Translator, Indianapolis: Hackett.

—— (1996). Plato, Popper, and Historicism. *Proceedings of the Boston Area Colloquium in Ancient Philosophy*, 12 (1): 247 – 276.

—— (1999). Plato on What the Body's Eye Tells the Mind's Eye. *Proceedings of the Aristotelian Society* (New Series), 99: 191 – 209.

—— (2006). Socrates and Plato Review by Dorothea Frede. *Phronesis*, 51 (1): 91 – 108.

—— (2010). Life and its Limitations: the Conception of Happiness in the Philebus. In Dillon, J. M., & Brisson, L (eds.) *Plato's Philebus. Selected Papers from the Eight Symposium Platonicum* (pp. 3 – 16). Sankt Augustin: Academia Verlag.

—— (2013). Plato's Ethics: An Overview. *Stanford Encyclopedia of*

Philosophy. https：//plato. stanford. edu/entries/plato-ethics/.

Freeman, S. (1994). Utilitarianism, Deontology, and the Priority of Right. *Philosophy and Public Affairs*, 23 (4)：313 – 349.

Frey, R. G. (1978). Did Socrates Commit Suicide?. *Philosophy*, 53 (203)：106 – 108.

Friedländer, P. (1958/1964). *Plato：The Dialogues, First Period*. Princeton：Princeton University Press.

Fritzsche, D. J., & Becker, H. (1984). Linking Management Behavior to Ethical Philosophy—An Empirical Investigation. *Academy of Management Journal*, 27 (1)：166 – 175.

Gadamer, H. G. (1983). *Dialogue and Dialectic：Eight Hermeneutical Studies on Plato*. Translated with an introduction by P. Christopher Smith. New Haven：Yale University Press.

—— (1986). *The Idea of the Good in Platonic-Aristotelian Philosophy*. Translated with an introduction by P. Christopher Smith. New Haven：Yale University Press.

Gaiser, K. (1968). *Platons Ungeschriebene Lehre*. Klett-Cotta.

—— (1980). Plato's Enigmatic Lecture 'On the Good'. *Phronesis*, 25 (1)：5 – 37.

Gallop, D. (1975). *Plato：Phaedo*. Oxford：Oxford University Press.

Gallop, D. (trans.) (1997). *Plato：Defence of Socrates, Euthyphro, Crito*. Oxford：Oxford University Press.

Galston, W. A. (1989). Pluralism and Social Unity. *Ethics*, 99 (4)：711 – 726.

Garland, R. (2016). Piraeus. In *Oxford Research Encyclopedia of Classics*. https：//oxfordre. com/classics/view/10. 1093/acrefore/9780199381135. 001. 0001/acrefore – 9780199381135 – e – 5087.

Gauthier, D. (1986). *Morals by Agreement*. Oxford：Oxford University Press.

Geach, P. T. (1966). Plato's Euthyphro: An Analysis and Commentary. *The Monist*, 50 (3): 369 – 382.

Gentzler, J. (2005). How to Know the Good: The Moral Epistemology of Plato's Republic. *The Philosophical Review*, 114 (4): 469 – 496.

Gerson, L. P. (2003). *Knowing Persons: A Study in Plato*. Oxford: Oxford University Press.

—— (2012). *Plotinus-Arg Philosophers*. London: Routledge.

—— (2018). *Plotinus*, Stanford Encyclopedia of Philosophy. https://plato.stanford.edu/entries/plotinus/.

Gewirth, A. (1968). Metaethics and Moral Neutrality. *Ethics*, 78 (3): 214 – 225.

Giannopoulou, Z. (2013). *Plato's Theaetetus as a Second Apology*. Oxford: Oxford University Press.

—— (2008). Love's Confusions by C. D. C. Reeve. Review by Z. Giannopoulou. *Ancient Philosophy*, 28 (2): 486 – 488.

Gifford, M. (2001). Dramatic Dialectic in Republic Book Ⅰ. In David Sedley (ed.). *Oxford Studies in Ancient Philosophy*, 20: 35 – 106.

Griswold, C. L. (2002). Irony in the Platonic Dialogues. *Philosophy and Literature*, 26 (1): 84 – 106.

—— (2007). Plato and Forgiveness. *Ancient Philosophy*, 27 (2): 269 – 287.

Gill, C. (1973). The Death of Socrates. *The Classical Quarterly* (New Series): 23 (01): 25 – 28.

—— (1985). Plato and the Education of Character. *Archiv für Geschichte der Philosophie*, 67 (1): 1 – 26.

—— (1996a). *Personality in Greek Epic, Tragedy, and Philosophy*. Oxford: Oxford University Press.

—— (1996b). Afterword: Dialectic and the Dialogue Form in Late Plato. In C. Gill & M. M. McCabe (eds.) *Form and Argument in Late*

Plato (pp. 283 – 311). Oxford: Clarendon Press.

——(1998). Altruism or Reciprocity in Greek Ethical Philosophy?. In Christopher Gill, Norman Postlethwaite, and Richard Seaford (eds.) *Reciprocity in Ancient Greece* (pp. 303 – 328). Oxford: Clarendon Press.

Gill, C., & McCabe, M. M. (eds.). (1996). *Form and Argument in Late Plato*. Oxford: Clarendon Press.

Golden, M. (1985). Pais, 《Child》 and 《Slave》. *L'antiquité classique*, Tome 54: 91 – 104.

Goldman, A. I. (1986). *Epistemology and Cognition*. Cambridge, MA: Harvard University Press.

Gomez-Lobo, A. (1989). The Ergon Inference. *Phronesis*, 34 (1 – 3): 170 – 184.

Gomme, A. W. (1981). *A Historical Commentary on Thucydides*. Oxford: Oxford University Press.

Gomperz, H. (1930). Platons Philosophisches System (pp. 426 – 431). *Proceedings of the Seventh International Congress of Philosophy*, Oxford: Oxford University Press.

Gonzalez, F. J. (1995). *The Third Way: New Directions in Platonic Studies*. London: Rowman & Littlefield.

——(1996). Propositions or Objects? A Critique of Gail Fine on Knowledge and Belief in Republic V. *Phronesis*, 41 (3): 245 – 275.

——(2002). The Socratic Elenchus as Constructive Protreptic. In Scott (ed.) *Does Socrates Have a Method?: Rethinking the Elenchus in Plato's Dialogues and Beyond* (pp. 161 – 182). University Park, PA: Penn State University Press.

Gooch, P. W. (1987). Red Faces in Plato. *The Classical Journal*, 83 (2): 124 – 127.

Gosling, J. C. B. (1973). *Plato*. London: Routledge.

Gosling, J. C. B. & Taylor, C. C. W. (1982). *The Greeks on Pleasure*. Oxford: Oxford University Press.

Gotoff, H. C. (1980). Thrasymachus of Calchedon and Ciceronian Style. *Classical Philology*, 75 (4): 297–311.

Gould, J. (1972). *The Development of Plato's Ethics*. Cambridge: Cambridge University Press.

Graeser, A. (ed.) (1987). *Mathematics and Metaphysics in Aristotle*. Bern: Haupt.

Graham, D. W. (1992). Socrates and Plato. *Phronesis*, 37 (2): 141–165.

—— (2017). Socrates as a Deontologist. *The Review of Metaphysics*, 71 (1): 25–43.

Granger, H. (1990). Aristotle and the Functionalist Debate. *Apeiron*, 23 (1): 27–50.

Gress, D. (1998). *From Plato to NATO: The Idea of the West and Its Opponents*. New York: Simon & Schuster.

Grethlein, J. (2009). How not to Do History: Xerxes in Herodotus' Histories. *American Journal of Philology*, 130 (2): 195–218.

Griffin, D. E. (1995). Socrates' Poverty: Virtue and Money in Plato's Apology of Socrates. *Ancient Philosophy*, 15 (1): 1–16.

Griswold, C. L. (ed.) (1988). *Platonic Writings/Platonic Readings*. London: Routledge.

—— (2002). Irony in the Platonic dialogues. *Philosophy and Literature*, 26 (1): 84–106.

Grote, G. (1867). *Plato and the Other Companions of Sokrates* 2nd ed. 3 vols. London: J. Murray.

—— (1888). *A History of Greece*. London: J. Murnay.

Grube, G. M. (1952). Thrasymachus, Theophrastus, and Dionysius of Halicarnassus. *The American Journal of Philology*, 73 (3): 251–

267.

—— (1974). *Republic* (Grube Edition). Indianapolis: Hackett Publishing.

—— (trans.) (1992). *Plato. The Republic*. Revised by C. D. C. Reeve. Indianapolis: Hackett Press.

Guthrie, W. K. C. (1975/1987). *A History of Greek Philosophy, Volume 4: Plato, the Man and His Dialogues, Early Period*. Cambridge: Cambridge University press.

Hadgopoulos, D. J. (1973). Thrasymachus and Legalism. *Phronesis*, 18 (3): 204–208.

Hadot, P. (1995). *Philosophy as a Way of Life*. In Arnold I. Davidson (ed.), Translated By Michael Chase. Oxford: Blackwell.

Haisch, B. (2014). Is the Universe a Vast, Consciousness-Created Virtual Reality Simulation?. Cosmos and History: *The Journal of Natural and Social Philosophy*, 10 (1): 48–60.

Hall, D. (1977). The Republic and the 'Limits of Politics'. *Political Theory*, 5 (3): 293–313.

Hall, J. (2017). Plato's Legal Philosophy. In R. O. Brooks (ed.) *Plato and modern law* (pp. 33–68). London: Routledge.

Halliwell, S. (1991). The Uses of Laughter in Greek Culture. *The Classical Quarterly*, 41 (2): 279–296.

Halliwell, S. (1993). *Plato: Republic 5*. Warminster: Aris & Phillips.

—— (2000). The Subjection of Muthos to Logos: Plato's Citations of the Poets. *The Classical Quarterly (New Series)*: 50 (01): 94–112.

—— (2002). *The Aesthetics of Mimesis*. Princeton: Princeton University Press.

Hallowell, J. H. (1965). Plato and his Critics. *The Journal of Politics*, 27 (2): 273–289.

Hampshire, S. (1983). *Morality and Conflict* (Reprint edition). Cambridge, MA: Harvard University Press.

Hampton, C. (1988). Plato's Late Ontology: A Riddie Unresolved. *Ancient Philosophy*, 8 (1): 105 – 116.

Hansen, M. H. (1992). The Tradition of the Athenian Democracy AD 1750 – 1990. *Greece & Rome*, 39 (1): 14 – 30.

Hansen, P. J. (2010). *Plato's Immoralists and Their Attachment to Justice: A Look at Thrasymachus and Callicles*. Chicago: The University of Chicago.

Harlap, S. (1979). Thrasymachus's Justice. *Political theory*, 7 (3): 347 – 370.

Harlow, H. F. (1958). The Nature of Love. *American psychologist*, 13 (12): 673 – 685.

Harris, H. (1990). *The Tübingen School: A Historical and Theological Investigation of the School of FC Baur*. Ada, Michigan: Baker Book House.

Harris, E. M. (2000). Open Texture in Athenian Law. *Dike* 3: 27 – 79.

—— (2001). How to Kill in Attic Greek. In E. Canterella and G. Thür (eds.). *Vorträge zur Griechischen und Hellenistischen Rechtsgeschichte* (Symposion 1997) (pp. 75 – 87). Cologne and Vienna: Bohlau Verlag.

—— (2002). Did Solon Abolish Debt-Bondage?. *The Classical Quarterly*, 52: 415 – 430.

Harrison, E. L. (1962). A red herring in Plato's Republic. *Eranos*, 60, 122 – 126.

—— (1967). Plato's Manipulation of Thrasymachus. *Phoenix*, 21 (1): 27 – 39.

Harte, V. (1999). Conflicting Values in Plato's *Crito*. *Archiv für Geschichte der Philosophie*, 81: 117 – 147.

Hatfield, G. (2001). Epistemology and Science in the Image of Modern Philosophy: Rorty on Descartes and Locke. In Juliet Floyd & Sanford Shieh (eds.) *Future Pasts: The Analytic Tradition in Twentieth Century Philosophy* (pp. 393 – 413). Oxford: Oxford University Press.

Hatzistavrou, A. (1998). Thrasymachus' Definition of Justice. *Philosophical Inquiry*, 20 (1/2): 62 – 82.

Havelock, E. A. (2009). *Preface to Plato*. Cambridge, MA: Harvard University Press.

Hermann, K. F. (1838). *Geschichte und System der Platonischen Philosophie* (Vol. 1). Рипол Классик.

Heinaman, R. (1995). *Aristotle and Moral Realism*. London: University College London Press.

—— (2002). Plato's Division of Goods in the *Republic*. *Phronesis*, 47 (4): 309 – 335.

—— (2003a). Plato: Metaphysics and Epistemology. In C. C. W. Taylor (ed.) *Routledge History of Philosophy* (pp. 356 – 373). London: Routledge.

—— (2003b). *Plato and Aristotle's Ethics*. Farnham: Ashgate Publishing.

Hemmenway, S. R. (1990). Philosophical Apology in the Theaetetus. *Interpretation*, 17 (3): 323 – 346.

Henderson, T. Y. (1970). In Defence of Thrasymachus. *American Philosophical Quarterly*, 7 (3): 218 – 228.

Herman, B. (1981). On the Value of Acting from the Motive of Duty. *Philosophical Review*, 90 (3): 359 – 382, reprinted in Herman (1993): 1 – 22.

—— (1993). *The Practice of Moral Judgment*. Cambridge, MA: Harvard University Press.

Hirst, M. E. (1940). The Choice of Odysseus (Plato Republic 620

CD). *Classical Philology*, 35 (1): 67–68.

Hlinak, M. (2014). The Socratic Method 2.0. *Journal of Legal Studies Education*, 31: 1–20.

Hobbs, A. (2000). *Plato and the Hero: Courage, Manliness and the Impersonal Good.* Cambridge: Cambridge University Press.

Hoesly, D., & Smith, N. (2013). Thrasymachus: Diagnosis and Treatment. In Noburu Nōtomi & Luc Brisson (eds.) *Dialogues on Plato's Politeia (Republic): Selected Papers from the Ninth Symposium Platonicum* (pp. 60–65). Sankt Augustin: Academia Verlag.

Holiday, A. (1998). Prohibited Pictures: Political Education and Platonic Elitism. *Studies in Philosophy and Education*, 17 (4): 243–250.

Holowchak, M. A. (2004). *Happiness and Greek Ethical Thought.* London: A&C Black.

Hooker, B. & Little, M. (eds.) (2000). *Moral Particularism.* Oxford: Oxford University Press.

Hourani, G. (1949). The Education of the Third Class in Plato's *Republic*. *The Classical Quarterly* 43 (1–2): 58–60.

—— (1962). Thrasymachus' Definition of Justice in Plato's *Republic*. *Phronesis*, 7 (1–2): 110–120.

Howatson, M. C. & Sheffield, F. C. (eds.). (2008). *Plato: The Symposium.* Cambridge: Cambridge University Press.

Howland, J. (1991). Re-Reading Plato: The Problem of Platonic Chronology. *Phoenix*, 45 (3): 189–214.

Howland, J. (2004a). Plato's Reply to Lysias: Republic 1 and 2 and Against Eratosthenes. *American Journal of Philology*, 125 (2): 179–208.

—— (2004b). *The Republic: The Odyssey of Philosophy.* Philadelphia: Paul Dry Books.

―― (2008). Plato's Apology as Tragedy. *The Review of Politics*, 70 (4): 519 – 546.

Hyland, D. A. (1988). Taking the Longer Road: The Irony of Plato's Republic. *Revue de Metaphysique et de Morale*, 93 (3): 317 – 335.

Hunter, J. H. (2005). Pericles' Cavalry Strategy. *Quaderni Urbinati di Cultura Classica*, 81 (3): 101 – 108.

Hussey, G. B. (1909). The Word χρυσοχοεν in the *Republic* of Plato. *The Classical Quarterly*, 3: 192 – 194.

Huxley, G. L. (1978). Simonides and his World. *Proceedings of the Royal Irish Academy. Section C: Archaeology, Celtic Studies, History, Linguistics, Literature*, 78 (9): 231 – 247.

Inwood, B. (1987). Professor Stokes on Adeimantus in the Republic. In Spiro Panagiotou (ed.) *Justice, Law and Method in Plato and Aristotle* (pp. 97 – 104). Edmonton: Academic Printing and Publishing.

Irwin, T. H. (1974). Recollection and Plato's Moral Theory. *The Review of Metaphysics*, 27 (4): 752 – 772.

―― (1977). *Plato's Moral Theory*. Oxford: Oxford University Press.

―― (1979). *Plato's Gorgias*. Oxford: Oxford University Press.

―― (1988). Socrates and the Tragic Hero. In Pietro Pucci (ed.) *Language and the Tragic Hero: Essays on Greek Tragedy in Honor of Gordon M. Kirkwood* (pp. 55 – 83). Atlanta, GA: The American Scholars Press.

―― (1989). Review: Socrates and Athenian Democracy Reviewed Work: *The Trial of Socrates* by F. Stone. Review by T. H. Irwin. *Philosophy & Public Affairs*, 18 (2): 184 – 205.

―― (1992). Plato: the Intellectual Background. In Richard Kraut (ed.) *The Cambridge Companion to Plato* (pp. 51 – 89). Cambridge: Cambridge University Press.

―― (1994). Say What You Believe. In Irwin and Nussbaum (eds.)

Virtue, Love and Form: Essays in Memory of Gregory Vlastos (pp. 1 - 16). Toronto: Apeiron.

—— (1995). *Plato's Ethics*. Oxford: Oxford University Press.

—— (1999). *Republic* 2, Questions about Justice. In Fine (ed.) *Plato 2: Ethics, Politics, Religion and the Soul* (pp. 164 - 185). Oxford: Oxford University Press.

—— (2007). *The Development of Ethics: Volume 1: From Socrates to the Reformation* (Vol. 1). Oxford: Oxford University Press.

—— (2008). The Platonic Corpus (Vol. 71). In Gail Fine (ed.) *The Oxford Handbook of Plato* (pp. 64 - 85). Oxford: Oxford University Press.

—— (2014). Pursuits of Wisdom: Six Ways of Life in Ancient Philosophy from Socrates to Plotinus by John M. Cooper (Book Reviews). *AGPh*, 96 (3): 389 - 401.

Irwin, T. & Fine., G. (1995). *Aristotle: Selections, Translated with Introduction, Notes, and Glossary*. Indianapolis: Hackett.

Irwin, T. & Nussbaum, M. (eds.) (1994). *Virtue, Love and Form: Essays in Memory of Gregory Vlastos*. Toronto: Apeiron.

Jaeger, W. (ed.) (1957). Aristotle's *Metaphysica*. Oxford: Clarendon Press.

Jeffrey, A. (1979). Polemarchus and Socrates on Justice and Harm. *Phronesis*, 24 (1): 54 - 69.

Johnson, C. (2005). *Socrates and the Immoralists*. Lanham: Lexington Books.

Johnson, M. R. (2005). *Aristotle on Teleology*. Oxford: Oxford University Press.

—— (2015). Aristotle's Architectonic Sciences, In David Ebrey (ed.) *Theory and Practice in Aristotle's Natural Science* (pp. 163 - 186). Cambridge: Cambridge University Press.

Joseph, H. W. B. (1935). *Essays in Ancient and Modern Philosophy.* Oxford: Oxford University Press.

Jowett, B. (1871/1953). *The Dialogues of Plato Translated into English with Analyses and Introductions.* Oxford: Oxford University Press.

Kahn, C. H. (1981). Did Plato Write Socratic Dialogues?. *The Classical Quarterly* (New Series), 31 (02): 305 – 320.

—— (1983). Drama and Dialectic in Plato's *Gorgias. Oxford Studies in Ancient Philosophy*, 1: 75 – 121.

—— (1987). Plato's Theory of Desire. *The Review of Metaphysics*, 41 (1): 77 – 103.

—— (1988). Plato's Charmides and the Proleptic Reading of Socratic Dialogues. *The Journal of Philosophy*, 85: 541 – 549.

—— (1989). Problems in the Argument of Plato's *Crito. Apeiron*, 22: 29 – 43.

—— (1992). Vlastos's Socrates (Review). *Phronesis*, 37 (2): 233 – 258.

—— (1993). Proleptic Composition in the Republic, Or Why Book 1 was never a Separate Dialogue. *The Classical Quarterly* (New Series): 43 (01): 131 – 142.

—— (1996). *Plato and the Socratic Dialogue.* Cambridge: Cambridge University Press.

—— (2013). *Plato and the Post-Socratic Dialogue: The Return to the Philosophy of Nature.* Cambridge: Cambridge University Press.

Kamtekar, R. (1998). Imperfect Virtue. *Ancient Philosophy*, 18: 315 – 339.

—— (2001). Social Justice and Happiness in the Republic: Plato's Two principles. *History of Political Thought*, 22 (2): 189 – 220.

—— (2002). Situationism and Virtue Ethics on the Content of our Character. *Ethics*, 114: 458 – 491.

—— (2004). What's the Good of Agreeing? *Homonoia* in Platonic Politics. *Oxford Studies in Ancient Philosophy*, 26: 131 – 170.

—— (2008). Plato on Education and Art. In Gail Fine (ed.) *The Oxford Handbook of Plato* (pp. 336 – 359). Oxford: Oxford University Press.

—— (2010). Ethics and Politics in Socrates' Defense of Justice. In McPherran, M. L. (ed.) *Plato's Republic: A Critical Guide* (pp. 65 –82). Cambridge: Cambridge University Press.

Kant, Immanuel. (2002). *Groundwork for the Metaphysics of Morals*. Edited and Translated by Allen W. Wood with Essays by J. B. Schneewind, Marcia Baron, Shelly Kagan, and Allen W. Wood. New Haven: Yale University Press.

Karamanolis, G. (2014). Plutarch, *Stanford Encyclopedia of Philosophy*, https://plato.stanford.edu/entries/plutarch/.

Kayser, J. R. (1970). Prologue To the Study of Justice: Republic 327a –328b. *Western Political Quarterly*, 23 (2): 256 –265.

Keeley, E. & Sherrard, P. (trans.) (1975). *C. P. Cavafy: Collected Poems*. Princeton: Princeton University Press.

Kennedy, G. A. (ed.) (1989). *Cambridge History of Literary Volume 1, Classical Criticism*. Cambridge: Cambridge University Press.

Kennedy, G. A. (2009). *A New History of Classical Rhetoric*. Princeton: Princeton University Press.

Kerferd, G. B. (1947). The Doctrine of Thrasymachus in Plato's Republic. *Durham University Journal*, 40: 19 –27.

—— (1954). Plato's Noble Art of Sophistry. *The Classical Quarterly*, 4 (1 –2): 84 –90.

—— (1964). Thrasymachus and Justice: A Reply. *Phronesis*, 9 (1): 12 –16.

—— (1981). *The Sophistic Movement*. Cambridge: Cambridge University Press.

Keyt, D. (2006). Plato on Justice. In Hugh H. Benson (ed.) *A Companion to Plato* (pp. 341 – 355). Hoboken, NJ: Blackwell Publishing Ltd.

King-Farlow, J., & Rothstein, J. M. (1964). Paradigm Cases and the Injustice to Thrasymachus. *The Philosophical Quarterly* (1950 –): 14 (54): 15 – 22.

Kirwan, C. (1965). Glaucon's Challenge. *Phronesis*, 10 (2): 162 – 173.

Klosko, G. (1981). The Technical Conception of Virtue. *Journal of the History of Philosophy* 19: 95 – 102.

—— (1984). Thrasymachos' Eristikos: The Agon Logon in Republic I. *Polity*, 17 (1): 5 – 29.

—— (1986). The Straussian Interpretation of Plato's Republic. *History of Political Thought*, 7 (2): 275 – 293.

—— (1988). The Rule of Reason in Plato's Psychology. *History of Philosophy Quarterly*, 5 (4): 341 – 356.

Kolb, B., & Whishaw, I. Q. (1998). Brain Plasticity and Behavior. *Annual Review of Psychology*, 49 (1): 43 – 64.

Korsgaard, C. M. (1999). Self-constitution in the Ethics of Plato and Kant. *The Journal of Ethics*, 3 (1): 1 – 29.

Kosman, A. (2007). Justice and Virtue: The Republic's Inquiry into Proper Difference. In G. R. F. Ferrari (ed.) *The Cambridge Companion to Plato's Republic* (pp. 116 – 137). Cambridge: Cambridge University Press.

Kosman, L. A. (1976). Platonic Love. In W. H. Werkmeister (ed.) *Facets of Plato's Philosophy* (pp. 53 – 69). Assen: Van Gorcum.

Koyré, A. (1945). *Discovering Plato*. New York: Columbia University Press.

Krause, S. R. (2008). *Civil Passions*: *Moral Sentiment and Democratic Deliberation*. Princeton: Princeton University Press.

Kraut, R. (1973). Egoism, Love, and Political Office in Plato. *The Philosophical Review*, 82 (3): 330 – 344.

—— (1984). *Socrates and the State*. Princeton: Princeton University Press.

—— (1990). Philosopher-kings: The Argument of Plato's Republic by C. D. C. Reeve. Review by Richard Kraut. *Political Theory*, 18 (3): 492 – 496.

—— (1991). Return to the Cave: *Republic*, 519 – 521. *Boston Area Colloquium in Ancient Philosophy*, 7: 43 – 62.

—— (1992a). Introduction to the Study of Plato. In Kraut (ed.) *The Cambridge Companion to Plato* (pp. 1 – 50). Cambridge: Cambridge University Press.

—— (1992b). The Defense of Justice in the *Republic*. In Kraut (ed.) *The Cambridge Companion to Plato* (pp. 311 – 337). Cambridge: Cambridge University Press.

—— (1999a). Socrates and Democracy. In Gail Fine (ed.) *Plato 2*: *Ethics*, *Politics*, *Religion*, *and the Soul* (pp. 34 – 55). Oxford: Oxford University Press.

—— (1999b). Return to the Cave: Republic 519 – 21. In Gail Fine (ed.) *Plato 2*: *Ethics*, *Politics*, *Religion*, *and the Soul* (pp. 43 – 62). Oxford: Oxford University Press.

—— (1999c). Politics, Neutrality, and the Good. *Social Philosophy and Policy*, 16 (1): 315 – 332.

—— (2013). Plato. *Stanford Encyclopedia of Philosophy*, http://plato. Stanford. edu/ entries/ plato/.

Krämer, H. J. (1959). *Arete Bei Platon Und Aristoteles Zum Wesen Und Zur Geschichte der Platonischen Ontologie*. Carl Winter: Heidelberg.

Krämer, H. J., & Catan, J. R. (1990). *Plato and the Foundations of Metaphysics. A Work on the theory of the Principles and Unwritten Doctrines of Plato with a Collection of the Fundamental documents.* Translated by John R. Catan. Albany: State University of New York Press.

Kremer, M. (2006). *Plato, Apologies. Xenophon.* Translated by Mark Kremer. Fearn: Focus Publishing.

Krentz, P. (1984). Was Eratosthenes Responsible for the Death of Polemarchos?. *La Parola del Passato. Rivista di Studi Antichi*, 39: 23 - 32.

Kunstler, B. (1991). The Werewolf Figure and Its Adoption into the Greek Political Vocabulary. *The Classical World*, 1991: 189 - 205.

Kuo, M. F., Paulus, W., & Nitsche, M. A. (2008). Boosting Focally-Induced Brain Plasticity by Dopamine. *Cerebral Cortex*, 18 (3): 648 - 651.

Kurke, L. (1999). Ancient Greek Board Games and How to Play Them. *Classical philology*, 94 (3): 247 - 267.

Kwak, J. H. (2017). Republican Patriotism and Machiavelli's Patriotism. *Australian Journal of Political Science*, 52 (3): 436 - 449.

Lacey, H. (2005). *Is Science Value Free?: Values and Scientific Understanding.* London: Routledge.

Lamb, W. R. M. (1976) (trans.). *Lysias: With an English Translation.* No. 244 (*Against Eratosthenes* XII). Cambridge, MA: Harvard University Press.

Lamberton, R., & Vivante, P. (2001). *Plutarch.* New Haven, Connecticut: Yale University Press.

Lampert, L. (2002). Socrates' Defense of Polytropic Odysseus: Lying and Wrong-Doing in Plato's Lesser Hippias. *The Review of Politics*, 64 (2): 231 - 259.

—— (2010). *How Philosophy Became Socratic: A Study of Plato's Pro-*

tagoras, *Charmides*, and *Republic*. Chicago: University of Chicago Press.

Lane, M. (1998). Argument and Agreement in Plato's *Crito*. *History of Political Thought*, 19: 313 – 330.

—— (1999). Plato, Popper, Strauss, and Utopianism: Open Secrets?. *History of Philosophy Quarterly*, 16 (2): 119 – 142.

Le Guin, Ursula K. (1991). The Ones Who Walk Away from Omelas (Variations on a theme by William James). *Utopian Studies*, 2 (1/2): 1 – 5.

Lear, J. (1992). Inside and Outside the *Republic*. *Phronesis*, 37 (2): 184 – 215, reprinted in Lear (1998): 219 – 246.

—— (1994). Plato's Politics of Narcissism. In Irwin and Nussbaum (1994): 137 – 159.

—— (1998). *Open Minded: Working out the Logic of the Soul*. Cambridge, MA: Harvard University Press.

—— (2006a). Allegory and Myth in Plato's *Republic*. In Gerasimos Xenophon Santas (ed.) *The Blackwell Guide to Plato's Republic* (pp. 25 – 43). Malden, MA: Blackwell.

—— (2006b). The Socratic Method and Psychoanalysis. In Ahbel-Rappe, S., & Kamtekar, R. (eds.) *A Companion to Socrates* (pp. 458 – 459). Oxford: Blackwell.

Lear, G. R. (2004). *Happy Lives and the Highest Good: An Essay on Aristotle's Nicomachean Ethics*. Princeton: Princeton University Press.

—— (2006). Plato on Learning to Love Beauty. In G. Santas (ed.) *The Blackwell Guide to Plato's Republic* (pp. 104 – 125). Boston: John Wiley & Sons.

Lee, D. (1955). *Plato: The Republic*. London and New York: Penguin Classics.

Lee, M. K. (2005). *Epistemology after Protagoras: Responses to Rela-*

tivism in Plato, Aristotle, and Democritus. Oxford: Oxford University Press.

Leibowitz, D. M. (2010). *The Ironic Defense of Socrates: Plato's Apology*. Cambridge: Cambridge University Press.

Lenman, J. (2006). Moral Naturalism. *Stanford Encyclopedia of Philosophy*. https://plato.stanford.edu/entries/naturalism-moral/.

Lesher, J. H. (1987). Socrates' Disavowal of Knowledge. *Journal of the History of Philosophy*, 25: 275–288.

Lesher, J. H., & Sheffield, F. C. C. (eds.) (2006). *Plato's Symposium: Issues in Interpretation and Reception*. Cambridge, MA: Harvard University Press.

Levy, D. (1979). The Definition of Love in Plato's Symposium. *Journal of the History of Ideas*, 40 (2): 285–291.

—— (2005). Technē and the Problem of Socratic Philosophy in the Gorgias. *Apeiron*, 38 (4): 185–228.

Lindsay, A. D. (1935) (trans). *The Republic of Plato*. London: J. M. Dent.

Livrea, E. (1995). From Pittacus to Byzantium: The History of a Callimachean Epigram. *The Classical Quarterly* (New Series): 45 (02): 474–480.

Lloyd, G. E. (1990). Plato and Archytas in the Seventh Letter. *Phronesis*, 35 (2): 159–174.

Lodge, R. C. (1926). Platonic Happiness as an Ethical Ideal. *The International Journal of Ethics*, 36 (3): 225–239.

Long, A. A. (1998). Plato's Apologies and Socrates in the Theaetetus. In Jyl Gentzler (ed.) *Method in Ancient Philosophy* (pp. 113–136). Oxford: Oxford University Press.

—— (2005). Platonic Souls as Persons. In Ricardo Salles (ed.). *Metaphysics, Soul, and Ethics in Ancient Thought: Themes From the Work of Richard Sorabji* (pp. 173 – 191). Oxford: Clarendon Press.

—— (2012). Daimon. In G. A. Press (ed.) *The Continuum Companion to Plato* (pp. 152 – 154). A&C Black: Bloomsbury Publishing.

Lorenz, H. (2006). *The Brute Within: Appetitive Desire in Plato and Aristotle.* Oxford: Oxford University Press.

Louden, R. & Schollmeier, P. (eds.) (1996). *The Greeks and Us: Essays in Honor of Arthur W. H. Adkins.* Chicago: University of Chicago Press.

Lovejoy, A. (2017). *The Great Chain of Being: A Study of the History of an Idea.* London: Routledge.

Lovibond, S. & Williams, S. G. (eds.) (1996). *Essays for David Wiggins: Identity, Truth, and Value.* Oxford: Blackwell.

Lötter, H. P. P. (2003). The Significance of Poverty and Wealth in Plato's *Republic*. *South African journal of philosophy*, 22 (3): 189 – 206.

Luban, D. (2007). Liberalism, Torture, and the Ticking Bomb. In Lee S. P. (ed.) *Intervention, Terrorism, and Torture* (pp. 249 – 262). Dordrecht: Springer Science & Business Media.

Ludwig, P. (2007). Eros in the Republic. In G. R. F. Ferrari (ed.) *The Cambridge Companion to Plato's Republic* (pp. 222 – 230). Cambridge: Cambridge University Press.

Luginbill, R. D. (1997). Rethinking Antiphon's Περὶ Ἀληθείας. *Apeiron*, 30 (3): 163 – 187.

Lund, R. D. (1985). *Development & Plasticity of the Brain.* Oxford: Oxford University Press.

Lycos, K. (1987). *Plato on Justice and Power: Reading Book I of Plato's Republic.* Albany, NY: SUNY Press.

Mabbott, J. D. (1937). Is Plato's Republic Utilitarian?. *Mind* 46: 468 – 474, reprinted with revisions in Vlastos (1971b): 57 – 65.

Mackie, J. L. (1973). The Disutility of Act-Utilitarianism. *The Philosophical Quarterly* (1950 –), 23 (93), 289 – 300.

—— (1977). *Ethics, Inventing Right and Wrong*. London, Penguin Books.

MacIntyre, A. C. (1966/1998). *A Short History on Ethics, A History of Moral Philosophy from the Homeric Age to the Twentieth Century*. Notre Dame, IN, University of Notre Dame Press.

—— (1984). *After Virtue*. Notre Dame, University of Notre Dame Press.

—— (1988). *Whose Justice? Which Rationality?*. London, Duckworth.

Mackenzie, M. M. (1985). Plato's Moral Theory. *Journal of Medical Ethics*, 11 (2), 88 – 91.

—— (1988). The Virtues of Socratic Ignorance. *The Classical Quarterly* (New Series), 38 (02), 331 – 350.

Maguire, J. P. (1971). Thrasymachus—or Plato?. *Phronesis*, 16 (2), 142 – 163.

Malcolm, J. (1981). The Cave Revisited. *The Classical Quarterly*, 31, 60 – 68.

—— (1991). *Plato on the Self-Predication of Forms*. Oxford, Oxford University Press.

Mansfield, H. C. (1983). On the Impersonality of the Modern State, A Comment on Machiavelli's Use of Stato. *American Political Science Review*, 77 (4), 849 – 857.

Mara, G. M. (1997). *Socrates' Discursive Democracy, Logos and Ergon in Platonic Political Philosophy*. Albany, NY, SUNY Press.

Marchesi, I. (2005). In Memory of Simonides, Poetry and Mnemotechnics Chez Nasidienus. *Transactions of the American Philological Association*, 135 (2), 393 – 402.

Marcum, J. A. (2012). Virtue Theory, Ethics, and Epistemology (pp. 29 – 57). In*The Virtuous Physician: The Role of Virtue in Medicine* by J. A. Marcum. Dordrecht: Springer Science & Business Media.

Marr, J. (1995). The Death of Themistocles. *Greece and Rome* (Second Series), 42 (02), 159 – 167.

Marsh, F. B. (1932). Alcibiades and the Persian Alliance. *The Classical Journal*, 28 (1), 12 – 21.

Mason, A. D. (1990). Autonomy, Liberalism and State Neutrality. *The Philosophical Quarterly* (1950 –), 40 (161), 433 – 452.

Matravers, D., & Pike, J. (eds.). (2005). *Debates in Contemporary Political Philosophy: An Anthology*. London: Routledge.

Matthews, G. B. (2006). Socratic Ignorance. In H. H. Benson (ed.) *A Companion to Plato* (pp. 101 – 118). Hoboken: John Wiley & Sons.

May, H. E. (1997). Socratic Ignorance and the Therapeutic Aim of the Elenchos. *Apeiron*, 30 (4), 37 – 50.

Maynard, P. (2000). What Will Surprise You Most: Self-Regulating Systems and Problems of Correct Use in Plato's Republic. *Journal of the History of Philosophy*, 38 (1), 1 – 26.

McCabe, M. M. (1994). *Plato's Individuals*. Princeton: Princeton University Press.

—— (2000). *Plato and His Predecessors: The Dramatisation of Reason*. Cambridge: Cambridge University Press.

—— (2008). Plato's Ways of Writing. In Gail Fine (ed.) *The Oxford Handbook of Plato* (pp. 88 – 113). Oxford: Oxford University Press.

McCoy, M. B. (2005). Sophistry and Philosophy in Plato's Republic. *Polis: The Journal for Ancient Greek and Roman Political Thought*, 22 (2), 265 – 286.

—— (2007). *Plato on the Rhetoric of Philosophers and Sophists*. Cambridge: Cambridge University Press.

McDowell, J. (1979). Virtue and Reason. *The Monist*, 62: 331 – 350.

McKee, P. (2003). A Lesson from Cephalus. *Teaching Philosophy*, 26 (4): 361 – 366.

—— (2008). Surprise Endings: Cephalus and the Indispensable Teacher of Republic X 1. *Philosophical Investigations*, 31 (1): 68 – 82.

McKee, P., & Barber, C. E. (2001). Plato's Theory of Aging. *Journal of Aging and Identity*, 6 (2): 93 – 104.

McKim, R. (1988). Shame and Truth in Plato's *Gorgias*. In Charles L. Griswold (ed.) *Platonic Writings/Platonic Readings* (pp. 34 – 48). University Park, Pennsylvania: Pennsylvania State University Press.

McPherran, M. (1996). *The Religion of Socrates*. University Park: Penn State University Press.

—— (2000). Does Piety Pay? Socrates and Plato on Prayer and Sacrifice. In Nicholas D. Smith and Paul Woodruff (eds.) *Reason and Religion in Socratic Philosophy* (pp. 89 – 114). Oxford: Oxford University Press.

McPherran, M. L. (2006). The Gods and Piety of Plato's Republic. In Gerasimos Santas (ed.) *The Blackwell Guide to Plato's Republic* (pp. 84 – 103). Hoboken, NJ: John Wiley & Sons.

—— (ed.). (2010). *Plato's Republic: A Critical Guide*. Cambridge: Cambridge University Press.

McTighe, K. (1984). Socrates on Desire for the Good and the Involuntariness of Wrongdoing: *Gorgias* 466a – 468e. *Phronesis*, 29 (3): 193 – 236, reprinted in Benson (1992): 263 – 297.

Meagher, R. (1988). Technê. *Perspecta*, 24: 158 – 164.

Meyer, M. (1980). Dialectic and Questioning: Socrates and Plato. *A-*

merican Philosophical Quarterly, 17（4）：281 – 289.

Meyer, S. S. (2007). Ancient Ethics. London：Routledge.

—— (2015). Plato：Laws 1 and 2. Translated with an Introduction and Commentary. Clarendon Plato Series. Oxford & New York：Oxford University Press.

Michaelides-Nouaros, G. E. O. R. G. E. (1980). A New Evaluation of the Dialogue between Thrasymachus and Socrates. ARSP：Archiv für Rechts-und Sozialphilosophie/Archives for Philosophy of Law and Social Philosophy, 66（3）：329 – 345.

Miller, H. W. (1955). Techne and Discovery in On Ancient Medicine. Transactions and Proceedings of the American Philological Association, 86：51 – 62.

Miller, M. (1996). The Arguments I Seem to Hear：Argument and Irony in the Crito. Phronesis, 41（2）：121 – 137.

—— (2005). Plato's Parmenides：The Conversion of the Soul. University Park：Penn State University Press.

Moes, M. (2001). Plato's Conception of the Relations between Moral Philosophy and Medicine. Perspectives in Biology and Medicine, 44（3）：353 – 367.

Mohr, R. D. (1987). A Platonic Happiness. History of Philosophy Quarterly, 4（2）：131 – 145.

Monoson, S. S. (1998). Remembering Pericles：The Political and Theoretical Import of Plato's Menexenus. Political Theory, 26（4）：489 – 513.

—— (2000). Plato's Democratic Entanglements：Athenian Politics and the Practice of Philosophy. Princeton：Princeton University Press.

Montiglio, S. (2007). Odysseus the Philosopher：Plato's Rehabilitation of an Abused Hero. Würzburger Jahrbücher für die Altertumswissenschaft, 31：37 – 53.

—— (2011). *From Villain to Hero: Odysseus in Ancient Thought*. Ann Arbor, MI: University of Michigan Press.

Moore, C. (2012). Clitophon and Socrates in the Platonic Clitophon. *Ancient Philosophy*, 32 (2): 257 – 278.

Moore, H. (2015). Why Does Thrasymachus Blush? Ethical Consistency in Socrates' Refutation of Thrasymachus. *Polis: The Journal for Ancient Greek Political Thought*, 32 (2): 321 – 343.

Moors, K. (1987). The Argument Against a Dramatic Date for Plato's Republic. *Polis*, 7: 6 – 31.

Moravcsik, J. (1971). Reason and Eros in the 'Ascent' – Passage of the *Symposium*. In John Peter Anton, George L. Kustas & Anthony Preus (eds.) *Essays in Ancient Greek Philosophy* (pp. 285 – 302). Albany, NY: State University of New York Press.

—— (1992). *Plato and Platonism: Plato's Conception of Appearance and Reality in Ontology, Epistemology, and Ethics, and Its Modern Echoes*. Hoboken, NJ: Blackwell.

Morgan, K. A. (ed.). (2003). *Popular Tyranny: Sovereignty and Its Discontents in Ancient Greece*. Austin, TX: University of Texas Press.

Morgan, M. L. (1992). Plato and Greek Religion. In Richard Kraut (ed.) *The Cambridge Companion to Plato* (pp. 228 – 229). Cambridge: Cambridge University Press.

Morris, T. F. (2008). Republic Book one on the Nature of Justice. *Polis: The Journal of the Society for Greek Political Thought*, 25 (1): 63 – 78.

Morrison, J. (1977). Two Unresolved Difficulties in the Line and Cave. *Phronesis*, 22 (3): 212 – 231.

Morrison, D. (2001). The Happiness of the City and the Happiness of the Individual in Plato's Republic. *Ancient Philosophy*, 21 (1): 1 – 24.

—— (2007). The Utopian Character of Plato's Ideal City. In G. R. F. Ferrari (ed.) *The Cambridge Companion to Plato's Republic* (pp. 232 – 255). Cambridge: Cambridge University Press.

Morgan, M. L. (1989). Philosopher-Kings. The Argument of Plato's Republic by C. D. C. Reeve. Review by Michael L. Morgan. *The Review of Metaphysics*, 43 (2): 417 – 418.

Moulakis, A. (2005). Leo Strauss and Eric Voegelin on Machiavelli. *European Journal of Political Theory*, 4 (3): 249 – 262.

Mueller, G. E. (1936). Plato and the Gods. *The Philosophical Review*, 45 (5): 457 – 472.

Mueller, I. (1993). The Esoteric Plato and the Analytic Tradition. *Méthexis*, 6: 115 – 134.

Mulnix, J. W. (2012). Thinking Critically about Critical Thinking. *Educational Philosophy and theory*, 44 (5): 464 – 479.

Mumford, L. (1965). Utopia, the City and the Machine. *Daedalus*, 94 (2): 271 – 292.

Murphy, N. R. (1951). *The Interpretation of Plato's Republic*. Oxford: Oxford University Press.

Murray, J. S. (1988). Disputation, Deception, and Dialectic: Plato on the True Rhetoric ("Phaedrus" 261 – 266). *Philosophy & Rhetoric*, 21: 279 – 289.

Mulholland, L. (1989). Egoism and Morality. *The Journal of Philosophy*, 86 (10): 542 – 550.

Munn, M. H. (2000). *The School of History: Athens in the Age of Socrates*. Berkeley, CA: University of California Press.

Munro, J. A. R. (1892). The Chronology of Themistocles' Career. *The Classical Review*, 6 (08): 333 – 334.

Murray, P., & Wilson, P. (2004). *Music and the Muses: The Culture of 'mousikē' in the Classical Athenian City*. Oxford: Oxford University

Press.

Nagel, T. (1972). Aristotle on Eudaimonia. *Phronesis*, 17 (3): 252 – 259.

Nails, D. (1992). Platonic Chronology Reconsidered. *Bryn Mawr Classical Review*, 3 (3): 4 – 27.

—— (1993). Problems with Vlastos's Platonic Developmentalism. *Ancient Philosophy*, 13 (2): 273 – 291.

—— (1998). The Dramatic Date of Plato's Republic. *The Classical Journal*, 93 (4): 383 – 396.

—— (2002). *The People of Plato: A Prosopography of Plato and Other Socratics*. Indianapolis: Hackett.

—— (2006). The life of Plato of Athens. In Hugh (ed.) *A Companion to Plato* (pp. 1 – 12). Hoboken: John Wiley & Sons.

Nails, D., & Thesleff, H. (2003). Early Academic Editing: Plato's Laws. In S. Scolnicov and L. Brisson (eds.) *Plato's Laws: From Theory into Practice* (pp. 14 – 29). Sankt Augustin: Academia.

Nachman, L. D. A. (1966). Prelude to the Republic. *The Classical World*, 59 (9): 301 – 304.

Naddaff, R. A. (2002). *Exiling the Poets: The Production of Censorship in Plato's Republic*. London and Chicago: University of Chicago Press.

Nederman, C. J. (1981). Thrasymachus and Athenian Politics: Ideology and Political Thought in the Late Fifth Century BC. *Historical Reflections/Réflexions Historiques*, 8 (2): 143 – 167.

—— (2007). Giving Thrasymachus his Due: The Political Argument of Republic I and Its Reception. *Polis: The Journal for Ancient Greek Political Thought*, 24 (1): 26 – 42.

Nehamas, A. (1975). Plato on the Imperfection of the Sensible World. *American Philosophical Quarterly*, 12 (2): 105 – 117.

—— (1982). Plato on Imitation and Poetry in Republic X. In J. M. E. Moravcsik and P. Temko (eds.). *Plato on Beauty, Wisdom, and the Arts* (pp. 47 – 78). Totowa, NJ: Rowman and Littlefield, reprinted in Nehamas (1999): 251 – 278.

—— (1986). Socratic Intellectualism. In J. Cleary (ed.) *Proceedings of the Boston Area Colloquium in Ancient Philosophy* Ⅱ (pp. 275 – 316). Lanham, MD: University Press of America, reprinted in Nehamas (1999): 27 – 58.

—— (1988). Plato and the Mass Media. *The Monist*, 71: 214 – 234, reprinted in Nehamas (1999): 279 – 299.

—— (1998). *The Art of Living*. Berkeley: University of California Press.

—— (1999). *Virtues of Authenticity*. Princeton: Princeton University Press.

Nettleship, R. L. (1901). *Lectures on the Republic of Plato*. London: Folcroft Library Editions.

Neumann, H. (1969). Socrates in Plato and Aristophanes: In Memory of Ludwig Edelstein (1902 – 1965). *The American Journal of Philology*, 90 (2): 201 – 214.

Nichols, M. P. (1984). Glaucon's Adaptation of the Story of Gyges & Its Implications for Plato's Political Teaching. *Polity*, 17 (1): 30 – 39.

—— (1987). *Socrates and the Political Community: An Ancient Debate*. Albany: SUNY Press.

Nicholson, P. P. (1974). Unravelling Thrasymachus' Arguments in 'The Republic'. *Phronesis*, 19 (3): 210 – 232.

Niemöller, M. (1997). First They Came for the Socialists... Syracuse Cultural Workers. http://marcuse.faculty.history.ucsb.edu/projects/niem/FirstTheyCameForImages.htm.

Nietzsche, Friedrich & Reginald John Hollingdale. (1996). *Nietzsche: Human, All Too Human: A Book for Free Spirits.* Cambridge: Cambridge University Press.

Nietzsche, F., & Friedrich, N. (1999). *Nietzsche: The Birth of Tragedy and Other Writings.* Raymond Geuss & Ronald Speirs (eds.): Translated by Ronald Speirs. Cambridge: Cambridge University Press.

Nightingale, A. W. (1995). *Genres in Dialogue.* Cambridge: Cambridge University Press.

—— (2004). *Spectacles of Truth in Classical Greek Philosophy: Theoria in its Cultural Context.* Cambridge: Cambridge University Press.

—— (2016). Sight and the Philosophy of Vision in Classical Greece: Democritus, Plato and Aristotle. In Michael Squire (ed.). *Sight and the Ancient Senses* (pp. 54 – 68). London: Routledge.

Nikulin, D. (ed.) (2012). *The Tübingen Interpretation of Plato's Inner-academic Teachings.* Albany, NY: State University of New York Press.

Novitsky, D. (2009). Thrasymachus on the Relativity of Justice. *Polis: The Journal of the Society for Greek Political Thought,* 26 (1): 11 – 30.

Nozick, R. (1981). *Philosophical Explanations.* Cambridge, MA: Harvard University Press.

—— (1995). Socratic Puzzles. *Phronesis,* 40 (2): 143 – 155.

—— (1997). *Socratic Puzzles.* Cambridge, MA: Harvard University Press.

Nussbaum, M. (1980). Aristophanes and Socrates on Learning Practical Wisdom in Aristophanes. In Jeffrey Henderson (ed.) *Aristophanes: Essays in Interpretation* (pp. 43 – 97). Cambridge: Cambridge University Press.

—— (1997). *Cultivating Humanity: A Classical Defense of Reforming*

Liberal Education. Harvard: Harvard University Press.

—— (2001). *The Fragility of Goodness: Luck and Ethics in Greek Tragedy and Philosophy* (revised edition). Cambridge: Cambridge University Press.

Nussbaum, M. C., & Hursthouse, R. (1984). Plato on Commensurability and Desire. *Proceedings of the Aristotelian Society*, Supplementary Volumes, 58: 55 – 96.

Ober, J. (1998). *Political Dissent in Democratic Athens: Intellectual Critics of Popular Rule*. Princeton: Princeton University Press.

—— (2008). *Democracy and Knowledge: Innovation and Learning in Classical Athens*. Princeton: Princeton University Press.

—— (2011). Socrates and Democratic Athens. In Morrison, D. R. (ed.) *The Cambridge Companion to Socrates* (pp. 138 – 178). Cambridge: Cambridge University Press.

O'Connor, D. K. (2007). Rewriting the Poets in Plato's Characters. In G. R. F. Ferrari (ed.) *The Cambridge Companion to Plato's Republic* (pp. 55 – 89). Cambridge: Cambridge University Press.

Olson, R. M. (2011). Doing Some Good to Friends: Socrates' Just Treatment of Polemarchus. *Journal of Philosophical Research*, 36: 149 – 172.

O'Meara, D. J. (ed.) (1985). *Platonic Investigations*. Washington, DC: Catholic University Press of America.

—— (1995). *Plotinus: An Introduction to the Enneads*. Oxford: Oxford University Press.

Osborne, C. (1994). *Eros Unveiled: Plato and the God of love*. Oxford: Oxford University Press.

—— (1999). Plato's Ethics by Terence Irwin. Review by Catherine Osborne. *The Philosophical Quarterly*, 49 (194): 132 – 135.

Ostwald, M. (1977). Plato on Law and Nature. In H. F. North (ed.)

Interpretations of Plato (Volume 50) (pp. 41 – 63). Leiden: Brill.

—— (1987). *From Popular Sovereignty to the Sovereignty of Law: Law, Society, and Politics in Fifth-Century Athens*. Berkeley: University of California Press.

Owen, G. E. (1953). The Place of the Timaeus in Plato's dialogues. *The Classical Quarterly* (New Series): 3 (1 – 2): 79 – 95.

—— (1987). *Logic, Science, and Dialectic: Collected Papers in Greek Philosophy* Edited by Martha Nussbaum. Ithaca, NY: Cornell University Press.

Owen, G. E. L. & M. Nussbaum (1988). Owen's Progress: Logic, Science, and Dialectic: Collected Papers in Greek Philosophy. *Philosophical Review*, 97 (3): 373 – 399.

Pache, C. O. (2001). Barbarian Bond: Thracian Bendis among the Athenians. In Aitken, E. B. (ed.) *Between Magic and Religion: Interdisciplinary Studies in Ancient Mediterranean Religion And Society* (pp. 3 – 11). London: Rowman & Littlefield.

Page, C. (1990). The Unjust Treatment of Polemarchus. *History of Philosophy Quarterly*, 7 (3): 243 – 267.

—— (1991). The Truth about Lies in Plato's Republic. *Ancient Philosophy*, 11 (1): 1 – 33.

Pakaluk, M. (2000). Review of Roslyn Weiss' *Socrates Dissatisfied*, *Bryn Mawr Classical Review* 2000. 06. 25. http://bmcr.brynmawr.edu/2000/2000 – 06 – 25. html.

Palmer, M. (1996). King, Philosophers, and Tyrants in Plato's Republic. In Michael Palmer & Thomas L. Pangle (eds.) *Political Philosophy and the Human Soul: Essays in Memory of Allan Bloom* (pp. 121 – 148). London: Rowman & Littlefield.

Panagiotou, S. (ed.) (1987). *Justice, Law, and Method in Plato and Aristotle*. Edmonton, Alberta: Academic Printing and Publishing.

Papadimitropoulos, L. (2008). Heracles as Tragic Hero. *Classical World*, 101 (2): 131 – 138.

Pappas, N. (1995). *Plato and the Republic.* London: Routledge.

—— (2003). *Routledge Philosophy Guidebook to Plato and the Republic.* London: Psychology Press.

Parker, R. (1997). *Athenian Religion: A History.* Oxford: Oxford University Press.

Parry, R. D. (1996a). *Plato's Craft of Justice.* Albany: State University of New York Press.

—— (1996b). Morality and Happiness: Book IV of Plato's Republic. *Journal of Education*, 178 (3): 31 – 47.

—— (2003). The Craft of Ruling in Plato's Euthydemus and Republic. *Phronesis*, 48 (1): 1 – 28.

Parry, J. T., & White, W. S. (2001). Interrogating Suspected Terrorits: Should Torture Be an Option. *University of Pittsburgh Law Review*, 63: 743 – 766.

Patterson, R. (1987). Plato on Philosophic Character. *Journal of the History of Philosophy*, 25 (3): 325 – 350.

Pelling, C. (1990). *Character and Individuality in Greek Literature.* Oxford: Oxford University Press.

Penner, T. (1973). The Unity of Virtue. *The Philosophical Review*, 82 (1): 35 – 68.

—— (1987a). *The Ascent from Nominalism.* Dordrecht: D. Reidel Publishing Company.

—— (1987b). Socrates on the Impossibility of Belief-Relative Sciences. In J. Cleary (ed.) *Proceedings of the Boston Area Colloquium in Ancient Philosophy* III (pp. 263 – 325). Lanham, MD: University Press of America.

—— (1992). Socrates and the Early Dialogues. In R. Kraut (ed.) *The*

Cambridge Companion to Plato (pp. 121 – 169). Cambridge: Cambridge University Press.

Penner, T., Rowe, C., (2005). *Plato's Lysis*. Cambridge: Cambridge University Press.

Peterman, J. E. (2000). *On Plato*. Belmont, CA: Wadsworth Publishing Company.

Peterson, S. (2011). *Socrates and Philosophy in the Dialogues of Plato*. Cambridge: Cambridge University Press.

—— (2017). Notes on Lovers. In Alessandro Stavru & Christopher Moore (eds.) *Socrates and the Socratic Dialogue* (pp. 412 – 431). Leiden: Brill.

Petraki, Z. A. (2011). *The Poetics of Philosophical Language: Plato, Poets and Presocratics in the Republic*. Germany: Walter de Gruyter.

Pettit, P. (1989). Consequentialism and Respect for Persons. *Ethics*, 100 (1): 116 – 126.

Philips, F. C. (1978). Heracles. *The Classical World*, 71 (7): 431 – 440.

Pichanick, A. (2018). Why Might (Or Must?) Philosophy Be For The Young? The Case of Cephalus in Plato's Republic. *Cahiers des Études Anciennes*, (LV): 145 – 159.

Piper, M. (2005). Doing Justice to Thrasymachus. *Polis: The Journal for Ancient Greek Political Thought*, 22 (1): 24 – 44.

Planeaux, C. (2000). The Date of Bendis' Entry into Attica. *The Classical Journal*, 96 (2): 165 – 192.

Planinc, Z., (2003). *Plato through Homer: Poetry and Philosophy in the Cosmological Dialogues*. Columbia: University of Missouri Press.

Plass, P. (1967). Play and Philosophic Detachment in Plato. *Transactions and Proceedings of the American Philological Association*, 98: 343 – 364.

Press, G. A. (1996). The State of the Question in the Study of Plato. *The Southern Journal of Philosophy*, 34 (4): 507 – 532.

—— (ed.) (2000). *Who Speaks for Plato?: Studies in Platonic Anonymity*. Rowman & Littlefield Pub Inc.

—— (ed.). (2012). *The Continuum Companion to Plato*. A&C Black: Bloomsbury.

Porter, W. H. (1943). The Sequel to Plato's First Visit to Sicily. *Hermathena*, (61): 46 – 55.

Poster, C. (1998). The Idea (s) of Order of Platonic Dialogues and Their Hermeneutic Consequences. *PHOENIX-TORONTO-*, 52 (3/4): 282 – 298.

Price, A. W. (1989). *Love and Friendship in Plato and Aristotle*. Oxford: Oxford University Press.

—— (1997). Plato: Ethics and Politics. In C. C. W. Taylor (ed.). *Routledge History of Philosophy Volume 1: From the Beginning to Plato* (pp. 361 – 391). London: Routledge.

Prior, W. (1998). Plato and the Socratic Fallacy. *Phronesis*, 43 (2): 97 – 113.

—— (2012). *Unity and Development in Plato's Metaphysics (RLE: Plato)*. London: Routledge.

Putterman, T. L. (1997). Socrates' Thrasymachus: The Extent of their Agreement. *Philosophical inquiry*, 19 (3/4): 62 – 73.

—— (2000). Socrates/Thrasymachus: the Extent of their Agreement. *Polis: The Journal of the Society for Greek Political Thought*, 17 (1 – 2): 79 – 90.

Quincey, J. H. (1981). Another Purpose for Plato, RepublicI, *Hermes*, 109 (H. 3): 300 – 315.

Raaflaub, K. A., Ober, J., & Wallace, R. (2007). *Origins of Democracy in Ancient Greece*. Berkeley: University of California Press.

Rabieh, L. R. (2006). *Plato and the Virtue of Courage*. Baltimore, MD: The Johns Hopkins University Press.

Railton, P. (1986). Moral Realism. *The Philosophical Review*, 95 (2): 163-207.

—— (1988). How Thinking about Character and Utilitarianism Might Lead to Rethinking the Character of Utilitarianism. *Midwest Studies in Philosophy*, 13: 398-416.

—— (1998). Moral Explanation and Moral Objectivity. *Philosophy and Phenomenological Research*, 58 (1): 175-182.

Ranasinghe, N. (2000). *The Soul of Socrates*. Ithaca, N. Y.: Cornell University Press.

Rauhut, N. (2006). Thrasymachus. *Internet Encyclopedia of Philosophy*. https://www.iep.utm.edu/thrasymachus/.

Rawls, J. (1971/2009). *A Theory of Justice*. Cambridge, MA: Harvard University Press.

—— (1988). The Priority of Right and Ideas of the Good. *Philosophy & Public Affairs*, 17 (4): 251-276.

Rankin, D. (2013). *Plato and the Individual*. London: Routledge.

Reeve, C. D. C. (1985). Socrates Meets Thrasymachus. *Archiv für Geschichte der Philosophie*, 67 (3): 246-265.

—— (1988). *Philosopher-Kings: The Argument of Plato's Republic*. Princeton: Princeton University Press.

—— (1989). *Socrates in the Apology*. Indianapolis: Hackett Press.

—— (2003). Plato's Metaphysics of Morals. *Oxford Studies in Ancient Philosophy*, 23: 39-58.

—— (trans.) (2004). *Plato's Republic*. Indianapolis: Hackett Press.

—— (2005). *Love's Confusions*. Cambridge, MA: Harvard University Press.

—— (2006a). *Plato on Love*. Indianapolis: Hackett Publishing.

—— (2006b). Plato on Eros and Friendship. In Hugh H. Benson (ed.) *A Companion to Plato* (pp. 294 – 307). Hoboken: John Wiley & Sons.

—— (2006c). *Philosopher-kings: the Argument of Plato's Republic*. Indianapolis: Hackett Publishing.

—— (2012/2013). *Blindness and Reorientation: Problems in Plato's Republic*. Oxford: Oxford University Press.

Reichenbach, H. (1938). *Experience and Prediction: An Analysis of the Foundations and the Structure of Knowledge*. Chicago: University of Chicago press.

Rhodes, J. M. (1987). Philosophy, Revelation, and Political Theory: Leo Strauss and Eric Voegeli. *The Journal of Politics*, 49 (4): 1036 – 1060.

—— (1991). Right by Nature. *The Journal of Politics*, 53 (2): 318 – 338.

—— (1992). On Voegelin: His Collected Works and His Significance. *The Review of Politics*, 54 (4): 621 – 648.

—— (2001). Mystic Philosophy in Plato's Seventh Letter. In Zdravko Planinc (ed.) *Politics, Philosophy, Writing: Plato's Art of Caring for Souls* (pp. 179 – 247). Columbia, Missouri: University of Missouri Press.

—— (2003). *Eros, Wisdom, and Silence: Plato's Erotic Dialogues*. Columbia: University of Missouri Press.

—— (2008). Platonic Philia and Political Order. In John von Heyking & Richard Avramenko (eds.) *Friendship and Politics: Essays in Political Thought* (pp. 21 – 52). Notre Dame, Indiana: University of Notre Dame Press.

Ribbing, S. (1863/2011). *Genetische Darstellung der Platonischen Ideenlehre: nebst beigef. Unters. über d. Echtheit ud Zshang d. Pla-*

ton. Schriften (Vol. 1). Engelmann: Nabu Press.

Rice, D. H. (1998). *A Guide to Plato's Republic*. Oxford: Oxford University Press.

Richardson, H. S. (1997). *Practical Reasoning about Final Ends*. Cambridge: Cambridge University Press.

Rickless, S. C. (2010). Plato's Definition(s) of Sophistry. *Ancient Philosophy*, 30 (2): 289-298.

Rider, B. (2012). Wisdom, Εὐτυχία, and Happiness in the Euthydemus. *Ancient Philosophy*, 32 (1): 1-14.

Riley, J. (2005). Mill on justice. In David Boucher & Paul Kelly (eds.) *Perspectives on Social Justice* (pp. 57-78). London: Routledge.

Rist, J. M. (2002). *Real Ethics: Reconsidering the Foundations of Morality*. Cambridge: Cambridge University Press.

—— (2012). *Plato's Moral Realism: The Discovery of the Presuppositions of Ethics*. Washington, D. C.: The Catholic University of America Press.

Roberts, R. C. (2010). Justice as an Emotion Disposition. *Emotion Review*, 2 (1): 36-43.

Robin, L. (1908/2018). *La Théorie Platonicienne Des Idées Et Des Nombres D'après Aristote: Étude Historique Et Critique*. F. Alcan: Forgotten Books.

—— (1935). *Platon*. Paris: Librairie F. Alcan.

Robinson, R. (1953). *Plato's Earlier Dialectic*. Oxford: Oxford University Press.

Rodriguez-Grandjean, P. (1998). Philosophy and Dialogue: Plato's Unwritten Doctrines from a Hermeneutical Point of View. *The Paideia Archive: Twentieth World Congress of Philosophy*, 3: 243-247.

Roochnik, D. L. (1985). Apology 40c4-41e7: Is Death Really a

Gain?. *The Classical Journal*, 80 (3): 212 – 220.

—— (1986). Socrates' Use of the Techne-Analogy. *Journal of the History of Philosophy*, 24: 295 – 310.

—— (1996). *Of Art and Wisdom.* University Park: Pennsylvania State University Press.

—— (2003). *Beautiful City: The Dialectical Character of Plato's Republic.* Ithaca, New York: Cornell University Press.

—— (2009). The Political Drama of Plato's Republic. In Stephen Salkever (ed.) *Ancient Greek Political Thought* (pp. 156 – 177). Cambridge: Cambridge University Press.

—— (2016). *Thinking Philosophically: An Introduction to the Great Debates.* Hoboken, New Jersey: John Wiley & Sons.

Rorty, A. O. (1980). *Essays on Aristotle's Ethics.* Berkeley: University of California Press.

Rosen, S. (2005). *Plato's Republic: A study.* New Haven: Yale University Press.

Rosen, F. (1968). Piety and Justice: Plato's 'Euthyphro'. *Philosophy*, 43 (164): 105 – 116.

Ross, W. D. (ed.) (1963). Aristotle's*Physica.* Oxford: Clarendon Press.

Ross, G. M. (1996). Socrates versus Plato: The Origins and Development of Socratic Thinking. *Thinking: The Journal of Philosophy for Children*, 12 (4): 2 – 8.

Roth, M. D. (1995). Did Plato Nod? Some Conjectures on Egoism and Friendship in the Lysis. *Archiv für Geschichte der Philosophie*, 77 (1): 1 – 20.

Rowe, C. (1976). *An Introduction to Greek Ethics.* London: Hutchison & Co., Ltd.

—— (2006). The Literary and Philosophical Style of the Republic. In

Gerasimos Santas (ed.) *The Blackwell Guide to Plato's Republic* (pp. 7–24). Hoboken, New Jersey: John Wiley & Sons.

—— (2007a). *Plato and the Art of Philosophical Writing*. Cambridge: Cambridge University Press.

—— (2007b). The Place of the Republic in Plato's Political Thought. In G. R. F. Ferrari (ed.) *The Cambridge Companion to Plato's Republic* (pp. 27–54). Cambridge: Cambridge University Press.

—— (trans.) (2012). *Plato: The Republic*. London: Penguin Books.

—— (2015). *Methodologies for Reading Plato*. Oxford Handbooks Online 02/15. https://www.oxfordhandbooks.com/view/10.1093/oxfordhb/9780199935314.001.0001/oxfordhb-9780199935314-e-28.

Rowland, S. (2009). Puer and Hellmouth. In Porterfield, S., Polette, K., & Baumlin, T. F. (eds.) *Perpetual Adolescence: Jungian Analyses of American Media, Literature, and Pop Culture* (pp. 31–47). Albany: State University of New York Press.

Rudebusch, G. (1999). *Socrates, Pleasure, and Value*. Oxford: Oxford University Press.

—— (2002). Dramatic Prefiguration in Plato's Republic. *Philosophy and Literature*, 26 (1): 75–83.

Rusten, J. S. (ed) (1989). *Thucydides: The Peloponnesian War*. Cambridge: Cambridge University Press.

Russell, D., (2005). *Plato on Pleasure and the Good Life*. Oxford: Oxford University Press.

Rutherford, R. B. (1995). *The Art of Plato*, Cambridge, MA: Harvard University Press.

Sachs, D. (1963). A Fallacy in Plato's *Republic*. *Philosophical Review*, 72: 141–158, reprinted in N. Smith (ed.) (1998): *Plato: Critical Assessments* (pp. 206–219). London: Routledge.

Sachs, J. (trans.) (2006). *Plato: Republic*. Bemidji: Focus Publishing.

Samad, J. (2010). Is Greed Good?: An Interpretation of Plato's Hipparchus. *Polis: The Journal for Ancient Greek Political Thought*, 27 (1): 25-37.

Sandel, M. (1982). *Liberalism and the Limits of Justice*. New York: Cambridge University Press.

—— (2005). Liberalism and the Limits of Justice. In Matravers, D., & Pike, J. (eds.) *Debates in Contemporary Political Philosophy: An Anthology* (pp. 140-160). London: Routledge.

—— (2010). *Justice: What's the Right Thing to Do?*. New York: Farrar, Straus and Giroux.

Sandford, S. (2010). *Plato and Sex*. Cambridge: Polity Press.

Sandys, J. E. (1915) (ed.). *The Odes of Pindar: Including the Principal Fragments*. New York: Macmillan.

Santas, G. (1979). *Socrates: Philosophy in Plato's Early Dialogues*. London: Routledge.

—— (1980). The form of the Good in Plato's Republic. *Philosophical Inquiry*, 2 (1): 374-403.

—— (1985). Two Theories of Good in Plato's Republic. *Archiv für Geschichte der Philosophie*, 67 (3): 223-245.

—— (1993). Does Aristotle Have a Virtue Ethics?. *Philosophical Inquiry*. 15 (3/4): 1-32.

—— (2001). *Goodness and Justice: Plato, Aristotle, and the Moderns*. Oxford: Wiley-Blackwell.

—— (ed) (2006a). *The Blackwell Guide to Plato's Republic*. Hoboken: John Wiley & Sons.

—— (2006b). Methods of Reasoning about Justice in Plato's Republic. In G. Santas (ed.) *The Blackwell Guide to Plato's Republic* (pp.

125 - 145). Hoboken: John Wiley & Sons.

—— (2006c). Plato on Pleasure as the Human Good. In Hugh H. Benson (ed.) *A Companion to Plato* (pp. 308 - 322). Hoboken: John Wiley & Sons.

—— (2010). *Understanding Plato's Republic*. Hoboken, New Jersey: Wiley-Blackwell.

Sartorius, R. (1974). Fallacy and Political Radicalism in Plato's Republic. *Canadian Journal of Philosophy*, 3 (3): 349 - 363.

Saxonhouse, A. W. (1995). *Fear of Diversity: The Birth of Political Science in Ancient Greek Thought*. Chicago: University of Chicago Press.

—— (2006). *Free Speech and Democracy in Ancient Athens*. Cambridge: Cambridge University Press.

—— (2009). The Socratic Narrative: A Democratic Reading of Plato's Dialogues. *Political Theory*, 37 (6): 728 - 753.

Sayers, S. (1999). *Plato's Republic: An Introduction*. Edinburgh: Edinburgh University Press.

Sayre, K. M. (1983/2006). *Plato's Late Ontology: A Riddle Resolved*. Princeton: Princeton University Press.

—— (1993). Plato and the Foundations of Metaphysics: A Work on the Theory of the Principles and Unwritten Doctrines of Plato with a Collection of the Fundamental Documents. *Ancient Philosophy*, 13 (1): 167 - 184.

Scaltsas, T. (1993). Fairness in Socratic Justice: Republic I. *Proceedings of the Aristotelian Society*, 93: 247 - 262.

Scheffler, S. (1982). Prerogatives Without Restrictions. *Philosophical Perspectives*, 6 (1982): 215 - 239.

—— (1988). *Consequentialism and Its Critics*. Oxford: Oxford University Press.

—— (1992). *Human Morality*. Oxford: Oxford University Press.

—— (1994). *The Rejection of Consequentialism*. Oxford: Clarendon Press.

Schiller, J. (1991). Philosopher-kings: The Argument of Plato's Republic Reviewed by Jerome Schiller, *Journal of the History of Philosophy*, 29 (3): 483 – 486.

Schindler, D. C. (2007). Plato and the Problem of Love: On the Nature of Eros in the Symposium. *Apeiron*, 40 (3): 199 – 220.

Schleiermacher, F. (1973). *Schleiermacher's Introduction to the Dialogues of Plato*, trans. William Dobson. New York: Arno Press.

Schofield, M. (1995). Cicero's Definition of res Publica. In J. G. F. Powell (ed.) *Cicero the Philosopher* (pp. 63 – 83). Oxford: Clarendon Press.

—— (1996). Sharing in the Constitution. *Review of Metaphysics*, 49: 831 – 858.

—— (2006). *Plato: Political Philosophy*. Oxford: Oxford University Press.

—— (2007). The Noble Lie. In G. R. F. Ferrari (ed.) *The Cambridge Companion to Plato's Republic* (pp. 138 – 164). Cambridge: Cambridge University Press.

Scanlon, T. M. (1982). Contractualism and Utilitarianism. In Amartya Sen & Bernard Williams (eds.) *Utilitarianism and Beyond* (pp. 593 – 607). Cambridge: Cambridge University Press.

Scodel, H. R. (1987). *Diaeresis and Myth in Plato's Statesman*. Vandenhoeck & Ruprecht.

Scolnicov, S. (2013). *Plato's Metaphysics of Education*. London: Routledge.

Scott, D. (1995). *Recollection and Experience*. Cambridge: Cambridge University Press.

—— (1999). Platonic Pessimism and Moral Education. *Oxford Studies in Ancient Philosophy*, 17: 15 – 36.

—— (2000). Metaphysics and the Defence of Justice in the *Republic*. In Cleary and Gurtler (ed.). *Proceedings of the Boston Area Colloquium of Ancient Philosophy*, 16: 1 – 20.

—— (ed.) (2002). *Does Socrates Have a Method?* University Park: Penn State University Press.

Scott, G. A., & Welton, W. A. (2008). *Erotic Wisdom: Philosophy and Intermediacy in Plato's Symposium.* Albany, NY: SUNY Press.

Sedley, D. (2007). Philosophy, the Forms, and the Art of Ruling. In G. R. F. Ferrari (ed.) *The Cambridge Companion to Plato's Republic* (pp. 256 – 283). Cambridge: Cambridge University Press.

Seery, J. E. (1988). I. Politics as Ironic Community: On the Themes of Descent and Return in Plato's Republic. *Political Theory*, 16 (2): 229 – 256.

Secada, J. (2004). Goodness and Justice: Plato, Aristotle, and the Moderns by Gerasimos Santas. Review by Jorge Secada. *The Journal of Ethics*, 8 (4): 467 – 470.

Seeskin, K. R. (1987). *Dialogue and Discovery: A Study in Socratic Method.* Albany, NY: SUNY Press.

—— (1992). Philosopher-Kings by C. D. C. Reeve. Review by Kenneth R. Seeskin. *Noûs*, 26 (1): 140 – 143.

Segal, C. (1978). The Myth Was Saved: Reflections on Homer and the Mythology of Plato's Republic. *Hermes*, 106 (H. 2): 315 – 336.

Segvic, H. (2000). No One Errs Willingly: The Meaning of Socratic Intellectualism. *Oxford Studies in Ancient Philosophy*, 19: 1 – 45.

Sesonske, A. (1961). Plato's Apology: Republic Ⅰ. *Phronesis*, 6 (1): 29 – 36.

Shafer-Landau, R. (2003). *Moral Realism: A Defence.* Oxford: Oxford University Press.

—— (ed.). (2012). *Ethical Theory: An Anthology* (Vol. 13). Hoboken: John Wiley & Sons.

Sharples, R. W. (2014). *Stoics, Epicureans and Sceptics: An Introduction to Hellenistic Philosophy*. London: Routledge.

Sheffield, Frisbee C. C (2008) (ed.). *Plato: The Symposium*. Cambridge: Cambridge University Press.

—— (2009). *Plato's Symposium: The Ethics of Desire*. Oxford: Oxford University Press.

Sheppard, D. J. (2009). *Plato's Republic: An Edinburgh Philosophical Guide*. Edinburgh: Edinburgh University Press.

Shorey, P. (1903). *The Unity of Plato's Thought*. Chicago: University of Chicago Press.

—— (trans.) (1930). *Plato: The Republic* (2 vols.). Cambridge, MA: Harvard University Press.

—— (1933). *What Plato Said*. Chicago: University of Chicago Press.

Siculus, D., & Green, P. (1999). The Sicilian Expedition: The Fate of the Athenians Debated. *Arion: A Journal of Humanities and the Classics*, 7 (2): 64-78.

Sider, D. (1980). Did Plato Write Dialogues before the Death of Socrates?. *Apeiron*, 14 (1): 15-18.

Silk, M. S. (1985). Heracles and Greek tragedy. *Greece and Rome* (Second Series), 32 (01): 1-22.

Silverman, A. (2002). *The Dialectic of Essence: A Study of Plato's Metaphysics*. Princeton: Princeton University Press.

—— (2003). Plato's Middle Period Metaphysics and Epistemology. *Stanford Encyclopedia of Philosophy*. https://seop.illc.uva.nl/entries/plato-metaphysics/.

Sinclair, T. A. (1951). *A History of Greek Political Thought*. London:

Routledge.

Singer, P. (1972). Is Act-Utilitarianism Self-Defeating?. *The Philosophical Review*, 81 (1): 94 – 104.

Singer, I. (1984). *The Nature of Love: Plato to Luther*. Chicago: University of Chicago Press.

Singpurwalla, R. (2010). The Tripartite Theory of Motivation in Plato's Republic. *Philosophy Compass*, 5 (11): 880 – 892.

Skidmore, J. (2018). Does 'Ought' Imply 'Might'? How (not) to Resolve the Conflict between Act and Motive Utilitarianism. *Philosophia*, 46 (1): 207 – 221.

Skinner, Q. R. D. (1989). The State. In T. Ball, J. Farr & R. L. Hanson (eds) *Political Innovation and Conceptual Change* (pp. 90 – 131). Cambridge: Cambridge University Press.

Slings, S. R. (1999). *Plato's Clitophon*. Cambridge: Cambridge University Press.

—— (ed.) (2003). *Platonis Respublica*. Oxford: Oxford University Press.

Smiley, T. (ed.) (2000). *Mathematics and Necessity: Essays in the History of Philosophy*, Proceedings of the British Academy 103. Oxford: Oxford University Press.

Smith, C. (1899). The Torch Race of Bendis. *The Classical Review*, 13 (4): 230 – 232.

Smith, N. D. (1999). Plato's Analogy of Soul And State. *The Journal of Ethics*, 3 (1): 31 – 49.

—— (2010). Return to the Cave. In M. L. McPherran (ed.) *Plato's Republic: A Critical Guide* (pp. 83 – 102). Cambridge: Cambridge University Press.

Smith, N. D., & Brickhouse, T. (1983). Justice and Dishonesty in Plato's Republic. *The Southern Journal of Philosophy*, 21 (1): 79 –

95.

Snare, F. (1984). The Empirical Bases of Moral Scepticism. *American Philosophical Quarterly*, 21 (3): 215 – 225.

Sobel, J. H. (1987). Cephalus: Republic 331C-D. *History of Philosophy Quarterly*, 4 (3): 281 – 290.

Sosa, E. (1991). *Knowledge in Perspective*. Cambridge: Cambridge University Press.

South, J. (2004). On the Philosophical Consistency of Season Seven; Or, "It's not about right, not about wrong". *Philosophy Faculty Research and Publications*, 5. Slayage, 4 (1 – 2). https: // epublications. marquette. edu/cgi/viewcontent. cgi? article = 1004&context = phil_ fac.

Sparshott. (1957). Plato and Thrasymachus. *University of Toronto Quarterly*, 27 (1): 54 – 61.

Stadter, P. A. (1991). Pericles among the Intellectuals. *Illinois Classical Studies*, 16 (1/2): 111 – 124.

Staehler, T. (2013). Theuth versus Thamus: the Esoteric Plato Revisited. *Journal of Ancient Philosophy*, 7 (1): 65 – 94.

Stalley, R. F. (2003). Review: Goodness and Justice: Plato, Aristotle and the Moderns by Gerasimos Santas, *Mind*, 112 (446): 382 – 385.

Stauffer, D. (2001). *Plato's Introduction to the Question of Justice*. Albany, NY: SUNY Press.

—— (2009). Thrasymachus' Attachment to Justice?. *Polis: The Journal for Ancient Greek Political Thought*, 26 (1): 1 – 10.

Stefanini, L. (1949). Platone. Aggiornata. *Padova, Cedam* 2.

Steinberger, P. J. (1996). Who is Cephalus?. *Political theory*, 24 (2): 172 – 199.

Stenzel, B. (1953). Is Plato's Seventh Epistle Spurious?. *The American*

Journal of Philology, 74（4）：383 – 397.
Stewart, M. A. & Sprague, R. K. （1977）. Plato's Sophistry. *Proceedings of the Aristotelian Society*, *Supplementary Volumes*, 51：21 – 61.
Stokes, M. （1987）. Adeimantus in the *Republic*. In Panagiotou （ed.）. *Justice*, *Law and Method in Plato and Aristotle* （pp. 67 – 96）. Academic Printing & Pub.
—— （1992）. Plato and the Sightlovers of the Republic. *Apeiron*, 25（4）：103 – 132.
—— （1997）. *Plato*：*Apology of Socrates*, Warminster：Aris & Phillips.
—— （2005）. *Dialectic in Action*：*An Examination of Plato's Crito*. Swansea：The Classical Press of Wales.
Stone, I. F. （1989）. *The trial of Socrates*. Prescott, AZ：Anchor Books publishing.
Strauss, L. （1945）. On Classical Political Philosophy. *Social Research*, 12（1）：98 – 117.
—— （1953）. *Natural Right and History*. Chicago：University of Chicago Press.
—— （1959/1988）. *What is Political Philosophy?* Chicago & London：Chicago University Press.
—— （1963/2012）. Plato. In Strauss and J. Cropsey （eds.） *History of Political Philosophy* （pp. 33 – 90）. Chicago：Chicago University Press.
—— （1964）. *The City and Man*. Chicago：University of Chicago Press.
—— （1978）. *Thoughts on Machiavelli*. Chicago：University of Chicago Press.
—— （1989）. *An Introduction to Political Philosophy*：*Ten Essays by Leo Strauss*. Detroit, MI：Wayne State University Press.

—— (1996). The Origins of Political Science and The Problem of Socrates: Six Public Lectures. *Interpretation* 23 (2): 127–207.

—— (2001). *Leo Strauss on Plato's Symposium*. In Seth Benardete (ed.). Chicago: University of Chicago Press.

Stull, W. (2013). On Encountering Cephalus in De Senectute. *American Journal of Philology*, 134 (1): 37–47.

Sturgeon, N. (1985). Moral Explanations. InCopp, D., & D. Zimmerman (eds.) *Morality, Reason and Truth: New Essays on the Foundations of Ethics* (pp. 49–78). London: Rowman & Littlefield.

Sullivan, J. (2001). A Note on the Death of Socrates. *The Classical Quarterly*, 51 (2): 608–610.

Susemihl, F. (1857). *Die Genetische Entwickelung der Platonischen Philosophie*. Teubner.

Swartz, O. (2004). Pride, Patriotism, and Social Justice. *Mississippi Review*, 32 (3): 195–199.

Szlezák, T. A. (2005). *Reading Plato*. Graham Zanker (trans.). London: Routledge.

Szlezák, T. A., & Staehler, T. (2014). Plato's Unwritten Doctrines: A Discussion. *Journal of Ancient Philosophy*, 8 (2): 160–166.

Tanner, J. (2006). The Naturalistic Fallacy. *The Richmond Journal of Philosophy*, 13: 1–6.

Tar'an, L. (1985). Platonism and Socratic Ignorance. In O'Meara (ed.) *Platonic Investigations* (pp. 85–110). Washington, DC: Catholic University of America Press.

Tarnopolsky, C. (2007). The Bipolar Longings of Thumos: A Feminist Rereading of Plato's Republic. *Symposium*. 11 (2): 297–314.

—— (2010). *Prudes, Perverts, and Tyrants: Plato's Gorgias and the Politics of Shame*. Princeton: Princeton University Press.

—— (2015). Thumos and Rationality in Plato's Republic. *Global Discourse, 5 (2): 242-257.

Tarrant, D. (1955). Plato as Dramatist. *The Journal of Hellenic Studies*, 75: 82-89.

Tarrant, H. (2000). *Plato's First Interpreters*. Ithaca: Cornell University Press.

Unger, P. (1968). An Analysis of Factual Knowledge. *Journal of Philosophy*, 65: 157-170.

Taylor, A. E. (1926). *Plato: the Man and his Work*. London: Methuen.

—— (1933). *Socrates*. New York: D. Appleton.

—— (2017). *Plato's Biography of Socrates*. Forgotten Books.

Taylor, C. C. W. (1986). Plato's Totalitarianism1. *Polis: The Journal for Ancient Greek Political Thought*, 5 (2): 4-29.

—— (1993). Explanation and Practical Reason. In Nussbaum, M., & Sen, A. (eds.) *The Quality of Life* (pp. 209-231). Oxford: Oxford University Press.

—— (ed.). (1997). *Routledge History of Philosophy: I From the Beginning to Plato*. London: Routledge.

—— (1998). Platonic Ethics. In Stephen Everson (ed.) *Cambridge Companions to Ancient Thought* (Book 4) (pp. 49-76). Cambridge: Cambridge University Press.

—— (1999). Plato's Totalitarianism. In G. Fine (ed.) *Plato 2: Ethics, Politics, Religion, and the Soul* (pp. 280-296). Oxford: Oxford University Press.

—— (2008). Plato's Epistemology. In G. Fine (ed.) *The Oxford Handbook of Plato* (pp. 165-190). Oxford: Oxford University Press.

—— (2010). *The Atomists, Leucippus and Democritus: Fragments: A Text and Translation with a Commentary* (Vol. 5). Toronto: University of Toronto Press.

Teichmüller, G. (1881). *Literarische Fehden im Vierten Jahrhundert von Chr* (Vol. 1). W. Koebner.

Teloh, H. (1981). *The Development of Plato's Metaphysics*. University Park, Pennsylvania: Pennsylvania State University Press.

Thayer, H. S. (1964). Plato: The Theory and Language of Function. *The Philosophical Quarterly* (1950 –): 14 (57): 303 –318.

—— (1975). Plato's Quarrel with Poetry: Simonides. *Journal of the History of Ideas*, 36 (1): 3 –26.

Thompson, M. J. (2015). The Wrath of Thrasymachus: Value irrationality and the Failures of Deliberative Democracy. *Theoria*, 62 (143): 33 –58.

Tiles, J. E. (1984). Technē and Moral Expertise. *Philosophy*, 59 (227): 49 –66.

Tomin, J. (1987). Socratic Midwifery. *The Classical Quarterly*, 37 (1): 97 –102.

—— (1997). Plato's First Dialogue. *Ancient Philosophy*, 17 (1): 31 –45.

Toynbee, A. J. (1946). *A Study of History*, Oxford: Oxford University Press.

Traill, J. S. (1975). *The Political Organization of Attica: A Study of the Demes, Trittyes, and Phylai, and Their Representation in the Athenian Council* (Hesperia Supplements) (Volume XIV Edition). Athens: American School of Classical Studies at Athens.

Turri, J., & Buckwalter, W. (2017). Descartes's Schism, Locke's Reunion: Completing the Pragmatic Turn in Epistemology. *American Philosophical Quarterly*, 54 (1): 25 –46.

Vallentyne, P. (1987). The Teleological/deontological Distinction. *The Journal of Value Inquiry*, 21 (1): 21 –32.

Vasiliou, I. (1996). The Role of Good Upbringing in Aristotle's Ethics.

Philosophy and Phenomenological Research, 56 (4): 771 – 797.

—— (1999a). Conditional Irony in the Socratic Dialogues. *The Classical Quarterly*, 49 (2): 456 – 472.

—— (1999b). Socratic Principles, Socratic Knowledge. *Philosophical Inquiry*, 21: 43 – 60.

—— (2007). Virtue and Argument in Aristotle's Ethics. In S. Tenenbaum (ed.) *Moral Psychology: Poznan Studies in the Philosophy of the Sciences and Humanities* 94 (pp. 35 – 76). Amsterdam and New York: Rodopi.

—— (2008). *Aiming at Virtue in Plato*. Cambridge: Cambridge University Press.

Vernant, J. P. (1980). *Myth and Society in Ancient Greece*. Trans. by J. L. Lloyd. Atlantic Highlands, NJ: Humanities Press.

Verdenius, W. J. (1955). Notes on Plato's Phaedrus. *Mnemosyne*, 8 (Fasc. 4): 265 – 289.

Versenyi, L. G. (1971). Plato and His Liberal Opponents. *Philosophy*, 46 (177): 222 – 237.

Vlastos, G. (1968). Does Slavery Exist in Plato's Republic?. *Classical Philology*, 63 (4): 291 – 295.

—— (1969). Justice and Psychic Harmony in the Republic. *The Journal of Philosophy*, 66 (16): 505 – 521.

—— (ed.) (1971a). *The Philosophy of Socrates*. Garden City, NY: Anchor Books.

—— (ed.) (1971b). *Plato* II. Garden City, NY: Anchor Books.

—— (1971c/1981b). Justice and Happiness in the Republic. In Vlastos (1971b): reprinted with additional note in Vlastos (1981a): 111 – 139, 425 – 427.

—— (1973a). *Platonic Studies* (Vol. 22). Princeton: Princeton University Press.

—— (1973b). On Plato's Oral Doctrine. In Vlastos (1973a): 379 – 403.

—— (1974). Socrates on Political Obedience and Disobedience. *The Yale Review*, 63: 517 – 534, reprinted in Vlastos (1995): 30 – 42.

—— (1977). The Theory of Social Justice in the Polis in Plato's Republic. *Interpretations of Plato*, Volume 50: 1 – 40.

—— (1981a). *Platonic Studies* (2nd edn). Princeton: Princeton University Press.

—— (1981b). The Individual As an Object of Love. In Vlastos (ed.). *Platonic Studies*. Princeton: Princeton University Press.

—— (1983). The Socratic Elenchus: Method is All. *Oxford Studies in Ancient Philosophy* 1: 27 – 58 and 71 – 74, revised and reprinted in Vlastos (1994): 1 – 37.

—— (1985). Socrates' Disavowal of Knowledge. *Philosophical Quarterly* 35: 1 – 31, revised and reprinted in Vlastos (1994): 39 – 66.

—— (1987). Socratic Irony. *The Classical Quarterly*, 37 (1): 79 – 96.

—— (1991). *Socrates, Ironist and Moral Philosopher*. Ithaca: Cornell University Press.

—— (1994). *Socratic Studies*. Cambridge: Cambridge University Press.

—— (1995). *Studies in Greek Philosophy* II. *Socrates, Plato, and their Tradition*. Princeton: Princeton University Press.

—— (1999). Happiness and Virtue in Socrates' Moral Theory. In G. Fine (ed.) *Plato 2: Ethics, Politics, Religion and the Soul* (pp. 105 – 136). Oxford: Oxford University Press.

Voegelin, Eric, & Maurice P. Hogan. (2000). *Order and History: Plato and Aristotle*. Edited with an Introduction by Dante Germino. Vol. 16 (Volume III). Columbia, Missouri: University of Missouri

Press.

Von Reden, S. (1995). The Piraeus-a World Apart 1. *Greece & Rome*, 42 (1): 24–37.

Wagner, E. (2005). Compulsion again in the Republic. *Apeiron*, 38 (3): 87–102.

Wagoner, R. (2019). Two Views of the Body in Plato's Dialogues. *Journal of Ancient Philosophy*, 13 (1): 74–99.

Walsh, D. M. (2008). Teleology. In Michael Ruse (ed.) *The Oxford handbook of philosophy of biology* (pp. 114–133). Oxford: Oxford University Press.

Wallach, J. R. (1997). Plato's Socratic Problem, and Ours. *History of Political Thought*, 18 (3): 377–398.

Walton, M., & Kerridge, I. (2014). Do no Harm: Is It Time to Rethink the Hippocratic Oath?. *Medical education*, 48 (1): 17–27.

Warnek, P. A. (2005). *Descent of Socrates: Self-Knowledge and Cryptic Nature in the Platonic Dialogues*. Bloomington, Indiana: Indiana University Press.

Warren, H. C. (1916). Mental Association from Plato to Hume. *Psychological Review*, 23 (3): 208.

Warren, J. (2001). Socratic Suicide. *The Journal of Hellenic Studies*, 121: 91–106.

Waterfield, R. A. H. (1980). The Place of the Philebus in Plato's Dialogues. *Phronesis*, 25 (3): 270–305.

—— (trans.) (1993). *Plato: The Republic*. Oxford: Oxford University Press.

Watts, E. (2004). Justinian, Malalas, and the End of Athenian Philosophical Teaching in AD 529. *The Journal of Roman Studies*, 94: 168–182.

Wedgwood, R. (2017). The Coherence of Thrasymachus. *Oxford Studies* in Ancient Philosophy, 53: 33 - 63.

Weiss, R. (1985). Ignorance, Involuntariness, and Innocence: A Reply to Kevin McTighe. *Phronesis*, 30 (3): 314 - 322.

—— (1998). *Socrates Dissatisfied*. Oxford: Oxford University Press.

—— (2001). *Virtue in the Cave: Moral Inquiry in Plato's Meno*. Oxford: Oxford University Press.

—— (2007). Wise Guys and Smart Alecks in Republic 1 and 2. In G. R. F. Ferrari (ed.) *The Cambridge Companion to Plato's Republic* (pp. 90 - 115). Cambridge: Cambridge University Press.

—— (2012). *Philosophers in the Republic: Plato's Two Paradigms*. Ithaca, New York: Cornell University Press.

Welton, W. A. (2006). Thrasymachus vs. Socrates: What Counts as a Good Answer to the Question What is Justice? (Republic 336b - 9b). *Apeiron*, 39 (4): 293 - 317.

West, T. G., & West, G. S. (1998). *Four Texts on Socrates: Plato's Euthyphro, Apology, and Crito, and Aristophanes' Clouds* (Revised Edition). Ithaca, New York: Cornell University Press.

Westlake, H. D. (1941). Nicias in Thucydides. *The Classical Quarterly*, 35 (1 - 2): 58 - 65.

White, J. (1996). Plato's Crito: The Authority of Law and Philosophy. In Louden and Schollmeier (eds.) *The Greeks and Us: Essays in Honor of Arthur W. H. Adkins* (pp. 97 - 133). Chicago: University of Chicago Press.

White, F. C. (1979). Plato on Naming-After. *The Philosophical Quarterly* (1950 -), 29 (116): 255 - 259.

—— (1989). Love and Beauty in Plato's Symposium. *The Journal of Hellenic Studies*, 109: 149 - 157.

—— (1990). The Good in Plato's Gorgias. *Phronesis*, 35 (2): 117 - 127.

White, N. P. (1979). *A Companion to Plato's Republic*. Indianapolis: Hackett Press.

—— (1984). The Classification of Goods in Plato's *Republic*. *Journal of the History of Philosophy*, 22: 393-421.

—— (1996). Plato's Ethics by Terence Irwin. Review by Nicholas White. *Ethics*, 107 (1): 146-149.

—— (1986). The Rulers' Choice. *Archiv für Geschichte der Philosophie*, 68 (1): 22-46.

—— (1988). Rational Self-sufficiency and Greek Ethics. *Ethics*, 99 (1): 136-146.

—— (1999). Harmonizing Plato. *Philosophy and Phenomenological Research*, 59 (2): 497-512.

—— (2002). *Individual and Conflict in Greek Ethics*. Oxford: Oxford University Press.

—— (2013). Plato's Ethics. In Roger Crisp (ed.) *The Oxford Handbook of the History of Ethics* (pp. 24-43). Oxford: Oxford University Press.

White, S. A. (1995). Thrasymachus the Diplomat. *Classical Philology*, 90 (4): 307-327.

Whiting, J. (2002). Eudaimonia, External Results, and Virtuous Actions. *Philosophy and Phenomenological Research*, 65 (2): 270-290.

Wiersma, W. (1933). The Seven Sages and the Prize of Wisdom. *Mnemosyne*, 1: 150-154.

Wiggins, D. (1975-1976). Deliberation and Practical Reason. *Proceedings of the Aristotelian society*. Vol. 76, pp. 29-51 + viii.

Williams, B. (1976). Persons, Character and Morality. In A. O. Rorty (ed.) *The Identities of Persons* (pp. 197-216). Berkeley: University of California Press, reprinted in B. Williams (1981) *Moral Luck*. Cambridge: Cambridge University Press.

—— (2009). *The Sense of the Past: Essays in the History of Philosophy*. Princeton University Press.

Willamowitz-Moellendorff, U. V. (1920). *Platon I*. Berlin: Weidmann.

Williamson, T. (2008). The Good Society and the Good Soul: Plato's Republic on Leadership. *The Leadership Quarterly*, 19 (4): 397 – 408.

Wilson, J. R. S. (1995). Thrasymachus and the Thumos: A Further Case of Prolepsis in Republic I. *The Classical Quarterly (New Series)*: 45 (01): 58 – 67.

Winch, C. (2004). Developing Critical Rationality as a Pedagogical Aim. *Journal of philosophy of education*, 38 (3): 467 – 484.

Windelband, W. (2001). *A History of Philosophy*. Pittsburgh, PA: The Paper Tiger.

Wolfsdorf, D. (2003). Socrates' Pursuit of Definitions. *Phronesis*, 48 (4): 271 – 312.

—— (2004a). The Socratic Fallacy and the Epistemic Priority of Definition. *Apeiron*, 37: 35 – 67.

—— (2004b). Socrates' Avowals of Knowledge. *Phronesis*, 69 (2): 75 – 142.

Wollheim, R. (1984). *The Thread of Life*. New Haven: Yale University Press.

Woodruff, P. (1986). The Skeptical Side of Plato's Method. *Revue Internationale de Philosophie*, 40 (156/157 (1/2)): 22 – 37.

Woolf, R. (2000). Callicles and Socrates: Psychic (Dis) harmony in the *Gorgias*. *Oxford Studies in Ancient Philosophy*, 18: 1 – 40.

—— (2014). Plato on Philosophical Method: Enquiry and Definition. In Frisbee Sheffield & James Warren (eds.) *The Routledge Companion to Ancient Philosophy* (pp. 143 – 56). New York: Routledge.

Wooten, C. W. (1988). The Earrings of Polemarchus' Wife (Lysias

12. 19). *The Classical World*, 82 (1): 29 –31.

Woozley, A. D. (1966). *Plato's Republic: A Philosophical Commentary*. London: MacMillan.

—— (1979). *Law and Obedience: The Arguments of Plato's Crito*. London: Duckworth.

Worman, N. (2008). *Abusive Mouths in Classical Athens*. Cambridge: Cambridge University Press.

Yang, A., Taylor, M., & Saffer, A. J. (2016). Ethical Convergence, Divergence or Communitas? An Examination of Public Relations and Journalism Codes of Ethics. *Public Relations Review*, 42 (1): 146 –160.

Young, C. M. (1974). A Note on Republic 335C9 –10 and 335C12. *The Philosophical Review*, 83 (1): 97 –106.

—— (1980). Polemarchus' and Thrasymachus' Definition of Justice. *Philosophical Inquiry*, 2 (1): 404 –419.

—— (2003). Goodness and Justice: Plato, Aristotle, and the Moderns by Gerasimos Santas. Review by Charles M. Young. *The Philosophical Quarterly* (1950 –), 53 (212): 451 –453.

Yu, J. (2000). Justice in the *Republic*: An Evolving Paradox. *History of Philosophy Quarterly*, 17 (2): 121 –141.

Yunis, H. (1997). Thrasymachus B1: Discord, not Diplomacy. *Classical Philology*, 92 (1): 58 –66.

—— (2007). The Protreptic Rhetoric of the Republic. In G. R. F. Ferrari (ed.) *The Cambridge Companion to Plato's Republic* (pp. 1 –26). Cambridge: Cambridge University Press.

—— (2013). Argument and Form, Philosophy and Rhetoric in the Phaedrus. In Michael Erler, Jan Erik Heßler (eds.) *Argument und Literarische Form in Antiker Philosophie* (pp. 179 –189). Berlin: De Gruyter.

Zaidman, L. B., & Pantel, P. S. (1992). *Religion in the Ancient Greek City.* Cambridge: Cambridge University Press.

Zeller, E. (1862). *Die Philosophie der Griechen in Ihrer Geschichtlichen Entwicklung.* Tübingen: Fues.

—— (1888). *Plato and the Older Academy.* London: Longmans.

—— (1922). *Die Philosophie der Griechen* II. 1. Leipzig: O. R. Reisland.

—— (1889). *Outlines of the History of Greek Philosophy.* New York: H. Holt.

Zeyl, D. (1980). Socrates and Hedonism: *Protagoras* 351b – 358d. *Phronesis*, 25 (3): 250 – 269, reprinted in J. Anton and A. Preus (eds.) (1989) *Essays in Ancient Greek Philosophy* III (pp. 5 – 25), Albany: State University of New York Press.

Zimmerman, M. J. (2007). *The Concept of Moral Obligation.* Cambridge: Cambridge University Press.

Zyskind, H. (1992). Plato's Republic Book I: An Equitable Rhetoric. *Philosophy & Rhetoric*, 25 (3): 205 – 221.

Zuckert, C. H. (2009). *Plato's Philosophers: The Coherence of the Dialogues.* Chicago: University of Chicago Press.

—— (2010). Why Socrates and Thrasymachus Become Friends. *Philosophy and Rhetoric*, 43 (2): 163 – 185.

Zuckert, C. H., & Zuckert, M. P. (2008). *The Truth about Leo Strauss: Political Philosophy and American Democracy.* Chicago: University of Chicago Press.

［美］阿拉斯代尔·麦金太尔：《德性之后》，龚群译，中国社会科学出版社1995年版。

——：《追寻美德》，宋继杰译，译林出版社2003年版。

包利民：《生命与逻各斯：希腊伦理思想史论》，东方出版社1996年版。

——：《古典政治哲学史论》，人民出版社2010年版。

——：《至善与时间：现代性价值辩证论》，浙江大学出版社2018年版。

［美］包利民、M. 斯戴豪思：《现代性价值辩证论：规范伦理的形态学及其资源》，学林出版社2000年版。

包利民、张波波：《柏拉图的第一朋友：试析古典目的论的自我质疑》，《哲学研究》2013年第10期。

［古希腊］柏拉图：《巴曼尼得斯篇》，陈康译注，商务印书馆1982年版。

——：《理想国》，郭斌和、张竹明译，商务印书馆1986年版。

——：《蒂迈欧篇》，谢文郁译注，上海人民出版社2003年版。

——：《柏拉图对话集》，王太庆译，商务印书馆2004年版。

——：《理想国篇》，徐学庸译注与诠释，（台北）商务印书馆2009年版。

——：《理想国》，顾寿观译、吴天岳修订与注释，岳麓书社2010年版。

——：《智者》，詹文杰译，商务印书馆2012a年版。

——：《理想国》，王扬译注，华夏出版社2012b年版。

——：《菲丽布》，张波波译注析，华夏出版社2013a年版。

——：《理想国篇》，徐学庸译注，安徽人民出版社2013b年版。

——：《柏拉图全集》（四卷本），王晓朝译，人民出版社2018年版。

范明生：《希腊哲学史》（第二卷），人民出版社1993年版。

黄颂杰、章雪富：《古希腊哲学》，人民出版社2009年版。

［古希腊］荷马：《伊利亚特》，陈中梅译注，译林出版社2000年版。

——：《奥德赛》，陈中梅译，华夏出版社2007年版。

罗念生：《罗念生全集》，上海人民出版社2016年版。

［古希腊］修昔底德：《伯罗奔尼撒战争史》，徐松岩译，上海人民

出版社 2012 年版。

［古希腊］亚里士多德：《尼各马可伦理学》，廖申白译注，商务印书馆 2003 年版。

［美］詹姆斯·罗德之：《柏拉图的政治理论》，张新刚译、刘擎校，上海三联书店 2012 年版。

［德］弗里德里希·尼采：《人性的，太人性的》，杨恒达译，中国人民大学出版社 2005 年版。

［德］多罗西娅·弗雷德：《柏拉图的〈蒂迈欧〉：宇宙论、理性与政治》，刘佳琪译、刘玮编校，北京大学出版社 2014 年版。

［德］黑格尔：《哲学史讲演录》（第二卷），贺麟、王太庆译，商务印书馆 1960 年版。

［加］托马斯·罗宾逊：《柏拉图的次优城邦：〈礼法〉导论　三联剧：〈苏格拉底之后〉》，张新刚译，北京大学出版社 2014 年版。

［英］里查德·道金斯：《自私的基因》，卢允中译，吉林人民出版社 1998 年版。

［印］阿马蒂亚·森：《正义的理念》，王磊、李航译，中国人民大学出版社 2012 年版。

［荷］迪克·斯瓦伯：《我即我脑》，王奕瑶、陈琰璟、包爱民译，中国人民大学出版社 2011 年版。

［美］塞缪尔·亨廷顿：《文明的冲突》，周琪译，新华出版社 2013 年版。

［英］托马斯·鲍德温：《剑桥哲学史：19 世纪的实证主义思想》，周晓亮译，中国社会科学出版社 2011 年版。

［古希腊］亚里士多德：《尼各马可伦理学》，廖申白译注，商务印书馆 2003 年版。

［德］马克思：《马克思恩格斯选集》（第 1 卷），北京中共中央马克思恩格斯列宁斯大林著作编译局编译，人民出版社 1995 年版。

［英］约翰·穆勒：《功利主义》，徐大建译，上海人民出版社 2014 年版。

［美］迈克尔·桑德尔：《公正：该如何做是好》，朱慧玲译，中信出版社 2011 年版。

［丹］克尔凯郭尔：《论反讽概念：以苏格拉底为主线》，汤晨溪译，中国社会科学出版社 2005 年版。

［美］尼古拉·帕帕斯：《柏拉图与〈理想国〉》，朱清华译，广西师范大学出版社 2007 年版。

［美］G. R. F. 费拉里（编）：《柏拉图〈理想国〉剑桥指南》，陈高华、李诚予、张博、岳林、胡艾忻、吕舒婷译，北京大学出版社 2013 年版。

——：《城邦与灵魂（费拉里理想国论集）》，刘玮译，译林出版社 2017 年版。

［英］C. C. W. 泰勒：《从开端到柏拉图》，韩东晖、聂敏里、冯俊译，中国人民大学出版社 2003 年版。

［美］克里斯托弗·希尔兹（编）：《古代哲学》，聂敏里译，中国人民大学出版社 2009 年版。

［美］理查德·克劳特（编）：《布莱克维尔〈尼各马可伦理学〉指南》，刘玮、陈玮译，北京大学出版社 2014 年版。

［美］约翰·罗尔斯：《正义论》（修订版），何怀宏、何包钢、廖申白译，中国社会科学出版社 2009 年版。

［英］以赛亚·伯林：《俄国思想家》，彭淮栋译，译林出版社 2001 年版。

［美］玛莎·纳斯鲍姆：《善的脆弱性：古希腊悲剧和哲学中的运气与伦理》，徐向东、陆萌译，徐向东、陈玮修订，译林出版社 2018 年版。

刘小枫（选编）：《〈王制〉要义》，张映伟译，华夏出版社 2006 年版。

林志猛：《立法哲人的虔敬：柏拉图〈法义〉卷十义疏》，中国社会科学出版社 2015 年版。

汪子嵩、范明生、陈村富、姚介厚：《希腊哲学史》第一、二、三卷，人民出版社 1993—2003 年版。

汪子嵩、陈村富、包利民、章雪富：《希腊哲学史》（第四卷，全二册），人民出版社 2010 年版。

叶秀山：《苏格拉底及其哲学思想》，人民出版社 1997 年版。

姚介厚：《西方哲学史》（上、下），叶秀山、王树人总主编，凤凰出版社 2004 年版。

余纪元：《〈理想国〉讲演录》，中国人民大学出版社 2009 年版。

——：《"活得好"与"做得好"：亚里士多德幸福概念的两重含义》，林航译，《世界哲学》2011 年第 2 期。

严群：《柏拉图及其思想》，商务印书馆 2010 年版。

先刚：《柏拉图的本原学说：基于未成文学说和对话录的研究》，生活·读书·新知三联书店 2014 年版。

张波波：《〈理想国〉只是一部政治哲学著作吗？：对于成官泯教授的一种回应》，《现代哲学》2016 年第 4 期。

——：《从"量度"到"幸福"：柏拉图晚期伦理思想中的适度原则探究》，《哲学分析》2018 年第 3 期。

——：《"辩证法"是何种方法？：试析柏拉图的认识论工具》，《安徽大学学报》2019a 年第 1 期。

——：《谁之正义，何种强者：论〈理想国〉中色拉叙马霍斯的真实立场》，《道德与文明》2019b 年第 3 期。

——：《柏拉图的数学哲学新探：古今论争及其回响》，《自然辩证法研究》2019c 年第 7 期。

张东荪：《张东荪讲西洋哲学》，东方出版社 2007 年版。

张庆熊、周林东、徐英瑾：《二十世纪英美哲学》，人民出版社 2005 年版。

张维迎：《博弈与社会讲义》，北京大学出版社 2014 年版。

[日] 中畑正志（1991）："Reeve, C. D. C., Philosopher-Kings The Argument of Plato's Republic," pp. xv + 350, Princeton University Press, Princeton, 1988,《西洋古典学研究》第 39 期。

索 引

A

阿德曼图　12,27,29,37,71,76,79,102,103,112,180,257,258,262,280,309,310,329,330,340,366,380,381

阿里斯顿　50,104,378,463

阿里斯托芬　52,71,72,80,126,152

埃尔文　25,29,30,231,277,286

爱欲　76—79,116,125,132—134,139,165,254,353,354,361,362,464,465,501

安娜斯　29,211,253,278,280,286,492,499

B

《巴门尼德》　69,74,79,471,474

柏拉图　1—37,42—63,66—72,74,76—79,81,82,86,87,89—93,95—98,100,101,103,107—109,112—115,117,120,122,123,125,126,128,129,134,136,140,142—144,149—151,154,165,173,178,179,183—186,188,190,192,193,197,209,214,216,217,219,224,225,227—229,249,250,252,255,257—259,262—287,290—302,305—308,310—317,321—326,328—331,333—355,358,360—366,368—370,374,463,466,469—472,475—486,488—500

帮助　20,30,43,66,71,83,89,90,95,134,138,153—155,162,166,169,170,175,177,181,194,213,241,292,298,306,315,318,321,358,427,432,450,480,481

被统治者（臣民）　61,84,87,199,201,203—205,210,212—216,220,221,223—226,228,231,298,299,314,353,368,369,415—417,419,424,425,433,436,439

本迪斯　92,94—96,105—107,124,460

比较性命题　29—31,259

比雷埃夫斯 75,78,92,99,100,103—107,110,124,375,378,383

毕达哥拉斯 478,483

边沁 318

辩驳法 13,39,88,128,149,150,154,191,225,294,501

病人 42,43,170,173—175,203,220,237,419,423

玻勒马霍斯 28,36,37,40,41,43,60,71,73—75,79,89—92,98,102,103,106,107,111—116,120,124—126,143,144,151—175,177—186,191,200,214,220,223,224,366,375—382,393—406,408,417,418,465,494

伯里克利 51,95,101,105,144

伯罗奔尼撒战争 51,91,92,95,105,463

不义 18,19,27,29,36,39,79,83,85,87,99,103,107,138,142,160,161,163,165,167,178,179,182—185,190,192,195,197—202,205,206,209,212,213,217,219,221—223,225,227—236,238,239,241—249,254,257—259,262,263,288,303,305,308,335,340,345—347,369,375—377,391,393,402—405,425—430,432,439—445,447—452,454,455,459,460,462

布鲁姆 125,496,498

C

财产 46,60,74,156,162,167,168,173,201,222,223,230,231,240,394,426,428,429

《查尔米德》 24,75,101,113,471,472

城邦 10,11,30,32,36,45,54—58,61,71,72,74,75,82,83,95,96,99,100,102,104—107,109—111,113—117,160,163—168,176,178,186—188,194,199—201,205,210,212,217,218,220,222—226,229,231,233,239,241,242,249,276,287,291,297,298,310,311,315,323—328,331,334—340,350,352,353,357,358,363,368,369,388,414—416,425,426,433,442,450,452,464,465,467,483,487—489,496,497,499,502

冲突 6,12,16,18,21,35,36,39,41,42,47,87,106,113,147,161,167,179,181,209,212—214,218—221,223,231,245,248,287,289,291,299,303,307,314,326,347,348,357,359,369

船 105,397,399,421

"存在" 271

D

《大希比亚》 471,473

索　引　585

道德　19,23,32,34,35,37—43,57—61,82,86,88,100,122,123,134,136,139,144,147,150,159—161,164,169,170,172,174,177,183,185,188,192,194,196,219,237,253,257,263,264,268—270,273—277,279—281,283,284,287,288,304,305,308,311,313,314,318,322,328,338,348,355,363—366,370,371,469,488—492,495,496,499—501

道德困境　34,35,41,143

道义论(义务论)　302—305,307,308,319

狄奥尼修斯　80

敌人　13,56,72,95,103,108,145,153,154,157,159—162,166,167,169,170,181—184,296,297,326,376,394,396,397,401—403,454

地狱(哈迪斯)　73,104,106,122,139,239,296,390,391,468

《第七封信》　4—7,17,55,56,108,265,470,471

《蒂迈欧》　7,69,283,315,471,475

洞穴　72,104,105,110,113,114,178,187,225,229,297,300,301,333—335,338

对话录　1—6,8—17,19—22,24,31,36,44,49,56,62,63,66—71,79,81,87,91,98,113,120,123,131,264—266,268—272,275,280,284,315,325,340,361,362,370,469—471,475—477,480,482,483,485,489,500

对话形式　5,12,15,20,53,71,265,268,275,470,479

E

厄尔　75,104,130,140,328

F

法律　35,40,42,43,47,61,71,82,84,87,90,115,144,156,176,177,192—195,199,200,202,209,210,212—214,219,220,223—225,229—231,297,298,315,358,370,415,416,497

《法义》　18,45,61,69,471,472,475,498

非道德主义(非道德主义者)　189,195—197

《菲多》　12,102,115,131,132,267,294,365,471,473,492

《菲丽布》　12,32,48,116,123,250,312,315,362,471,475,492,498

《斐德若》　4,5,11,15,74,90,115,267,361,471,474,498

费拉里　361

愤怒　136,144,145,151,194,254,255,336,376,406,464

愤世嫉俗　57,137,235,355

弗拉斯托斯　24,26,354,362

腐败 52,56,202

G

《高尔吉亚》 15,18,32,54,61,84,195,204,235,245,255,256,271,315,471,473,493

高贵之谎 173,179

格罗康 12,27,29,37,58,71,74—79,96,97,100—107,110—113,132,137,180,190,216,225,227,228,257,258,262,280,295,296,306,312,315,323,324,327,328,340,352,359,366,375,378,380—382,411,412,436,437,439,440

个体 14,30,41,47,48,61,70,76,77,159,199,230,243,244,266,290,294,318—321,324,325,330,331,354,368,370

工匠 254,283

工人 105,176,329,398,399

公民 11,30,36,39,55,61,71,72,82,95,105,106,110,124,144,161,165,166,171,173,204,216,219,220,225,229,231,239,240,314,315,317,331,339,353,370,429,438,487,497,502

功利主义 274,279,303,318,320—324,342,345,364,492

功能/职责 142,153,156,188,207,242,246—250,305,326,329,335,349—351,363,405,449,451,455—459,488,489,494,501

共同体 88,113,114,156,159,165,168,171,174,177,202,225,230,248,283,331,339,363,487,497

寡头政治（寡头制） 36,101

诡辩（诡辩术） 71,123,124,152,153,271,326

贵族 46,51,55,71,74,96,99,101,108,124,137,414

H

好人城 204,216,217,353,438

"好"（善） 29,30,78,85,155,156,164,167,169,171,174—177,192,205,208,222,227,250,278,280,283,284,295,301,302,308,310,312—318,320—322,325,328,330,337,340,341,345,347,352,355,357,359,360,364—366,370,425,489,490,495

好之相 109,295,309,310,312,333,334,337,368,495

和平 36,94,171,289,348,398,487

和谐 35,61,134,201,225,242,282,283,286,305—307,323—325,327,347—349,351,369,377,501

荷马 33,77,91,122,124,129,150,159,169,401,466

赫拉克勒斯 73,409,468

赫西奥德 122

后果论 284,302—305,307

护卫者 34,74,315,339,359

怀特 286,287

回忆 294

《会饮》 75,76,102,115,123,134,152,267,282,340,349,353,354,361,465,471,473,498

J

激情(血性) 133,250,291,322,362,503

技艺 37,76,83,128,155,157,161,167,170—177,181,202—208,226,233,237,239,240,258,284,377,396,397,399,400,418,421—424,433—436,493,494,502,503

技艺类比 172,240,494,495

家庭 49,50,55,60,108,123,125,137,160,164,165,363,464

价值观 28,36,37,52,53,57,58,61,72,89,99,105,110,118,122,123,126,137,147,150,152,154,172,183,229,242,251,301,321,331,465

僭主 76,77,82,101,103,168,169,184,199,212,223,224,230,232,246,291,298,375,414,464,467

僭主制 199,220,230,415,428

讲真话 40,143,144,172,179,185,374,376,392

教育 40,43,45,54,57,72,76,78,111,114,122,140,149,177,187,220,225,268,287,297,301,310,325—331,334,339,351,358,481,502

节制 24,43,101,112,133,134,136,137,150,278,306,502

金钱 39,125,139,145,158,167,168,171,182,203,216,226,231,291,352,370,437

巨吉斯 76,77,79

K

康德 35,279,287,304,311,313,314,342,356,357,492

克法洛斯 28,36,38,40—42,60,71,73,90,99,101—103,118,120—152,155—159,172—174,178,179,185,188,291,348,366,374—376,379,382—384,388—390,392—394,465

《克拉底鲁》 471,473

克劳特 348,349

克勒托丰 89,90,124,200,213,214,377,382,417,418

《克里底亚》 69,472,475

《克里同》 131,165,183,244,255,471,472,498

快乐 37,76,78,79,127,128,164,250,291,294,308,316,320,322,331,335,339—346,348,350,351,356,357,359,362,383,385,491—494,501

L

《拉凯斯》 24,101,471,472

老年 102,125—132,135,149,376,384—388,391

类比 10,11,185,203,205,240,249,258,300,493,494

里夫 267,268,278,280,340,341,345—348,499

理想城邦 30,32,74,102,109,111,114,186—188,224,310,326,331,335,338,350,363,368,464

《理想国》 11,12,17—19,22—32,34—37,39,41,44,45,47—50,52—54,56,58—63,66,67,69—76,78—81,83,87,89—93,95—113,115—117,119—125,130,134,140,146,150,156,159,173,178,180,184,185,188,189,193,209,224,225,227,232,235,244,245,249—251,255—257,262—264,267,268,271—275,279,283,287,288,290,294,296,298—302,305,309—312,314,323,325,327,328,333,334,337,338,340,343—347,349—352,354,355,357,358,361—364,366,369,370,372,374,375,463—466,468,471,474,476,478,481,488—490,492,494—500

理性(理性部分) 2,15,19,38—40,43,57,84,111,117,132,134,139,146,147,149,150,156,162,165,173,182,199,209,218,229,240,244,245,250,251,258,274,277,287,290,297,298,305—307,325,326,330,337,341,347,351,355,360,363,415,489,495,500—502

利己主义 85,158,159,286,290,303,331—334,337—339,353,355,357,359,360

利他主义 331—333,337,338,355

利益 19,28,29,35,37,39—44,47,58,61,72,84,86—88,96,123,146,155,159,161,164,167,181,182,192,197,199—210,212—214,216,219—226,228—232,236,239,240,242,243,254,258,287,290,298,299,306,314,317,325,335,338—341,346—349,352,353,355,356,360,362,363,369,370,375,377,412,422,423,425,433—436,446

脸红 251—254,447,448

灵魂 11,12,42,54,76,77,79,96,101,102,104,110,118,122,123,128,130—135,144,150,154,156,160,161,166,174,189,190,229,244—250,258,267,276,278,281,283,284,286,297,298,302,305—307,316,323,324,327—331,335,343,347—351,354,358,359,369,390,432,458,459,464,465,489,490,501—503

《吕西斯》 24,113,471,473
吕西亚斯 36—38,73,74,80,89,90,103,124,182,184,382
伦理学 34,88,121,150,265,267—277,280,283—290,292,293,296,302,305,311,316,326,342,362—364,369,490—492,499
罗尔斯 313—317
罗森 251,497
马克思 301,302

M

《梅勒克塞纳斯》 471,473
美德（德性） 29—32,34,40,45,59,61,77,87,88,100,117,118,122,123,133,134,136,141,142,156,161—163,167,174,183,188,195,218—220,233—238,243,246—249,254,256,258,259,263,270,272,277,279,281,283—285,287,288,294,305,309,311,312,316,322,327,337—339,344,348—351,356,363,364,369,375,403,404,422,440—442,448,450,455,457—459,462,467,488—490,494,500
美德伦理（德性伦理） 285
《美诺》 32,123,142,267,467,471—473
密尔 308
民主（民主制） 17,18,36,37,39,40,46,51,55,56,71,90,92,95,96,99,101,107—109,112,113,120,123,124,135,182,199,370,414,415,463,465,467
缪斯 482
模仿 73,83,107,169,345,471,502
摩尔 278,280
目的论（目的论式） 207,208,307,308,316—320,322,323
牧羊人 205—207,377,425,433

N

男性 34,55,78,124
能力 16,39,41,46,71,91,104,106,109,139,147,148,155,161,162,169,171,174,176,177,202,228,233,235,236,240,243,250,252,276,291,296—298,327,328,330,343,361,362,365,369,430,432,444,454,455,464,489,495,496
尼采 82,88,226,263
《尼各马可伦理学》 343
尼西亚斯 91,94,101,463
努斯鲍姆 342,362
女性 34

O

《欧西德莫斯》 90,176,471,473

P

朋友 17,34—36,39,43,61,77,83,92,108,112,126,141,143,153,

154,156—158,160—166,169,170,175,177,178,181,184,225,231,232,234,306,324,359,376,393,394,396,397,400—403,405,408,414,432,442,451,453,454

皮里兰佩　51,108

品达　138,391,465

品性　40,78,113,121,128,132,135,137—139,149,150,155,157,163,164,168,173,174,183,239,269,270,297,314,323,327,344,353,360,376,389,503

平等　11,18,46,99,101,107,108,113,311,317

普鲁塔克　484

《普罗泰戈拉》　82,123,467,493,494

普罗提诺　484—486

Q

虔诚　24,40,43,106,107,109,110,117,118,122,138,139,142,145—147,151,156,391

钱财　36,126,135—139,166,167,182,192,339,389,392,399,467

强者　19,37,39,84,86—88,96,192,196—202,204,205,209,210,212,213,215,216,218—222,224—226,228—232,235,254,298,299,339,375,377,412—420,425,430,436,439

强制　74,113,114,116,117,216,225,353,358,438

权力　36—38,41,44,55,76—79,87,88,95,96,101,111,113,116,125,162,167,168,172,182,184,194,199,224,226,229,231—233,238,255,263,292,334,341,347,351,369,370,442,496

R

荣誉　30,253,291,314,339,347,370,407,437,502

S

三十僭主　36,51,73,90—92,94,98—101,103,108,182,184

色诺芬　34,52,71,77

伤害　35,40,41,61,74,77,100,103,139,150,153,154,157—159,165—167,169,171,173,179,181—184,201,229,242,245,246,352,360,396,402,403,405,429

上升　72,73,104,137

《申辩》　18,33,71,82,99,103,106—108,112,113,115—117,127,131,132,165,167,174,175,343,344,471,493

身份　14,36,47,67,70,71,75,80,82,83,90,100,101,110,117,124,125,140,144,162,180,209,217,264,498

神学（神学家）　165,486

神（诸神） 4,7,12,30,33,34,40,43,45,47,51,53,54,57,71,72,75—77,79,81,88,92,95,100—102,104,106—108,110—112,115—118,122,123,125,127,129,130,133,137—140,142,144—147,149,156,158,160,162,164,165,169,174,177—180,230,231,264,265,281—283,291,302,304,314,319,324,327—329,333,334,341,343—345,351,354,365,366,369,370,376,378,381,392,393,395,400,428,453,454,463,464,466,467,477,483,484,488,490,491,495,501—503

审查 165,205,225

施特劳斯 3,10,11,124,131,253,265,471,496

施特劳斯派 2,335—337

实体 8,88,143,276

数学（数学推理） 8,18,170,237,283,289,301,311,365,483,493

说服 12,34,44,54,95,111,114,116,117,135,153—155,180,197,216,225,251,262,300,352,381,388,390,432,437,440,495

斯巴达 51,55,94—96,98,467

死亡 33,40,74,129—132,169,465

苏格拉底 3,5—7,10—17,19—21,23—34,36—44,48,51—55,59—63,67—79,81—83,88—92,98—117,120—132,134—138,140—149,151,153—159,161—192,197—208,210,212—220,222—225,227—229,231—254,256—259,262,263,266,267,271,272,288,294,295,299,306,309,311—315,323,324,327—330,334,336,339,344,349,350,352,353,357,358,362,363,374—378,380—385,387,389—407,409—426,430,432—437,440—447,449—461,463,464,467—469,472,475—480,484,488—491,494,495,498,499

索福克勒斯 74,132,385,464

T

太阳 312,339

《泰阿泰德》 12,471,474,498

贪婪 36,38,39,74,96,219,226,227,232,243

统治技艺 204,369

统治者（统治阶级） 30,34,36,54,56,61,72,75,84,87,88,107,114,199—205,210,212—216,220—225,228,229,231,233,239,283,297,298,301,310,314,315,326,328,334,335,337,352,353,355,358,359,368,369,377,414—420,424,425,433,439

图宾根学派 2—4,7

W

完美　15,28,56,79,174,200,207,208,218,220,221,223,256,269,274,275,294,307,310,312,313,338,352,354,356,360,362,363,369,421,465,470,476,491

未成文学说　2—5,7,9,21,266

无知　53,73,78,147,174,175,237,238,251,254,306,314,348,377,410,446—448,450,461,489

武器　39,41,143—145,158,178,179,184,235,241,393

X

西蒙尼德　157,162,169,179—181,184,186—188,394—397,401,402,405,465

西西里　56,95,470

习俗　40,41,57,61,88,100,104,107,113,147—150,177,181,196,220,234,252,257,291,292,502

习俗主义　189,193,195,197

下降　73,92,103—107,110,187,333,334,378

献祭　40,73,100,122,126,127,132,133,139,146,147,152,178,179,375,376,394

"相"（相论）　8,18,185,267,273,276,277,285,291,293,294,310—312,344,345,348,360,365,478,495

《小希比亚》　181,471,472

信念　10—13,16,19,24,28,32,33,44,53,54,109,161,162,188,190,191,225,226,230,236,253,255,276,277,282,284,289—292,298,306,336,351,356,358,434,449

行为者（行为主体）　35,144,157,192,195,198,199,220,233,239,245,248,262,278—281,285,286,301,304,306—308,321,323,324,332,343,353,358,359,375

幸福　1,22,27,29—32,36,40,49,74,109,131,132,134—138,183,206,209,220,222,224,225,230,231,233—235,246—250,256—259,262,277,283,284,287,291,294,299,308,318,321,323—325,328,330,332—336,339—352,354,356,357,360,362—364,367,369,375,377,426,428,429,455,459,460,462,489—494,499,501

幸福论　235,262,284—287,364,490,491

修辞　37,71,80—83,90,123—125,155,251,262,326,502

修昔底德　88

学园　18,56,72,266,369,482—484

Y

雅典　18,28,36,42,50—52,55,56,

索　引　593

58,71,80,81,88,90—92,94—96,
98—101,103—108,110,111,115,
116,123,124,126,135,142,144,
145,152,180,182,311,375,388,
463—465,469,484,486,489

亚里士多德　4,7,14,18,34,80,99,
176,181,250,265,268,280,285,
294,301,311—316,335,343,355,
356,359,361,469,477,485,498

亚西比德　76,78,95,96

羊群　205,206,377,433

《伊安》　471,472

医生　42,170,171,173—175,203,
207,208,220,221,237,282,397,
419—421,423,433,445,446

意见　7,8,11,15,17,18,25,48,84,
112,157,162,176,244,252,296,
361,362,412,440,451,477,482,
501

隐身指环　76,77

永生(不朽)　130,132,223,287,465

勇敢　24,56,61,101,142,185,272,
500

《游叙弗伦》　24,471,472

友爱　24,43,156,242,272,355,356,
359,361,451

欲望部分　250,298

《云》　52,71,72,126

Z

战争　55,73,95,101,161,166,171,
289,299,333,338,432,466,468,
487

哲人(哲学家)　3,14—18,21,22,28,
30,35,40,46,47,52,54,56,61,71,
72,75,83,86,104,105,109—116,
128—130,133,134,149,165,176—
178,187,193,217,224,225,237,
263—265,267,268,270,274,275,
280,281,287,292,293,296,301,
310,311,316,317,325,327,328,
330,331,333—339,341,342,345,
347,348,351—362,364,365,368,
466,469,479,483—485,489,492,
495,497

哲学　1—7,9—17,21—24,26,28,
36,37,41—43,45,46,48,52—54,
56,61,62,66—72,74,75,79,81,
87,88,109,114,117,121—123,
127,128,134,142,143,146—152,
154,167,177,178,187,223,229,
237,240,245,247,255,262—271,
273,275—277,279—281,283,294,
296,297,300,310,318,319,326,
330,334,335,337,341,342,348,
350,351,353,360,361,363,366,
368—370, 464, 469—471, 475,
477—486, 488, 490, 492—494,
498—500

哲学生活(哲学生活方式)　330,
333,334,349,469

真理　3,5,11,13—15,17,39,49,53,

58,59,61,88,229,235,252,265,278,294,298,327,328,334,339,341,344,350,357,363,369,377,443,455

正义　1,11,18,19,22—25,27—33,36—42,52,58—61,63,67,74—89,96,101—104,107,109,110,112—114,117,120—122,125,126,130,133,134,138—147,149,153—202,204—206,209—236,238,239,241—251,254—259,262—264,276,278,280,283,286—288,294,298,299,302—314,316,317,322—325,328,331,334,335,338—340,345—351,363,366—370,374—377,391—408,410,412—420,424—427,429,430,432,439—442,444,445,447—455,459—462,464,469,488,489,494,495,498—501

政制　50,101,105,109,111—114,156,161,162,221,324,326,369,483,496,499,502

《政治学》　99,176,181,498

知识　8,12,13,28,32,45,47,48,53,54,57,58,73,89,96,108,109,112,117,124,146,147,157,161,162,166,167,169,170,173—177,185,199,203,221,225,229,265,267,276,277,283,292—294,296,297,305,306,309,310,312,325—328,339,346,351,366,419,423,446,478,482,489,492,493,495,501,502

至高之好　167

秩序　57—59,99,101,120,125,162,199,200,202,229,245,249,250,258,286,298,299,306,315,317,325,329,369,391,489,501

智慧　14,15,41,61,79,109,111—114,116,150,162,167,174,177,178,180,221,224,229,233—235,239,240,251,294,306,314,325,327,334,339,344,350,363,368—370,395,412,417,419,442,445,448,450,461,480,489,502

《智术师》　471,474,498

智者(智术师/诡辩家)　13,25,37,41,57—60,69,71,80,81,83,89,96,101,105,116,120,123,124,154,162,174,180,188,189,214,271,339,366,375,376,447,502

属性　88,135,144,180,184,185,188,208,224,234,239,257,276,278,281,284,294,295,298,311,365,366,442,495

赚钱　136,137,150,152,203,205,207,208,240,339,357,389,420,424,433

自然　11,15,28,37,38,57,70,84,88,106,115,125,130,132,151,160,161,196,224,227,228,235,249,250,252,257,278,280—283,

288—290,292,294,296,299,302,
318,331,368,371,439,465,483,
487,495,502
自然主义谬误　288
自我利益　33,39,42,85,139,299,
331,333,336,338—340
自由　18,20,41,42,46,52,59,77,
84,99,101,107—109,111,114,
116,117,227,242,251,298,304,
315,317,318,358,359,430,451,
464,488
宗教　11,43,92,105—107,117,122,
124,137,268,289,375

后　　记

本书是我最近七年在高校研究并教授《理想国》所得的成果，可以说是我而立之年之前哲学活动的一个基本总结。对它的撰写始于2013年秋天，那时的我刚刚完成柏拉图晚期对话《菲丽布》的翻译与阐释工作，所以对柏拉图的幸福观有着近乎偏执的执着，觉得很有必要搞清楚柏拉图在其写作生涯中期是如何看待好生活这个问题的。于是，我把目光投向了《理想国》。但是，通过一段时间的学习、阅读和查阅资料之后，我发现前人对于《理想国》的研究已经相当透彻，这似乎使得再写一本关于《理想国》的新书成为多此一举。可是，当认真读了John Gould《柏拉图伦理学的发展》(The Development of Plato's Ethics)、Terence Irwin 的《柏拉图的伦理学》(Plato's Ethics) 和 Julia Annas 的《柏拉图式伦理学，新旧》(Platonic Ethics, Old and New) 后，我开始不满足于当前通用的研究视角，即只把《理想国》视为一部关于政治或政治哲学的著作。相反，受这三部著作的启发，我觉得自己或许可以以《理想国》主要为一部伦理学著作的视角来展开自己的研究，而且我发现这种视角无论在国外或国内都并不多见。与此同时，在读了Kimon Lycos《柏拉图论正义与权力：柏拉图〈理想国〉第一卷之解读》(Plato on Justice and Power: Reading Book I of Plato's Republic) 这部著作之后，我不仅找到了色拉叙马霍斯这个可以把《理想国》中探讨的几个核心问题无缝穿插起来的灵魂人物，而且更加确信第一卷是《理想国》的大纲，其相比其余卷具有更强的哲学思辨色彩，因而更适合作为哲学范本来研究。因此,我的研究从标题上看其内容仅限于第一卷,但从主体内容上看则延伸至其余九卷的讨论乃至超出《理想国》的范围。在研究路径的选择上,我注意到近些年无论是施特劳斯派还是图宾根学派的研究方法都在学界掀起了一股研究柏拉图秘传之学的热潮,这使得很多人对柏拉图秘传教义非常迷恋而盲目地相信柏拉图思想是不向大众开放的。这种现象从学术自由的意义上看,无可厚非;但如果从柏拉图著作本身的角度看,则不难发现,对话录中苏格拉底的对话者并不仅限于雅典上层人士,这表明柏拉图并不只为少数人写作。所以我在研究过程中主要采取了英美分析哲学传统下研究柏拉图的方法,这种方法一方面与我一路走来所受的哲学训练更加匹配,另一方面也有利于我比较充分地展示柏拉图更加亲民、更为民主的一面。

关于《理想国》,我最初的设想是写一篇期刊类的研究论文,但这个想法后来发展成了要写一篇学位论文,乃至一部学术专著,事情发展到这个结果有点超出了我的预料。事实上,本书的大部分内容由我在浙江大学求学期间完成的哲学博士学位论文组成,所以二者在很多方面具有重叠性也就不足为奇了。现在回想起当时自己撰写本书的过程就觉得十分庆幸。我庆幸学习于这个自由而值得自豪的大学,它给我提供了一个充分认识自我的舞台,至今我都非常怀念在那里度过的哲学时光。无论是课上与师生们的温和哲学对话,还是课下与求真者们的网络激烈论战,都让"讨论"(logos)成为我那段时间的哲学闲暇生活的快乐源泉。在此期间,许多人助我理解柏拉图的概念、论证和理论,特别是当他们站在《理想国》中苏格拉底的反对者一边时。我尤其感谢我作为助教时所指导的浙江大学竺可桢学院2012—2017年《中西方哲学Ⅰ》荣誉课程上的学生和2015—2016年《西方古典伦理精神》通史核心课上的学生,他们为我撰写第一篇至第二篇的早期内容提供了不少珍贵的思想资源和灵感。即便在2017年夏博士毕业并参加工作以后,我也没有停止对本书的修改工作。我在这里特别感谢我现在的工作单位浙江财经大学马克思主义学院伦理学研究所读书会上的研究生们，感谢他们与我一起读柏拉图、给我思考柏拉图问题提供启发与帮助。此外，在求学或工作之后进行的几次访学期间，也有很多人为我思考和撰写书中的部分内容提供了不少建议。我在美国 UC Berkeley 古典系访学期间的合作教授 G. R. F. Ferrari 无论在论文的总体框架设计上，还是在具体问题的讨论及材料的甄别方面，都给予了我慷慨指点；在荷兰 Utrecht University 哲学与宗教研究系访学期间的合作教授 Teun Tieleman 为我讨论柏拉图快乐观念提供了非常有益的指引，他让我更清楚地认识到柏拉图快乐论与希腊化时期快乐观念的异同；在美国 Stanford University 古典系访学期间的合作教授 Josiah Ober 为我讨论柏拉图对于民主的看法方面提出了十分有益的建议。我从他们那里学到了很多东西，他们给我展示了如何成为一个优秀的学者，我非常感激他们对我的指点，希望本书回答了他们为我的论点提出的问题。同时也感谢我的博士学位论文匿名评审专家、答辩委员会的专家学者和国家社科基金后期资助项目的评审专家们，感谢他们所提出的宝贵修改建议。当然，本书的顺利出版得益于中国社会科学出版社编辑韩国茹女士的细心校对，感谢她为本书所付出的辛勤劳动——她不仅认真阅读了本书的所有内容，而且敏锐地指出了书中存在的多处用法错误（大到逻辑与语法，小到标点符号），使本书避免了很多不易察觉的缺陷。

本书的动笔与完成离不开我的导师包利民教授温暖的鼓励与耐心的指导。无论是通过邮件还是面对面的交谈，他总是不厌其烦地来和我讨论我的想法。他不仅细细阅读了书稿最初的数个版本，而且就其中存在的问题提出了许多深刻并有启发性的意见。若无他的帮助，恐怕也就不可能有这本书的产生。更重要的是，他是我所一直向往的师者之典范，即善以哲学家的洞察力看待哲学问题并以苏格拉底式的教学法启迪学生心灵的人。

本书的产生自然与家人默默的支持是分不开的。我特别感谢我的妻子江霞，感谢她对本书的多次细致修改及对我事业和生活上无微不至的照顾，是她让我明白深爱一个人意味着什么。也感谢小衡，感谢他给我做父亲的机会，是他让我明白生命的意义，使我懂得陪伴意味着什么。我感谢我的父母与祖父母，感谢他们一直没有反对我以哲学为业。总之，在本书即将付梓之际，我衷心感谢那些愿意为此书付出时间和精力的人——是你们激发了我，让我没有半途而废。

2020 年夏天于杭州